Am Kamin erzählt

Klassische deutsche Meistererzählungen
mit über 120 alten Bildern

Am Kamin erzählt

Klassische deutsche Meistererzählungen von Achim von Arnim, Clemens von Brentano, Annette von Droste-Hülshoff, Marie von Ebner-Eschenbach, Joseph von Eichendorff, Theodor Fontane, Johann Wolfgang von Goethe, Paul Heyse, E.T.A. Hoffmann, Gottfried Keller, Heinrich von Kleist, Conrad Ferdinand Meyer, Friedrich Baron de la Motte-Fouqué, Wilhelm Raabe, Ferdinand von Saar, Friedrich Schiller, Adalbert Stifter, Theodor Storm, Ludwig Tieck; mit 160 Illustrationen nach alten Vorlagen von Jacques Callot, Caspar David Friedrich, Georg Friedrich Kersting, Adolph Menzel, Franz Graf von Pocci, Alfred Rethel, Ludwig Richter, Otto Philipp Runge, Moritz von Schwind u.a.

KOMET

Die hier zusammengetragenen Erzählungen entstammen verschiedenen Epochen; allein schon hieraus ergeben sich – zusätzlich zu persönlichen Eigenarten der Verfasser – Unterschiede in der Schreibweise, in der Handhabung der Satzzeichen usw. Es schien uns richtig, solche Abweichungen bei der Wiedergabe im vorliegenden Band beizubehalten, dem »Originalton« des Autors den Vorrang zu lassen vor schulmeisterlicher Gleichmacherei, selbst wenn dies gelegentlich einmal strenger Duden-Regelung zuwiderläuft. Erläuterungen heute nicht mehr geläufiger Ausdrücke u.ä. wurden, um den Lesefluß nicht zu stören, am Schluß des Bandes in der Reihenfolge der fraglichen Stellen zusammengefaßt.

Herausgeber und Verlag

Gesamtherstellung: KOMET MA-Service und Verlagsgesellschaft mbH, Frechen
ISBN 3-933366-53-4

Johann Wolfgang von Goethe

Novelle

Ein dichter Herbstnebel verhüllte noch in der Frühe die weiten Räume des fürstlichen Schloßhofes, als man schon mehr oder weniger durch den sich lichtenden Schleier die ganze Jägerei zu Pferde und zu Fuß durcheinander bewegt sah. Die eiligen Beschäftigungen der Nächsten ließen sich erkennen: man verlängerte, man verkürzte die Steigbügel, man reichte sich Büchse und Patrontäschchen, man schob die Dachsranzen zurecht, indes die Hunde ungeduldig am Riemen den Zurückhaltenden mit fortzuschleppen drohten. Auch hie und da gebärdete ein Pferd sich mutiger, von feuriger Natur getrieben oder von dem Sporn des Reiters angeregt, der selbst hier in der Halbhelle eine gewisse Eitelkeit, sich zu zeigen, nicht verleugnen konnte. Alle jedoch warteten auf den Fürsten, der, von seiner jungen Gemahlin Abschied nehmend, allzulange zauderte.

Erst vor kurzer Zeit zusammen getraut, empfanden sie schon das Glück übereinstimmender Gemüter; beide waren von tätig-lebhaftem Charakter, eines nahm gern an des andern Neigungen und Bestrebungen Anteil. Des Fürsten Vater hatte noch den Zeitpunkt erlebt und genutzt, wo es deutlich wurde, daß alle Staatsglieder in gleicher Betriebsamkeit ihre Tage zubringen, in gleichem Wirken und Schaffen, jeder nach seiner Art, erst gewinnen und dann genießen sollte.

Wie sehr dieses gelungen war, ließ sich in diesen Tagen gewahr werden, als eben der Hauptmarkt sich versammelte, den man gar wohl eine Messe nennen konnte. Der Fürst hatte seine Gemahlin gestern durch das Gewimmel der aufgehäuften Waren zu Pferde geführt und sie bemerken lassen, wie gerade hier das Gebirgsland mit dem flachen Lande einen glücklichen Umtausch treffe; er wußte sie an Ort und Stelle auf die Betriebsamkeit seines Länderkreises aufmerksam zu machen.

Wenn sich nun der Fürst fast ausschließlich in diesen Tagen mit den Seinigen über diese zudringenden Gegenstände unterhielt, auch besonders mit dem Finanzminister anhaltend arbeitete, so behielt doch auch der Landjägermeister sein Recht, auf dessen Vorstellung es unmöglich war, der Versuchung zu widerstehen, an diesen günstigen Herbsttagen eine schon verschobene Jagd zu unternehmen, sich selbst und den vielen angekommenen Fremden ein eigens und seltnes Fest zu eröffnen.

Die Fürstin blieb ungern zurück; man hatte sich vorgenommen, weit in das Gebirg hineinzudringen, um die friedlichen Bewohner der dortigen Wälder durch einen unerwarteten Kriegszug zu beunruhigen.

Scheidend versäumte der Gemahl nicht, einen Spazierritt vorzuschlagen, den sie im Geleit Friedrichs, des fürstlichen Oheims, unternehmen sollte; auch lasse ich, sagte er, dir unseren Honorio, als Stall- und Hofjunker, der für alles sorgen wird; und im Gefolg dieser Worte gab er im Hinabsteigen einem wohlgebildeten jungen Mann die nötigen Aufträge, verschwand sodann bald mit Gästen und Gefolge.

Die Fürstin, die ihrem Gemahl noch in den Schloßhof hinab mit dem Schnupftuch nachgewinkt hatte, begab sich in die hinteren Zimmer, welche nach dem Gebirge eine freie Aussicht ließen, die um desto schöner war, als das Schloß selbst von dem Flusse herauf in einiger Höhe stand und so vor- als hinterwärts mannigfaltige bedeutende Ansichten gewährte. Sie fand das treffliche Teleskop noch in der Stellung, wo man es gestern abend gelassen hatte, als man, über Busch, Berg und Waldgipfel die hohen Ruinen der uralten Stammburg betrachtend, sich unterhielt, die in der Abendbeleuchtung merkwürdig hervortraten, indem alsdann die größten Licht- und Schattenmassen den deutlichsten Begriff von einem so ansehnlichen Denkmal alter Zeit verleihen konnten. Auch zeigte sich heute früh durch die annähernden Gläser recht auffallend die herbstliche Färbung jener mannigfaltigen Baumarten, die zwischen dem Gemäuer ungehindert und ungestört durch lange Jahre em-

porstrebten. Die schöne Dame richtete jedoch das Fernrohr etwas tiefer nach einer öden steinigen Fläche, über welche der Jagdzug weggehen mußte; sie erharrte den Augenblick mit Geduld und betrog sich nicht: denn bei der Klarheit und Vergrößerungsfähigkeit des Instrumentes erkannten ihre glänzenden Augen deutlich den Fürsten und den Oberstallmeister; ja sie enthielt sich nicht abermals mit dem Schnupftuche zu winken, als sie ein augenblickliches Stillhalten und Rückblicken mehr vermutete als gewahr ward.

Fürst Oheim, Friedrich mit Namen, trat sodann, angemeldet, mit seinem Zeichner herein, der ein großes Portefeuille unter dem Arm trug. Liebe Cousine, sagte der alte rüstige Herr, hier legen wir die Ansichten der Stammburg vor, gezeichnet, um von verschiedenen Seiten anschaulich zu machen, wie der

mächtige Trutz- und Schutzbau von alten Zeiten her dem Jahr und seiner Witterung sich entgegen stemmte, und wie doch hie und da sein Gemäuer weichen, da und dort in wüste Ruinen zusammenstürzen mußte. Nun haben wir manches getan, um diese Wildnis zugänglicher zu machen, denn mehr bedarf es nicht, um jeden Wanderer, jeden Besuchenden in Erstaunen zu setzen, zu entzücken.

Indem nun der Fürst die einzelnen Blätter deutete, sprach er weiter: Hier, wo man, den Hohlweg durch die äußeren Ringmauern heraufkommend, vor die eigentliche Burg gelangt, steigt uns ein Felsen entgegen von den festesten des ganzen Gebirgs; hierauf nun steht gemauert ein Turm, doch niemand wüßte zu sagen wo die Natur aufhört, Kunst und Handwerk aber anfangen. Ferner sieht man seitwärts Mauern angeschlossen und Zwinger terrassenmäßig herab sich erstreckend. Doch ich sage nicht recht, denn es ist eigentlich ein Wald, der diesen uralten Gipfel umgibt; seit hundert und fünfzig Jahren hat keine Axt hier geklungen, und überall sind die mächtigsten Stämme emporgewachsen; wo Ihr Euch an den Mauern andrängt, stellt sich der glatte Ahorn, die rauhe Eiche, die schlanke Fichte mit Schaft und Wurzeln entgegen; um diese müssen wir uns herumschlängeln und unsere Fußpfade verständig führen. Seht nur wie trefflich unser Meister dies Charakteristische auf dem Papier ausgedrückt hat, wie kenntlich die verschiedenen Stamm- und Wurzelarten zwischen das Mauerwerk verflochten und die mächtigen Äste durch die Lücken durchgeschlungen sind! Es ist eine Wildnis wie keine, ein zufällig-einziges Local, wo die alten Spuren längst verschwundener Menschenkraft mit der ewig lebenden und fortwirkenden Natur sich in dem ernstesten Streit erblicken lassen.

Ein anderes Blatt aber vorlegend fuhr er fort: Was sagt Ihr nun zum Schloßhofe, der, durch das Zusammenstürzen des alten Torturmes unzugänglich, seit undenklichen Jahren von niemand betreten ward? Wir suchten ihm von der Seite beizukommen, haben Mauern durchbrochen, Gewölbe gesprengt und so einen bequemen, aber geheimen Weg bereitet. Inwendig bedurft' es keines Aufräumens, hier findet sich ein flacher Felsgipfel von der Natur geplättet, aber doch haben mächtige Bäume hie und da zu wurzeln Glück und Gelegenheit gefunden; sie sind sachte aber entschieden aufgewachsen, nun erstrecken sie ihre Äste bis in die Galerien hinein, auf denen der Ritter sonst auf und ab schritt; ja durch Türen durch und Fenster in die gewölbten Säle, aus denen wir sie nicht vertreiben wollen; sie sind eben Herr geworden und mögen's bleiben. Tiefe Blätterschichten wegräumend haben wir den merkwürdigsten Platz geebnet gefunden, dessengleichen in der Welt vielleicht nicht wieder zu sehen ist.

Nach allem diesem aber ist es immer noch bemerkenswert und an Ort und Stelle zu beschauen, daß auf den Stufen, die in den Hauptturm hinaufführen, ein Ahorn Wurzel geschlagen und sich zu einem so tüchtigen Baume gebildet hat, daß man nur mit Not daran vorbeidringen kann, um die Zinne, der unbegrenzten Aussicht wegen, zu besteigen. Aber auch hier verweilt man bequem im Schatten, denn dieser Baum ist es, der sich über das Ganze wunderbar hoch in die Luft hebt.

9

Danken wir also dem wackern Künstler, der uns so löblich in verschiedenen Bildern von allem überzeugt als wenn wir gegenwärtig wären; er hat die schönsten Stunden des Tages und der Jahrszeit dazu angewendet und sich wochenlang um diese Gegenstände herumbewegt. In dieser Ecke ist für ihn und den Wächter, den wir ihm zugegeben, eine kleine angenehme Wohnung

eingerichtet. Sie sollten nicht glauben, meine Beste, welch eine schöne Aus- und Ansicht er ins Land, in Hof und Gemäuer sich dort bereitet hat. Nun aber da alles so rein und charakteristisch umrissen ist, wird er es hier unten mit Bequemlichkeit ausführen. Wir wollen mit diesen Bildern unsern Gartensaal zieren, und niemand soll über unsere regelmäßigen Parterre, Lauben und schattigen Gänge seine Augen spielen lassen, der nicht wünschte, dort oben in dem wirklichen Anschauen des Alten und Neuen, des Starren, Unnachgiebigen, Unzerstörlichen und des Frischen, Schmiegsamen, Unwiderstehlichen seine Betrachtungen anzustellen.

Honorio trat ein und meldete, die Pferde seien vorgeführt; da sagte die Fürstin, zum Oheim gewendet: Reiten wir hinauf und lassen Sie mich in der Wirklichkeit sehen, was Sie mir hier im Bilde zeigten. Seit ich hier bin, hör' ich von diesem Unternehmen, und werde jetzt erst recht verlangend mit Augen zu sehen, was mir in der Erzählung unmöglich schien und in der Nachbildung unwahrscheinlich bleibt. – Noch nicht, meine Liebe, versetzte der Fürst; was Sie hier sahen, ist, was es werden kann und wird; jetzt stockt noch manches; die Kunst muß erst vollenden, wenn sie sich vor der Natur nicht

schämen soll. – Und so reiten wir wenigstens hinaufwärts, und wär' es nur bis an den Fuß; ich habe große Lust, mich heute weit in der Welt umzusehen. – Ganz nach Ihrem Willen, versetzte der Fürst. – Lassen Sie uns aber durch die Stadt reiten, fuhr die Dame fort, über den großen Marktplatz, wo eine zahllose Menge von Buden die Gestalt einer kleinen Stadt, eines Feldlagers angenommen hat. Es ist, als wären die Bedürfnisse und Beschäftigungen sämtlicher Familien des Landes umher, nach außen gekehrt, in diesem Mittelpunkt versammelt, an das Tageslicht gebracht worden; denn hier sieht der aufmerksame Beobachter alles, was der Mensch leistet und bedarf; man bildet sich einen Augenblick ein, es sei kein Geld nötig, jedes Geschäft könne hier durch Tausch abgetan werden; und so ist es auch im Grunde. Seitdem der Fürst gestern mir Anlaß zu diesen Übersichten gegeben, ist es mir gar angenehm zu denken, wie hier, wo Gebirg und flaches Land aneinander grenzen, beide so deutlich aussprechen, was sie brauchen und was sie wünschen. Wie nun der Hochländer das Holz seiner Wälder in hundert Formen umzubilden weiß, das Eisen zu einem jeden Gebrauch zu vermannigfaltigen, so kommen jene drüben mit den vielfältigsten Waren ihm entgegen, an denen man den Stoff kaum unterscheiden und den Zweck oft nicht erkennen mag.

Ich weiß, versetzte der Fürst, daß mein Neffe hierauf die größte Aufmerksamkeit wendet; denn gerade zu dieser Jahrszeit kommt es hauptsächlich darauf an, daß man mehr empfange als gebe; dies zu bewirken, ist am Ende die Summe des ganzen Staatshaushaltes, so wie der kleinsten häuslichen Wirtschaft. Verzeihen Sie aber, meine Beste, ich reite niemals gern durch Markt und Messe: bei jedem Schritt ist man gehindert und aufgehalten, und dann flammt mir das ungeheure Unglück wieder in die Einbildungskraft, das sich mir gleichsam in die Augen eingebrannt, als ich eine solche Güter- und Warenbreite in Feuer aufgehen sah. Ich hatte mich kaum – ...

Lassen Sie uns die schönen Stunden nicht versäumen, fiel ihm die Fürstin ein, da der würdige Mann sie schon einigemal mit ausführlicher Beschreibung jenes Unheils geängstigt hatte, wie er sich nämlich, auf einer großen Reise begriffen, abends im besten Wirtshause auf dem Markte, der eben von einer Hauptmesse wimmelte, höchst ermüdet zu Bette gelegt, und nachts durch Geschrei und Flammen, die sich gegen seine Wohnung wälzten, gräßlich aufgeweckt worden.

Die Fürstin eilte das Lieblingspferd zu besteigen, und führte, statt zum Hintertore bergauf, zum Vordertore bergunter ihren widerwillig-bereiten Begleiter; denn wer wäre nicht gern an ihrer Seite geritten, wer wäre ihr nicht gern gefolgt. Und so war auch Honorio von der sonst so ersehnten Jagd willig zurückgeblieben, um ihr ausschließlich dienstbar zu sein.

Wie voraus zu sehen, durften sie auf dem Markte nur Schritt vor Schritt reiten; aber die schöne Liebenswürdige erheiterte jeden Aufenthalt durch eine geistreiche Bemerkung. Ich wiederhole, sagte sie, meine gestrige Lektion, da denn doch die Notwendigkeit unsere Geduld prüfen will. Und wirklich drängte sich die ganze Menschenmasse dergestalt an die Reitenden heran, daß sie ihren Weg nur langsam fortsetzen konnten. Das Volk schaute mit Freuden die junge Dame, und auf so viel lächelnden Gesichtern zeigte sich das entschiedene Behagen, zu sehen, daß die erste Frau im Lande auch die schönste und anmutigste sei.

Unter einander gemischt standen Bergbewohner, die zwischen Felsen, Fichten und Föhren ihre stillen Wohnsitze hegten, Flachländer von Hügeln, Auen und Wiesen her, Gewerbsleute der kleinen Städte und was sich alles versammelt hatte. Nach einem ruhigen Überblick bemerkte die Fürstin ihrem Begleiter, wie alle diese, woher sie auch seien, mehr Stoff als nötig zu ihren Kleidern genommen, mehr Tuch und Leinwand, mehr Band zum Besatz. Ist es doch, als ob die Weiber nicht brauschig und die Männer nicht pausig genug sich gefallen könnten.

Wir wollen ihnen das ja lassen, versetzte der Oheim; wo auch der Mensch seinen Überfluß hinwendet, ihm ist wohl dabei, am wohlsten, wenn er sich damit schmückt und aufputzt. Die schöne Dame winkte Beifall.

So waren sie nach und nach auf einen freien Platz gelangt, der zur Vorstadt hinführte, wo am Ende vieler kleinen Buden und Kramstände ein größeres Brettergebäude in die Augen fiel, das sie kaum erblickten, als ein ohrzerreißendes Gebrülle ihnen entgegen tönte. Die Fütterungsstunde der dort zur Schau stehenden wilden Tiere schien herangekommen; der Löwe ließ seine Wald- und Wüstenstimme aufs kräftigste hören, die Pferde schauderten und

man konnte der Bemerkung nicht entgehen, wie in dem friedlichen Wesen und Wirken der gebildeten Welt der König der Einöde sich so furchtbar verkündige. Zur Bude näher gelangt, durften sie die bunten kolossalen Gemälde nicht übersehen, die mit heftigen Farben und kräftigen Bildern jene fremden

Tiere darstellten, welche der friedliche Staatsbürger zu schauen unüberwindliche Lust empfinden sollte. Der grimmig ungeheure Tiger sprang auf einen Mohren los, im Begriff ihn zu zerreißen; ein Löwe stand ernsthaft majestätisch, als wenn er keine Beute seiner würdig vor sich sähe; andere wunderliche bunte Geschöpfe verdienten neben diesen mächtigen weniger Aufmerksamkeit.

Wir wollen, sagte die Fürstin, bei unserer Rückkehr doch absteigen und die seltenen Gäste näher betrachten. – Es ist wunderbar, versetzte der Fürst, daß der Mensch durch Schreckliches immer aufgeregt sein will. Drinnen liegt der Tiger ganz ruhig in seinem Kerker, und hier muß er grimmig auf einen Mohren losfahren, damit man glaube, dergleichen inwendig ebenfalls zu sehen; es ist an Mord und Totschlag noch nicht genug, an Brand und Untergang; die Bänkelsänger müssen es an jeder Ecke wiederholen. Die guten

Menschen wollen eingeschüchtert sein, um hinterdrein erst recht zu fühlen, wie schön und löblich es sei, frei Atem zu holen.

Was denn aber auch Bängliches von solchen Schreckensbildern mochte übrig geblieben sein, alles und jedes war sogleich ausgelöscht, als man, zum Tore hinausgelangt, in die heiterste Gegend eintrat. Der Weg führte zuerst am Flusse hinan, an einem zwar noch schmalen, nur leichte Kähne tragenden Wasser, das aber nach und nach als größter Strom seinen Namen behalten und ferne Länder beleben sollte. Dann ging es weiter durch wohlversorgte Frucht- und Lustgärten sachte hinaufwärts, und man sah sich nach und nach in der aufgetanen wohlbewohnten Gegend um, bis erst ein Busch, sodann ein Wäldchen die Gesellschaft aufnahm, und die anmutigsten Örtlichkeiten ihren Blick begrenzten und erquickten. Ein aufwärts leitendes Wiesental, erst vor kurzem zum zweitenmal gemäht, sammetähnlich anzusehen, von einer ober-wärts, lebhaft auf einmal reich entspringenden Quelle gewässert, empfing sie freundlich, und so zogen sie einem höheren freieren Standpunkt entgegen,

den sie, aus dem Walde sich bewegend, nach einem lebhaften Stieg erreichten, alsdann aber vor sich noch in bedeutender Entfernung über neuen Baum-gruppen das alte Schloß, den Zielpunkt ihrer Wallfahrt, als Fels- und Wald-gipfel hervorragen sahen. Rückwärts aber – denn niemals gelangte man hier-her ohne sich umzukehren – erblickten sie durch zufällige Lücken der hohen Bäume das fürstliche Schloß links, von der Morgensonne beleuchtet; den wohlgebauten höhern Teil der Stadt von leichten Rauchwolken gedämpft, und so fort nach der Rechten zu die untere Stadt, den Fluß in einigen Krüm-mungen, mit seinen Wiesen und Mühlen; gegenüber eine weite nahrhafte Ge-gend.

Nachdem sie sich an dem Anblick ersättigt, oder vielmehr, wie es uns bei dem Umblick auf so hoher Stelle zu geschehen pflegt, erst recht verlangend geworden nach einer weitern, weniger begrenzten Aussicht, ritten sie eine steinige breite Fläche hinan, wo ihnen die mächtige Ruine als ein grüngekrönter Gipfel entgegen stand, wenig alte Bäume tief unten um seinen Fuß; sie ritten hindurch und so fanden sie sich gerade vor der steilsten unzugänglichsten Seite. Mächtige Felsen standen von Urzeiten her, jedem Wechsel unangetastet, fest, wohlgegründet voran, und so türmte sich's aufwärts; das dazwischen Herabgestürzte lag in mächtigen Platten und Trümmern unregelmäßig über einander und schien dem Kühnsten jeden Angriff zu verbieten. Aber das Steile, Jähe scheint der Jugend zuzusagen; dies zu unternehmen, zu erstürmen, zu erobern ist jungen Gliedern ein Genuß. Die Fürstin bezeigte Neigung zu einem Versuch, Honorio war bei der Hand, der fürstli-

che Oheim, wenn schon bequemer, ließ sich's gefallen und wollte sich doch auch nicht unkräftig zeigen; die Pferde sollten am Fuß unter den Bäumen halten, und man wollte bis zu einem gewissen Punkte gelangen, wo ein vorstehender mächtiger Fels einen Flächenraum darbot, von wo man eine Aussicht hatte, die zwar schon in den Blick des Vogels überging, aber sich doch noch malerisch genug hinter einander schob.

Die Sonne, beinahe auf ihrer höchsten Stelle, verlieh die klarste Beleuchtung; das fürstliche Schloß mit seinen Teilen, Hauptgebäuden, Flügeln, Kuppeln und Türmen erschien gar stattlich; die obere Stadt in ihrer völligen Ausdehnung; auch in die untere konnte man bequem hineinsehen, ja durch das Fernrohr auf dem Markte sogar die Buden unterscheiden. Honorio war immer gewohnt, ein so förderliches Werkzeug überzuschnallen; man schaute den Fluß hinauf und hinab, diesseits das bergartig terrassenweis unterbrochene, jenseits das aufgleitende flache und in mäßigen Hügeln abwechselnde fruchtbare Land; Ortschaften unzählige; denn es war längst herkömmlich über die Zahl zu streiten, wie viel man deren von hier oben gewahr werde.

Über die große Weite lag eine heitere Stille, wie es am Mittag zu sein pflegt, wo die Alten sagten, Pan schlafe, und alle Natur halte den Atem an, um ihn nicht aufzuwecken.

Es ist nicht das erste Mal, sagte die Fürstin, daß ich auf so hoher weitumschauender Stelle die Betrachtung mache, wie doch die klare Natur so reinlich und friedlich aussieht und den Eindruck verleiht, als wenn gar nichts Widerwärtiges in der Welt sein könne; und wenn man denn wieder in die Menschenwohnung zurückkehrt, sie sei hoch oder niedrig, weit oder eng, so gibt's immer etwas zu kämpfen, zu streiten, zu schlichten und zurecht zu legen.

Honorio, der indessen durch das Sehrohr nach der Stadt geschaut hatte,

rief: Seht hin! seht hin! auf dem Markte fängt es an zu brennen. Sie sahen hin und bemerkten wenigen Rauch, die Flamme dämpfte der Tag. Das Feuer greift weiter um sich! rief man, immer durch die Gläser schauend; auch wurde das Unheil den guten unbewaffneten Augen der Fürstin bemerklich; von Zeit zu Zeit erkannte man eine rote Flammenglut, der Dampf stieg empor und Fürst Oheim sprach: Laßt uns zurückkehren, das ist nicht gut, ich fürchtete immer das Unglück zum zweiten Male zu erleben. Als sie, herabgekommen, den Pferden wieder zugingen, sagte die Fürstin zu dem alten Herrn: Reiten Sie hinein, eilig, aber nicht ohne den Reitknecht, lassen Sie mir Honorio, wir folgen sogleich. Der Oheim fühlte das Vernünftige, ja das Notwenige dieser Worte und ritt, so eilig als der Boden erlaubte, den wüsten steinigen Hang hinunter.

Als die Fürstin aufsaß, sagte Honorio: Reiten Ew. Durchlaucht, ich bitte, langsam! in der Stadt wie auf dem Schloß sind die Feueranstalten in bester

Ordnung, man wird sich durch einen so unerwartet außerordentlichen Fall nicht irre machen lassen. Hier aber ist ein böser Boden, kleine Steine und kurzes Gras, schnelles Reiten ist unsicher, ohnehin bis wir hineinkommen, wird das Feuer schon nieder sein. Die Fürstin glaubte nicht daran, sie sah den Rauch sich verbreiten, sie glaubte einen aufflammenden Blitz gesehen, einen Schlag gehört zu haben und nun bewegten sich in ihrer Einbildungskraft alle die Schreckbilder, welche des trefflichen Oheims wiederholte Erzählung von dem erlebten Jahrmarkts-Brande leider nur zu tief eingesenkt hatte.

Fürchterlich wohl war jener Fall, überraschend und eindringlich genug, um zeitlebens eine Ahnung und Vorstellung wiederkehrenden Unglücks ängstlich zurückzulassen, als zur Nachtzeit auf dem großen budenreichen Marktraum ein plötzlicher Brand Laden auf Laden ergriffen hatte, ehe noch die in und an diesen leichten Hütten Schlafenden aus tiefen Träumen geschüttelt wurden; der Fürst selbst als ein ermüdet angelangter, erst eingeschlafener Fremder ans Fenster sprang, alles fürchterlich erleuchtet sah, Flamme nach Flamme, rechts und links sich überspringend, ihm entgegen züngelte. Die Häuser des Marktes, vom Widerschein gerötet, schienen schon zu glühen, drohend sich jeden Augenblick zu entzünden und in Flammen aufzuschlagen; unten wütete das Element unaufhaltsam, die Bretter prasselten, die Latten knackten, Leinwand flog auf und ihre düstern, an den Enden flammend ausgezackten Fetzen trieben in der Höhe sich umher, als wenn die bösen Geister in ihrem Elemente, um und um gestaltet, sich mutwillig tanzend verzehren und da und dort aus den Gluten wieder auftauchen wollten. Dann aber mit kreischendem Geheul rettete jeder was zur Hand lag; Diener und Knechte mit den Herren bemühten sich von Flammen ergriffene Ballen

fortzuschleppen, von dem brennenden Gestell noch einiges wegzureißen, um es in die Kiste zu packen, die sie dann doch zuletzt den eilenden Flammen zum Raube lassen mußten. Wie mancher wünschte nur einen Augenblick Stillstand dem heranprasselnden Feuer, nach der Möglichkeit einer Besinnung sich umsehend, und er war mit aller seiner Habe schon ergriffen; an der einen Seite brannte, glühte schon, was an der andern noch in finsterer Nacht stand. Hartnäckige Charaktere, willenstarke Menschen widersetzten sich grimmig dem grimmigen Feinde und retteten manches, mit Verlust ihrer Augenbrauen und Haare. Leider nun erneuerte sich vor dem schönen Geiste der Fürstin der wüste Wirrwarr, nun schien der heitere morgendliche Gesichtskreis umnebelt, ihre Augen verdüstert, Wald und Wiese hatten einen wunderbaren bänglichen Anschein.

In das friedliche Tal einreitend, seiner labenden Kühle nicht achtend, waren sie kaum einige Schritte von der lebhaften Quelle des nahen fließenden Baches herab, als die Fürstin ganz unten im Gebüsche des Wiesentals etwas Seltsames erblickte, das sie alsobald für den Tiger erkannte; heranspringend, wie sie ihn vor kurzem gemalt gesehen, kam er entgegen; und dieses Bild zu den furchtbaren Bildern, die sie so eben beschäftigten, machte den wundersamsten Eindruck. Flieht! gnädige Frau, rief Honorio, flieht! Sie wandte das Pferd um, dem steilen Berg zu, wo sie herabgekommen waren. Der Jüngling

aber, dem Untier entgegen, zog die Pistole und schoß, als er sich nahe genug glaubte; leider jedoch war gefehlt, der Tiger sprang seitwärts, das Pferd stutzte, das ergrimmte Tier aber verfolgte seinen Weg, aufwärts unmittelbar der Fürstin nach. Sie sprengte, was das Pferd vermochte, die steile steinige Strecke hinan, kaum fürchtend, daß ein zartes Geschöpf, solcher Anstrengung ungewohnt, sie nicht aushalten werde. Es übernahm sich, von der be-

drängten Reiterin angeregt, stieß am kleinen Gerölle des Hanges an und wieder an, und stürzte zuletzt nach heftigem Bestreben kraftlos zu Boden. Die
schöne Dame, entschlossen und gewandt, verfehlte nicht, sich strack auf ihre
Füße zu stellen, auch das Pferd richtete sich auf; aber der Tiger nahte schon,
obgleich nicht mit heftiger Schnelle; der ungleiche Boden, die scharfen Steine
schienen seinen Antrieb zu hindern, und nur daß Honorio unmittelbar hinter
ihm herflog, neben ihm gemäßigt herauritt, schien seine Kraft aufs neue an-
zuspornen und zu reizen. Beide Renner erreichten zugleich den Ort, wo die
Fürstin am Pferde stand; der Ritter beugte sich herab, schoß und traf mit der
zweiten Pistole das Ungeheuer durch den Kopf, daß es sogleich niederstürzte
und ausgestreckt in seiner Länge erst recht die Macht und Furchtbarkeit sehen ließ, von der nur noch das Körperliche übrig geblieben da lag. Honorio
war vom Pferde gesprungen und kniete schon auf dem Tiere, dämpfte seine
letzten Bewegungen und hielt den gezogenen Hirschfänger in der rechten
Hand. Der Jüngling war schön, er war herangesprengt, wie ihn die Fürstin
oft im Lanzen- und Ringelspiel gesehen hatte. Eben so traf in der Reitbahn
seine Kugel im Vorbeisprengen den Türkenkopf auf dem Pfahl, gerade unter
dem Turban in die Stirne; eben so spießte er, flüchtig heransprengend, mit
dem blanken Säbel das Mohrenhaupt vom Boden auf. In allen solchen Kün-
sten war er gewandt und glücklich, hier kam beides zustatten.

Gebt ihm den Rest, sagte die Fürstin, ich fürchte, er beschädigt Euch noch
mit den Krallen. – Verzeiht! erwiderte der Jüngling, er ist schon tot genug,
und ich mag das Fell nicht verderben, das nächsten Winter auf Eurem Schlit-
ten glänzen soll. – Frevelt nicht! sagte die Fürstin; alles was von Frömmigkeit
im tiefen Herzen wohnt, entfaltet sich in solchem Augenblick. – Auch ich,

rief Honorio, war nicht frömmer als jetzt eben, deshalb aber denk' ich ans
Freudigste, ich blicke dieses Fell nur an wie es Euch zur Lust begleiten kann.
– Es würde mich immer an diesen schrecklichen Augenblick erinnern, versetzte sie. – Ist es doch, erwiderte der Jüngling mit glühender Wange, ein un-
schuldigeres Triumphzeichen, als wenn die Waffen erschlagener Feinde vor
dem Sieger her zur Schau getragen wurden. – Ich werde mich an Eure Kühnheit und Gewandtheit dabei erinnern, und darf nicht hinzusetzen, daß Ihr auf
meinen Dank und auf die Gnade des Fürsten lebenslänglich rechnen könnt.
Aber steht auf; schon ist kein Leben mehr im Tiere, bedenken wir das Wei-

tere, vor allen Dingen steht auf! – Da ich nun einmal kniee, versetzte der
Jüngling, da ich mich in einer Stellung befinde, die mir auf jede andere Weise
untersagte wäre, so laßt mich bitten von der Gunst, von der Gnade, die Ihr
mir zuwendet, in diesem Augenblick versichert zu werden. Ich habe schon
so oft Euren hohen Gemahl gebeten um Urlaub und Vergünstigung einer
weiteren Reise. Wer das Glück hat, an Eurer Tafel zu sitzen, wen Ihr beehrt,
Eure Gesellschaft unterhalten zu dürfen, der muß die Welt gesehen haben.
Reisende strömen von allen Orten her, und wenn von einer Stadt, von einem
wichtigen Punkte irgend eines Weltteils gesprochen wird, ergeht an den Eu-
rigen jedesmal die Frage, ob er daselbst gewesen sei? Niemanden traut man
Verstand zu, als wer das alles gesehen hat; es ist, als wenn man sich nur für
andere zu unterrichten hätte.

Steht auf! wiederholte die Fürstin, ich möchte nicht gern gegen die Überzeugung meines Gemahls irgend etwas wünschen und bitten; allein, wenn ich
nicht irre, so ist die Ursache, warum er Euch bisher zurückhielt, bald gehoben. Seine Absicht war, Euch zum selbstständigen Edelmann herangereift zu
sehen, der sich und ihm auch auswärts Ehre machte wie bisher am Hofe, und
ich dächte Eure Tat wäre ein so empfehlender Reisepaß als ein junger Mann
nur in die Welt mitnehmen kann.

Daß anstatt einer jugendlichen Freude eine gewisse Trauer über sein Gesicht zog, hatte die Fürstin nicht Zeit zu bemerken, noch er seiner Empfindung Raum zu geben, denn hastig den Berg herauf, einen Knaben an der

Hand, kam eine Frau, geradezu auf die Gruppe los, die wir kennen; und kaum
war Honorio sich besinnend aufgestanden, als sie sich heulend und schreiend
über den Leichnam her warf, und an dieser Handlung, so wie an einer, obgleich reinlich anständigen, doch bunten und seltsamen Kleidung sogleich erraten ließ, sie sei die Meisterin und Wärterin dieses dahin gestreckten Geschöpfes, wie denn der schwarzäugige schwarzlockige Knabe, der eine Flöte
in der Hand hielt, gleich der Mutter weinend, weniger heftig, aber tief gerührt, neben ihr kniete.

Den gewaltsamen Ausbrüchen der Leidenschaft dieses unglücklichen
Weibes folgte, zwar unterbrochen stoßweise, ein Strom von Worten, wie ein
Bach sich in Absätzen von Felsen zu Felsen stürzt. Eine natürliche Sprache,
kurz und abgebrochen, machte sich eindringlich und rührend; vergebens
würde man sie in unsern Mundarten übersetzen wollen, den ungefähren Inhalt dürfen wir nicht verhehlen. Sie haben dich ermordet, armes Tier! ermordet ohne Not! Du warst zahm und hättest dich gern ruhig niedergelassen und
auf uns gewartet; denn deine Fußballen schmerzten dich, und deine Krallen
hatten keine Kraft mehr! Die heiße Sonne fehlte dir, sie zu reifen. Du warst

der Schönste Deinesgleichen; wer hat je einen königlichen Tiger so herrlich ausgestreckt im Schlafe gesehen, wie du nun hier liegst, tot um nicht wieder aufzustehen. Wenn du des Morgens aufwachtest beim frühen Tagschein und den Rachen aufsperrtest, ausstreckend die rote Zunge, so schienst du uns zu lächeln, und, wenn schon brüllend, nahmst du doch spielend dein Futter aus den Händen einer Frau, von den Fingern eines Kindes! Wie lange begleiteten wir dich auf deinen Fahrten, wie lange war deine Gesellschaft uns wichtig und fruchtbar! Uns! uns ganz eigentlich kam die Speise von den Fressern, und süße Labung von den Starken.

So wird es nicht mehr sein! Wehe, wehe!

Sie hatte nicht ausgeklagt, als über die mittlere Höhe des Bergs am Schlosse herab Reiter heransprengten, die alsobald für das Jagdgefolge des Fürsten erkannt wurden, er selbst voran. Sie hatten, in den hintern Gebirgen jagend, die Brandwolken aufsteigen sehen und durch Täler und Schluchten, wie auf gewaltsam hetzender Jagd, den geraden Weg nach diesem traurigen Zeichen genommen. Über die steinige Blöße einhersprengend stutzten und starrten sie, nun die unerwartete Gruppe gewahr werdend, die sich auf der leeren Fläche merkwürdig auszeichnete. Nach dem ersten Erkennen verstummte man, und nach einigem Erholen ward, was der Anblick nicht selbst ergab, mit wenigen Worten erläutert. So stand der Fürst vor dem seltsamen unerhörten Ereignis, einen Kreis umher von Reitern und Nacheilenden zu Fuße. Unschlüssig war man nicht, was zu tun sei; anzuordnen, auszuführen war der Fürst beschäftigt, als ein Mann sich in den Kreis drängte, groß von Gestalt, bunt und wunderlich gekleidet wie Frau und Kind. Und nun gab die Familie zusammen Schmerz und Überraschung zu erkennen. Der Mann aber gefaßt, stand in ehrfurchtsvoller Entfernung vor dem Fürsten und sagte: Es ist nicht Klagenszeit; ach, mein Herr und mächtiger Jäger, auch der Löwe ist los, auch hier nach dem Gebirge ist er hin, aber schont ihn, habt Barmherzigkeit, daß er nicht umkomme wie dies gute Tier.

Der Löwe? sagte der Fürst, hast du seine Spur? – Ja, Herr! Ein Bauer dort unten, der sich ohne Not auf einen Baum gerettet hatte, wies mich weiter hier

links hinauf, aber ich sah den großen Trupp Menschen und Pferde vor mir, neugierig und hilfsbedürftig eilt' ich hierher. – Also, beorderte der Fürst, muß die Jagd sich auf diese Seite ziehen; ihr ladet eure Gewehre, geht sachte zu Werk, es ist kein Unglück, wenn ihr ihn in die tiefen Wälder treibt; aber am Ende, guter Mann, werden wir euer Geschöpf nicht schonen können; warum wart ihr unvorsichtig genug sie entkommen zu lassen? – Das Feuer brach aus, versetzte jener, wir hielten uns still und gespannt, es verbreitete sich schnell, aber fern von uns, wir hatten Wasser genug zu unserer Verteidigung, aber ein Pulverschlag flog auf und warf die Brände bis an uns heran, über uns weg; wir übereilten uns und sind nun unglückliche Leute.

Noch war der Fürst mit Anordnungen beschäftigt, aber einen Augenblick schien alles zu stocken, als oben vom alten Schloß herab eilig ein Mann heran-springend gesehen ward, den man bald für den angestellten Wächter er-kannte, der die Werkstätte des Malers bewachte, indem er darin seine Woh-

nung nahm und die Arbeiter beaufsichtigte. Er kam außer Atem springend, doch hatte er bald mit wenigen Worten angezeigt: oben hinter der höheren Ringmauer habe sich der Löwe im Sonnenschein gelagert, am Fuße einer hundertjährigen Buche, und verhalte sich ganz ruhig. Ärgerlich aber schloß der Mann: Warum habe ich gestern meine Büchse in die Stadt getragen um sie ausputzen zu lassen! Hätte ich sie bei der Hand gehabt, er wäre nicht wieder aufgestanden, das Fell wäre doch mein gewesen, und ich hätte mich dessen, wie billig, zeitlebens gebrüstet.

Der Fürst, dem seine militärischen Erfahrungen auch hier zu Statten kamen, da er sich wohl schon in Fällen gefunden hatte, wo von mehreren Seiten unvermeidliches Übel herandrohte, sagte hierauf: Welche Bürgschaft gebt ihr mir, daß wenn wir eures Löwen schonen, er nicht im Lande unter den Meinigen Verderben anrichtet?

Hier diese Frau und dieses Kind, erwiderte der Vater hastig, erbieten sich ihn zu zähmen, ihn ruhig zu erhalten, bis ich den beschlagenen Kasten heraufschaffe, da wir ihn denn unschädlich und unbeschädigt wieder zurückbringen werden.

Der Knabe schien seine Flöte versuchen zu wollen, ein Instrument von der Art, daß man sonst die sanfte süße Flöte zu nennen pflegte; sie war kurz geschnäbelt wie die Pfeifen; wer es verstand, wußte die anmutigsten Töne daraus hervorzulocken. Indes hatte der Fürst den Wärtel gefragt, wie der Löwe hinaufgekommen. Dieser aber versetzte: Durch den Hohlweg, der, auf beiden Seiten vermauert, von jeher der einzige Zugang war und der einzige bleiben soll; zwei Fußpfade, die noch hinaufführten, haben wir dergestalt entstellt, daß niemand als durch jenen ersten engen Anweg zu dem Zauberschlosse gelangen könne, wozu es Fürst Friedrichs Geist und Geschmack ausbilden will.

Nach einigem Nachdenken, wobei sich der Fürst nach dem Kinde umsah, das immer sanft gleichsam zu präludieren fortgefahren hatte, wendete er sich zu Honorio und sagte: Du hast heute viel geleistet, vollende das Tagwerk. Besetze den schmalen Weg, haltet eure Büchsen bereit, aber schießt nicht eher als bis ihr das Geschöpf nicht sonst zurückscheuchen könnt; allenfalls macht ein Feuer an, vor dem er sich fürchtet, wenn er herunter will. Mann und Frau möge für das Übrige stehen. Eilig schickte Honorio sich an die Befehle zu vollführen.

Das Kind verfolgte seine Melodie, die keine war, eine Tonfolge ohne Gesetz, und vielleicht eben deswegen so herzergreifend; die Umstehenden schienen wie bezaubert von der Bewegung einer liederartigen Weise, als der Vater mit anständigem Enthusiasmus zu reden anfing und fortfuhr:

Gott hat dem Fürsten Weisheit gegeben, und zugleich die Erkenntnis, daß alle Gotteswerke weise sind, jedes nach seiner Art. Seht den Felsen wie er fest steht und sich nicht rührt, der Witterung trotzt und dem Sonnenschein; uralte Bäume zieren sein Haupt, und so gekrönt schaut er weit umher; stürzt aber ein Teil herunter, so will es nicht bleiben was es war, es fällt zertrümmert in viele Stücke und bedeckt die Seite des Hanges. Aber auch da wollen sie nicht verharren, mutwillig springen sie tief hinab, der Bach nimmt sie auf, zum Flusse trägt er sie. Nicht widerstehend, nicht widerspenstig, eckig, nein, glatt und abgerundet gewinnen sie schneller ihren Weg und gelangen von Fluß zu Fluß, endlich zum Ozean, wo die Riesen in Scharen daher ziehen und in der Tiefe die Zwerge wimmeln.

Doch wer preist den Ruhm des Herrn, den die Sterne loben von Ewigkeit zu Ewigkeit! Warum seht ihr aber im Fernen umher? betrachtet hier die Biene! noch spät im Herbst sammelt sie emsig und baut sich ein Haus, winkel- und waagerecht, als Meister und Geselle; schaut die Ameise da! sie kennt ihren Weg und verliert ihn nicht, sie baut sich eine Wohnung aus Grashalmen, Erdbröslein und Kiefernadeln, sie baut es in die Höhe und wölbet es zu; aber sie hat umsonst gearbeitet, denn das Pferd stampft und scharrt alles auseinander; seht hin! es zertritt ihre Balken und zerstreut ihre Planken, ungeduldig schnaubt es und kann nicht rasten; denn der Herr hat das Roß zum Gesellen des Windes gemacht und zum Gefährten des Sturms, daß es den Mann dahin trage wohin er will, und die Frau wohin sie begehrt. Aber im Palmenwald trat er auf, der Löwe, ernsten Schrittes durchzog er die Wüste, dort herrscht er über alles Getier und nichts widersteht ihm. Doch der Mensch weiß ihn zu zähmen und das grausamste der Geschöpfe hat Ehrfurcht vor dem Ebenbilde Gottes, wonach auch die Engel gemacht sind, die dem Herrn dienen und seinen Dienern. Denn in der Löwengrube scheute sich Daniel nicht; er blieb fest und getrost, und das wilde Brüllen unterbrach nicht seinen frommen Gesang.

Diese mit dem Ausdruck eines natürlichen Enthusiasmus gehaltene Rede begleitete das Kind hie und da mit anmutigen Tönen; als aber der Vater geendigt hatte, fing es mit reiner Kehle, heller Stimme und geschickten Läufen zu intonieren an, worauf der Vater die Flöte ergriff, im Einklang sich hören ließ, das Kind aber sang:

> Aus den Gruben, hier im Graben
> Hör' ich des Propheten Sang;
> Engel schweben ihn zu laben,
> Wäre da dem Guten bang?
> Löw' und Löwin, hin und wieder,
> Schmiegen sich um ihn heran;
> Ja, die sanften frommen Lieder
> Haben's ihnen angetan!

Der Vater fuhr fort die Strophe mit der Flöte zu begleiten, die Mutter trat hie und da als zweite Stimme mit ein.

Eindringlich aber ganz besonders war, daß das Kind die Zeilen der Strophe nunmehr zu anderer Ordnung durch einander schob, und dadurch, wo nicht einen neuen Sinn hervorbrachte, doch das Gefühl in und durch sich selbst aufregend erhöhte.

> Engel schweben auf und nieder
> Uns in Tönen zu erlaben,
> Welch ein himmlischer Gesang!
> In den Gruben, in dem Graben
> Wäre da dem Kinde bang?
> Diese sanften frommen Lieder
> Lassen Unglück nicht heran:
> Engel schweben hin und wieder
> Und so ist es schon getan.

Hierauf mit Kraft und Erhebung begannen alle drei:

> Denn der Ew'ge herrscht auf Erden,
> Über Meere herrscht sein Blick;
> Löwen sollen Lämmer werden,
> Und die Welle schwankt zurück;
> Blankes Schwert erstarrt im Hiebe;
> Glaub' und Hoffnung sind erfüllt;
> Wuntertätig ist die Liebe,
> Die sich im Gebet enthüllt.

Alles war still, hörte, horchte und nur erst als die Töne verhallten, konnte man den Eindruck bemerken und allenfalls beobachten. Alles war wie beschwichtigt; jeder in seiner Art gerührt. Der Fürst, als wenn er erst jetzt das Unheil übersähe, das ihn vor kurzem bedroht hatte, blickte nieder auf seine Gemahlin, die, an ihn gelehnt, sich nicht versagte das gestickte Tüchlein hervorzuziehen und die Augen damit zu bedecken. Es tat ihr wohl, die jugendliche Brust von dem Druck erleichtert zu fühlen, mit dem die vorhergehenden Minuten sie belastet hatten. Eine vollkommene Stille beherrschte die Menge, man schien die Gefahren vergessen zu haben; unten den Brand und von oben das Erstehen eines bedenklich ruhenden Löwen.

Durch einen Wink, die Pferde näher herbei zu führen, brachte der Fürst zuerst wieder in die Gruppe Bewegung, dann wendete er sich zu dem Weibe und sagte: Ihr glaubt also, daß ihr den entsprungenen Löwen wo ihr ihn antrefft durch euren Gesang, durch den Gesang dieses Kindes, mit Hilfe dieser Flötentöne beschwichtigen und ihn sodann unschädlich, so wie unbeschädigt

in seinen Verschluß wieder zurückbringen könntet? Sie bejahten es, versichernd und beteuernd, der Kastellan wurde ihnen als Wegweiser zugegeben. Nun entfernte der Fürst mit Wenigen sich eiligst, die Fürstin folgte langsamer mit dem übrigen Gefolge; Mutter aber und Sohn stiegen, von dem Wärter, der sich eines Gewehrs bemächtigt hatte, begleitet, steiler gegen den Berg hinan.

Vor dem Eintritt in den Hohlweg, der den Zugang zu dem Schloß eröffnete, fanden sie die Jäger beschäftigt dürres Reisig zu häufen, damit sie auf jeden Fall ein großes Feuer anzünden könnten. – Es ist nicht Not, sagte die Frau, es wird ohne das alles in Güte geschehen.

Weiter hin, auf einem Mauerstücke sitzend, erblickten sie Honorio, seine Doppelbüchse in den Schoß gelegt, auf einem Posten als wie zu jedem Ereignis gefaßt. Aber die Herankommenden schien er kaum zu bemerken, er saß wie in tiefen Gedanken versunken, er sah umher wie zerstreut. Die Frau

sprach ihn an mit der Bitte, das Feuer nicht anzünden zu lassen, er schien jedoch ihrer Rede wenig Aufmerksamkeit zu schenken; sie redete lebhaft fort und rief: Schöner junger Mann, du hast meinen Tiger erschlagen, ich fluche dir nicht, schone meinen Löwen, guter junger Mann, ich segne dich.

Honorio schaute gerad vor sich hin, dorthin wo die Sonne auf ihrer Bahn sich zu senken begann. – Du schaust nach Abend, rief die Frau, du tust wohl daran, dort gibt's viel zu tun; eile nur, säume nicht, du wirst überwinden. Aber zuerst überwinde dich selbst. Hierauf schien er zu lächeln, die Frau stieg weiter, konnte sich aber nicht enthalten nach dem Zurückbleibenden nochmals umzublicken; eine rötliche Sonne überschien sein Gesicht, sie glaubte nie einen schöneren Jüngling gesehen zu haben.

Wenn Euer Kind, sagte nunmehr der Wärtel, flötend und singend, wie ihr überzeugt seid, den Löwen anlocken und beruhigen kann, so werden wir uns desselben sehr leicht bemeistern, da sich das gewaltige Tier ganz nah an die durchbrochenen Gewölbe hingelagert hat, durch die wir, da das Haupttor verschüttet ist, einen Eingang in den Schloßhof gewonnen haben. Lockt ihn das Kind hinein, so kann ich die Öffnung mit Leichter Mühe schließen, und der Knabe, wenn es ihm gut deucht, durch eine der kleinen Wendeltreppen, die er in der Ecke sieht, dem Tiere entschlüpfen. Wir wollen uns verbergen, aber ich werde mich so stellen, daß meine Kugel jeden Augenblick dem Kinde zu Hilfe kommen kann.

Die Umstände sind alle nicht nötig, Gott und Kunst, Frömmigkeit und Glück müssen das Beste tun. – Es sei, versetzte der Wärtel, aber ich kenne meine Pflichten. Erst führ' ich euch durch einen beschwerlichen Stieg auf das Gemäuer hinauf, gerade dem Eingang gegenüber, den ich erwähnt habe; das Kind mag hinabsteigen, gleichsam in die Arena des Schauspiels, und das besänftigte Tier dort hereinlocken. Das geschah; Wärtel und Mutter sahen versteckt von oben herab, wie das Kind die Wendeltreppen hinunter in dem klaren Hofraum sich zeigte und in der düstern Öffnung gegenüber verschwand, aber sogleich seinen Flötenton hören ließ, der sich nach und nach verlor und endlich verstummte. Die Pause war ahnungsvoll genug, den alten, mit Gefahr bekannten Jäger beengte der seltene menschliche Fall. Er sagte sich, daß er lieber persönlich dem gefährlichen Tiere entgegen ginge; die Mutter jedoch, mit heiterem Gesicht, übergebogen horchend, ließ nicht die mindeste Unruhe bemerken.

Endlich hörte man die Flöte wieder, das Kind trat aus der Höhe hervor mit glänzend befriedigten Augen, der Löwe hinter ihm drein, aber langsam und wie es schien mit einiger Beschwerde. Er zeigte hie und da Lust sich niederzulegen, doch der Knabe führte ihn im Halbkreise durch die wenig ent-

blätterten, buntbelaubten Bäume, bis er sich endlich in den letzten Strahlen der Sonne, die sie durch eine Ruinenlücke hereinsandte, wie verklärt niedersetzte und sein beschwichtigendes Lied abermals begann, dessen Wiederholung wir uns auch nicht entziehen können.

> Aus den Gruben, hier im Graben
> Hör' ich des Propheten Sang;
> Engel schweben ihn zu laben,
> Wäre da dem Guten bang?
> Löw' und Löwin, hin und wieder,
> Schmiegen sich um ihn heran,
> Ja, die sanften frommen Lieder
> Haben's ihnen angetan!

Indessen hatte sich der Löwe ganz knapp an das Kind hingelegt und ihm die schwere rechte Vordertatze auf den Schoß gehoben, die der Knabe fortsingend anmutig streichelte, aber gar bald bemerkte, daß ein scharfer Dornzweig zwischen den Ballen eingestochen war. Sorgfältig zog er die verletzende Spitze hervor, nahm lächelnd sein buntseidenes Halstuch vom Nacken, und verband die greuliche Tatze des Untiers, so daß die Mutter sich vor Freuden mit ausgestreckten Armen zurückbog und vielleicht angewohnter Weise Beifall gerufen und geklatscht hätte, wäre sie nicht durch einen derben Faustgriff des Wärtels erinnert worden, daß die Gefahr nicht vorüber sei.

Glorreich sang das Kind weiter, nachdem es mit wenigen Tönen vorgespielt hatte:

> Denn der Ew'ge herrscht auf Erden,
> Über Meere herrscht sein Blick;
> Löwen sollen Lämmer werden,
> Und die Welle schwankt zurück;
> Blankes Schwert erstarrt im Hiebe;
> Glaub' und Hoffnung sind erfüllt;
> Wundertätig ist die Liebe,
> Die sich im Gebet enthüllt.

Ist es möglich zu denken, daß man in den Zügen eines so grimmigen Geschöpfes, des Tyrannen der Wälder, des Despoten des Tierreiches, einen Ausdruck von Freundlichkeit, von dankbarer Zufriedenheit habe spüren können, so geschah es hier, und wirklich sah das Kind in seiner Verklärung aus wie ein mächtiger siegreicher Überwinder, jener zwar nicht wie der Überwundene, denn seine Kraft blieb in ihm verborgen, aber doch wie der Gezähmte, wie der dem eigenen friedlichen Willen Anheimgegebene. Das Kind flötete und sang so weiter, nach seiner Art die Zeilen verschränkend und neue hinzufügend:

> Und so geht mit guten Kindern
> Sel'ger Engel gern zu Rat,
> Böses Wollen zu verhindern,
> Zu befördern schöne Tat,
> So beschwören, fest zu bannen,
> Liebem Sohn an's zarte Knie
> Ihn, des Waldes Hochtyrannen,
> Frommer Sinn und Melodie.

Friedrich Schiller

Spiel des Schicksals

Ein Bruchstück aus einer wahren Geschichte

Aloysius von G... war der Sohn eines Bürgerlichen von Stande in ...schen Diensten, und die Reime seines glücklichen Genies wurden durch eine liberale Erziehung frühzeitig entwickelt. Noch sehr jung, aber mit gründlichen Kenntnissen versehen, trat er in Militärdienste bei seinem Landesherrn, dem er als ein junger Mann von großen Verdiensten und noch größeren Hoffnungen nicht lange verborgen blieb. G... war in vollem Feuer der Jugend, der Fürst war es auch; G... war rasch unternehmend, der Fürst, der es auch war, liebte solche Charaktere. Durch eine reiche Ader von Witz und eine Fülle von Wissenschaft wußte G… seinen Umgang zu beseelen, jeden Zirkel, in den er sich mischte, durch eine immer gleiche Jovialität aufzuheitern und über alles, was sich ihm darbot, Reiz und Leben auszugießen und der Fürst verstand sich darauf, Tugenden zu schätzen, die er in einem hohen Grade selbst besaß. Alles, was er unternahm, seine Spielereien selbst, hatten einen Anstrich von Größe: Hindernisse schreckten ihn nicht, und kein Fehlschlag konnte seine Beharrlichkeit besiegen. Den Wert dieser Eigenschaften erhöhte eine empfehlende Gestalt, das volle Bild blühender Gesundheit und herkulischer Stärke, durch das beredte Spiel eines regen Geistes beseelt, in Blick, Gang und Wesen eine anerschaffene natürliche Majestät, durch eine edle Bescheidenheit gemildert. War der Prinz von dem Geiste seines jungen Gesellschafters bezaubert, so riß diese verführerische Außenseite seine Sinnlichkeit unwiderstehlich hin. Gleichheit des Alters, Harmonie der Neigungen und der Charaktere stifteten in kurzem ein Verhältnis zwischen beiden, daß alle Stärke von der Freundschaft, und von der leidenschaftlichen Liebe alles Feuer und alle Heftigkeit besaß. G… flog von einer Beförderung zur anderen; aber diese äußerlichen Zeichen schienen sehr weit hinter dem, was er dem Fürsten in der Tat war, zurückzubleiben. Mit erstaunlicher Schnelligkeit blühte sein Glück empor, weil der Schöpfer desselben sein Anbeter, sein leidenschaftlicher Freund war. Noch nicht zweiundzwanzig Jahr alt, sah er sich auf einer Höhe, womit die Glücklichsten sonst ihre Laufbahn beschließen. Aber sein tätiger Geist konnte nicht lange im Schoß müßiger Eitelkeit rasten, noch sich mit dem schimmernden Gefolge einer Größe begnügen, zu deren gründlichem Gebrauch er sich Mut und Kräfte genug fühlte. Während daß der Fürst nach dem Ringe des Vergnügens flog, vergrub sich der junge Günstling unter Akten und Büchern und widmete sich mit lasttragendem Fleiß den Geschäften, deren er sich endlich so geschickt und so vollkommen bemächtigte, daß jede Angelegenheit, die nur einigermaßen von Belange war, durch seine Hände ging. Aus einem Gespielen seiner Vergnügen wurde er bald erster Rat und Minister und endlich Beherrscher seines Fürsten. Bald war kein Weg mehr zu diesem als durch ihn. Er vergab alle Ämter und Würden; alle Belohnungen wurden aus seinen Händen empfangen.

G… war in zu früher Jugend und mit zu raschen Schritten zu dieser Größe emporgestiegen, um ihrer mit Mäßigung zu genießen. Die Höhe, worauf er sich erblickte, machte seinen Ehrgeiz schwindeln; die Bescheidenheit verließ ihn, sobald das letzte Ziel seiner Wünsche erstiegen war. Die demutsvolle Unterwürfigkeit, welche von den Ersten des Landes, von allen, die durch Geburt, Ansehen und Glücksgüter so weit über ihn erhoben waren, welche von Greisen selbst ihm, einem Jünglinge, gezollt wurde, berauschte seinen Hochmut, und die unumschränkte Gewalt, von der er Besitz genommen, machte bald eine gewisse Härte in seinem Wesen sichtbar, die von jeher als Charakterzug in ihm gelegen hatte und ihm auch durch alle Abwechselungen seines Glückes geblieben ist. Keine Dienstleistung war so mühevoll und groß, die ihm seine Freunde nicht zumuten durften; aber seine Feinde mochten zittern: denn so sehr er auf der einen Seite sein Wohlwollen übertrieb, so wenig Maß hielt er in seiner Rache. Er gebrauchte sein Ansehen weniger, sich selbst zu bereichern, als viele Glückliche zu machen, die ihm als dem Schöpfer ihres Wohlstandes huldigen sollten; aber Laune, nicht Gerechtigkeit wählte die Subjekte. Durch ein hochfahrendes gebieterisches Wesen entfremdete er selbst die Herzen derjenigen von sich, die er am meisten verpflichtet hatte, indem er zugleich alle seine Nebenbuhler und heimlichen Neider in ebenso viele unversöhnliche Feinde verwandelte.

Unter denen, welche jeden seiner Schritte mit Augen der Eifersucht und des Neides bewachten und in der Stille schon die Werkzeuge zu seinem Untergange zurichteten, war ein piemontesischer Graf, Joseph Martinengo, von der Suite des Fürsten, den G... selbst, als eine unschädliche und ihm ergebene Kreatur, in diesen Posten eingeschoben hatte, um ihn bei den Vergnügungen seines Herrn den Platz ausfüllen zu lassen, dessen er selbst überdrüssig zu werden anfing und den er lieber mit einer gründlicheren Beschäftigung vertauschte. Da er diesen Menschen als ein Werk seiner Hände betrachtete, das er, sobald es ihm nur einfiele, in das Nichts wieder zurückwerfen könnte, woraus er es gezogen, so hielt er sich desselben durch Furcht sowohl als durch Dankbarkeit versichert und verfiel dadurch in eben den Fehler, den Richelieu beging, da er Ludwig dem Dreizehnten den jungen le Grand zum Spielzeug überließ. Aber ohne diesen Fehler mit Richelieus Geiste verbessern zu können, hatte er es mit einem verschlageneren Feinde zu tun, als der französische Minister zu bekämpfen gehabt hatte. Anstatt sich seines guten Glücks zu überheben und seinen Wohltäter fühlen zu lassen, daß man seiner nun entübrigt sei, war Martinengo vielmehr aufs sorgfältigste bemüht, den Schein dieser Abhängigkeit zu unterhalten und sich mit verstellter Unterwürfigkeit immer mehr und mehr an den Schöpfer seines Glücks anzuschließen. Zu gleicher Zeit aber unterließ er nicht, die Gelegenheit, die sein Posten ihm verschaffte, öfters um den Fürsten zu sein, in ihrem ganzen Umfang zu benutzen und sich diesem nach und nach notwendig und unentbehrlich zu machen. In kurzer Zeit wußte er das Gemüt seines Herrn auswendig, alle Zugänge zu seinem Vertrauen hatte er ausgespäht und sich unbemerkt in seine Gunst eingestohlen. Alle jene Künste, die ein edler Stolz und eine natürliche Erhabenheit der Seele den Minister verachten gelehrt hatte, wurden von dem Italiener in Anwendung gebracht, der zu Erreichung seines Zwecks auch das niedrigste Mittel nicht verschmähte. Da ihm sehr gut bewußt war, daß der Mensch nirgends mehr eines Führers und Gehilfen bedarf als auf dem Wege des Lasters und daß nichts zu kühneren Vertraulichkeiten berechtigt als eine Mitwisserschaft geheim gehaltener Blößen, so weckte er Leidenschaften bei dem Prinzen, die bis jetzt noch in ihm geschlummert hatten, und dann drang er sich ihm selbst zum Vertrauten und Helfershelfer dabei auf. Er riß ihn zu solchen Ausschweifungen hin, die die wenigsten Zeugen und Mitwisser dulden; und dadurch gewöhnte er ihn unbemerkt, Geheimnisse bei ihm niederzulegen, wovon jeder dritte ausgeschlossen war. So gelang es ihm endlich, auf die Verschlimmerung des Fürsten seinen schändlichen Glücksplan zu gründen, und eben darum, weil das Geheimnis ein wesentliches Mittel dazu war, so war das Herz des Fürsten sein, ehe sich G... nur träumen ließ, daß er es mit einem anderen teilte.

Man dürfte sich wundern, daß eine so wichtige Veränderung der Aufmerksamkeit dem Letzteren entging; aber G... war seines eigenen Wertes zu gewiß, um sich einen Mann wie Martinengo als Nebenbuhler auch nur zu denken, und dieser sich selbst zu gegenwärtig, zu sehr auf seiner Hut, um durch irgendeine Unbesonnenheit seinen Gegner aus dieser stolzen Sicherheit zu reißen. Was Tausende vor ihm auf dem glatten Grunde der Fürstengunst straucheln gemacht hat, brachte auch G... zum Falle – zu große Zuversicht zu sich selbst. Die geheimen Vertraulichkeiten zwischen Martinengo und seinem Herrn beunruhigten ihn nicht. Gerne gönnte er einem Aufkömmling ein Glück, das er selbst im Herzen verachtete und das nie das Ziel seiner Bestrebungen gewesen war. Nur weil sie allein ihm den Weg zu der höchsten Gewalt bahnen konnte, hatte die Freundschaft des Fürsten einen Reiz für ihn gehabt, und leichtsinnig ließ er die Leiter hinter sich fallen, sobald sie ihm auf die erwünschte Höhe geholfen hatte.

Martinengo war nicht der Mann, sich mit einer so untergeordneten Rolle zu begnügen. Mit jedem Schritte, den er in der Gunst seines Herrn vorwärts tat, wurden seine Wünsche kühner, und sein Ehrgeiz fing an, nach einer gründlicheren Befriedigung zu streben. Die künstliche Rolle von Unterwürfigkeit, die er bis jetzt noch immer gegen seinen Wohltäter beibehalten hatte, wurde immer drückender für ihn, je mehr das Wachstum seines Ansehens seinen Hochmut weckte. Da das Betragen des Ministers gegen ihn sich nicht nach den schnellen Fortschritten verfeinerte, die er in der Gunst des Fürsten machte, im Gegenteil oft sichtbar genug darauf eingerichtet schien, seinen aufsteigenden Stolz durch eine heilsame Rückerinnerung an seinen Ursprung niederzuschlagen, so wurde ihm dieses gezwungene und widersprechende Verhältnis endlich so lästig, daß er einen ernstlichen Plan entwarf, es durch den Untergang seines Nebenbuhlers auf einmal zu endigen. Unter dem undurchdringlichsten Schleier der Verstellung brütete er diesen Plan zur Reife. Noch durfte er es nicht wagen, sich mit seinem Nebenbuhler in offenbarem Kampfe zu messen; denn obgleich die erste Blüte von G...'s Favoritschaft dahin war, so hatte sie doch zu frühzeitig angefangen und zu tiefe Wurzeln im Gemüte des jungen Fürsten geschlagen, um so schnell daraus verdrängt zu werden. Der kleinste Umstand konnte sie in ihrer ersten Stärke zurückbringen; darum begriff Martinengo wohl, daß der Streich, den er ihm beibringen wollte, ein tödlicher Streich sein müsse. Was G... an des Fürsten *Liebe* vielleicht verloren haben mochte, hatte er an seiner *Ehrfurcht* gewonnen; je mehr sich letzterer den Regierungsgeschäften entzog, desto weniger konnte er des Mannes entraten, der, selbst auf Unkosten des Landes, mit der gewissenhaftesten Ergebenheit und Treue seinen Nutzen besorgte – und so teuer er ihm ehedem als Freund gewesen war, so wichtig war er ihm jetzt als Minister.

Was für Mittel es eigentlich gewesen, wodurch der Italiener zu seinem Zwecke gelangte, ist ein Geheimnis zwischen den wenigen geblieben, die der Schlag traf und die ihn führten. Man mutmaßt, daß er dem Fürsten die Originalien einer heimlichen und sehr verdächtigen Korrespondenz vorgelegt, welche G... mit einem benachbarten Hofe soll unterhalten haben; ob echt oder unterschoben, darüber sind die Meinungen geteilt. Wie dem aber auch gewesen sein möge, so erreichte er seine Absicht in einem fürchterlichen Grade. G... erschien in den Augen des Fürsten als der undankbarste und schwärzeste Verräter, dessen Verbrechen so außer allen Zweifel gesetzt war, daß man ohne fernere Untersuchung sogleich gegen ihn verfahren zu dürfen glaubte. Das Ganze wurde unter dem tiefsten Geheimnis zwischen Martinengo und seinem Herrn verhandelt, daß G... auch nicht einmal von ferne das Gewitter merkte, das über seinem Haupte sich zusammenzog. In dieser verderblichen Sicherheit verharrte er bis zu dem schrecklichen Augenblick, wo er von einem Gegenstande der allgemeinen Anbetung und des Neides zu einem Gegenstand der höchsten Erbarmung herunter sinken sollte.

Als dieser entscheidende Tag erschienen war, besuchte G... nach seiner Gewohnheit die Wachparade. Vom Fähnrich war er in einem Zeitraum von wenigen Jahren bis zum Rang eines Obristen hinaufgerückt; und auch dieser Posten war nur ein bescheidener Name für die Ministerwürde, die er in der Tat bekleidete und die ihn über die Ersten im Lande hinaussetzte. Die Wachparade war der gewöhnliche Ort, wo sein Stolz die allgemeine Huldigung einnahm, wo er in einer kurzen Stunde einer Größe und Herrlichkeit genoß, für die er den ganzen Tag über Lasten getragen hatte. Die Ersten von Range nahten sich ihm hier nicht anders als mit ehrerbietiger Schüchternheit, und die sich seiner Wohlgewogenheit nicht ganz sicher wußten, mit Zittern. Der Fürst selbst, wenn er sich je zuweilen hier einfand, sah sich neben seinem Wesir vernachlässigt, weil es weit gefährlicher war, diesem letzteren zu mißfallen, als es Nutzen brachte, jenen zum Freunde zu haben. Und eben dieser Ort, wo er sich sonst als einem Gott hatte huldigen lassen, war jetzt zu dem schrecklichen Schauplatz seiner Erniedrigung erkoren.

Sorglos trat er in den wohlbekannten Zirkel, der sich, ebenso unwissend über das, was kommen sollte, als er selbst, heute wie immer ehrerbietig vor ihm auftat, seine Befehle erwartend. Nicht lange, so erschien in Begleitung einiger Adjutanten Martinengo, nicht mehr der geschmeidige, tiefgebückte, lächelnde Höfling – frech und bauernstolz, wie ein zum Herrn gewordener Lakai, mit trotzigem festem Tritte schreitet er ihm entgegen, und mit bedecktem Haupte steht er vor ihm still, im Namen des Fürsten seinen Degen for-

dernd. Man reicht ihm diesen mit einem Blicke schweigender Bestürzung, er stemmt die entblößte Klinge gegen den Boden, sprengt sie durch einen Fußtritt entzwei und läßt die Splitter zu G…'s Füße fallen. Auf dieses gegebene Signal fallen beide Adjutanten über ihn her, der eine beschäftigt, ihm das Ordenskreuz von der Brust zu schneiden, der andere, beide Achselbänder nebst den Aufschlägen der Uniform abzulösen und Kordon und Federbusch von dem Hute zu reißen. Während dieser ganzen schrecklichen Operation, die mit unglaublicher Schnelligkeit vonstatten geht, hört man von mehr als fünfhundert Menschen, die dicht umherstehen, nicht einen einzigen Laut, nicht einen einzigen Atemzug in der ganzen Versammlung. Mit bleichen Gesichtern, mit klopfendem Herzen und in totenähnlicher Erstarrung steht die erschrockene Menge im Kreis um ihn herum, der in dieser sonderbaren Ausstaffierung – ein seltsamer Anblick von Lächerlichkeit und Entsetzen! – einen

Augenblick durchlebt, den man ihm nur auf dem Hochgericht nachempfindet. Tausend andere an seinem Platze würden die Gewalt des ersten Schrekkens sinnlos zu Boden gestreckt haben; sein robuster Nervenbau und seine starke Seele dauerten diesen fürchterlichen Zustand aus und ließen ihn alles Gräßliche desselben erschöpfen.

Kaum ist diese Operation geendigt, so führt man ihn durch die Reihen zahlloser Zuschauer bis ans äußerste Ende des Paradeplatzes, wo ein bedeckter Wagen ihn erwartet. Ein stummer Wink befiehlt ihm, in denselben zu steigen; eine Eskorte von Husaren begleitet ihn. Das Gerücht dieses Vorgangs hat sich unterdessen durch die ganze Residenz verbreitet, alle Fenster öffnen sich, alle Straßen sind von Neugierigen erfüllt, die schreiend dem Zuge folgen und unter abwechselnden Ausrufungen des Hohnes, der Schadenfreude und einer noch weit kränkenderen Bedauernis seinen Namen wiederholen. Endlich sieht er sich im Freien, aber ein neuer Schrecken wartet hier auf ihn. Seitab von der Heerstraße lenkt der Wagen, einen wenig befahrenen menschenleeren Weg – den Weg nach dem Hochgericht, gegen welches man ihn, auf einen ausdrücklichen Befehl des Fürsten, langsam heranfährt. Hier, nachdem man ihm alle Qualen der Todesangst zu empfinden gegeben, lenkt man wieder nach einer Straße ein, die von Menschen besucht wird. In der sengenden Sonnenhitze ohne Labung, ohne menschlichen Zuspruch, bringt er sieben schreckliche Stunden in diesem Wagen zu, der endlich mit Sonnenuntergang an dem Ort seiner Bestimmung, der Festung –, stille hält. Des Bewußtseins beraubt, in einem mittleren Zustand zwischen Leben und Tod (ein zwölfstündiges Fasten und der brennende Durst hatten endlich seine Riesennatur überwältigt), zieht man ihn aus dem Wagen – und in einer scheußlichen Grube unter der Erde wacht er wieder auf. Das erste, was sich, als er die Augen zum neuen Leben wieder aufschlägt, ihm darbietet, ist eine grauenvolle Kerkerwand, durch einige Mondesstrahlen matt erleuchtet, die in einer Höhe von neunzehn Klaftern durch schmale Ritzen auf ihn herunter fallen. – An seiner Seite findet er ein dürftiges Brot nebst einem Wasserkrug und daneben eine Schütte Stroh zu seinem Lager. In diesem Zustand verharrt er bis zum folgenden Mittag, wo endlich in der Mitte des Turmes ein Laden sich auftut und zwei Hände sichtbar werden, von welchen in einem hängenden Korbe dieselbe Kost, die er gestern gefunden, herunter gelassen wird. Jetzt, seit diesem ganzen fürchterlichen Glückswechsel zum erstenmal, entrissen ihm Schmerz und Sehnsucht einige Fragen: wie er hierher komme? und was er verbrochen habe? Aber keine Antwort von oben: die Hände verschwinden, und der Laden geht wieder zu. Ohne das Gesicht eines Menschen zu sehen, ohne auch nur eines Menschen Stimme zu hören, ohne irgend einen Aufschluß über dieses entsetzliche Schicksal, über Künftiges und Vergangenes in gleich fürchterlichen Zweifeln, von keinem warmen Lichtstrahl erquickt,

von keinem gesunden Lüftchen erfrischt, aller Hilfe unerreichbar und vom allgemeinen Mitleid vergessen, zählt er in diesem Ort der Verdammnis vierhundertneunzig gräßliche Tage an den kümmerlichen Broten ab, die ihm von einer Mittagsstunde zur anderen in trauriger Einförmigkeit hinunter gereicht werden. Aber eine Entdeckung, die er schon in den ersten Tagen seines Hierseins macht, vollendet das Maß seines Elends. Er kennt diesen Ort – er selbst war es, der ihn, von einer niedrigen Rachgier getrieben, wenige Monate vorher neu erbaute, um einen verdienten Offizier darin verschmachten zu lassen, der das Unglück gehabt hatte, seinen Unwillen auf sich zu laden. Mit erfinderischer Grausamkeit hatte er selbst die Mittel angegeben, den Aufenthalt in diesem Kerker grauenvoller zu machen. Er hatte vor nicht gar langer Zeit in eigner Person eine Reise hierher getan, den Bau in Augenschein zu nehmen und die Vollendung desselben zu beschleunigen. Um seine Marter aufs Äußerste zu treiben, muß es sich fügen, daß derselbe Offizier, für den dieser Kerker zugerichtet worden, ein alter würdiger Obrist, dem eben verstorbenen Kommandanten der Festung im Amte nachfolgt und aus einem Schlachtopfer seiner Rache der Herr seines Schicksals wird. So floh ihm auch der letzte traurige Trost, sich selbst zu bemitleiden, und das Schicksal, so hart es ihn auch behandelte, einer Ungerechtigkeit zu zeihen. Zu dem sinnlichen Gefühl seines Elends gesellte sich noch eine wütende Selbstverachtung und der Schmerz, der für stolze Herzen der bitterste ist, von der Großmut eines Feindes abzuhängen, dem er keine gezeigt hatte.

Aber dieser rechtschaffene Mann war für eine niedere Rache zu edel. Unendlich viel kostete seinem menschenfreundlichen Herzen die Strenge, die seine Instruktion ihm gegen den Gefangenen auflegte; aber als ein alter Soldat gewöhnt, den Buchstaben seiner Order mit blinder Treue zu befolgen, konnte er weiter nichts als ihn bedauern. Einen tätigeren Helfer fand der Unglückliche an dem Garnisonsprediger der Festung, der, von dem Elend des gefangenen Mannes gerührt, wovon er nur spät, und nur durch dunkle unzusammenhängende Gerüchte, Wissenschaft bekam, sogleich den festen Entschluß faßte, etwas zu seiner Erleichterung zu tun. Dieser achtungswürdige Geistliche, dessen Namen ich ungern unterdrücke, glaubte seinem Hirtenberufe nicht besser nachkommen zu können, als wenn er ihn jetzt zum Besten eines unglücklichen Mannes geltend machte, dem auf keinem anderen Wege mehr zu helfen war.

Da er von dem Kommandanten der Festung nicht erhalten konnte, zu dem Gefangenen gelassen zu werden, so machte er sich in eigener Person auf den Weg nach der Hauptstadt, sein Gesuch dort unmittelbar bei dem Fürsten zu betreiben. Er tat einen Fußfall vor demselben und flehte seine Erbarmung für den unglücklichen Menschen an, der ohne die Wohltaten des Christentums, von denen auch das ungeheuerste Verbrechen nicht ausschließen könne, hilflos verschmachte und der Verzweiflung vielleicht nahe sei. Mit aller Unerschrockenheit und Würde, die das Bewußtsein erfüllter Pflicht verleiht, forderte er einen freien Zutritt zu dem Gefangenen, der ihm als Beichtkind angehöre und für dessen Seele er dem Himmel verantwortlich sei. Die gute Sache, für die er sprach, machte ihn beredt, und den ersten Unwillen des Fürsten hatte die Zeit schon etwas gebrochen. Er bewilligte ihm seine Bitte, den Gefangenen mit einem geistlichen Besuch erfreuen zu dürfen.

Das erste Menschenantlitz, das der unglückliche G… nach einem Zeitraum von sechzehn Monaten erblickte, war das Gesicht seines Helfers. Den einzigen Freund, der ihm in der Welt lebt, dankte er seinem Elend; sein Wohlstand hatte ihm keinen erworben. Der Besuch des Predigers war für ihn eines Engels Erscheinung. Ich beschreibe seine Empfindungen nicht. Aber von diesem Tage an flossen seine Tränen gelinder, weil er sich von einem menschlichen Wesen beweint sah.

Entsetzen hatte den Geistlichen ergriffen, da er in die Mordgrube hineintrat. Seine Augen suchten einen Menschen – und ein Grauen erweckendes Scheusal kroch aus einem Winkel ihm entgegen, der mehr dem Lager eines wilden Tieres als dem Wohnort eines menschlichen Geschöpfes glich. Ein blasses totenähnliches Gerippe, alle Farbe des Lebens aus einem Angesicht verschwunden, in welches Gram und Verzweiflung tiefe Furchen gerissen

hatten, Bart und Nägel durch eine so lange Vernachlässigung bis zum Scheußlichen gewachsen, vom langen Gebrauche die Kleidung halb vermodert, und aus gänzlichem Mangel der Reinigung die Luft um ihn verpestet – so fand er diesen Liebling des Glücks, und diesem allem hatte seine eiserne Gesundheit widerstanden! Von diesem Anblick noch außer sich gesetzt, eilte der Prediger auf der Stelle zu dem Gouverneur, um auch noch die zweite Wohltat für den armen Unglücklichen auszuwirken, ohne welche die erste für keine zu rechnen war.

Da sich dieser abermals mit dem ausdrücklichen Buchstaben seiner Instruktion entschuldigt, entschließt er sich großmütig zu einer zweiten Reise nach der Residenz, die Gnade des Fürsten noch einmal in Anspruch zu nehmen. Er erklärt, daß er sich, ohne die Würde des Sakraments zu verletzen, nimmermehr entschließen könnte, irgend eine heilige Handlung mit seinem Gefangenen vorzunehmen, wenn ihm nicht zuvor die Ähnlichkeit mit Menschen zurückgegeben würde. Auch dieses wird bewilligt, und erst von diesem Tage an lebte der Gefangene wieder.

Noch viele Jahre brachte G... auf dieser Festung zu, aber in einem weit leidlicheren Zustand, nachdem der kurze Sommer des neuen Günstlings verblüht war und andere an seinem Posten wechselten, welche menschlicher dachten oder doch keine Rache an ihm zu sättigen hatten. Endlich nach einer zehnjährigen Gefangenschaft erschien ihm der Tag der Erlösung – aber keine gerichtliche Untersuchung, keine förmliche Lossprechung. Er empfing seine

Freiheit als Geschenk aus den Händen der Gnade; zugleich ward ihm auferlegt, das Land auf ewig zu räumen.

Hier verlassen mich die Nachrichten, die ich, bloß aus mündlichen Überlieferungen, über seine Geschichte habe sammeln können; und ich sehe mich gezwungen, über einen Zeitraum von zwanzig Jahren hinwegzuschreiten. Während desselben fing G... in fremden Kriegsdiensten von neuem seine Laufbahn an, die ihn endlich auch dort auf eben den glänzenden Gipfel führte, wovon er in seinem Vaterlande so schrecklich herunter gestürzt war. Die Zeit endlich, die Freundin des Unglücklichen, die eine langsame, aber unausbleibliche Gerechtigkeit übt, nahm endlich auch diesen Rechtshandel über sich. Die Jahre der Leidenschaften waren bei dem Fürsten vorüber, und die Menschheit fing allgemach an, einen Wert bei ihm zu erlangen, wie seine Haare sich bleichten. Noch am Grabe erwachte in ihm eine Sehnsucht nach dem Lieblinge seiner Jugend. Um womöglich dem Greis die Kränkungen zu vergüten, die er auf den Mann gehäuft hatte, lud er den Vertriebenen freundlich in seine Heimat zurück, nach welcher auch in G...'s Herzen schon längst eine stille Sehnsucht zurückgekehrt war. Rührend war dieses Wiedersehen, warm und täuschend der Empfang, als hätte man sich gestern erst getrennt. Der Fürst ruhte mit einem nachdenkenden Blick auf dem Gesicht, das ihm so wohl bekannt und doch wieder so fremd war; es war, als zählte er die Furchen, die er selbst darein gegraben hatte. Forschend suchte er in des Greisen Gesicht die geliebten Züge des Jünglings wieder zusammen, aber was er suchte, fand er nicht mehr. Man zwang sich zu einer frostigen Vertraulichkeit – Beider Herzen hatten Scham und Furcht auf immer und ewig getrennt. Ein Anblick, der ihm seine schwere Übereilung wieder in seine Seele rief, konnte dem Fürsten nicht wohl tun; G... konnte den Urheber seines Unglücks nicht

41

mehr lieben. Doch getröstet und ruhig sah er in die Vergangenheit, wie man sich eines überstandenen schweren Traumes erfreut.

Nicht lange, so erblickte man G... wieder im vollkommenen Besitz aller seiner vorigen Würden, und der Fürst bezwang seine innere Abneigung, um ihm für das Vergangene einen glänzenden Ersatz zu geben. Aber konnte er ihm auch das Herz dazu wiedergeben, das er auf immer für den Genuß des Lebens verstümmelte? Konnte er ihm die Jahre der Hoffnungen wiedergeben, oder für den abgelebten Greis ein Glück erdenken, das auch nur von weitem den Raub ersetzte, den er an dem Manne begangen hätte?

Noch neunzehn Jahre genoß G... diesen heiteren Abend seines Lebens. Nicht Schicksale, nicht die Jahre hatten das Feuer der Leidenschaft bei ihm aufzehren noch die Jovialität seines Geistes ganz bewölken können. Noch in seinem siebenzigsten Jahre haschte er nach dem Schatten eines Guts, das er im zwanzigsten wirklich besßen hatte. Er starb endlich – als Befehlshaber von der Festung..., wo Staatsgefangene aufbewahrt wurden. Man wird erwarten, daß er gegen diese eine Menschlichkeit geübt, deren Wert er an sich selbst hatte schätzen lernen müssen. Aber er behandelte sie hart und launisch, und eine Aufwallung des Zorns gegen einen derselben streckte ihn auf den Sarg in seinem achtzigsten Jahre.

Ludwig Tieck

Die Freunde

Es war ein schöner Frühlingsmorgen, als Ludwig Wandel ausging, um auf einem Dorfe, das einige Meilen entfernt war, einen kranken Freund zu besuchen. Dieser hatte ihm geschrieben, daß er gefährlich daniederliege und ihn gern noch einmal zu sehn und zu sprechen wünsche.

Der muntre Sonnenschein glänzte in den hellgrünen Gebüschen; die Vögel zwitscherten und sprangen hin und wider; die fröhlichen Lerchen sangen über den leichten, vorüberfliegenden Wolken! Düfte kamen von den frischen Wiesen und alle Obstbäume in den Gärten blühten weiß und freundlich.

Ludwigs trunkenes Auge schweifte auf allen Gegenständen umher; seine Seele wollte sich erweitern, aber dann dachte er an seinen kranken Freund und ging wieder in stiller Betrübnis weiter; die Natur hatte sich umsonst so hell und glänzend geschmückt, er sah in seiner Phantasie nur das Krankenbett und seinen leidenden Bruder.

„Wie Gesang von jedem Zweige schallt“, rief er aus; „die Töne der Vögel vermischen sich lieblich mit dem Flüstern der Blätter, und ich höre aus der Ferne doch die Seufzer des Kranken durch das süße Konzert.“

Indes kam ein Zug geputzter Bäuerinnen aus dem Dorfe; alle grüßten ihn freundlich und erzählten ihm, wie sie mit munterm Sinne nach einer Hochzeit

wallfahrten, wie die Arbeit für heute ruhen und dem Feste Platz machen müsse. Er hörte ihnen zu, und noch aus der Ferne erschallte ihr Jubel; ihm klangen die Lieder nach, die sie sangen, aber er ward immer betrübter. Im Walde setzte er sich auf einen umgehauenen Baum nieder, zog den schon oft gelesenen Brief aus der Tasche und las noch einmal.

Vielgeliebter Freund!
Ich weiß nicht, warum Du mich so ganz vergessen hast, daß ich gar keine Nachrichten von Dir erhalte. Darüber verwundere ich mich nicht, daß die Menschen mich verlassen, aber das betrübt mich inniglich, daß auch Du Dich gar nicht um mich kümmerst. Ich bin gefährlich krank, ein Fieber erschöpft alle meine Kräfte; wenn Du noch länger zögerst, mich zu besuchen, so kann ich Dir nicht versprechen, ob Du mich noch wiedersiehst. Die ganze Natur lebt auf und fühlt sich frisch und kräftig, nur ich sinke ermattet zurück; mich erquickt die neue Wärme nicht, ich sehe die grüne Flur nicht, nur den Baum, der vor meinem Fenster rauscht und meinen Gedanken lauter Totenlieder singt. Meine Brust ist enge, der Atem wird mir schwer, und manchmal scheint es mir, als würden die Wände meines Zimmers immer dichter zusammenrükken und mich so erdrücken. Ihr übrigen in der Welt feiert jetzt die schönste Zeit des Lebens, und ich muß hier in der Krankenbehausung verschmachten. Ich wollte gern den Frühling aufgeben, wenn ich nur Dein liebes Angesicht noch einmal wiedersehn könnte; aber ihr Gesunden denkt nie ernsthaft daran, was es eigentlich zu sagen habe, wenn man krank ist, wie teuer uns dann in der Hilflosigkeit der Besuch des Freundes ist; ihr wißt die kostbaren Minuten des Trostes nicht zu schätzen, weil euch die ganze Welt mit warmer, inniger Freundschaft umfängt. Ach wenn ihr den schrecklichen Tod und das noch schrecklichere Kranksein so kenntet, wie ich! O Ludwig, wie würdest Du dann eilen, um diese zerbrechliche Form schnell noch einmal wiederzuerkennen, die Du bisher Deinen Freund nanntest und die nachher so unbarmherzig in Stücke geschlagen wird. Wenn ich gesund wäre, würd' ich Dir entgegeneilen und mir einbilden, Du könntest in diesem Augenblicke vielleicht krank liegen. Wenn ich Dich nicht wiedersehn sollte, so lebe wohl.

Welchen sonderbaren Eindruck machte der Schmerz dieses Briefes auf Ludwigs Herz in der fröhlichen Natur, die beglänzt vor seinen Augen so herrlich dalag. Er weinte und stützte das Haupt auf die Hand. „Jubiliert nur, ihr Waldbewohner!" dachte er bei sich, „denn ihr kennt keine Klage, ihr führt ein leichtes, poetisches Leben, und dazu sind euch die raschen Schwingen verliehen; o wie glücklich seid ihr, daß ihr nicht trauern dürft! Der warme Sommer ruft euch und ihr wünscht nichts weiter, ihr tanzt ihm entgegen und wenn der Winter kommen will, seid ihr verschwunden. O du leichtbefiedertes, fröhliches Waldleben! wie beneid' ich dich! Warum sind dem armen Menschen so viele schwere Sorgen in sein Herz gelegt? Warum darf er nicht lieben, ohne durch Jammer seine Liebe zu erkaufen? Durch Elend sein Glück? Das Leben rauscht wie eine flüchtige Quelle unter unsern Füßen hinweg, und löscht nicht unsern Durst, unsre heiße Sehnsucht."

Er verlor sich immer mehr in Gedanken, dann stand er auf und setzte seinen Weg durch den dichten Wald fort. „Wenn ich ihm nur helfen könnte", rief er aus; „wenn mir nur die Natur irgendein Mittel darböte, ihn zu retten; so aber habe ich nichts als das Gefühl meiner Schwäche und den Schmerz über den Verlust meines Freundes. In meiner Kindheit glaubt' ich an Zauberei und an ihre übernatürliche Hilfe; o wär ich jetzt so glücklich, daß ich so, wie damals, auf sie hoffen könnte."

Er beschleunigte seine Schritte, und unwillkürlich kamen ihm alle Erinnerungen aus seinen frühesten Kinderjahren zurück; er folgte den lieblichen Gestalten, die ihm winkten, und war bald so in einem Labyrinthe verwickelt, daß er die Gegenstände nicht bemerkte, die ihn umgaben. Er hatte vergessen, daß es Frühling war, daß sein Freund krank sei; er horchte auf die wunderbaren Melodien, die zu ihm wie von fernen Ufern herübertönten; das Seltsamste gesellte sich zum Gewöhnlichsten; seine ganze Seele wandte sich um. Aus dem Hintergrunde des Gedächtnisses, aus dem tiefen Abgrunde der Vergangenheit wurden alle die Gestalten hervorgetrieben, die ihn einst entzückt oder geängstigt hatten; aufgestört wurden alle die ungewissen Phantome, die ohne Gestalt herumflattern und oft mit wüstem Gesumse unser Haupt umgeben. Puppen, Kinderspiele und Gespenster tanzten vor ihm her und bedeckten ganz den grünen Rasen, daß er keine Blume zu seinen Füßen gewahr werden konnte. Die erste Liebe umgab ihn mit ihrem dämmernden Morgenschimmer und ließ funkelnde Regenbogen auf die Aue niederfallen; die ersten Schmerzen zogen vorbei und drohten ihm, am Ende des Lebens in eben der Gestalt wiederzukommen. Ludwig suchte alle diese wechselnden Gefühle festzuhalten und in diesem magischen Genusse sich seiner selbst bewußt zu bleiben, aber vergeblich: wie rätselhafte Bücher mit bunten grotesken Figuren, die sich schnell auf einen Augenblick eröffnen und dann plötzlich wieder zugeschlagen werden; so unstet, so flatternd zog alles seiner Seele vorüber.

Der Wald öffnete sich und seitwärts lagen auf dem offenen Felde einige alte Ruinen, mit Warttürmen und Wällen umgeben. Ludwig verwunderte sich, daß er unter seinen Träumen den Weg so schnell zurückgelegt habe. Er schritt aus seiner Schwermut heraus, so wie er aus dem Schatten des Waldes trat; denn oft sind die Gemälde in uns nur Widerscheine von den äußern Gegenständen. Jetzt ging wie eine Morgensonne die Erinnerung in ihm auf, wie er zuerst den Genuß der Poesie habe kennenlernen, wie er zum erstenmal den holden Einklang verstanden, den manches Menschenohr niemals vernimmt.

„Wie unbegreiflich", sagte er zu sich, „flog damals das zusammen, was mir auf ewig durch große Klüfte getrennt schien; die ungewissesten Ahndungen in mir erhielten Form und Umriß, und strahlten Schimmer von sich, in denen ich tausend Nebengestalten erblickte, die ich bis dahin noch niemals wahrgenommen hatte. So ward mir nun das genannt, was ich immer hatte aussprechen wollen; ich empfing nun die schönsten Schätze der Erde, die meine Sehnsucht bis dahin vergeblich gesucht hatte; und wie hab' ich dir seitdem, du göttliche Kraft der Phantasie und Dichtkunst, so alles zu danken! Wie hast du meinen Lebenslauf eben gemacht, der erst so verworren schien! Immer neue Quellen des Genusses und des Glückes hast du mich entdecken lassen, so daß sich mir jezt nirgends eine dürre Wüste entgegenstreckt; alle Ströme der süßen, wollüstigen Begeisterung haben ihren Lauf durch mein irdisches Herz genommen, ich bin trunken worden, und habe die Himmlischen kennengelernt."

Die Sonne ging unter und Ludwig verwunderte sich darüber, daß es schon Abend sein sollte; er fühlte keine Müdigkeit, er war auch noch weit von dem Ziele entfernt, das er vor der Nacht hatte erreichen wollen. Er stand still und begriff es nicht, wie es komme, daß sich der purpurrote Abend schon über die Wolken ausstreckte; daß so große Schatten fielen und die Nachtigall aus dem dichten Gebüsche ihr klagendes Lied begann. Er sah sich um; die Ruinen lagen weit zurück, ganz mit rotem Glanze übergossen, und er war jetzt zweifelhaft, ob er sich nicht von der geraden, ihm so wohlbekannten Straße entfernt habe.

Jetzt fiel ihm ein Bild aus seiner frühen Kindheit ein, das bis dahin noch nie wieder in seine Seele gekommen war; eine furchtbare weibliche Gestalt, die vor ihm über das einsame Feld hinschlich, ohne sich nach ihm umzusehn, und der er wider seinen Willen folgen mußte, die ihn in unbekannte Gegenden nach sich zog, und deren Gewalt er sich durchaus nicht erwehren könne. Ein leiser Schauer schlich über ihn hin, und doch war es ihm unmöglich, sich jener Gestalt deutlicher zu erinnern, oder sich mit der Seele in jenen Zustand zurückzufinden, in welchem dieses Bild zuerst in ihm aufgestiegen war. Er strebte nach, alle diese seltsamen Empfindungen in sich abzusondern, als er sich durch einen Zufall etwas genauer umsah und sich wirklich an einem Orte befand, den er bis dahin, sooft er auch dieses Weges gegangen war, noch nie gesehen hatte. „Bin ich bezaubert?" rief er aus, „oder haben mich meine Träume und Phantasien verrückt gemacht? Ist es die wunderbare Wirkung der Einsamkeit, daß ich mich selber nicht wiedererkenne, oder schweben Geister und Genien um mich her, die meine Sinnen gefangen halten? Wahrlich, wenn ich mich nicht aus mir selbst herausreiße, so erwarte ich hier jenes Frauenbild, das mir in meiner Kindheit auf allen wüsten Plätzen vorschwebte."

Er suchte alle Phantasien von sich zu entfernen, um sich im Wege wieder zurechtzufinden; aber seine Erinnerungen wurden immer verwirrter, die Blumen zu seinen Füßen wurden größer, das Abendrot wurde noch glühender und wunderseltsame Wolken hingen tief zur Erde hinunter, wie Vorhänge von einer geheimnisreichen Szene, die sich bald eröffnen würde. Es entstand ein klingendes Sumsen in dem hohen Grase und die Halme neigten sich gegeneinander, als wenn sie ein Gespräch führten und ein leichter warmer Frühlingsregen plätscherte dazwischen, als wenn er alle schlummernde Harmonien in den Wäldern, in den Gebüschen, in den Blumen aufwecken wollte. Nun klang und tönte alles, tausend schöne Stimmen redeten durcheinander, Gesänge lockten sich und Töne schlangen sich um Töne, und in dem niedersinkenden Abendrote wiegten sich unzählige blaue Schmetterlinge, auf deren breiten Flügeln der Schein funkelte. Ludwig glaubte im Traume zu liegen, als sich plötzlich die schweren, dunkelroten Wolken wieder aufhoben, und eine weite, unabsehlich weite Aussicht öffneten. Im Sonnenschein lag eine prächtige Ebene da und funkelte mit frischen Wäldern und betautem Buschwerk. In der Mitte strahlte ein Palast mit tausend und tausend Farben, wie aus lauter beweglichen Regenbogen und Gold und Edelsteinen zusammengesetzt; ein vorübergehender Fluß warf spielend die mannigfalti-

gen Schimmer zurück, und eine weiche rötliche Luft umfing das Zauber-
schloß. Da flogen fremde, nie gesehene Vögel umher, und scherzten mit ihren
roten und grünen Flügeln gegeneinander, größere Nachtigallen sangen mit
lauteren Tönen durch die widerklingende Natur; Flammen schossen durch
das grüne Gras hin, und flatterten bald hier, bald dort, und fuhren dann in
Kreisen um das Schloß herum. Ludwig ging näher und hörte holdselige Stimmen folgendes singen:

> „Wandersmann von unten
> geh uns nicht vorüber,
> weile in dem bunten
> Zauberpalast lieber.
>
> Hast du Sehnsucht sonst gekannt
> nach den fernen Freuden,
> oh, wirf ab die Leiden!
> und betritt das längstgewünschte Land."

Ohne sich zu bedenken, tritt Ludwig jetzt auf die glänzende Schwelle, und
scheute sich nur einen Augenblick, seinen Fuß auf das blanke Gestein zu setzen; dann ging er hinein. Die Türen schlossen sich hinter ihm zu.

„Hieher! hieher!" riefen ungesehene Stimmen, wie aus dem innersten Palaste, und er folgte dem Klange mit lautklopfendem Herzen. Alle seine Sorgen, alle seine ehemaligen Erinnerungen waren abgeschüttelt; sein Inneres
tönte von den Gesängen wider, die ihn äußerlich umgaben; alle Sehnsucht

war gestillt; alle gekannten und ungekannten Wünsche in ihm waren befriedigt. Die rufenden Stimmen wurden so stark, daß das ganze Gebäude erschallte, und er konnte sie immer noch nicht finden, obgleich er schon längst im Mittelpunkte des Palastes zu stehn glaubte.

Ein rotwangiger Knabe trat ihm endlich entgegen und begrüßte den fremden Gast; er führte ihn durch prächtige Zimmer voller Glanz und Gesang, und trat endlich mit ihm in den Garten, wo Ludwig, wie er sagte, erwartet würde. Er folgte betäubt seinem Führer, und der schönste Duft von tausend Blumen quoll ihm entgegen. Große beschattete Gänge empfingen sie; Ludwigs schwindelnder Blick konnte kaum die Wipfel der uralten hohen Bäume erreichen; auf den Zweigen saßen buntfarbige Vögel, Kinder spielten in den Bäumen und Gitarren und sie und die Vögel sangen dazu. Springbrunnen er-

hoben sich, in denen das reine Morgenrot zu spielen schien; die Blumen waren hoch wie Stauden, und ließen den Wanderer unter sich hinweggehen. Er hatte bis dahin noch keine so heilige Empfindung gekannt, als ihn jetzt durchglühte; noch kein so reiner himmlischer Genuß hatte sich ihm offenbaret; er war überglückselig.

Helle Glocken tönten durch die Bäume und alle Wipfel neigten sich, die Vögel schwiegen so wie die Kinder mit ihren Gitarren, die Rosenknospen entfalteten sich und der Knabe brachte jetzt den Fremden in eine glänzende Versammlung.

Auf schönen Rasenbänken saßen erhabene Weibergestalten, die ernstlich miteinander redeten. Sie waren größer als die gewöhnlichen Menschen, und hatten in ihrer überirdischen Schönheit zugleich etwas Furchtbares, das jedes Herz zurückschreckte. Ludwig wagte es nicht, ihr Gespräch zu unterbrechen; es war ihm, als sei er unter die homerischen Göttergestalten versetzt, als dürfe von keinen Gedanken die Rede sein, mit denen sich die Sterblichen unterhalten. Kleine possierliche Geister standen als Diener umher und warteten aufmerksam auf den ersten Wink, um plötzlich ihre ruhige Stellung zu verlassen; sie betrachteten den Fremdling, und sahen sich dann untereinander mit spöttischen, bedeutungsvollen Mienen an. Die Frauen hörten endlich auf zu sprechen, und winkten Ludwig zu sich heran, der noch immer verlegen dastand; er näherte sich zitternd.

„Sei unbesorgt!" sagte die Schönste von ihnen, „du bist uns hier willkommen und wir haben dich schon seit langem erwartet; du hast dich immer in unsre Wohnung gewünscht, bist du nun zufrieden?"

„ O wie unaussprechlich glücklich bin ich!" rief Ludwig aus, „alle meine kühnsten Träume sind in Erfüllung gegangen, meine frechsten Wünsche stehn jetzt vor mir, ja ich bin, ich lebe in ihnen. Wie es zugegangen ist, kann ich selber noch nicht begreifen, aber genug, daß es so ist; warum soll ich über dieses Rätselhafte schon eine neue Klage führen, da kaum meine ehemaligen Klagen geendigt sind!"

„Ist dieses Leben", fragte die Dame, „sehr von deinem vorigen verschieden?"

„Des vorigen Lebens", sagte Ludwig, „kann ich mich kaum noch erinnern. Ist mir doch dieses jetzige goldene Dasein geworden! nach dem alle meine Sinne, alle meine Ahndungen so brünstig streben, wonach alle Wünsche flogen, was ich mit meiner Phantasie erfassen wollte, mit meinen innersten Gedanken erringen; aber immer blieb das Bild fremde stehen, wie in Nebel eingehüllt. Und es ist mir nun endlich doch gelungen? Hab' ich dies neue Dasein gewonnen und hält es mich umfangen? – O verzeiht mir, ich weiß in der Trunkenheit nicht, was ich spreche, und sollte meine Worte freilich in einer solchen Versammlung genauer abwägen."

Die Dame winkte und alle Diener waren sogleich geschäftig; auf allen Bäumen regte es sich, allenthalben lief es und kam, und in weniger als einem Augenblicke stand eine Mahlzeit schöner Früchte und süßduftender Weine vor Ludwig da. Er setzte sich nieder und Musik erklang von neuem, und um ihn drehten sich in schöngeschlungenen Reihen Jünglinge und Mädchen, und ungestalte Kobolde belebten den Tanz und erweckten mit ihren Possen lautes Gelächter. Ludwig gab auf jeden Ton, auf jede Gebärde acht; er fühlte sich neugeboren, da er in dieses freudenvolle Leben eingeweiht ward.

„Warum", dachte er bei sich, „werden nur unsre Träume und Hoffnungen so oft verlacht, da sie sich doch weit früher erfüllen, als man jemals vermuten konnte? Wo steht denn nun die Grenzsäule zwischen Wahrheit und Irrtum, die die Sterblichen immer mit so verwegenen Händen aufrichten wollen? O ich hätte in meinem ehemaligen Leben nur noch öfter irren sollen, so wäre ich vielleicht früher für diese Seligkeit reif geworden."

Die Tänzer verschwanden, die Sonne ging unter, die ehrwürdigen Frauen erhoben sich. Ludwig stand ebenfalls auf und begleitete sie auf ihrem Spaziergange durch den stillen Garten. Die Nachtigallen klagten mit gedämpfter Stimme und ein wunderbarer Mond zog herauf. Die Blüten taten sich dem silbernen Scheine auf und alle Blätter wurden vom Mondglanze angezündet, die weiten Gänge erglühten und warfen seltsame grüne Schatten, rote Wolken schliefen auf den fernen Gefilden im grünen Grase, die Springbrunnen waren golden und spielten hoch in den klaren Himmel hinein.

„Jetzt wirst du schlafen wollen", sagte die schönste unter den Frauen, und wies dem entzückten Wanderer eine dunkle Laube, die mit bequemem Rasen und weichen Polstern belegt war. Dann verließen sie ihn und er blieb allein.

Er setzte sich nieder und bemerkte den magischen Dämmerschein, der sich durch das dichtverschlungene Laub brach. „Wie wunderlich!" sagte er zu sich selber, „daß ich jetzt vielleicht nur schlafe und es mir dann träumen kann, ich schliefe zum zweiten Male ein, und hätte einen Traum im Traume, bis es so in die Unendlichkeit fortginge und keine menschliche Gewalt mich nachher munter machen könnte. Aber, ich Ungläubiger! die schöne Wirklichkeit ist es, die mich beseligt, und mein voriger Zustand ist vielleicht nur ein schwermütiger Traum gewesen."

Er legte sich nieder und Lüftchen spielten um ihn; Wohlgerüche gaukelten und kleine Vögel sangen Schlaflieder. Im Traume dünkte ihm, als sei der Garten umher verändert, die großen Bäume waren abgestorben, der goldene Mond war aus dem Himmel herausgefallen und hatte eine trübe Lücke zurückgelassen; aus den Springbrunnen sprudelten statt des Wasserstrahls kleine Genien hervor, die sich in der Luft übereinanderwarfen und die seltsamsten Stellungen bildeten; statt der Gesänge durchschnitten Jammertöne die Luft, und jede Spur des glückseligen Aufenthalts war verschwunden. Ludwig erwachte unter bangen Empfindungen und schalt auf sich selbst, daß seine Phantasie noch die verkehrte Gewohnheit der Erdbewohner habe, alle empfangenen Gestalten barock und wild zu vermischen und sie uns so im Traume wieder vorzuführen.

Ein lieblicher Morgen zog herauf und die Frauen begrüßten ihn wieder.

Er sprach mit ihnen beherzter und war heut mehr gestimmt, fröhlich zu sein, weil ihn die umgebende Welt nicht mehr so sehr in Erstaunen setzte. Er betrachtete den Garten und den Palast, und sättigte sich mit der Pracht und dem Wunderbaren, das er dort antraf. So lebte er mehrere Tage glücklich, und glaubte, daß sein Glück nie höher steigen könne.

Zuweilen war es, als wenn ein Hahnengeschrei in der Nähe erschallte, dann erzitterte der ganze Palast und seine Begleiterinnen wurden bleich; es geschah gewöhnlich des Abends und man legte sich bald darauf schlafen. Dann kam wohl ein Gedanke an die vergessene Erde in die Seele Ludwigs, dann lehnte er sich manchmal weit aus den Fenstern des glänzenden Palastes heraus, um die flüchtigen Erinnerungen festzuhalten, um die Landstraße wiederzufinden, die nach seinen Gedanken dort vorübergehn mußte. In dieser Stimmung war er an einem Nachmittage allein, und bedachte, wie es ihm jetzt ebenso unmöglich falle, sich der Welt deutlich zu entsinnen, als er ehemals diesen poetischen Aufenthalt habe erahnen können, da war es, als wenn ein Posthorn in der Ferne ertönte, als wenn er die rasselnde Bewegung eines Wagens vernähme. „Wie sonderbar", sagte er zu sich, „fällt jetzt ein Schimmer, eine leise Erinnerung der Erde in meine Freuden hinein, die mich wehmütig macht. Fehlt mir denn hier etwas? Ist mein Glück noch unvollendet?"

Die Frauen kamen zurück. „Was wünschest du dir?" fragten sie besorgt, „du scheinst betrübt." „Ihr werdet lachen", antwortete Ludwig, „allein gewährt mir dennoch meine Bitte. Ich hatte in jenem Leben einen Freund, dessen ich mich kaum noch dunkel erinnere; er ist krank, soviel ich weiß; macht ihn durch eure Kunst gesund." – „Dein Wunsch ist schon erfüllt", sagten sie.

„Aber", sagte Ludwig, „vergönnt mir noch zwei Fragen."

„Rede."

„Fällt kein Schimmer der Liebe in diese wundervolle Welt hinein? Geht keine Freundschaft unter diesen Lauben? Ich dachte, jenes Morgenrot der Frühlingsliebe würde hier ewig dauern, das in jenem Leben nur gar zu schnell erlischt, und von dem die Menschen dann nachher als wie von einem Fabelwerke sprechen. Daß ich es euch gestehe, ich fühle nach diesen Empfindungen eine unbeschreibliche Sehnsucht."

„Du sehnst dich als nach der Erde zurück?"

„Nimmermehr!" rief Ludwig aus; „denn schon in jener kalten Erde sehnte ich mich nach Freundschaft und Liebe, und sie kamen mir nicht näher. Der Wunsch nach diesen Gefühlen mußte mir die Gefühle selber ersetzen, und darum trachtete ich danach, hier zu landen, um hier alles in der schönsten Vereinigung anzutreffen."

„Tor!" sagte die ehrwürdige Frau, „so hast du dich ja auf der Erde nach der Erde gesehnt, und nicht gewußt, was du tatest, da du dich hierher wünschtest; du hast deine Wünsche überschrien und deinen menschlichen Empfindungen Phantasien untergeschoben."

„Aber wer seid ihr?" rief Ludwig bestürzt.

„Wir sind die alten Feen", sagten jene, „von denen du schon seit langem wirst gehört haben. Sehnst du dich heftig in die Erde zurück, so wirst du dorthin zurückkommen. Unser Reich blüht empor, wenn die Sterblichen ihre Nacht bekommen, ihr Tag ist unsre Nacht. Unsre Herrschaft ist seit langem und wird noch lange bleiben; sie steht unsichtbar unter den Menschen; nur dir ward es vergönnt, uns mit Augen zu sehn."

Sie wandte sich um, und Ludwig erinnerte sich, daß es dieselbe Gestalt war, die ihn unwiderstehlich in der frühen Jugend nachgezogen hatte, und vor der er ein heimliches Entsetzen hegte. Er folgte ihr auch jetzt und rief: „Nein! ich will nicht zur Erde zurück! ich will hier bleiben!" – „So erriet ich also", sagte er zu sich selber, „schon in meiner Kindheit diese hohe Gestalt? So mag die Auflösung zu manchem Rätsel noch in uns liegen, das wir zu erforschen zu träge sind."

Er ging viel weiter, als er gewöhnlich zu tun pflegte, so daß der Feengarten schon weit hinter ihm lag. Er stand in einem romantischen Gebirge, wo Efeu wild und lockig die Felsenwände hinaufgewachsen war; Klippen waren auf Klippen getürmt und Furchtbarkeit und Größe schienen dieses Reich zu beherrschen. Da kam ein fremder Wandrer auf ihn zu und grüßte ihn freundlich und redete ihn so an: „Es ist mir lieb, daß ich dich nun doch wiedersehe." – „Ich kenne dich nicht", sagte Ludwig. – „Das kann wohl sein", antwortete jener, „aber du glaubtest mich sonst einmal recht gut zu kennen. Ich bin dein krankgewesener Freund."

„Unmöglich! Du bist mir ganz fremde!"

„Bloß deswegen", sagte der Fremde, „weil du mich heut zum erstenmal in meiner wahren Gestalt siehst; bisher fandest du nur dich selber in mir wieder. Du tust auch darum recht, hier zu bleiben, denn es gibt keine Freundschaft, es gibt keine Liebe, hier nicht, wo alle Täuschung niederfällt."

Ludwig setzte sich nieder und weinte.

„Was ist dir?" fragte der Fremde.

„Daß du der Freund meiner Jugend sein sollst", antwortete Ludwig, „ist das nicht kläglich genug? O komm mit mir zu unsrer lieben, lieben Erde zurück, wo wir uns unter täuschenden Formen wiedererkennen, wo es den Aberglauben der Freundschaft gibt. Was soll ich hier?"

„Was hilft es?" antwortete der Fremde. „Du wirst doch sogleich wieder zurück wollen, die Erde ist dir nun nicht glänzend genug, die Blumen sind dir zu klein, die Gesänge zu unterdrückt. Die Farben können sich aus den Schatten nicht so hell hervorarbeiten, die Blumen gewähren nur kleinen Trost und verwelken schnell, die Singevögel denken an ihren Tod und singen bescheiden: hier aber geht alles ins Große."

„O ich will mich zufrieden stellen", rief Ludwig unter heftigen Tränengüssen aus, „nur komm wieder mit mir zurück und sei mein voriger Freund, laß uns diese Wüste, dieses glänzende Elend verlassen."

Indem schlug er die Augen auf, weil ihn jemand heftig rüttelte. Neben ihn neigte sich das freundliche, aber blasse Angesicht seines kranken Freundes. – „Bist du doch gestorben?" rief Ludwig aus.

„Gesund geworden bin ich, du böser Schläfer", antwortete jener. „Besuchst du so deine kranken Freunde? Komm mit mir, mein Wagen hält dort und es zieht ein Gewitter herauf."

Ludwig richtete sich empor. Er war im Schlafe von dem Baumstamm heruntergesunken, der aufgeschlagene Brief seines Freundes lag neben ihm.

„So bin ich wirklich wieder auf der Erde?" rief er freudig aus; „wirklich? und es ist kein neuer Traum?"

„Du wirst ihr nicht entgehn", antwortete der Kranke lächelnd, und beide schlossen sich herzlich in die Arme. „Wie glücklich bin ich", sagte Ludwig, „daß ich dich wiederhabe, daß ich empfinde wie sonst, und daß du wieder gesund bist."

„Plötzlich", antwortete der kranke Freund, „ward ich krank, und ebensoplötzlich wieder gesund; ich wollte daher den Schrecken, den dir mein Brief gemacht haben muß, wieder vergüten und zu dir reisen; auf dem halben Wege finde ich dich hier schlafen."

„Ach! ich verdiene deine Liebe gar nicht", sagte Ludwig.

„Warum?"

„Weil ich soeben an deiner Freundschaft zweifelte."

„Doch nur im Schlafe."

„Es wäre wunderlich genug", sagte Ludwig, „wenn es am Ende doch wirklich Feen gäbe."

„Sie sind gewiß", antwortete jener, „aber das sind nur Erdichtungen, daß sie ihre Freude daran haben, die Menschen glücklich zu machen. Sie legen uns jene Wünsche ins Herz, die wir selber nicht kennen, jene übertriebenen Forderungen, jene übermenschliche Lüsternheit nach übermenschlichen Gütern, daß wir nachher in einem schwermütigen Rausche die schöne Erde mit ihren herrlichen Gaben verachten."

Ludwig antwortete mit einem Händedruck.

E. T. A. Hoffmann

Das Gelübde

Am Michaelistage, eben als bei den Karmelitern die Abendhora eingeläutet wurde, fuhr ein mit vier Postpferden bespannter staatlicher Reisewagen donnernd und rasselnd durch die Gassen des kleinen polnischen Grenzstädtchens L. und hielt endlich still vor der Haustür des alten deutschen Bürgermeisters. Neugierig steckten die Kinder die Köpfe zum Fenster heraus, aber die Hausfrau stand auf von ihrem Sitze und rief, indem sie ganz unmutig ihr Nähzeug auf den Tisch warf, dem Alten, der aus dem Nebenzimmer schnell eintrat, entgegen: „Schon wieder Fremde, die unser stilles Haus für eine Gastwirtschaft halten, das kommt aber von dem Wahrzeichen her. Warum hast du auch die steinerne Taube vor der Türe aufs neue vergolden lassen?“ Der Alte lächelte schlau und bedeutsam, ohne etwas zu erwidern; im Augenblick hatte er den Schlafrock abgeworfen, das Ehrenkleid, das vom Kirchgange her noch wohl gebürstet über der Stuhllehne hing, angezogen, und ehe die ganz erstaunte Frau den Mund zur Frage öffnen konnte, stand er schon, sein Samtmützchen unterm Arm, so daß sein silberweißes Haupt in der Dämmerung hell aufschimmerte, vor dem Kutschenschlage, den indessen ein Diener geöffnet. Eine ältliche Frau im grauen Reisemantel stieg aus dem Wagen, ihr folgte eine hohe jugendliche Gestalt mit dicht verhülltem Antlitz, die auf des Bürgermeisters Arm gestützt in das Haus hinein mehr wankte als schritt und, kaum ins Zimmer getreten, wie halb entseelt in den Lehnstuhl sank, den die Hausfrau auf des Alten Wink schnell herangerückt. Die ältere Frau sprach leise und sehr wehmütig zu dem Bürgermeister: „Das arme Kind! – ich muß wohl noch einige Augenblicke bei ihr verweilen", damit machte sie Anstalt, ihren Reisemantel herunterzuziehen, worin ihr des Bürgermeisters ältere Tochter beistand, so daß bald ihr Nonnengewand sowie ein auf der Brust funkelndes Kreuz sichtbar wurde, welches sie als Äbtissin eines Zisterziensernonnenklosters darstellte. Die verhüllte Dame hatte unterdessen nur durch ein leises, kaum vernehmbares Ächzen kundgetan, daß sie noch lebe, und endlich die Hausfrau um ein Glas Wasser gebeten. Die brachte aber allerlei Tropfen und Essenzen herbei und pries ihre Wunderkraft, indem sie die Dame bat, doch nur die dicken, schweren Schleier, die ihr alles freie Atmen verhindern müßten, abzulegen. Mit der Hand jede Annäherung der Hausfrau abwehrend, mit allen Zeichen des Abscheus den Kopf zurückbeugend, verwarf aber die Kranke den Vorschlag, und selbst, als sie endlich es sich gefallen ließ, den Duft einer starken Lebensessenz einzuziehen, als sie etwas von dem verlangten Wasser, in das die besorgte Hausfrau einige Tropfen eines bewährten Elixiers hineingetan, genoß, tat sie alles dies unter den Schleiern, ohne sie nur im mindesten zu lüpfen. „Ihr habt doch, mein lieber alter Herr", wandte sich die Äbtissin zum Bürgermeister, „Ihr habt doch alles so bereitet, wie es gewünscht worden?" „Jawohl", erwiderte der Alte, „jawohl! ich hoffe, mein durchlauchtigster Fürst soll mit mir zufrieden sein, sowie die Dame, für die ich alles zu tun bereit bin, was nur in meinen Kräften steht." „So laßt mich", fuhr die Äbtissin fort, „mit meinem armen Kinde noch einige Augenblicke allein." Die Familie mußte das Zimmer verlassen. Man hörte, wie die Äbtissin eifrig und salbungsvoll der Dame zusprach, und wie diese endlich auch zu reden begann mit einem Ton, der tief bis ins Herz drang. Ohne gerade zu horchen, blieb denn doch die Hausfrau an der Türe des Zimmers stehen, indessen wurde italienisch gesprochen, und selbst dies machte für sie den ganzen Auftritt geheimnisvoller und vermehrte die Beklommenheit, welche ihr den Mund verschloß. Frau und Tochter trieb der Alte fort, um für Wein und andere Erfrischungen zu sorgen, er selbst ging in das Zimmer zurück. Getrösteter, gefaßter schien die verschleierte Dame, welche mit gebeugtem Haupt und gefalteten Händen vor der Äbtissin stand. Diese verschmähte es nicht, etwas von den Erfrischungen anzunehmen, die ihr die Hausfrau darbot, dann rief sie: „Nun ist es Zeit!" Die verschleierte Dame sank nieder auf die Knie, die Äbtissin legte die Hände auf ihr Haupt und sprach leise Gebete. Als diese geendet, schloß sie, indem häufige Tränen ihr über die Wangen rollten, die Verschleierte in die Arme unbd drückte sie heftig wie im Übermaß des Schmerzes an die Brust, dann gab sie gefaßt und würdevoll der Familie die Benediktion und eilte, vom Alten geleitet, rasch in den Wagen, vor dem die frisch angelegten Postpferde laut wieherten. In vollem Juchzen und Blasen jagte der Postillon durch die Gassen zum Tore hinaus. Als nun die Hausfrau gewahrte, daß die verschleierte Dame, für die man ein paar schwere Koffer vom Wagen abgepackt und hineingetragen, dablieb, wohl gar auf lange Zeit eingezogen sei, konnte sie sich gar nicht lassen vor peinlicher Neugier und Sorge. Sie trat hinaus auf den Hausflur und dem Alten, der eben ins das Zimmer wollte, in den Weg. „Um Christus willen", flüsterte sie leise und ängstlich, „um Christus willen, welch einen Gast bringst du mir ins Haus, denn du weißt doch ja von allem und hast es mir nur verschwiegen." „Alles, was ich weiß, sollst du auch erfahren", erwiderte der Alte ganz ruhig. „Ach, ach!" fuhr die Frau noch ängstlicher fort, „du weißt aber vielleicht nicht alles; wärst du nur jetzt im Zimmer gewesen. Sowie die Frau Äbtissin abgefahren, mochte es der Dame doch wohl zu beklommen werden in ihren dicken Schleiern. Sie nahm den großen schwarzen Kreppflor, der ihr bis an die Knie reichte, herab, und da sah ich…" – „Nun, was sahst du denn", fiel der Alte der Frau, die zitternd sich umschaute, als erblicke sie Gespenster, in die Rede. „Nein", sprach die Frau weiter, „die Gesichtszüge konnte ich unter den dünnen Schleiern gar nicht deutlich erkennen, aber wohl die Totenfarbe, ach die grauliche Totenfarbe. Aber nun, Alter, nun merk' auf: deutlich, nur zu deutlich, ganz sonnenklar liegt's am Tage, daß die Dame guter Hoffnung ist. In wenigen Wochen kommt sie ins Kindbett." „Das weiß ich ja, Frau", sprach der Alte ganz mürrisch, „und damit du nur nicht umkommen mögest vor Neugier und Unruhe, will ich dir mit zwei Worten alles erklären. Wisse also, daß Fürst Z., unser hoher Gönner, mir vor einigen Wochen schrieb, die Äbtissin des Zisterzienserklosters in D. werde mir eine Dame bringen, die ich bei mir in meinem Hause aufnehmen solle in aller Stille, jedes Aufsehen sorglich vermeidend. Die Dame, welche nicht anders genannt sein wolle als schlechtweg Cölestine, werde bei mir ihre nahe Entbindung abwarten und dann nebst dem Kinde, das sie geboren, wieder abgeholt werden. Füge ich nun noch hinzu, daß der Fürst mir mit den eindringlichsten Worten die sorgsamste Pflege der Dame empfohlen und für die ersten Auslagen und Bemühungen einen tüchtigen Beutel mit Dukaten, den du in meiner Kommode finden und beäugeln kannst, beigefügt hat, so werden wohl alle Bedenken aufhören." „So müssen wir", sprach die Hausfrau, „vielleicht arger Sünde, wie sie die Vornehmen treiben, die Hand bieten." Noch ehe der Alte darauf etwas erwidern konnte, trat die Tochter zum Zimmer heraus und rief ihn zur Dame, welche sich nach Ruhe sehne und in das für sie bestimmte Gemach geführt zu werden wünsche. Der Alte hatte die beiden Zimmerchen des oberen Stocks so gut ausschmücken lassen, als er es nur vermochte, und war nicht wenig betreten, als Cölestine fragte, ob er außer diesen Gemächern nicht noch eins, dessen Fenster hintenheraus gingen, besitze. Er verneinte das und fügte nur, um ganz gewissenhaft zu sein, hinzu, daß zwar noch ein einziges Gemach mit einem Fenster nach dem Garten heraus vorhanden, dies dürfte aber gar kein Zimmer, sondern nur eine schlechte Kammer genannt werden; kaum so geräumig, um ein Bette, einen Tisch und einen Stuhl hineinzustellen, ganz einer elenden Klosterzelle gleich. Cölestine verlangte augenblicklich, diese Kammer zu sehen, und erklärte, kaum hineingekommen, daß eben dieses Gemach ihren Wünschen und Bedürfnissen angemessen sei, daß sie nur in diesem und keinem andern wohnen und es nur dann, wenn ihr Zustand durchaus größeren Raum und eine Krankenwärterin erfordern solle, mit einem größeren vertauschen werde. Verglich der Alte schon jetzt dieses enge Gemach mit einer Klosterzelle, so war es andern Tages ganz dazu geworden. Cölestine hatte ein Marienbild an die Wand geheftet und auf den alten hölzernen Tisch, der unter dem Bilde stand, ein Kruzifix hingestellt. Das Bett bestand in einem Strohsack und einer wollenen Decke, und außer einem hölzernen Schemel und noch einem kleinen Tisch litt Cölestine kein anderes Gerät. Die Hausfrau, ausgesöhnt mit der Fremden durch den tiefen zehrenden Schmerz, der sich in ihrem ganzen Wesen offenbarte, glaubte nach gewöhnlicher Weise sie aufheitern, unterhalten zu müssen, die Fremde bat aber mit den rührendsten Worten, eine Einsamkeit nicht zu verstören, in der allein mit ganz der Jungfrau und den Heiligen zugewandtem Sinn sie Tröstung finde. Jeden Tag, sowie der Morgen graute, begab sich Cölestine zu den Karmelitern, um die Frühmesse zu hören; den übrigen Tag schien sie unausgesetzt Andachtsübungen gewidmet zu haben, denn so oft es auch nötig wurde, sie in ihrem Zimmer aufzusuchen, fand man sie entweder betend oder in frommen Büchern lesend. Sie verschmähte andere Speise als Gemüse, anderes Getränk als Wasser, und nur die dringendsten Vorstellungen des Alten, daß ihr Zustand, das Wesen, das in ihr lebe, bessere Kost fordere, konnte sie endlich vermögen, zuweilen Fleischbrühe und etwas Wein zu genießen. Dieses strenge klösterliche Leben, hielt es auch jeder im Hause für die Buße begangener Sünde, erweckte doch zu gleicher Zeit inniges Mitleiden und tiefe Ehrfurcht, wozu denn auch der Adel ihrer Gestalt, die siegende Anmut jeder ihrer Bewegungen nicht wenig beitrug. Was aber diesen Gefühlen für die fremde Heilige etwas Schauerliches beimischte, war der

Umstand, daß sie die Schleier durchaus nicht ablegte, so daß keiner ihr Gesicht zu erschauen vermochte. Niemand kam in ihre Nähe als der Alte und der weibliche Teil seiner Familie, und diese, niemals aus dem Städtchen gekommen, konnten unmöglich durch das Wiedererkennen eines Gesichts, das sie vorher nicht gesehen, dem Geheimnis auf die Spur kommen. Wozu also die Verhüllung? – Die geschäftige Fantasie der Weiber erfand bald ein grauliches Märchen. Ein fürchterliches Abzeichen (so lautete die Fabel), die Spur der Teufelskralle, hatte das Gesicht der Fremden gräßlich verzerrt, und darum die dicken Schleier. Der Alte hatte Mühe dem Gewäsch zu steuern und zu verhindern, daß wenigstens vor der Türe seines Hauses nicht Abenteuerliches von der Fremden geschwatzt wurde, deren Aufenthalt in des Bürger-

meisters Hause freilich in der Stadt bekannt geworden. Ihre Gänge nach dem Karmeliterkloster blieben auch nicht unbemerkt, und bald nannte man sie des Bürgermeisters schwarze Frau, womit freilich sich von selbst die Idee einer spukhaften Erscheinung verband. Der Zufall wollte, daß eines Tages, als die Tochter der Fremden die Speisen in das Zimmer brachte, der Luftstrom den Schleier erfaßte und aufhob; mit Blitzesschnelle wandte sich die Fremde, so daß sie sich in demselben Moment dem Blick des Mädchens entzog. Diese kam aber erblaßt und an allen Gliedern zitternd herab. Keine Verzerrung, aber so wie die Mutter ein totenbleiches, hatte sie ein marmorweißes Antlitz erschaut, aus dessen tiefen Augenhöhlen es seltsam hervorblitzte. Der Alte schob mit Recht vieles auf des Mädchens Einbildung, aber auch ihm war es im Grunde genommen so zumute wie allen; er wünschte das verstörende Wesen, trotz aller Frömmigkeit, die es bewies, fort aus seinem Hause. Bald darauf weckte in einer Nacht der Alte die Hausfrau und sagte ihr, daß er schon sein einigen Minuten ein leises Wimmern und Ächzen, ein Klopfen vernehme, das von Cölestines Zimmer zu kommen scheine. Die Frau, von der Ahnung ergriffen, was das sein könne, eilte hinauf. Sie fand Cölestine angezogen und in ihre Schleier gewickelt auf dem Bett halb ohnmächtig liegen und überzeugte sich bald, daß die Niederkunft nahe sei. Schnell traf man die längst vorbereiteten Anstalten, und in weniger Zeit war ein gesundes holdes Knäblein geboren. Dies Ereignis, hatte man es auch längst vorausgesehen, trat doch wie unerwartet ein und vernichtete in seinen Folgen das drückende unheimliche Verhältnis mit der Fremden, welches auf der Familie schwer gelastet hatte. Der Knabe schien wie ein sühnender Mittler Cölestine dem Menschlichen wieder näher zu bringen. Ihr Zustand litt keine streng asketischen Übungen, und indem ihre Hilflosigkeit ihr die Menschen, welche sie mit liebender Sorgfalt pflegten, aufnötigte, gewöhnte sie sich mehr und mehr an ihren Umgang. Die Hausfrau dagegen, die nun die Kranke warten, ihr selbst die nahrhafte Suppe kochen und darreichen konnte, vergaß in dieser häuslichen Sorge alles Böse, was ihr sonst über die rätselhafte Fremde in den Sinn gekommen. Sie dachte nicht mehr daran, daß ihr ehrbares Haus vielleicht zum Schlupfwinkel der Schande dienen sollte. Der Alte jubelte ganz verjüngt und hätschelte den Knaben, als sei ihm ein Enkelkind geboren, und er, wie alle übrigen, hatte sich daran gewöhnt, daß Cölestine verschleiert blieb, ja selbst während der Entbindung. Die Wehmutter hatte ihr schwören müssen, daß, trete je ein Zustand der Bewußtlosigkeit ein, doch die Schleier nicht gelüpft werden sollten, außer von ihr, der Wehmutter selbst, im Fall der Todesgefahr. Es war gewiß, daß die Alte Cölestine unverschleiert gesehen, sie sagte aber darüber nichts als: „Die arme junge Dame muß sich ja wohl so verhüllen!" – Nach einigen Tagen erschien der Karmelitermönch, der den Knaben getauft hatte. Seine Unterredung mit Cölestine, niemand durfte zugegen sein, dauerte länger als zwei Stunden. Man hörte ihn eifrig sprechen und beten. Als er fortgegangen, fand man Cölestine im Lehnstuhl sitzend, auf dem Schoße den Knaben, um dessen kleine Schultern ein Skapulier (Mönchstuch) gelegt war, und der ein Agnusdei (papstgeweihte Lammfigurine) auf der Brust trug. Wochen und Monate vergingen, ohne daß, wie der Bürgermeister geglaubt hatte, und wie es ihm auch vom Fürsten Z. gesagt worden, Cölestine mit dem Kinde abgeholt wurde. Sie hätte ganz eintreten können in den friedlichen Kreis der Familie, wären die fatalen Schleier nicht gewesen, die immer den letzten Schritt zur freundlichen Annäherung hemmten. Der Alte nahm es sich heraus, dies der Fremden selbst freimütig zu äußern, doch als sie mit dumpfem feierlichen Ton erwiderte: „Nur im Tode fallen diese Schleier", schwieg er davon und wünschte aufs neue, daß der Wagen mit der Äbtissin erscheinen möge. Der Frühling war herangekommen, von einem Spaziergange kehrte die Familie des Bürgermeisters heim, Blumensträuße in den Händen tragend, deren schönste der frommen Cölestine be-

stimmt waren. Eben als sie in Haus treten wollten, sprengte ein Reiter heran, eifrig nach dem Bürgermeister fragend. Der Alte sprach, er sei selbst der Bürgermeister und stehe vor seinem Hause. Da sprang der Reiter herab vom Pferde, das er festband an den Pfosten, und stürzte mit dem gellenden Ruf: „Sie ist hier, sie ist hier", ins Haus und die Treppe herauf. Man hörte eine Tür einschlagen und Cölestines Angstgeschrei. Der Alte, von Entsetzen erfaßt, eilte nach. Der Reiter – wie nun sichtlich war, ein Offizier von der französischen Jägergarde, mit vielen Orden geschmückt, hatte den Knaben aus der Wiege gerissen und in den linken, mit dem Mantel umschlungenen Arm genommen; den rechten hatte Cölestine erfaßt, alle Kraft aufbietend, den Räuber des Kindes zurückzuhalten. Im Ringen riß der Offizier den Schleier herab – ein todstarres marmorweißes Antlitz, von schwarzen Locken umschattet, blickte ihn an, glühende Strahlen aus den tiefen Augenhöhlen schießend, während schneidende Jammertöne aus den halbgeöffneten unbewegten Lippen quollen. Der Alte nahm wahr, daß Cölestine eine weiße, dicht anschließende Maske trug. „Entsetzliches Weib! willst du, daß auch mich deine Raserei ergreife?" schrie der Offizier, indem er sich mit Gewalt losriß, so daß Cölestine zu Boden stürzte. Nun umfaßte sie aber seine Knie, indem sie mit dem Ausdruck des unsäglichsten Schmerzes, mit einem Ton, der das Herz durchnitt, flehte: „Laß mir das Kind! – o laß mir das Kind! – nicht um die ewige Seligkeit sollst du mich bringen. – Um Christus – um der heiligen Jungfrau willen – laß mir das Kind – laß mir das Kind." Und bei diesen Jammertönen regte sich kein Muskel, regten sich nicht die Lippen des Totenantlitzes, so daß dem Alten, der Hausfrau – allen, die ihm gefolgt, vor Grauen das Blut in den Adern stockte! „Nein", schrie der Offizier wie in heller Verzweiflung, „nein, unmenschliches, unerbittliches Weib, das Herz konntest du aus dieser Brust reißen, aber verderben sollst du nicht im heillosen Wahnsinn das Wesen, das sich tröstend an die blutende Wunde legt!" – Fester drückte der Offizier das Kind an sich, so daß es laut zu weinen begann – da brach Cölestine aus in ein dumpfes Heulen: „Rache – des Himmels Rache über dich – du Mörder –" „Laß ab! – laß ab – fort mit dir, du Höllenspuk –", kreischte der Offizier und schleuderte mit einer konvulsivischen Bewegung des Fußes Cölestine weit von sich und wollte zur Türe heraus. Der Alte trat ihm in den Weg, er riß aber schnell ein Terzerol (kleine Pistole) hervor, rief, die Mündung gegen den Alten gekehrt: „Die Kugel durch den Kopf dem, der dem Vater sein Kind zu entreißen gedenkt", stürzte die Treppe herab, schwang sich aufs Pferd, ohne das Kind zu lassen, und sprengte in vollem Galopp davon. – Die Hausfrau voll Herzensangst, wie es nun um Cölestine stehen, und was nun mit ihr anzufangen sein würde, überwand ihr Grauen vor der entsetzlichen Totenmaske und eilte herauf ihr beizustehen. Wie erstaunte sie, als sie Cölestine mitten im Zimmer gleich einer Statue mit herabhängenden Armen lautlos stehend fand. – Sie redete sie an, keine Antwort. Nicht vermögend den Anblick der Maske zu tragen, hing sie ihr die Schleier um, die auf dem Boden lagen, kein Regen und Bewegen. Cölestine war in einen automatähnlichen Zustand gesunken, der die Hausfrau mit neuer Angst und Pein erfüllte, so daß sie ganz inbrünstig zu Gott flehte, sie nur von dieser unheimlichen Fremden zu befreien. Ihre Bitte wurde zur Stelle erhört, denn eben hielt derselbe Wagen, der Cölestine gebracht, vor der Türe. Die Äbtissin kam, mit ihr Fürst Z., des alten Bürgermeisters hoher Gönner. Als der erfahren, was sich soeben zugetragen, sprach er sehr mild und ruhig: „So kamen wir zu spät und müssen uns wohl in Gottes Fügung schicken." Man brachte Cölestine herab, die sich starr und lautlos, ohne Zeichen eigenen Willens und eigener Willkür, fortführen und in den Wagen setzen ließ, der schnell fortrollte. Dem Alten, der ganzen Familie war so zumute, als erwachten sie nun erst aus einem bösen spukhaften Traum, der sie sehr geängstet.

Bald darauf, als sich dies in dem Hause des Bürgermeisters von L. begeben, wurde in dem Zisterziensernonnenkloster zu O. eine Logenschwester mit ungewöhnlicher Feierlichkeit begraben, und ein dumpfes Gerücht ging, daß diese Logenschwester die Gräfin Hermenegilda von C. gewesen, von der man glaubte, sie sei mit ihres Vaters Schwester, der Fürstin von Z., nach Italien gegangen. Zur selbigen Zeit erschien Graf Nepomuk von C., Hermenegildas Vater, in Warschau und trat, sich nur ein kleines Gütchen in der Ukraine vorbehaltend, seine sämtlichen übrigen beträchtlichen Besitzungen den beiden Söhnen des Fürsten Z., seinen Neffen, vermöge eines gerichtlichen Akts ohne Einschränkung ab. Man fragte nach der Ausstattung seiner Tochter, da hob er den düstern tränenschweren Blick gen Himmel und sagte mit dumpfer Stimme: „Sie ist ausgestattet!" – Er nahm gar keinen Anstand, nicht allein jenes Gerücht von Hermenegildas Tode im Kloster zu O. zu bestätigen, sondern auch das besondere Verhängnis zu offenbaren, das über Hermenegilda gewaltet und sie einer duldenden Märtyrin gleich frühzeitig in das Grab gezogen. Manche Patrioten, gebeugt, aber nicht zerknickt durch den Fall des Vaterlandes, gedachten den Grafen aufs neue in geheime Verbindungen zu ziehen, die die Herstellung des polnischen Staats bezweckten, aber nicht mehr den feurigen, für Freiheit und Vaterland beseelten Mann, der sonst zu jeder gewagten Unternehmung mit unerschütterlichem Mute die Hand bot, fanden sie, sondern einen ohnmächtigen, von wildem Schmerz zerrissenen Greis, der allen Welthändeln entfremdet im Begriff stand, sich in tiefer Einsamkeit zu vergraben. Sonst, zu jener Zeit, als nach der ersten Teilung Polens die Insurrektion vorbereitet wurde, war des Grafen Nepomuk von C. Stammgut der geheime Sammelplatz der Patrioten. Dort entzündeten sich die Gemüter bei feierlichen Mahlen zum Kampf für das gefallene Vaterland. Dort erschien, wie ein Engelsbild vom Himmel gesendet zur heiligen Weihe, Hermenegilda in dem Kreise der jungen Helden. Wie es den Frauen ihrer Nation eigen, nahm sie teil an allen, selbst an politischen Verhandlungen und äußerte, die Lage der Dinge wohl beachtend und erwägend, in einem Alter von noch nicht siebzehn Jahren, oft manchmal allen übrigen entgegen, eine Meinung, die von dem außerordentlichsten Scharfsinn, von der klarsten Umsicht zeigte, und die meistenteils den Ausschlag gab. Nächst ihr war niemand das Talent des schnellen Überblicks, des Auffassens und scharfgegründeten Darstellens der Lage der Dinge mehr eigen als dem Grafen Stanislaus von R., einem feurigen hochbegabten Jüngling von zwanzig Jahren. So geschah es, daß Hermenegilda und Stanislaus oft allein in raschen Diskussionen die zur Sprache gebrachten Gegenstände verhandelten, Vorschläge prüften – annahmen – verwarfen, andere aufstellten, und daß die Resultate des Zwiegesprächs zwischen dem Mädchen und dem Jüngling oft selbst von den alten staatsklugen Männern, die zu Rate saßen, als das Klügste und Beste, was zu beginnen, anerkannt werden mußten. Was war natürlicher, als an die Verbindung dieser beiden zu denken, in deren wunderbaren Talenten das Heil des Vaterlandes emporzukeimen schien. Außerdem war aber auch die nähere Verzweigung beider Familien schon deshalb in dem Augenblick politisch wichtig, weil man sie von verschiedenem Interesse beseelt glaubte, wie der Fall bei manchen anderen Familien in Polen zutraf. Hermenegilda, ganz durchdrungen von diesen Ansichten, nahm den ihr bestimmten Gatten als ein Geschenk des Vaterlandes auf, und so wurden mit ihrer feierlichen Verlobung die patriotischen Zusammenkünfte auf dem Gute des Vaters beschlossen. Es ist bekannt, daß die Polen unterlagen, daß mit Kosziuskos Fall eine zu sehr auf Selbstvertrauen und falsch vorausgesetzte Rittertreue basierte Unternehmung scheiterte. Graf Stanislaus, dem seine frühere militärische Laufbahn, seine Jugend und Kraft eine Stelle im Heer anwies, hatte mit Löwenmut gefochten. Mit Not schmählicher Gefangenschaft entgangen, auf den Tod verwundet kam er zurück. Nur Hermenegilda fesselte ihn noch ans Leben, in ihren Armen glaubte er Trost, verlorene Hoffnung wiederzufinden. Sowie er nur leidlich von seinen Wunden genesen, eilte er auf die Güter des Grafen Nepomuk, um dort aufs neue, aufs schmerzlichste verwundet zu werden. Hermenegilda empfing ihm mit beinahe höhnender Verachtung. „Seh' ich den Helden, der in den Tod gehen wollte für das Vaterland?" – So rief sie ihm entgegen; es war, als wenn sie in törichtem Wahnsinn den Bräutigam für einen jener Paladine der fabelhaften Ritterzeit gehalten, dessen Schwert allein Armeen vernichten konnte. Was halfen alle Beteuerungen, daß keine menschliche Kraft zu widerstehen vermochte dem brausenden, alles verschlingenden Strom, der sich über das Vaterland hinwälzte, was half alles Flehen der inbrünstigen Liebe, Hermenegilda, als könne sich ihr todkaltes Herz nur im wilden Treiben der Welthändel entzünden, blieb bei dem Entschluß, ihre Hand nur dann dem Grafen Stanislaus geben zu wollen, wenn die Fremden aus dem Vaterlande vertrieben sein würden. Der Graf sah zu spät ein, daß Hermenegilda ihn nie liebte, so wie er sich überzeugen mußte, daß die Bedingung, die Hermenegilda aufstellte, vielleicht niemals, wenigstens erst in geraumer Zeit erfüllt werden konnte. Mit dem Schwur der Treue bis in den Tod verließ er die Geliebte und nahm französische Dienste, die ihn in den Krieg nach Italien führten. – Man sagt den polnischen Frauen nach, daß ein eigenes launisches Wesen sie auszeichne. Tiefes Gefühl, sich hingebender Leichtsinn, stoische Selbstverleugnung, blühende Leidenschaft, todstarre Kälte, alles das, wie es bunt gemischt in ihrem Gemüte liegt, erzeugt das wunderliche unstete Treiben auf der Oberfläche, das dem Spiel gleicht der in stetem Wechsel fortplätschernden Wellen des im tiefsten Grunde bewegten Bachs. – Gleichgültig sah Hermenegilda den Bräutigam scheiden, aber kaum waren einige Tage vergangen, als sie sich von solch unaussprechlicher Sehnsucht befangen fühlte, wie sie nur die glühendste Liebe erzeugen kann. Der Sturm des Krieges war verrauscht, die Amnestie wurde proklamiert, man entließ die polnischen Offiziere aus der Gefangenschaft. So geschah es, daß mehrere von Stanislaus' Waffenbrüdern sich nach und nach auf des Grafen Gut einfanden. Mit tiefem Schmerz gedachte man jener unglücklichen Tage, aber auch mit hoher Begeisterung des Löwenmutes, womit alle, aber keiner mehr als Stanislaus gefochten. Er hatte die zurückweichenden Bataillone da, wo schon alles verloren schien, aufs neue ins Feuer geführt, es war ihm geglückt, die feindlichen Reihen mit seiner Reiterei zu durchbrechen. Das Schicksal des Tages wankte, da traf ihn eine Kugel, und mit dem Ausruf: „Vaterland – Hermenegilda!" stürzte er in Blut gebadet vom Pferde herab. Jedes Wort dieser Erzählung war ein Dolchstich, der tief in Hermenegildas Herz fuhr. „Nein! ich wußt es nicht, daß ich ihn unaussprechlich liebte seit dem ersten Augenblick, als ich ihn sah! – Welch ein höllisches Blendwerk konnte mich Ärmste verführen, daß ich zu leben gedachte ohne ihn, der mein einziges Leben ist! – Ich habe ihn in den Tod geschickt – er kehrt nicht wieder!" – So brach Hermenegilda aus in stürmische Klagen, die allen in die Seele drangen. Schlaflos, von steter Unruhe gefoltert, durchirrte sie zur Nachtzeit den Park, und, als vermöge der Nachtwind ihre Worte hinzutragen zu dem fernen Geliebten, rief sie in die Lüfte hinein: „Stanislaus – Stanislaus – kehre zurück – ich bin es – Hermenegilda ist es, die dich ruft – hörst du mich denn nicht – kehre zurück, sonst muß ich vergehen in banger Sehnsucht, in trostloser Verzweiflung!"

Hermenegildas überreizter Zustand schien übergehen zu wollen in wirklichen hellen Wahnsinn, der sie zu tausend Torheiten trieb. Graf Nepomuk, voll Kummer und Angst um das geliebte Kind, glaubte, daß ärztliche Hilfe hier vielleicht wirksam sein könnte, und es gelang ihm in der Tat, einen Arzt zu finden, der es sich gefallen ließ, einige Zeit auf dem Gut zu bleiben und sich der Leidenden anzunehmen. So richtig berechnet seine mehr psychische als physische Kurmethode aber auch sein mochte, so wenig sich ihre Wirkung auch ganz ableugnen ließ, so blieb es doch zweifelhaft, ob von wirklichem Genesen jemals die Rede würde sein können, da nach langer Stille sich ganz unerwartet wieder die seltsamsten Paroxismen einstellten. Ein eigenes Abenteuer gab der Sache eine andere Wendung. Hermenegilda hatte eben den kleinen Ulanen, ein Püppchen, das sie sonst wie den Geliebten ans Herz gedrückt, dem sie die süßesten Namen gegeben, unwillig ins Feuer geworfen, weil er durchaus nicht singen wollte: „Podrosz twoia nam niemila, milsza przyziaszń w Kraiwyła etc." Im Begriff, von dieser Expedition in ihr Zimmer zurückzukehren, befand sie sich auf dem Vorsaal, als es klingend und klirrend hinter ihr her schritt. Sie schaute um sich, erblickte einen Offizier in voller Uniform der französischen Jägergarde, der den linken Arm in der Binde trug, und stürzte mit dem lauten Ruf: „Stanilaus, mein Stanislaus!" ihm ohnmächtig in die Arme. Der Offizier, eingewurzelt im Boden vor Erstaunen und Überraschung, hatte nicht wenig Mühe, Hermenegilda, die groß und üppig gebaut, eben keine geringe Last war, mit einem Arm, dessen er nur mächtig, aufrecht zu erhalten. Er drückte sie fester und fester an sich, und indem er Hermenegildas Herz an seiner Brust schlagen fühlte, mußte er sich gestehen, daß dies eins der entzückendsten Abenteuer sei, das er je erlebt. Sekunde auf Sekunde verging, der Offizier, ganz entzündet vom Liebesfeuer, das in tausend elektrischen Funken der holden Gestalt, die er in seinen Armen hielt, entströmte, drückte glühende Küsse auf die süßen Lippen. So fand ihn Graf Nepomuk, der aus seinen Zimmern trat. Auch er rief, aufjauchzend vor Freude: „Graf Stanislaus!" – In dem Augenblick erwachte Hermenegilda und umschlang ihn inbrünstig, indem sie ganz außer sich von neuem rief: „Stanislaus! – mein Geliebter! mein Gatte!" – Der Offizier, im ganzen Gesicht glühend, zitternd – außer aller Fassung, trat einen Schritt zurück, indem er sich sanft Hermenegildas stürmischer Umarmung entzog. „Es ist der süßeste Augenblick meines Lebens – aber nicht schwelgen will ich in der Seligkeit, die mir nur ein Irrtum bereitet – ich bin ja nicht Stanislaus – ach, ich bin es ja nicht!" – So sprach der Offizier stotternd und zagend; entsetzt prallte Hermenegilda zurück, und als sie sich, den Offizier schärfer ins Auge fassend, überzeugt, daß die freilich ganz wunderbare Ähnlichkeit des Offiziers mit dem Geliebten sie getäuscht, eilte sie fort, laut jammernd und klagend. Graf Nepomuk konnte, da der Offizier sich nun als den jüngeren Vetter des Grafen Stanislaus, als den Grafen Xaver von R. kundtat, es kaum für möglich halten, daß der Knabe in so kurzer Zeit zum kräftigen Jüngling herangewachsen. Freilich kam hinzu, daß die Strapazen des Kriegs dem Gesicht, der ganzen Haltung einen männlicheren Charakter gaben, als es sonst der Fall gewesen sein würde. Graf Xaver hatte nämlich mit seinem älteren Vetter Stanislaus zugleich das Vaterland verlassen, wie er französische Kriegsdienste genommen und in Italien gefochten. Damals kaum achtzehn Jahre alt, zeichnete er sich doch bald als besonnener und löwenkühner Kriegsheld auf solche Weise aus, daß ihn der Feldherr zu seinem Adjutanten erhob, und jetzt war er, ein zwanzigjähriger Jüngling, schon zum Obristen heraufgestiegen. Erhaltene Wunden nötigten ihn einige Zeit auszuruhen. Er kehrte in das Vaterland zurück, und Aufträge von Stanislaus an die Geliebte führten ihn auf den Landsitz des Grafen Nepomuk, wo er empfangen wurde, als sei er der Geliebte selbst. Graf Nepomuk und der Arzt, beide gaben sich alle nur ersinnliche Mühe, Hermenegilda, die ganz vernichtet von Scham und bitterm Schmerz, ihr Zimmer nicht verlassen wollte, solange Xaver im Hause, zu beruhigen, aber umsonst. Xaver war außer sich, daß er Hermenegilda nicht wiedersehen sollte. Er schrieb ihr, daß er unverschuldet eine für ihn unglückliche Ähnlichkeit zu hart büße. Aber nicht ihn allein, sondern den Geliebten Stanislaus träfe das von jenem verhängnisvollen Moment erzeugte Mißgeschick, da ihm, dem Überbringer süßer Liebesbotschaft, jetzt alle Gelegenheit geraubt worden, ihr selbst, wie er gesollt, den Brief, den er von Stanislaus bei sich trage, einzuhändigen und noch alles von Mund zu Mund hinzuzufügen, was Stanislaus in der Hast des Augenblicks nicht mehr schreiben konnte. Hermenegildas Kammerfrau, die Xaver in sein Interesse gezogen, übernahm die Bestellung zur günstigen Stunde, und was dem Vater, dem Arzt nicht gelungen, bewirkte Xaver durch sein Schreiben. Hermenegilda entschloß sich ihn zu sehen. In tiefem Schweigen, mit niedergesenktem Blick, empfing sie ihn in ihrem Gemach. Xaver nahte sich mit leisem schwankenden Schritt, er nahm Platz vor dem Sofa, auf dem sie saß, aber indem er sich herabbeugte von dem Stuhl, kniete er mehr vor Hermenegilda, als daß er saß, und so flehte er in den rührendsten Ausdrücken mit einem Ton, als habe er sich des unverzeihlichsten Verbrechens anzuklagen, nicht auf sein Haupt möge sie die Schuld des Irrtums laden, der ihn die Seligkeit des geliebten Freundes empfinden lassen. Nicht ihn, nein Stanislaus selbst habe sie in der Wonne des Wiedersehens umarmt. Er übergab den Brief und fing an von Stanislaus zu erzählen, wie er mit echt ritterlicher Treue selbst im blutigen Kampf seiner Dame gedenke, wie nur sein Herz glühe für Freiheit und Vaterland usw. Xaver erzählte mit lebendigem Feuer, er riß Hermenegilda hin, die, alle Scheu bald überwunden den zauberischen Blick ihrer Himmelsaugen unverwandt auf ihn richtete, so daß er, ein neuer, von Turandots Blick getroffener Calaf, durchbebt von süßer Wonne, nur mühsam die Erzählung fortspann. Ohne es selbst zu wissen, bedrängt von dem innern Kampf gegen die Leidenschaft, die in hellen Flammen auflodern wollte, verlor er sich in die weitläufige Beschreibung einzelner Gefechte. Er sprach von Kavallerieangriffen – gesprengten Massen – eroberten Batterien. – Ungeduldig unterbrach ihn Hermenegilda, indem sie rief: „Oh, weg mit diesen blutigen Szenen eines Schauspiels der Hölle – sage! – sage mir nur, daß er mich liebt, daß Stanislaus mich liebt!" – Da ergriff Xaver, ganz ermutigt, Hermenegildas Hand, die er heftig an seine Brust drückte. „Höre ihn selbst, deinen Stanislaus", so rief er, und nun strömten die Beteuerungen der glühendsten Liebe, wie sie nur dem Wahnsinn der verzehrendsten Leidenschaft eigen, von seinen Lippen. Er war zu Hermenegildas Füßen gesunken, sie hatte ihn mit beiden Armen umschlungen, aber indem er, schnell aufgesprungen, sie an seine Brust drücken wollte, fühlte er sich heftig zurückgestoßen. Hermenegilda sah ihn mit starrem seltsamen Blick an und sprach mit dumpfer Stimme: „Eitle Puppe, wenn ich dich auch zum Leben erwärme an meiner Brust, so bist du doch nicht Stanislaus und kannst es auch nimmer werden!" – Hierauf verließ sie das Zimmer mit leisen langsamen Schritten. Xaver sah zu spät seine Unbesonnenheit ein. Daß er bis zum Wahnsinn in Hermenegilda, in die Braut des verwandten Freundes, verliebt sei, fühlte er nur zu lebhaft, ebenso aber auch, daß er bei jedem Schritt, den er zugunsten seiner törichten Leidenschaft zu tun gesonnen, sich würde treulosen Freunschaftsbruch vorwerfen müssen. Schnell abreisen, ohne Hermenegilda wiederzusehen, das war der heroische Entschluß, den er wirklich auf der Stelle so weit ausführte, daß er zu packen und seinen Wagen anzuspannen befahl. Graf Nepomuk war hoch verwundert, als Xaver von ihm Abschied nahm; er bot alles auf, ihn festzuhalten, doch mit einer Festigkeit, mehr von einer Art Krampf als von wahrer Geistesstärke erzeugt, blieb Xaver dabei, daß besondere Ursachen ihn forttrieben. Den Säbel umgeschnallt, die Feldmütze in der Hand, stand er in der Mitte des Zimmers, der Bediente mit dem Mantel auf dem Vorsaal. – Unten vor der Türe wieherten ungeduldig die Pferde. – Da ging die Tür auf, Hermenegilda trat herein, mit unbeschreiblicher Anmut schritt sie auf den Grafen zu und sprach hold lächelnd: „Sie wollen fort, lieber Xaver? – und noch so vieles dacht' ich von meinem geliebten Stanislaus zu hören! – Wissen Sie wohl, daß mich Ihre Erzählungen wunderbar trösten?" – Xaver schlug hocherrötend die Augen nieder, man nahm Platz, Graf Nepomuk versicherte ein Mal über das andere, seit vielen Monaten habe er Hermenegilda nicht in dieser heiteren unbefangenen Stimmung gesehen. Auf seinen Wink wurde, da die Zeit herangekommen, die Abendtafel in demselben Zimmer bereitet. Der edelste Ungarwein perlte in den Gläsern, und volle Glut auf den Wangen nippte Hermenegilda aus dem gefüllten Pokal, hochfeiernd das Andenken des Geliebten, Freiheit und Vaterland. Zur Nacht reise ich fort, dachte Xaver im Innern und fragte in der Tat, als die Tafel aufgehoben, den Bedienten, ob der Wagen warte; der, erwiderte der Bediente, sei längst, wie Graf Nepomuk befohlen, abgepackt und abgespannt in die Remise geschoben, die Pferde fräßen im Stall, und Woyciech schnarche auf dem Strohsack. Xaver ließ es dabei bewenden. Hermenegildas unvermutete Erscheinung hatte den Grafen überzeugt, daß es nicht allein möglich sondern auch rätlich und angenehm sei zu bleiben, und von dieser Überzeugung kam er zu der andern, daß es nur darauf ankomme sich zu besiegen, das heißt, Ausbrüchen der innern Leidenschaft zu wehren, die den geisteskranken Zustand Hermenegildas aufreizend nur ihm in jeder Hinsicht verderblich werden könnten. Wie dann nun alles sich weiter fügen würde, so beschloß Xaver seine Betrachtung, sollte selbst Hermenegilda, aus ihren Träumen erwacht, die heitere Gegenwart der düstern Zukunft vorziehen, das liege denn alles in der Konstellation zusammenwirkender Umstände, und an Treulosigkeit, an Freundschaftsbruch sei nicht zu denken. Sowie Xaver anderen Tages Hermenegilda wiedersah, gelang es ihm in der Tat, indem er sorglich auch das Kleinste vermied, was sein zu heißes Blut hätte in Wallung setzen können, seine Leidenschaft niederzukämpfen. In den Schranken der strengsten Sitte bleibend, ja selbst ein frostiges Zeremoniell beachtend gab er nur dem Gespräch die Schwingen jener Galanterie, die den Weibern mit süßem Zucker verderbliches Gift beibringt. Xaver, ein zwanzigjähriger Jüngling, in eigentlichen Liebeshändeln unerfahren, entfaltete, von dem sicheren Takt fürs Böse im Innern geleitet, die Kunst des erfahrenen Meisters. Nur von Stanislaus, von seiner unaussprechlichen Liebe zur süßen Braut sprach er, aber durch die volle Glut, die er dann entzündet, wußte er geschickt sein eigenes Bild durchschimmern zu lassen, so daß Hermenegilda in arger Verwirrung selbst nicht wußte, wie beide Bilder, das des abwesenden Stanislaus und das des gegenwärtigen Xaver, trennen. Xavers Gesellschaft wurde bald der aufgeregten Hermenegilda zum Bedürfnis, und so geschah es, daß man

70

sie beinahe beständig und oft wie im traulichen Liebesgespräch zusammen sah. Die Gewohnheit überwand mehr und mehr Hermenegildas Scheu, und in eben dem Grade überschritt Xaver jene Schranken des frostigen Zeremoniells, in die er sich anfangs mit klugem Vorbedacht gebannt hatte. Arm in Arm gingen Hermenegilda und Xaver in dem Park umher, und sorglos ließ sie ihre Hand in der seinigen, wenn er im Zimmer neben ihr sitzend von dem glücklichen Stanislaus erzählte. Kam es nicht auf Staatshändel, auf die Sache des Vaterlandes an, so war Graf Nepomuk eben keines Blickes in die Tiefe fähig, er begnügte sich mit dem, was er auf der Oberfläche wahrzunehmen imstande, sein für alles übrige totes Gemüt vermochte die vorüberfliehenden Bilder des Lebens nur dem Spiegel gleich im Moment zu reflektieren, spurlos schwanden sie dahin. Ohne Hermenegildas inneres Wesen zu ahnen, hielt er es für gut, daß sie endlich die Püppchen, die bei ihrem törichten wahnsinnigen Treiben den Geliebten vorstellen mußten, mit einem lebendigen Jüngling vertauscht, und glaubte mit vieler Schlauheit vorauszusehen, daß Xaver, der ihm als Schwiegersohn ebenso lieb, bald ganz in Stanislaus' Stelle treten werde. Er dachte nicht mehr an den treuen Stanislaus. Xaver glaubte dieses ebenfalls, da nun, nachdem ein paar Monate vergangen, Hermenegilda, so sehr ihr ganzes Wesen auch von dem Andenken an Stanislaus erfüllt schien, es sich doch gefallen ließ, daß Xaver mehr und mehr sich ihr annäherte mit eigener Bewerbung. Eines Morgens hieß es, daß Hermenegilda sich in ihre Gemächer mit der Kammerfrau eingeschlossen habe und durchaus niemanden sehen wolle. Graf Nepomuk glaubte nicht anders, als daß ein neuer Paroxismus eingetreten sei, der sich bald legen werde. Er bat den Grafen Xaver, die Gewalt, die er über Hermenegilda gewonnen, jetzt zu ihrem Heil zu üben, wie erstaunte er aber, als Xaver es nicht allein durchaus verweigerte, sich Hermenegilda auf irgendeine Weise zu nähern, sondern sich auch in seinem ganzen Wesen auf eigne Art verändert zeigte. Statt wie sonst beinahe zu keck aufzutreten, war er verschüchtert, als habe er Gespenster gesehen, der Ton seiner Stimme schwankend – der Ausdruck matt und unzusammenhängend. – Er sprach davon, daß er nun durchaus nach Warschau müßte, daß er Hermenegilda wohl niemals wiedersehen werde – daß in der letzten Zeit ihr verstörtes Wesen ihm Grauen und Entsetzen erregt – daß er Verzicht geleistet auf alles Glück der Liebe, daß er nun erst in der an Wahnsinn grenzenden Treue Hermenegildas die Treulosigkeit, die er an dem Freunde begehen wollen, zu seiner tiefsten Beschämung fühle, daß schleunige Flucht sein einziges Rettungsmittel sei. Graf Nepomuk begriff alles nicht, nur schien es ihm endlich klar zu werden, daß Hermenegildas wahnsinnige Schwärmerei den Jüngling angesteckt. Er suchte ihm dies zu beweisen, doch umsonst. Xaver widerstrebte um so heftiger, je dringender Nepomuk ihm die Notwendigkeit bewies, daß er Hermenegilda von allen Bizarrerien heilen, folglich sie wiedersehen müsse. Schnell war der Streit geendet, als Xaver, wie von unsichtbarer unwiderstehlicher Gewalt getrieben, hinabrannte, sich in den Wagen warf und davonfuhr.

Graf Nepomuk, voller Gram und Zorn über Hermenegildas Betragen, bekümmerte sich nicht mehr um sie, und so geschah es, daß mehrere Tage vergingen, die sie ungestört, auf ihrem Zimmer eingeschlossen, von niemandem als ihrer Kammerfrau gesehen, zubrachte.

In tiefen Gedanken ganz erfüllt von den Heldentaten jenes Mannes, den die Polen damals anbeteten wie ein falsches Götzenbild, saß Nepomuk eines Tages in seinem Zimmer, als die Tür aufging und Hermenegilda in voller Trauer mit lang herabhängendem Witwenschleier eintrat. Langsamen feierlichen Schrittes nahte sie sich dem Grafen, ließ sich dann auf die Knie nieder und sprach mit bebender Stimme: „O mein Vater – Graf Stanislaus, mein geliebter Gatte, ist hinüber – er fiel als Held im blutigen Kampf: – vor dir kniet seine bejammernswerte Witwe!" – Graf Nepomuk mußte dies um so mehr für einen neuen Ausbruch der zerrütteten Gemütsstimmung Hermenegildas halten, als noch Tages zuvor Nachrichten von dem Wohlbefinden des Grafen Stanislaus eingelaufen waren. Er hob Hermenegilda sanft auf, indem er sprach: „Beruhige dich, liebe Tochter, Stanislaus ist wohl, bald eilt er in deine Arme." – Da atmete Hermenegilda auf wie im schweren Todesseufzer und sank, von wildem Schmerz zerrissen, neben dem Grafen hin in die Polster des Sofas. Doch nach wenigen Sekunden wieder zu sich selbst gekommen, sprach sie mit wunderbarer Ruhe und Fassung: „Laß es mich dir sagen, lieber Vater! wie sich alles begeben, denn du mußt es wissen, damit du in mir die Witwe des Grafen Stanislaus von R. erkennst. – Wisse, daß ich vor sechs Tagen in der Abenddämmerung mich in dem Pavillon an der Südseite unseres Parks befand. Alle meine Gedanken, mein ganzes Wesen dem Geliebten zugewendet, fühlt' ich meine Augen sich unwillkürlich schließen, nicht in Schlaf, nein, in einen seltsamen Zustand versank ich, den ich nicht anders nennen kann als waches Träumen. Aber bald schwirrte und dröhnte es um mich her, ich vernahm ein wildes Getümmel, es fiel ganz in der Nähe Schuß auf Schuß. Ich fuhr auf und war nicht wenig erstaunt, mich in einer Feldhütte zu befinden. Vor mir kniete er selbst – mein Stanislaus. – Ich umschlang ihn mit meinen Armen, ich drückte ihn an meine Brust – ‚Gelobt sei Gott,' rief er, ‚du lebst, du bist mein!' – Er sagte mir, ich sei gleich nach der Trauung in tiefe Ohnmacht gesunken, und ich töricht Ding erinnerte mich jetzt erst, daß ja Pater Cyprianus, den ich in diesem Augenblick erst zur Feldhütte hinausschreiten sah, uns eben in der nahen Kapelle unter dem Donner des Geschützes, unter dem wilden Toben der nahen Schlacht getraut hatte. Der goldene Trauring blinkte an meinem Finger. Die Seligkeit, mit der ich nun aufs neue den Gatten umarmte, war unbeschreiblich; nie gefühltes namenloses Entzücken des beglückten Weibes durchbebte mein Inneres – mir schwanden die Sinne – da wehte es mich an mit eiskaltem Frost – ich schlug die Augen auf – entsetzlich! mitten im Gewühl der wilden Schlacht – vor mir die brennende Feldhütte, aus der man mich wahrscheinlich gerettet! – Stanislaus, bedrängt von feindlichen Reitern – Freunde sprengen heran ihn zu retten – zu spät, von hinten haut ihn ein Reiter herab vom Pferde." – Aufs neue sank Hermenegilda, überwältigt von dem entsetzlichen Schmerz, ohnmächtig zusammen. Nepomuk eilte nach stärkenden Mitteln, doch es bedurfte ihrer nicht, mit wunderbarer Kraft faßte sich Hermenegilda zusammen. „Der Wille des Himmels ist erfüllt", sprach sie dumpf und feierlich, „nicht zu klagen ziemt es mir, aber bis zum Tode dem Gatten treu, soll kein irdisches Bündnis mich von ihm trennen. Um ihn trauern, für ihn, für unser Heil beten, das ist jetzt meine Bestimmung, und nichts soll diese mir verstören." Graf Nepomuk mußte mit vollem Recht glauben, daß der innerlich brütende Wahnsinn Hermenegildas sich durch jene Vision Luft gemacht habe, und da die ruhige klösterliche Trauer Hermenegildas um den Gatten kein ausschweifendes beunruhigendes Treiben zuließ, so war dem Grafen Nepomuk dieser Zustand, den die Ankunft des Grafen Stanislaus schnell enden mußte, ganz recht. Ließ Nepomuk zuweilen etwas von Träumereien und Visionen fallen, so lächelte Hermenegilda schmerzlich, dann drückte sie aber den goldenen Ring, den sie am Finger trug, an den Mund und benetzte ihn mit heißen Tränen. Graf Nepomuk bemerkte mit Erstaunen, daß dieser Ring wirklich ein ganz fremder war, den er nie bei seiner Tochter gesehen, da es indessen tausend Fälle gab, wie sie dazu gekommen sein konnte, so gab er sich nicht einmal die Mühe weiter nachzuforschen. Wichtiger war ihm die böse Nachricht, daß Graf Stanislaus in feindliche Gefangenschaft geraten sei. Hermenegilda fing an, auf eigene Weise zu kränkeln, sie klagte oft über eine seltsame Empfindung, die sie eben nicht Krankheit nennen könne, die aber ihr ganzes Wesen auf seltsame Art durchbebe. Um diese Zeit kam Fürst Z. mit seiner Gemahlin. Die Fürstin hatte, als Hermenegildas Mutter frühzeitig starb, ihre Stelle vertreten, und schon deshalb wurde sie von ihr mit kindlicher Hingebung empfangen. Hermenegilda erschloß der würdigen Frau ihr ganzes Herz und klagte mit der bittersten Wehmut, daß, unerachtet sie für die Wahrheit aller Umstände rücksichts der wirklich vollzogenen Trauung mit Stanislaus die überzeugendsten Beweise habe, man sie doch eine wahnsinnige Träumerin schelte. Die Fürstin, von allem unterrichtet und von Hermenegildas zerrüttetem Gemütszustande überzeugt, hütete sich wohl ihr zu widersprechen; sie begnügte sich damit, ihr zu versichern, daß die Zeit alles aufklären werde, und daß es wohlgetan sei, sich in frommer Demut dem Willen des Himmels ganz zu ergeben. Aufmerksamer wurde die Fürstin, als Hermenegilda von ihrem körperlichen Zustande sprach und die sonderbaren

Anfälle beschrieb, die ihr Inneres zu verstören schienen. Man sah, wie die Fürstin mit der ängstlichsten Sorgfalt über Hermenegilda wachte, und wie ihre Bekümmernis in dem Grade stieg, als Hermenegilda sich ganz zu erholen schien. Die todblassen Wangen und Lippen röteten sich wieder, die Augen verloren das düstere unheimliche Feuer, der Blick wurde mild und ruhig, die abgemagerten Formen rundeten sich mehr und mehr, kurz, Hermenegilda blühte ganz auf in voller Jugend und Schönheit. Und doch schien die Fürstin sie für kränker als jemals zu halten, denn: „Wie ist dir, was hast du, mein Kind? – was fühlst du?" so fragte sie, quälende Besorgnis im Gesicht, sobald Hermenegilda nur seufzte oder im mindesten erblaßte. Graf Nepomuk, der Fürst, die Fürstin berieten sich, was es denn nun werden solle mit Hermenegilda und ihrer fixen Idee, Stanislaus' Witwe zu sein. „Ich glaube leider", sprach der Fürst, „daß ihr Wahnsinn unheilbar bleiben wird, denn sie ist körperlich kerngesund und nährt den zerrütteten Zustand ihrer Seele mit voller Kraft – Ja", fuhr er fort, als die Fürstin schmerzlich vor sich hinblickte, „ja sie ist kerngesund, unerachtet sie zur Ungebühr und zu ihrem offenbaren Nachteil wie eine Kranke gepflegt, gehätschelt und geängstigt wird." Die Fürstin, welche diese Worte trafen, faßte den Grafen Nepomuk ins Auge und sprach rasch und entschieden: „Nein! – Hermenegilda ist nicht krank, aber, läge es nicht im Reich der Unmöglichkeit, daß sie sich vergangen haben könnte, so würde ich überzeugt sein, daß sie sich in guter Hoffnung befinde." Damit stand sie auf und verließ das Zimmer. Wie vom Blitz getroffen, starrten sich Graf Nepomuk und der Fürst an. Dieser, zuerst das Wort aufnehmend, meinte daß seine Frau auch zuweilen von den sonderbarsten Visionen heimgesucht werde. Graf Nepomuk sprach aber sehr ernst: „Die Fürstin hat darin recht, daß ein Vergehen der Art von seiten Hermenegildas durchaus im Reich der Unmöglichkeit liegt, wenn ich dir aber sage, daß, als Hermenegilda gestern vor mir herging, mir es selbst wie ein närrischer Gedanke durch den Sinn fuhr: nun seht einmal, die junge Witwe ist ja guter Hoffnung; daß dieser Gedanke offenbar nur durch das Betrachten ihrer Gestalt erzeugt werden konnte, wenn ich dir das alles sage, so wirst du es natürlich finden, wie die Worte der Fürstin mich mit trüber Besorgnis, ja mit der peinlichsten Angst erfüllen." „So muß", erwiderte der Fürst, „der Arzt oder die weise Frau entscheiden und entweder das vielleicht voreilige Urteil der Fürstin vernichtet oder unsere Schande bestätigt werden." Mehrere Tage schwankten beide von Entschluß zu Entschluß. Beiden wurden Hermenegildas Formen verdächtig, die Fürstin sollte entscheiden, was jetzt zu tun. Sie verwarf die Einmischung eines vielleicht plauderhaften Arztes und meinte, daß andere Hilfe wohl erst in fünf Monaten nötig sein würde. „Welche Hilfe?" schrie Graf Nepomuk entsetzt. „Ja", fuhr die Fürstin mit erhöhter Stimme fort, „es ist nun gar kein Zweifel mehr, Hermenegilda ist entweder die verruchteste Heuchlerin, die jemals geboren, oder es waltet ein unerforschliches Geheimnis – genug, sie ist guter Hoffnung!" – Ganz erstarrt vor Schreck, fand Graf Nepomuk keine Worte; endlich sich mühsam ermahnend beschwor er die Fürstin, koste es, was es wolle, von Hermenegilda selbst zu erforschen, wer der Unglückselige sei, der die unauslöschliche Schmach über sein Haus gebracht. „Noch", sprach die Fürstin, „noch ahnt Hermenegilda nicht, daß ich um ihren Zustand weiß. Von dem Moment, wenn ich es ihr sagen werde, wie es um sie steht, verspreche ich mir alles. Überrascht wird sie die Larve der Heuchlerin fallen lassen, oder es muß sich sonst ihre Unschuld auf eine wunderbare Weise offenbaren, unerachtet ich es auch nicht zu träumen vermag, wie dies sollte geschehen können." – Noch denselben Abend war die Fürstin mit Hermenegilda, deren mütterliches Ansehn mit jeder Stunde zuzunehmen schien, allein auf ihrem Zimmer. Da ergriff die Fürstin das arme Kind bei beiden Armen, blickte ihr scharf ins Auge und sagte mit schneidendem Ton: „Liebe, du bist guter Hoffnung!" Da schlug Hermenegilda den wie von himmlischer Wonne verklärten Blick in die Höhe und rief mit dem Ton des höchsten Entzückens: „O Mutter, Mutter, ich weiß es ja! – Lange fühlt' ich es, daß ich, fiel auch der teure Gatte unter den mörderischen Streichen der wilden Feinde, dennoch unaussprechlich glücklich sein sollte. Ja! – jener Moment meines höchsten irdischen Glücks lebt in mir fort, ich werde ihn ganz wiederhaben, den geliebten Gatten, in dem teuern Pfande des süßen Bundes." Der Fürstin war es, als finge sich alles an um sie zu drehen, als wollten ihr die Sinne schwinden. Die Wahrheit in Hermenegildas Ausdruck – ihr Entzücken, ihre wahrhafte Verklärung ließ keinen Gedanken an erheucheltes Wesen, an Trug aufkommen, und doch konnte nur toller Wahnsinn auf ihre Behauptung etwas geben. Von dem letzten Gedanken ganz erfaßt stieß die Fürstin Hermenegilda von sich, indem sie heftig rief: „Unsinnige! ein Traum hätte dich in den Zustand versetzt, der Schmach und Schande über uns alle bringt! – glaubst du, daß du mich mit albernen Märchen zu hintergehen vermagst? – Besinne dich – laß alle Ereignisse der vorigen Tage dir vorübergehen. Ein reuiges Bekenntnis kann uns vielleicht versöhnen." In Tränen gebadet, ganz aufgelöst von herbem Schmerz sank Hermenegilda vor der Fürstin auf die Knie und jammerte: „Mutter, auch du schiltst mich eine Träumerin, auch du glaubst nicht daran, daß die Kirche mich mit Stanislaus verband, daß ich sein Weib bin? – Aber sieh doch nur hier den Ring an meinem Finger – was sage ich! – Du, du kennst ja meinen Zustand, ist denn das nicht genug, dich zu überzeugen, daß ich nicht träumte?" Die Fürstin nahm mit dem tiefsten Erstaunen wahr, daß Hermenegilda der Gedanke eines Vergehens gar nicht einkam, daß sie die Hindeutung darauf gar nicht aufgefaßt, gar nicht verstanden. Der Fürstin ihre Hände heftig an die Brust drückend flehte Hermenegilda immerfort, sie möge doch nur jetzt, da es ihr Zustand außer Zweifel setze, an ihren Gatten glauben, und die ganz bestürzte, ganz außer sich gesetzte Frau wußte in der Tat selbst nicht mehr, was sie der Armen sagen, welchen Weg sie überhaupt einschlagen sollte, dem Geheimnis, das hier walten mußte, auf die Spur zu kommen. Erst nach mehreren Tagen erklärte die Fürstin dem Gemahl und dem Grafen Nepomuk, daß es unmöglich sei, von Hermenegilda, die sich von dem Gatten schwanger glaube, mehr herauszubringen, als wovon sie selbst im Innersten der Seele überzeugt sei. Die Männer, voller Zorn, schalten Hermenegilda eine Heuchlerin, und insonderheit schwur Graf Nepomuk, daß, wenn gelinde Mittel sie nicht von dem wahnsinnigen Gedanken, ihm ein abgeschmacktes Märchen aufzuheften, zurückbringen würden, er es mit strengen Maßregeln suchen werde. Die Fürstin meinte dagegen, daß jede Strenge eine zwecklose Grausamkeit sein würde. Überzeugt sei sie nämlich, wie gesagt, daß Hermenegilda keineswegs heuchle, sondern daran, was sie sage, mit voller Seele glaube. „Es gibt", fuhr sie fort, „noch manches Geheimnis in der Welt, das zu begreifen wir gänzlich außerstande sind. Wie, wenn das lebhafte Zusammenwirken des Gedankens auch eine physische Wirkung haben könnte, wie, wenn eine geistige Zusammenkunft zwischen Stanislaus und Hermenegilda sie in den uns unerklärlichen Zustand versetzte?" Unerachtet alles Zorns, aller Bedrängnis des fatalen Augenblicks konnten sich der Fürst und Graf Nepomuk doch des lauten Lachens nicht enthalten, als die Fürstin diesen Gedanken äußerte, den die Männer den sublimsten nannten, der je das Menschliche ätherisiert habe. Die Fürstin, blutrot im ganzen Gesicht, meinte, daß den rohen Männern der Sinn für dergleichen abginge, daß sie das ganze Verhältnis, in das ihr armes Kind, an dessen Unschuld sie unbedingt glaube, geraten, anstößig und abscheulich finde, und daß eine Reise, die sie mit ihr zu unternehmen gedenke, das einzige und beste Mittel sei, sie der Arglist, dem Hohne ihrer Umgebung zu entziehen. Graf Nepomuk war mit diesem Vorschlage sehr zufrieden, denn da Hermenegilda selbst gar kein Geheimnis aus ihrem Zustande machte, so mußte sie, sollte ihr Ruf verschont bleiben, freilich aus dem Kreise der Bekannten entfernt werden.

Dies ausgemacht, fühlten sich alle beruhigt. Graf Nepomuk dachte kaum mehr an das beängstigende Geheimnis selbst, als er nur die Möglichkeit sah, es der Welt, deren Hohn ihm das Bitterste war, zu verbergen, und der Fürst urteilte sehr richtig, daß bei der seltsamen Lage der Dinge, bei Hermenegildas unerheucheltem Gemütszustande freilich gar nichts anders zu tun sei, als die Auflösung des wunderbaren Rätsels der Zeit zu überlassen. Eben wollte man nach geschlossener Beratung auseinandergehen, als die plötzliche Ankunft des Grafen Xaver von R. über alle neue Verlegenheit, neue Kümmernis brachte. Erhitzt von dem scharfen Ritt, über und über mit Staub bedeckt, mit der Hast eines von wilder Leidenschaft Getriebenen stürzte er ins Zimmer und rief ohne Gruß, alle Sitte nicht beachtend mit starker Stimme: „Er ist tot, Graf Stanislaus! – nicht in Gefangenschaft geriet er – nein – er wurde niedergehauen von den Feinden – hier sind die Beweise!" – Damit steckte er mehrere Briefe, die er schnell hervorgerissen, dem Grafen Nepomuk in die Hände. Dieser fing ganz bestürzt an zu lesen. Die Fürstin sah in die Blätter hinein, kaum hatte sie wenige Zeilen erhascht, als sie mit zum Himmel emporgerichtetem Blick die Hände zusammenschlug und schmerzlich ausrief: „Hermenegilda! – armes Kind! – welches unerforschliche Geheimnis!" – Sie hatte gefunden, daß Stanislaus' Todestag gerade mit Hermenegildas Angabe zusammentraf, daß sich alles so begeben, wie sie es in dem verhängnisvollen Augenblick geschaut hatte. „Er ist tot", sprach nun Xaver rasch und feurig, „Hermenegilda ist frei, mir, der ich sie liebe wie mein Leben, steht nichts mehr entgegen, ich bitte um ihre Hand!" – Graf Nepomuk vermochte nicht zu antworten, der Fürst nahm das Wort und erklärte, daß gewisse Umstände es ganz unmöglich machten, jetzt auf seinen Antrag einzugehen, daß er in diesem Augenblick nicht einmal Hermenegilda sehen könnte, daß es also das beste sei, sich wieder schnell zu entfernen, wie er gekommen. Xaver entgegnete, daß er Hermenegildas zerrütteten Gemütszustand, von dem wahrscheinlich die Rede sei, recht gut kenne, daß er dies aber um so weniger für ein Hindernis halte, als gerade seine Verbindung mit Hermenegilda jenen Zustand enden würde. Die Fürstin versicherte ihm, daß Hermenegilda ihrem Stanislaus Treue bis in den Tod geschworen, jede andere Verbindung daher verwerfen würde, übrigens befinde sie sich gar nicht mehr auf dem Schlosse. Da lachte Xaver laut auf und meinte, nur des Vaters Einwilligung bedürfe er; Hermenegildas Herz zu rühren, das solle man nur ihm überlassen. Ganz erzürnt über des Jünglings ungestüme Zudringlichkeit erklärte Graf Nepomuk, daß er in diesem Augenblick vergebens auf seine Einwilligung hoffe und nur sogleich das Schloß verlassen möge. Graf Xaver sah ihn starr an, öffnete die Tür des Vorsaals und rief hinaus, Woyciech solle den Mantelsack hereinbringen, die Pferde absatteln und in den Stall führen. Dann kam er ins Zimmer zurück, warf sich in den Lehnstuhl, der dicht am Fenster stand, und erklärte ruhig und ernst: Ehe er Hermenegilda gesehen und gesprochen, werde ihn nur offene Gewalt vom Schlosse wegtreiben. Graf Nepomuk meinte, daß er dann auf einen recht langen Aufenthalt rechnen könne, übrigens aber erlauben müsse, daß er seinerseits das Schloß verlasse. Alle, Graf Nepomuk, der Fürst und seine Gemahlin gingen hierauf aus dem Zimmer um so schnell als möglich Hermenegilda fortzuschaffen. Der Zufall wollte indessen, daß sie gerade in dieser Stunde, ganz wider ihre sonstige Gewohnheit, in den Park gegangen war. Xaver, durch das Fenster blickend, an dem er saß, gewahrte sie ganz in der Ferne wandeln. Er rannte hinunter in den Park und erreichte endlich Hermenegilda, als sie eben in jenen verhängnisvollen Pavillon an der

Südseite des Parks trat. Ihr Zustand war nun schon beinahe jedem Auge sichtlich. „O all ihr Mächte des Himmels", rief Xaver, als er vor Hermenegilda stand, dann stürzte er aber zu ihren Füßen und beschwor sie unter den heiligsten Beteuerungen seiner glühendsten Liebe, ihn zum glücklichsten Gatten aufzunehmen. Hermenegilda, ganz außer sich vor Schreck und Überraschung, sagte ihm, ein böses Geschick habe ihn hergeführt, ihre Ruhe zu stören – niemals, niemals würde sie, dem geliebten Stanislaus zur Treue bis in den Tod verbunden, die Gattin eines andern werden. Als nun aber Xaver nicht aufhörte mit Bitten und Beteuerungen, als er endlich in toller Leidenschaft ihr vorhielt, daß sie sich selbst täusche, daß sie ihm ja schon die süßesten Liebesaugenblicke geschenkt, als er, aufgesprungen vom Boden, sie in seine Arme schließen wollte, da stieß sie ihn, den Tod im Antlitz, mit Abscheu und Verachtung zurück, indem sie rief: „Elender, selbstsüchtiger Tor, ebensowenig, wie du das süße Pfand meines Bundes mit Stanislaus vernichten kannst, ebensowenig vermagst du mich zum verbrecherischen Bruch der Treue zu verführen – Fort aus meinen Augen!" Da streckte Xaver die geballte Faust ihr entgegen, lachte laut auf in wildem Hohn und schrie: „Wahnsinnige, brachst du denn nicht selbst jenen albernen Schwur? – Das Kind, das du unter dem Herzen trägst, mein Kind ist es, mich umarmtest du hier an dieser Stelle – meine Buhlschaft warst du und bleibst du, wenn ich dich nicht erhebe zu meiner Gattin." – Hermenegilda blickte ihn an, die Glut der Hölle in den Augen, dann kreischte sie auf: „Ungeheuer!" und sank, wie zum Tode getroffen, nieder auf den Boden.

Wie von allen Furien verfolgt rannte Xaver in das Schloß zurück, er traf auf die Fürstin, die er mit Ungestüm bei der Hand ergriff und hineinzog in die Zimmer. „Sie hat mich verworfen mit Abscheu – mich, den Vater ihres Kindes!" – „Um aller Heiligen willen! Du? – Xaver! – mein Gott! – sprich, wie war es möglich?" – so rief von Entsetzen ergriffen die Fürstin. „Mag mich verdammen", fuhr Xaver gefaßter fort, „mag mich verdammen, wer da will, aber glüht ihm gleich mir das Blut in den Adern, gleich mir wird er in solchem Moment sündigen. – In dem Pavillon traf ich Hermenegilda in einem seltsamen Zustande, den ich nicht zu beschreiben vermag. Sie lag wie festschlafend und träumend auf dem Kanapee. Kaum war ich eingetreten, als sie sich erhob, auf mich zukam, mich bei der Hand ergriff und feierlichen Schritts durch den Pavillon ging. Dann kniete sie nieder, ich tat ein gleiches, sie betete, und ich bemerkte bald, daß sie im Geiste einen Priester vor uns sah. Sie zog einen Ring vom Finger, den sie dem Priester darreichte, ich nahm ihn und steckte ihr einen goldenen Ring an, den ich von von meinem Finger zog, dann sank sie mit der inbrünstigsten Liebe in meine Arme. – Als ich entfloh, lag sie in tiefem bewußtlosen Schlaf." – „Entsetzlicher Mensch! – ungeheurer Frevel!" schrie die Fürstin ganz außer sich. – Graf Nepomuk und der Fürst traten hinein, in wenigen Worten erfuhren sie Xavers Bekenntnisse, und wie tief wurde der Fürstin zartes Gemüt verwundet, als die Männer Xavers freveliche Tat sehr verzeihlich und durch seine Verbindung mit Hermenegilda gesühnt fanden. „Nein", sprach die Fürstin, „nimmer wird Hermenegilda dem die Hand als Gattin reichen, der es wagte, wie der hämische Geist der Hölle den höchsten Moment ihres Lebens mit dem ungeheuersten Frevel zu vergiften." „Sie wird", sprach Graf Xaver mit kaltem höhnenden Stolz, „sie wird mir die Hand reichen müssen, um ihre Ehre zu retten – ich bleibe hier, und alles fügt sich." – In diesem Augenblick entstand ein dumpfes Geräusch, man brachte Hermenegilda, die der Gärtner im Pavillon leblos gefunden, in das Schloß zurück. Man legte sie auf das Sofa; ehe es die Fürstin verhindern konnte, trat Xaver hinan und faßte ihre Hand. Da fuhr sie mit einem entsetzlichen Schrei, nicht menschlicher Ton, nein, dem schneidenden Jammerlaut eines wilden Tieres ähnlich, in die Höhe und starrte in gräßlicher Verzuckung den Grafen mit funkensprühenden Augen an. Der taumelte, wie vom tötenden Blitz getroffen, zurück und lallte kaum verständlich: „Pferde!" – Auf den Wink der Fürstin brachte man ihn herab – „Wein! – Wein!" schrie er, stürzte einige Gläser hinunter, warf sich dann erkräftigt aufs Pferd und jagte davon. – Hermenegildas Zustand, der aus dumpfem Wahnsinn in wilde Raserei übergehen zu wollen schien, änderte auch Nepomuks und des Fürsten Gesinnungen, die nun erst das Entsetzliche, Unsühnbare von Xavers Tat einsahen. Man wollte nach dem Arzt senden, aber die Fürstin verwarf alle ärztliche Hilfe, wo nur geistlicher Trost vielleicht wirken könne. Statt des Arztes erschien also der

Karmelitermönch Cyprianus, Beichtvater des Hauses. Auf wunderbare Weise gelang es ihm, Hermenegilda aus der Bewußtlosigkeit des stieren Wahnsinns zu erwecken. Noch mehr! – bald wurde sie ruhig und gefaßt; sie sprach ganz zusammenhängend mit der Fürstin, der sie den Wunsch äußerte, nach ihrer Niederkunft ihr Leben im Zisterzienser-Kloster zu D. in steter Reue und Trauer hinzubringen. Ihren Trauerkleidern hatte sie Schleier hinzugefügt, die ihr Gesicht undurchdringlich verhüllten und die sie niemals lüpfte. Pater Cyprianus verließ das Schloß, kam aber nach einigen Tagen wieder. Unterdessen hatte der Fürst Z. an den Bürgermeister zu L. geschrieben, dort sollte Hermenegilda ihre Niederkunft abwarten und von der Äbtissin des Zisterzienser-Klosters, einer Verwandten des Hauses, dahingebracht werden, während die Fürstin nach Italien reiste und angeblich Hermenegilda mitnahm. – Es war Mitternacht, der Wagen, der Hermenegilda nach dem Kloster bringen sollte, stand vor der Türe. Von Gram gebeugt, erwartete Nepomuk, der Fürst, die Fürstin das unglückliche Kind, um von ihr Abschied zu nehmen. Da trat sie, in Schleier gehüllt, an der Hand des Mönchs in das von Kerzen hell erleuchtete Zimmer. Cyprianus sprach mit feierlicher Stimme: „Die Laienschwester Cölestina sündigte schwer, als sie sich noch in der Welt befand, denn der Frevel des Teufels befleckte ihr reines Gemüt, doch ein unauflösliches Gelübde bringt ihr Trost – Ruhe und ewige Seligkeit! – Nie wird die Welt mehr das Antlitz schauen dessen Schönheit den Teufel anlockte – Schaut her! – so beginnt und vollendet Cölestina ihre Buße!" Damit hob der Mönch Hermenegildas Schleier auf, und schneidendes Weh durchfuhr alle, da sie die blasse Totenlarve erblickten, in die Hermenegildas engelschönes Antlitz auf immer verschlossen! – Sie schied, keines Wortes mächtig, von dem Vater, der ganz aufgelöst von verzehrendem Schmerz nicht mehr leben zu können dachte. Der Fürst, sonst ein gefaßter Mann, badete sich in Tränen, nur der Fürstin gelang es, mit aller Macht den Schrecken jenes grauenvollen Gelübdes niederkämpfend, sich aufrecht zu erhalten in milder Fassung.

Wie Graf Xaver Hermenegildas Aufenthalt und sogar den Umstand, daß das geborene Kind der Kirche geweiht sein sollte, erfahren, ist unerklärlich. Wenig nutzte ihm der Raub des Kindes, denn als er nach P. gekommen und es in die Hände einer vertrauten Frau zur Pflege geben wollte, war es nicht, wie er glaubte, von der Kälte ohnmächtig geworden, sondern tot. Darauf verschwand Graf Xaver spurlos, und man glaubte, er habe sich den Tod gegeben. Mehrere Jahre waren vergangen, als der junge Fürst Boleslaw von Z. auf seinen Reisen nach Neapel in die Nähe des Posilippo kam. Dort in der anmutigsten Gegend liegt ein Kamaldulenser-Kloster, zu dem der Fürst heraufstieg, um eine Aussicht zu genießen, die ihm als die reizendste in ganz Neapel geschildert worden. Eben im Begriff, auf die herausspringende Felsenspitze im Garten zu treten, die ihm als der schönste Punkt beschrieben, bemerkte er einen Mönch, der vor ihm auf einem großen Stein Platz genommen und, ein aufgeschlagenes Gebetbuch auf dem Schoß, in die Ferne hinausschaute. Sein Antlitz, in den Grundzügen noch jugendlich, war nur durch tiefen Gram entstellt. Dem Fürsten kam, als er den Mönch näher und näher betrachtete, eine dunkle Erinnerung. Er schlich näher heran, und es fiel ihm gleich ins Auge, daß das Gebetbuch in polnischer Sprache abgefaßt war. Darauf redete er den Mönch polnisch an, dieser wandte sich voller Schreck um, kaum hatte er aber den Fürsten erblickt, als er sein Gesicht verhüllte und schnell, wie vom bösen Geist getrieben, durch die Gebüsche entfloh. Fürst Boleslaw versicherte, als er dem Grafen Nepomuk das Abenteuer erzählte, dieser Mönch sei niemand anders gewesen, als der Graf Xaver von R.

Heinrich von Kleist

Der Zweikampf

Herzog Wilhelm von Breisach, der, seit seiner heimlichen Verbindung mit einer Gräfin, namens Katharina von Hersbruck, aus dem Hause Alt-Hüningen, die unter seinem Range zu sein schien, mit seinem Halbbruder, dem Grafen Jacob dem Rotbart, in Feindschaft lebte, kam gegen das Ende des vierzehnten Jahrhunderts, da die Nacht des heiligen Remigius (7. Oktober) zu dämmern begann, von einer in Worms mit dem deutschen Kaiser abgehaltenen Zusammenkunft zurück, worin er sich von diesem Herrn, in Ermangelung ehelicher Kinder, die ihm gestorben waren, die Legitimation eines, mit seiner Gemahlin von der Ehe erzeugten, natürlichen Sohnes, des Grafen Philipp von Hüningen, ausgewirkt hatte. Freudiger, als während des ganzen Laufs seiner Regierung in die Zukunft blickend, hatte er schon den Park, der hinter seinem Schlosse lag, erreicht: als plötzlich ein Pfeilschuß aus dem Dunkel der Gebüsche hervorbrach, und ihm, dicht unter dem Brustknochen, den Leib durchbohrte. Herr Friedrich von Trota, sein Kämmerer, brachte ihn, über diesen Vorfall äußerst betroffen, mit Hilfe einiger anderer Ritter, in das Schloß, wo er nur noch, in den Armen seiner bestürzten Gemahlin, die Kraft hatte, einer Versammlung von Reichsvasallen, die schleunigst, auf Veranstaltung der letzteren, zusammenberufen worden war, die kaiserliche Legitimationsakte vorzulesen; und nachdem, nicht ohne lebhaften Widerstand, indem, in Folge des Gesetzes, die Krone an seinen Halbbruder, den Grafen Jacob den Rotbart, fiel, die Vasallen seinen letzten bestimmten Willen erfüllt, und unter dem Vorbehalt, die Genehmigung des Kaisers einzuholen, den Grafen Philipp als Thronerben, die Mutter aber, wegen Minderjährigkeit desselben, als Vormünderin und Regentin anerkannt hatten: legte er sich nieder und starb.

Die Herzogin bestieg nun, ohne weiteres, unter einer bloßen Anzeige, die sie, durch einige Abgeordnete, an ihren Schwager, den Grafen Jacob den Rotbart, tun ließ, den Thron; und was mehrere Ritter des Hofes, welche die abgeschlossene Gemütsart des letzteren zu durchschauen meinten, vorausgesagt hatten, das traf, wenigstens dem äußeren Anschein nach, ein: Jacob der Rotbart verschmerzte, in kluger Erwägung der obwaltenden Umstände, das Unrecht, das ihm sein Bruder zugefügt hatte; zum mindesten enthielt er sich aller und jeder Schritte, den letzten Willen des Herzogs umzustoßen, und wünschte seinem jungen Neffen zu dem Thron, den er erlangt hatte, von Herzen Glück. Er beschrieb den Abgeordneten, die er sehr heiter und freundlich an seine Tafel zog, wie er seit dem Tode seiner Gemahlin, die ihm ein königliches Vermögen hinterlassen, frei und unabhängig auf seiner Burg lebe; wie er die Weiber der angrenzenden Edelleute, seinen eignen Wein, und, in Gesellschaft munterer Freunde, die Jagd liebe, und wie ein Kreuzzug nach Palästina, auf welchem er die Sünden einer raschen Jugend, auch leider, wie er zugab, im Alter noch wachsend, abzubüßen dachte, die ganze Unternehmung sei, auf die er noch, am Schluß seines Lebens hinaussehe. Vergebens machten ihm seine beiden Söhne, welche in der bestimmten Hoffnung der Thronfolge erzogen worden waren, wegen der Unempfindlichkeit und Gleichgültigkeit, mit welcher er, auf ganz unerwartete Weise, in diese unheilbare Kränkung ihrer Ansprüche willigte, die bittersten Vorwürfe: er wies sie, die noch unbärtig waren, mit kurzen und spöttischen Machtsprüchen zur Ruhe, nötigte sie, ihm, am Tage des feierlichen Leichenbegängnisses, in die Stadt zu folgen, und daselbst, an seiner Seite, den alten Herzog, ihren Oheim, wie es sich gebühre, zur Gruft zu bestatten; und nachdem er, im Thronsaal des herzoglichen Palastes, dem jungen Prinzen, seinem Neffen, in Gegenwart der Regentin Mutter, gleich allen anderen Großen des Hofes, die Huldigung geleistet hatte, kehrte er unter Ablehnung aller Ämter und Würden, welche die letztere ihm antrug, begleitet von den Segnungen des, ihn um seine Großmut und Mäßigung doppelt verehrenden Volks, wieder auf seine Burg zurück.

Die Herzogin schritt nun, nach dieser unverhofft glücklichen Beseitigung der ersten Interessen, zur Erfüllung ihrer zweiten Regentenpflicht, nämlich, wegen der Mörder ihres Gemahls, deren man im Park eine ganze Schar wahrgenommen haben wollte, Untersuchungen anzustellen, und prüfte zu diesem Zweck selbst, mit Herrn Godwin von Herrthal, ihrem Kanzler, den Pfeil, der seinem Leben ein Ende gemacht hatte. Inzwischen fand man an demselben nichts, das den Eigentümer hätte verraten können, außer etwa, daß er, auf befremdende Weise, zierlich und prächtig gearbeitet war. Starke, krause und glänzende Federn steckten in einem Stil, der, schlank und kräftig, von dunklem Nußbaumholz, gedrechselt war; die Bekleidung des vorderen Endes war von glänzendem Messing, und nur die äußerste Spitze selbst, scharf wie die Gräte eines Fisches, war von Stahl. Der Pfeil schien für die Rüstkammer eines vornehmen und reichen Mannes verfertigt zu sein, der entweder in Fehden verwickelt, oder ein großer Liebhaber von der Jagd war; und da man aus einer, dem Knopf eingegrabenen, Jahreszahl ersah, daß dies erst vor kurzem geschehen sein konnte: so schickte die Herzogin, auf Anraten des Kanzlers, den Pfeil, mit dem Kronsiegel versehen, in alle Werkstätten von Deutschland umher, um den Meister, der ihn gedrechselt hatte, aufzufinden, und, falls dies gelang, von demselben den Namen dessen zu erfahren, auf dessen Bestellung er gedrechselt worden war.

Fünf Monde darauf lief an Herrn Godwin, den Kanzler, dem die Herzogin die ganze Untersuchung der Sache übergeben hatte, die Erklärung von einem Pfeilmacher aus Straßburg ein, daß er ein Schock solcher Pfeile, samt dem dazugehörigen Köcher, vor drei Jahren für den Grafen Jacob den Rotbart verfertigt habe. Der Kanzler, über diese Erklärung äußerst betroffen, hielt dieselbe mehrere Wochen lang in seinem Geheimschrank zurück; zum Teil kannte er, wie er meinte, trotz der freien und ausschweifenden Lebensweise des Grafen, den Edelmut desselben zu gut, als daß er ihn einer so abscheulichen Tat, als die Ermordung eines Bruders war, hätte für fähig halten sollen; zum Teil auch, trotz vieler anderer guter Eigenschaften, die Gerechtigkeit der Regentin zu wenig, als daß er, in einer Sache, die dem Leben ihres schlimmsten Feindes galt, nicht mit der größten Vorsicht hätte verfahren sollen. Inzwischen stellte er, unter der Hand, in der Richtung dieser sonderbaren Anzeige, Untersuchungen an, und da er durch die Beamten der Stadtvogtei zufällig ausmittelte, daß der Graf, der seine Burg sonst nie oder nur höchst selten zu verlassen pflegte, in der Nacht der Ermordung des Herzogs daraus abwesend gewesen war: so hielt er es für seine Pflicht, das Geheimnis fallen zu lassen, und die Herzogin, in einer der nächsten Sitzungen des Staatsrats, von dem befremdenden und seltsamen Verdacht, der durch diese beiden Klagpunkte auf ihren Schwager, den Grafen Jacob den Rotbart, fiel, umständlich zu unterrichten.

Die Herzogin, die sich glücklich pries, mit dem Grafen, ihrem Schwager, auf einem so freundschaftlichen Fuß zu stehen, und nichts mehr fürchtete, als seine Empfindlichkeit durch unüberlegte Schritte zu reizen, gab inzwischen, zum Befremden des Kanzlers, bei dieser zweideutigen Eröffnung nicht das mindeste Zeichen der Freude von sich; vielmehr, als sie die Papiere zweimal mit Aufmerksamkeit überlesen hatte, äußerte sie lebhaft ihr Mißfallen, daß man eine Sache, die so ungewiß und bedenklich sei, öffentlich im Staatsrat zur Sprache bringe. Sie war der Meinung, daß ein Irrtum oder eine Verleumdung dabei stattfinden müsse, und befahl, von der Anzeige schlechthin bei den Gerichten keinen Gebrauch zu machen. Ja, bei der außerordentlichen, fast schwärmerischen Volksverehrung, deren der Graf, nach einer natürlichen Wendung der Dinge, seit seiner Ausschließung vom Throne genoß, schien ihr auch schon dieser bloße Vortrag im Staatsrat äußerst gefährlich; und da sie voraussah, daß ein Stadtgeschwätz darüber zu seinen Ohren kommen würde, so schickte sie, von einem wahrhaft edelmütigen Schreiben begleitet, die beiden Klagpunkte, die sie das Spiel eines sonderbaren Mißverständnisses nannte, samt dem, worauf sie sich stützen sollten, zu ihm hinaus, mit der bestimmten Bitte, sie, die im voraus von seiner Unschuld überzeugt sei, mit aller Widerlegung derselben zu verschonen.

Der Graf, der eben mit einer Gesellschaft von Freunden bei der Tafel saß,

stand, als der Ritter, mit der Botschaft der Herzogin, zu ihm eintrat, verbindlich von seinem Sessel auf; aber kaum, während die Freunde den feierlichen Mann, der sich nicht niederlassen wollte, betrachteten, hatte er in der Wölbung des Fensters den Brief überlesen: als er die Farbe wechselte, und die Papiere mit den Worten den Freunden übergab: „Brüder, seht! welch eine schändliche Anklage, auf den Mord meines Bruders, wider mich zusammengeschmiedet worden ist!" Er nahm dem Ritter, mit einem funkelnden Blick, den Pfeil aus der Hand, und setzte, die Vernichtung seiner Seele verbergend, inzwischen die Freunde sich unruhig um ihn versammelten, hinzu: daß in der Tat das Geschoß ihm gehöre und auch der Umstand, daß er in der Nacht des heiligen Remigius aus seinem Schloß abwesend gewesen, gegründet sei! Die Freunde fluchten über diese hämische und niederträchtige Arglistigkeit; sie schoben den Verdacht des Mordes auf die verruchten Ankläger selbst zurück, und schon waren sie im Begriff, gegen den Abgeordneten, der die Herzogin, seine Frau, in Schutz nahm, beleidigend zu werden: als der Graf, der die Papiere noch einmal überlesen hatte, indem er plötzlich unter sie trat, ausrief: „ruhig, meine Freunde!" – und damit nahm er sein Schwert, das im Winkel stand, und übergab es dem Ritter mit den Worten: daß er sein Gefangener sei! Auf die betroffene Frage des Ritters: ob er recht gehört, und ob er in der Tat die beiden Klagpunkte, die der Kanzler aufgesetzt, anerkenne? antwortete der Graf: „ja! ja! ja!" – Inzwischen hoffe er der Notwendigkeit überhoben zu sein, den Beweis wegen seiner Unschuld anders, als vor den Schranken eines förmlich von der Herzogin niedergesetzten Gerichts zu führen. Vergebens bewiesen die Ritter, mit dieser Äußerung höchst unzufrieden, daß er in diesem Fall wenigstens keinem anderen, als dem Kaiser, von dem Zusammenhang der Sache Rechenschaft zu geben brauche; der Graf, der sich, in einer sonderbar plötzlichen Wendung der Gesinnung, auf die Gerechtigkeit der Regentin berief, bestand darauf, sich vor dem Landestribunal zu stellen, und schon, indem er sich aus ihren Armen losriß, rief er, aus dem Fenster hinaus, nach seinen Pferden, willens, wie er sagte, dem Abgeordneten unmittelbar in die Ritterhaft zu folgen: als die Waffengefährten ihm gewaltsam, mit einem Vorschlag, den er endlich annehmen mußte, in den Weg traten. Sie setzten in ihrer Gesamtzahl ein Schreiben an die Herzogin auf, forderten als ein Recht, das jedem Ritter in solchem Fall zustehe, freies Geleit für ihn, und boten ihr zur Sicherheit, daß er sich dem von ihr errichteten Tribunal stellen, auch allem, was dasselbe über ihn verhängen möchte, unterwerfen würde, eine Bürgschaft von 20000 Mark Silbers an.

Die Herzogin, auf diese unerwartete und unbegreifliche Erklärung, hielt es, bei den abscheulichen Gerüchten, die bereits, über die Veranlassung der Klage, im Volk herrschten, für das Ratsamste, mit gänzlichem Zurücktreten ihrer eignen Person, dem Kaiser die ganze Streitsache vorzulegen. Sie schickte ihm, auf den Rat des Kanzlers, sämtliche über den Vorfall lautende Aktenstücke zu, und bat, in seiner Eigenschaft als Reichsoberhaupt ihr die Untersuchung in einer Sache abzunehmen, in der sie selber als Partei befangen sei.

Der Kaiser, der sich wegen Verhandlungen mit der Eidgenossenschaft gerade damals in Basel aufhielt, willigte in diesen Wunsch; er setzte daselbst ein Gericht von drei Grafen, zwölf Rittern und zwei Gerichtsassessoren nieder; und nachdem er dem Grafen Jacob dem Rotbart, dem Antrag seiner Freunde gemäß, gegen die dargebotene Bürgschaft von 20000 Mark Silbers freies Geleit zugestanden hatte, forderte er ihn auf, sich dem erwähnten Gericht zu stellen, und demselben über die beiden Punkte: wie der Pfeil, der, nach seinem eignen Geständnis, ihm gehöre, in die Hände des Mörders gekommen? auch: an welchem dritten Ort er sich in der Nacht des heiligen Remigius aufgehalten habe, Red' und Antwort zu geben.

Es war am Montag nach Trinitatis, als der Graf Jacob der Rotbart, mit einem glänzenden Gefolge von Rittern, der an ihn ergangenen Aufforderung

gemäß, in Basel vor den Schranken des Gerichts erschien, und sich daselbst, mit Übergehung der ersten, ihm, wie er vorgab, gänzlich unauflöslichen Frage, in Bezug auf die zweite, welche für den Streitpunkt entscheidend war, folgendermaßen faßte: „Edle Herren!" und damit stützte er seine Hände auf das Geländer, und schaute aus seinen kleinen blitzenden Augen, von rötlichen Augenwimpern überschattet, die Versammlung an. „Ihr beschuldigt mich, der von seiner Gleichgültigkeit gegen Krone und Zepter Proben genug gegeben hat, der abscheulichsten Handlung, die begangen werden kann, der Ermordung meines, mir in der Tat wenig geneigten, aber darum nicht minder teuren Bruders; und als einen der Gründe, worauf ihr eure Anklage stützt, führt ihr an, daß ich in der Nacht des heiligen Remigius, da jener Frevel verübt ward, gegen eine durch viele Jahre beobachtete Gewohnheit, aus meinem

Schlosse abwesend war. Nun ist mir gar wohl bekannt, was ein Ritter der Ehre solcher Damen, deren Gunst ihm heimlich zuteil wird, schuldig ist; und wahrlich! hätte der Himmel nicht, aus heiterer Luft, dies sonderbare Verhängnis über mein Haupt zusammengeführt: so würde das Geheimnis, das in meiner Brust schläft, mit mir gestorben, zu Staub verwest, und erst auf den Posaunenruf des Engels, der die Gräber sprengt, vor Gott mit mir erstanden sein. Die Frage aber, die Kaiserliche Majestät durch euren Mund an mein Gewissen richtet, macht, wie ihr wohl selbst einseht, alle Rücksichten und alle Bedenklichkeiten zu Schanden; und weil ihr denn wissen wollt, warum es weder wahrscheinlich, noch auch selbst möglich sei, daß ich an dem Mord meines Bruders, es sei nun persönlich oder mittelbar, teilgenommen, so vernehmt, daß ich in der Nacht des heiligen Remigius, also zur Zeit, da er verübt worden, heimlich bei der schönen, in Liebe mir ergebenen Tochter des Landdrosts Winfried von Breda, Frau Wittib Littegarde von Auerstein, war."

Nun muß man wissen, daß Frau Wittib Littegarde von Auerstein, so wie die schönste, so auch, bis auf den Augenblick dieser schmählichen Anklage, die unbescholtenste und makelloseste Frau des Landes war. Sie lebte, seit dem Tode des Schloßhauptmanns von Auerstein, ihres Gemahls, den sie wenige Monden nach ihrer Vermählung an einem ansteckenden Fieber verloren hatte, still und eingezogen auf der Burg ihres Vaters; und nur auf den Wunsch dieses alten Herrn, der sie gern wieder vermählt zu sehen wünschte, ergab sie sich darin, dann und wann bei den Jagdfesten und Banketten zu erscheinen, welche von der Ritterschaft der umliegenden Gegend, und hauptsächlich von Herrn Jacob dem Rotbart, angestellt wurden. Viele Grafen und Herren, aus den edelsten und begütertsten Geschlechtern des Landes, fanden sich, mit ihren Werbungen, bei solchen Gelegenheiten um sie ein, und unter diesen war ihr Herr Friedrich von Trota, der Kämmerer, der ihr einst auf der Jagd gegen den Anlauf eines verwundeten Ebers tüchtigerweise das Leben gerettet hatte, der Teuerste und Liebste; inzwischen hatte sie sich aus Besorgnis, ihren beiden, auf die Hinterlassenschaft ihres Vermögens rechnenden Brüdern dadurch zu mißfallen, aller Ermahnungen ihres Vaters ungeachtet, noch nicht entschließen können, ihm ihre Hand zu geben. Ja, als Rudolph, der ältere von beiden, sich mit einem reichen Fräulein aus der Nachbarschaft vermählte, und ihm, nach einer dreijährigen kinderlosen Ehe, zur großen Freude der Familie, ein Stammhalter geboren ward: so nahm sie, durch manche deutliche und undeutliche Erklärung bewogen, von Herrn Friedrich, ihrem Freunde, in einem unter vielen Tränen abgefaßten Schreiben, förmlich Abschied, und willigte, um die Einigkeit des Hauses zu erhalten, in den Vorschlag ihres Bruders, den Platz als Äbtissin in einem Frauenstift einzunehmen, das unfern ihrer väterlichen Burg an den Ufern des Rheins lag.

Gerade um die Zeit, da bei dem Erzbischof von Straßburg dieser Plan betrieben ward, und die Sache im Begriff war zur Ausführung zu kommen, war es, als der Landdrost, Herr Winfried von Breda, durch das von dem Kaiser eingesetzte Gericht, die Anzeige von der Schande seiner Tochter Littegarde, und die Aufforderung erhielt, dieselbe zur Verantwortung gegen die von dem Grafen Jacob wider sie angebrachte Beschuldigung nach Basel zu befördern. Man bezeichnete ihm, im Verlauf des Schreibens, genau die Stunde und den Ort, in welchem der Graf, seinem Vorgeben gemäß, bei Frau Littegarde seinen Besuch heimlich abgestattet haben wollte, und schickte ihm sogar einen, von ihrem verstorbenen Gemahl herrührenden Ring mit, den er beim Abschied, zum Andenken an die verflossene Nacht, aus ihrer Hand empfangen zu haben versicherte. Nun litt Herr Winfried eben, am Tage der Ankunft dieses Schreibens, an einer schweren und schmerzvollen Unpäßlichkeit des Alters; er wankte, in einem äußerst gereizten Zustande, an der Hand seiner Tochter im Zimmer umher, das Ziel schon ins Auge fassend, das allem was Leben atmet gesteckt ist; dergestalt, daß ihn, bei Überlesung dieser fürchterlichen Anzeige, der Schlag augenblicklich rührte, und er, indem er das Blatt fallen ließ, mit gelähmten Gliedern auf den Fußboden niederschlug. Die Brüder, die gegenwärtig waren, hoben ihn bestürzt vom Boden auf, und riefen einen Arzt herbei, der, zu seiner Pflege, in den Nebengebäuden wohnte; aber alle Mühe, ihn wieder ins Leben zurückzubringen, war umsonst: er gab, während Frau Littegarde besinnungslos in dem Schoß ihrer Frauen lag, seinen Geist auf, und diese, da sie erwachte, hatte auch nicht den letzten bittersüßen Trost, ihm ein Wort zur Verteidigung ihrer Ehre in die Ewigkeit mitgegeben zu haben. Der Schrecken der beiden Brüder über diesen heillosen Vorfall, und ihre Wut über die der Schwester angeschuldigte und leider nur zu wahrscheinliche Schandtat, die ihn veranlaßt hatte, war unbeschreiblich. Denn sie wußten nur zu wohl, daß Graf Jacob der Rotbart ihr in der Tat, während des ganzen vergangenen Sommers, angelegentlich den Hof gemacht hatte; mehrere Turniere und Bankette waren bloß ihr zu Ehren von ihm angestellt, und sie, auf eine schon damals sehr anstößige Weise, vor allen andern Frauen, die er zur Gesellschaft zog, von ihm ausgezeichnet worden. Ja, sie erinnerten sich, daß Littegarde gerade um die Zeit des besagten Remigiustages, eben diesen von ihrem Gemahl herstammenden Ring, der sich jetzt, auf sonderbare Weise, in den Händen des Grafen Jacob wiederfand, auf einem Spaziergang verloren zu haben vorgegeben hatte; dergestalt, daß sie nicht einen Augenblick an der Wahrhaftigkeit der Aussage, die der Graf vor Gericht gegen sie abgeleistet hatte, zweifelten. Vergebens – inzwischen unter den Klagen des Hofgesindes die väterliche Leiche weggetragen ward – umklammerte sie, nur um einen Augenblick Gehör bittend, die Knie ihrer Brüder; Rudolph, vor Entrüstung flammend, fragte sie, indem er sich zu ihr wandte: ob sie einen Zeugen für die Nichtigkeit der Beschuldigung für sich aufstellen könne? und da sie unter Zittern und Beben erwiderte: daß sie sich leider auf nichts, als die Unsträflichkeit ihres Lebenswandels berufen könne, indem ihre Zofe gerade wegen eines Besuchs, den sie in der bewußten Nacht bei ihren Eltern abgestattet, aus ihrem Schlafzimmer abwesend gewesen sei: so stieß Rudolph sie mit Füßen von sich, riß ein Schwert, das an der Wand hing, aus der Scheide, und befahl ihr, in mißgeschaffener Leidenschaft tobend, indem er Hunde und Knechte herbeirief, augenblicklich das Haus und die Burg zu verlassen. Littegarde stand, bleich wie Kreide, vom Boden auf; sie bat, indem sie seinen Mißhandlungen schweigend auswich, ihr wenigstens zur Anordnung der erforderten Abreise die nötige Zeit zu lassen; doch Rudolph antwortete weiter nichts, als, vor Wut schäumend: „hinaus, aus dem Schloß!" dergestalt, daß, da er auf seine eigne Frau, die ihm, mit der Bitte um Schonung und Menschlichkeit, in den Weg trat, nicht hörte, und sie, durch einen Stoß mit dem Griff des Schwerts, der ihr das Blut fließen machte, rasend auf die Seite warf, die unglückliche Littegarde, mehr tot als lebendig, das Zimmer

verließ: sie wankte, von den Blicken der gemeinen Menge umstellt, über den Hofraum der Schloßpforte zu, wo Rudolph ihr ein Bündel mit Wäsche, wozu er einiges Geld legte, hinausreichen ließ, und selbst hinter ihr, unter Flüchen und Verwünschungen, die Torflügel verschloß.

Dieser plötzliche Sturz, von der Höhe eines heiteren und fast ungetrübten Glücks, in die Tiefe eines unabsehbaren und gänzlich hilflosen Elends, war mehr als das arme Weib ertragen konnte. Unwissend, wohin sie sich wenden solle, wankte sie, gestützt am Geländer, den Felsenpfad hinab, um sich wenigstens für die einbrechende Nacht ein Unterkommen zu verschaffen; doch ehe sie noch den Eingang des Dörfchens, das verstreut im Tale lag, erreicht hatte, sank sie schon, ihrer Kräfte beraubt, auf den Fußboden nieder. Sie mochte, allen Erdenleiden entrückt, wohl eine Stunde so gelegen haben, und völlige Finsternis deckte schon die Gegend, als sie, umringt von mehreren mitleidigen Einwohnern des Orts, erwachte. Denn ein Knabe, der am Felsenabhang spielte, hatte sie daselbst bemerkt, und in dem Hause seiner Eltern von einer so sonderbaren und auffallenden Erscheinung Bericht abgestattet; worauf diese, die von Littegarden mancherlei Wohltaten empfangen hatten, äußerst bestürzt sie in einer so trostlosen Lage zu wissen, sogleich aufbrachen, um ihr mit Hilfe, so gut es in ihren Kräften stand, beizuspringen. Sie erholte sich durch die Bemühungen dieser Leute gar bald, und gewann auch, bei dem Anblick der Burg, die hinter ihr verschlossen war, ihre Besinnung wieder; sie weigerte sich aber, das Anerbieten zweier Weiber, sie wieder auf das Schloß hinaufzuführen, anzunehmen, und bat nur um die Gefälligkeit, ihr sogleich einen Führer herbeizuschaffen, um ihre Wanderung fortzusetzen. Vergebens stellten ihr die Leute vor, daß sie in ihrem Zustande keine Reise antreten könne; Littegard bestand unter dem Vorwand, daß ihr Leben in Gefahr sei, darauf, augenblicklich die Grenzen des Burggebiets zu verlassen; ja, sie machte, da sich der Haufen um sie, ohne ihr zu helfen, immer vergrößerte, Anstalten, sich mit Gewalt loszureißen, und sich allein, trotz der Dunkelheit der hereinbrechenden Nacht, auf den Weg zu begeben; dergestalt, daß die Leute notgedrungen, aus Furcht, von der Herrschaft, falls ihr ein Unglück zustieße, dafür in Anspruch genommen zu werden, in ihren Wunsch willigten, und ihr ein Fuhrwerk herbeischafften, das mit ihr, auf die wiederholt an sie gerichtete Frage, wohin sie sich den eigentlich wenden wolle, nach Basel abfuhr.

Aber schon vor dem Dorfe änderte sie, nach einer aufmerksamer Erwägung der Umstände, ihren Entschluß, und befahl ihrem Führer umzukehren, und sie nach der, nur wenige Meilen entfernten Trotenburg zu fahren. Denn sie fühlte wohl, daß sie ohne Beistand, gegen einen solchen Gegner, als der Graf Jacob der Rotbart war, vor dem Gericht zu Basel nichts ausrichten würde; und niemand schien ihr des Vertrauens, zur Verteidigung ihrer Ehre aufgerufen zu werden, würdiger, als ihr wackerer, ihr in Liebe, wie sie wohl wußte, immer noch ergebener Freund, der treffliche Kämmerer Herr Friedrich von Trota. Es mochte ungefähr Mitternacht sein, und die Lichter im Schlosse schimmerten noch, als sie, äußerst ermüdet von der Reise, mit ihrem

Fuhrwerk daselbst ankam. Sie schickte einen Diener des Hauses, der ihr entgegenkam, hinauf, um der Familie ihre Ankunft anmelden zu lassen; doch ehe dieser noch seinen Auftrag vollführt hatte, traten auch schon Fräulein Bertha und Kunigunde, Herrn Friedrichs Schwestern, vor die Tür hinaus, die zufällig, in Geschäften des Haushalts, im untern Vorsaal waren. Die Freundinnen hoben Littegarden, die ihnen gar wohl bekannt war, unter freudigen Begrüßungen vom Wagen, und führten sie, obschon nicht ohne einige Beklemmung, zu ihrem Bruder hinauf, der, in Akten, womit ihn ein Prozeß überschüttete, versenkt, an einem Tische saß. Aber wer beschreibt das Erstaunen Herrn Friedrichs, als er auf das Geräusch, das sich hinter ihm erhob, sein Antlitz wandte, und Frau Littegarden, bleich und entstellt, ein wahres Bild der Verzweiflung, vor ihm auf Knien niedersinken sah. „Meine teuerste Littegarde!" rief er, indem er aufstand, und sie vom Fußboden erhob: „was ist Euch widerfahren?" Littegarde, nachdem sie sich auf einen Sessel niedergelassen hatte, erzählte ihm, was vorgefallen; welch eine verruchte Anzeige der Graf Jacob der Rotbart, um sich von dem Verdacht, wegen Ermordung des Herzogs, zu reinigen, vor dem Gericht zu Basel in Bezug auf sie, vorgebracht habe; wie die Nachricht davon ihrem alten, eben an einer Unpäßlichkeit leidenden Vater augenblicklich den Nervenschlag zugezogen, an welchem er auch, wenige Minuten darauf, in den Armen seiner Söhne verschieden sei; und wie diese in Entrüstung darüber rasend, ohne auf das, was sie zu ihrer Verteidigung vorbringen könne, zu hören, sie mit den entsetzlichsten Mißhandlungen überhäuft, und zuletzt, gleich einer Verbrecherin, aus dem Hause gejagt hätten. Sie bat Herrn Friedrich, sie unter einer schicklichen Begleitung nach Basel zu befördern, und ihr daselbst einen Rechtsgehilfen anzuweisen, der ihr, bei ihrer Erscheinung vor dem von dem Kaiser eingesetzten Gericht, mit klugem und besonnenem Rat, gegen jene schändliche Beschuldigung, zur Seite stehen könne. Sie versicherte, daß ihr aus dem Munde eines Parthers oder Persers, den sie nie mit Augen gesehen, eine solche Behauptung nicht hätte unerwarteter kommen können, als aus dem Munde des Grafen Jacobs des Rotbarts, indem ihr derselbe, seines schlechten Rufs sowohl, als seiner äußeren Bildung wegen, immer in der tiefsten Seele verhaßt gewesen sei, und sie die Artigkeiten, die er sich, bei den Festgelagen des vergangenen Sommers, zuweilen die Freiheit genommen ihr zu sagen, stets mit der größten Kälte und Verachtung abgewiesen habe. „Genug, meine teuerste Littegarde!" rief Herr Friedrich, indem er mit edlem Eifer ihre Hand nahm, und an seine Lippen drückte: „verliert kein Wort zur Verteidigung und Rechtfertigung Eurer Unschuld! In meiner Brust spricht eine Stimme für Euch, weit lebhafter und überzeugender, als alle Versicherungen, ja selbst als alle Rechtsgründe und Beweise, die Ihr vielleicht, aus der Verbindung der Umstände und Begebenheiten, vor dem Gericht zu Basel für

Euch aufzubringen vermögt. Nehmt mich, weil Eure ungerechten und ungroßmütigen Brüder Euch verlassen, als Euren Freund und Bruder an, und gönnt mir den Ruhm, Euer Anwalt in dieser Sache zu sein; ich will den Glanz Eurer Ehre vor dem Gericht zu Basel und vor dem Urteil der ganzen Welt wiederherstellen!" Damit führte er Littegarden, deren Tränen vor Dankbarkeit und Rührung, bei so edelmütigen Äußerungen, heftig flossen, zu Frau Helene, seiner Mutter, hinauf, die sich bereits in ihr Schlafzimmer zurückgezogen hatte; er stellte sie dieser würdigen alten Dame, die ihr mit besonderer Liebe zugetan war, als eine Gastfreundin vor, die sich, wegen eines Zwistes, der in ihrer Familie ausgebrochen, entschlossen habe, ihren Aufenthalt während einiger Zeit auf seiner Burg zu nehmen; man räumte ihr noch in derselben Nacht einen ganzen Flügel des weitläufigen Schlosses ein, erfüllte, aus dem Vorrat der Schwestern, die Schränke, die sich darin befanden, reichlich mit Kleidern und Wäsche für sie, wies ihr auch, ganz ihrem Range gemäß, eine anständige, ja prächtige Dienerschaft an: und schon am dritten Tage befand sich Herr Friedrich von Trota, ohne sich über die Art und Weise, wie er seinen Beweis vor Gericht zu führen gedachte, auszulassen, mit einem zahlreichen Gefolge von Reisigen und Knappen auf der Straße nach Basel.

Inzwischen war, von den Herren von Breda, Littegardens Brüdern, ein Schreiben, den auf der Burg stattgehabten Vorfall anbetreffend, bei dem Gericht zu Basel eingelaufen, worin sie das arme Weib, sei es nun, daß sie dieselbe wirklich für schuldig hielten, oder daß sie sonst Gründe haben mochten, sie zu verderben, ganz und gar, als eine überwiesene Verbrecherin, der Verfolgung der Gesetze preisgaben. Wenigstens nannten sie die Verstoßung derselben aus der Burg, unedelmütiger und unwahrhaftiger Weise, eine freiwillige Entweichung; sie beschrieben, wie sie sogleich, ohne irgend etwas zur Verteidigung ihrer Unschuld aufbringen zu können, auf einige entrüstete Äußerungen, die ihnen entfahren wären, das Schloß verlassen habe; und waren, bei der Vergeblichkeit aller Nachforschungen, die sie beteuerten, ihrethalb angestellt zu haben, der Meinung, daß sie jetzt wahrscheinlich, an der Seite eines dritten Abenteurers, in der Welt umirre, um das Maß ihrer Schande zu erfüllen. Dabei trugen sie, zur Ehrenrettung der durch sie beleidigten Familie, darauf an, ihren Namen aus der Geschlechtstafel des Bredaschen Hauses auszustreichen, und begehrten, unter weitläufigen Rechtsdeduktionen, sie, zur Strafe wegen so unerhörter Vergehungen, aller Ansprüche auf die Verlassenschaft des edlen Vaters, den ihre Schande ins Grab gestürzt, für verlustig zu erklären. Nun waren die Richter zu Basel zwar weit entfernt, diesem Antrag, der ohnehin gar nicht vor ihr Forum gehörte, zu willfahren; da inzwischen der Graf Jacob, beim Empfang dieser Nachricht, von seiner Teilnahme an dem Schicksal Littegardens die unzweideutigsten und entscheidendsten Beweise gab, und heimlich, wie man erfuhr, Reiter ausschickte, um sie aufzusuchen und ihr einen Aufenthalt auf seiner Burg anzubieten: so setzte das Gericht in die Wahrhaftigkeit seiner Aussage keinen Zweifel mehr, und beschloß, die Klage, die wegen Ermordung des Herzogs über ihm schwebte, sofort aufzuheben. Ja, diese Teilnahme, die er der Unglücklichen in diesem Augenblick der Not schenkte, wirkte selbst höchst vorteilhaft auf die Meinung des in seinem Wohlwollen für ihn sehr wankenden Volks; man entschuldigte jetzt, was man früherhin schwer gemißbilligt hatte, die Preisgebung einer ihm in Liebe ergebenen Frau, vor der Verachtung aller Welt, und fand, daß ihm unter so außerordentlichen und ungeheuren Umständen, da es ihm nichts Geringeres, als Leben und Ehre galt, nichts übriggeblieben sei, als rücksichtslose Aufdeckung des Abenteuers, das sich in der Nacht des heiligen Remigius zugetragen hatte. Demnach ward, auf ausdrücklichen Befehl des Kaisers, der Graf Jacob der Rotbart von neuem vor Gericht geladen, um feierlich, bei offnen Türen, von dem Verdacht, zur Ermordung des Herzogs mitgewirkt zu haben, freigesprochen zu werden. Eben hatte der Herold, unter den Hallen des weitläufigen Gerichtssaals, das Schreiben der Herren von Breda abgelesen, und das Gericht machte sich bereit, dem Schluß des Kaisers gemäß, in bezug auf den ihm zur Seite stehenden Angeklagten, zu einer förmlichen Ehrenerklärung zu schreiten: als Herr Friedrich von Trota vor die Schranken trat, und sich, auf das allgemeine Recht jedes unparteiischen Zuschauers gestützt, den Brief auf einen Augenblick zur Durchsicht ausbat. Man willigte, während die Augen alles Volks auf ihn gerichtet waren, in seinen Wunsch; aber kaum hatte Herr Friedrich aus den Händen des Herolds das Schreiben erhalten, als er es, nach einem flüchtig hineingeworfenen Blick, von oben bis unten zerriß, und die Stücke, samt seinem Handschuh, die er zusammenwickelte, mit der Erklärung dem Grafen Jacob dem Rotbart ins Gesicht warf: daß er ein schändlicher und niederträchtiger Verleumder, und er entschlossen sei, die Schuldlosigkeit Frau Littegardens an dem Frevel, den er ihr vorgeworfen, auf Tod und Leben, vor aller Welt, im Gottesurteil zu beweisen! – Graf Jacob der Rotbart, nachdem er, blaß im Gesicht, den Handschuh aufgenommen, sagte: „so gewiß als Gott gerecht, im Urteil der Waffen, entscheidet, so gewiß werde ich dir die Wahrhaftigkeit dessen, was ich, Frau Littegarden betreffend, notgedrungen verlautbart, im ehrlichen ritterlichen Zweikampf beweisen! Erstattet, edle Herren", sprach er, indem er sich zu den Richtern wandte, „kaiserlicher Majestät Bericht von dem Einspruch, welchen Herr Friedrich getan, und ersucht sie, uns Stunde und Ort zu bestimmen, wo wir uns, mit dem Schwert in der Hand, zur Entscheidung dieser Streitsache begegnen können!" Demgemäß schickten die Richter, unter Aufhebung der Session, eine Deputation mit dem Bericht über diesen Vorfall an den Kaiser ab; und da dieser durch das Auftreten Herrn Friedrichs, als Verteidiger Littegardens, nicht wenig in seinem

Glauben an die Unschuld des Grafen irre geworden war: so rief er, wie es die Ehrengesetze erforderten, Frau Littegarden, zur Beiwohnung des Zweikampfs, nach Basel, und setzte zur Aufklärung des sonderbaren Geheimnisses, das über dieser Sache schwebte, den Tag der heiligen Margarethe (13. Juli) als die Zeit, und den Schloßplatz zu Basel als den Ort an, wo beide, Herr Friedrich von Trota und der Graf Jacob der Rotbart, in Gegenwart Frau Littegardens einander treffen sollten.

Eben ging, diesem Schluß gemäß, die Mittagssonne des Margarethentages über die Türme der Stadt Basel, und eine unermeßliche Menschenmenge, für welche man Bänke und Gerüste zusammengezimmert hatte, war auf dem Schloßplatz versammelt, als, auf den dreifachen Ruf des vor dem Altan der Kampfrichter stehenden Herolds, beide, von Kopf zu Fuß in schimmerndes Erz gerüstet, Herr Friedrich und der Graf Jacob, zur Ausfechtung ihrer Sache, in die Schranken traten. Fast die ganze Ritterschaft von Schwaben und der Schweiz war auf der Rampe des im Hintergrund befindlichen Schlosses gegenwärtig; und auf dem Balkon desselben saß, von seinem Hofgesinde umgeben, der Kaiser selbst, nebst seiner Gemahlin und den Prinzen und Prinzessinnen, seinen Söhnen und Töchtern. Kurz vor Beginn des Kampfes, während die Richter Licht und Schatten zwischen den Kämpfern teilten, traten Frau Helena und ihre beiden Töchter Bertha und Kunigunde, welche Littegarden nach Basel begleitet hatten, noch einmal an die Pforten des Platzes und baten die Wächter, die daselbst standen, um die Erlaubnis, eintreten, und mit Frau Littegarden, welche, einem uralten Gebrauch gemäß, auf einem Gerüst innerhalb der Schranken saß, ein Wort sprechen zu dürfen. Denn obschon der Lebenswandel dieser Dame die vollkommenste Achtung und ein ganz uneingeschränktes Vertrauen in die Wahrhaftigkeit ihrer Versicherungen zu erfordern schien, so stürzte doch der Ring, den der Graf Jacob aufzuweisen hatte, und noch mehr der Umstand, daß Littegarde ihre Kammerzofe, die einzige, die ihr hätte zum Zeugnis dienen können, in der Nacht des heiligen Remigius beurlaubt hatte, ihre Gemüter in die lebhafteste Besorgnis; sie beschlossen, die Sicherheit des Bewußtseins, das der Angeklagten inwohnte, im Drang dieses entscheidenden Augenblicks, noch einmal zu prüfen, und ihr die Vergeblichkeit, ja Gotteslästerlichkeit des Unternehmens, falls wirklich eine Schuld ihre Seele drückte, auseinanderzusetzen, sich durch den heiligen Ausspruch der Waffen, der die Wahrheit unfehlbar ans Licht bringen würde, davon reinigen zu wollen. Und in der Tat hatte Littegarde alle Ursache, den Schritt, den Herr Friedrich jetzt für sie tat, wohl zu überlegen; der Scheiterhaufen wartete ihrer sowohl, als ihres Freundes, des Ritters von Trota, falls Gott sich im eisernen Urteil nicht für ihn, sondern für den Grafen Jacob den Rotbart, und für die Wahrheit der Aussage entschied, die derselbe vor Gericht gegen sie abgeleistet hatte. Frau Littegarde, als sie Herrn Friedrichs

Mutter und Schwestern zur Seite eintreten sah, stand, mit dem ihr eigenen Ausdruck von Würde, der durch den Schmerz, welcher über ihr Wesen verbreitet war, noch rührender ward, von ihrem Sessel auf, und fragte sie, indem sie ihnen entgegen ging: was sie in einem so verhängnisvollen Augenblick zu ihr führe? „Mein liebes Töchterchen", sprach Frau Helena, indem sie dieselbe auf die Seite führte: „wollt Ihr einer Mutter, die keinen Trost im öden Alter, als den Besitz ihres Sohnes hat, den Kummer ersparen, ihn an seinem Grabe beweinen zu müssen; Euch, ehe noch der Zweikampf beginnt, reichlich beschenkt und ausgestattet, auf einen Wagen setzen, und eins von unsern Gütern, das jenseits des Rheins liegt, und Euch anständig und freundlich empfangen wird, von uns zum Geschenk annehmen?" Littegarde, nachdem sie ihr, mit einer Blässe, die ihr über das Antlitz flog, einen Augenblick starr ins Gesicht gesehen hatte, bog, sobald sie die Bedeutung dieser Worte in ihrem ganzen Umfang verstanden hatte, ein Knie vor ihr. „Verehrungswürdigste und vortreffliche Frau!" sprach sie; „kommt die Besorgnis, daß Gott sich, in dieser entscheidenden Stunde, gegen die Unschuld meiner Brust erklären werde, aus dem Herzen Eures edlen Sohnes?" – „Weshalb?" fragte Frau Helena. – „Weil ich ihn in diesem Falle beschwöre, das Schwert, das keine vertrauensvolle Hand führt, lieber nicht zu zücken, und die Schranken, unter welchem schicklichen Vorwand es sei, seinem Gegner zu räumen: mich aber, ohne dem Gefühl des Mitleids, von dem ich nichts annehmen kann, ein unzeitiges Gehör zu geben, meinem Schicksal, das ich in Gottes Hand stelle, zu überlassen!" – „Nein!" sagte Frau Helena verwirrt; „mein Sohn weiß von nichts! Es würde ihm, der vor Gericht sein Wort gegeben hat, Eure Sache zu verfechten, wenig anstehen, Euch jetzt, da die Stunde der Entscheidung schlägt, einen solchen Antrag zu machen. Im festen Glauben an Eure Unschuld steht er, wie Ihr seht, bereits zum Kampf gerüstet, dem Grafen, Eurem Gegner, gegenüber; es war ein Vorschlag, den wir uns, meine Töchter und ich, in der Bedrängnis des Augenblicks, zur Berücksichtigung aller Vorteile und Vermeidung allen Unglücks ausgedacht haben." – „Nun", sagte Frau Littegarde, indem sie die Hand der alten Dame, unter einem heißen Kuß, mit ihren Tränen befeuchtete: „so laßt ihn sein Wort lösen! Keine Schuld befleckt mein Gewissen; und ginge er ohne Helm und Harnisch in den Kampf, Gott und alle seine Engel beschirmen ihn!" Und damit stand sie vom Boden auf, und führte Frau Helena und ihre Töchter auf einige, innerhalb des Gerüstes befindliche Sitze, die hinter dem, mit rotem Tuch beschlagenen Sessel, auf dem sie sich selbst niederließ, aufgestellt waren.

Hierauf blies der Herold, auf den Wink des Kaisers, zum Kampf, und beide Ritter, Schild und Schwert in der Hand, gingen aufeinander los. Herr Friedrich verwundete gleich auf den ersten Hieb den Grafen; er verletzte ihn mit der Spitze seines, nicht eben langen Schwertes da, wo zwischen Arm und

Hand die Gelenke der Rüstung ineinander griffen; aber der Graf, der, durch die Empfindung geschreckt, zurücksprang, und die Wunde untersuchte, fand, daß obschon das Blut heftig floß, doch nur die Haut obenhin geritzt war; dergestalt, daß er auf das Murren der auf der Rampe befindlichen Ritter, über die Unschicklichkeit dieser Aufführung, wieder vordrang, und den Kampf, mit erneuerten Kräften, einem völlig Gesunden gleich, wieder fortsetzte. Jetzt wogte zwischen beiden Kämpfern der Streit, wie zwei Sturm-

winde einander begegnen, wie zwei Gewitterwolken, ihre Blitze einander zusendend, sich treffen, und, ohne sich zu vermischen, unter dem Gekrach häufiger Donner, getürmt und umeinander herumschweben. Herr Friedrich stand, Schild und Schwert vorstreckend, auf dem Boden, als ob er darin Wurzel fassen wollte, da; bis an die Sporen grub er sich, bis an die Knöchel und Waden, in dem, von seinem Pflaster befreiten, absichtlich aufgelockerten, Erdreich ein, die tückischen Stöße des Grafen, der, klein und behend, gleichsam von allen Seiten zugleich angriff, von seiner Brust und seinem Haupt abwehrend. Schon hatte der Kampf, die Augenblicke der Ruhe, zu welcher Entatmung beide Parteien zwang, mitgerechnet, fast eine Stunde gedauert: als sich von neuem ein Murren unter den auf dem Gerüst befindlichen Zuschauern erhob. Es schien, es galt diesmal nicht dem Grafen Jacob, der es an Eifer, den Kampf zu Ende zu bringen, nicht fehlen ließ, sondern Herrn Friedrichs Einpfählung auf einem und demselben Fleck, und seine seltsame, dem Anschein nach fast eingeschüchterte, wenigstens starrsinnige Enthaltung alles eignen Angriffs. Herr Friedrich, obschon sein Verfahren auf guten Gründen beruhen mochte, fühlte dennoch zu leise, als daß er es nicht sogleich gegen die Forderung derer, die in diesem Augenblick über seine Ehre entschieden, hätte aufopfern sollen; er trat mit einem mutigen Schritt aus dem, sich von Anfang herein gewählten Standpunkt, und der Art natürlicher Verschanzung, die sich um seinen Fußtritt gebildet hatte, hervor, über das Haupt seines Gegners, dessen Kräfte schon zu sinken anfingen, mehrere derbe und ungeschwächte Streiche, die derselbe jedoch unter geschickten Seitenbewegungen mit seinem Schild aufzufangen wußte, danieder schmetternd. Aber schon in den ersten Momenten dieses dergestalt veränderten Kampfs, hatte Herr Friedrich ein Unglück, das die Anwesenheit höherer, über den Kampf waltender Mächte nicht eben anzudeuten schien; er stürzte, den Fußtritt in seinen Sporen verwickelnd, stolpernd abwärts, und während er unter der Last des Helms und des Harnisches, die seine oberen Teile beschwerten, mit in dem Staub vorgestützter Hand, in die Knie sank, stieß ihm Graf Jacob der Rotbart, nicht eben auf die edelmütigste und ritterlichste Weise, das Schwert in die dadurch bloßgegebene Seite. Herr Friedrich sprang, mit einem Laut des augenblicklichen Schmerzes, von der Erde empor. Er drückte sich zwar den Helm in die Augen, und machte, das Antlitz rasch seinem Gegner wieder zuwendend, Anstalten, den Kampf fortzusetzen: aber während er sich, mit vor Schmerz krummgebeugtem Leibe, auf seinen Degen stützte, und Dunkelheit seine Augen umfloß: stieß ihm der Graf seinen Flammberg (Schwertname) noch zweimal, dicht unter dem Herzen, in die Brust; worauf er, von

seiner Rüstung umrasselt, zu Boden schmetterte, und Schwert und Schild neben sich niederfallen ließ. Der Graf setzte ihm, nachdem er die Waffen über die Seite geschleudert, unter einem dreifachen Tusch der Trompeten, den Fuß auf die Brust; und inzwischen alle Zuschauer, der Kaiser selbst an der Spitze, unter dumpfen Ausrufungen des Schreckens und Mitleidens, von ihren Sitzen aufstanden: stürzte sich Frau Helena, im Gefolge ihrer beiden Töchter, über ihren teuern, sich in Staub und Blut wälzenden Sohn. „O mein Friedrich!" rief sie, an seinem Haupt jammernd niederkniend; während Frau Littegarde ohnmächtig und besinnungslos, durch zwei Häscher, von dem Boden des Gerüstes, auf welchen sie herabgesunken war, aufgehoben und in ein Gefängnis getragen ward. „Und o die Verruchte", setzte sie hinzu, „die Verworfene, die, das Bewußtsein der Schuld im Busen, hierher zu treten, und den Arm des treusten und edelmütigsten Freundes zu bewaffnen wagt, um ihr ein Gottesurteil, in einem ungerechten Zweikampf, zu erstreiten!" Und damit hob sie den geliebten Sohn, inzwischen die Töchter ihn von seinem Harnisch befreiten, wehklagend vom Boden auf, und suchte ihm das Blut, das aus seiner edlen Brust vordrang, zu stillen. Aber Häscher traten auf Befehl des Kaisers herbei, die auch ihn, als einen dem Gesetz Verfallenen, in Verwahrsam nahmen; man legte ihn, unter Beihilfe einiger Ärzte, auf eine Bahre, und trug ihn, unter der Begleitung einer großen Volksmenge, gleichfalls in ein Gefängnis, wohin Frau Helena jedoch und ihre Töchter die Erlaubnis bekamen, ihm, bis an seinen Tod, an dem niemand zweifelte, folgen zu dürfen.

Es zeigte sich aber gar bald, daß Herrn Friedrichs Wunden, so lebensgefährliche und zarte Teile sie auch berührten, durch eine besondere Fügung des Himmels nicht tödlich waren; vielmehr konnten die Ärzte, die man ihm zugeordnet hatte, schon wenige Tage darauf die bestimmte Versicherung an die Familie geben, daß er am Leben erhalten werden würde, ja, daß er, bei der Stärke seiner Natur, binnen wenigen Wochen, ohne irgendeine Verstümmelung an seinem Körper zu erleiden, wieder hergestellt sein würde. Sobald ihm seine Besinnung, deren ihn der Schmerz während langer Zeit beraubte, wiederkehrte, war seine an die Mutter gerichtete Frage unaufhörlich: was Frau Littegarde mache? Er konnte sich der Tränen nicht enthalten, wenn er sich dieselbe in der Öde des Gefängnisses, der entsetzlichsten Verzweiflung zum Raube hingegeben dachte, und forderte die Schwestern, indem er ihnen liebkosend das Kinn streichelte auf, sie zu besuchen und sie zu trösten. Frau Helena, über diese Äußerung betroffen, bat ihn, diese Schändliche und Niederträchtige zu vergessen; sie meinte, daß das Verbrechen, dessen der Graf Jacob vor Gericht Erwähnung getan, und das nun durch den Ausgang des Zweikampfs ans Tageslicht gekommen, verziehen werden könne, nicht aber die Schamlosigkeit und Frechheit, mit dem Bewußtsein dieser Schuld, ohne Rücksicht auf den edelsten Freund, den sie dadurch ins Verderben stürze, das geheiligte Urteil Gottes, gleich einer Unschuldigen, für sich aufzurufen. „Ach, meine Mutter", sprach der Kämmerer, „wo ist der Sterbliche, und wäre die Weisheit aller Zeiten sein, der es wagen darf, den geheimnisvollen Spruch, den Gott in diesem Zweikampf getan hat, auszulegen!" „Wie?" rief Frau Helena, „blieb der Sinn dieses göttlichen Spruchs dir dunkel? Hast du nicht, auf eine nur leider zu bestimmte und unzweideutige Weise, dem

Schwert deines Gegners im Kampf unterlegen?" – „Sei es!" versetzte Herr Friedrich, „auf einen Augenblick unterlag ich ihm. Aber ward ich durch den Grafen überwunden? Leb' ich nicht? Blühe ich nicht, wie unter dem Hauch des Himmels, wunderbar wieder empor, vielleicht in wenig Tagen schon mit der Kraft doppelt und dreifach ausgerüstet, den Kampf, in dem ich durch einen nichtigen Zufall gestört ward, von neuem wieder aufzunehmen?" – „Törichter Mensch!" rief die Mutter. „Und weißt du nicht, daß ein Gesetz besteht, nach welchem ein Kampf, der einmal nach dem Ausspruch der Kampfrichter abgeschlossen ist, nicht wieder zur Ausfechtung derselben Sache vor den Schranken des göttlichen Gerichts aufgenommen werden darf?" – „Gleichviel!" versetzte der Kämmerer unwillig. „Was kümmern mich diese willkürlichen Gesetze der Menschen? Kann ein Kampf, der nicht bis an den Tod eines der beiden Kämpfer fortgeführt worden ist, nach jeder vernünftigen Schätzung der Verhältnisse für abgeschlossen gehalten werden? und dürfte ich nicht, falls mir ihn wiederaufzunehmen gestattet wäre, hoffen, den Unfall, der mich betroffen, wiederherzustellen, und mir mit dem Schwert einen ganz anderen Spruch Gottes zu erkämpfen, als den, der jetzt beschränkter und kurzsichtiger Weise dafür angenommen wird?" „Gleichwohl", entgegnete die Mutter bedenklich, „sind diese Gesetze, um welche du dich nicht zu bekümmern vorgibst, die waltenden und herrschenden; sie üben, verständig oder nicht, die Kraft göttlicher Satzungen aus, und überliefern dich und sie, wie ein verabscheuungswürdiges Frevelpaar, der ganzen Strenge der peinlichen Gerichtsbarkeit." – „Ach", rief Herr Friedrich; „das eben ist es, was mich Jammervollen in Verzweiflung stürzt! Der Stab ist, einer Überwiesenen gleich, über sie gebrochen; und ich, der ihre Tugend und Unschuld vor der Welt erweisen wollte, bin es, der dies Elend über sie gebracht: ein heilloser Fehltritt in die Riemen meiner Sporen, durch den Gott mich vielleicht, ganz unabhängig von ihrer Sache, der Sünden meiner eignen Brust wegen, strafen wollte, gibt ihre blühenden Glieder der Flamme und ihr Andenken ewiger Schande preis!" – Bei diesen Worten stieg ihm die Träne heißen männlichen Schmerzes ins Auge; er kehrte sich, indem er sein Tuch ergriff, der Wand zu, und Frau Helena und ihre Töchter knieten in stiller Rührung an seinem Bett nieder, und mischten, indem sie seine Hand küßten, ihre Tränen mit den seinigen. Inzwischen war der Turmwächter, mit Speisen für ihn und die Seinigen, in sein Zimmer getreten, und da Herr Friedrich ihn fragte, wie sich Frau Littegarde befinde: vernahm er in abgerissenen und nachlässigen Worten desselben, daß sie auf einem Bündel Stroh liege, und noch seit dem Tage, da sie eingesetzt worden, kein Wort von sich gegeben hatte. Herr Friedrich ward durch diese Nachricht in die äußerste Besorgnis gestürzt; er trug ihm auf, der Dame, zu ihrer Beruhigung, zu sagen, daß er, durch eine sonderbare Schickung des Himmels, in seiner völligen Besserung begriffen sei, und bat sich von ihr die Erlaubnis aus, sie nach Wiederherstellung seiner Gesundheit, mit Genehmigung des Schloßvogts, einmal in ihrem Gefängnis besuchen zu dürfen. Doch die Antwort, die der Turmwächter von ihr, nach mehrmaligem Rütteln derselben am Arm, da sie wie eine Wahnsinnige, ohne zu hören und zu sehen, auf dem Stroh lag, empfangen zu haben vorgab, war: nein, sie wolle, solange sie auf Erden sei, keinen Menschen mehr sehen; – ja, man erfuhr, daß sie noch an demselben Tage dem Schloßvogt, in einer eigenhändigen Zuschrift, befohlen hatte, niemanden, wer es auch sei, den Kämmerer von Trota aber am allerwenigsten, zu ihr zu lassen; dergestalt, daß Herr Friedrich, von der heftigsten Bekümmernis über ihren Zustand getrieben, an einem Tage, an welchem er seine Kraft besonders lebhaft wiederkehren fühlte, mit Erlaubnis des Schloßvogts aufbrach, und sich, ihrer Verzeihung gewiß, ohne bei ihr angemeldet worden zu sein, in Begleitung seiner Mutter und beiden Schwestern, nach ihrem Zimmer verfügte.

Aber wer beschreibt das Entsetzen der unglücklichen Littegarde, als sie sich, bei dem an der Tür entstehenden Geräusch, mit halb offener Brust und aufgelöstem Haar, von dem Stroh, das ihr untergeschüttet war, erhob und statt des Turmwächters, den sie erwartete, den Kämmerer, ihren edlen und vortrefflichen Freund, mit manchen Spuren der ausgestandenen Leiden, eine wehmütige und rührende Erscheinung, an Berthas und Kunigundens Arm bei sich eintreten sah. „Hinweg!" rief sie, indem sie sich mit dem Ausdruck der Verzweiflung rückwärts auf die Decken ihres Lagers zurückwarf, und die Hände vor ihr Antlitz drückte: „Wenn dir ein Funken von Mitleid im Busen glimmt, hinweg!" – „Wie, meine teuerste Littegarde?" versetzte Herr Friedrich. Er stellte sich ihr, gestützt auf seine Mutter, zur Seite und neigte sich in unaussprechlicher Rührung über sie, um ihre Hand zu ergreifen. „Hinweg!" rief sie, mehrere Schritte weit auf Knien vor ihm auf dem Stroh zurückbebend: „Wenn ich nicht wahnsinnig werden soll, so berühre mich nicht! Du bist mir ein Greuel; loderndes Feuer ist mir minder schrecklich, als du!" – „Ich dir ein Greuel?" versetzte Herr Friedrich betroffen. „Womit, meine edelmütige Littegarde, hat dein Friedrich diesen Empfang verdient?" – Bei diesen Worten setzte ihm Kunigunde, auf den Wink der Mutter, einen Stuhl hin, und lud ihn, schwach wie er war, sich darauf zu setzen. „O Jesus!" rief jene, indem sie sich, in der entsetzlichsten Angst, das Antlitz ganz auf den Boden gestreckt, vor ihm niederwarf: „Räume das Zimmer, mein Geliebter, und verlaß mich! Ich umfasse in heißer Inbrunst deine Knie, ich wasche deine Füße mit meinen Tränen, ich flehe dich, wie ein Wurm vor dir im Staube gekrümmt, um die einzige Erbarmung an: räume, mein Herr und Gebieter, räume mir das Zimmer, räume es augenblicklich und verlaß mich!" – Herr Friedrich stand durch und durch erschüttert vor ihr da. „Ist dir mein Anblick so unerfreulich, Littegarde?" fragte er, indem er ernst auf sie niederschaute. „Entsetzlich, unerträglich, vernichtend!" antwortete Littegarde, ihr Gesicht, mit verzweiflungsvoll vorgestützten Händen, ganz zwischen die Sohlen seiner Füße bergend. „Die Hölle, mit allen Schauern und Schrecknissen, ist süßer mir und anzuschauen lieblicher, als der Frühling deines mir in Huld und Liebe zugekehrten Angesichts!" – „Gott im Himmel!" rief der Kämmerer; „was soll ich von dieser Zerknirschung deiner Seele denken? Sprach das Gottesurteil, Unglückliche, die Wahrheit, und bist du des Verbrechens, dessen dich der Graf vor Gericht geziehen hat, bist du dessen schuldig?" – „Schuldig, überwiesen, verworfen, in Zeitlichkeit und Ewigkeit verdammt und verurteilt!" rief Littegarde, indem sie sich den Busen, wie eine Rasende zerschlug: „Gott ist wahrhaftig und untrüglich; geh, meine Sinne reißen, und meine Kraft bricht. Laß mich mit meinem Jammer und meiner Verzweiflung allein!" – Bei diesen Worten fiel Herr Friedrich in Ohnmacht; und während Littegarde sich mit einem Schleier das Haupt verhüllte, und sich, wie in gänzlicher Verabschiedung von der Welt, auf ihr Lager zurücklegte, stürzten Bertha und Kunigunde jammernd über ihren entseelten Bruder, um ihn wieder ins Leben zurückzurufen. „O sei verflucht!" rief Frau Helena, da der Kämmerer wieder die Augen aufschlug, „verflucht zu ewiger Reue diesseits des Grabes, und jenseits desselben zu ewiger Verdammnis: nicht wegen der Schuld, die du jetzt eingestehst, sondern wegen der Unbarmherzigkeit und Unmenschlichkeit, sie eher nicht, als bis du meinen schuldlosen Sohn mit dir ins Verderben herabgerissen, einzugestehn! Ich Törin!" fuhr sie fort, indem sie sich verachtungsvoll von ihr abwandte, „hätte ich doch einem Wort, das mir, noch kurz vor Eröffnung des Gottesgerichts, der Prior des hiesigen Augustinerklosters anvertraut, bei dem der Graf, in frommer Vorbereitung zu der entscheidenden Stunde, die ihm bevorstand, zur Beichte gewesen, Glauben geschenkt! Ihm hat er, auf die heilige Hostie, die Wahrhaftigkeit der Angabe, die er vor Gericht in bezug auf die Elende, niedergelegt, beschworen; die Gartenpforte hat er ihm bezeichnet, an welcher sie ihn, der Verabredung gemäß, beim Einbruch der Nacht erwartet und empfangen, das Zimmer ihm, ein Seitengemach des unbewohnten Schloßturms, beschrieben, worin sie ihn, von den Wächtern unbemerkt, eingeführt, das Lager, von Polstern bequem und prächtig unter einem Thronhimmel aufgestapelt, worauf sie sich, in schamloser Schwelgerei, heimlich mit ihm gebettet! Ein Eidschwur in einer solchen Stunde getan, enthält keine Lüge: und hätte ich, Verblendete, meinem Sohn auch nur noch in dem Augenblick des ausbrechenden Zweikampfs, eine Anzeige davon gemacht: so würde ich ihm die Augen geöffnet haben, und er vor dem Abgrund, an welchem er stand, zurückgebebt sein. – Aber komm!" rief Frau Helena, indem sie Herrn Friedrich sanft umschloß, um ihm einen Kuß auf die Stirne drückte: „Entrüstung, die sie der Worte würdigt, ehrt sie; unsern Rücken mag sie erschaun, und vernichtet durch die

Vorwürfe, womit wir sie verschonen, verzweifeln!" – „Der Elende!" versetzte Littegarde, indem sie sich gereizt durch diese Worte emporrichtete. Sie stützte ihr Haupt schmerzvoll auf ihre Knie, und indem sie heiße Tränen auf ihr Tuch niederweinte, sprach sie: „Ich erinnere mich, daß meine Brüder und ich, drei Tage vor jener Nacht des heiligen Remigius, auf seinem Schlosse waren; er hatte, wie er oft zu tun pflegte, ein Fest mir zu Ehren veranstaltet, und mein Vater, der den Reiz meiner aufblühenden Jugend gern gefeiert sah, mich bewogen, die Einladung in Begleitung meiner Brüder, anzunehmen. Spät, nach Beendigung des Tanzes, da ich mein Schlafzimmer besteige, finde ich einen Zettel auf meinem Tisch liegen, der, von unbekannter Hand geschrieben und ohne Namensunterschrift, eine förmliche Liebeserklärung enthielt. Es traf sich, daß meine beiden Brüder gerade wegen Verabredung unserer Abreise, die auf den kommenden Tag festgesetzt war, in dem Zimmer gegenwärtig waren; und da ich keine Art des Geheimnisses vor ihnen zu haben gewohnt war, so zeigte ich ihnen, von sprachlosem Erstaunen ergriffen, den sonderbaren Fund, den ich soeben gemacht hatte. Diese, welche sogleich des Grafen Hand erkannten, schäumten vor Wut, und der ältere war willens, sich augenblicks mit dem Papier in sein Gemach zu verfügen; doch der jüngere stellte ihm vor, wie bedenklich dieser Schritt sei, da der Graf die Klugheit gehabt, den Zettel nicht zu unterschreiben; worauf beide, in der tiefsten Entwürdigung über eine so beleidigende Aufführung, sich noch in derselben Nacht mit mir in den Wagen setzten, und mit dem Entschluß, seine Burg nie wieder mit ihrer Gegenwart zu beehren, auf das Schloß ihres Vaters zurückkehrten. – Dies ist die einzige Gemeinschaft", setzte sie hinzu, „die ich jemals mit diesem Nichtswürdigen und Niederträchtigen gehabt!" – „Wie?" sagte der Kämmerer, indem er ihr sein tränenvolles Gesicht zukehrte, „diese Worte waren Musik meinem Ohr! – Wiederhole sie mir!" sprach er nach einer Pause, indem er sich auf Knien vor ihr niederließ, und seine Hände faltete: „Hast du mich, um jenes Elenden willen, nicht verraten, und bist du rein von der Schuld, deren er dich vor Gericht geziehen?" „Lieber!" flüsterte Littegarde, indem sie seine Hand an ihre Lippen drückte. – „Bist du's?" rief der Kämmerer, „bist du's?" – „Wie die Brust eines neugebornen Kindes, wie das Gewissen eines aus der Beichte kommenden Menschen, wie die Leiche einer, in der Sakristei, unter der Einkleidung, verschiedenen Nonne!" – „O Gott, der Allmächtige!" rief Herr Friedrich, ihre Knie umfassend, „habe Dank! Deine Worte geben mir das Leben wieder; der Tod schreckt mich nicht mehr, und die Ewigkeit, soeben noch wie ein Meer unabsehbaren Elends vor mir ausgebreitet, geht wieder, wie ein Reich voll tausend glänziger Sonnen, vor mir auf!" – „Du Unglücklicher", sagte Littegarde, indem sie sich zurückzog, „wie kannst du dem, was dir mein Mund sagt, Glauben schenken?" – „Warum nicht?" fragte Herr Friedrich glühend. – „Wahnsinniger! Rasen-

der!" rief Littegarde; „hat das geheiligte Urteil Gottes nicht gegen mich entschieden? Hast du dem Grafen nicht in jenem verhängnisvollen Zweikampf
unterlegen, und er nicht die Wahrhaftigkeit dessen, was er vor Gericht gegen
mich angebracht, ausgekämpft?" – „O meine teuerste Littegarde", rief der
Kämmerer, „bewahre deine Sinne vor Verzweiflung! türme das Gefühl, das
in deiner Brust lebt, wie einen Felsen empor: halte dich daran und wanke
nicht, und wenn Erd' und Himmel unter dir und über dir zu Grunde gingen!
Laß uns, von zwei Gedanken, die die Sinne verwirren, den verständlicheren
und begreiflicheren denken, und ehe du dich schuldig glaubst, lieber glauben,
daß ich in dem Zweikampf, den ich für dich gefochten, siegte! – Gott, Herr
meines Lebens", setzte er in diesem Augenblick hinzu, indem er seine Hände
vor sein Antlitz legte, „bewahre meine Seele selbst vor Verwirrung! Ich
meine, so wahr ich selig werden will, vom Schwert meines Gegners nicht
überwunden worden zu sein, da ich, schon unter den Staub seines Fußtritts
hingeworfen, wieder ins Dasein erstanden bin. Wo liegt die Verpflichtung der
höchsten göttlichen Weisheit, die Wahrheit, im Augenblick der glaubensvol-
len Ausrufung selbst, anzuzeigen und auszusprechen? O Littegarde", beschloß er, indem er ihre Hand zwischen die seinigen drückte, „im Leben laß
uns auf den Tod, und im Tode auf die Ewigkeit hinaussehen, und des festen,
unerschütterlichen Glaubens sein: deine Unschuld wird, und wird durch den
Zweikampf, den ich für dich gefochten, zum heiteren, hellen Licht der Sonne
gebracht werden!" – Bei diesen Worten trat der Schloßvogt ein; und da er
Frau Helena, welche weinend an einem Tisch saß, erinnerte, daß so viele Ge-
mütsbewegungen ihrem Sohne schädlich werden könnten: so kehrte Herr
Friedrich, auf das Zureden der Seinigen, nicht ohne das Bewußtsein, einigen
Trost gegeben und empfangen zu haben, wieder in sein Gefängnis zurück.

Inzwischen war, vor dem zu Basel von dem Kaiser eingesetzten Tribunal,
gegen Herrn Friedrich von Trota sowohl, als seine Freundin, Frau Littegarde
von Auerstein, die Klage wegen sündhaft angerufenen göttlichen Schiedsur-
teils eingeleitet, und beide, dem bestehenden Gesetz gemäß, verurteilt worden, auf dem Platz des Zweikampfs selbst den schmählichen Tod der Flammen zu erleiden. Man schickte eine Deputation von Räten ab, um es den
Gefangenen anzukündigen, und das Urteil würde auch, gleich nach Wiederherstellung des Kämmerers, an ihnen vollstreckt worden sein, wenn es des
Kaisers geheime Absicht nicht gewesen wäre, den Grafen Jacob den Rotbart,
gegen den er eine Art von Mißtrauen nicht unterdrücken konnte, dabei gegenwärtig zu sehen. Aber dieser lag, auf eine in der Tat sonderbare und merkwürdige Weise, an der kleinen, dem Anschein nach unbedeutenden Wunde,
die er, zu Anfang des Zweikampfs, von Herrn Friedrich erhalten hatte, noch
immer krank; ein äußerst verderbter Zustand seiner Säfte verhinderte, von
Tag zu Tag, und von Woche zu Woche, die Heilung derselben, und die ganze

Kunst der Ärzte, die man nach und nach aus Schwaben und der Schweiz herbeirief, vermochte nicht, sie zu schließen. Ja, ein ätzender, der ganzen damaligen Heilkunst unbekannter Eiter fraß, auf eine krebsartige Weise, bis auf den Knochen herab im ganzen System seiner Hand um sich, dergestalt, daß man zum Entsetzen aller seiner Freunde genötigt gewesen war, ihm die ganze schadhafte Hand, und späterhin, da auch hierdurch dem Eiterfraß kein Ziel gesetzt ward, den Arm selbst abzunehmen. Aber auch dies, als eine Radialkur gepriesene Heilmittel vergrößerte nur, wie man heutzutage leicht eingesehen haben würde, statt ihm abzuhelfen, das Übel; und die Ärzte, da sich sein ganzer Körper nach und nach in Eiterung und Fäulnis auflöste, erklärten, daß keine Rettung für ihn sei, und er, noch vor Abschluß der laufenden Woche, sterben müsse. Vergebens forderte ihn der Prior des Augustinerklosters, der in dieser unerwarteten Wendung der Dinge die furchtbare Hand Gottes zu erblicken glaubte, auf, in bezug auf den zwischen ihm und der Herzogin Regentin bestehenden Streit, die Wahrheit einzugestehen; der Graf nahm, durch und durch erschüttert, noch einmal das heilige Sakrament auf die Wahrhaftigkeit seiner Aussage, und gab, unter allen Zeichen der entsetzlichen Angst, falls er Frau Littegarden verleumderischer Weise angeklagt hätte, seine Seele der ewigen Verdammnis preis. Nun hatte man, trotz der Sittenlosigkeit seines Lebenswandels, doppelte Gründe, an die innerliche Redlichkeit dieser Versicherung zu glauben: einmal, weil der Kranke in der Tat von einer gewissen Frömmigkeit war, die einen falschen Eidschwur, in solchem Augenblick getan, nicht zu gestatten schien, und dann, weil sich aus einem Verhör, das über den Turmwächter des Schlosses derer von Breda angestellt worden war, welchen er, behufs eines heimlichen Eintritts in die Burg, bestochen zu haben vorgegeben hatte, bestimmt ergab, daß dieser Umstand gegründet, und der Graf wirklich, in der Nacht des heiligen Remigius, im Innern des Bredaschen Schlosses gewesen war. Demnach blieb dem Prior fast nichts übrig, als an eine Täuschung des Grafen selbst, durch eine dritte ihm unbekannte Person zu glauben; und doch hatte der Unglückliche, der, bei der Nachricht von der wunderbaren Wiederherstellung des Kämmerers, selbst auf diesen schrecklichen Gedanken geriet, das Ende seines Lebens nicht erreicht, als sich dieser Glaube schon zu seiner Verzweiflung vollkommen bestätigte. Man muß nämlich wissen, daß der Graf schon lange, ehe seine Begierde sich auf Frau Littegarde stellte, mit Rosalien, ihrer Kammerzofe, auf einem nichtswürdigen Fuß lebte; fast bei jedem Besuch, den ihre Herrschaft auf seinem Schlosse abstattete, pflegte er dies Mädchen, welches ein leichtfertiges und sittenloses Geschöpf war, zur Nachtzeit auf sein Zimmer zu ziehen. Da nun Littegarde, bei dem letzten Aufenthalt, den sie mit ihren Brüdern auf seiner Burg nahm, jenen zärtlichen Brief, worin er ihr seine Leidenschaft erklärte, von ihm empfing: so erweckte dies die Empfindlichkeit und Eifersucht dieses seit mehreren Monden schon von ihm vernachlässigten Mädchens; sie ließ, bei der bald darauf erfolgten Abreise Littegardens, welche sie begleiten mußte, im Namen derselben einen Zettel an den Grafen zurück, worin sie ihm meldete, daß die Entrüstung ihrer Brüder über den Schritt, den er getan, ihr zwar keine unmittelbare Zusammenkunft gestattete: ihn aber einlud, sie zu diesem Zweck, in der Nacht des heiligen Remigius, in den Gemächern ihrer väterlichen Burg zu besuchen. Jener, voll Freude über das Glück seiner Unternehmung, fertigte sogleich einen zweiten Brief an Littegarden an, worin er ihr seine bestimmte Ankunft in der besagten Nacht meldete, und sie nur bat, ihm, zur Vermeidung aller Irrung, einen treuen Führer, der ihn nach ihren Zimmern geleiten könne, entgegenzuschicken; und da die Zofe, in jeder Art der Ränke geübt, auf eine solche Anzeige rechnete, so glückte es ihr, dies Schreiben aufzufangen, und ihm in einer zweiten falschen Antwort zu sagen, daß sie ihn selbst an der Gartenpforte erwarten würde. Darauf, am Abend vor der verabredeten Nacht, bat sie sich unter dem Vorwand, daß ihre Schwester krank sei, und daß sie dieselbe besuchen wolle, von Littegarden einen Urlaub aufs Land aus; sie verließ auch, da sie denselben erhielt, wirklich, spät am Nachmittag, mit einem Bündel Wäsche, den sie unter dem Arm trug, das Schloß, und begab sich, vor aller Augen, nach der Gegend, wo jene Frau wohnte, auf den Weg. Statt aber diese Reise zu vollenden, fand sie sich bei Einbruch der Nacht, unter dem Vorgeben, daß ein Gewitter heranziehe, wieder auf der Burg ein, und mittelte sich, um ihre Herrschaft, wie sie sagte, nicht zu stören, indem es ihre Absicht sei in der Frühe des kommenden Morgens ihre Wanderung anzutreten, ein Nachtlager in einem der leerstehenden Zimmer des verödeten und wenig besuchten Schloßturms aus. Der Graf, der sich bei dem Turmwächter durch Geld den Eingang in die Burg zu verschaffen wußte, und in der Stunde der Mitternacht, der Verabredung gemäß, von einer verschleierten Person an der Gartenpforte empfangen ward, ahnte, wie man leicht be-

greift, nichts von dem ihm gespielten Betrug; das Mädchen drückte ihm flüchtig einen Kuß auf den Mund, und führte ihn, über mehrere Treppen und Gänge des verödeten Seitenflügels, in eines der prächtigsten Gemächer des Schlosses selbst, dessen Fenster vorher sorgsam von ihr verschlossen worden waren. Hier, nachdem sie seine Hand haltend, auf geheimnisvolle Weise an den Türen umhergehorcht, und ihm, mit flüsternder Stimme, unter dem Vorgeben, daß das Schlafzimmer des Bruders ganz in der Nähe sei, Schweigen geboten hatte, ließ sie sich mit ihm auf dem zur Seite stehenden Ruhebette nieder; der Graf, durch ihre Gestalt und Bildung getäuscht, schwamm im Taumel des Vergnügens, in seinem Alter noch eine solche Eroberung gemacht zu haben; und als sie ihn beim ersten Dämmerlicht des Morgens entließ, und ihm zum Andenken an die verflossene Nacht einen Ring, den Littegarde von ihrem Gemahl empfangen und den sie ihr am Abend zuvor zu diesem Zweck entwendet hatte, an den Finger steckte, versprach er ihr, sobald er zu Hause angelangt sein würde, zum Gegengeschenk einen anderen, der ihm am Hochzeitstage von seiner verstorbenen Gemahlin verehrt worden war. Drei Tage darauf hielt er auch Wort, und schickte diesen Ring, den Rosalie wieder geschickt genug war aufzufangen, heimlich auf die Burg; ließ aber, wahrscheinlich aus Furcht, daß dies Abenteuer ihn zu weit führen könne, weiter nichts von sich hören, und wich, unter mancherlei Vorwänden, einer zweiten Zusammenkunft aus. Späterhin war das Mädchen eines Diebstahls wegen, wovon der Verdacht mit ziemlicher Gewißheit auf ihr ruhte, verabschiedet und in das Haus ihrer Eltern, welche am Rhein wohnten, zurückgeschickt worden, und da, nach Verlauf von neun Monaten, die Folgen ihres ausschweifenden Lebens sichtbar wurden, und die Mutter sie mit großer Strenge verhörte, gab sie den Grafen Jacob den Rotbart, unter Entdeckung der ganzen geheimen Geschichte, die sie mit ihm gespielt hatte, als den Vater ihres Kindes an. Glücklicherweise hatte sie den Ring, der ihr von dem Grafen übersendet worden war, aus Furcht, für eine Diebin gehalten zu werden, nur sehr schüchtern zum Verkauf ausbieten können, auch in der Tat, seines großen Wertes wegen, niemand gefunden, der ihn zu erstehen Lust gezeigt hätte: dergestalt, daß die Wahrhaftigkeit ihrer Aussage nicht in Zweifel gezogen werden konnte, und die Eltern, auf dies augenscheinliche Zeugnis gestützt, klagbar, wegen Unterhaltung des Kindes, bei den Gerichten gegen den Grafen Jacob einkamen. Die Gerichte, welche von dem sonderbaren Rechtsstreit, der in Basel anhängig gemacht worden war, schon gehört hatten, beeilten sich, diese Entdeckung, die für den Ausgang desselben von der größten Wichtigkeit war, zur Kenntnis des Tribunals zu bringen; und da eben ein Ratsherr in öffentlichen Geschäften nach dieser Stadt abging, so gaben sie ihm, zur Auflösung des fürchterlichen Rätsels, das ganz Schwaben und die Schweiz beschäftigte, einen Brief mit der gerichtlichen Aussage des Mädchens, dem sie den Ring beifügten, für den Grafen Jacob den Rotbart mit.

Es war eben an dem zur Hinrichtung Herrn Friedrichs und Littegardens bestimmten Tage, welche der Kaiser, unbekannt mit den Zweifeln, die sich in der Brust des Grafen selbst erhoben hatten, nicht mehr aufschieben zu dürfen glaubte, als der Ratsherr zu dem Kranken, der sich in jammervoller Verzweiflung auf seinem Lager wälzte, mit diesem Schreiben ins Zimmer trat. „Es ist genug!" rief dieser, da er den Brief überlesen, und den Ring empfangen hatte, „ich bin, das Licht der Sonne zu schauen, müde! Verschafft mir", wandte er sich zum Prior, „eine Bahre, und führt mich Elenden, dessen Kraft zu Staub versinkt, auf den Richtplatz hinaus: ich will nicht, ohne eine Tat der Gerechtigkeit verübt zu haben, sterben!" Der Prior, durch diesen Vorfall tief erschüttert, ließ ihn sogleich, wie er begehrte, durch vier Knechte auf ein Traggestell heben; und zugleich mit einer unermeßlichen Menschenmenge, welche das Glockengeläut um den Scheiterhaufen, auf welchen Herr Friedrich und Littegarde bereits festgebunden waren, versammelte, kam er, mit dem Unglücklichen, der ein Kruzifix in der Hand hielt, daselbst an. „Halt!" rief der Prior, indem er die Bahre, dem Altan des Kaisers gegenüber, niedersetzen ließ, „bevor ihr das Feuer an jenen Scheiterhaufen legt, vernehmt ein Wort, das euch der Mund dieses Sünders zu eröffnen hat!" – „Wie?" rief der Kaiser, indem er sich leichenblaß von seinem Sitz erhob, „hat das geheiligte Urteil Gottes nicht für die Gerechtigkeit seiner Sache entschieden, und ist es, nach dem was vorgefallen, auch nur zu denken erlaubt, daß Littegarde an dem Frevel, dessen er sie geziehen, unschuldig sei?" – Bei diesen Worten stieg er betroffen vom Altan herab; und mehr denn tausend Ritter, denen alles Volk, über Bänke und Schranken herab, folgte, drängten sich um das Lager des Kranken zusammen. „Unschuldig", versetzte dieser, indem er sich, gestützt auf den Prior, halb darauf emporrichtete, „wie es der Spruch des höchsten Gottes, an jenem verhängnisvollen Tage, vor den Augen aller versammelten Bürger von Basel entschieden hat! Denn er, von drei Wunden, jede tödlich, getroffen, blüht, wie ihr seht, in Kraft und Lebensfülle; indessen ein Hieb von seiner Hand, der kaum die äußerste Hülle meines Lebens zu berühren schien, in langsam fürchterlicher Fortwirkung den Kern desselben selbst getroffen, und meine Kraft, wie der Sturmwind eine Eiche gefällt hat. Aber hier, falls ein Ungläubiger noch Zweifel nähren sollte, sind die Beweise: Rosalie, ihre Kammerzofe, war es, die mich in jener Nacht des heiligen Remigius empfing, während ich Elender, in der Verblendung der Sinne, sie selbst, die meine Anträge stets mit Verachtung zurückgewiesen hat, in meinen Armen zu halten meinte!" Der Kaiser stand, erstarrt wie zu Stein, bei diesen Worten da. Er schickte, indem er sich nach dem Scheiterhaufen umkehrte, einen Ritter ab, mit dem Befehl, selbst die Leiter zu besteigen, und den Kämmerer sowohl als die Dame, welche letztere bereits in den Armen ihrer Mutter in

Ohnmacht lag, loszubinden und zu ihm heranzuführen. „Nun, jedes Haar auf eurem Haupt bewacht ein Engel!" rief er, da Littegarde, mit halb offener Brust und entfesselten Haaren, an der Hand Herrn Friedrichs, ihres Freundes, dessen Knie selbst, unter dem Gefühl dieser wunderbaren Rettung, wankten, durch den Kreis des in Ehrfurcht und Erstaunen ausweichenden Volks, zu ihm herantrat. Er küßte beiden, die vor ihm niederknieten, die Stirn; und nachdem er sich den Hermelin, den seine Gemahlin trug, erbeten, und ihn Littegarden um die Schultern gehängt hatte, nahm er, vor den Augen aller versammelten Ritter, ihren Arm, in der Absicht, sie selbst in die Gemächer seines kaiserlichen Schlosses zu führen. Er wandte sich, während der Kämmerer gleichfalls statt des Sünderkleids, das ihn deckte, mit Federhut und ritterlichem Mantel geschmückt ward, gegen den auf der Bahre jammervoll sich wälzenden Grafen zurück, und von einem Gefühl des Mitleidens bewegt, da derselbe sich doch in den Zweikampf, der ihn zu Grunde richtete, nicht eben auf frevelhafte und gotteslästerliche Weise eingelassen hatte, fragte er den ihm zur Seite stehenden Arzt: ob keine Rettung für den Unglücklichen sei? – „Vergebens!" antwortete Jacob der Rotbart, indem er sich, unter schrecklichen Zuckungen, auf den Schoß seines Arztes stützte, „und ich habe den Tod, den ich erleide, verdient. Denn wißt, weil mich doch der Arm der weltlichen Gerechtigkeit nicht mehr ereilen wird, ich bin der Mörder meines Bruders, des edeln Herzogs Wilhelm von Breisach: der Bösewicht, der ihn mit dem Pfeil aus meiner Rüstkammer niederwarf, war sechs Wochen vorher, zu dieser Tat, die mir die Krone verschaffen sollte, von mir gedungen!" – Bei dieser Erklärung sank er auf die Bahre zurück und hauchte seine schwarze Seele aus. „Ha, die Ahnung meines Gemahls, des Herzogs, selbst!" rief die an der Seite des Kaisers stehende Regentin, die sich gleichfalls vom Altan des Schlosses herab, im Gefolge der Kaiserin, auf den Schloßplatz begeben hatte, „mir noch im Augenblick des Todes, mit gebrochenen Worten, die ich gleichwohl damals nur unvollkommen verstand, kundgetan!" – Der Kaiser versetzte in Entrüstung: „So soll der Arm der Gerechtigkeit noch deine Leiche ereilen! nehmt ihn", rief er, indem er sich umkehrte, den Häschern zu, „und übergebt ihn gleich, gerichtet wie er ist, den Henkern: er möge, zur Brandmarkung seines Andenkens, auf jenem Scheiterhaufen verderben, auf welchem wir eben, um seinetwillen, im Begriff waren, zwei Unschuldige zu opfern!" Und damit, während die Leiche des Elenden, in rötlichen Flammen aufprasselnd, vom Hauche des Nordwindes in alle Lüfte verstreut und verweht ward, führte er Frau Littegarden, im Gefolge aller seiner Ritter, auf das Schloß. Er setzte sie, durch einen kaiserlichen Schluß, wieder in ihr väterliches Erbe ein, von welchem die Brüder in ihrer unedelmütigen Habsucht schon Besitz genommen hatten; und schon nach drei Wochen ward, auf dem Schlosse zu Breisach, die Hochzeit der beiden trefflichen Brautleute gefeiert, bei welcher die Herzogin Regentin, über die ganze Wendung, die die Sache genommen hatte, sehr erfreut, Littegarden einen großen Teil der Besitzungen des Grafen, die dem Gesetz verfielen, zum Brautgeschenk machte. Der Kaiser aber hing Herrn Friedrich, nach der Trauung, eine Gnadenkette um den Hals; und sobald er, nach Vollendung seiner Geschäfte mit der Schweiz, wieder in Worms angekommen war, ließ er in die Statuten des geheiligten göttlichen Zweikampfs, überall wo vorausgesetzt wird, daß die Schuld dadurch unmittelbar ans Tageslicht komme, die Worte einrücken: „Wenn es Gottes Wille ist."

Friedrich de la Motte Fouqué

Der unbekannte Kranke

In einer deutschen freien Reichsstadt soll sich vor etwa dreihundert Jahren folgende seltsame Begebenheit zugetragen haben, die des Wiedererzählens wohl würdig scheint.

Der alte, fromme, sehr weit berühmte Arzt, Meister Helfrad, saß eines späten Abends im Herbste mit seinem Eheweibe, Frau Gertraud, vor dem Kaminfeuer in erbaulichen Gesprächen. Sie hatten das Gesinde zu Bette gehen lassen, weil das Abendbrot schon verzehrt war und die beiden guten alten Leute niemandem gerne Zwang antaten. Meister Helfrad aber hatte die kostbare Abschrift eines gottseligen Buches eben heute aus dem Kloster Mariahilf, wo er sie schon vor längerer Zeit bestellt, fertig erhalten, und konnte nicht umhin, seiner treuen Genossin noch selbigen Abend daraus vorzulesen,

111

denn seine Augen waren noch wacker und frisch, wie die eines Mannes von dreißig Jahren. Über die Gedanken des weisen Schreibers und besonders von einigen schönen Liedern, die mit im Buche standen, war nun den Eheleuten das ganze Herz in frommer Freudigkeit aufgegangen, sie sprachen voll dankbarer Rührung ihr ganzes Leben wieder durch, blickten vertrauend hinaus auf die Bahn, die noch vor ihnen liegen mochte, wie auch auf den Gang ihres einzigen Sohnes, der als ein kunstreicher Malerzögling in Italien reiste, und sahen mit inniger Zuversicht in den verheißenden Schein, welcher ihnen seit ihrer zartesten Kindheit von jenseits in die Welt hereingestrahlt hatte und mit jeglichem Jahre herrlicher und bedeutsamer geworden war, so daß er nun als ein ganz naher Lichtkreis vor ihren Augen stand.

Die große Glocke auf dem nahen Münsterturme hatte bereits zehn geschlagen, in den Häusern der mehrsten Bürgersleute waren die Lichter gelöscht, und Meister Helfrad saß noch immer, den Pergamentband mit silbernen Klammern auf dem Schoße, im Lehnstuhl, seiner Gertraud gegenüber, welche die Spindel ruhen ließ, mit gefalteten Händen und leuchtenden Augen auf die Reden ihres Eheherrn horchend und hin und her beifällige Worte dazwischenstreuend. Es schlug schon halb, da sah Meister Helfrad verwundert auf und sagte: „Ei, ei, wie tief in die Nacht haben wir hineingesprochen! Das ist nicht gut, wenn des Menschen Augen um so gar ein Großes länger aufbleiben als die liebe Sonne." – „Doch wohl, Vater!" entgegnete Gertraud, „wenn man nur damit in die ewige Sonne hineingesehen hat." – Der alte Mann erhob sich von seinem Sitze und fing an, die Feuerbrände, die noch im Kamine glimmten, auseinanderzustoßen, indes er dazu das Sprüchlein hersagte:

„Wenn's dir soll wohl gelingen, so halt in allen Dingen,
Auch selbst im Guten Maß und Ziel!"

Da schlug es mit dem großen Klöpfel, der an einer Kette draußen vor der Haustür hing, gewaltig donnernd an. „Ich komme gleich!" sagte Meister Helfrad durch die Scheiben hinaus, und während er sich eine Leuchte zurechtmachte, sprach er zu Gertraud: „Nun ist es doch gut, daß ich noch aufgeblieben bin.

Wenn's ein gefährlicher Kranker ist, so kann die Viertelstunde, um die ich nun so früher komme, viel Gutes tun." – „Wär' es nicht besser, Vater", sagte Gertraud etwas ängstlich, „du wecktest einen vom Gesinde und ließest den öffnen? Wer weiß, wer draußen steht? Die Nacht ist keines Menschen Freund." – „Dafür ist mir der gut!" sagte Helfrad lächelnd, nahm sein altes, ehrbares Schwert von der Wand, steckte ein Kästlein mit Arzneien ein, das er immer vorläufig mitzunehmen pflegte, wenn er zu Kranken ging, warf einen Pelzrock über, setzte seine Zobelmütze auf und ging, die Laterne in der

Linken, die Waffe in der Rechten, aus dem Gemache. Draußen klopfte es noch immer sehr wild und ungeduldig, und der Meister sagte, die paar Stufen hinunterschreitend, die von der Stube auf den Hausflur führten: „Geduld! Geduld! Ich komme schon." – Gertraud leuchtete ihm aus dem Zimmer nach und flüsterte: „Ach Mann, es liegt mir wie eine Felslast auf dem Herzen. Wenn du doch nur wen von den Leuten wecken wolltest. Tue mir's doch zu Gefallen und gib mir das eine Mal nach!" – „Kind, auf meinem eigenen Wegen tu' ich von ganzer Seele, was du gern hast", sagte der alte Mann, an den Riegeln der Haustür schiebend, „aber auf Berufswegen frage ich auch nicht ein Tüttelchen danach." – Als nun die Tür aufging, faßte er wieder nach der Laterne, die er einstweilen auf einen Mauervorsprung gesetzt hatte, trat einen Schritt zurück, leuchtete nach dem Ausgange hin und fragte mit freundlicher Stimme: „Wer steht vor der Pforte? Er komme in Gottes Namen herein und sage, womit ich meinem Mitmenschen dienstlich sein kann."

Der Herbstwind rauschte wild zu der aufgehenden Pforte herein, und aus der schwarzen Nacht sah ein ganz schwarzes Gesicht mit wunderlich hohem Kopfputze und flammend gelber Tracht in den Kreis, den Meister Helfrads Leuchte beschrieb. Mit einem lauten Schrei taumelte Gertraud in die Stube zurück; auch der alte Mann trat etwas zurück und schlug mit dem Schwerte ein großes Kreuz vor seine ganze Gestalt. Dann stützte er sich auf seine Waffe und sprach mit gesetzter Stimme: „In Gottes Namen sag' an, was du vorzubringen hast und wer dich sendet." Der Schwarze mochte wohl selbst erschrocken sein vor der Erscheinung des hohen, ernsten Geistes mit Leuchte und Schwert, denn er zitterte heftig, faßte sich aber bald und sagte: „Eilig mit mir nach dem Gasthofe zu den drei Kronen, Meister! Dort liegt mein Herr an einem entsetzlichen Fieber krank, welches ihn so arg überfallen hat, daß es ihn gewißlich in wenigen Stunden hinrafft, wenn Ihr ihm nicht helft!" „Wollen Sehen, was sich tun läßt", entgegnete der Arzt. „Von Gott und der Kunst kann man vieles hoffen." Und damit blies er seine Leuchte heller an und schritt aus dem Hause, der zitternden Gertraud zurückrufend: „Schließ die Tür, geh zu Bett, mach' aber erst das Feuer im Kamin ordentlich aus und sei unbesorgt. Den Hausschlüssel hab' ich bei mir und auf Gottes Wegen wandle ich ja auch. – Du aber, fremder Bote", fuhr er zu dem Schwarzen gewandt fort, „gehe vor mir her und schreite rasch zu, daß wir bald zur Stelle kommen."

Wie nun die beiden eilig miteinander hingingen durch die engen Gassen zwischen den lichtleeren Häusern durch, wollte es doch dem Meister fast grauen, daß der Schwarze so hoch und feuriggelb vor ihm hinzog wie eine ungeheure wandelnde Flamme. Denn, sagte der Alte bei sich selbst: Eine mosaische Feuersäule ist es nun einmal nicht, das kann man schon im Gefühl haben, und doch, wer weiß? Gott hat so verwunderliche Kraft in den Menschen gelegt, daß eigentlich alles zu dem wird, wozu man's macht. – Der Schwarze fing an, langsamer zu gehen, und als ihn der Arzt antrieb, entgegnete er mit einer nicht unlieblichen Stimme: „Alter Herr, ich habe Euer weißes Haar gesehen und Euern weißen Bart, Euch wird das allzu große Eilen wohl schwer." – „Es ist hübsch von dir, daß du daran denkst , mein Sohn", sprach Meister Helfrad, „aber sorge nur nicht, ich schreite wohl noch so rasch wie der frischeste Jüngling." – „He!" rief der Mohr und brach in ein gellendes Gelächter aus, „da könnten wir ja wohl ein bißchen um die Wette laufen. – Frisch auf, wer als erster in der Herberge ist." – „Sprich nicht so ungeziemend", sagte Meister Helfrad. „Ein ernster, deutscher Bürgersmann weiß von dergleichen Fratzen und Possen nichts. Ich schreite zu, wie es mir Gott gegeben hat, und wie sich's für mich ziemt. Was Ungebührliches tät ich auch um des Kaisers Willen nun und nimmermehr."

„Wir kämen aber doch früher hin", rief der Mohr und lachte wieder gellend auf, daß es von den nächsten Fenstern zurückklang und weit durch die stille Gasse voll Schlaf und Dunkel hinscholl. Da sagte der Alte mit der durchdringend ernsten Stimme eines edlen Zornes: „Du schweigst!" Und der Mohr zuckte zusammen und ging schnell und wortlos voran.

In dem Gasthof zu den drei Kronen fanden sie alles hell erleuchtet, und das ganze Haus in Bewegung, so daß Meister Helfrad anfangs glaubte, man feiere dort ein schwelgerisches Fest. Aber hineintretend sah er auf allen Gesichtern die Blässe der Angst und das Gesinde unordentlich durcheinanderlaufen. Ein Fensterlein, welches seitwärts aus der Stube des Hausherrn auf den Flur führte, zeigte des Wirtes Familie betend auf den Knien um ein Kruzifix. Meister Helfrad fragte, ob der fremde kranke Herr noch lebe. „Wenn Ihr den Mut habt, zu ihm zu gehen", entgegnete ein Aufwärter, „dort die Treppe hinauf und gleich links herum, Ihr könnt nicht irren, denn sein gräßliches Heulen und Gotteslästern treibt uns allen im ganzen Hause die Haare empor. Wir fürchten, wir haben den Teufel beherbergt, oder doch seinen Genossen." – Wirklich drang ein hohles Rufen durch all das Gewimmel aus einem entfernten Teile des Gebäudes herüber; der Meister zwang sein inneres Entsetzen nieder und schritt die Treppe hinauf. Der Mohr war mit drei Sprüngen oben, und man hörte, wie er über den Gang voran zu dem Kranken rannte. Meister Helfrad ging ihm einsam nach, den langen, schmalen Weg, der nur von einer einzigen, halb ausgebrannten Ampel beleuchtet war. – Der Aufwärter hatte wohl recht gesagt, man konnte nicht irregehen, denn von einem Gemache im Hintergrunde donnerte ein Gebrüll hervor, welches man für das eines Löwen gehalten haben würde, hätten nicht die empörendsten Verwünschungen nur allzusehr bekundet, ein Wesen mit Menschenverstand begabt stoße die schrecklichen Klänge aus.

Vor der schauervollen Tür angelangt, betete der Arzt noch einmal recht aus ganzem Herzen zu Gott, wahrte sich nochmals mit dem Zeichen des heiligen Kreuzes und trat dann getrosten Mutes über die Schwelle. Eine blendende Helle schlug ihm entgegen, denn von allen Seiten brannte eine Anzahl von Wachskerzen; es schien, als sei der Schatten ängstlich fortgebannt, weil hier in jedem Winkelchen, das er bewohne, zugleich auch der entsetzlichste Graus lauern müsse. Auf einem Ruhebette, der Tür gegenüber, wand und rang sich eine Gestalt in wunderlich prächtigen Kleidern in den Armen des Schwarzen. Bald streckte sich krampfhaft ein Fuß vor mit ungeheuerem, purpurfarbenem Schnabelschuh; halb ein Arm, dunkel von weiten Kleidern, mit blutroten Aufschnitten umwunden. Es war dem Arzt beinahe, als sei das gar kein menschliches Wesen, forschend trat er hinzu, und ein Blick auf das seltsam gestaltete Gesicht hätte ihn fast zurückgeschreckt; nur daß er gleich darauf bemerkte, es liege eine Maske über des Kranken Antlitz. Dieser verhielt sich übrigens jetzt ruhig, obgleich mit entsetzlicher Anstrengung, es schien um einiger Worte willen, die ihm der Schwarze ins Ohr schrie, in einer Sprache, welche der gelehrte Meister Helfrad niemals vernommen hatte.

„Herr", sagte der Arzt, „Ihr müßt die Maske vom Gesicht tun, des Kranken Antlitz ist dem Medicus ein wichtiges Buch." – Der Kranke schüttelte den Kopf und schwieg. – „Vernimmt dein Herr mich nicht?" fragte Meister Helfrad den Schwarzen, „soll ich etwa Latein oder Griechisch mit ihm sprechen?" – „Er kann alle Sprachen", erwiderte der Mohr, „Ihr habt ihn ja wohl fluchen hören, als Ihr kamt, aber tut so wohl und laßt die Maske an ihrem Platze." – „Ei, davon verstehst du nichts", sagte der Meister. „Werft immerhin die Maske ab, lieber Herr!" „Willst du denn verrückt werden?" rief der Kranke mit entsetzlicher Stimme und bäumte sich krampfig in die Höhe. – „Wer mich ansieht, wird ja verrückt. Willst du aber dein Unheil, so hab's. Ich drohe manchmal meinem Diener damit, wenn er mich allzu hellflammend erzürnt. Hab's denn, hab's!" Und damit nestelte er an den Bändern der Larve. Der Mohr aber fiel schreiend auf die Knie und rief bald seinen Herrn und bald den Meister an, sie möchten absehen von ihrem Vorhaben, jenem zu Gemüte führend, wie er den Arzt, welcher ihm helfen solle, nicht in Raserei stürzen dürfe, diesem beteuernd, er selbst habe seines Herrn Antlitz noch nie gesehen und wisse doch nur allzu gut, es sei das schrecklichste auf der ganzen Welt. Der Kranke ließ von den Bändern los und fiel wieder auf sein Lager zurück. Meister Helfrad gab schaudernd nach. Während er nun den Puls fühlte und sich mit einigen Fragen über den Kranken neigte, seinen Atem zu beobachten, schien es ihm, als funkelten zwei glührote Augen aus der Maske hervor, daß er entsetzt wieder in die Höhe fuhr. An Arm und Hand und der ganzen Gestalt erkannte der erfahrene Arzt übrigens wohl, er habe einen starken, nervigen, aber sehr ausgezehrten Mann von wenigstens sechzig Jahren vor sich.

Der gute Meister griff zu seinem Kästlein und begann über der Licht-flamme zweier Wachskerzen eine Salbe zu bereiten, und während sie sich er-wärmte, mischte er einen köstlichen Trank. „Es fehlt Euch an Gerät, Herr!" sagte der Schwarze und öffnete einen kostbaren Schrein, drinnen sich an Glä-sern, Phiolen, Retorten und allem möglichen Geräten von der Art sonst ein Überfluß befand, und alles vom Schönsten und Besten; ja, es standen einige Metallflaschen von so verwunderlicher Art dabei, daß sich Meister Helfrad nicht entsinnen konnte, im Leben ihresgleichen gesehen zu haben, auch nicht begriff, wozu sie irgend dienen möchten. Da sagte er: „Mein Sohn, der Schrein sieht mich ein wenig fremd an. Ich befasse mich nur mit dem, was ich vollkommen verstehe, so weiß ich Gott und Menschen auch vollkommen Rechenschaft zu geben. Mach' nur immer wieder zu; ich komme mit meinen paar Gerätschaften schon aus."

Der schwarze Diener warf eilig den Schrank zu, denn sein gräßlicher Herr drohte zu ihm herüber, sprechend: „Du blöder Tor, bist mit dem Wenigen, was du begriffen hast, so schnell und prahlend bei der Hand?" Und zugleich kam die Macht der Krankheit wieder fürchterlich über ihn und warf seine mühsam gehaltene Fassung zürnend aus allen Fugen. Das ungeheure Gebrüll begann von Neuem; in vielen Sprachen wechselnd rollten Verwünschungen durch die Maske hervor, die gräßlichsten, schien es, in der unbekannten, wel-che allen Schrecken des unbekannten Antlitzes verwandt zu sein schien. Der Mohr hielt seinen Herrn in den Armen, und bald erbebte er an allen Gliedern, bald stampfte er wild auf den Boden und stimmte in die Flüche des Kranken ein.

Derweil saß Meister Helfrad emsig bei seinem Geschäfte und summte hei-teren Antlitzes ein schönes geistliches Lied. Es war fast, wie wenn bisweilen zu Nacht ein Wintersturm über die Erde brüllt und schwarzflüchtige Wolken vor sich hinjagt und der Mond sieht zwischendurch unangefochten aus seiner Höhe freundlich herab.

Trank und Salbe waren bereit. Der fromme Meister näherte sich seinem grimmigen Kranken, sprechend: „Nun zwingt Eure wilde Natur, denn ohne das vermag auch Gott dem Menschen nicht zu helfen", und während er ihm den Trank reichte und ihm die eingefallene Schläfe, die stark behaarte Brust mit der heilsamen Salbe bestrich, sagte er immer den einen oder andern guten Spruch von des Höchsten Wegen und des Menschen Irrungen in bezug auf das, was er eben tat. Solange nun die Schmerzen noch in des kranken Herrn Gliedern wüteten, oder doch nur fast unmerklich nachzulassen begannen, war er zu allem, was der Meister tat und sprach, ganz still und gelassen, aber kaum, daß die lindernde Kraft den Sieg gewann und das Leben ungehinderter durch die Adern zog, sagte er mit vornehm unzufriedenem Wesen: „Ich dächte, Freund, Ihr ließt von Euern langweiligen Spruchweisen und Allegorien ab, sie sind bei mir schlecht angewandt". „Das hoffe ich nicht", entgegnete Meister Helfrad freundlich und fuhr mit Dienstleistungen und erbaulichen Reden in gleichem Maße fort.

„Spott' ihn mir doch stumm, Nigromarte!" sagte der Kranke zu seinem Diener, aber der schlug die Augen nieder und wandte sich furchtsam ab. „Was hast du verheißen! Wozu bist du hier?" rief der Furchtbare. „Willst du so schändlich umkehren auf halbem Wege?" Und der Schwarze raffte sich zusammen und fiel mit einem Strome von Witzreden und Sticheleien den frommen Meister an. Der blieb erst eine ganze Weile ruhig, gab manches treugemeinte Sprüchlein zwischenein und linderte des Kranken Schmerzen mehr und mehr. Mit einem Male aber richtete er sich in die Höhe, blickte ernst dem fremden Herrn in die Larve hinein, ohne vor den rotglühenden Augen zurückzuschrecken, und sagte: „Du Mensch, wenn ich meine Hand von dir abziehe, wo fährst du binnen hier und drei Stunden hin?" – „An mir bekehrst du dennoch nichts!" murmelte der Fremde mit trotziger Scheu. „Um so mehr", entgegnete Meister Helfrad, „muß Euch an dem bißchen Leben gelegen sein." – „Ihr werdet mich doch nicht verlassen um der paar Scherzworte willen", sprach der Kranke murrend in sich hinein, „da wäret Ihr ja selber ein schöner Täter Eures Wortes." – „Hört an, ich will Euch ein für allemal was sagen", erwiderte der Meister, „rührt Ihr oder Euer Diener mir irgend mit frechen Worten an solche Dinge, die der ganzen lieben Christenheit heilig sind, so wend' ich Euch im Augenblicke den Rücken, und alles Gold in Afrika und Indien bringt mich nicht wieder her. Macht Ihr aber nur Spaß über mich, so will ich mich nicht schlimmer darüber erzürnen, als menschlich und verzeihlich ist, und auch das soll nur recht selten vorkommen, versprech' ich Euch. Schaut her, da ist mein runzlich Angesicht, mein weißes Haupt- und Barthaar, ich dächte, das wären gute Zielscheiben für ein paar Schützen, wie ihr mir vorkommt."

Er sah dazu so freundlich und geduldig aus, daß doch die beiden kein Wort gegen ihn aufbringen konnten; auch schlief der Kranke bald in gelindertem Weh und großer Ermattung ein und der Arzt belehrte den schwarzen Nigromarte, was er bei seinem Herrn zu tun habe, verhieß, bei guter Zeit wieder dazusein, und ging, nachdem durch die Wirkung seiner edlen Kunst nicht nur der Kranke, sondern auch das ganze Haus zur Ruhe gekommen war, im tiefen Sinnen heim.

Frau Gertraud lag im ruhigen Schlafe, dem sie sich gottvertrauend ergeben hatte, und erwachte erst am andern Morgen, als Meister Helfrad in der Dämmerung schon wieder leise aus dem Zimmer ging. „Ei Gott, Vater, wo willst du denn hin?" fragte sie. „Gedenkst du denn deine Gesundheit gar zu verderben?" „Nein", sagte der Arzt mit freundlichem Lächeln, „ich gedenke vielmehr die Gesundheit des gefährlichen Kranken, zu dem ich gestern gerufen ward, wieder aufzurichten, und im Frühtaue sammeln sich die Kräuter dazu am besten. Halte mich nicht auf, liebe Gertraud! Ich sehe wohl, du möchtest gerne wissen, wie der kranke Herr heißt und dergleichen, wie es denn der Frauen Art einmal ist, aber ich habe keine Zeit; und hätte ich sie auch – so kenne ich den Mann, den ich heilen soll, noch selbst nicht." – Damit sagte er der Hausfrau ein freundliches Lebewohl und zog singend auf die nahe Wiese hinaus, daß, wer ihn von fern gesehen hätte, wohl eher auf den Gedanken gekommen wäre, es suche da ein Jüngling Blumen für seine Geliebte, als ein greiser Arzt Heilkräuter für einen Kranken.

Die Krankheit des Fremden zeigte sich gegen Mittag auf dem ernsthaften Wege, den der Meister erwartet hatte; was ihn aber beinahe verwirrte, war ein seltsames Zischen und Pfeifen und Heulen, welches bisweilen, wie von unsichtbaren Fittichen getragen, durch das Krankenzimmer hinzog. Der Kranke und der Schwarze schreckten davor zusammen, aber manchmal drohte jener auch wohl mit geballter Faust, und dann ward es auf einen Augenblick stille. – „Herr!" sagte Meister Helfrad, „ich weiß nicht, wen Ihr da um Euch habt, aber so viel merke ich wohl, Ihr seid des Zeuges nicht mächtig, und ich muß mich wohl ins Mittel schlagen." Im selben Augenblicke heulte und zischte und flog und pfiff es ungestümer als je, und der Kranke sagte mit leiser Stimme: „Meister, Ihr tätet klug, Ihr mischtet Euch in nichts." Aber der alte Helfrad rief laut und kräftig: „Ihr Gesindel, haltet Ruhe, solang ein ehrbarer, ernsthafter Mann hier in der Stube ist, das gebiet' ich euch in meines lieben Gottes Namen! Und wollt ihr nicht, so will ich euch wohl noch schwerer fallen." Da ward es still, daß man den Gang einer Maus hätte vernehmen können, und Meister Helfrad sagte mit treuherzigem Lächeln: „Ich hab' Euch nun gezeigt, lieber Herr, wie man dergleichen zur Ruhe bringt." – „Kennst du sie denn?" fragte der Kranke scheu. „Was ist da zu kennen?" entgegnete Helfrad. „Ich weiß von solchem Zeuge nichts, aber man geht auf Gottes Wegen und spricht in seinem Namen, da machen einem alle Foppereien Platz." – „So nahe wär der Weg? so gerade und so sicher?" murmelte der Fremde. „Und könnte so eine Einfalt mehr –?" Er hielt inne und kehrte sich unwillig nach der Wand, als wolle er schlafen, und der Arzt verließ das Gemach.

Gegen Abend kam Meister Helfrad wieder; das Hausgesinde schien in ebenso unruhiger Bewegung als gestern; und schon horchte der alte Mann auf, ob sich abermals das schreckliche Gebrüll vernehmen lasse, aber bald gewahrte er den großen Abstand von dieser Unruhe zu jener. Man bereitete alles zu einem schwelgerischen Feste, in der Küche flammte und duftete es wie zu einer Hochzeit; Aufwärter mit leeren Weinflaschen kamen die Treppe herab, und andere eilten mit gefüllten hinauf. Den langen Gang her jubelte ein lustiges Zechlied dem Meister entgegen, viel freche Worte darunter. Als er nun kopfschüttelnd in die Türe trat, fand er einige junge Bürgerssöhne aus der Stadt bei einem herrlichen Gelage versammelt, den Schwarzen mitten unter ihnen, von dessen Munde eben das wilde, aber dennoch anmutig lautende Singen ertönte, welches die andern an den Schlußversen jeder Strophe nachsangen. Auf seinem Bett lag der Maskierte und lachte manchmal so gräßlich drein, daß doch die halbtrunkenen Jünglinge zusammenfuhren und scheu nach ihm hinblickten, aber Gläserklingen und Gesang rissen sie bald in den wilden Taumel wieder hinein. Keiner bemerkte dabei die Anwesenheit des frommen Arztes, als der Kranke, welcher aber jetzt über dessen Kopfschütteln und betroffenes Aussehen so gewaltig aufzulachen schien.

Da trat endlich Meister Helfrad an den Tisch, sprechend: „Was ist das hier für eine gottlose Wirtschaft?" Und ohne weitere Antwort abzuwarten, nahm er die Flaschen, eine nach der andern, vom Tische, so auch die Speisen, und trug sie sorgfältig zur Tür hinaus, indem er sagte: „Ich war beinahe versucht, das alles zum Fenster hinauszuschmeißen, aber die Gottesgabe kann ja nichts dafür, daß Ihr sie entweiht." – „Alter, bist du toll?" rief der Kranke, „denkst du, ich habe von allen den Sachen nur einen Mund voll genossen? Hältst du mich denn für so dumm, daß ich um eines dreistündigen Gaumenkitzels willen das ganze Leben wegschmeißen sollte?" – „Man kann nicht wissen", sagte Meister Helfrad, ohne sich in seiner Beschäftigung stören zu lassen. „Ich fürchte sogar, Ihr habt noch einen viel törichteren Handel gemacht. Ist das Leben nicht minder gegen die Ewigkeit, als drei Stunden gegen das Leben? Zum Glück, daß dergleichen Handel noch immer Null werden kann, solang' ein Menschenkind auf dem diesseitigen Ufer steht." – Er war mit dem Hinaustragen fertig, stellte sich vor die bestürzten Bürgersöhne und sagte zu ihnen: „Ihr Lecker aber macht, daß ihr nach Hause kommt, und bittet eure ehrwürdigen Väter in Demut um eine tüchtige Züchtigung, damit sie euch hübsch nachschmerze, wenn ihr wieder zu einer solchen Schlemmerei geladen werdet, und euch der Appetit danach vergehe. Bestellt mir auch drunten, daß sich kein Aufwärter unterstehe, weiter mit dergleichen Zeugs heraufzukommen, und daß der Koch sein Bratenfeuer ausgehen lasse! Nun marsch hinaus!" Blutroten Antlitzes und gesenkten Hauptes schritten die Jünglinge aus dem Zimmer, und Meister Helfrad murmelte freundlich in den Bart: „Die rote Farbe kleidet euch gut, närrisches Volk, das ist eine Livree, daß ihr noch in eines guten Herrn Diensten seid." Der Kranke hatte sich indessen ermannt und wollte es noch einmal wagen, mit seinem gräßlichen Zornesruf den Alten zu schrecken und zu bändigen, aber der Fluch erstarb ihm auf der Zunge, als Meister Helfrad sagte: „Du, sag' mir nichts wider Gott, ein Richter steht vor dir über Leben und Tod." – Unmutig warf sich der Bezwungene auf sein Ruhebette, und seit diesem Abend versuchten weder er noch Nigromarte weiter, sich aufzulehnen gegen den ebenso strengen, als hilfreichen Arzt.

Der nun setzte sein ganzes Leben an das Leben des Kranken mit so ernster Gewissenhaftigkeit, daß man ihn fast niemals anders sah, als sich in alten großen Büchern Rat holend, oder Kräuter sammelnd auf den Wiesen, oder still betend zu Gott um Erleuchtung und Hilfe. Da fragte ihn eines Tages Frau Gertraud, die wohl vernommen hatte, welch einen schaudervollen Gast die drei Kronen an dem Patienten ihres Ehemannes beherbergten, wie er doch nur um eines so gottvergessenen Menschen willen seines eigenen Alters teure Kräfte so zerstörend anspannen möge? „Frau", sagte Meister Helfrad, „Kranker ist Kranker, das Richten, ob er des Genesens wert sei, steht bei einem Höheren als bei dem Arzte. So viel aber kann ich wohl einsehen, daß niemand der Lebensfristung nötiger bedarf, als eben dieser arme verirrte Schächer." Und so griff er wieder nach Mantel und Barett und eilte ins Wirtshaus zu den drei Kronen.

Vor der Kammertür des Kranken fand er Nigromarte auf einer Bank sitzen und zeichnen, ihm entgegenwinkend: „der Herr schlafe." – „Recht gut", sagte der Meister, und um bei dem Erwachen zur Hand zu sein, ließ er sich neben dem Schwarzen nieder und sah auf dessen Arbeit. Er freute sich, eine schöne, so kräftige als saubere Zeichnung des heiligen Georg zu finden, der als Drachentöter über der Tür des nahen Doms in Stein gehauen war. – „Sprecht mit meinem Herrn von diesem Bilde nicht", flüsterte Nigromarte. „Warum nicht, junger Bursche?" sagte Meister Helfrad. „ Da hast du etwas recht Lobenswertes gemacht, und das darf die ganze Welt wissen. Aber eins, sag ich dir ehrlich, mißfällt mir daran. Was hast du das wunderschöne Schwert nicht mit gezeichnet, welches an des Heiligen Hüfte hängt?" Nigromarte meinte, das sei ja ganz was Gleichgültiges und Unwesentliches, und da er sah, Meister Helfrad wolle ein sehr ernsthaftes Wort erwidern, eilte er, die Mappe die er als Unterlage beim Zeichnen gebraucht hatte, aufzutun und den Alten durch viele schöne Malereien und Umrisse darin auf andere Gedanken zu bringen. Der gute Meister schaute das Meiste auch mit großem Behagen an, manches aber legte er ganz achtlos auf die Seite. – „Was seht Ihr mir diese schönen Zeichnungen nicht an?" sagte Nigromarte, „die sind gerade nach den herrlichsten Denkmalen der alten griechischen Kunst entworfen." – „Mein Freund", entgegnete Meister Helfrad, „in der Malerei verstehe ich meistens nur Deutsch, allenfalls Italienisch; insofern es mit unserer Muttersprache nahe verwandt ist. Die andern gelehrten Dinge schiebe ich beiseite, wie es ein Ungelehrter mit meinen lateinischen und griechischen Büchern tut. Wer aber freilich eine Kunst erlernen will und ausüben, muß gelehrt darin werden, und deshalb habe ich auch meinen einzigen Sohn nach Italien reisen lassen, um sich dort einen rechten Grund zum Gebäude zu legen, das er mit Gottes Hilfe nachher als ein starker deutscher Maler im Vaterlande aus vielen schönen Bildern zu seiner Mitmenschen Erbauung aufrichten soll. Bist du nicht etwa als Kunstgenosse irgendwo mit ihm bekannt worden? Er ist Freimund geheißen."

„Oh, Freimund", sagte Nigromarte, „ja, Freimund, den kenn' ich wohl." Und damit begann er viel zu erzählen, wie hoch angesehen der junge Künstler bei allen venezianischen, florentinischen und römischen Meistern sei und wie es sich die italienischen Großen zur Ehre rechneten, ihn zu bewirten, und was des Herrlichen und Erfreulichen mehr war! – „Daß er mir nur nicht üppig wird", seufzte Meister Helfrad. „Zwar – hinter seinem Rücken kann ich es wohl sagen – er nahm ein recht engelsgleiches Gemüt mit von hinnen, und wird ja doch das, will's Gott, unter so vielen engelschönen Bildern wohl bewahren. – Seine Mutter und ich beten Tag und Nacht dafür. – Sieh, mein lieber Schwarzer, du hast mir doch mit deinen Nachrichten das Herz recht hell gemacht, und um so lieber wollt ich, du hättest das Schwert am heiligen Georg nicht weggelassen. – Denn erstlich ist ein Schwert wahrhaftig niemals eine Nebensache am Mann, wie du vorhin meintest, und dann hat es an diesem Bilde recht deutlich eine Kreuzesform. Ich hoffe, mein Sohn läßt die Kreuzschwerter an keinem Bilde aus... Höre, mein lieber Schwarzer, du dienst einem seltsamen Herrn; um Gott! Du hast es doch nicht gar schon verschworen, ein Kreuz zu malen?" Der Kranke regte sich im Zimmer, Meister Helfrad mußte hinein, ohne Nigromartes Antwort abwarten zu können; als er aber nach einer Weile wieder fortging, händigte ihm der Schwarze das heilige Georgsbild ein, sprechend: „Behaltet das zum Andenken von mir. Seht, ich habe das Schwert wohl noch hinzuzeichnen dürfen." Und weil wirklich die edle Waffe in ernster Kreuzesgestalt deutlich von des himmlischen Ritters Hüfte herabhing, drückte der alte Mann dem Schwarzen sehr freundlich die Hand und empfand überhaupt eine gar herzinnige Freude über das Bild.

Wenn Meister Helfrad in diesen Tagen bei der Morgenfrische Kräuter sammeln ging, gesellte sich oftmals auf den Wiesen eine schlanke Jungfrau zu ihm von anmutigem Wesen und lieblichem, ob zwar etwas bleichem Angesichte; die half ihm auf eine ehrerbietige Weise in seinem Geschäfte, wie es wohl eine gut geratene Tochter ihrem Vater tut. Sie hatte mit achtsamer Geschicklichkeit alsbald begriffen, welche Kräuter der Meister vorzüglich brauche, und auch die Signatur, die er von den einzelnen Pflanzen erheischte, war ihr fest im Gedächtnisse und im Gemüte, seitdem ihr der Arzt auf ihre Frage: „Wozu er doch so mühsam selbst umhersuche und nicht lieber die Kräuter aus der Apotheke nehme?" folgenden Bescheid gegeben hatte: „Du holdes Kind, genügt's uns denn bei einem Rosse, oder Stier, oder Hunde, daß die Kreatur eben Roß, Stier oder Hund sei? Wir fragen ja doch nach den Kräften und der besondern Weise des einzelnen Tieres, das wir gebrauchen wollen. Wie sollt' ich denn auf gut Glück in die gedörrten Kräuter hineingreifen, denen man kaum ansehen kann, zu welcher Jahreszeit sie gebrochen sind, zu welcher Tageszeit aber gar nicht, und ebensowenig, welch eine Kraft bei ihrer Formation etwa die andere niedergedrängt hat, und wohin man daher Beistand oder Widerstand zu schaffen braucht." Als nun eines schönen Morgens der fromme Meister seiner anmutigen Gehilfin auf manche ähnliche Fragen Bescheid gegeben hatte und beide nach vollendeter Arbeit unter einigen schattigen Lindenbäumen ausruhten, sprach er lächelnd zu ihr: „Es ist nun wohl an der Zeit, daß einmal das Fragen an mich komme, und das Antworten an dich, du holde Maid, wie es mich denn überhaupt recht verwunderlich bedünkt, daß eine deines Geschlecht so große Lust am Zuhören finden kann. Tue denn deinen lieblichen Mund auf und erzähle mir etwas von dir, vor allem aber sage mir, wie du heißest. Zwar wenn nicht eine so wehmütige Blässe auf deinen Wangen läge und du nicht manchmal ein wenig ausländisches Deutsch redetest, daran man ablesen kann, du seiest in irgendeiner besondern Weltgegend zu Haus, so möcht' ich beinahe ohne Frage behaupten, dein Name heiße Engel, du anmutige Erscheinung, aller Demut und Freundlichkeit voll." – „Ich weiß nicht, lieber Vater, wie Ihr das meint", sagte die Jungfrau, indem ein leises Erröten über ihre Lilienwangen hinflog, „aber Engel heiß' ich in Eurer guten deutschen Sprache wirklich; denn in Italien haben sie mich Angela getauft." – „Also in dem schönen Blütengarten Italien bist du geboren, Engelchen?" fragte der Alte. „Was hat dich denn über die hohen Alpen zu uns herübergeweht?" – „Kein hoffender Frühlingswind", entgegnete das Mädchen, „sondern eine kalte Herbstluft, die mir alle Blätter meines Blumenflors abgehaucht hat. Aber ich denke hierzuland einen stillen, frommen Winter zu verleben, und wenn mir dann der ewige Frühling aufgeht, trete ich recht ausgeweint und friedlich unter die Himmelsblumen ein. – Seht, lieber Vater, ich wohnte mit meiner alten, schon längst zur Witwe gewordenen Mutter unweit der heiligen Stadt Rom in einem Wäldchen von

Lorbeerstämmen; und wir führten ein friedlich stilles Leben, von aller Welt abgeschieden. In die Stadt kamen wir niemals hinein; wie sie mit ihren uralten Tempeln und Palästen vor uns lag, sah sie mir immer aus wie die Fortsetzung der halbgebrochenen Säulen und Mauern, die in unserm Haine standen, und in deren Schatten ich mit so großem Behagen geistliche Bücher las, oder auch einige schöne weltliche Historien, die mein seliger Vater hinterlassen hatte. Nun fügte es sich, daß ein junger deutscher Maler in unsern Lorbeerwald kam und sich die Trümmer darinnen abzeichnen wollte. Meine Mutter bewirtete ihn gastlich mehrere Tage lang, und weil er engelschön und damals auch engelgut war, gewann ich ihn von ganzem Herzen lieb, so daß ich, als er nach einiger Zeit in Ehren um mich warb und meine Mutter damit zufrieden war, mich ihm gern als seine treue Braut verlobte. Weil er uns nun aber mit nach Deutschland hinüberführen wollte, und ich einige Scheu empfand vor dem fremden, nördlichen Reiche jenseits der hohen Berge, fing er an, mir viel Anmutiges davon zu erzählen; auch mich Eure Sprache zu lehren und – war es, weil ich so mit ganzer Seele an ihm hing, oder lag es nur in der anziehenden Kraft Eures Landes für jeden, der einmal recht Bekanntschaft damit gemacht hat – bald rauschten in alle meine Träume die deutschen Eichen und Linden hinein in der unermeßlichen Grüne ihrer weiten Forsten, und die ernsten reinen Spiegel der kräftigen Ströme glitten still und stark darunter hin. Von meinen Lippen klangen die Heldenlieder und der Minnesang Eurer großen Dichter, und mit unendlicher Sehnsucht konnte ich mich tagelang in die Bilder vertiefen, die mein Bräutigam von deutschen Kriegsobersten und frommen Männern und sittsamen Frauen gemalt hatte. Je mehr ich aber nun wünschte, den treulieben Gegenden zuzueilen, die mich mit so innigen Grüßen an sich zogen, je seltner sprach mein Bräutigam von unsrer Reise, mit je glühenderen Worten begann er die Schönheit Italiens zu preisen und gab endlich klar zu verstehen, er gedenke sein Leben in diesem Paradiese der Erden zu beschließen. Nun war ich auch darin ergeben und bat ihn nur, mir recht viele deutsche Bilder zu malen; doch fragte ich ihn, ob denn seine Eltern gestorben seien, von denen er mir anfangs so viel sprach und ihre Güte pries, welche ihm beim Abschied verstattet hatte, eine Jungfrau, dafern sie nur keusch und züchtig sei, nach eigner Wahl aus dem fernen Lande mit als Braut in die Heimat zu führen, falls ihm Gott etwa das Herz also lenke. Er aber lachte und sprach: seine Eltern wären, soviel er wisse, gesund; aber sie führten ein gar zu langweiliges Leben und auch ich würde bald ein viel besseres als bisher kennenlernen. Ich erschrak vor ihm, aber ich schob alles auf die Weinlaune, mit welcher er von Rom, wohin er seit einiger Zeit fast täglich ging, immer zurückzukommen pflegte. In diesen Tagen verschwanden aus seiner Werkstatt die deutschen Gemälde und die Konterfeie der Heiligen; er zeichnete nur nach alten Steinbildern aus den Heidenzeiten her und lachte mich aus, wenn ich ihn wehmütig um Gestalten bat, wie sie in früheren glücklichen Tagen sein Pinsel so gern und lieblich erschuf. Das seien nur kindische Tändeleien gewesen, sagte er, jetzt wandle er auf der einzig rechten Bahn der Natur und der göttlichen Freiheit. Ich konnte aber nichts Göttliches dabei verspüren, vielmehr traf ich oft ungeziemende Bilder bei ihm an, so daß ich mich fürder nicht mehr in seine Werkstatt wagte. Meine gute Mutter bemerkte gottlob! seine Veränderung nicht und starb in Frieden und Hoffnung, uns beide nochmals feierlich einsegnend, dahin. Ach mit welchem flüchtigen oberflächlichen Welttroste verwundete der einst so sinnige Jüngling mein Herz! Er wollte mich gleich nach Rom führen, und da ich durchaus nicht darauf hörte, zog er selbst hinein, um, wie er sagte, unser künftiges Hauswesen vorbereitend zu ordnen. Aber ich hörte mondenlang nichts von ihm, und so wagte ich mich denn eines Tages in die große Hauptstadt der Welt hinein, und schritt, vor dem ungewohnten Geräusche, das mich umtoste, Tränen der Angst in den Augen, nach der Gegend seiner Wohnung zu, die er mir oft beschrieben und auch einstens gemalt hatte. Nun stand ich vor dem zierlichen Gebäude, das mich mit seinen hellen Fensteraugen ebenso freundlich ansah, als jenes auf dem Bilde; mit gleicher Lieblichkeit leuchteten durch das nahe Gartengitter die goldenen Pomeranzenfrüchte aus ihrem dunklen Laube zwischen hochblühenden Blumen hervor. Und doch konnte dies meines Bräutigams Wohnung nicht sein, denn das rohe Jauchzen eines schwelgerischen Gelages drang daraus hervor und ließ nur wenige Töne einer köstlichen vielstimmigen Musik zwischendurch vernehmlich werden. Ich wollte mich abwenden auf immer, aber ich liebte ihn wie mich selbst; und den Vorlorenen wieder zu suchen, dachte ich, ist ja auch Gottes Gebot.

So ging ich denn betend und zuversichtlich die Marmortreppen hinauf und trat in die Tür des Speisesaals ein. Die Schwelger stutzten erschrocken vor meiner Erscheinung, denn ich war in tiefer Trauer um meiner Mutter Tod, und in der allgemeinen Stille ging ich auf meinem mit Rosen gekränzten, von Salben duftenden Bräutigam zu und führte ihm Zeit und Ewigkeit zu Gemüte, die Welt und Gott. Erst war es, als sei er gerührt und erschreckt, aber der Strudel seiner Verderbnis riß bald wieder meine Worte von seinem Herzen; er sprach viel von einem heiteren, beseligenden Künstlerleben, er hatte die Frechheit, mich mit dazu einzuladen, ja er pries meine Schönheit auf eine unsittliche Weise. Da ging ich fort und habe ihn seitdem nicht wiedergesehen. Ich hörte wohl, er sei als Liebling eines mächtigen Fürsten mit dem nach Griechenland gereist; ich aber machte meine kleine Besitzung zu Geld und bin nun hierhergepilgert nach dem holden Deutschlande; denn das liebe ich an meines armen Bräutigams Stelle; und darf gewißlich hoffen, daß es mir nun und nimmermehr verlorengeht, wie er mir verlorengegangen ist."

Dem Mädchen liefen die hellen Tränen aus den Augen, und der alte Mann sagte: „Das wird ja Gott schon verhüten, daß dir und allen seinen Engeln Deutschland also verlorengehe!" – Dann aber sprach er mit leiser fast erlöschender Stimme: „Verkünde mir's nur frei heraus, liebes Kind, hat nicht dein Bräutigam etwa Freimund geheißen?" – „Ach Gott ja", sagte sie, noch heißer weinend, „und weil Ihr so fragt, seid Ihr doch wohl sein Vater, der berühmte Meister Helfrad, der ja in dieser Stadt wohnen soll? – Ihr seid mir schon all die Tage her so vorgekommen, und ich hatte nur nicht Mut, zu fragen." – „Ja freilich bin ich's" sagte der Alte, „mein gebrochenes Herz gibt dessen Zeugnis genug!" – Da kniete Engel weinend in das Gras, und der Alte legte ihr seine beiden Hände zum Segnen auf das dunkle Lockenhaupt. Nach einer Weile fing er an und sprach: „Bist du denn dem Freimund gar nicht mehr gut?" „Ach, lieber Himmel", entgegnete sie, „wie könnt ich nur davon lassen?" – „Nun, so wollen wir beide jetzt und auch künftig recht oft, zusammen für ihn beten, Engelchen", sagte der Alte und kniete zu ihr nieder ins Gras. – Erst beteten sie beide stille, dann lauter und endlich ganz laut, und reckten ihre Hände weit gegen die Wolken aus, und statt durch einander gestört zu werden, schien es vielmehr, als flammten die Worte des einen die Worte des andern zu immer innigerer Begeisterung an, wie man sich wohl denken könnte, daß zwei Engel mit verbundenem Flügelschlage, einander umarmt haltend, gegen den Himmel emporstiegen.

Was sie aber endlich unterbrach, war das laute fast ungestüme Schluchzen eines Dritten, unweit von ihnen. Sie wandten sich danach hin und wurden des Schwarzen gewahr, welcher sein Angesicht über den nahen Bach gebeugt hielt, es ebenso emsig mit dessen Fluten, als mit den eigenen Tränen waschend. Als er sich aber empor richtete und nach den beiden herschaute, da hatten Bach und Tränen die furchtbare schwarze Farbe mit fortgespült, der hohe, feuriggelbe Turban fiel ins Gras, und goldgelbe Locken ringelten sich statt dessen über eine Schläfe hin: Freimund war es, der in tiefer wehmütiger Beschämung vor Vater und Braut in die Knie sank, immer unter seinen Tränen seufzend: „O Gott! O Gott! Sie beten für mich, und ich zerreiße ihr Herz!" „Aber du heilst es auch wieder", sagte Engel, freundlich über ihn geneigt und seine Wangen streichelnd. Und der Alte gab ihm die Hand, richtete ihn mit einem kräftigen Zuge in die Höhe und sprach: „Will uns doch der himmlische Vater annehmen, wenn wir als verlorene Söhne wieder nach Hause kommen, wie sollt' es denn ein armer irdischer Vater nicht tun!" Damit herzte er und küßte ihn und dankte Gott für die Erhörung des Gebetes, dann aber sprach er: „Nun fasse dich als ein Mann und sage uns in kurzen Worten, wie du an den furchtbaren Kranken gekommen bist und wie es jetzt eigentlich mit dir steht." – „Vater", entgegnete Freimund, „ich fand ihn in den unterirdischen Gewölben einer alten Villa, und da ich mich vor ihm und seiner Maske entsetzte, sprach er mich freundlich an und führte mich durch wunderliche Gänge zu einigen so herrlichen Steinbildern, als ich droben nimmermehr wahrgenommen hatte. Und so band er mich erst durch die Kunst an sich fest, und durch sein reiches Wissen von dem fröhlichen Leben der alten Griechen. Und dann ermahnte er mich zu solch einem fröhlichen Leben selbst, Gold, mehr als ich begehrte, in meine Hände schüttend und mehr, als ich zu verbrauchen wußte. Aber auch diese verderbliche Kunst lehrte er mich bald; ich ward der weichlichste und begehrendste Schwelger in Rom, und ungenügsam in der äußern Welt umhertaumelnd, begann ich an die Pforte der Unsichtbaren zu klopfen, nicht daß sie mich erleuchtete, sondern daß sie mir diene. So hatte ich mich nun der furchtbare Führer ganz in seinen Banden. Ihr habt es wohl gemerkt, Vater, wie er mit gewaltigen Geistern in Verbindung steht; da sollte denn ich der Teilhaber aller seiner Geheimnisse werden, und in seiner Geleitschaft den Menschen der Natur gebieten, wie es die griechischen Götter vor Zeiten getan." Der Vater kreuzte sich und den Sohn und sagte: „Das heißt wohl recht in eigner Kraft vom Tempel fliegen wollen." – „Nun sollte ich noch erst alles von mir werfen", sagte Freimund, „was mich an Deutschland und Eltern und Christentum festhielt. Bis dahin, hieß es, müsse ich ein Diener bleiben und in saturninisch dunkler Farbe einhergehn und den häßlichen Namen Nigromarte führen. Sei aber die Probezeit um, so solle ich einen schönen Götternamen erhalten und selbst ein wunderschöner Jüngling werden und auch mein Führer könne sich dann verjüngen, und – der Maske nicht mehr bedürfend – die Schrecken von seinem Antlitze abstreifen, welche einstmalen eine verunglückte drüber hingeschleudert hat. Zur entsetzlichen Prüfung kamen wir in diese gute Stadt, ob ich wohl vom frechen Witze genugsam besessen sei, um Vater und Mutter und Heimat unter fremder Gestalt zu verhöhnen; und dann sollte ich dem Allerteuersten, an den die klugen Heiden nicht glauben, auch noch entsagen. – O Gott sei Preis! der den Furchtbaren auf das Krankenlager warf und so die Weihung, nach der ich hintaumelte, zunichte machte." Und wieder sank er betend nieder, und Vater und Braut beteten stillfreudig mit ihm. Dann erhuben sich alle drei. – „Führe die Braut nach Hause", sagte Meister Helfrad, „stelle sie der Mutter vor und erzähle der alles." „Ach!" seufzte Freimund, „ach, wenn man der frommen, weichmütigen Frau doch nur den Jammer verschweigen dürfte!" Aber der Vater sprach sehr ernst: „Wahrheit ist nicht nur gut Ding, mein Sohn, Wahrheit ist auch das allerbeste Ding, denn ohne die Wahrheit gibt es keine Liebe!" – Freimund neigte in demütiger Ergebung sein Haupt und wandelte an Engels zarter Hand, von Engels lieblichen Tröstungen gekühlt und ermutiget heim; Meister Helfrad ging zu seinem Kranken. Mit ernstem Angesichte trat er vor dessen Bette, sprechend: „Ich habe meinen Sohn wieder zu mir genommen, Herr! Es wäre schon früher geschehen, aber ich erfuhr erst eben, daß er in Euern Diensten stand. Macht Euch also auf diesen

Diener keine Hoffnung mehr." – Und damit fing er an, Salbe und Trank zu bereiten wie gewöhnlich und aufzulegen und einzugeben, als ob weiter nichts vorgefallen sei. Der Kranke zitterte heftig. Endlich brachte er die Worte heraus: „Und willst mich nicht verlassen und willst mich dennoch heilen?" – „Ei", entgegnete Meister Helfrad, „was ist da noch zu fragen? Bin ich ja doch von Gott und meiner Obrigkeit zum Arzte verordnet." – Der Kranke seufzte schwer und drückte seines Pflegers Hand. Dann fing er wieder an: „Hat dir Nigro-" „Das verbitte ich!" fiel der Meister ernsthaft ein, und jener sprach, sich verbessernd: „Hat dir Freimund verraten, wer ich bin? Ihm bindet doch ein ernster Eid die Zunge." – „Versteht sich, daß er ihn hält", entgegnete der Meister, „und daß mein Sohn doch sein Umwenden nicht gleich mit einem Meineide begonnen haben wird." – „Ich will es dir anvertrauen, wenn du es gebietest", sagte der Kranke, „und du wirst erstaunen, ach! aber es geht mir schwer über die Lippen!" – „Gebt Euch keine Mühe", erwiderte Meister Helfrad, „ich bin eben nicht neugierig und Gott verhüte, daß ich Euern Zu-

stand irgend erschweren sollte." Dann eilte er nach Hause und fand den Sohn in den Armen der weinenden, verzeihenden Mutter und der überseligen Braut. Bald darauf nahm der verständige Hausvater Frau Gertraud beiseite und bat sie ernst, ihrem Kinde die Haltung jenes Eides nicht durch Fragen zu erschweren. „Denn", sagte er, „du hörest wohl bisweilen gern etwas Neues, und das wiedereingepflanzte Bäumlein mag kaum noch recht feste Wurzel geschlagen haben. Über Jahresfrist hoffe ich, sollst du ihn fragen, soviel du willst."

Meister Helfrads Hoffnung betrog ihn nicht. Die altdeutsche Liebe und Kraft in Freimunds Herzen gewann bald ihre ehemalige feste Herrschaft wieder, noch gestählt durch die Versuchungsstürme, welche sie hatte zu Boden kämpfen müssen. Eine schönere Prüfungszeit bestand jetzt der Jüngling unter den Augen der Eltern um Engels Besitz und die treue altväterliche Kunst leuchtete auch ihrerseits dem wiedergekehrten Sohne mit himmlischer Erquickung vor.

Derweil war der Maskierte von seiner Krankheit genesen, und als ihn Meister Helfrad entließ und ihm viele fromme Warnungssprüche mit auf den Weg gab, hörte er geduldig zu und sagte endlich leise und scheu: „So glaubt ihr denn wirklich, daß ich noch zu retten bin?" „Warum nicht?" entgegnete Meister Helfrad, „der alte Gott lebt ja noch." Da bat ihn der Genesene demütig, ihm Gunst zu verschaffen, daß er in einem Kloster hier in der Stadt Buße tun möge. Freilich die Maske müsse er vorbehalten, denn sein Antlitz sei allzu gräßlich; – auch funkelten wieder die glühroten Augen so seltsam durch, daß Meister Helfrad wider alle Gewohnheit die seinen niederschlug; so wünschte er, auch seinen Namen verhehlen zu dürfen, auf daß nicht die Furcht der Klosterbrüder dadurch allzusehr gereizt würde, oder auch vielleicht eine unzeitige Neugier erweckt, wegen vieler seltsamen Geheimnisse in seinem und noch eines andern Leben. Meister Helfrad versprach zu tun, was er könne, und richtete auch in kurzem alles nach den Wünschen des Maskierten ein. Aufgenommen in die heiligen Mauern von Mariahilf tat nun dieser eine so innige und strenge Buße, daß er allen Bewohnern des Klosters wie anfänglich zum Grauen, so nachher zur Erbauung gereichte. Auch wurde seine Stimme immer milder, das Leuchten seiner Augen immer weniger furchtbar, ja endlich anmutig freundlich. Da sagte einstmals der Abt im vollen Konvente zu ihm: „Büßender, mir verkündet es der Geist, daß deine Sünden dir vergeben sind, auch daß dein Antlitz wieder ein menschliches geworden ist und du es nicht weiterhin unter dieser entsetzlichen Maske zu verstecken brauchst. Deshalb gebiete ich dir, tue die starre Umhüllung von dir." – Der Büßende neigte sich demütig, des Abtes Gebot vollziehend, und ein himmlisch lächelndes Greisenantlitz leuchtete den erstaunten Brüdern entgegen. Da priesen alle zusammen Gott, nahmen den Erretteten in ihre fromme Gemeinschaft auf und nannten ihn Bruder Redivivus.

Freimund lebte indessen an Engels Seite, nach abgelaufener Prüfungszeit mit ihr verehelicht, ein seliges Leben, und als er den Bruder Redivivus zum ersten Male bei einer Prozession sah und erfuhr, wer er sei, schwand auch der letzte Schatten aus seinem Dasein. Es war ihm, als habe nun erst auch er völlige Vergebung seines Fehls erlangt, und er malte Redivivus' Bild so lebendig und liebevoll, daß es das Meisterstück seines weitgepriesenen Pinsels ward. Nach drei Jahren, als eben Freimund und Engel ihr erstgeborenes Söhnlein von der Taufe nach Hause trugen, die ehrbaren Eltern dabei, begegneten sie dem Leichenzuge des Bruders Redivivus. Er war sanft im Herrn entschlafen, und der Taufzug wandte sich, und Meister Helfrad und Ger-

traud, Freimund und Engel und ihr holdlächelnder Säugling begleiteten all-
zumal den versöhnten Gestorbenen zur Ruhe.

Leute, die lange nachher das Bild des Meister Wagner, der Doktor Faustus
Zauberschüler gewesen, zu Gesicht bekamen, wollten eine große Ähnlichkeit
mit Freimunds Gemälde vom Bruder Redivivus bemerken, nur daß jenes wie
ein abwärtssinkender Dämon, dieses wie ein aufsteigender Engel anzusehen
war.

Clemens Brentano

Die Strafe des Geizes

In die Dienste eines Grande dieses Hofes kam aus einem Flecken in Navarra ein Edelknabe, von so vornehmen Gedanken, als bescheidenen Gütern des Glückes, denn diese Stiefmutter der Sterblichen hatte ihm nicht mehr Reichtum verstattet, als ein einziges armes Bett, und dieses teilte der Jüngling, den ich Markos nenne, als Schlafstelle und Sitz bei dem spärlichen Mittagstisch mit einem alten, ja so alten Vater, daß seine, wenngleich sehr armseligen Lebensjahre, durch ihre Menge doch zu einem großen Kapital aufgelaufen waren, von dessen Renten er lebte, denn ihre Anzahl konnte auch dem tapfersten Geize bange machen und, gleich wie viele Tropfen einen Stein aushöhlen, selbst die steinernsten Herzen rühren.

Don Markos war zwölf Jahre alt, da er diesen ehrenvollen Dienst erhielt;

viel älter war er auch nicht, als er seine Mutter an einem plötzlichen Hüftweh verlor und sich zu dem Amt eines Pagen emporschwang, welcher Belehnung er alle gewöhnlichen Attribute dieses Standes entgegenbrachte, als da sind Schelmerei, Schmutz, Krätze und Geiz: zeichnete sich nun zwar Don Markos in allen diesen schönen Tugenden aus, so übertraf er sich dennoch ganz in der letztern, denn er verdammte sich selbst zu größerer Hungerleiderei, als sie ein Anachoret hätte aushalten können, und wenn die Christenfeinde, die Juden, einen langen Tag haben, der durch Fasten bezeichnet ist, so konnte man von ihm sagen, er habe ein langes Jahr.

Mit solcher Mäßigung wußte er die achtzehn Quartos, die er täglich erhielt, zu behandeln, daß sie sich, wenngleich auf Unkosten seines Magens, oder der Lebensmittel seiner Kameraden, nie verringerten, und im seltnen Falle, da er sie geltend machen mußte, versetzte er ihnen nur kleine Wunden. Don Markos war ein kleines Männchen und brachte es endlich durch die wohlgewählte Niedlichkeit seiner Nahrungsmittel dahin, daß er selbst einem niedlichen Nahrungsmittel, einem Spargel, ähnlicher ward als einem Menschen. Wenn es Tage gab, an denen sein Magen mit mindern Unrecht als sonst fluchte, so waren es die, an welchen er seinen Herrn bei der Tafel bediente, denn er wußte den Tellerjungen so leichte Arbeit zu machen, daß sie alle Teller, die durch seine Hände gegangen waren, reiner vom Tisch nehmen konnten, als sie dieselben darauf gesetzt hatten, indem er alles, was sich nur über Nacht halten konnte, in seine Taschen einquartierte.

In solcher Sparsamkeit brachte Don Markos seine Jünglingsjahre zu und begleitete seinen Herrn bei vielen Gelegenheiten in und außerhalb Spanien, wohin er oft in wichtigen Geschäften versendet ward. Endlich stieg Don Markos vom Pagen zum Edelmann, und so machte sein Herr etwas aus ihm, was der Himmel nicht getan. Vertauschte er nun gleich seine schätzbaren achtzehn Quartos mit unendlich schätzbareren fünf Realen und soviel Maravedis, so veränderte er doch weder seine Lebensart, noch verstärkte er seinem Magen die Portion; nein nichts weniger, sondern soviel Bedürfnisse mehr sein jetziges Amt mich sich führte, soviel Knoten mehr machte er in den Restel seiner Börse. Er selbst sah nie, wie seine Wohnung bei Nacht aussah, denn er brannte nie ein Licht an, und wenn es einmal zu dieser großen Feierlichkeit kam, so mußte er durch seinen Fleiß und die Nachlässigkeit des Tafeldeckers ein Endchen Licht erbeutet haben, dies behandelte er dann mit solcher Delikatesse, daß er sich schon auf der Straße auskleidete, bei dem ersten Schritte in seine Stube aber die Kleider fallen ließ, und dem Lichtchen das Lebenslicht ausblies.

Wenn er am Morgen aufstand, so nahm er einen Topf ohne Griff, den er besaß, und sprach die Vorübergehenden um eine Steuer an, die ihm dann auf einige Tage hinreichen mußte. Manchmal ging er an die Straßenecken, wo die kleinen Betteljungen spielten, und gab wohl Achtung, welcher von ihnen seinen Pfennig oder seine Bohnen verspielt hatte, den dingte er dann um mehr als nichts, sein Bett zu machen. Wenn er einen Diener hatte, so war es in dem seltnen Fall, daß er einen um zwei Quartos täglich und einen Fetzen Binsenmatte zur Schlafstelle gefunden hatte, und gelang ihm dieses nicht, so trieb er einen Küchenjungen auf, der ihm alles besorgte und ein außerordentliches Gefäß ausleerte, welches so groß wie ein Brunneneimer war. Seine Mahlzeit bestand aus einem Quarto Brot, einem halben Pfund Kuhfleisch, für einen Quarto Küchenreste und einen Quarto für den Koch, damit er ihn ordentlich bedenke, und dieses war nicht für alle Tage, sondern nur an hohen Feiertagen, denn seine gewöhnliche Speise war für einen Quarto Brot und ebensoviel Käse. Oft ging er auf den Saal, wo seine Gefährten speisten, trat zu dem ersten besten hin und sprach: „diese Olla muß sehr schmackhaft sein, sie verbreitet einen tröstlichen Geruch, welcher mich dennoch ungeduldig macht, sie zu versuchen", während dieser bizarren Definition des Pikanten, hatte er auch schon seine angelartigen Finger mit einem tüchtigen Brocken wieder aus der Schüssel herausgezogen; so besuchte er rings alle Schüsseln und hatte es durch öftere Wiederholungen dieses Kunststücks endlich dahin gebracht, daß es den andern ein ganz altes Stückchen schien, welches sie keineswegs mehr unterhielt, und jeder, der ihn ankommen sah, verschluckte, wenn es möglich war, seine Mahlzeit auf einen Bissen, oder deckte seinen Teller mit beiden Händen zu.

Den meisten Verkehr hatte er mit einem Edelmann, der mit ihm in demselben Hause wohnte, er pflegte gewöhnlich die Zeit abzuwarten, daß dieser zum Mittagessen oder Abendbrot kam, dann trat er ganz ernsthaft mit seinem Käse und Brot in der Hand zu ihm in die Stube und sprach etwa: „um mir die Mahlzeit mit einem freundlichen Gespräche zu würzen, komme ich, euch zu beunruhigen", und damit setzte er sich zu Tisch und sah, was Gutes in der Schüssel vorging. Wein kaufte er sein Lebtage keinen, wenn er gleich auf folgende Weise einigemal dazu kam, welchen zu trinken. Er stellte sich nämlich an die Haustüre und sprach die Mägde und Burschen, welche mit Wein vorübergingen, höflich an, ihn denselben kosten zu lassen; waren diese Leute nun gefällig, so bat er sie um ein zweites Schlückchen.

Da er einstens auf einem Maultier nach Madrid kam und einen Burschen bei sich hatte, der, um zechfrei zu sein, ihn auf der Reise bediente, so schickte er diesen, für einen Quarto Wein zu holen und ritt während dem von dannen, so daß der arme Teufel sich mit Allmosen durchbeißen mußte. So oft er in ein Wirtshaus kam, traf es sich auch, daß er irgend jemand fand, der eine gute Schüssel vor sich hatte, und dem er auf eine äußerst freundliche Art sein Talent in genealogischen Entwicklungen beweisen konnte, denn, wenn sein hungriger Magen einen geheimnisvollen Naturtrieb zu einem guten Gerichte

hatte, so entwickelte er dieses dem Essenden allegorisch, indem er sich durch die Gewalt des verwandten Blutes zu ihm gezogen fühlte und ihm bald bewiesen hatte, daß er sein Vetter sei, wenn es der Fremde gleich nur an dem Fleische in seiner Schüssel und keineswegs an dem Blute in seinen Adern bemerkte. Oft fütterte er seinen Maulesel mit dem Stroh aus seinem Bette, um zu sparen.

Tausend solcher Stückchen erzählte sich die Stadt von Don Markos, der den Ruhm des besten Haushälters in der Welt hatte, und so brachte er es endlich in seinem dreißigsten Jahre zu dem Namen eines reichen Mannes, denn er hatte auf Unkosten seiner Ehre und seines Leibes sechstausend Dukaten zusammengescharrt, die er, hatte er sie sich gleich vom Leibe abgezwackt, doch immer auf dem Leibe gebunden trug. Diese Vorsicht gebrauchte er aus einer angeborenen Furchtsamkeit vor den abreisenden Genuesern, die in Madrid im Rufe stehen, bei ihrer Abreise nicht sowohl eine Lücke im Herzen als in der Börse ihrer Freunde zurückzulassen.

Da nun Don Markos weder den Ruf eines Spielers noch eines Liederlichen hatte, so zeigten sich ihm täglich Gelegenheiten, zu heiraten, doch hütete er sich aus Furcht, übel anzulaufen; den Damen aber, die ihn verlangten, schien es besser zu gefallen, daß man die Verschwendung, als die Sparsamkeit an ihm vermisse, einen solchen ehrenvollen Taufnamen gaben sie seinem Geize. Unter den vielen, die sich sehnten, die Seinige zu sein, befand sich auch eine Dame, die, wenngleich nie verheiratet, doch durch natürliche Anlage für eine Witwe galt; ein Weib von gutem Geschmack und einem gewissen Alter, das sie mit ihrer zierlichen Kleidung und ihrem studierten Wesen zu verstecken wußte; denn sie war eine ganz artige Witwe, mit ihrem halbseidnen Trauerkleide, ihren Hauben à la Reine und ihrem niedlichen bißchen Frisur; kurz sie war eine gute Frau, hieß Donna Isidora, und hatte, wie alle, die sie kannten, behaupteten, Geld, was auch ihre Lebensart vielleicht mehr bestätigte, als sie Ursache dazu haben mochte.

Man schlug Don Markos diese Verbindung vor und malte ihm die Braut reizender als sie sich selbst je zu malen vermochte, ihr Vermögen gab man auf vierzehn- bis fünfzehntausend Dukaten an und gab ihren verstorbenen Ehemann, der nie gelebt hatte, für einen der ältesten andalusischen Edelleute aus; in Wahrheit konnte man auch selbst in den ältesten Kirchenbüchern seine Geburt nicht finden, so alt war sein Adel. Die Dame selbst erbarmte sich seiner, dem ein ungünstiges Schicksal keinen Geburtsort auf dieser Welt verliehen hatte, und sagte er sei aus der vornehmen Stadt Sevilla, durch welches alles sich Don Markos zum Ehegemahl ergab.

Der Unterhändler dieser Verbindung war ein listiger Fuchs, der nicht nur mit Heiraten, sondern auch mit allen andern Waren handelte, die er als Bedürfnisse dieser Residenz kannte. Er bewegte auch Don Markos denselben Abend schon zum förmlichen Verspruch, denn er stellte ihm die Gefahr des Verlusts bei der geringsten Versäumnis vor. So begab sich denn Don Markos nach dem Hause der Donna Isidora, ganz erschüttert durch die Pracht des Hauses und die Menge der wohl eingerichteten Gemächer; er bewunderte alles mit einer großen Aufmerksamkeit, denn man hatte ihm gesagt, daß es die Besitzerin dieses prächtigen Hauses sei, welche nun auch die Besitzerin seines armseligen Herzens werden wolle. Er fand seine Braut so überflüssig von Damast und zierlichen Putzschränken umgeben, daß er mehr in der Wohnung eines Titels, als eines Partikuliers zu sein glaubte. Auch war der Estrich so prächtig und das ganze Haus so aufgeputzt, voll Wohlgeruchs und Reinlichkeit, daß es mehr im Himmel als auf Erden zu sein schien. Es befanden sich zwei Dienerinnen in dem Hause, eine zur Arbeit und die andere für alles in allem, und wäre unser Ritter nicht so gesetzter Gesinnungen und eines durch Fasten so abgetöteten Leibes gewesen, so hätten diese ihn schon verführen müssen, die Dame zu heiraten, denn sie hatten sowohl artige Lärvchen als eine sehr angenehme Freimütigkeit; besonders aber die Hausmagd, welche eine Königin hätte sein müssen, wenn die Kronen nur der Schönheit gereicht würden. Über alles aber entzückte ihn der Anstand und der Geist Isidorens, welche die Grazie selbst zu sein schien, sowohl in Anmut als Liebreiz, ihrer schönen Reden waren so viele, und alles was sie Don Markos sagte, war so schön gesprochen, daß dieser nicht sowohl erfreut als herzlich verliebt ward (eine nicht kleine Erleichterung für seinen Magen, da Verliebte wenig Appetit haben, indem das Herz den größten Teil des Hungers übernimmt). Seine Seele verriet ihre Rührung in einer hinlänglichen Danksagung, denn der gute Senor hielt sie für nichts Geringeres, als ein edles, einfaches Weib ohne Falsch.

Donna Isidora stattete dem Brautwerber ihren Dank für seine vortreffliche Wahl ab und vollendete ihren Triumph über das Herz unsers Ritters durch ein prächtiges und mannigfaltiges Mittagsmahl, bei welchem er den Reichtum an Silberwerk und an seinem wohlriechenden Tafelzeug so groß fand, daß er gegen seine Grundsätze diese himmlische Gelegenheit, sich für lange Zeit auszufressen, oft durch Bewunderung hingerissen, unterbrechen mußte. An der Mahlzeit nahm ein zierlicher und gewandter Jüngling teil, der den Genuß der gewürzten Speisen mit dem seiner pikanten Unterhaltung sehr geistvoll zu unterbrechen wußte; Isidora bewirtete ihn als ihren Neffen Augustiniko, denn so pflegte ihn die geistvolle Tante zu nennen. Ines wartete bei Tische auf, denn Marzella, so hieß die Hausjungfer, hatte schon auf Befehl ihrer Dame eine Laute ergriffen, in deren Spiel sie den ersten Hofmusiker hätte be-

siegen können, und die sie mit einer Stimme begleitete, die mehr die eines Engels, als eines Menschen zu sein schien, kurz sie war vortrefflich. Diese nun begann mit so viel Anstand als Freimütigkeit, ohne auf Befehl zu warten, also:

> Helle Silberquellen,
> Weil ihr freundlich flüstert,
> Flüstert dem Narzissus:
> Lieben kannst du nicht.
>
> Flüstert, daß er scheine
> Frei und hoch in Freuden,
> Daß ich einst mein Leiden
> Nicht mehr so alleine
> In die Wellen weine,

Wenn er meine Schmerzen
Kennt, der meinem Herzen
Süße Fessel ist,
Flüstert dem Narzissus:
Lieben kannst du nicht.

Flüstert, daß ihm Sterne
Andre Augen heißen,
Nur mich zu zerreißen,
Wenn sie ihm gleich ferne,
Daß er Liebe gerne
Lohne mit Verhöhnen
Und für gute Tränen
Schlechtes Lächeln gibt,
Flüstert dem Narzissus:
Lieben kannst du nicht.

Flüstert seine Blicke
Wild an Glanz und Härte
Glichen einem Schwerte,
Das er nach mir zücke,
Und mein Unglück schmücke
Nur sein Sieggepränge,
Der an Stolz und Strenge
Ohne Ebenbild,
Flüstert dem Narzissus:
Lieben kannst du nicht.

Flüstert, daß verliehen
Er den Sieg Belinen
Und so froh geschienen,
Mir ihn zu entziehen,
Nur um mich zu fliehen,
Nicht sie zu erringen;
Solchen Heuchler fingen
Selbst Sirenen nicht.
Flüstert dem Narzissus:
Lieben kannst du nicht.

Flüstert, stille Quellen,
Gern mein Leid zu saugen,

Weil sich meiner Augen
Quellen euch gesellen,
Wellen wollet schwellen,
Weil aus meinem Herzen
Aller Liebesschmerzen
Quelle zu euch springt.
Flüstert dem Narzissus:
Lieben kannst du nicht.

Ich wage nicht zu entscheiden, was unsern Bräutigam mehr entzückte, waren es die Pasteten oder die schönen Torten, die in Gewürz und Süße wetteiferten, oder besiegte ihn der lustige Schinken oder die frischen schmackhaften Früchte, alle diese glückseligen Inseln, die in dem süßen Meer der Weine schwammen, welches mit Recht Meer genannt werden mochte, weil bei jedem Schluck Don Markos still nach mehr verlangte, oder bezauberte ihn der

Gesang der Sirenen dieses Meeres, und war dies letztere der Fall nicht, so schien er es doch zu befürchten, denn gleich Ulyssen und seinen Gefährten tat er während dem Gesange der Ines nichts als die Ohren zustopfen, und diese Parabel kann ich mit der Größe seines Maules, das bis an die Ohren ging, entschuldigen. So ruderte er denn mit Löffel, Messer und Gabel und seinen magern, aber durch Knochennagen doch sehr geübten Kinnbacken glücklich vorüber.

So herrlich bewirtet von Isidoren und Augustiniko schien er sich ein König, dessen einzelne Sinne, wie die verschiedenen Hofämter, durch verschiedene Regalien gefüttert wurden. Während seine Ohren von süßen Klängen und dem angenehmen Knirschen der Speisen getröstet wurden, schmeckte sein Gaumen die lieblichsten Brühen, sah sein Auge in die mundwässernde Zukunft der folgenden Schüsseln, oder lustwandelte in der perspektivischen Allee der Schaugerichte, an deren Endpunkt ihm die reizende Wirtin selbst gleich einem wohl ausgepolsterten Verdauungstempelchen erschien. So ganz umrungen von der Gelegenheit, so viel vor sich, so gar keinen Rückhalt, das heißt so unendlich nüchtern, faßte er sich dann auch einen Heldenmut und kämpfte sich fressend durch die Mitte seines Gegenstandes, dieser Mahlzeit, glücklich durch, so daß ihm mit Recht die Lorbeerblätter, welche an einem von ihm hauptsächlich besiegten Braten waren, hätten um die Stirne gelegt werden müssen.

Eigentlich hatte Isidora die Mahlzeit für Don Augustino zugerichtet, doch Don Markos machte sich keine andern Gedanken, als seinen Magen auszufüttern, der auch durch die eigne Kühnheit seines Besitzers sowohl als durch das freundschaftliche Einnötigen der besten Bissen von Donna Isidora und ihrem Vetter auf mehrere Tage freigehalten wurde. Die Mahlzeit endigte sich mit dem Tage, und als man die Stube mit vier Wachslichtern auf prächtigen Leuchtern erleuchtet hatte, spielte Don Augustiniko einige Tänze auf der Laute, wozu Marzella und Ines den Martrendo, den Sotillo und den Capona tanzten, und zwar so zierlich, so geschickt, daß sie die Blicke der Zuschauer mit Füßen würden getreten haben, wenn ihre Füße nicht immer in der Luft gewesen wären, so waren die Blicke auf ihre Füße gerichtet, so leicht tanzten sie.

Nach der Beendigung des Tanzes stand der Brautmäkler auf und sagte zu Don Markos, wie es nun Zeit sei, daß Senora Isidora ausruhe, und so beurlaubten sie sich von ihr, Augustiniko und den andern Jungfern. Auf dem Wege nach Hause fragte der Werber Don Markos, wie ihm Donna Isidora gefallen, fand ihn aber viel verliebter in ihr Geld als in ihre Person. Er sagte ihm, daß er gerne einen Finger darum geben wolle, wenn die Ehe schon in Richtigkeit wäre, denn es sei kein Zweifel, daß er sich wohl befinden werde, doch gedenke er sich nach der Vermählung nicht in solchem Aufwand zu zeigen, wie es einem Fürsten, nicht aber einem einfachen Edelmann seines Gelichters zukomme, der mit seinem Gehalt und etwas darüber auskommen müßte. Er selbst besitze sechstausend Dukaten, und andere sechstausend könnten leicht aus dem Überfluß in Isidorens Wohnung gelöst werden, denn für das Haus des Eskudero eines Grande seien vier Löffel, ein Topf, eine Schüssel und ein gutes Bett genug, und dieses wäre also bei dem Verkauf zurückzuhalten. Alles übrige sei Überfluß und besitze sich besser in einer Summe Geldes, bei dessen Renten sie wie Fürsten leben würden, und ihren Kindern, sollte ihnen der Himmel welche bescheren, ein ehrliches Auskommen hinterlassen könnten, würden sie aber kinderlos bleiben, so sei ja der

Neffe da, dem alles zufallen werde, wenn er so gehorsam sein wolle, ihn als seinen Vater zu respektieren.

Alle diese Reden führte Don Markos mit solchem Nachdruck, daß der Brautwerber nun keinen Zweifel mehr an dem Fortgange der Sache hatte und ihm also antwortete, er wolle den folgenden Tag mit Donna Isidora sprechen und das Geschäft zu Ende bringen, denn Verzögerung sei in Ehesachen so gefährlich als der Tod.

Hiermit trennten sie sich, der Mäkler kehrte mit seiner guten Nachricht auf seinen Botenlohn lüstern zu Isidoren zurück, unser Held aber nach dem Hause seines Herrn, da er dort aber alles stille fand, weil es schon spät war, so zog er ein Stümpchen Licht aus der Tasche, steckte es auf seinen Degen und näherte sich damit einer Lampe, die auf der Straße ein Kruzifix beleuchtete und zündete es an, so daß es schien, als wolle er nach unserm Herrn stechen, doch begleitete er diese Aktion seines Stoßdegens mit einem Stoßgebet (denn selbst im Beten sparte er) um Gelingung seines Vorhabens, wozu er eigentlich ohne Gebet hätte schicklicher gelangen können, denn sein Vorhaben war, wie gewöhnlich zu hungern, und man pflegt nicht um den Hunger, sondern um die Mahlzeit zu beten. Dann begab er sich nach seiner Herberge, legte sich nieder und erwartete sehnlichst den Tag.

Lassen wir ihn schlafen, um seinem Geize, der ihn nicht schlafen ließ, nicht zu gleichen, und wenden uns zu dem Unterhändler, der zu Isidoren zurückgekehrt, dieser erzählte, wie gut die Sachen stünden. Sie, die besser wußte, als er, was sie bald hernach sagen werde, gab ihm in dem Augenblicke ihr Jawort und vier Taler Mäkelgeld mit der Bitte, wenn er morgen Don Markos sähe, ihm zu versichern, daß sie sich für äußerst glücklich halten werde, ihn zu besitzen, und daß sie ihn nicht solle loslassen, bis er das Versprechen von ihm erhalten habe, ein Mittagsbrot mit ihr und Don Augustiniko einzunehmen, um alles schriftlich abzufassen und die Hochzeitsgeschenke zu reichen.

O welches reizende Paar von Neuigkeiten für Don Markos, Bräutigam und Gast zu sein, und weil sie denn so vortrefflich waren, so machte sich unser Mäkler früh heraus, um dem Ritter guten Morgen zu bieten, den er schon mit seinem Anzug beschäftigt fand, weil ihn die Liebe zu den Batzen nicht schlafen ließ. Er empfing seinen lieben Freund mit offenen Armen, denn so nannte er diesen Kummerhändler, und hörte mit ungeduldiger Seele sein Schicksal aussprechen. Nachdem er sich nun in den besten Staat, den ihm sein Geiz gewährte, gesteckt hatte, folgte er seinem Unglücksführer nach der Wohnung seiner Geliebten, wo er von dieser Sirene mit der süßen Musik aller gewöhnlichen Zärtlichkeit und von Don Augustiniko mit tausenderlei Artigkeiten empfangen ward. So brachten sie in angenehmer Unterhaltung, unter Lobpreisung ihres Geschicks und mancherlei Äußerungen kindlicher Unterwerfung des schlauen Augustiniko, den Morgen bis zur Tischzeit zu, wo sie dann das Besuchzimmer mit dem Speisesaal verwechselten, in dessen Mitte ein reichlich gedeckter Tisch wie in dem Hause eines großen Herrn prangte. Donna Isidora fand gar keine Ursache, unsern Ritter mit langen Reden zum Niedersitzen zu bewegen, denn ehe er noch die Übrigen darum angesprochen hatte, überhob er sie dieser Mühe, die nicht gering ist, und setzte sich so breit zu Tische, als es ein sehr schmaler Mann nur immer kann.

Unser eingeladener Senor erquickte seinen Appetit abermals mit der wohl-zugerichteten Mahlzeit und seinen ökonomischen Eifer mit dem Anblick des prächtigen Gerätes. Indem er in seinen Gedanken ganz ähnliche Reden wie jene in der gestrigen Nacht mit dem Mäkler führte, und um so mehr, da er Donna Isidora in ihren Reden und ihrer Freundlichkeit ganz als die Dame erfand, die bald die Seinige werden werde, nannte er alle diese Pracht bei sich Eitelkeit, weggeworfnes Geld. Nach Tische schlugen sie dem Ritter statt des Mittagsschläfchens, weil hier in der Stube kein Gastbett stehe, eine Partie L'hombre vor, worauf er erwiderte, er diene einem so edlen und christlichen Herrn, daß, wisse er einen Spieler unter seinen Dienern, er ihn keine Stunde mehr im Hause dulden würde, und er habe sich es zum Gesetze gemacht, ihm in allem zu gehorchen; übrigens sei seine eigne Gesinnung so tugendhaft, daß er nicht allein nicht L'hombre spielen könne, sondern er kenne überhaupt keine Karte und glaube seinesteils, nicht zu spielen trage der Börse jährlich viele Dukaten ein. Da der Senor Don Markos, sagte Donna Isidora hierauf, so rechtschaffen ist, daß er nicht spielt, wie ich es denn selbst oft schon dem Augustinchen gesagt habe, daß es für Seele und Leib zuträglicher ist, das Spiel zu meiden, so gehe, mein Sohn, und sage Marzellen, wenn sie fertig mit Essen sei, solle sie mit der Laute und Ines mit ihren Castagnetten kommen, um uns bis zur Ankunft des Notars, den Herr Steigriemen (so hieß der Mäkler) be-stellte, zu unterhalten.

Während Augustiniko gegangen war, diesen Auftrag auszurichten, sprach unser würdiger Hochzeiter also: wahrhaftig, Augustin darf weder spielen noch bei Nacht außer dem Hause bleiben, wenn er mein Freund sein will; aber mir scheint es, ich werde tausend Zänkereien haben, ihn dazu zu brin-gen, denn ich gehe gern früh zu Bette, weil man sich ohnedem abends lang-weilt, auch muß, sobald ich zu Hause bin, die Türe abgeschlossen werden, nicht als sei ich eifersüchtig, was ich von einem vernünftigen Mann, der ein ehrsames Weib hat, für eine große Torheit halte, nein es muß geschehen, weil ich weiß, daß das Haus eines Reichen nie vor Dieben sicher ist, und ich mag nicht, daß faule Hände sich befleißen, mir in kurzer Zeit zu stehlen, was mei-nen fleißigen Händen so lange Zeit zu erwerben gekostet hat: Und also werde ich ihm das Laster abgewöhnen, oder es müßte mit dem Teufel zugehen.

Donna Isidora sah den Hochzeiter so ergrimmt, daß es wahrlich ein Mei-sterstück ihrer Laune war, ihn wieder zu besänftigen, auch versicherte sie ihn, der junge Mann werde ihm ganz zu Gefallen leben, denn er sei der lenksamste Jüngling, den sie je gesehen, und dies werde er ihr einstens selbst eingestehen müssen.

Das ist seine Sache, erwiderte Don Markos, doch Augustin trat hier mit Marzella und Ines in die Stube, die mit ihren Instrumenten versehen waren. Zuerst tanzte Don Augustin mit Ines ein kleines Ballett, hierauf nahm aber auf Befehl des Don Markos Marzella die Laute und sang in aller Untertänigkeit, weil es Don Markos so wünschte, ein Lied voll dünner Liebesklagen, in welchem das einfältigste Verschmähen, Vergehen, Erflehen, Verwehen und zwar alles aus verschmähter, erflehter und verwehter Liebe wie ein Stückchen theatralischen Dolches zu einem unendlich langen Drahte gezogen war, auf dem der armselige Gedanke des Dichters, wie auf einer schnarrenden Saite, musizierte. Aber Don Markos, der ein gesunder Kastilier war und einen Verstand hatte, dünn wie chinesischer Taft, konnte sie nicht zu lang sein, ja er wäre zufrieden gewesen, wenn sie wieder rückwärts abgesungen worden wäre, damit sie unvermerkt von neuem hätte angefangen werden können. Die Mäßigkeit seines Kopfes hatte für lange Lieder beinah ebensoviel Sinn, als die seines Magens für lange Mahlzeiten, und so war er weit entfernt, jenen übersättigten Hofleuten zu gleichen, die bei der ersten Schüssel kaum Appetit und bei dem sechsten Verse längst genug haben.

Er stattete daher der Sängerin seinen Dank ab und würde sie gebeten haben, fortzufahren, wenn in demselben Augenblicke nicht der gute Steigriemen mit einem sogenannten Notar, aber wahrscheinlicheren Lakaien eingetreten wäre. Es wurden die Kontrakte aufgesetzt, und Donna Isidora bestimmte als Aussteuer zwölftausend Dukaten und diese Wohnungen. Don Markos, der ohne allen Verdacht war, begehrte hierüber keine weitern Versicherungen und empfand über alles, was mit ihm vorging, eine solche Zufriedenheit, daß er seine Würde beiseite schob, um seiner Freude Platz zu verschaffen, und sich in einem kleinen Tanze mit seiner Dame erquickte. Man speiste hierauf zur Nacht, und wenngleich die Anordnung des Mahls, wo nicht an Vortrefflichkeit, doch an Abwechslung der Gerichte von den vorherigen Mahlzeiten verschieden war, so blieb doch das Thema der Empfindung des Don Markos dasselbe, Einschränkung, höchst nötige Einschränkung, denn er fühlte sich schon so sehr als den Besitzer des Hauses und übrigen Vermögens, daß er gedachte, sollte es sechs Tage so bei mir hergehen, so würde nicht viel von der Mitgabe mitzugeben übrigbleiben; doch hielt er es noch für nützlich, seine Meinung bis zu besserer Gelegenheit zu verschweigen. Da die Stunde kam zu Bette zu gehen, gab er zu verstehen, wie er gern die Mühe sparen wolle, nach Hause zu gehen, und lieber gleich bei seiner Dame verbleiben wolle, aber diese sagte ihm mit einem züchtigen Erröten: kein Sterblicher dürfe das keusche Bett ihres verstorbenen Herrn ohne die priesterliche Einsegnung betreten; und so mußte es denn Don Markos für gut halten nach Haus schlafen zu gehen, wenn ich nicht besser sage, wachen zu gehen, denn die Sorgen für die öffentliche Aufbietung hatten ihn schon um die fünfte Stunde wieder aus den Federn gejagt, wenn ich abermals nicht besser sage, aus dem Stroh, oder wie sich scherzhafte Maultierjungen auszudrücken pflegen, aus den vier Schuh langen Eselsfedern.

Endlich kamen sie zusammen, denn an drei aufeinander folgenden Festtagen, die das gute Glück recht bei den Haaren herbeigezogen hatte, so daß es wahrscheinlich im August war, der die Feiertage paarweise mit sich führt, wurden sie aufgeboten, und am Montag, der diesesmal als Unglücksbringer mit dem Mittwoch wetteifern durfte, ging die Trauung und die Hochzeit, wie es die Granden pflegen, kurz hintereinander vor sich: Alles geschah mit großem Pomp, sowohl in Kleidung als den übrigen Umständen; denn Don Markos überwand seine Denkungsart, besiegte seinen Geiz, wütete gegen sich selbst, vergriff sich an seiner eignen Person, so hatte auch ihn die Liebe verwandelt, denn Don Markos, sage ich, nahm bei einem Kaufmann ein reiches Kleid und Mäntelchen für seine Gemahlin, um seine sechstausend Dukaten nicht anzugreifen, auf Borg aus, weil er sich Rechnung machte, er habe hiermit auch für den Anzug auf dem Totenbett genug getan, nicht als sei ihm der Tod seiner Frau in die Gedanken gekommen, sondern nur, weil er berechnete, daß sie, wenn sie es nur von Weihnachten zu Weihnachten anlege, Kleids genug bis zum jüngsten Gerichte daran haben werde. Er selbst hatte sich die Brautführer aus dem Hause seines Herrn genommen, die alle seine Wahl, sein ganzes Glück zum Himmel erhoben, er schien ihnen wahrhaft glücklich, sich mit einer Frau von so gutem Aussehen und Auskommen verbunden zu haben, denn Donna Isidora, wenn sie gleich gegen das Gutachten des Aristoteles und anderer Philosophen älter als ihr Gemahl war, wußte dieses durch ihren Putz wunderwürdig zu verstecken. Nach dem Mittagsessen suchte Ines und Augustin das Fest durch ihren Tanz abermals zu beleben, und auch Marzella tat das ihrige wieder mit ihrem Gesang.

Unter diesen Unterhaltungen kam die Nacht heran, der Anfang der Besitznehmung des Don Markos, doch mehr noch seiner Unfälle, die ihm das Geschick unter die Augen zu führen begann, und das erste war gleich eine Unpäßlichkeit, die Don Augustin zustieß, ich erkühne mich nicht zu sagen, daß sein Verdruß über die Verheiratung seiner Tante die Veranlassung dazu gegeben habe, ich sage nur, daß er das ganze Haus in Bewegung brachte, denn Donna Isidora war außer sich vor Schmerz, auch mit mehr, als zu großer Zärtlichkeit behilflich, ihn auszukleiden und zu Bette zu bringen. Auch tat sie dabei so beweglich und vertraulich, daß sie dem Hochzeiter beinah einige Eifersucht beibrachte. Da nun der Kranke hinlänglich verpflegt war, ging unser Ritter, während die Dame sich niederlegte, für die Verschließung aller

Türen und die Verriegelung aller Fensterladen zu sorgen. Eine Sorge, welche unter die leichtgegürteten Dienerinnen seiner geliebten Gemahlin die größte Bestürzung und den gegründetsten Abscheu verbreitete, denn sie hielten diese Neuerung für eine Erfindung der Eifersucht, die doch keineswegs dem Geize konnte abgesprochen werden. Da der gute Senor sein Kleid von sich gelegt hatte und mit ihm seine sechstausend Dukaten, die kaum einmal das Licht des Himmels erblickt hatten, wollte er sich auch über die Sicherheit seines Schatzes versichert zu Bette legen.

Endlich legte er sich zu seiner Gemahlin nieder, die Tänzerin und die Sängerin aber stimmten statt dasselbe zu tun ein klägliches Intermezzo zwischen ihren Bettstellen an. Ines stand mit ihrem kurzen Unterröckchen, die Arme in die Seite gestemmt, und stampfte über das Verfahren desselben Don Markos die Erde, den zu vergnügen sie so oft getanzt hatte, während Marzella auf dem Rande ihres Bettchens sitzend die vielen Tränen, von denen sie sonst in ihren gestreckten Liedern bloß Meldung getan, selbst vergoß und einen Klaggesang über Don Markos erhob, der ihre Stimme so oft zu Klaggesängen, wenn auch nicht gegen ihn selbst, aufgefordert hatte, und so weinte sie denn also:

O Ines, was sagst
Du dazu? Nun sieh
Nur, wie uns das Glück
Mitspielt, statt um drei

Oder um vier erst
Schlafen zu gehen,
Statt Nachtmusiken oder
Statt – je nun Nachtmusiken,

Bald an der Türe,
Bald an den Fenstern
Oder in den Betten
Anzuhören, während

Das Gold nur so im Hause
Wie Heckerling oder Heu
Herumlief, sind wir so weit
Gekommen, daß wir schon

Um elf alle Türen,
Alle Fenster und Laden,
Ja wo nur der Zimmermann
Ein Loch gelassen,

Zugesperret sehen,
Ohne daß eine von uns
Die Courage hätte,
Sie aufzumachen.

Donna Ines aber fiel hier ein, indem sie kräftig in die Hände schlug und
mit den Füßen dazu trampelte.

Der Teufel mache sie auf,
Scheint mir doch der Hungerdarm
Sieben Schlösser, wie vor den Keller
Von Toledo, davor legen zu wollen,
Und wahrhaftig unsere Wolle ist
Nun abgetragen, wir dürfen

Uns nur zwei Kutten machen lassen,
Denn unsre Frau wollte es nicht
Besser. Was Teufel sticht sie
Denn der Haber noch zu heurathen,
Da ihr nichts fehlte, o Jammer!
Uns in solche Schinderei zu führen.

Ich weiß gar nicht, wie Augustiniko
Sie mit seiner Krankheit
Noch rühren konnte, da sie doch
Mit der Galgenheurath ihm den Zufall

An den Hals geärgert hat,
Er der sonst gewohnt war,

Sich zu laben und zu erfreuen,
Sitzt jetzt wie ein Distelfink
Im Bauer, er wäre ein Rindvieh,
Schmerzte es ihn nicht, wie mich,
Zum Teufel möcht ich arme Hexe!
Aufhängen möchte ich mich an diesem Strumpfband.

Ich weiß nicht, war es der göttliche Inhalt dieser Verse, war es die vortreffliche Deklamation oder das schöne Gebärdenspiel der Jungfer Ines, welche die Gesellschaft –

Doch ich hätte bald vergessen, daß die beiden ganz allein waren, daß sie weder tanzten noch sangen, nein daß sie nur ihrer Herrschaft alles Böse auf den Hals wünschten, indem Marzella also fortfuhr:

Du hast noch gar nicht Ursache zu weinen, da du bei deinem Dienste alles außer dem Hause holen mußt, aber wehe mir, die den verfluchten Namen einer Mamsel tragen muß, der statt seiner sonstigen Anmut, mir nun alle die Unbilden des Eifersüchtigen auf den Hals legt, dem jeder Kellerwurm eine Klapperschlange scheint, und jedes Kellerloch ein Stadttor, aber ich will ihm dafür tun, ich will mich schon so wenden, daß mir doch wird, was mir genug tut. Das böse Kreuz über diesen Don Markos oder besser Don Marklos, wenn ich so leben sollte.

Freilich Marzella, fuhr Ines fort, gewinne ich vielleicht von einer Seite, denn ich will dir's nur gestehn, ich mag Don Augustin gar gern leiden, und wenn mir gleich bis jetzt Donna Isidora dicht auf den Socken saß, so habe ich ihm doch handgreiflich abgemerkt, daß er mich gern sieht, und da wird mir es wohl jetzt besser werden, weil Isidora durch ihren allerliebsten Eheherrn anderweitig zu tun hat.

So war das Intermezzo der Tänzerin und Sängerin, aus welchem wir die Moral ziehen können, daß Don Augustiniko, Augustinillo oder auch Augustin der Liebhaber Isidorens war, der für Speise, Kleidung und sonstigen Genuß unter dem Namen eines Neffen nicht allein die Sache der Alten, sondern noch viele andere Geschäfte dieser Art, als die Unterhaltung der Damen und Anbeter, das Spiel und den Tanz übernommen hatte, so dachte er auch den groben Bissen des Eheherrn zu verschlucken, und wenngleich die böse Gewohnheit in Gesellschaft zu Bette zu gehen ihn diese Nacht in etwas beunruhigte, so wußte die Liebe der Donna Ines doch Mittel dafür, denn während Marzella sich auskleidete, ging sie diesen Einsiedler zu fragen, ob ihm noch etwas zu Diensten stehe, welcher als ein junger Mann dieser tiefen Einsamkeit noch ungewohnt, in hohen Ängsten schwebte und also zu ihr sprach: Um dein Leben, Ines, lege dich zu mir herein, denn ich bin in der größten Angst von der Welt, und wenn ich hier allein liegen soll, so werde ich die Nacht vor Furcht sterben. Ines war äußerst weichherzig, und die Rede Augustins war ihr so beweglich, daß sie gehorsam zu ihm ins Bette kroch und gefällig seine weiteren Befehle vernahm.

Endlich kam der folgende Tag, der unglücksbringende Mittwoch, und Ines, welche fürchtete, Isidora möge sie auf der Tat ertappen, machte sich früher als gewöhnlich heraus, um ihrer Gesellin ihr glückliches Abenteuer mitzuteilen; da sie aber Marzellen nicht in ihrer Kammer fand, so suchte sie dieselbe durch das ganze Haus und kam endlich an eine kleine Türe, die offen stand, und zwar weil Marzella, die einer Liebschaft wegen zu diesem Pförtchen längst einen Schlüssel besaß, sich desselben bedient hatte, mit ihrem Geliebten zu entweichen, um aber alles Geräusch zu vermeiden und den Don Marklos mehr zu ärgern, hatte sie dieselbe absichtlich offen gelassen. Augenblicklich eilte nun Ines ihrer Herrschaft durch das Schlüsselloch zuzurufen, daß Marzella nicht durch das Schlüsselloch, sondern durch die Türe selbst entwichen sei, bei welcher Nachricht der elende Hochzeiter mehr aus dem Bette herausfiel als heraustieg, und halbtot vor Angst seine Gemahlin aufforderte dasselbe zu tun und selbst zuzusehen, wieviel ihr gestohlen worden sei; indem er zugleich den Vorhang zurückzog, mit dem Gedanken, sein Weib im Bette zu sehen, aber nichts als ein Gespenst, ein Bild des Todes neben sich sah, denn die Schönheit seiner Gemahlin lag ganz entfaltet, oder vielmehr voller Falten und Runzeln vor ihm, die bei Tag die Schminke bedeckte, so daß sie nach aller Wahrscheinlichkeit dem fünfundfünfzigsten Jahre mehr vorüber als dem fünfunddreißigsten nahe erschien, wie sie auf dem Kontrakt geschrieben hatte, denn ihre wenigen Haare waren durch das Schneegestöber ihrer vielen erlebten Winter ganz gebleicht, und dies Silber war wohl das einzige, nach welchem Don Markos nicht geizte, ihre Zähne lagen durch das Bett verstreut, weil sie, wie ein großer Dichter sich ausdrückt, die Perlen wohlfeil, so wohlfeil gab, daß Don Markos sogar eine oder zwei derselben in seinem Knebelbarte vorhanden fand.

Wie dem armen Ritter bei allem dem nun zumute war, will ich selbst zu entwickeln, der Phantasie des frommen Lesers anheimstellen; nur sage ich, daß Donna Isidora nicht weniger bestürzt war, ihre Schönheit so buchstäblich verraten zu sehen, sie griff daher über Hals und Kopf nach ihrer Haartour, die sie in den Kissen verloren hatte, und befestigte sich dieselbe, in der unglücklichsten Eile, verkehrt hinter den Ohren. O vermaledeite Marzella, Ursache so großer Unfälle, die Gott dir nie verzeihen möge, Amen!

Endlich etwas gefaßter, wollte sie ein Mäntelchen umlegen, um auszugehen und ihre flüchtige Magd aufzusuchen, aber weder das Mäntelchen noch das reiche Brautkleid, noch ihre gestickten Schuhe, noch andre Geschmeide, die in einem andern Saale gelegen hatten, waren mehr vorhanden, denn alles das, nebst dem Hochzeitkleid des Don Markos und einer goldnen Kette von zweihundert Talern, die er aus seinem Schatze zur Hochzeitpracht herausgenommen, hatte die kluge Marzella als Brautgeschenk mitgenommen. Was Don Markos bei dieser Gelegenheit tat, welche Zunge reicht hin, es auszusprechen, welche Feder genügt, es zu beschreiben? Wer gleich uns weiß, daß er sich alles mit seines Leibes Not erworben hatte, wird gern glauben, daß er es mit seiner Seele Schmerz verloren habe, um so mehr, da er sich in der Schönheit seiner Gemahlin nicht trösten konnte, welche hinreichte, die Hölle selbst zur Verzweiflung zu bringen. Warf er seine Blicke auf sie, so sah er ein Gespenst, wendete er sie weg, so sah er nicht seine Kleider, nicht seine Kette, und in solchem Jammer durchmaß er die Stube mit seinen mageren Beinen, wenngleich im Hemd; schlug die dürren Hände wie Kastagnetten zusammen und ließ seine Seufzer ordentlich übereinander hersteigen.

Während diesem seinem Spaziergang eilte Donna Isidora nach ihrem Kabinette, sich in den verjüngenden Fluten des Jordans zu baden; auch stand Don Augustin auf, dem Ines alles erzählt hatte, unter heftigem Gelächter über die Erscheinung der Donna Isidora und die Spitzbüberei Marzellens begab er sich noch im Ankleiden begriffen zu seinem Oheim, um ihn zu trösten, er brachte alles vor, was er nur von Trost in sich auftreiben konnte, und suchte seine Gedanken von seiner Verzweiflung auf die Verfolgung der Diebin zu lenken; bis es ihm endlich gelang, ihn wieder zu sich selbst und in seine Kleider zu bringen, zu welchem Mute ihm auch der Anblick Donna Isidorens nicht wenig beitrug, die nach ihrer Toilette wie verwandelt vor ihn trat, so daß er beinah an allem, was er gesehen hatte, zu zweifeln begann. Don Markos und Augustin verließen hierauf das Haus, vereint nach der Aussage der Donna Ines Marzellens Schlupfwinkel auszuspüren, und wenn dies von Don Markos sehr einfältig war, so glaube ich doch, Don Augustin begleitete ihn mehr aus Hanswursterei als um ihm zu helfen; denn es war leicht zu vermuten, daß Marzella sich nicht dahin versteckt hatte, wo sie gefunden werden konnte. Da nun alle Mittel ohne Erfolg blieben, so kehrten sie um und ergaben sich mit dem Willen Gottes in den der Donna Marzella, nicht gefunden werden zu können.

Zu Haus trat unser armer Ritter in die traurige Verbindlichkeit, den zweiten Hochzeitstag zu feiern, wenngleich mit höchst betrübter Seele, da ihm seine Freiheit mit der Kette genommen worden war, was doch sonst mit der Entfeßlung nicht der Fall zu sein pflegt. Aber das Unglück schien seinen Mut an ihm noch nicht gekühlt zu haben und setzte seinen Schabernack folgendermaßen fort; kaum hatte er sich zu Tische gesetzt, als zwei Diener des Senor Admirals hereintraten, mit höflichem Vermelden, der Senor Admiral küsse die Hände der Senora Isidora, und sie möge sich entschließen, das Silbergeschirr zurückzuschicken, denn ein Monat sei eine unverschämt lange Zeit, geliehenes Gut zurückzuhalten, und wenn sie es nicht sogleich tun werde, so wolle der Senor Admiral andere Saiten aufspannen. Die Senora empfing den Verweis und wußte nichts zu antworten, als alles hinzugeben, was vorhanden war, Teller, Becken, Leuchter, alle, alle Hoffnungen des Don Markos, welcher der Meinung, als geschähe ihm Unrecht, das Geschirr als sein Eigentum, ja wie eine Löwin ihre Jungen verteidigte, so daß der eine Diener sich hinweggab, den Haushofmeister des Senor Admiral zu holen, während der andre zurückblieb, das Geschirr zu bewahren. Kurz, das Silbergeschirr ward hinweggebracht, und Don Markos erhielt so mehr Raum, wie ein verzweifelter Mensch zu wüten, ohne in Gefahr zu sein, ein kostbares Gefäß zu zerschmettern; doch wendete er sich in seinem Zorne zu dem Kostbarsten, das vorhanden war, denn wer wird leugnen, daß es ihn viel gekostet, zu seiner Gemahlin nämlich, und schwur ihr, da er sich mit ihr, wie mit dem Silber betrogen sehe, sich auch von ihr, wie von jenem scheiden zu wollen; worauf Donna Isidora mit vieler Demut antwortete, und zwar ihn zu besänftigen, sie glaube vielmehr Dank, als Vorwürfe zu verdienen, denn alle Mittel anzuwenden, ja selbst einigen Betrug, um einen Gatten wie ihn zu gewinnen, halte sie für sehr verständig, übrigens sei der Gedanke an Scheidung ein Gedanke an Unmöglichkeiten, und das Beste werde sein, sich zur Geduld zu bescheiden.

Der gute Don Markos mußte sich bequemen, ob sie gleich von diesem Tage an kein freundliches Wort, keinen friedlichen Bissen mehr miteinander teilten. Bei allem dem fand sich Augustin mit dem größten Appetit und den höflichsten Worten immer bei Tisch ein und brachte viele lustige Nächte mit Donna Ines zu, denn beide hatten ihre herzliche Freude an dem Geschick ihrer Herrschaft. Hätte nun das Unglück nach so harten Schlägen ihn zufriedengelassen, so würde er gerne alles verschmerzt haben, aber es war noch nicht genug, denn als man die Heirat der Donna Isidora in Madrid vernahm, meldete sich ein Mobilientrödler, der Besitzer des prächtigen Ruhebetts, der Tapeten und Vorhänge, um seinen Zins für drei Monate, weil, wie er sich erklärte, er nicht glauben könne, daß eine sowohl verheiratete Dame, sich diesen Hausrat nicht selbst viel besser anschaffen würde.

Mit diesem neuen Schlag brach die Geduld des Don Markos, er ward mit seiner Geliebten handgemein, und ihre Perücke und Zähne blieben auf dem Schlachtfelde, nicht ohne Tränen der zurückgebliebenen Dame, welche es genugsam beweinte, sie bei lebendigem Leibe verloren zu haben. Zur Vermehrung dieser edlen Tränen trug der Gedanke, sich in den Küßwochen mit Schlägen für ein ganzes Zuchtjahr überrascht zu fühlen, nicht wenig bei, sie machte daher unserm Ritter die bittersten Vorwürfe, daß er ein Weib ihrer Art so unbillig mißhandle, da es doch ganz in der Ordnung sei, daß das Glück seine Güter nach seiner Laune gebe und nehme, sie aber wundre sich, ihn eine Ehrensache so schändlich einleiten zu sehen. Hierauf antwortete Don Markos, seine Ehre sei sein Geld; doch alles das verhinderte nicht, daß der Trödler seine Ruhebetten, seine Vorhänge wegnahm und sich mit den Talern des Don Markos bezahlen ließ, denn da die Dame schon ihre Privatkasse aufgehoben und leider an ihre Taler keine Zettelchen gehenkt hatte, konnte sie dieselben auch nicht von Don Markos Talern an der Farbe unterscheiden.

Bei dem Lärm und Jammergeschrei des Don Markos kam der Eigentümer des Hauses herab, desselben Hauses, das unser Ritter für das seine hielt, Senora hatte ihn für einen Mietsmann angegeben, der den oberen Stock auf ein Jahr gemietet habe, dieser nun erklärte sich deutlich, daß er ein Freund der Ruhe sei, und wenn er täglich einen solchen Lärm zu hören habe, so möchten sie mit Gott abziehen und sich eine andere Wohnung suchen.

Ei sieh da, abziehen, erwiderte Don Markos, er ist es, der abziehen mag, denn dieses Haus ist das meinige. Wie? das eure? versetzte der Hausherr verwundert, packt euch in Frieden, denn ich schwöre euch zu, wenn ich nicht Erbarmen mit eurer Figur hätte, würde ich euch bald gelehrt haben, das Fenster für die Türe zu halten, und einen Sprung zu tun. Don Markos wollte über diese Rede wütend sich an dem Hausherrn vergreifen, wenn sich Donna Isidora und Augustin nicht mit der unangenehmsten Erklärung, der Hausherr habe allerdings Recht, ins Mittel gelegt, und denselben versichert hätten, ihm in wenigen Tagen zu Willen zu leben.

Was sollte nun Don Markos tun, stillschweigen oder sich aufhängen, denn zu nichts anderm blieb ihm, der schon durch so viele Unfälle zerschlagen war, der Mut übrig, er hängte sich daher – – – – seinen Mantel um und verließ das Haus, von Don Augustin begleitet, dem seine Tante den Auftrag gegeben hatte, ihn zurückzubringen.

Sie suchten ein paar Stuben in der Gegend des Schlosses, nahe bei der Wohnung seines Herrn, und gaben ein Pfand darauf, den folgenden Tag die Wohnung zu beziehen; hierauf sagte er dem Don Augustin, er möge sich nur zum Mittagessen begeben, denn er sei wahrlich nicht hierhergegangen, um zu dieser Betrügerin zurückzukehren.

Der Jüngling richtete seinen Auftrag aus und überlegte mit seiner Tante die Anstalten, die zu ihrer neuen Einrichtung nötig schienen. Am Abend stellte sich der unglückliche Ehemann ganz abgehärmt und vor Hunger halbtot ein, um zu Bette zu gehn. Den andern Morgen sagte ihm Donna Isidora, er möge sich nach ihrer neuen Wohnung begeben, um den Hausrat zu empfangen, während Ines einen Wagen herbeischaffe, um alles hinzubringen. So tat er, aber kaum hatte der arme Tölpel den Rücken gewendet, als Donna Isidora und ihr Neffe und die Magd mit allem, was Markos zurückgelassen hatte, auf einem Wagen Madrid verließen und den Weg nach Barcelona einschlugen. Nichts blieb zurück, als was sie nicht einpacken konnten, einige Töpfe und andrer geringer Hausrat.

Bis gegen zwölf Uhr paßte Don Markos, da aber kein Wagen erscheinen wollte, ging er nach seiner Wohnung zurück, und weil er dort auch niemand fand, fragte er eine Nachbarin, ob sie vielleicht schon abgefahren seien. Diese antwortete, ja schon vor einer guten Weile, er kehrte daher eilend zurück, um sie dort nicht warten zu lassen; es war ein ziemlicher Weg bis zu seiner neuen Wohnung, von Schweiß dampfend und ganz außer Atem kam er dort an, und auch dort war niemand zu finden, der ihm sagen konnte, Senor, ihr habt uns verfehlt, wir sind einen andern Weg gefahren; halbtot vor Müdigkeit und Angst lief er abermal zurück, woher er gekommen war, und wendete seine letzte Kraft in einem Fußtritt gegen die verschlossene Haustüre an.

Die Türe des Hauses, die Türe seines Elends ging auf, und er trat mitten zwischen die leeren Wände hinein, welche Raum im Überfluß ließen, sie mit seinem Jammer auszufüllen; sein Unglück sah er durch die offnen Türen perspektivisch vor Augen, er rannte durch die Stuben, stieß mit dem Kopfe wider die Wände, als trieb ihn ein Gespenst, und gab einen rechten Beweis für die Nichtigkeit dieser Plagegeister, denn nichts, nichts kam ihm entgegen, nichts war überall, und so sah er denn auch, daß man nur mutig auf solche Gebilde der Phantasie losgehen muß, um nichts zu finden.

Wehre mir, rief er aus, so ist denn mein Unglück gewiß, ich sehe es deutlich vor Augen, nichts finde ich überall, o verfluchte Stunde dieser Verbindung, die mir so hoch zu stehen kommt; wo, ach wo steckst du verfluchte Sirene, du Diebin meines Gutes und alles dessen, was ich mit blutigem Schweiße zusammengescharrt habe, mein Leben mit einiger Bequemlichkeit zuzubringen, o glückselig der verrückte Alchimist! der doch an dem Feuer sich erwärmen kann, welches sein Gold zu Asche brennt, dreimal glücklicher als ich, er kann doch an den Herd gelehnt den Rauchfang hinaufsehn, durch den seine Hoffnung hinaufgeflogen ist, ach ich habe keinen Rauchfang mehr, keinen armseligen Schinken, ihn hineinzuhängen, nur den Schmerz des Dampfs in meinen armen Augen, ja nicht einen Backstein davon, eine hungrige Maus zu fangen, oder mir den Kopf einzuschlagen.

Mit solchen und vielen andern, sehr wunderlichen und noch viel lautern

Allegorien seines Unglücks lockte er die Vorübergehenden und die Nachbarn in das Haus, die ihn durch ihr Mitleid oder ihr Gelächter, ihre Neckerei und ihre schalkhaften Ratschläge noch viel wütender machten. Einer derselben wußte ihm die Aufklärung der Geschichte zu geben, denn er sagte, es sei gewiß, daß man wirklich hier ausgezogen sei, nur scheine es, er habe versäumt, über die neue Wohnung mit seiner Liebsten einig zu werden, denn, als er sie mit Sack und Pack und Neffe und Magd auf dem Reisewagen gesehen und sie gefragt wohin sie ziehe, sei die Antwort gewesen, aus Madrid weg.

Dies war nun der Todesstoß für ihn, da dieser aber auch Gnadenstoß genannt wird, darf ich wohl behaupten, daß Don Markos mitten in den Wellen Mut faßte, einen Balken zu seiner Rettung zu umarmen. Wer konnte aber dieser Balken anders sein als der Schlagbaum an irgendeinem Tore der Stadt, durch das sie abgezogen waren; er eilte daher die Torschreiber zu fragen, welchen Weg sie genommen hatten, doch es fanden sich bald drei bis vier Tore, durch welche man sie hatte wandern sehen, so daß der arme Ritter nicht wußte, wo hinaus, außerdem hatte er keinen Quarto, sich die Nachricht zu erkaufen, und jeder gab ihm gern eine verkehrte für kein Trinkgeld. Auch war er ohne Wohnung, wenn er sich nicht eilends danach umsah, und vor allem lag ihm seine Schuld für das Brautkleid und das Geschmeide seiner Frau in dem Sinn, die zu tilgen ihm gar kein Mittel übrigblieb.

Er ging also ganz zerstört und in tiefen Gedanken nach dem Hause seiner Herrschaft; und als er durch die Hauptstraße ging, sieh da, wen rannte er beinah wider alles Vermuten über den Haufen? die schlaue Marzella, und so handgreiflich wie ein Häscher eine Diebin ergriff er sie, als habe er nicht die mindeste Gravität beiseite zu setzen, mit folgenden Worten:

Willkommen Diebin, nun gib wieder, was du mir in jener Nacht gestohlen, und dann hole dich der Teufel.

Ach mein Herr, erwiderte die Schelmin weinend, ich habe es wohl vorausgesehen, daß mich das Unglück für die Handlung treffen würde, zu welcher mich Eure Liebste zwang.

Der Teufel ist meine Liebste, versetzte Don Markos, sie immer am Ärmel haltend, und du bist sein Handpferd, aber die Kette, die Kleider her, und dann Ketten zwischen deine leichten Füße, ich will dir Kastagnetten in die Fäuste geben lassen, die zu deinen langen Fingern besser passen, und vollkommen aussehen wie Galeerenruder oder Handraspeln.

O hört mich um Gottes willen, fuhr sie fort, hört mich, ehe Ihr mich in Schande bringt, ich stehe in gutem Ruf, ich bin auf dem Punkte mich zu verheiraten, Ihr müßtet mir schwer Geld zahlen, wenn Ihr mich beschimpftet, da ich unschuldig bin, tretet mit mir unter diesen Bogen, gebt mir Zeit, ich will Euch sagen, wer die Kette, wer die Kleider hat, ach hätte ich gewußt, daß Ihr auf mich Verdacht habt, die mit Todesangst in jener Nacht an sich selbst genug wegzustehlen hatte, um nur mit Ehren aus den Klauen jener Betrügerin zu kommen, wehe uns armen Dienstboten, wie sauer müssen wir unser Brot verdienen!

Don Markos war eigentlich ohne Falsch, und das schwere Strafgeld, mit dem sie gedroht hatte, war ihm, hätte er auch noch einen Pfennig gehabt, schon seinem Temperament nach ein unleidlicher Gedanke; er glaubte daher ihren Tränen und folgte ihr unter das Tor eines großen Hauses, wo sie ihm weitläufig die ganze Geschichte der Donna Isidora erzählte, wie sie ihn nur geheiratet, ihn zu bestehlen, wie Don Augustin nicht ihr Neffe sondern ihr Liebhaber sei, ein schmutziger Vagabund, der seinen Leib für Essen und Trinken an Personen dieses Schlags verkaufe, die Kette und die Kleider habe sie in derselben Nacht selbst versteckt und ihr hernach die Schuld aufgebürdet.

Don Markos schien Marzellen eben kein großes Licht zu sein, um ihm so aufbinden zu dürfen, und so beschloß sie denn ihre Rede mit der Warnung, er möge auf seiner Hut sein, denn sie sei versichert, sein ganzes Vermögen werde an dieser Kette, die ihm gestohlen worden sei, bald fest geschlossen liegen, ach Euer Gnaden, beschloß sie, sagt mir nur, was ich Euch tun kann, um Euch zu helfen, ich habe es nie vergessen können, wie Eure Gnaden eine so herablassende Freude an meiner geringen Stimme hatten, und Ihr tut mir im Herzen leid, ja ich floh nur, weil ich es nicht länger mit ansehen konnte, wenn Ihr nur aufgemerkt hättet, wie ich in meinen Liedern Euch versteckte Winke gab.

Versteckte Winke? sagte Don Markos

Ja wohl, so versteckt als möglich, vielleicht zu meinem und Euerm Unglück nur zu versteckt, und hier sagte sie ihm eine Menge Verse her, die sie ihm auslegte, daß es Gott erbarmte über die feinen Lügen.

Don Markos sperrte Maul, Nase und Ohren auf, er hielt sich für einen Esel, das nicht gemerkt zu haben, und da Marzella, deren Ärmel er losgelassen hatte, ihm ihre geringen Hilfeleistungen für die Zukunft anbot, sagte er ganz unwillig:

Zu spät, zu spät kommt mir dein Rat, denn ich bin schon um alles gebracht, und hier erzählte er der Magd, was seit ihrer Entweichung vorgefallen war.

Ei du Gott, über die Schurkerei! rief Marzella aus, so habe ich Euch doch gleich von Anfang an mit Recht bedauert, aber ich konnte es Euch nicht sagen, denn Isidora merkte wohl, ich sei für Euch gut gesinnt, als ich auf ihren Befehl Eure Kette nicht verstecken wollte, und drohte mich zu ermorden, wenn ich davon spräche.

Ja Marzella, fuhr Don Markos fort, alles, was du erzählst, sehe ich nur zu wohl ein, aber das Schlimmste ist, daß ich nicht weiß, wie helfen, und auch nicht die mindeste Spur von ihnen habe.

Darum laßt Euch kein graues Haar wachsen, sagte Donna Marzella, denn ich kenne einen Mann, und wenn Gott will, wird er bald mein Mann sein, der Euch zeigen wird, wo sie stecken, als säht Ihr sie mit leiblichen Augen, denn er kann ein bißchen mehr als Brot essen, das heißt er ist ein gelehrter Mann und versteht Diebe zu bannen.

Don Markos hatte nichts mehr zu verlieren, er glaubte Marzellen und forderte sie auf, ihn zu dem Astrologen zu führen, dessen Wohnung, wie sie sagte, gleich in der Nähe war; auf dem Wege begegnete ihm einer seiner Kameraden, von dem er vier Realen borgte, nicht sowohl als Handgeld für den Zauberer, sondern in der Meinung damit zu bezahlen; sodann langten sie in der Wohnung der Marzella selbst an, wo ein junger Mann ihm als der Zauberer gezeigt wurde, der eigentlich nur sie behext hatte, aber dennoch nicht ungelehrt sein mußte, weil er eine solche Hexe selbst bezwungen hatte. Er kam mit diesem um hundertundfünfzig Taler überein, daß er in acht Tagen sich wieder einstelle, während welchen der Zauberer einen Dämon herbei arbeiten wolle, der ihm den Aufenthalt der Verräter bekannt machen werde; doch sagte ihm der Geisterbanner vorher, wohl zu bedenken, was er vorhabe, denn wenn er keinen Mut mitbringe, sei seine ganze Arbeit umsonst, auch möge er ihm bestimmen, in welcher Gestalt er sich den Teufel zu sehen getraue, denn wenngleich die eigentliche Höllengestalt des Teufels die wohlfeilste und in ihrer Art brillanteste sei, so sei sie doch auch die gefährlichste.

Don Markos, der seine Gemahlin schon gesehen hatte, glaubte, einen Teufel zu sehen, um sein Geld wieder zu erhalten, sei nicht fürchterlicher, als eine Schüssel voll gelber Rüben anzuschauen, die er gerne aß. Er antwortete daher: Ich mag ihn sehen, gerade wie er in der Hölle geht, wenn ein paar Hosen auch nur einen Quarto in der Hölle kosten, so zeigt mir ihn, wie er von Mutterleib gekommen ist, und mit dieser Kühnheit bewies er, daß wenn er gleich den Verlust seines Vermögens wie ein altes Weib beweinte, er doch ein tapfrer Mann war, es wieder zu holen. Hiermit gab er ihm die acht Taler als Aufgeld, verließ ihn und Donna Marzella, und suchte sich ein Nachtquartier bei einem Freund auf, wenn Unglückliche Freunde haben, um dort sein Elend weiter zu beweinen.

Gönnen wir ihm seine Ruhe und wenden uns zu dem Zauberer, denn so wollen wir ihn künftig nennen. Er kannte seinen Mann schon durch Marzellen und traf seine Anstalten, dem armen Teufel einen Streich zu spielen, folgendermaßen. Er sperrte eine Katze in eine Kammer, die durch eine Tür mit einer kleinen Stube zusammenhing, in dieser Türe befand sich ein Loch mit einem Schieber, und in der Stube nur ein mannhohes Fenster von der Größe eines Papierbogens. Er begab sich gewöhnlich in die Kammer zu der Katze mit einer Rute und peitschte sie so lange, bis sie sich gar nicht mehr zu helfen wußte, dann öffnete er den Schieber an der Türe, die geängstigte Katze sprang durch das Loch und hierauf durch das Fenster der Stube; vor diesem Fenster aber hatte er ein Netz befestigt, in welchem er sie auffing und wieder in die Kammer brachte. Dieses wiederholte er so oft, daß die Katze auch ohne gepeitscht zu sein, sobald er nur das Loch öffnete, mit der größten Wut durch das Fenster sprang. Nach dieser Vorrichtung forderte er unsern Unglücksvogel auf, sich nach elf Uhr einzustellen und die Offenbahrung des Geistes zu vernehmen.

Don Markos hatte seine Gemütsart besiegt und das, was an den hundertfünfzig Realen fehlte, zusammengeborgt, so ausgerüstet begab er sich zu dem Zauberer, dem er das Geld in die Hand gab, um ihn zu einer recht tüchtigen Beschwörung anzufeuern, dieser ermahnte ihn nochmals zur Herzhaftigkeit und ließ ihn hierauf auf einen Stuhl unter dem Fenster sitzen.

Es war ungefähr um elf Uhr, und in der Stube brannte nur eine kleine Lampe, in der Kammer aber befanden sich eine Menge Raketen, Schwärmer und andre Feuerwerke, wie auch der Diener des Zauberers, der dieselben auf ein verabredetes Zeichen anbrennen mußte, Marzella begab sich weg, weil sie sich nicht getraute, bei solchen Erscheinungen gegenwärtig zu sein. Bald hierauf kleidete sich der Astrologe in eine schwarze Kapuze, setzte eine ähnliche Mütze auf und nahm ein altes Pergamentbuch mit gotischen Buchstaben vor sich, dann machte er einen Kreis auf den Boden, stellte sich hinein mit einem Stäbchen in der Hand und begann zwischen den Zähnen murmelnd in gar betrübten und finstern Tönen zu lesen, dann und wann warf er unserm Ritter ein paar grausame Wörter mit lauter Stimme hin, die ihm so bekannt waren, wie böhmische Dörfer, wozu der arme Laie dann ein paar Augen wie ein Kalb machte und links und rechts nach dem Teufel schielte, der ihm den Aufenthalt seiner Dukaten verraten sollte.

Nun schlug der Zauberer mit seiner Rute an die Erde und warf Salz, Schwefel und Pfeffer in ein glimmendes Kohlenbecken, das neben ihm stand, wozu er also sprach:

Erhebe dich, Dämon Kalquimorro, denn du bist es, der die Reisenden begleitet, mit seinen Augen den Gang der Diebe auf Erden verfolgt, wie ein Astrolog den Gang der Gestirne am Himmel, sprich aus, in meiner und des edelsten Don Markos Gegenwart, wohin wandelte der Irrstern seiner Gemahlin, wohin hat sie den Schweif ihres Kometens gewendet, der da leuchtet wie seine sechstausend Dukaten.

Erhebe dich schnell, oder erwarte meine Strafe; du bist widerspenstig? du zauderst zu gehorchen? warte, ich will dich quälen, bis du dich entschließest, einen Kirchenschatz zu bewachen.

Und nach diesen Worten las er wieder in seinem Buche, dann schlug er wieder an die Erde, wiederholte die Beschwörung und seinen teuflischen Rauch, bis Don Markos ganz die Besinnung verlor; bald schien es ihm nun Zeit zu sein, daß der Herr Teufel Kalquimorro erscheine, und er schrie aus: O du, der da trägt die glühenden Schlüssel der Hölle, befehle dem Zerberus, den Kalquimorro heraufzulassen, den Teufel der Landstraßen, daß er uns ihren Weg zeige, oder ich will dir die Hölle heißer machen, als du es liebst.

In diesem Augenblick steckte der Diener die Feuerwerke an, deren ein guter Teil an dem Schwanze der armen Katze befestigt waren, die wie toll heulend und schnaubend durch das geöffnete Gitter ganz in Flammen zum Fenster hinaussprang, und zwar ohne Rücksicht auf Don Markos zu nehmen, in dessen Haaren sie bei dem Sprunge ihre Hinterfüße einschlug und ihm seinen Knebelbart übel versengte, vor dem Fenster aber war das Netz weggenommen, und Don Markos lag noch eher ohnmächtig an der Erde, als die gute Katze auf der Gasse.

Unser Ritter glaubte nicht einen Teufel, nein die ganze Hölle glaubte er gesehen zu haben, und lag so stumm an der Erde, daß er die Stimme, welche ihm zubrüllte, in Granada wirst du sie finden, gar nicht hörte.

Da aber die brennende Katze einen ganz jämmerlichen Tanz durch die Straße machte, liefen die Leute und die Gerichtsdiener zusammen, sie glaubten, es sei Feuer ausgegangen und drangen in das Haus, wo sie Marzellen und ihren Geliebten beschäftigt fanden, den Ritter mit einem Kübel Wasser ins Leben zurückzurufen, was ihnen aber erst am Morgen gelang.

Da der Gerichtsdiener aus ihren verwickelten Aussagen nicht klug werden konnte, so ließ er den Don Markos zu Bette bringen, der immer noch wie tot war, und gab ihm und Donna Marzella zwei Mann Wache, den Feuerkünstler aber und seinen Gehülfen brachten sie in das Gefängnis, wo sie ihnen als des Mords verdächtig Fesseln anlegten. Den folgenden Morgen wurden die Oberrichter von der Sache benachrichtigt, welche die Gefangnen sogleich vorführen und nachsehen ließen, ob der Ohnmächtige wieder zu sich gekommen oder gestorben sei. Währenddem hatte sich Don Markos wieder erholt und von Marzella gehört, wo er gewesen war, der er sich denn auch gern als den feigherzigsten Menschen eingestand. Die Richter traten hierauf in die Stube und vernahmen den Patienten, der den ganzen Hergang von seiner Heirat an erzählte, und eine sehr jämmerliche Beschreibung von dem Teufel machte, den er gesehen hatte. Die Richter waren in großer Verwunderung hierüber, bis der Zauberer ihnen die Hexerei erklärte, seine Aussage bekräftigte ebenso der Diener und Marzella und die tote verbrannte Katze, die sie von der Straße heraufbrachten. In dem Hause befanden sich einige Bücher, welche man dem Ritter vorlegte, dasjenige, aus welchem die Beschwörung gelesen worden war, herauszusuchen. Er erkannte es bald, und die Richter fanden, daß es der Amadis von Gallien sei, so daß über die ganze Geschichte der Saal vom Lachen der Anwesenden erschallte. Don Markos aber war so wütend, daß er den Zauberer erwürgt hätte, wäre er nicht zurückgehalten worden, und um so mehr, da ihm die Richter sagten, er möge kein solcher Tölpel sein und sich alle Augenblicke anführen lassen. Hierauf wurden sie sämtlich in Frieden entlassen, und Don Markos begab sich immer noch wie verzaubert nach dem Hause seines Herrn, wo er einen Briefträger mit folgendem Briefe an ihn fand:

Dem Don Markos Hungerleider Glück und Heil!

Ein Mensch, der um zu sparen nicht zu essen wagt, und um zu erwerben, seinen Magen bestiehlt, ein Mensch, der heiratet und nur nach dem Gelde fragt, verdient so gestraft zu werden, wie ich Eure Gnaden zu strafen die Ehre hatte, und wie es die Zukunft ferner tun mag. Eure Gnaden wird, wenn sie in Zukunft nicht mehr Speise zu sich nimmt als bisher, auch ihre Diener mit ebenso kleinem Aufwand erhält, und wie bekannt, das halbe Pfund Kuhfleisch, einen Quarto für Brot, nebst zwei Quarto für den Diener wieder in einen recht ordentlichen Gang bringt, bald wieder neue sechstausend Dukaten gesammelt haben, und dann bitte ich nur um ein paar Zeilen von Eurer Gnaden, damit ich mich sogleich mit sechstausend Zärtlichkeiten einstelle, ein schönes ehliches Verhältnis mit Eurer Gnaden zu beginnen, denn wie sollte ein so vorsichtiger Mann nicht ein solches Weibchen wie mich immer bereit finden, sich die Seinige zu nennen.

Donna Isidora Rächerin.

Don Markos ärgerte sich über diesen Brief dermaßen, daß er in ein hitziges Fieber fiel. Er nahm den wohlfeilsten Arzt in Madrid und war schon halb genesen, als er sich eines bessern besann, denn der wohlfeilste Arzt schien ihm dennoch schrecklich teuer; an die Apothekerrechnung dachte er mit Schrecken, und jedes Arzneiglas gab ihm mehr einen Herzensstoß als eine Herzstärkung, so daß er, um nicht bezahlen zu dürfen, mit dem Leben bezahlte. Er starb, und sein letzter Gedanke war Erbitterung über den Wert des Lebens, auch brachte er es mit christlichen Betrachtungen dahin, sein Leben eitler und verächtlicher zu finden, als die Summe seiner Krankheitskosten und lieber zu sterben als zu zahlen. Ach hätte er das Sprichwort gekannt „es kommt ihn teuer zu stehen, er hat mit dem Leben bezahlt, es kostet ihn das Leben", wir hätten ihn noch in unsrer Mitte, ja er wäre gewiß nicht geizig gewesen, wenn er gewußt hätte, daß der Geiz ihn etwas kosten, das Leben kosten würde.

Donna Isidora harrte in Barcelona auf Schiffe, um sich mit Don Augustin und Ines nach Neapel zu begeben; als sie aber einst in süßem Schlummer lag,

brach Augustin mit Ines und den sechstausend Dukaten, auch allem übrigen, was vorhanden war, nach Neapel auf. Dort nahm er Kriegsdienste, Ines aber steckte sich in zierlichere Kleider und machte die galante Frau, um ihren Geliebten mit ihren Lustpfennigen zu unterstützen.

Donna Isidora kehrte nach Madrid zurück, legte ihre Perücke beiseit und vertrödelte ihren Gros-de-Tours-Rock gegen eine schwarze Kapuze.

Achim von Arnim

Die Majoratsherren

Wir durchblätterten eben einen ältern Kalender, dessen Kupferstiche manche Torheiten seiner Zeit abspiegeln. Liegt sie doch jetzt schon wie eine Fabelwelt hinter uns! Wie reich erfüllt war damals die Welt, ehe die allgemeine Revolution, welche von Frankreich den Namen erhielt, alle Formen zusammenstürzte; wie gleichförmig arm ist sie geworden! Jahrhunderte scheinen seit jener Zeit vergangen, und nur mit Mühe erinnern wir uns, daß unsre früheren Jahre ihr zugehörten. Aus der Tiefe dieser Seltsamkeiten, die uns Chodowieckis Meisterhand bewahrt hat, läßt sich die damalige Höhe geistiger Klarheit erraten; diese ermißt sich sogar am leichtesten an den Schattenbildern derer, die ihr im Wege standen, und die sie riesenhaft über die Erde hingezeichnet hat. Welche Gliederung und Abstufung, die sich nicht bloß im

Äußern der Gesellschaft zeigte! Jeder einzelne war wieder auch in seinem Ansehn, in seiner Kleidung eine eigene Welt, jeder richtete sich gleichsam für die Ewigkeit auf dieser Erde ein, und wie für alle gesorgt war, so befriedigten auch Geisterbeschwörer und Geisterseher, geheime Gesellschaften und geheimnisvolle Abenteurer, Wundärzte und prophetische Kranke die tief geheime Sehnsucht des Herzens, aus der verschlossenen Brusthöhle hinausblicken zu können. Beachten wir den Reichtum dieser Erscheinungen, so drängt sich die Vermutung auf, als ob jenes Menschengeschlecht sich zu voreilig einer höheren Welt genahet habe, und, geblendet vom Glanze der halbentschleierten, zur dämmernden Zukunft in frevelnder Selbstvernichtung fortgedrängt, durch die Notdurft an die Gegenwart der Erde gebunden werden mußte, die aller Kraft bedarf, und uns in ruhiger Folge jede Anstrengung belohnt.

Mit wie vielen Jahrhunderten war jene Zeit durch Stiftungen aller Art verbunden, die alle ernst und wichtig gegen jede Änderung geschützt waren! So stand in der großen Stadt... das Majoratshaus der Herren von..., obgleich seit dreißig Jahren unbewohnt, doch nach dem Inhalte der Stiftung mit Möbeln und Gerät so vollständig erhalten, zu niemands Gebrauch und zu jedermanns Anschauen, daß es, trotz seiner Altertümlichkeit, noch immer für eine besondere Merkwürdigkeit der Stadt gelten konnte. Da wurde jährlich, der Stiftung gemäß, eine bestimmte Summe zur Vermehrung des Silbergeschirrs, des Tischzeugs, der Gemälde, kurz zu allem dem verwendet, was in der Einrichtung eines Hauses auf Dauer Anspruch machen kann, und vor allem hatte sich ein Reichtum der kostbarsten ältesten Weine in den Kellern gesammelt. Der Majoratsherr lebte mit seiner Mutter in der Fremde, und brauchte bei dem übrigen Umfange seiner Einnahme nicht zu vermissen, was er in diesem Hause unbenutzt ließ. Der Haushofmeister zog der Stiftung gemäß alle Uhren auf, und fütterte eine bestimmte Zahl von Katzen, welche die nagenden Mäuse wegfangen sollten, und teilte jeden Sonnabend eine gewisse Zahl von Pfennigen an die Armen im Hofe aus. Leicht hätten sich unter diesen Armen, wenn sie sich dessen nicht geschämt hätten, die Verwandten dieses Hauses einfinden können, dessen jüngere Linien bei der Bildung des großen Majorats völlig vergessen worden waren. Überhaupt schien das Majorat wenig Segen zu bringen, denn die reichen Besitzer waren selten ihres Reichtums froh geworden, während die Nichtbesitzer mit Neid zu ihnen aufblickten.

So ging täglich vor dem Majoratsgebäude zu bestimmter Stunde ein Vetter des jetzigen Besitzers, ihm durch dreißig Jahre überlegen, aber an Vermögen ihm sehr untergeordnet, mit ernsten Schritten vorbei, und schüttelte den Kopf, und nahm eine Prise Tabak. Niemand war vielleicht so bekannt bei alt und jung in der ganzen Stadt, wie dieser alte rotnasige Herr, der gleich dem eisernen Ritter an der Rathausuhr durch sein Heraustreten, noch ehe die

Glocke angeschlagen, den Knaben zur Erinnerung der Schulstunde diente, den älteren Bürgern aber als wandernde Probeuhr, um ihre hölzernen Kukkucksuhren danach zu stellen. Er trug bei den verschiedenartigen Klassen von Leuten verschiedene Namen. Bei den Vornehmen hieß er der Vetter, weil seine Verwandtschaft mit den ersten Familien des Reiches unleugbar, und er diese einzige ihm übriggebliebene Ehre auch gern mit dieser Anrede geltend machte. Unter den gemeinen Leuten hieß er nur der Leutnant, weil er diese Stelle in seinen jungen Jahren bekleidet hatte, so wie sie ihn noch jetzt bekleiden mußte. Es schien ihm nämlich völlig unbekannt, daß der Kleiderschnitt sich in den dreißig Jahren, die seitdem verflossen, gar sehr verändert hatte. Etwas stärker mochte das Tuch damals wohl noch gearbeitet werden, das zeigten jetzt die mächtigen wohlgedrehten Fäden, nachdem die Wolle abgetragen war. Der rote Kragen war schon mehr verdorben, und gleichsam lakkiert; die Knöpfe aber hatten die Kupferröte seiner Nase angenommen. Gleiche Farbe zeigte auch der fuchsrote dreieckige Militärhut mit der wollenen Feder. Das Bedenklichste des ganzen Anzugs war aber das Portepée, weil es nur mit einem Faden am Schwerte, wie das Schwert über dem Haupte des Tyrannen, am Haare hing. Das Schwert hatte leider das Unglück des armen Teufels gemacht, und den Lebensfaden eines vom Hofe begünstigten Nebenbuhlers in den Bewerbungen bei einer Hofdame durchschnitten; und diese unglückliche Ehrensache, bei welcher ihm doch niemand mehr Schuld als seinem Gegner zumessen konnte, hatte seine militärische Laufbahn versperrt. Wie er sich seitdem durch die Welt fortgeholfen, war freilich seltsam, aber es war ihm doch gelungen. Er hatte eine höchst vollständige Wappensammlung mit unablässig dreistem Fordern und unermüdlichem Briefschreiben zusammengebracht, verstand diese in verschiedenen Massen nachzuformen, auch abzumalen, wo jenes nicht gelang, sauber aufzukleben, und verkaufte diese Sammlungen durch Vermittelung eines Buchhändlers zu hohen Preisen, sowohl zum Bedürfnisse der Erwachsenen, als der Kinder, eingerichtet. Nebenher war es eine Liebhaberei von ihm, Truthähne und andres Federvieh zu mästen, und Raubtauben über die Stadt auszusenden, die immer mit einigen Überfliegenden in die geheime Öffnung seines Daches heimkehrten. Diesen Handel besorgte ihm seine Aufwärterin Ursula, eine treue Seele; ihm durfte niemand von diesem Handel sprechen, ohne sich Händel zuzuziehen. Von dem Erworbenen hatte er sich ein elendes finsteres Haus im schlechtesten Teile der Stadt, neben der Judengasse, und vielerlei alten Kram gekauft, womit die Auktionen seine Zimmer geschmückt hatten, die er dabei in einer Ordnung erhielt, und in einer Einsamkeit, daß niemand wußte, wie es eigentlich darin aussehe. Übrigens war er ein fleißiger Kirchengänger, und setzte sich da einer Wand gegenüber, die mit alten Wappen von Erbbegräbnissen geschmückt war, machte aber übrigens alles mit, wie andere Menschen, welche in die Kirche zum Zuhören gehen. Nach der Kirche aber pflegte er jedes Mal bei der alten Hofdame anzutreten, vor deren Tür er an anderen Tagen mit einer Prise Schneeberger Schnupftabak, auf die er wohl fünfzig Male niesen mußte, den geckenhaften, schöntuenden Hahnentritt und Stutzerlauf sich vertrieb, der ihn in das Haus hineinzutreiben drohte, während ihm dabei der Degen, den er nach alter Art durch die Rocktasche gesteckt hatte, zwischen die Beine schlenkerte. Diese alte, hochauf frisierte, schneeweiß eingepuderte, feurig geschminkte, mit Schönpflästerchen beklebte Hofdame übte auch nach jenem unglücklichen Zweikampfe seit dreißig Jahren dieselbe zärtliche Gewalt über ihn aus, ohne daß sie ihm je ein entscheidendes Zeichen der Erwiderung gegeben hatte. Er besang sie fast täglich in allerlei erdichteten Verhältnissen, in kernhaften Reimen, wagte es aber nie, ihr diese Ergießungen seiner Muse vorzulegen, weil er vor ihrem Geist besondere Furcht hegte. Ihren großen schwarzen Pudel sonntags in ihrer Nähe unter hergebrachten Fragen zu kämmen, war der ganze Gewinn des heiß erflehten Sonntags; aber ihr Dank dafür, dies angenehme Lächeln, war auch ein reicher Lohn, – wer ihn nur zu schätzen wußte. Andern Leuten schien dies starre, in weiß und rot mit blauen Adern gemalte Antlitz, das am Fenster unbeweglich auf eine Filetarbeit, oder in den Spiegel der nahen Toilette blickte, eher wie ein seltsames Wirtsschild. Sie lebte übrigens sehr anständig von den Pensionen zweier Prinzessinnen, die sie bedient und überlebt hatte, und die Besuche von Hofleuten und Diplomaten an ihrer silbernen Toilette, während welcher sie vielerlei Brühen zur Erhaltung ihrer Schönheit zu genießen pflegte, waren zu einer herkömmlichen Feierlichkeit geworden, und zugleich zu einer Gelegenheit, die Neuigkeiten des Tages auszutauschen.

Es geschah aber an einem Frühlingssonntage, daß die Hofdame durch ein Zusammenlaufen der Leute in der Straße auf eine außerordentliche Neuigkeit aufmerksam gemacht wurde. Diese Außerordentlichkeit war aber diesmal der Leutnant, oder vielmehr sein vom Frühling verjüngtes Laub. Ein neuer moderner Hut mit einer Feder, statt der Wolle, ein glänzendes Degengehenk, eine neue Uniform mit geschmälerten Rockschößen, verkürzten Taschen an der Weste, und neue schwarze Sammethosen verkündeten eine neue Periode der Weltgeschichte. Auch trat der Leutnant bald mit frohem Gesichte ins Zimmer, und mit dem Berichte ihr entgegen: „Liebe Cousine, der Majoratsherr kommt in diesen Tagen; seine Mutter ist gestorben, ihm ist von einer prophetischen Kranken geraten, hieher zu gehen, wo er seine Ruhe finden werde, nachdem ihn ein heftiges Fieber um seine Gesundheit gebracht hat. Nun denken Sie sich, der junge Mann hat aus den Erzählungen der Mutter einen Abscheu gegen das Majoratshaus; er will durchaus bei mir wohnen, und hat mich ersucht, ihm bei mir ein Zimmer recht bequem einzurichten, wozu er mir ein Kapital übermache. Mein Häuschen ist für einen so verwöhnten reichen Herrn nicht eingerichtet; in unsern hohen Familien ist es, leider! wie bei den Katzen, ein Junges wird als erstgebornes gut aufgefüttert, und alle andern jüngern Geschwister werden ins Wasser geworfen." – „Sie waren einmal schon recht nahe, das Majorat zu erhalten", sagte die Hofdame. – „Freilich", antwortete er; "ich war dreißig Jahr alt, mein Oheim sechzig, und hatte in erster Ehe keine Kinder bekommen. Da fällt es ihm ein, noch einmal ein junges Fräulein zu heiraten. Um so besser, dachte ich, die Junge ist des Alten Tod. Aber um so schlechter ging's; sie brachte ihm kurz vor seinem Tode einen jungen Sohn, diesen Majoratsherrn, – und ich hatte nichts!" – „Wenn der junge Mann stürbe, würden Sie Majoratsherr", sagte ruhig die Hofdame; „junge Leute können sterben, alte Leute müssen sterben." – „Leider!" antwortete der Leutnant; „der Prediger sprach heute auch davon, auf der Kanzel." – „Was wurde denn gesungen?" fragte die Hofdame, „ich wollte es zu meiner Hausandacht wissen." – Der Leutnant schlug die Lieder auf; sie sang leise, und er kämmte den Pudel nach Gewohnheit, indem er ihr mit Bewunderung zuhörte. – Als er sich empfahl, trug ihm die Hofdame auf, den jungen Vetter doch gleich, wenn er angekommen, bei ihr einzuführen.

Als der Leutnant zu Hause kam, trat ihm ein großer, bleicher, junger Mann entgegen, in einer Kleidung, wie er sie noch nicht gesehen: seine Haare waren phantastisch, ohne strenge Ordnung emporfrisiert, und Figaroslocken in leichten dünnen Röhren umliefen wie ein Halbkreis die Ohren. Hinten vereinigte ein dicker Katillon die Haare, welche in einer Locke hinübergekämmt waren. Ein streifiger Rock mit prächtigen Stahlknöpfen, und große silberne Schuhschnallen verrieten ihm den Reichtum des Majoratsherrn. Auch dieser hatte aus den Briefen an die Mutter gleich den Vetter erraten, und berichtete ihm, daß er Tag und Nacht mit Kurierpferden gereist sei, und ihm nicht genug sein Wohlgefallen über das Haus ausdrücken könne, das ganz nach seinem Geschmack sei, nur müsse er ihm erlauben, daß er neben dem für ihn bereiteten großen Zimmer, auch ein kleines nehme, daß nach der engen Gasse hinaus sehe; denn, da er nie, oder selten ausgehe, so liebe er vor allem diese Beweglichkeit der engen Straßen. – Der Vetter bewilligte ihm gern das schlechte Zimmer an der Judengasse, und wollte gleich Anstalt machen, die trüben, von der Sonne verbrannten Fenster durch andre mit großen Scheiben zu ersetzen. – „Mein lieber Herr Vetter!" rief der Majoratsherr, „diese trüben Scheiben sind meine Wonne; denn sehen Sie, durch diese eine helle Stelle seh ich einem Mädchen ins Zimmer, das mich in jeder Miene und Bewegung an meine Mutter erinnert, ohne daß sie mich bemerken kann." – „Ei, das gesteh ich", sagte der Vetter, und setzte sich in die Schultern, und fing an gegen das Fenster zu streichen, mit seinem Liebestritt, daß er in Eil eine Prise nahm, nieste, und kaltblütig sagte: „Die da ist ein Schickselchen." – „Mein Schicksal?" fragte der Majoratsherr bestürzt. – „Wie Sie es nennen wollen", fuhr der Vetter fort,

„ein Schicksalchen also, ein Judenmädchen; sie heißt Esther, hat unten in der Gasse ihren Laden, eine gebildete Jüdin, hat sonst mit ihrem Vater, der ein großer Roßtäuscher war, alle Städte besucht, alle vornehmen Herren bei sich gesehen, spricht alle Sprachen; das war eine Pracht, wenn sie hier ankam, und die Stiefmutter Vasthi mit den jüngern Kindern ging ihnen in Schmutz entgegen. Es konnte niemand was dagegen sagen; Ursach warum? Weil sie mit ihrem Wesen dem Vater gute Käufer anlockte. Aber zuletzt hatte der Vater großes Unglück durch einen Handelsgenossen, der ihm mit dem Vermögen durchging. Da ging's ihm knapp; das konnte er nicht vertragen, und starb. Dieser Tochter erster Ehe, der Esther, hinterließ er ein kleines Kapital, damit sie von der Stiefmutter nicht zu Tode gequält würde; aber das läßt sich die alte Vasthi doch nicht nehmen." – „Das ist ja entsetzlich", rief der Majoratsherr, „zwei Leute, die sich hassen, die sich totärgern, in einem Hause! Ich habe die alte Vasthi auch schon am Fenster gesehen: ein schrecklich Gesicht!" – „Sie wohnen wohl in einem Hause", antwortete der Vetter; „aber jede hat ihren besondern Laden und Wohnung." – „Ich will ihr bald etwas zu verdienen geben", sagte der Majoratsherr. „Es scheinen hier viele Juden zu wohnen." – „Nichts als Juden", rief der Vetter; „das ist die Judengasse, da sind sie zusammengedrängt, wie die Ameisen; das ist ein ewig Schachern und Zänken und Zeremonienmachen, und immer haben sie so viel Plackerei mit ihrem bißchen Essen; bald ist es ihnen verboten, bald ist es ihnen befohlen, bald sollen sie kein Feuer anmachen; kurz, der Teufel ist bei ihnen immer los." – „Nein, lieber Vetter, Sie irren sich darin", sagte der Majoratsherr, und drückte ihm die Hände. „Wenn Sie gesehen hätten, was ich in Paris bei meiner Kranken sah, Sie könnten den Teufel nicht für den Vater des Glaubens ansehen; nein, ich versichere es Ihnen, er ist der Feind alles Glaubens! Aller Glaube, der geglaubt wird, kommt von Gott, und ist wahr, und ich schwöre Ihnen, selbst die heidnischen Götter, die wir jetzt nur als eine lächerliche Verzierung ansehen, leben noch jetzt, haben freilich nicht mehr ihre alte Macht, aber sie wirken doch noch immer etwas mehr, als gewöhnliche Menschen, und ich möchte von keinem schlecht sprechen. Ich habe sie alle mit meinem zweiten Augenpaar gesehen, sogar gesprochen." – „Ei der Tausend, da erstaune ich", rief der Vetter; „das könnte uns erstaunliches Gewicht bei Hofe geben, wenn wir sie den hohen Herrschaften zeigen könnten." – „So geht das nicht, lieber Vetter", antwortete jener ernst; „der Mensch, der sie sieht, muß noch mehr darauf vorbereitet sein durch jahrelanges Nachdenken, als jene Geister, die ihm erscheinen sollen; sonst entsetzen sich beide vor einander, und der sterbliche Teil erträgt es nicht. Aber, wer auch bis zu der innern Welt vorgedrungen, – wenn auch noch scheinbar lebend, wie ich, – ist dennoch abgestorben bei ihrem Bestreben, ihrer Tätigkeit. Das wußte meine Mutter von mir, und war darum so unruhig auf ihrem Totenbette, was aus mir werden sollte. Sie hatte bis dahin alle Geschäfte mit großer Einsicht und Ordnung betrieben, während ich mich den Studien und der Beschauung hingab. Ich habe meine Zeit mit großer Anstrengung genutzt, ich habe gerungen, wie keiner, ich habe erreicht, was wenigen zu Teil geworden. Aber verloren war ich, erdrückt, bis zum Wahnsinn zerstreut von den Geschäften, die nach dem Tode der Mutter auf mich eindrangen; ich wollte mich bezwingen, das Höhere dem Niedern opfern; die Qual brachte mich um meine Gesundheit. Eine Kranke, deren Blick weit reicht, sagte mir zu, daß ich hier Ruhe finden würde bei Ihnen, Vetter; Sie hätten ein seltenes Geschick für das praktische Leben, mein Vermögen würde sich unter Ihrer Spekulation verdreifachen. Oh! Vetter, nehmen Sie mir die Last des Geldes und der Güter ab, genießen Sie des Reichtums, ich brauche wenig, und auch auf den Fall, daß ich den Luftgeist der Erde wieder binden könnte, daß Kinder mein Haus füllten, soll Ihnen die Hälfte meiner Einnahmen für die Besorgung des Ganzen bleiben." – Bei diesem Vortrage flossen zwei edle Tränen aus den Augen des Majoratsherrn, während die großen Augen des Vetters mit heraufgezogenen Augenbrauen ihn verwunderlich von der Seite anstierten, ohne dem köstlichen Vortrage Glauben beimessen zu können. Dann fuhr der Majoratsherr, um das Gespräch zu ändern, fort: „Als ich mit schwellendem Gefühl, was mir in der Stadt bevorsteht, in welcher der Kreis meines Lebens angefangen, die große Straße herabfuhr, da begegneten mir ausgemergelte Leute, die sich kaum zu den Kaffeehäusern hinbewegen konnten, denn sie wurden fast gewaltsam an den Röcken von unglücklichen Seelen zurückgezogen, die wegen ungeendigter Prozesse nicht zur Ruhe kommen konnten, und jammervolle Vorstellungen ihnen nachtrugen. Auch meinen Vater sah ich dabei wegen des einen Konkursprozesses, dessen Ende wohl keiner erleben wird. Schaffen Sie Ruhe seiner Seele, lieber Vetter, ich bin zu schwach." – „Wahrhaftig", rief der Vetter; „zu dem Tore gehen sonntags die Räte, Schreiber und Kalkulatoren des großen Gerichts gewöhnlich mit ihren Frauen und Kindern zum Kaffeegarten hinaus." – „Der Postillion meinte auch, das wären Kinder, die sich ihnen an die Röcke gehangen", fuhr der Majoratsherr fort, „aber solche jammervollen Gesichter haben Kinder nicht, das sind die Plagegeister, die sie wegen ihrer Nachlässigkeit umgeben. Lieber Vetter! befriedigen Sie meines Vaters, Ihres Oheims, arme Seele." – Der Vetter sah sich ängstlich in dem trüben Zimmer um, ihm war es zumute, als ob die Geister, wie der Schnupfen, in der Luft lägen. „Alles, alles will ich tun, was Sie wünschen, bester Vetter", rief er dann; „ich bin nicht glücklich, wenn ich nicht so etwas zu betreiben habe. Prozesse sind mir lieber, als Liebeshistorien, und Ihre Angelegenheiten sollen bald in eine Ordnung kommen, wie meine Wappensammlung." Bei diesen Worten führte er ihn in ein Vorderzimmer, und hoffte den Majoratsherrn durch den Anblick seiner zierlichen gebohnten Schiebkasten, in welchen die Wappen, zum Teil mit Zinnober abgedrückt, die Namen in Frakturschrift beigefügt, glänzten, zu zerstreuen und zu befriedigen. Der Majoratsherr schien auch hierin, wie in allen Kenntnissen, wohlbewandert; der Vetter mußte seine Bemerkungen achten. Als er aber den Schrank mit den französischen Wappen eröffnete, da fuhr der Majoratsherr auf: „Gott! welch ein Lärmen! Wie die alten Ritter nach ihren Helmen suchen, und sie sind ihnen zu klein, und ihre Wappen sind mottenfräßig, ihre Schilde vom Rost durchlöchert; das bricht zusammen, ich halte es nicht aus, mir schwindelt, und mein Herz kann den Jammer nicht ertragen!" Der Vetter rückte den unglücklichen Schrank fort und führte den Majoratsherrn ans Fenster, daß er Luft schöpfen möchte. „Und wer fährt dort?" rief er; „der Tod sitzt auf dem Bocke, Hunger und Schmerz zwischen den Pferden; einbeinige und einarmige Geister fliegen um den Wagen, und fordern Arme und Beine von dem Grausamen zurück, der sie mit kannibalischer Begierde ansieht. Seine Ankläger laufen mit Geschrei hinter ihm drein; es sind die Seelen, die er vorzeitig der Welt entriß –, bester Vetter! ist denn hier keine Polizei?" – „Ich will den Mann rufen, lieber Vetter, daß er Ihren Puls fühle", entgegnete der Vetter, „es ist unser bester Arzt und Chirurgus. Sie haben ihn gewiß an seinem schmalen, einsitzigen Wagen erkannt; sein Kutscher ist freilich mager, und seine Pferde abgetrieben, aber die den Wagen umflattern, sind Sperlinge, und die ihm nachbellen, Gassenhunde." – „Nein", antwortete der Majoratsherr, „um Gottes willen rufen Sie keinen Arzt! Wenn die meinen Puls fühlen, der immer in abwechselnden Takten sich bewegt, dann ganz stille steht, so schreien alle, ich sei schon gestorben; und am Ende haben sie recht, denn mich erhält nur der Gedanke einer guten Seele, die auch krank ist. Übrigens habe ich Sie diesmal ohne Grund erschreckt, lieber Vetter, meine Worte drückten nur die Gefahr aus, worin sich der französische Adel befindet; ich bildete mir die Unruhe ein, die Frankreich in den alten Schlössern von den Geistern erfahren muß; Ihre Sammlung ist geistlos. Ich kann genau unterscheiden, was ich mit dem Auge der Wahrheit sehen muß, oder was ich mir gestalte; wirklich bin ich ein guter Beobachter meiner selbst, und die Physik der Geister war von je mein Lieblingsstudium."

Der Leutnant, der mit dieser Physik der Geister durchaus nichts zu tun haben mochte, brachte die Rede auf häusliche Einrichtungen. Der Majoratsherr erklärte, daß er nur wenig Aufwartung bedürfe, nur die wenigste um sich leiden könne, und deshalb sich selbst frisiere und rasiere, auch alle Dienerschaft entlassen habe. „Die Aufwärterin hier", sagte er, „ist eine herrliche Seele, sie trägt nicht mit Unrecht diesen Heil'genschein um ihr Haupt." – „Heil'genschein", brummte der Vetter vor sich; „das ist wohl das weiße Tuch, womit sie sich den Kopf eingebunden hat!" Dann sprach er laut: „Wenn Gott aus der eine Heil'ge schnitzeln wollte, die ginge wohl ganz in die Späne!" – Noch berichtete der Majoratsherr, daß er gewöhnlich bei Tage schlafe und erst, wenn die Sonne im Sinken, aus dem Bette aufzustehen, und seine stille Arbeit zu betreiben pflege, wogegen der Vetter heimlich brummte: „Davon kommt der Geisterspuk im Kopfe; er lebt ja wie die Nachteulen."

Nachdem das Abendessen eingenommen, hatte sich der Vetter mit einer guten Nacht empfohlen. Auch die Aufwärterin war zu Bette gegangen, während der Majoratsherr sein großes Zimmer mit Wachskerzen tageshell erleuchtet hatte, um seine Bücher und Handschriften, auf und ab gehend, mit gleicher Bequemlichkeit zu durchlaufen, und die Hauptarbeit seines Lebens, sein Tagebuch fortzuführen. Dieser glänzende Kerzenschein war eine neue Erscheinung für die Bewohner der Gegend, und die erste Unruhe, die er ihnen machte; denn bei der Sparsamkeit des Leutnants mußten sie vermuten, daß dort ein Feuer ausgebrochen sei. Als sie sich aber vor dem Hause sammelten, und die klagenden Töne einer Flöte durch das offene Fenster erschallen hörten, beruhigten sie sich wieder und freuten sich des neuen Lichts, das ihnen den Schmutz der Straße deutlich machte. Der Flötenspieler war der Majoratsherr, aber seine Töne sollten sich eigentlich zur Esther hinrichten, die er am dunklen Fenster des Nebenzimmers belauschte, wie sie ihre Kleider abwarf, um im zierlichsten Nachtkleide vor einem eleganten Spiegeltische ihre Haare flocht. Der enge Bau jener Gasse, in welche die Balkenlagen jedes Stockwerks immer weiter hinausragten, um den Zimmern noch etwas Raum zu gewinnen, brachte ihm ihr Fenster so nahe, daß er mit einem kühnen Sprunge zu ihr hinüber hätte fliegen können. Aber das Springen war nicht seine Sache; dagegen übte er die seltene Freiheit seines Ohres, das auf bedeutende Entfernung ihm hörbar machte, was jedem andern verhallte. Er hörte zuerst einen Schuß, oder einen ähnlichen Schlag; da sprang sie auf und las ein italienisches Gedicht mit vielem Ausdruck, in welchem der Dienst der Liebesgötter bei einem Putztische beschrieben wurde, und gleich sah er unzählige dieser zartbeflügelten Gestalten das Zimmer beleben; sah, wie sie ihr Kamm und Bänder reichten, und ein zierliches Trinkgefäß, wie sie die abgeworfenen Kleider ordneten, alles nach dem Winken ihrer Hände; dann aber, als sie sich in ihr Bett gestreckt, wie ein gaukelnder Kreis um ihr Haupt schwebten, bis sie immer blässer und blässer sich im Dampfe der erlöschenden Nachtlampe verloren, in welchem ihm dagegen die Gestalt seiner Mutter erschien, die von der Stirn des Mädchens eine kleine beflügelte Lichtgestalt aufhob, und in ihre Arme nahm, – wie das Bild der Nacht, die das Kindlein Schlaf in ihrem Gewande trägt, –, und in dem Zimmer bis zur Mitternacht damit auf- und niederschwebte, als wenn sie ihm die unruhigen Träume vertreiben wollte, es dann aber über den schwindelnden Straßenabgrund, dicht an das Auge des Staunenden trug, der Esthers verklärte Züge in der Lichtgestalt deutlich erblickte, sie aber mit einem Schrei des Staunens unwiderruflich

zerstreute. Denn mit diesem Schrei war er aus dem höhern Seelenzustande, aus dem Kern in die Schale zurückgesunken, und kein Wunsch führte ihm diesen seligen Anblick zurück. Er sah Esther in ihrem Bette nicht mehr liegen; ihr Zimmer war dunkel; nichts regte sich in der Gasse als die Ratten, die eine muntere Jagd unter den Brücken der Gossen hielten, auch hustete die alte Vasthi mit hoher Pelzmütze aus einem Fenster, und fing an zu beten, als ein Stier in der Nähe ein heftiges Gebrüll erhob. Diesem Gebrüll ging der Majoratsherr im Hause nach, und erblickte durch ein Hinterfenster beim Schein des aufgehenden Mondes, auf grüner mit Leichensteinen besetzten ummauerten Fläche, einen Stier von ungeheurer Größe und Dicke, der an ei-

nem Grabsteine wühlte, während zwei Ziegenböcke mit seltsamen Kreuzsprüngen durch die Luft sich über sein Wesen zu verwundern schienen. Hier stand dem Majoratsherrn der Verstand still; diese schreckliche Wirtschaft auf einem Gottesacker empörte ihn, er klingelte der Aufwärterin. Sie erschien bald, und fragte ihn: was er befehle? „Nichts, gar nichts", antwortete er, „aber was deutet dieser Spuk?" – Die Frau trat ans Fenster uns sagte: „Ich sehe nichts, als die Majoratsherren der Juden, das sind die erstgebornen Tiere, welche sie nach dem Befehle ihres Gesetzes dem Herrn weihen, die werden hier köstlich gefüttert, sie brauchen nichts zu tun; wenn sie aber ein Christ erschlägt, so tut er den Juden einen rechten Gefallen, weil er ihnen die Ausgabe spart." – „Die unglücklichen Majoratsherren", seufzte er in sich, „und warum haben sie nachts keine Ruhe?" – „Die Juden sagen, daß einer aus der Sippschaft stirbt, wo sie nachts so wühlen am Grabe", antwortete die Frau; „hier, wo dieser wühlt, ist der Vater der Esther, der große Roßtäuscher, begraben." – „O Gott nein", rief er, und ging in den betrübtesten Gefühlen auf sein Zimmer, und suchte sich wieder mit heftigem Flötenspiel zu zerstreuen.

Endlich wurde es Tag; die großen Schatten der Häuser lagerten sich unter dem hellen Himmel, die Mägde sprangen frisch geschuht, als ob sie sich an diesem Tage durchaus nicht beschmutzen wollten, von einem trocknen Stein zum andern, die Schwalben dagegen kreuzten hin zu dem köstlichen Baumörtel, den ihnen der gestrige Regen bereitet hatte, und füllten damit alle Lücken der menschlichen Architektur. Auch an dem Fenster, das zu Esther blickte, hatten sich heute zwei von den zwitschernden Grauröcken eingefunden, und wollten ihr Nest gerade da ankleben, wo er durch die einzige helle Scheibe zu Esther hinblickte. Da stand der Majoratsherr zweifelnd, ob er sie stören, ob er alles abwarten solle, was ihm so bedeutend schien. Seine Sinnesart überwog für das Abwarten. Nun ihm Esther verborgen, konnte er sich an den lieben Geschöpfen, an ihrer Lust, an ihrem Fleiße nicht satt sehen, es war ihm zumute, als ob er sich selbst da anbaue, als hänge sein Glück davon ab, daß sie fertig würden, und ehe er sich zu Bette legte, sang er noch zu seiner Mandoline:

> Die Sonne scheinet an die Wand,
> Die Schwalbe baut daran;
> O Sonne, halt nur heute Stand,
> Daß sie recht bauen kann.
> Es ward ihr Nest so oft zerstört
> Noch eh' es fertig war,
> Und dennoch baut sie wie betört;
> Die Sonne scheint so klar!
> So süß und töricht ist der Sinn,

Der hier ein Haus sich baut; –
Im hohen Flug ist kein Gewinn,
Der fern aus Lüften schaut,
Und ging er auch zur Ewigkeit,
Er paßt nicht in die Zeit,
Er ist von ihrer Freudigkeit
Verschieden himmelweit.

Den Abend, als er aufwachte, fand er den Vetter schon mit einem guten Abendessen in seinem Zimmer, auch sprach er von einer angenehmen Überraschung, die er ihm gemacht. – Deswegen führte er ihn in das Nebenzimmer, von wo er die Gasse beobachten konnte, und der Majoratsherr fand es mit Sofa und Stühlen, mit Schränken und Tischen geschmückt, auch war das Fenster gewaschen –, aber die Schwalben waren herabgestoßen. Meine guten schützenden Engel sind vertrieben, dachte der Majoratsherr. Ich soll sie sehen, meinen Todesengel, soll den ganzen Traum durchleben, der mich plagte; denn eins ist schon erfüllt, was ich im Schlafe sah. – „Warum so traurig, Vetter?" fragte der Leutnant. – „Ich habe unruhig geschlafen", antwortete der Majoratsherr, „und mir träumte von der Esther, daß sie mein Todesengel. Närrisches Zeug! Ihr Kleid hatte unzählige Augen, und sie reichte mir einen Schmerzensbecher, einen Todesbecher, und ich trank ihn aus bis zum letzten Tropfen!" – „Sie hatten Durst im Schlafe", sagte der Leutnant. „Setzen Sie sich zum Essen, da steht guter Wein, echter Ungar; ich habe ihn selbst gemacht aus Rosinen und schwarzem Brote. A propos, Sie müssen die gute alte Hofdame bald einmal besuchen; sie hat mich heute halbtot gequält, daß ich Sie zu ihr bringe; sie wäre eine Freundin Ihrer Eltern." – „Dazu muß ich einen Tag leben, und ich verschlafe meine Tage viel lieber", antwortete der Majoratsherr. „Lassen wir das; nehmen Sie meinen Dank für die Ausschmükkung des Zimmers! Eins möchte ich mir noch kaufen, seidene Vorhänge vor jenes Fenster; Sie haben die Scheiben so hell polieren lassen, daß ich nicht mehr versteckt bin, wenn ich in die Gasse schaue." – „Die finden Sie gleich unten bei der schönen Esther", rief der Vetter, „da können Sie Ihre Bekanntschaft viel näher machen, als durch die Fensterscheiben. Alle unsre Majoratsherren waren verliebter Komplexion, Sie müssen keine Ausnahme machen, bester Vetter! Ich will Sie auch begleiten, damit Sie im Handel nicht betrogen werden, und daß Sie sich nicht abschrecken lassen, wenn das Mädchen sehr spröde tut."

So gingen beide, der Majoratsherr vom Leutnant fortgezogen, in die Gasse, und der letztere konnte sich eines Schauers nicht erwehren; ihm war's als wären die hohen hölzernen Häuser nur aus Pappdeckeln zusammengebaut, und die Menschen hingen wie ein Spielzeug der Kinder an Fäden, und regten sich, wie es das Umdrehen der großen Sonnenwalze ihnen geboten. Jetzt fingen sie an, ihre Läden zu schließen, räumten auf, zählten den Gewinn, und der Majoratsherr wagte in dem Lärmen, in dem Dufte nicht aufzublicken.

„Hier, hier!" rief der Leutnant. Und der Majoratsherr wollte eben in einen Laden treten, als er statt der Esther ein grimmig Judenweib, mit einer Nase wie ein Adler, mit Augen wie Karfunkel, einer Haut wie geräucherte Gänsebrust, einem Bauche wie ein Bürgermeister, darin erblickte. Sie hatte sich ihm schon mit ihren Waren empfohlen, und gefragt, ob sie auf sein Zimmer kommen solle, sie wolle ihm das Schönste zeigen, auch wenn er keine Elle kaufen möchte, denn er sei ein schöner Herr! – Schon wollte er eintreten, als der Leutnant ihn am Rock zupfte, und zuflüsterte: „Hier im andern Laden ist die schöne Esther!" – Da wendete er sich fort, und sagte verlegen: er wolle nichts kaufen, er hätte sich nur nach einem Komödienzettel an der Ecke umgesehen, und mit diesen Worten wandte er sich nach dem Nebenladen, wo er Esther zu sehen erwartete. Aber die alte Jüdin ließ ihn noch nicht los. Sie rief eifrig: „Junger Herr! hier im Winkel ist auch ein Zettel, ich habe vielleicht auch einen im Laden! Treten Sie ein, ich habe auch den Zettel von den spanischen Reitern!" Der Majoratsherr ward dadurch gestört, und blickte sich um, erschrak aber, daß die Jüdin einen schwarzen Raben auf dem Kopfe trug, und verweilte. Unterdessen hatte der Leutnant schon ein Gespräch mit Esther angeknüpft, welche ihm ohne Zudringlichkeit Bescheid gegeben. Dieser zog den Majoratsherrn in den Laden der Esther, und nun erschallte hinter ihm ein fürchterliches Rabengekrächze aus dem Munde der alten Jüdin. In halb hebräischen Schimpfreden, und im verzerrtesten Judendialekt zeihte sie die arme Tochter der Unkeuschheit, mit der sie Christen in ihren Laden locke, um ihrer eigenen Mutter den Verdienst zu rauben, und verfluchte sie dabei zu allen Martern. Endlich ließ der Atem des wütenden Weibes nach, der trotz der warmen Luft, wie im Winter geraucht hatte, und sie hetzte vergeblich ein paar vorrübergehende kleine Buben auf, daß sie ihr sollten schimpfen helfen, wofür sie ihnen Kuchen versprach. Esther glühte von Schamröte, aber sie erwiderte nichts. Endlich lief die Alte fort, weil ein Käufer kam. Der Majoratsherr fragte, wer die grimmige Alte mit dem Raben auf dem Kopfe gewesen? – „Meine Stiefmutter", antwortete Esther, „haben Sie vielleicht das schwarze Tuch mit den langen Zipfeln für einen Raben angesehen?" – Der Klang der Stimme schien dem Majoratsherrn nun erst bekannt, nun er sie so nahe hörte; noch deutlicher als aus dem Fenster, durchdrang ihn die Ähnlichkeit mit seiner Mutter. Esther war nicht frischer, aber jugendlicher; eine schmerzliche Blässe hatte das zarte Antlitz, selbst die fein geformten Lippen, wie ein schädlicher Frühlingsnebel überzogen; auch ihre Augen schienen dem Lichte zu schwach, und verengten sich unwillkürlich, wie Blumen gegen Abend die Blätter um ihren Sonnenkelch zusammenziehen. Während sie mit Eilfertig-

keit seidene Zeuge entrollte, suchte sie der Leutnant in ziemlich ungeschick-
ter Art zu trösten, indem er ihr die Hoffnung zusicherte, ihre Stiefmutter
werde bald sterben. – „Ich wünsche ihr langes Leben", antwortete die Gute;
„sie hat noch Kinder, für die sie sorgen muß. Wer weiß, wer zuerst den bittern Tropfen des Todesengels kosten muß! Ich fühle mich heute in allen Ner-

ven so gereizt und schwach." – Der Majoratsherr meinte einen Todesengel nicht nur fliegen zu sehen, sondern auch sein Flügelsausen zu hören: „Wie schrecklich seine Flügel sausen!" – Aber Esther sprang nach einer Hintertür, schlug sie zu, und entschuldigte sich wegen des heftigen Zuges; ihr kleiner Bruder habe die Tür offen gelassen.

Der Majoratsherr wählte nun unter den Zeugen, fragte aber nach einer Farbe, die nicht im Vorrate war. Gleich sprang Esther zu ihrer Mutter nach dem andern Laden, und diese brachte mit fröhlichem Antlitz den verlangten Stoff, als ob der Gewittervorhang mit einem Hauche fortgezogen worden wäre. Der Leutnant wollte viel abdingen; aber der Majoratsherr warf das Geld hin, was verlangt worden. Da gab ihm Esther einige Taler heraus, denn so viel betrüge ihr Vorschlag; darüber fing die Mutter wieder an zu wettern, aber diesmal ganz hebräisch. Als Esther wieder geduldig die Augen niederschlug, antwortete der Leutnant ihr auf hebräisch, so daß die Alte, ganz erstaunt über seine seltene Fertigkeit, das Feld räumte, und sich in ihr Schnekkenhaus verkroch. Esther schien sich darüber noch mehr zu kränken, als über den Schimpf, den sie erdulden müssen, und der Majoratsherr zog aus Schonung den Vetter, der schon Triumph ausrufen wollte, mit sich fort, indem er zugleich das seidene Zeug unter dem Arme selbst forttrug.

Als sie zu Hause, fragte er den Leutnant, woher er das Hebräische wisse. – „Das brauchte ich zu meinem Verkehr mit den Juden", antwortete er, „und was es mir kostet an Büchern und Lehrmeistern, hat es mir reichlich wieder eingebracht, denn ich konnte nun alle ihre Heimlichkeiten verstehen. Sehen Sie Vetter, in dem Schranke sind lauter jüdische Sagenbücher und Beschreibung ihrer Sitten und Gebräuche. Wissen Sie, was die Alte zuletzt sagte? Sie freue sich darauf, wenn Esther stürbe, da würde es eine schöne Auktion geben! Wirklich ist sie auch aus dem Nachlasse ihres Vaters mit allen eleganten Möbeln versorgt, und die Leute erzählen, weil nun die feinen Herren nicht mehr, wie bei ihres Vaters Lebzeiten, zu ihr kommen, daß sie sich abends prächtig anputze und Tee mache, als ob sie Gesellschaft sehe, und dabei in allen Sprachen rede." – Aber der Majoratsherr hörte wenig mehr darauf, denn er war mit ganzer Seele über die Sagenbücher hergefallen. Der Leutnant wünschte ihm gute Nacht, und kaum hatte er ihn verlassen, so sah der Majoratsherr beim Lesen der alten Bücher in seinem Zimmer alle Patriarchen und Propheten, alle Rabbiner und ihre wunderlichen Geschichten aus den Sagenbüchern hervorgehen, daß die Stube zu eng schien für die ungeheure Zahl. Aber der Todesengel schlug sie endlich alle mit seinen Flügeln hinweg, und er konnte sich nicht satt lesen an seiner Geschichte: „Lilis war die Mitgeschaffene Adams im Paradiese; aber er war zu scheu und sie zu keusch, und so gestanden sie einander nie ihr Gefühl, und da erschuf ihm der Herr im Drange seines Lebens ein Weib aus seiner Rippe, wie er es sich im Schlafe träumte. Aus Gram über diese Mitgenossen ihrer Liebe, floh Lilis den Adam und übernahm nach dem Sündenfalle des ersten Menschen das Geschäft eines Todesengels, bedroht die Kinder Edens schon in der Geburt mit Tod, und umlauert sie bis zu dem letzten Augenblicke, wo sie den bittern Tropfen von ihrem Schwert ihnen in den Mund fallen lassen kann. Tod bringt der Tropfen, und Tod bringt das Wasser, in welchem der Todesengel sein Schwert abwäscht.‘‘

Unruhig lief der Majoratsherr bei diesen Worten im Zimmer umher, dann sprach er heftig: ,,Jeder Mensch fängt die Welt an, und jeder endet sie. Auch ich liebte scheu und fromm, eine keusche Lilis, sie war meine Mutter; in ihrer ungeteilten Liebe ruhte das Glück meiner Jugend. Esther ist meine Eva, sie entzieht mich ihr, und gibt mich dem Tode hin!‘‘ – Er hielt es nicht aus bei dem Anblick des Todesengels, den er immer hinter sich lauernd zu schauen glaubte; er eilte auf die Straße im Mantel verhüllt, um sich an dem Nachhall des Tages zu zerstreuen. Endlich setzte er sich ermüdet hinter das Fußgestell einer Bildsäule, die in der Nische eines hohen Hauses stand, und sah den eiligen Läufern zu, die mit Fackelglanz einem rollenden Wagen vorleuchteten; die Lilis zog hinter ihm her. Jubelnde Gesellen zogen lärmend aus der Trinkstube nach Hause und klapperten noch mit den Nägeln gegen die Saiten, die sie so lange hatten schwingen lassen; aber auch ihnen zog der Todesengel nach und – blies sie an aus einem Nachtwächterhorn. Und es wurden der Todesengel so viele vor seinen Augen, daß sie zueinander traten, und paarweis wie Liebende nebeneinander gingen in traulichen Gesprächen. Und er horchte ihnen zu, daß er wüßte, wie er zu Esther reden müsse, um ihr seine Liebe kundzutun. Aber die Liebenden wurden von den Geschäftigen verdrängt, und er mochte nicht eher zuhören, bis ihm die Stimme der Vasthi auffiel, die mit einem alten Rabbiner vorüberging, und ihm sagte: ,,Was soll ich die Esther schonen; ist sie doch nicht das Kind meines Mannes, sondern ein angenommenes Christenkind, der er den größten Teil seines Geldes zugewendet hat.‘‘ – ,,Sei Sie still‘‘, sagte der Rabbiner, ,,weiß Sie denn, wie viel der Mann mit dem Kinde bekommen hat? Alles. Er hatte nichts und konnte damit anlegen großen Handel. Was kann das Mädchen dafür, daß ihm sein Geld ist gestohlen worden?‘‘ – Hier kamen sie ihm aus dem Bereich seines scharfen Gehörs, er eilte ihnen nach, aber sie hatten sich schon in irgendein Haus begeben. Auch hier war er wie gewöhnlich zu spät zu einem Entschluß gekommen, doch war ihm der Fingerzeig seltsam bedeutend und führte ihn sinnend hin in sein Haus.

Als er sich kaum ein paar Minuten ausgeruht hatte, hörte er einen Schuß, er sah zum Fenster hinaus, aber niemand schien es gehört zu haben. Beruhigt rückte er auf seine Warte am Fenster und wagte es, einen Fensterflügel zu öffnen, so daß er, noch genauer als die Nacht vorher, das Zimmer der schönen

Esther übersehen konnte. – Da hatte sich vieles verändert, die Kappen der Stühle waren abgenommen, und sie glänzten in weißem Atlas um einen prachtvollen Teetisch, auf welchem eine silberne Teemaschine dampfte. Esther schüttete wohlriechendes Wasser auf eine glühende Schippe, dann sprach sie in die Luft: „Nanni, es ist die höchste Zeit, daß ich meine Locken mache, meine Gäste müssen bald kommen." Esther antwortete darauf mit veränderter Stimme: „Gnädiges Fräulein, es ist alles bereit." – Im Augenblick des Worts stand eine zierliche Kammerjungfer vor Esther und half ihr die Locken ausziehen und ordnen. Dann reichte sie Esther den Spiegel, und diese klagte: „Gott, wie bin ich bleich! Hat es denn nicht Zeit mit dem Erbleichen, bis ich tot bin? Du sagst, ich soll mich schminken. Nein, dann gefalle ich dem Majoratsherrn nicht, denn er ist auch blaß wie ich, gut wie ich, unglücklich wie ich; wenn er nur heute käme, die Gesellschaft macht mir ohne ihn keine Freude."

Nun war alles im Zimmer geordnet, und Esther, sehr elegant angezogen, legte einige schön gebundene englische Bücher aufs Sofa und begrüßte auch englisch das erste Nichts, dem sie in ihrer Gesellschaftskomödie die Tür öffnete. Kaum antwortete sie englisch in seinem Namen, so stand da ein langer finsterer Engländer vor ihr, mit der Art, Freiheit und Anstand, die sie damals vor allen Nationen in Europa auszeichnete. Mit solchen Luftbildern von Franzosen, Polen, Italienern, endlich auch mit einem kantischen Philosophen, einem deutschen Fürsten, der Roßhändler geworden, einem jungen aufgeklärten Theologen und einigen Edelleuten auf Reisen belebte sich der Teetisch. Sie war in einer unerschöpflichen Bewegung durch alle Sprachen. Es entspann sich ein Streit über die Angelegenheiten Frankreichs. Der Kantianer demonstrierte; aber der Franzose wütete. Sie suchte sehr gewandt die Streitenden auseinanderzuhalten und schüttete endlich, als ob sie angestoßen wäre, eine Tasse heißen Tee dem Kantianer auf die Unterkleider, um eine Diversion zu machen. Das gelang auch; es wurde entschuldigt, abgewischt, und sie versicherte den Tritt des Majoratsherrn zu hören, eine neue Bekanntschaft, die sie erst jetzt gemacht, ein ausgezeichneter junger Mann, der Frankreich erst kürzlich verlassen habe, und jene streitigen Fragen am besten beantworten könne. – Bei diesen Worten durchgriff eine kalte Hand den Majoratsherrn. Er fürchtete, sich selbst eintreten zu sehen; es war ihm, als ob er wie ein Handschuh im Herabziehen von sich selbst umgekehrt würde. Zu seiner Beruhigung sah er gar nichts auf dem Stuhle, den Esther ihm hinrückte, aber den andern Mitgliedern der eleganten Gesellschaft mußte sein Ansehen etwas Unheimliches haben, und während Esther zu ihm flüsterte, empfahlen sich diese, einer nach dem andern. Als alle sich entfernt hatten, sprach Esther lauter zu dem leeren Stuhle: „Sie haben mir in aller Kürze gesagt, ich sei nicht, was ich zu sein – scheine, und ich entgegne darauf, daß auch Sie nicht sind, was Sie scheinen." Darauf antwortete Esther, indem sie, zum Staunen des ansprechenden Majoratsherrn, seine Stimme täuschend nachahmte: „Ich will mich erklären: Sie sind nicht die Tochter dessen, den die Welt als Ihren Vater nennt, Sie sind ein geraubtes Christenkind, Ihren wahren Eltern, Ihrem wahren Glauben geraubt, und mein Entschluß, Sie dahin zurückzuführen, hat mich bestimmt, Ihnen meine Aufwartung zu machen. Erklären Sie sich mir jetzt auch deutlicher." – Esther: „Es sei. Ich bin Sie, und Sie sind ich; sollte aber die Sache wieder in Ordnung gebracht werden, so zweifle ich, daß ich dabei gewinnen kann, Sie aber verlören unglaublich viel, und nur der schreckliche rotnasige Vetter würde zu einer schwindelnden Höhe erhoben."

Sie schwieg und flehte sich selbst mit der Stimme des Majoratsherrn an, weiterzureden, denn eine Ähnlichkeit mit der geliebten Mutter enthüllte ihm nun halb das Geheimnis. – Dann fuhr sie fort: „Ist Ihnen denn der Eigensinn eines alten Majoratsherrn, der von seinem Vetter, dem Leutnant, mehrmals gekränkt worden, einem eignen Sohne die geliebten Reichtümer überlassen möchte, so geheimnisvoll? Nehmen Sie an, daß die Erfüllung dieser Hoffnung ihm nahe bevorstand, da seine Frau in Wochen kommen sollte, daß ihn aber die Furcht quälte, die Geburt eines Mädchens könne alles vereiteln. Wenn diese oft geäußerte Furcht eine listige Hofdame benutzt, um ihm einen Knaben aufzuschwatzen, den sie eine Woche früher insgeheim geboren: bedarf es da mehr, als einer oft bestochenen Hebamme, wenn nun die Furcht erfüllt wird, und ich statt eines Knaben geboren werde? Ich werde einem dienstbaren Juden überliefert, der, außer dem Vorteil, auch seiner Religion dadurch etwas zuzuwenden hofft. Haben Sie ‚Nathan den Weisen' gelesen?" – Majoratsherr: „Nein!" – Esther: „Nun gut, Sie werden der Mutter an die Brust gegeben, wie die Nachtigall auch Kuckuckseier ausbrütet; doch es versteht sich, ohne etwas Böses damit sagen zu wollen. Und daß ich dies alles weiß, danke ich der Sterbestunde meines Pflegevaters; er versicherte mir noch dabei, daß jenes Kapital, was er mir zurücklasse, mehr betrage, als was ich nach der Stiftung des Majorats fordern könne; er habe aber wohl das Dreifache vom alten Majoratsherrn empfangen, um das Geheimnis zu bewahren, es sei die Grundlage seines großen Handelverkehrs geworden. Sie verstummen, Sie zweifeln, was zu tun sei? Sie verfluchen die Eitelkeit des männlichen Geschlechts, seinen Namen allein in Ansehen erhalten zu wollen? Aber was ist zu tun? Lassen Sie den alten lächerlichen Vetter Ihres Reichtums mit froh werden, wie Sie schon jetzt getan; meine Bahn ist bald durchlaufen, und ich ertrage keinen großen Wechsel der Witterung. Aber Sie lieben mich, sagen Sie. Ach, ich habe Ihre Augen beim ersten Blick verstanden, aber unsere Liebe ist nicht von dieser Welt; diese Welt hat mich mit aller ihrer Torheit zerstört. Freund, nicht alle Männer meinten es mit mir so ehrlich wie Sie, und sie umstrickten mich mit jeder Eitelkeit des kindischen Verstandes. Scheiden wir für heute, denn es kostet mir viel, Ihnen zu sagen, daß ich Ihnen kein ganzes Herz mehr schenken kann; es brach, es ging in Stücken, und nur dort heilt sich der Riß." – Bei diesen Worten verfinsterte eine Tränenflut die Augen des Majoratsherrn. Als er aufblickte, lag Esther, nachdem sie das Nachtlicht ausgelöscht, in ihrem Hemdchen im Fenster und atmete heftig die kalte Nachtluft ein; dann ging sie zu Bette, und er setzte sich zu seinem Tagebuche, um alles Wunderbare, so treu er vermochte, aufzuzeichnen.

Gegen Mittag kam der Vetter, wie gewöhnlich, vor sein Bette und fragte ihn, ob er nicht endlich Lust habe, die Hofdame zu besuchen. Der Majoratsherr überraschte ihn mit einem vernehmlichen Ja, hätte aber gern hinzugefügt, daß er lieber allein den Besuch gemacht hätte. Er kleidete sich schnell an und machte sich mit dem Vetter auf den Weg, der sich darüber freute, daß sie jetzt gewiß noch allein sei. Wie sie sich dem Hause näherten, pochte dem Majoratsherrn das Herz. „Was ist das für ein schrecklich großer Menschenkasten dort", fragte er, „mit den Spiegelscheiben? In dieser Nische habe ich einmal nachts hinter der Statue in der Nische gesessen!" – „Kennen Sie noch nicht Ihr eignes Majoratshaus?" fragte der Vetter. „Da ließe es sich besser wohnen, als in meinem kleinen Neste!" – „Bewahre der Himmel", antwortete der Majoratsherr, „ich wollte, daß ich es nie gesehen hätte; die großen Steine scheinen mit Hunger und Kummer zusammengemauert." – „Freilich, der es baute, hat sich kaum satt zu essen gewagt, und Ihr Vater war nicht auf sonderliche Ausgaben eingerichtet, hat mir einmal, als ich knapp von einem Tage zum andern lebte, einen Prozeß gemacht, weil ich eine Schneiderrechnung, die er für mich ausgelegt, am festgesetzten Tage ihm nicht wieder gezahlt hatte." – „Gott, das ist hart", sagte der Majoratsherr, „das kann den Erben keinen Segen bringen!"

Unter solchen Gesprächen waren sie in das Vorzimmer der Hofdame getreten, die darum bitten ließ, daß die Herren eine halbe Stunde warten möchten, sie hätte noch einige Worte zu schreiben. Der Vetter sah an seiner Uhr, daß er nicht so lange warten könne, wegen seines regelmäßigen Spaziergängs, und ließ den Majoratsherrn allein. Diesem ward sehr unheimlich in dem Zimmer. Der schreiende Laubfrosch auf der kleinen Leiter schien von einem fatalen Geiste beseelt; auch die Blumen in den Töpfen hatten kein recht unschuldiges Ansehen; aus dem Potpourri glaubte er ein Dutzend abgelebte Diplomaten heraufhorchen zu sehen. Aber mehr als alles quälte ihn der schwarze Pudel, obgleich sich dieser vor ihm zu fürchten schien; er hielt ihn für eine Inkarnation des Teufels. Als nun endlich die Hofdame wie ein chinesisches Feuerwerk mit dem steifen Wechsel ihrer Farben aus dem andern Zimmer hervortrat, da vergingen ihm fast die Sinne, denn ihm stand's vor der Seele, daß die Abscheuliche seine Mutter sei. „Mutter", sagte er und sah sie scharf an, „deinem Sohn ist sehr wehe!" Er dachte, sie würde erschrecken,

ihn für einen Toren erklären; aber sie setzte sich ruhig zu ihm und sagte:
„Sohn, deiner Mutter ist sehr wohl." Sie wollte ihm ein emailliertes großes
Riechfläschchen reichen, aber er scheute sich davor und sagte: „Da seh ich
eine Seele eingesperrt!" Sie legte es beiseite und sagte: „Wenn darin eine Seele,
so ist es die Seele deines Vaters, des Schönen; ich reichte es ihm, als er vom

Leutnant, dem Vetter, durchstochen ward, im unerwarteten Zweikampf vor meiner Türe." – „Ich lebe mit dem Mörder meines Vaters unter einem Dache, und du bist seine geliebte Freundin?" – „Du weißt zuviel, mein Sohn", fuhr sie fort, „als daß du nicht alles wissen solltest, wieviel du mir zu danken, was ich für dich getan habe. Dein Vater hieß der Schöne… in der ganzen Stadt; dieser Ruf machte, daß ich gegen ihn alle Vorsicht vergaß. Unser Liebeshandel blieb zwar heimlich; aber bei den Folgen, die ich trug, mußte ich auf Verbannung vom Hofe gefaßt sein, wenn ich diese Folgen nicht verheimlichen könnte, nachdem dein Vater erstochen war, ehe er sein Versprechen, mich zu heiraten, erfüllen könne. Das gelang mir." – „Ich weiß es." – „Und zugleich rächte ich deinen Vater an seinem Mörder, indem ich dir das Vermögen zuwandte, was jenem mit allem Rechte zugefallen wäre. Ich tat noch mehr. Durch meinen Einfluß am Hofe hemmte ich jeden seiner Versuche, sich in Ehren fortzuarbeiten, und erhielt ihn dabei in den Netzen meiner Reize. Weder seinem Verstande noch seinem Mute wurde gerechte Anerkennung; so veraltete er in sinnlosem Treiben und quälenden Nahrungsspekulationen, ein lächerliches Spottgesicht aller Welt, während die ältern Leute noch mit Entzücken von der Schönheit deines Vaters reden, ihn noch als Sprichwort brauchen, um Schönheit zu bezeichnen. Wenn ich dich in deinem Reichtum edel, sorgenfrei aufgewachsen sehe, allem Höheren zugewendet, und den Vetter denke, wie er da täglich unter schielenden Seitenblicken der Alten und mit Hohnlachen der Gassenbuben in lächerlichen Hahnentritten vor meinem Fenster vorübertrippelt, oder sonntags meinen Hund kämmen muß, dann fühle ich, daß ich deinen Vater gerächt, ihm ein rechtes Totenopfer gebracht habe. Oder soll ich noch mehr tun, um den Vetter zu kränken, soll ich ihn heiraten, ihn in seinem Stundenlauf durch die Stadt stören, seine Wappensammlung zusammenwerfen?" – Der Majoratsherr hatte auf das alles nicht gehört, sonst möchte sein Widerspruch sie früher unterbrochen haben. Er sprach halb träumend in sich hinein: „Also ward ich der Edlen nur als ein Dieb an die Mutterbrust gelegt. Und wo ist das unglückliche Kind, das meinetwegen verstoßen wurde? Ich weiß es, Esther ist es; die unglückliche, geistreiche, von der Gemeinheit der Ihren, von dem Fluch ihres Glaubens niedergebeugte Esther!" – „Darüber kann ich dir keine Antwort geben", sagte die Hofdame, „der alte Majoratsherr allein führte die Sache aus; ich war beruhigt, als ich dich aus der Schande unehelicher Geburt zu dem glänzendsten Schicksale erhoben sah. Du dankst mir nicht dafür!" – Er saß in sich versunken und hörte nicht, sondern sprach halblaut: „Ich sollte reich sein auf Unkosten eines Armen? Hab ich nicht manches gelernt, was mir einen Unterhalt verschaffen kann? Ich spiele mehrere Instrumente, so fertig wir irgendeiner; ich male, ich kann in mancher Sprache Unterricht geben. Fort mit der Sündenlast des Reichtums; sie hat mich nie beglückt!" – Die Hofdame hörte ihm aufmerksam zu und sprach mit ihrem Pudel, der seine Vorderpfoten auf ihre Knie stützte und ihr ans Ohr den Kopf ausstreckte, dann nahm sie die Hand des Majoratsherrn und sagte: „Du bist deiner Mutter wenigstens Gehorsam schuldig, und was ich fordere, ist nicht unbillig; nur vierundzwanzig Stunden bewahre das Geheimnis deiner Geburt, und schiebe jeden Entschluß auf, den es in dir erregen könnte; darauf gib mir Hand und Wort!" – Der Majoratsherr war froh, daß er in vierundzwanzig Stunden zu keinem Entschluß zu kommen brauchte, schlug ein, küßte die Hand, empfahl sich ihr und eilte nach Hause, um zu einer ruhigen Fassung zu gelangen.

Aber eine neue Veranlassung zur tiefsten Beunruhigung seines Gemüts mußte er dort vorfinden. Er sah vor dem Hause der Esther eine große Versammlung von Juden und Jüdinnen, die heftig miteinander redeten. Weil er sich nicht darunter mischen wollte, so ging er in sein Haus und befragte die alte Aufwärterin. Sie berichtete ihm, daß der Verlobte der schönen Esther vor einer Stunde ganz zerlumpt von einer Reise nach England zurückgekommen sei; er habe alles das Seine verloren. Die alte Vasthi habe ihm darauf erklärt, daß er ihre Schwelle nicht betreten, an ihre Stieftochter nicht denken solle; aber Esther habe laut versichert, daß sie gerade jetzt ihre Zusage erfüllen wolle, den Unglücklichen zu heiraten, weil er ihrer bedürfe, sonst hätte sie wegen ihrer Kränklichkeit das Verlöbnis aufgelöst. Darüber sei eine schreckliche Wut der Mutter Vasthi ausgebrochen, die kaum durch das Zwischentreten der ältesten Nachbarn beschwichtigt worden sei. Jedermann gebe ihr laut schuld, daß sie nicht aus Vorsorge für die Stieftochter, sondern aus Verlangen, sie zu beerben, weil sie sehr kränklich, die Heirat zu hindern suche.

So war nun ein Mittel der Ausgleichung, wenn er selbst, der Majoratsherr, die verstoßene Esther geheiratet hätte, fast verloren, und seine Neigung schien ihm jetzt sträflich. Er sah Esther, die bleich und erstarrt, wie eine Tote auf ihrem Sofa lag, während der Verlobte, ein jammervoller Mensch, ihr seine unglückliche Begebenheiten erzählte. Es wurde Licht angezündet; sie schien sich zu erholen, tröstete ihn, versprach ihm ihren Handel zu überlassen, wenn sie verheiratet wären, aber er dürfe dann nie ihr Zimmer betreten. Er beschwor alle Bedingungen, die sie ihm machen wolle, wenn sie ihn aus dem Elend reißen und vor dem Zorn der grausamen Vasthi bewahren wolle. „Sie ist der Würgengel, der Todesengel", sagte er, „ich weiß es gewiß; sie wird abends gerufen, daß die toten Leute nicht über Nacht im Hause bleiben müssen, und saugt ihnen den Atem aus, daß sie sich nicht lange quälen und den Ihren zur Last fallen. Ich hab's gesehen, als sie von meiner Mutter fortschlich, und als ich ans Bette kam, war sie tot; ich habe es gehört von meinem Schwager, es darf nur keiner davon reden. Es ist eine Sache der Milde, aber ich scheue mich davor." Esther suchte es ihm auszureden, endlich sagte sie: „Bedenk Er sich wohl! Wenn Er sich allzusehr vor ihr fürchtet, so heirate Er mich nicht. Mir ist es einerlei, ich tue es nur, um Ihn aus dem Elend zu retten; das bedenk Er sich und geh Er, und laß Er mich allein." Der Verlobte ging. Kaum war er fort, so stand Esther mit Mühe auf, erschrak, als sie sich im Spiegel erblickte, und rang die Hände.

Der Majoratsherr beschauete den schmalen Raum, der sie trennte; er glaubte, sie trösten zu müssen. Aber ehe er entschlossen, ob er sich einem kühnen Sprunge hingeben, oder durch ein Brett beide Fenster in aller Sicherheit vereinigen könnte, hörte er, wie alle Abende, einen Schuß, und es überfiel der gesellige Wahnsinn die schöne Esther schon wieder. Sie schlüpfte mit Eil in ein kurzes Ballkleid und warf darüber einen feuerfarbenen Maskenmantel, nahm auch eine Maske vor, und so erwartete sie die übrigen Masken zu dem Balle. Es ging wie am vorigen Tage, nur viel wilder. Groteske Verkleidungen, Teufel, Schornsteinfeger, Ritter, große Hähne schnarrten und schrien in allen Sprachen, er sah die Gestalten, so wie ihre Stimme sie belebte. Sie war schlagend witzig gegen alle Angriffe, die sie sich selbst machte, und scheute in diesen Spottreden keiner ihrer Schwächen, die sie je gehabt hatte; aber sie wußte auch von allem die beste Seite zu zeigen. Nur einer Maske wußte sie nichts zu antworten, die ihr vorwarf, so nahe ihrer Hochzeit solchen Leichtsinn zu treiben. „Nennen Sie dieses Almosen, das ich dem armen Jungen reiche, keine Hochzeit. Ich bin verlassen; der Majoratsherr wird sich immerdar zu lange in Unschlüssigkeit bedenken, ehe er etwas für mich tut, meine Pulse schlagen bald die letzte Stunde, kurz, David tanzte vor der Bundeslade, und ich tanze dem höheren Bunde entgegen." Bei diesen Worten ergriff sie die Maske und raste einen schnellen Walzer, welchem Beispiel die andern Masken folgten, während ihr Mund mit seltener Fertigkeit Violinen, Bässe, Oboen und Waldhörner tanzend nachzuahmen wußte. Kaum war dieser allgemeine Tanz geendet, so wurde sie angefleht, die Fandango zu tanzen. Sie warf die Maske und auch das Ballkleid von sich, ergriff die Kastagnetten und tanzte mit einer Zierlichkeit den zierlichsten Tanz, daß dem Majoratsherrn alle andere Gedanken in Wonne des Anschauens untergingen. Als ihr nun alle für diese Kunst ihren Dank zollten und sie nur mit Mühe wieder zu Atem kam, sah sie mit Schrecken einen kleinen Mann eintreten, den auch der Majoratsherr, sobald sie ihn genannt, in einer sehr abgetragenen Maske die Herren begrüßen sah. „Gott, das ist mein armer Bräutigam", sagte sie, „der will mit seinen Kunststücken Geld verdienen." Diese armselige Maske trug einen kleinen Tisch und Stuhl auf dem Rücken, empfahl seine Kunststücke, ließ einen Teller umhergehen, um für sich einzusammeln, und eröffnete den Schauplatz mit sehr geschickten Kartenkünsten; dann brachte er Becher, Ringe, Beutel, Leuchter und ähnliche Schnurrpfeifereien vor, mit denen er das größte Entzücken in der ganzen Gesellschaft erregte. Zuletzt sprang er in einem leichten weißen Anzuge, doch wieder maskiert, wie eine Seele aus dem

schmutzigen Maskenmantel heraus und versicherte, mit seinem Körper seltsame Kunststücke machen zu wollen, legte sich auf den Bauch und drehte
sich wie ein angestochener Käfer umher. Aber Esther faßte einen so gräßlichen Widerwillen gegen ihn in dieser Verzerrung, daß sie mit zugehaltenen
Augen in Krämpfen auf ihr Bett stürzte. Im Augenblicke waren dem Majo-

ratsherrn alle Gestalten verschwunden; er sah die Geliebte, die Unterdrückte, im schrecklichsten Leiden verlassen; er beschloß, zu ihr zu eilen. Er sprang die Treppe hinunter, aber er fehlte die Tür, und trat in ein Zimmer, das er nie betreten. Und ihm und seiner Laterne entgegen drängten sich ungeheure gefiederte Gestalten, denen rote Nasen wie Nachtmützen über die Schnäbel hingen. Er flieht zurück und steigt zum Dache empor, indem er sein Zimmer sucht. Er blickt umher in dem Raume, und still umsitzen ihn heilige Gestalten, fromme Symbole, weiße Tauben; und das Gefühl, wie er zwischen Himmel und Hölle wohne, und die Sehnsucht nach dem himmlischen Frieden, dessen Sinnbilder ihn umgaben, stillte wie Öl die Sturmeswellen, die ihn durchbebten, und eine Ahnung, daß er ihm nahe, daß es seiner auf Erden nicht mehr bedürfe, drängte seine aufglimmende Tätigkeit für Esther wieder zurück.

Doch diesem höheren Traum stellte sich die Wirklichkeit mit spitzer Nachtmütze, einem bunten Band darum gebunden, eine Brille auf der roten Nase, einen japanischen bunten Schlafrock am Leibe, mit bloßem Schwerte entgegen; natürlich der Vetter, der von dem Geräusche im Hause erwachte, den Majoratsherrn mit den Worten begrüßte: „Sind Sie es, lieber Vetter, oder Ihr Geist?" – „Mein Geist", antwortete der Majoratsherr verlegen, „denn kaum weiß ich, wie ich hier unter die Engel versetzt bin." – „Kommen Sie in Ihr Zimmer zurück", entgegnete der Vetter, „sonst verlassen die Tauben ihre Eier; meine Puthähne unten wollen sich ohnehin nicht zufrieden geben; Sie waren gewiß auch dort, ich konnte mir dieses Treppensteigen, den Lärm bei den Tieren nicht anders erklären, als daß ein Dieb von der Judengasse eingestiegen sei. Nun ist es mir nur lieb, daß Sie es sind. Vielleicht etwas mondsüchtig, lieber Vetter? Das weiß ich zu kurieren." – Unter solchen Gesprächen führte er den Majoratsherrn in sein Zimmer zurück. Dieser aber faßte den Entschluß, dem Vetter zu erzählen, daß er Esther in Krämpfen ganz verlassen aus seinem Fenster gesehen habe und daß er, in der Eil, ihr zu Hilfe zu kommen, die Türen verfehlt habe. – „Welch ein Glück", rief der Vetter, „denn wenn die Türe der Gasse offen gewesen, Sie wären nicht ohne Unglück oder Schimpf hinausgekommen." – Der Majoratsherr war an das Fenster gegangen und sagte: „Sie scheint jetzt zu schlummern, der schreckliche Anfall ist vorüber." Der Leutnant erzählte aber weiter: „Vor einem Jahre hätten Sie noch die Esther sehen sollen, da war sie schön; da kam der Sohn eines Regimentskameraden vom Lande hierher unter die Dragoner. Er war das einzige Gut der Mutter, seitdem der Vater in einem Scharmützel geblieben; denn die sind oft gefährlicher, als die großen Schlachten. Ich sah, wie sie ihm das letzte Hemde zu seiner Equipierung nähte; sie dachte nicht, daß es sein Sterbehemde werden sollte. Aber der Mensch war unbesonnen; ich sah es ihm gleich beim Reiten an: er wollte immer Kunststücke auf den Straßen machen und dachte nicht daran, daß da Leute neben ihm gingen. Genug, der verliebt sich in die schöne Esther und sie in ihn, und mein junger Herr will abends zu ihr schleichen, und wie die armen Juden außer ihrer Gasse mißhandelt werden, so meinen sie, die Christen drinnen auch mißhandeln zu können, und fallen über ihn her, – besonders die alte Vasthi, die hätte ihn fast erwürgt. Die Sache ward laut, die Offiziere wollten nicht mit dem jungen Fähnrich weiter dienen. Er kam zu mir: was er tun sollte? Ich sagte ihm: ‚Schießt Euch tot, weiter ist nichts zu tun.' Und der Mensch nimmt das Wort buchstäblich und schießt sich tot. Da hatte ich Mühe, es der Mutter auf gute Art beizubringen. Die Esther aber bekommt seitdem abends um die Zeit, wo er sich erschossen, einen Eindruck, als ob ein Pistolenschuß in der Nähe fiele, – andre hören es nicht, – und dann einen Anfall von Reden, Tanzen, daß kein Mensch aus ihr klug wird; und die andern im Hause lassen sie allein und scheuen sich vor ihr!" – Entsetzt vor dem kaltblütigen Vortrage, rief der Majoratsherr: „Welche Klüfte trennen die arme Menschheit, die sich immer nach Vereinigung liebend sehnt! Wie hoch muß ihre Bestimmung sein, daß sie solcher Fundamente bedarf, daß solche Opfer von der ewigen Liebe gefordert werden, solche Zeichen, – die, mehr als Wunder, die Wahrheit der heiligen Geschichte bewähren? Oh! sie sind alle wahr, die heiligen Geschichten aller Völker!" – Nach einer Pause fragte er: „Ist denn diese Vasthi wirklich der Würgeengel? Die Leute sagen, daß sie den Sterbenden den Todesdruck gebe." – „Wenn das der Fall ist", sagte der Vetter, „so ist es Milde, daß sie nicht lebend begraben werden, weil ein törichtes Gesetz gebietet, die Toten nach drei Stunden aus dem Hause zu schaffen." Es habe ihm ein Arzt versichert, – daß er deswegen einem, der an Krämpfen gelitten, schwören mußte, bei ihm zu bleiben, daß er nicht erstickt würde, wenn man ihn für tot hielte. „Und da sah er, wie die Verwandten ihn verlegen bereden wollten, fortzugehen, – der Tote sei tot; aber er blieb und rettete das Leben des Erstarrten, der ihm noch lange dankte. Da sollte die Obrigkeit ein Einsehen haben und das frühe Beerdigen verbieten. Aber lassen Sie uns von angenehmeren Dingen reden", fuhr der Vetter fort. „Ich habe Ihnen vielen Dank zu sagen, Sie haben mein Glück gemacht. Meine vortreffliche Herzens- und Hofdame fühlt eine so gütige, mütterliche Zärtlichkeit gegen Sie, daß Sie mir die seit dreißig Jahren versagte Hand reichen will, insofern ich Sie verpflichten kann, als ein geliebter Sohn in ihrer Nähe zu bleiben und unser nahendes Alter zu unterstützen. Da Sie nun, lieber Vetter, Ihr ganzes äußeres Dasein mit der Verwaltung des Majorats mir übertragen haben, ich auch aus der nähern Kenntnis der Verhandlungen ersehe, daß Sie viel zu abstrakt in Ihren Studien sind, um Ihrem Vermögen selbst vorstehen zu können, so habe ich, gleichsam als Ihr natürlicher Vormund, Ihr Wort dazu gegeben."

Der Majoratsherr fühlte sich in den Willen des Vetters ebenso hingegeben, wie Esther in den Willen der Vasthi; er kam ihm auch vor wie ein Würgeengel, und er konnte sich denken, daß er ihm ebenso gleichgültig wie dem jungen Dragoner die Pistole reichen würde, wenn er das Geheimnis des Majorats erführe. Der Majoratsherr liebte aber sein Leben, wie alle Kranke und Leidende, und es schien ihm ein milder Ausweg, den die Hofdame ersonnen, ihn durch diese Heirat als Sohn dem Hause dergestalt zu verknüpfen, daß bei der Unwahrscheinlichkeit, in ihrem Alter noch andre Kinder zu bekommen, er allein die Aussicht und der Mittelpunkt aller Hoffnungen beider werden müßte. So fand er sich gezwungen, dem Vetter zur Heirat Glück zu wünschen und ihm seine kindliche Ergebenheit gegen die Hofdame zu versichern; auch versprach er ihm, künftig mit ihm im Majoratshause zu wohnen, Gesellschaften zu sehen und am Hofe sein Glück zu suchen. Dann las ihm der Vetter einige wohlgereimte Gedichte vor, in denen er dieses Glück besungen hatte, und empfahl sich erst spät dem schlaftrunkenen Majoratsherrn, der heimlich allen Versen abgeschworen, seitdem er die edle Reimkunst mit so fataler, nichtiger Fertigkeit hatte handhaben hören. Und doch konnte er es nicht lassen, einige Reime bis zum Verzweifeln sich zu wiederholen und wußte auch nicht, wo er sie gehört hatte, – doch meinte er damals, als er die alte Vasthi hinter der Bildsäule belauerte.

> Es war eine alte Jüdin,
> Ein grimmig gelbes Weib;
> Sie hatt' eine schöne Tochter;
> Ihr Haar war schön geflochten,
> Mit Perlen, so viel sie mochte,
> Zu ihrem Hochzeitkleid.

> „Ach, liebste, liebste Mutter,
> Wie tut mir's Herz so weh; –
> In meinem geblümten Kleide
> Ach laß mich eine Weile
> Spazieren auf grüner Heide,
> Bis an die blaue See.

> Gut Nacht! Gut Nacht, Herz Mutter,
> Du siehst mich nimmermehr;
> Zum Meere will ich laufen
> Und sollt ich auch ersaufen;
> Es muß mich heute taufen;
> Es stürmet gar zu sehr!"

Spät entschlafen, unter diesen immer wiederkehrenden Reimen, wurde er erst gegen Abend durch den Pistolenschuß erweckt, der sich zur gewohnten Stunde hören ließ. Fast zugleich trat die alte gute Aufwärterin leise ein, und als sie ihn wachend fand, fragte sie: Ob er nicht der Judenhochzeit aus dem Hinterfenster zusehen wolle. – „Wer wird verheiratet?" fuhr er auf. – „Die schöne Esther mit dem armen Lump, der gestern zurückgekehrt ist." – Zum Glück war der Majoratsherr unausgekleidet auf seinem Sofa eingeschlafen, denn Zeit konnte er nicht verlieren, mit solcher Heftigkeit sprang er nach den hinteren Fenstern des Hauses, aus denen er den Begräbnisort mit den wilden Tieren gesehen hatte. Lange Häuserschatten und zwischendurch strahlende Abendlichter streiften über den grünen Platz neben dem Begräbnisort, der mit einem schrecklichen Gewirre schmutziger Kinder eingehegt war. Die Art der Musik, welche jetzt anhob, erinnerte an das Morgenland; auch der reich

gestickte Baldachin, der von vier Knaben vorausgetragen wurde. Ebenso fremdartig waren alle Zeichen der Lustigkeit unter den Zuschauern, welche Nachtigallen und Wachteln künstlich nachmachten, einander zwickten und Gesichter schnitten, und endlich, zum Teil mit künstlichen Sprüngen, den Bräutigam begrüßten, der wie ein Schornsteinfeger ein schwarzes Tuch um den Kopf trug und mit einer Zahl befreundeter Männer eintrat. Und welche Ungeduld, wie viele seltsame Einfälle unter den Leuten, als die Braut länger als erlaubt auf sich warten ließ. Aber endlich kam händeringend ein Weib und schrie unbarmherzig: „Esther ist tot!"

Die Musik der Cymbeln und kleinen Pauken schwieg; die Knaben ließen den Thronhimmel fallen, der wilde Stier brüllte schrecklich oder wurde jetzt erst gehört. Der Majoratsherr allein, während alles lief um zu schauen, blieb erstarrt in seiner Fensterecke liegen, bis die Tauben heimkehrend es mit lautem Flügel umflogen, und die Aufwärterin sagte: „Ach Gott! da haben sie wieder eine mitgebracht; wer weiß, welchem armen Menschen sie gehört hat, und wie viele sich darum grämen!" – „Sie ist's", rief der Majoratsherr, „die himmlische Taube, und ich werde nicht lange um sie weinen!" Er ging auf sein Zimmer zurück und wagte es, nach ihren Fenstern hinzublicken. Schon waren alle aus ihrem Zimmer entflohen, aus Furcht der Einwirkung eines Toten. Der Verlobte zerriß sein Kleid vor dem Hause und überließ sich allen Rasereien des Schmerzes, während die Ältesten von der Beerdigung redeten. Sie lag auf ihrem Bette. Der Kopf hing herab, und die Haarflechten rollten aufgelöst zum Boden. Ein Topf mit blühenden Zweigen aller Art stand neben ihr und ein Becher mit Wasser, aus dem sie wohl die letzte Kühlung im heißen Lebenskampfe mochte empfangen haben. – „Wohin seid ihr nun entrückt", rief er nun zum Himmel, „ihr himmlischen Gestalten, die ahnend sie umgaben? Wo bist du schöner Todesengel, Abbild meiner Mutter! So ist der Glaube nur ein zweifelhaft Schauen zwischen Schlaf und Wachen, ein Morgennebel, den das schmerzliche Licht zerstreut! Wo ist die geflügelte Seele, der ich mich einst in reinerer Umgebung zu nahen hoffte? Und wenn ich mir alles abstreite, wer legt Zeugnis ab für jene höhere Welt? Die Männer vor dem Hause reden von Begräbnis, und dann ist alles abgetan. Immer dunkler wird ihr Zimmer, die geliebten Züge verschwinden darin."

Während er in tränenlosem Wahnsinn so vor sich hinredete, trat die alte Vasthi mit einer Diebeslaterne in das Zimmer, öffnete einen Schrank und nahm einige Beutel heraus, die sie in ihre lange Seitentasche steckte. Dann nahm sie den Brautschmuck der Erstarrten vom Kopfe und maß mit einem Bande ihre Länge, wohl nicht zu einem Kleide, sondern zur Auswahl des Sarges. Und nun setzte sie sich auf das Bett, und es schien, als ob sie bete. Und der Majoratsherr vergab ihr den Diebstahl für dies Gebet und betete mit ihr. Und wie sie gebetet hatte, zogen sich alle Züge ihres Antlitzes in lauter Schat-

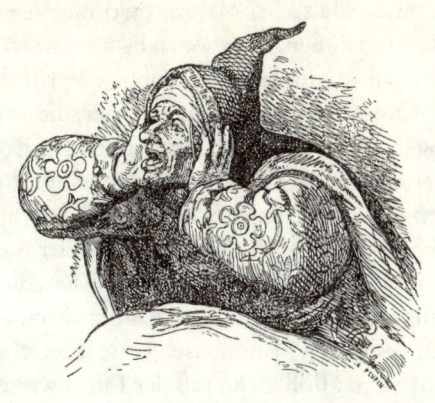

ten zusammen, wie die ausgeschnittenen Kartengesichter, welche einem Lichte entgegengestellt, mit dem durchscheinenden Lichte ein menschliches Bild darstellen, das sie doch selbst nicht zu erkennen geben: sie erschien nicht wie ein menschliches Wesen, sondern wie ein Geier, der lange von Gottes Sonne gnädig beschienen, mit der gesammelten Glut auf eine Taube nieder-

stößt. So setzte sie sich wie ein Alpdruck auf die Brust der armen Esther und legte ihre Hände an ihren Hals. Der Majoratsherr meinte einige Bewegungen am Kopf, an Händen und Füßen der schönen Esther zu sehen; aber Wille und Entschluß lagen ihm wie immer fern, der Anblick ergriff ihn, daß er es nicht meinte überleben zu können. „Der grimmige Geier, die arme Taube!" – Und wie Esther das Ringen aufgab und ihre Arme über den Kopf ausstreckte, da erlosch das Licht, und aus der Tiefe des Zimmers erschienen mit mildem Gruße die Gestalten der ersten reinen Schöpfung, Adam und Eva, unter dem verhängnisvollen Baume und blickten tröstend zu der Sterbenden aus dem ewigen Frühlingshimmel des wiedergewonnenen Paradieses, während der Todesengel zu ihrem Haupte mit traurigem Antlitze in einem Kleide voll Augen mit glänzendem gesenkten Flammenschwerte lauerte, den letzten bittern Tropfen ihren Lippen einzuflößen. So saß der Engel wartend tiefsinnig, wie ein Erfinder am Schlusse seiner mühevollen Arbeit. Aber Esther sprach mit gebrochener Stimme zu Adam und Eva: „Euretwegen muß ich so viel leiden!" – Und jene erwiderten: „Wir taten nur eine Sünde, und hast du auch nur eine getan?" – Da seufzte Esther, und wie sich ihr Mund öffnete, fiel der bittre Tropfen von dem Schwerte des Todesengels in ihren Mund, und mit Unruhe lief ihr Geist durch alle Glieder getrieben und nahm Abschied von dem schmerzlich geliebten Aufenthaltsorte. Der Todesengel wusch aber die Spitze seines Schwertes in dem offenen Wasserbecher vor dem Bette ab und steckte es in die Scheide und empfing dann die geflügelte, lauschende Seele von den Lippen der schönen Esther, ihr reines Ebenbild. Und die Seele stellte sich auf die Zehen in seine Hand und faltete die Hände zum Himmel, und so entschwanden beide, als ob das Haus ihrem Fluge kein Hindernis sei, und es erschien überall durch den Bau dieser Welt eine höhere, welche den Sinnen nur in der Phantasie erkenntlich wird: in der Phantasie, die zwischen beiden Welten als Vermittlerin steht und immer neu den toten Stoff der Umhüllung zu lebender Gestaltung vergeistigt, indem sie das Höhere verkörpert. Die alte Vasthi schien aber von all der Herrlichkeit nichts zu erkennen und zu sehen; ihre Augen waren abgewandt, und als sich der Todeskampf gestillt hatte, nahm sie noch einigen Schmuck zu sich und hob ein Bild von Adam und Eva von der Wand und schleppte es auch mit sich fort.

Erst jetzt fiel dem Majoratsherrn ein, daß etwas Wirkliches auch für diese Welt an allem dem sein könne, was er gesehen, und mit dem Schrei: „Um Gottes Gnade willen, die Alte hat sie erwürgt", sprang er, seiner selbst unbewußt, auf das Fenster und glücklich hinüber in das offene Fenster der Esther. Sein Schrei hatte die Totengräber und den Verlobten ins Haus gerufen. Sie kamen in das Zimmer, wo sie den Majoratsherrn, den keiner kannte, beschäftigt fanden, der armen Esther Leben einzuhauchen. Aber vergebens. Mit Mühe sagte er ihnen, was er gesehen, wie Vasthi sie erwürgt habe. Der Verlobte rief: „Es ist gewißlich wahr, ich sah sie hinaufschleichen und sah sie herunterschleichen, aber ich fürchtete mich vor ihr!" Die Totenbegleiter verwiesen ihm aber solche frevelhafte Gedanken, der Fremde sei ein Rasender, vielleicht ein Dieb, der solche Lügen ersonnen, um sich der Strafe zu entziehen. Da ergriff der Majoratsherr den Becher mit Wasser und sprach: „So gewiß der Tod in diesem Wasser sein Schwert gewaschen und es tödlich vergiftet hat, so gewiß hat Vasthi die arme Esther vor meinen Augen erwürgt!" – Bei diesen Worten trank er den Becher aus und sank dann am Bett nieder. – Alle sahen an dem Glanze seiner Augen, an der Bleichheit seiner Lippen, daß ihm sehr wehe sei, und sie hörten seinen gebrochenen Reden zu. „Sie würgte an ihr schon manches Jahr", sagte er, „und Esther starb in einem Abbilde ihres Lebens, das mit seinem eiteln Schmuck noch in dem Tode die Raubgier der Alten und vergebliche Liebe in mir regte. Sie ist dem Himmel ihres Glaubens nicht entzogen; sie hat ihn gefunden, und auch ich werde meinen Himmel, die Ruhe und Unbeweglichkeit des ewigen Blaus finden, das mich aufnimmt in seiner Unendlichkeit, sein jüngstes Kind, wie seine Erstgebornen, alle in gleicher Seligkeit!"

Bald wurden seine Worte undeutlicher, und er bewegte kaum noch die Lippen. Und die Juden alle sagten, daß das Wasser in einem Sterbezimmer gefährlich und selbst öfter als tödlich erfunden sei bei gewaltsamen Todesfällen. Sie trugen ihn in das Haus des Leutnants und erzählten, was er ihnen von den Ereignissen berichtet hätte. Dieser versicherte ihnen, der Sterbende sei schon lange sehr kränklich gewesen und rief eben den Arzt in das Haus, den der Majoratsherr zuerst erblickt hatte, wie der Tod auf seinem Wagen gesessen und die beiden Rosse, Hunger und Schmerz gelenkt habe. Dieser zuckte die Achseln, machte Versuche mit Stechen und Brennen und einigen heftigen Mitteln; aber er konnte die Ruhe des Unglücklichen nicht mehr stören, sondern beschleunigte nur seinen Tod.

Noch am Abend nahm der Leutnant Besitz von dem Majoratshause und schlief seine erste selige Nacht in dem Prachtbette des Hauses. Seine glänzende Bedienung, sein Geschmack in der Pracht zeigte sich zur allgemeinen Bewunderung bei dem Leichenbegräbnisse des Majoratsherrn. Er gab mehrere große Mittagessen, und es verging keine Woche, und jedermann war erstaunt, wie dem Manne Unrecht geschehen. Viele rühmten seinen echt praktischen Verstand, wie er sich durch alle Not des Lebens durchgearbeitet habe; andre erinnerten sich jetzt, wie viele Proben seines Mutes er im Kriege gegeben; einige verehrten sogar seine Gedichte und erboten sich, sie herauszugeben. Bald trat er nach seinem Dienstalter in die Armee ein und reichte als General der alten Hofdame seine Hand, nachdem er durch die glückliche Erfindungsgabe jenes Arztes von seiner roten Nase kuriert war.

Dem Hochzeitstage zu Ehren wurde alles Geflügel geschlachtet, das er im kleinen Hause so lange verpflegt hatte. Die hohen Herrschaften beehrten ihn selbst mit ihrer Gegenwart, und jedermann rühmte die Fröhlichkeit und die Pracht dieses Festes. Um so unruhiger war die Nacht. Die Ärzte behaupteten, der Vetter habe sich im Weine übernommen; die Leute im Hause aber berichteten, die Hofdame habe im Zu-Bett-gehen ein emailliertes Riechfläschchen zerbrochen, worin der Geist ihres erstochenen Freundes eingeschlossen gewesen. Dieser Geist habe ihr Bett gegen ihn mit dem Degen verteidigt, und beide hätten die ganze Nacht gefochten, bis endlich der Herr ermüdet sich vor ihm zurückgezogen. Die Hofdame verhöhnte ihn am Morgen als einen törichten Geisterseher, und als er ihr im Zorne antwortete, drohte sie, die Geschichte zu seinem Schimpfe am Hofe bekanntzumachen. Zu ihren Füßen flehte er, daß sie schweigen möchte, und sie versprach es unter der Bedingung, daß er sie in keiner ihrer Launen stören wolle. So mußte er es ruhig dulden, daß die Hunde der Frau, als diese die Wappensammlung besehen und offen stehen lassen, mit den kostbarsten Wappen spielten und sie im Spiel zerbissen. Auch mit der Ordnung seiner Zeit hatte es ein Ende, denn die Frau verstellte und verdrehte ihm alle Uhren, wenn die Hunde zum Mittagessen früher ein Lusten bezeigten. Auch hatte er zum Spazierengehen nun so wenig Zeit übrig, seit ihm die Frau eine gewisse Anzahl junger Hühnerhunde und Hetzhunde zum Abrichten übergeben hatte. Die gute alte Ursula wagte es zu reden, ihn zum Widerstande aufzumuntern; aber er fürchtete schon bei dem bloßen Gedanken, daß sie in der nächsten Nacht den Geist aus dem emaillierten Riechfläschchen loslassen möchte und jagte sie aus seinem Dienst; er trug die physische Angst in seinem Herzen, wie ein gebissener Hahn, der einmal vor seinem Gegner flüchtig geworden ist.

Die Frau kannte diese schwache Seite und trieb ihn mit dieser Furcht aus allen guten Zimmern des großen Hauses auf ein Bodenzimmer, um ihre neuen Kolonien von Hunderassen aller Art in den Prachtzimmern wohl unterzubringen. Ungeachtet seiner Ehrenstellen wagte er sich unter solchen beschämenden Umständen nicht in die Welt, die sich der Frau wegen der allmählich verbreiteten Geschichte ihrer heimlichen Niederkunft und des Kindertausches ohnehin verschloß. Um so ungestörter ergab sie sich ihrer Liebhaberei zu Tieren aller Art und gestattete niemand den Eintritt in das Innere ihres Hauses. Neugierige Leute lauerten wohl abends vor dem Fenster, wenn sie durch die Ritzen und Fensterladen die Kronenleuchter hell brennen sahen, und kletterten auch wohl hinan, um etwas von diesem seltsamen Feste zu ersehen. Sie erzählten dann, daß sie unzählige Hunde und Katzen an großen, wohlgedeckten, mit silbernen Schüsseln voll feiner Gerichte bedeckten Tischen hätten tafeln sehen, und wie der Herr General hinter dem Stuhle des Lieblingshundes mit einem Teller unter dem Arme aufgewartet habe, während sie alle mit den artigsten französischen Worten zum Essen überredet habe. Sie erzählten, wie sie es als einen artigen Einfall belacht habe, als ein paar Hunde die schmutzigen Pfoten an dem großen Wappen des Majorat-Damastgedeckes abgewischt hätten, während der Teller des Eheherrn hinter dem Stuhle des Hundes vom Zittern des unterdrückten Zornes an den Uniformknöpfen den hellsten Triller geschlagen habe. „Wir sind jetzt alle bei recht guter Laune", hatte sie da gesagt, „lesen Sie uns Ihr Gedicht auf den Namenstag meines Kartusch vor!" Als der Horcher bei diesen Worten laut auflachte, brachte dies dem ganzen Feste eine Störung. Die Frau schalt, die Hunde bellten, der General schickte seine Leute hinaus. Alle Zuschauer flüchteten, und am andern Tag wurde das Haus mit einem hohen eisernen Gitter umgeben, so daß niemand mehr diesen Heimlichkeiten zusehen konnte.

Mit diesem Gitter schließen sich auch, zufällig oder historisch, je nachdem man es ansehen will, die Nachrichten von den Majoratsherren. Die Stadt hatte während des Revolutionskrieges sehr bald Gelegenheit, andere Leutnants und Generale zu beobachten. Es war eine so unruhige Zeit, daß die alten Leute gar nicht mehr mitkommen konnten und deswegen unbemerkt abstarben. So erging es wenigstens dem Majoratsherrn, seiner Frau und ihren Hunden nach einigen heftigen Auftritten, in denen einer der fremden Offiziere, der eine bessere Hausordnung zu stiften sich berufen glaubte, die Hunde auf gewaltsame Weise aus den Staatszimmern hetzte und den alten Majoratsherrn in seine Rechte auf die Hausherrschaft wieder einzusetzen strebte. Bald darauf kam die Stadt unter die Herrschaft der Fremden; die Lehnsmajorate wurden aufgehoben, die Juden aus der engen Gasse befreit, der Kontinent aber wie ein überwiesener Verbrecher eingesperrt. Da gab es viel heimlichen Handelsverkehr auf Schleichwegen, und Vasthi soll ihre Zeit so wohl benutzt haben, daß sie das ausgestorbene Majoratshaus durch Gunst der neuen Regierung zur Anlegung einer Salmiakfabrik für eine Kleinigkeit erkaufte, welche durch den Verkauf einiger darin übernommenen Bilder völlig wieder erstattet war. So erhielt das Majoratshaus eine den Nachbarn zwar unangenehme, aber doch sehr nützliche Bestimmung, und es trat der Kredit an die Stelle des Lehnrechts.

Joseph von Eichendorff

Das Schloß Dürande

In der schönen Provence liegt ein Tal zwischen waldigen Bergen, die Trümmer des alten Schlosses Dürande sehen über die Wipfel in die Einsamkeit herein; von der andern Seite erblickt man weit unten die Türme der Stadt Marseille; wenn die Luft von Mittag kommt, klingen bei klarem Wetter die Glocken herüber, sonst hört man nichts von der Welt. In diesem Tale stand ehemals ein kleines Jägerhaus, man sah's vor Blüten kaum, so überwaldet war's und weinumrankt bis an das Hirschgeweih über dem Eingang: in stillen Nächten, wenn der Mond hell schien, kam das Wild oft weidend bis auf die Waldeswiese vor der Tür. Dort wohnte dazumal der Jäger Renald, im Dienst des alten Grafen Dürande, mit seiner jungen Schwester Gabriele ganz allein, denn Vater und Mutter waren lange gestorben.

In jener Zeit nun geschah es, daß Renald einmal an einem schwülen Sommerabend, rasch von den Bergen kommend, sich nicht weit von dem Jägerhaus mit seiner Flinte an den Saum des Waldes stellte. Der Mond begländzte die Wälder, es war so unermeßlich still, nur die Nachtigallen schlugen tiefer im Tal, manchmal hörte man einen Hund bellen aus den Dörfern oder den Schrei des Wildes im Walde. Aber er achtete nicht darauf, er hatte heut ein ganz anderes Wild auf dem Korn. Ein junger fremder Mann, so hieß es, schleiche abends heimlich zu seiner Schwester, wenn er selber weit im Forst; ein alter Jäger hatte es ihm gestern vertraut, der wußte es vom Waldhüter, dem hatt' es ein Köhler gesagt. Es war ihm ganz unglaublich, wie sollte sie zu der Bekanntschaft gelangt sein? Sie kam nur sonntags in die Kirche, wo er sie niemals aus den Augen verlor. Und doch wurmte ihn das Gerede, er konnte sich's nicht aus dem Sinne schlagen, er wollte endlich Gewißheit haben. Denn der Vater hatte sterbend ihm das Mädchen auf die Seele gebunden, er hätte sein Herzblut gegeben für sie.

So drückte er sich lauernd an die Bäume im wechselnden Schatten, den die vorüberfliegenden Wolken über den stillen Grund warfen. Auf einmal aber hielt er den Atem an, es regte sich am Hause, und zwischen den Weinranken schlüpfte eine schlanke Gestalt hervor; er erkannte sogleich seine Schwester an dem leichten Gang; o mein Gott, dacht er, wenn alles nicht wahr wäre! Aber in demselben Augenblick streckte sich ein langer dunkler Schatten neben ihr über den mondbeschienenen Rasen, ein hoher Mann trat rasch aus dem Hause, dich in einen schlechten grünen Mantel gewickelt, wie ein Jäger. Er konnte ihn nicht erkennen, auch sein Gang war ihm durchaus fremd; es flimmerte ihm vor den Augen, als könnte er sich in einem schweren Traume noch nicht recht besinnen.

Das Mädchen aber, ohne sich umzusehen, sang mit fröhlicher Stimme, daß es dem Renald wie ein Messer durchs Herz ging:

> „Ein' Gems auf dem Stein,
> Ein Vogel im Flug,
> Ein Mädel, das klug,
> Kein Bursch holt die ein!"

„Bist du toll!" rief der Fremde, rasch hinzuspringend.

„Es ist dir schon recht", entgegnete sie lachend, „so werd' ich dir's immer machen; wenn du nicht artig bist, sing' ich aus Herzensgrund." Sie wollte von neuem singen, er hielt ihr aber voll Angst mit der Hand den Mund zu. Da sie so nahe vor ihm stand, betrachtete sie ihn ernsthaft im Mondschein. „Du hast eigentlich recht falsche Augen", sagte sie; „nein, bitte mich nicht wieder so schön, sonst sehn wir uns niemals wieder, und das tut uns beiden leid. – Herr Jesus!" schrie sie auf einmal, denn sie sah plötzlich den Bruder hinterm Baum nach dem Fremden zielen. – Da, ohne sich zu besinnen, warf sie sich hastig dazwischen, so daß sie, den Fremden umklammernd, ihn ganz mit ihrem Leibe bedeckte. Renald zuckte, da er's sah, aber es war zu spät, der Schuß fiel, daß es tief durch die Nacht widerhallte. Der Unbekannte richtete sich in dieser Verwirrung hoch empor, als wär er plötzlich größer geworden, und riß zornig eine Taschenpistole aus dem Mantel; da kam ihm auf einmal das Mädchen so bleich vor, er wußte nicht, war es vom Mondlicht oder vom Schreck.

„Um Gottes willen", sagte er, „bist du getroffen?" „Nein, nein", erwiderte Gabriele, ihm unversehens und herzhaft die Pistole aus der Hand windend, und drängte ihn heftig fort. „Dorthin", flüsterte sie, „rechts über den Steg am Fels, nur fort, schnell fort!"

Der Fremde war schon zwischen den Bäumen verschwunden, als Renald zu ihr trat. „Was machst du da für dummes Zeug!" rief sie ihm entgegen und verbarg rasch Arm und Pistole unter der Schürze. Aber die Stimme versagte ihr, als er nun dicht vor ihr stand und sie sein bleiches Gesicht bemerkte. Er zitterte am ganzen Leibe, und auf seiner Stirn zuckte es zuweilen, wie wenn es von fern blitzte. Da gewahrte er plötzlich einen blutigen Streif an ihrem Kleide.

„Du bist verwundet", sagte er erschrocken, und doch war's, als würde ihm wohler beim Anblick des Blutes; er wurde sichtbar milder und führte sie schweigend in das Haus. Dort pinkte er schnell Licht an, es fand sich, daß die Kugel ihr nur leicht den rechten Arm gestreift; er trocknete und verband die Wunde, sie sprachen beide kein Wort miteinander. Gabriele hielt den Arm fest hin und sah trotzig vor sich nieder, denn sie konnte gar nicht begreifen, warum er böse sei; sie fühlte sich so rein von aller Schuld, nur die Stille jetzt unter ihnen wollte ihr das Herz abdrücken, und sie atmete tief auf, als er endlich fragte: wer es gewesen? – Sie beteuerte nun, daß sie das nicht wisse, und erzählte, wie er an einem schönen Sonntagabend, als sie eben allein vor der Tür gesessen, zum ersten Male von den Bergen gekommen und sich zu ihr gesetzt und dann am folgenden Abend wieder und immer wieder gekommen, und wenn sie ihn fragte, wer er sein, nur lachend gesagt: ihr Liebster.

Unterdes hatte Renald unruhig ein Tuch aufgehoben und die Pistole entdeckt, die sie darunter verborgen hatte. Er erschrak auf das heftigste und betrachtete sie dann aufmerksam von allen Seiten. – „Was hast du damit?" sagte sie erstaunt; „wem gehört sie?" Da hielt er sie ihr plötzlich funkelnd am Licht vor die Augen: „Und du kennst ihn wahrhaftig nicht?"

Sie schüttelte mit dem Kopf.

„Ich beschwöre dich bei allen Heiligen", hob er wieder an, „sag mir die Wahrheit."

Da wandte sie sich auf die andere Seite. „Du bist heute rasend", erwiderte sie, „ich will dir gar keine Antwort mehr geben."

Das schien ihm das Herz leichter zu machen, daß sie ihren Liebsten nicht kannte, er glaubte es ihr, denn sie hatte ihn noch niemals belogen. Er ging nun einige Male finster in der Stube auf und nieder. „Gut, gut", sagte er dann, „meine arme Gabriele, so mußt du gleich morgen zu unserer Muhme ins Kloster; mach dich zurecht, morgen, ehe der Tag graut, führ' ich dich hin." Gabriele erschrak innerlichst, aber sie schwieg und dachte: kommt Tag, kommt Rat. Renald aber steckte die Pistole zu sich und sah noch einmal nach ihrer Wunde, dann küßte er sie noch herzlich zur guten Nacht.

Als sie endlich allein in ihrer Schlafkammer war, setzte sie sich angekleidet aufs Bett und versank in ein tiefes Nachsinnen. Der Mond schien durchs offene Fenster auf die Heiligenbilder an der Wand, im stillen Gärtchen draußen zitterten die Blätter in den Bäumen. Sie wand ihre Haarflechten auf, daß ihr die Locken über Gesicht und Achseln herabrollten, und dachte vergeblich nach, wen ihr Bruder eigentlich im Sinne habe und warum er vor der Pistole so sehr erschrocken – es war ihr alles wie im Traume. Da kam es ihr ein paarmal vor, als ginge draußen jemand sachte ums Haus. Sie lauschte am Fenster, der Hund im Hofe schlug an, dann war alles wieder still. Jetzt bemerkte sie erst, daß auch ihr Bruder noch wach war; anfangs glaubte sie, er rede im Schlaf, dann aber hörte sie deutlich, wie er auf seinem Bett vor Weinen schluchzte. Das wandte ihr das Herz, sie hatte ihn noch niemals weinen gesehen, es war ihr nun selber, als hätte sie was verbrochen. In dieser Angst beschloß sie, ihm seinen Willen zu tun; sie wollte wirklich nach dem Kloster gehen, die Priorin war ihre Muhme, der wollte sie alles sagen und sie um ihren Rat bitten. Nur das war ihr unerträglich, daß ihr Liebster nicht wissen sollte, wohin sie gekommen. Sie wußte wohl, wie herzhaft er war und besorgt um sie; der Hund hatte vorhin gebellt, im Garten hatte es heimlich geraschelt wie Tritte, wer weiß, ob er nicht nachsehen wollte, wie es ihr ging nach dem Schrecken. – Gott, dachte sie, wenn er noch draußen stünd'! – Der Gedanke verhielt ihr fast den Atem. Sie schnürte sogleich eilig ihr Bündel, dann schrieb sie für ihren Bruder mit Kreide auf den Tisch, daß sie noch heute allein ins Kloster fortgegangen. Die Türen waren nur angelehnt, da schlich sie vorsichtig und leise aus der Kammer über den Hausflur in den Hof, der Hund sprang freundlich an ihr herauf, sie hatte Not, ihn am Pförtchen zurückzuweisen; so trat sie endlich mit klopfendem Herzen ins Freie.

Draußen schaute sie sich tief aufatmend nach allen Seiten um, ja, sie wagte es sogar, noch einmal bis an den Gartenzaun zurückzugehen, aber ihr Liebster war nirgend zu sehen, nur die Schatten der Bäume schwankten ungewiß über den Rasen. Zögernd betrat sie nun den Wald und blieb immer wieder stehen und lauschte; es war alles so still, daß ihr graute in der großen Einsamkeit. So mußte sie nun endlich doch weitergehen und zürnte heimlich im Herzen auf ihren Schatz, daß er sie in ihrer Not so zaghaft verlassen. Seitwärts im Tal aber lagen die Dörfer in tiefer Ruh. Sie kam am Schloß des Grafen

Dürande vorbei, die Fenster leuchteten im Mondschein herüber, im herrschaftlichen Garten schlugen die Nachtigallen und rauschten die Wasserkünste; das kam ihr so traurig vor, sie sang für sich das alte Lied:

> „Gut' Nacht, mein Vater und Mutter,
> Wie auch mein stolzer Bruder,
> Ihr seht mich nimmermehr!
> Die Sonne ist untergegangen
> Im tiefen, tiefen Meer."

Der Tag dämmerte noch kaum, als sie endlich am Abhange der Waldberge bei dem Kloster anlangte, das mit verschlossenen Fenstern, noch wie träumend, zwischen kühlen, duftigen Gärten lag. In der Kirche aber sangen die Nonnen soeben ihre Metten durch die weite Morgenstille, nur einzelne, früh erwachte Lerchen draußen stimmten schon mit ein in Gottes Lob. Gabriele wollte abwarten, bis die Schwestern aus der Kirche zurückkämen, und setzte sich unterdes auf die breite Kirchhofsmauer. Da fuhr ein zahmer Storch, der dort übernachtet, mit seinem langen Schnabel unter den Flügeln hervor und sah sie mit den klugen Augen verwundert an; dann schüttelte er in der Kühle sich die Federn auf und wandelte mit stolzen Schritten wie eine Schildwacht den Mauerkranz entlang. Sie aber war so müde und überwacht, die Bäume über ihr säuselten noch so schläfrig, sie legte den Kopf auf ihr Bündel und schlummerte fröhlich unter den Blüten ein, womit die alte Linde sie bestreute.

Als sie aufwachte, sah sie eine hohe Frau in faltigen Gewändern über sich gebeugt, der Morgenstern schimmerte durch ihren langen Schleier, es war ihr, als hätt' im Schlaf die Mutter Gottes ihren Sternenmantel um sie geschlagen. Da schüttelte sie erschrocken die Blütenflocken aus dem Haar und erkannte ihre geistliche Muhme, die zu ihrer Verwunderung, als sie aus der Kirche kam, die Schlafende auf der Mauer gefunden. Die Alte sah ihr freundlich in die schönen, frischen Augen. „Ich hab' dich gleich daran erkannt", sagte sie, „als wenn mich deine selige Mutter ansähe!" – Nun mußte sie ihr Bündel nehmen, und die Priorin schritt eilig ins Kloster voraus; sie gingen durch kühle dämmernde Kreuzgänge, wo soeben noch die weißen Gestalten einzelner Nonnen wie Geister vor der Morgenluft lautlos verschlüpften. Als sie in die Stube traten, wollte Gabriele sogleich ihre Geschichte erzählen, aber sie kam nicht dazu. Die Priorin, so lange wie auf eine selige Insel verschlagen, hatte so viel zu erzählen und zu fragen von dem jenseitigen Ufer ihrer Jugend und konnte sich nicht genug verwundern, denn alle ihre Freunde waren seitdem alt geworden oder tot, und ein andere Zeit hatte alles verwandelt, die sie nicht mehr verstand. Geschäftig in redseliger Freude strich sie ihrem lieben Gast die Locken aus der glänzenden Stirn wie einem kranken Kinde, holte aus einem altmodischen, künstlich geschnitzten Wandschrank Rosinen und allerlei Naschwerk, und fragte und plauderte immer wieder. Frische Blumensträuße standen in bunten Krügen am Fenster, ein Kanarienvogel schmetterte gellend dazwischen, denn die Morgensonne funkelte draußen schon durch die Wipfel und vergoldete wunderbar die Zelle, das Betpult und die schwergewirkten Lehnstühle; Gabriele lächelte fast betroffen, wie in eine neue, ganz fremde Welt hinein.

Noch an demselben Tage kam auch Renald zum Besuch; sie freute sich außerordentlich, es war ihr, als hätte sie ihn ein Jahr lang nicht gesehn. Er lobte ihren raschen Entschluß von heute nacht und sprach dann viel und heimlich mit der Priorin; sie horchte ein paarmal hin, sie hätte so gern gewußt, wer ihr Geliebter sei, aber sie konnte nichts erfahren. Dann mußte sie auch wieder heimlich lachen, daß die Priorin so geheimnisvoll tat, denn sie merkt' es wohl, sie wußt' es selber nicht. – Es war indes beschlossen worden, daß sie fürs erste noch im Kloster bleiben sollte. Renald war zerstreut und eilig, er nahm bald wieder Abschied und versprach, sie abzuholen, sobald die rechte Zeit gekommen.

Aber Woche auf Woche verging, und die rechte Zeit war noch immer nicht da. Auch Renald kam immer seltener und blieb endlich ganz aus, um den ewigen Fragen seiner Schwester nach ihrem Schatze auszuweichen, denn er konnte oder mochte ihr nichts von ihm sagen. Die Priorin wollte die arme Gabriele trösten, aber sie hatt' es nicht nötig, so wunderbar war das Mädchen seit jener Nacht verwandelt. Sie fühlte sich, seit sie von ihrem Liebsten getrennt, als seine Braut vor Gott, der wolle sie bewahren. Ihr ganzes Dichten und Trachten ging nun darauf, ihn selber auszukundschaften, da ihr niemand beistand in ihrer Einsamkeit. Sie nahm sich daher eifrig der Klosterwirtschaft an, um mit den Leuten in der Gegend bekannt zu werden; sie ordnete alles in Küche, Keller und Garten, alles gelang ihr, und wie sie so sich selber half, kam eine stille Zuversicht über sie wie Morgenrot, es war ihr immer, als müßt' ihr Liebster plötzlich einmal aus dem Walde zu ihr kommen.

Damals saß sie eines Abends noch spät mit der jungen Schwester Renate am offenen Fenster der Zelle, aus dem man in den stillen Klostergarten und über die Gartenmauer weit ins Land sehen konnte. Die Heimchen zirpten unten auf den frischgemähten Wiesen, überm Walde blitzte es manchmal aus weiter Ferne. „Da läßt mein Liebster mich grüßen", dachte Gabriele bei sich. – Aber Renate blickte verwundert hinaus; sie war lange nicht wach gewesen um diese Zeit. „Sieh nur", sagte sie, „wie draußen alles anders aussieht im Mondschein, der dunkle Berg drüben wirft seinen Schatten bis an unser Fenster, unten erlischt ein Lichtlein nach dem andern im Dorfe. Was schreit da für ein Vogel?" – „Das ist das Wild im Walde", meinte Gabriele.

„Wie du auch so allein im Dunkeln durch den Wald gehen kannst", sagte Renate wieder; „ich stürbe vor Furcht. Wenn ich so manchmal durch die Scheiben hinaussehe in die tiefe Nacht, dann ist mir immer so wohl und sicher in meiner Zelle wie unterm Mantel der Mutter Gottes."

„Nein", entgegnete Gabriele, „ich möcht' mich gern einmal bei Nacht verirren recht im tiefsten Wald, die Nacht ist wie im Traum so weit und still, als könnt' man über die Berge reden mit allen, die man lieb hat in der Ferne. Hör nur, wie der Fluß unten rauscht und die Wälder, als wollten sie auch mit uns sprechen und könnten nur nicht recht! – Da fällt mir immer ein Märchen ein dabei, ich weiß nicht, hab ich's gehört, oder hat mir's geträumt."

„Erzähl's mir doch, ich bete unterdes meinen Rosenkranz fertig", sagte die Nonne, und Gabriele setzte sich fröhlich auf die Fußbank vor ihr, wickelte vor der kühlen Nachtluft die Arme in ihre Schürze und begann sogleich folgendermaßen:

„Es war einmal eine Prinzessin in einem verzauberten Schlosse gefangen, das schmerzte sie sehr, denn sie hatte einen Bräutigam, der wußte gar nicht, wohin sie gekommen war, und sie konnte ihm auch kein Zeichen geben, denn die Burg hatte nur ein einziges, festverschlossenes Tor nach einem tiefen, tiefen Abhang hin, und das Tor bewachte ein entsetzlicher Riese, der schlief und trank und sprach nicht, sondern ging nur immer Tag und Nacht vor dem Tore auf und nieder wie der Perpendikel einer Turmuhr. Sonst lebte sie ganz herrlich in dem Schloß; da war Saal an Saal, einer immer prächtiger als der andere, aber niemand drin zu sehen und zu hören, kein Lüftchen ging und kein Vogel sang in den verzauberten Bäumen im Hofe, die Figuren auf den Tapeten waren schon ganz krank und bleich geworden in der Einsamkeit, nur manchmal warf sich das trockne Holz an den Schränken vor Langeweile, daß es weit durch die öde Stille schallte, und auf der hohen Schloßmauer draußen stand ein Storch, wie eine Vedette, den ganzen Tag auf einem Bein."

„Ach, ich glaube gar, du stichelst auf unser Kloster", sagte Renate. Gabriele lachte und erzählte munter fort:

„Einmal aber war die Prinzessin mitten in der Nacht aufgewacht, da hörte sie ein seltsames Sausen durch das ganze Haus. Sie sprang erschrocken ans Fenster und bemerkte zu ihrem großen Erstaunen, daß es der Riese war, der eingeschlafen vor dem Tore lag und mit solcher grausamen Gewalt schnarchte, daß alle Türen, sooft er den Atem einzog und wieder ausstieß, vor dem Zugwind klappend auf und zu flogen. Nun sah sie auch, sooft die Tür nach dem Saale aufging, mit Verwunderung, wie die Figuren auf den Tapeten, denen die Glieder schon ganz eingerostet waren von dem langen Stillstehen, sich langsam dehnten und reckten; der Mond schien hell über den Hof, da hörte sie zum erstenmal die verzauberten Brunnen rauschen, der steinerne Neptun unten saß auf dem Rand der Wasserkunst und strählte sich sein Binsenhaar; alles wollte die Gelegenheit benutzen, weil der Riese schlief; und der steife Storch machte so wunderliche Kapriolen auf der Mauer, daß sie lachen mußte, und hoch auf dem Dache drehte sich der Wetterhahn und schlug mit den Flügeln und rief immerfort: kick, kick dich um, ich seh' ihn gehn, ich sag' nicht wen! Am Fenster aber sang lieblich der Wind: komm mit geschwind! und die Bächlein schwatzten draußen untereinander im Mondglanz, wie wenn der Frühling anbrechen sollte, und sprangen glitzernd und wispernd über die Baumwurzeln: bist du bereit? wir haben nicht Zeit, weit, weit, in die Waldeinsamkeit! – Nun, nun, nur Geduld, ich komm' ja schon, sagte die Prinzessin ganz erschrocken und vergnügt, nahm schnell ihr Bündel unter den Arm und trat vorsichtig aus dem Schlafzimmer; zwei Mäuschen kamen ihr atemlos nach und brachten ihr noch den Fingerhut, den sie in der Eile vergessen. Das Herz klopfte ihr, denn die Brunnen im Hofe rauschten schon wieder schwächer, der Flußgott streckte sich taumelnd wieder zum Schlafe zurecht, auch der Wetterhahn drehte sich nicht mehr; so schlich sie leise die stille Treppe hinab."

„Ach Gott! wenn der Riese jetzt aufwacht!" sagte Renate ängstlich.

„Die Prinzessin hatte auch Angst genug", fuhr Gabriele fort, „sie hob sich das Röckchen, daß sie nicht an seinen langen Sporen hängenblieb, stieg geschickt über den einen, dann über den andern Stiefel, und noch einen herzhaften Sprung – jetzt stand sie draußen am Abhang. Da aber war's einmal schön! da flogen die Wolken und rauschte der Strom und die prächtigen Wälder im Mondschein, und auf dem Strom fuhr ein Schifflein, saß ein Ritter darin."

„Das ist ja gerade wie jetzt hier draußen", unterbrach sie Renate, „da fährt auch noch einer im Kahn dicht unter unserm Garten; jetzt stößt er ans Land."

„Freilich" – sagte Gabriele mutwillig und setzte sich ins Fenster und wehte mit ihrem weißen Schnupftuch hinaus – „und grüß' dich Gott, rief da die Prinzessin, grüß' dich Gott in die weite, weite Fern', es ist ja keine Nacht so still und tief als meine Lieb'!"

Renate faßte sie lachend um den Leib, um sie zurückzuziehen. – „Herr Jesus!" schrie sie da plötzlich auf, „ein fremder Mann, dort an der Mauer hin!" – Gabriele ließ erschrocken ihr Tuch sinken, es flatterte in den Garten hinab. Ehe sie sich aber noch besinnen konnte, hatte Renate schon das Fenster geschlossen; sie war voll Furcht, sie mochte nichts mehr von dem Märchen hören und trieb Gabriele hastig aus der Tür, über den stillen Gang in ihre Schlafkammer.

Gabriele aber, als sie allein war, riß noch rasch in ihrer Zelle das Fenster auf. Zu ihrem Schreck bemerkte sie nun, daß das Tuch unten von dem Strauche verschwunden war, auf den es vorhin geflogen. Ihr Herz klopfte heftig, sie legte sich hinaus, so weit sie nur konnte, da glaubte sie draußen den Fluß wieder aufrauschen zu hören, darauf schallte Ruderschlag unten im Grunde, immer ferner und schwächer, dann alles, alles wieder still – so blieb sie verwirrt und überrascht am Fenster, bis das erste Morgenlicht die Bergesgipfel rötete.

Bald darauf traf der Namenstag der Priorin, ein Fest, worauf sich alle Hausbewohner das ganze Jahr hindurch freuten; denn auf diesen Tag war zugleich die jährliche Weinlese auf einem nahegelegenen Gute des Klosters festgesetzt, an welcher die Nonnen mit teilnahmen. Da verbreitete sich, als der Morgenstern noch durch die Lindenwipfel in die kleinen Fenster hineinfunkelte, schon eine ungewohnte, lebhafte Bewegung durch das ganze Haus, im Hofe wurden die Wagen von dem alten Staube gereinigt, in ihren besten, blütenweißen Gewändern sah man die Schwestern in allen Gängen geschäftig hin und her eilen; einige versahen noch ihre Kanarienvögel sorgsam mit Futter, andere packten Taschen und Schachteln, als gelte es eine wochenlange Reise. – Endlich wurde von dem zahlreichen Hausgesinde ausführlich Abschied genommen, die Kutscher knallten, und die Karawane setzte sich langsam in Bewegung. Gabriele fuhr nebst einigen auserwählten Nonnen an der Seite der Priorin in einem mit vier alten dicken Rappen bespannten Staatswagen, der mit seinem altmodischen, vergoldeten Schnitzwerk einem chinesischen Lusthaus gleichsah. Es war ein klarer, heiterer Herbstmorgen, das Glockengeläute vom Kloster zog weit durchs stille Land, der Altweibersommer flog schon über die Felder, überall grüßten die Bauern ehrerbietig den ihnen wohlbekannten geistlichen Zug.

Wer aber beschreibt nun die große Freude auf dem Gratialgute, die fremden Berge, Täler und Schlösser umher, das stille Grün und den heitern Himmel darüber, wie sie da in dem mit Astern ausgeschmückten Gartensaal um eine reichliche Kollation vergnügt auf den altfränkischen Kanapees sitzen und die Morgensonne die alten Bilder römischer Kirchen und Paläste an den Wänden bescheint und vor den Fenstern die Sperlinge sich lustig tummeln und lärmen im Laub, während draußen weißgekleidete Dorfmädchen unter den schimmernden Bäumen vor der Tür ein Ständchen singen.

Die Priorin aber ließ die Kinder hereinkommen, die scheu und neugierig in dem Saal umherschauten, in den sie das ganze Jahr über nur manchmal heimlich durch die Ritzen der verschlossenen Fensterladen geguckt hatten. Sie streichelte und ermahnte sie freundlich, freute sich, daß sie in dem Jahre so gewachsen, und gab dann jedem aus ihrem Gebetbuch ein buntes Heiligenbild und ein großes Stück Kuchen dazu.

Jetzt aber ging die rechte Lust der Kleinen erst an, da nun wirklich zur Weinlese geschritten wurde, bei der sie mithelfen und naschen durften. Da belebte sich allmählich der Garten, fröhliche Stimmen da und dort, geputzte Kinder, die große Trauben trugen, flatternde Schleier und weiße schlanke Gestalten zwischen den Rebengeländern schimmernd und wieder verschwindend, als wanderten Engel über den Berg. Die Priorin saß unterdes vor der Haustür und betete ihr Brevier und schaute oft über das Buch weg nach den vergnügten Schwestern; die Herbstsonne schien warm und kräftig über die stille Gegend, und die Nonnen sangen bei der Arbeit:

> „Es ist nun der Herbst gekommen,
> Hat das schöne Sommerkleid
> Von den Feldern weggenommen
> Und die Blätter ausgestreut,
> Vor dem bösen Winterwinde
> Deckt er warm und sachte zu
> Mit dem bunten Laub die Gründe,
> Die schon müde gehn zur Ruh'."

Einzelne verspätete Wandervögel zogen noch über den Berg und schwatzten vom Glanz der Ferne, was die glücklichen Schwestern nicht verstanden. Gabriele aber wußte wohl, was sie sangen, und ehe die Priorin sich's versah, war sie auf die höchste Linde geklettert; da erschrak sie, wie so groß und weit die Welt war. – Die Priorin schalt sie aus und nannte sie ihr wildes Waldvöglein. Ja, dachte Gabriele, wenn ich ein Vöglein wäre! Dann fragte die Priorin, ob sie von da oben das Schloß Dürande überm Walde sehen könne? „Alle die Wälder und Wiesen", sagte sie, „gehören dem Grafen Dürande; er grenzt hier an, das ist ein reicher Herr!" Gabriele aber dachte an ihren Herrn, und die Nonnen sangen wieder:

> „Durch die Felder sieht man fahren
> Eine wunderschöne Frau,
> Und von ihren langen Haaren
> Goldne Fäden auf der Au
> Spinnet sie und singt im Gehen:
> Eia, meine Blümlein,
> Nicht nach andern immer sehen,
> Eia, schlafet, schlafet ein!"

„Ich höre Waldhörner!" rief hier plötzlich Gabriele; es verhielt ihr fast den Atem vor Erinnerung an die alte schöne Zeit. – „Komm schnell herunter, mein Kind", rief ihr die Priorin zu. Aber Gabriele hörte nicht darauf, zögernd und im Hinabsteigen noch immer zwischen den Zweigen hinausschauend, sagte sie wieder: „Es bewegt sich drüben am Saum des Waldes; jetzt seh' ich Reiter; wie das glitzert im Sonnenschein! sie kommen gerade auf uns her."

Und kaum hatte sie sich vom Baum geschwungen, als einer von den Reitern, über den grünen Plan dahergeflogen, unter den Linden anlangte und mit höflichem Gruß vor der Priorin stillhielt. Gabriele war schnell in das Haus gelaufen, dort wollte sie durchs Fenster nach dem Fremden sehen. Aber die Priorin rief ihr nach: der Herr sei durstig, sie solle ihm Wein herausbringen. Sie schämte sich, daß er sie auf dem Baume gesehen, so kam sie furchtsam mit dem vollen Becher vor die Tür mit gesenkten Blicken, durch die langen Augenwimpern nur sah sie das kostbare Zaumzeug und die Stickerei auf seinem Jagdrock im Sonnenschein flimmern. Als sie aber an das Pferd trat, sagte er leise zu ihr: Er sehe doch ihre dunklen Augen im Weine sich spiegeln wie in einem goldnen Brunnen. Bei dem Klang der Stimme blickte sie erschrocken auf – der Reiter war ihr Liebster – sie stand wie verblendet. Er trank jetzt auf der Priorin Gesundheit, sah aber dabei über den Becher weg Gabriele an und zeigte ihr verstohlen ihr Tuch, das sie in jener Nacht aus dem Fenster verloren. Dann drückte er die Sporen ein, und flüchtig dankend, flog er wieder fort zu dem bunten Schwarm am Walde, das weiße Tuch flatterte weit im Winde hinter ihm her.

„Sieh nur", sagte die Priorin lachend, „wie ein Falk, der eine Taube durch die Luft führt!"

„Wer war der Herr?" fragte endlich Gabriele tief aufatmend. – „Der junge Graf Dürande", hieß es. – Da tönte die Jagd schon wieder fern und immer ferner den funkelnden Wald entlang, die Nonnen aber hatten in ihrer Fröhlichkeit von allem nichts bemerkt und sangen von neuem:

„Und die Vöglein hoch in Lüften
Über blaue Berg' und Seen
Ziehn zur Ferne nach den Klüften,
Wo die hohen Zedern stehn,
Wo mit ihren goldnen Schwingen
Auf des Benedeiten Gruft
Engel Hosianna singen,
Nächtens durch die stille Luft!"

Etwa vierzehn Tage darauf schritt Renald eines Morgens still und rasch durch den Wald nach dem Schloß Dürande, dessen Türme finster über die Tannen hersahen. Er war ernst und bleich, aber mit Hirschfänger und leuchtendem Bandelier wie zu einem Feste geschmückt. In der Unruhe seiner Seele war er der Zeit ein gut Stück vorausgeschritten, denn als er ankam, war die Haustür noch verschlossen und alles still, nur die Dohlen erwachten schreiend auf den alten Dächern. Er setzte sich unterdes auf das Geländer der Brücke, die zum Schlosse führte. Der Wallgraben unten lag lange trocken, ein marmorner Apollo mit seltsamer Lockenperücke spielte dort zwischen gezirkelten Blumenbeeten die Geige, auf der ein Vogel sein Morgenlied pfiff; über den Helmen der steinernen Ritterbilder am Tore brüsteten sich breite Aloen; der Wald, der alte Schloßgesell, war wunderlich verschnitten und zerquält, aber der Herbst ließ sich sein Recht nicht nehmen und hatte alles phantastisch gelb und rot gefärbt, und die Waldvögel, die vor dem Winter in die Gärten flüchteten, zwitscherten lustig von Wipfel zu Wipfel. – Renald fror, er hatte Zeit genug und überdachte noch einmal alles: wie der junge Graf Dürande wieder nach Paris gereist, um dort lustig durchzuwintern, wie er selbst darauf mit fröhlichem Herzen zum Kloster geeilt, um seine Schwester abzuholen. Aber da war Gabriele heimlich verschwunden, man hatte einmal des Nachts einen fremden Mann am Kloster gesehn; niemand wußte, wohin sie gekommen. –

Jetzt knarrte das Schloßtor, Renald sprang schnell auf, er verlangte seinen Herrn, den alten Grafen Dürande, zu sprechen. Man sagte ihm, der Graf sei eben erst aufgewacht; er mußte noch lange in der Gesindestube warten zwischen Überresten vom gestrigen Souper, zwischen Schuhbürsten, Büchsen und Katzen, die sich verschlafen an seinen blanken Stiefeln dehnten, niemand fragte nach ihm. Endlich wurde er in des Grafen Garderobe geführt, der alte Herr ließ sich soeben frisieren und gähnte unaufhörlich. Renald bat nun ehrerbietig um kurzen Urlaub zu einer Reise nach Paris. Auf die Frage des Grafen, was er dort wolle, entgegnete er verwirrt: seine Schwester sei dort bei einem weitläufigen Verwandten – er schämte sich herauszusagen, was er dachte. Da lachte der Graf. „Nun, nun", sagte er, „mein Sohn hat wahrhaftig keinen üblen Geschmack. Geh' Er nur hin, ich will Ihm an seiner Fortune nicht hinderlich sein; die Dürandes sind in solchen Affären immer splendid; so ein junger wilder Schwan muß gerupft werden, aber mach' Er's mir nicht zu arg." – Dann nickte er mit dem Kopfe, ließ sich den Pudermantel umwerfen und schritt langsam zwischen zwei Reihen von Bedienten, die ihn im Vorüberwandeln mit großen Quasten einpuderten, durch die entgegengesetzte Flügeltür zum Frühstück. Die Bedienten kicherten heimlich – Renald schüttelte sich wie ein gefesselter Löwe.

Noch an demselben Tage trat er seine Reise an.

Es war ein schöner blanker Herbstabend, als er in der Ferne Paris erblickte; die Ernte war längst vorüber, die Felder standen alle leer, nur von der Stadt her kam ein verworrenes Rauschen über die stille Gegend, daß ihn heimlich schauerte. Er ging nun an prächtigen Landhäusern vorüber durch die langen Vorstädte immer tiefer in das wachsende Getöse hinein, die Welt rückte immer enger und dunkler zusammen, der Lärm, das Rasseln der Wagen betäubte, das wechselnde Streiflicht aus den geputzten Läden blendete ihn; so war er ganz verwirrt, als er endlich im Wind den roten Löwen, das Zeichen seines Vetters, schwanken sah, der in der Vorstadt einen Weinschank hielt. Dieser saß eben vor der Tür seines kleinen Hauses und verwunderte sich nicht wenig, da er den verstaubten Wandersmann erkannte. Doch Renald stand wie auf Kohlen. „War Gabriele bei dir?" fragte er gleich nach der ersten Begrüßung gespannt. – Der Vetter schüttelte erstaunt den Kopf, er wußte von nichts – „Also doch!" sagte Renald, mit dem Fuß auf die Erde stampfend; aber er konnte es nicht über die Lippen bringen, was er vermute und vorhabe.

Sie gingen nun in das Haus und kamen in ein langes, wüstes Gemach, das von einem Kaminfeuer im Hintergrunde ungewiß erleuchtet wurde. In den roten Widerscheinen lag dort ein wilder Haufen umher: abgedankte Soldaten, müßige Handwerksburschen und dergleichen Hornkäfer, wie sie in der Abendzeit um die großen Städte schwärmen. Alle Blicke aber hingen an einem hohen, hagern Manne mit bleichem, scharfgeschnittenem Gesicht, der, den Hut auf dem Kopf und seinen langen Mantel stolz und vornehm über die linke Achsel zurückgeschlagen, mitten unter ihnen stand. – „Ihr seid der Nährstand", rief er soeben aus; „ wer aber die andern nährt, der ist ihr Herr; hoch auf, ihr Herren!" – Er hob ein Glas, alles jauchzte wild auf und griff nach den Flaschen, er aber tauchte kaum die feinen Lippen in den dunkelroten Wein, als schlürft' er Blut, seine spielenden Blicke gingen über dem Glase kalt und lauernd in der Runde.

Da funkelte das Kaminfeuer über Renalds blankes Bandelier, das stach plötzlich in ihre Augen. Ein starker Kerl mit rotem Gesicht und Haar, wie ein brennender Dornbusch, trat mit übermütiger Bettelhaftigkeit dicht vor

Renald und fragte, ob er dem Großtürken diene? Ein andrer meinte, er habe ja da, wie ein Hund, ein adeliges Halsband umhängen. – Renald griff rasch nach seinem Hirschfänger, aber der lange Redner trat dazwischen, sie wichen ihm scheu und ehrerbietig aus. Dieser führte den Jäger an einen abgelegenen Tisch und fragte, wohin er wolle. Da Renald den Grafen Dürande nannte, sagte er: „Das ist ein altes Haus, aber der Totenwurm pickt schon drin, ganz von Liebschaften zerfressen." – Renald erschrak, er glaubte, jeder müßte ihm seine Schande an der Stirn ansehen. „Warum kommt Ihr gerade auf die Liebschaften?" fragte er zögernd. – „Warum?" erwiderte jener, „sind sie nicht die Herren im Forst, ist das Wild nicht ihres, hohes und niederes? Sind wir nicht verfluchte Hunde und lecken die Schuh', wenn sie uns stoßen?" – Das verdroß Renald; er entgegnete kurz und stolz: Der junge Graf Dürande sei ein großmütiger Herr, er wolle nur sein Recht von ihm und weiter nichts. – Bei diesen Worten hatte der Fremde ihn aufmerksam betrachtet und sagte ernst: „Ihr seht aus wie ein Scharfrichter, der, das Schwert unterm Mantel, zu Gerichte geht; es kommt die Zeit, gedenkt an mich, Ihr werdet der Rüstigsten einer sein bei der blutigen Arbeit." – Dann zog er ein Blättchen hervor, schrieb etwas mit Bleistift darauf, versiegelte es am Licht und reichte es Renald hin. „Die Grafen hier kennen mich wohl", sagte er; er solle das nur abgeben an Dürande, wenn er einen Strauß mit ihm habe, es könnte ihm vielleicht von Nutzen sein.   „Wer ist der Herr?" fragte Renald seinen Vetter, da der Fremde sich rasch wieder wandte. – „Ein Feind der Tyrannen", entgegnete der Vetter leise und geheimnisvoll.

Dem Renald aber gefiel hier die ganze Wirtschaft nicht, er war müde von der Reise und streckte sich bald in einer Nebenkammer auf das Lager, das ihm der Vetter angewiesen. Da konnte er vernehmen, wie immer mehr und mehr Gäste nebenan allmählich die Stube füllten; er hörte die Stimme des Fremden wieder dazwischen, eine wilde Predigt, von der er nur einzelne Worte verstand, manchmal blitzte das Kaminfeuer blutrot durch die Ritzen der schlechtverwahrten Tür; so schlief er spät unter furchtbaren Träumen ein.

Der Ball war noch nicht beendigt, aber der junge Graf Dürande hatte dort soviel Wunderbares gehört von den feurigen Zeichen einer Revolution, vom heimlichen Aufblitzen kampffertiger Geschwader, Jakobiner, Volksfreunde und Royalisten, daß ihm das Herz schwoll wie im nahenden Gewitterwinde. Er konnte es nicht länger aushalten, in der drückenden Schwüle. In seinen Mantel gehüllt, ohne den Wagen abzuwarten, stürzte er sich in die scharfe Winternacht hinaus. Da freute er sich, wie draußen fern und nah die Turmuhren verworren zusammenklangen im Wind und die Wolken über die Stadt flogen und der Sturm sein Reiselied pfiff, lustig die Schneeflocken durcheinander wirbelnd. „Grüß mir mein Schloß Dürande!" rief er dem Sturme zu; es war ihm so frisch zumut, als müßt' er, wie ein lediges Roß, mit jedem Tritte Funken aus den Steinen schlagen.

In seinem Hotel aber fand er alles wie ausgestorben, der Kammerdiener war vor Langeweile fest eingeschlafen, die jüngere Dienerschaft ihren Liebschaften nachgegangen, niemand hatte ihn so früh erwartet. Schauernd vor Frost stieg er die breite, dämmernde Treppe hinauf, zwei tief herabgebrannte Kerzen beleuchteten zweifelhaft das vergoldete Schnitzwerk des alten Saales, es war so still, daß er den Zeiger der Schloßuhr langsam fortrücken und die Wetterfahnen im Winde sich drehen hörte. Wüst und überwacht warf er sich auf eine Ottomane hin. „Ich bin so müde", sagte er, „so müde von Lust und immer Lust, langweilige Lust! ich wollt', es wäre Krieg!" – Da war's ihm, als hört' er draußen auf der Treppe gehn mit leisen, langen Schritten, immer näher und näher. „Wer ist da?" rief er. – Keine Antwort – „Nur zu, mir eben recht", meinte er, Hut und Halbschuhe wegwerfend, „rumor nur zu, spukhafte Zeit, mit deinem fernen Wetterleuchten über Stadt und Land, als wenn die Gedanken aufstünden überall und schlaftrunken nach den Schwertern tappten. Was gehst du in Waffen rasselnd um und pochst an die Türen unserer Schlösser bei stiller Nacht? Mich gelüstet mit dir zu fechten; herauf, du unsichtbares Kriegsgespenst!"

Da pocht' es wirklich an der Tür. Er lachte, daß der Geist die Herausforderung so schnell angenommen. In keckem Übermut rief er: „Herein!" Eine hohe Gestalt im Mantel trat in die Tür; er erschrak doch, als diese den Mantel abwarf und er Renald erkannte, denn er gedachte der Nacht im Walde, wo der Jäger auf ihn gezielt. – Renald aber, da er den Grafen erblickte, ehrerbietig zurücktretend, sagte: er habe den Kammerdiener hier zu finden geglaubt, um sich anmelden zu lassen. Er sei schon öfters zu allen Tageszeiten hier gewesen, jedesmal aber, unter dem Vorwand, daß die Herrschaft nicht zu Hause oder beschäftigt sei, von den Pariser Bedienten zurückgewiesen worden, die ihn noch nicht kannten; so habe er denn heute auf der Straße gewartet, bis der Graf zurückkäme.

„Und was willst du denn von mir?" fragte der Graf, ihn mit unverwandten Blicken prüfend.

„Gnädiger Herr", erwiderte der Jäger nach einer Pause, „Sie wissen wohl, ich hatte eine Schwester, sie war meine einzige Freude und mein Stolz – sie ist eine Landläuferin geworden, sie ist fort."

Der Graf machte eine heftige Bewegung, faßte sich aber gleich wieder und sagte halb abgewendet: „Nun, und was geht das mich an?"

Renalds Stirn zuckte wie fernes Wetterleuchten, er schien mit sich selber zu ringen. „Gnädiger Herr", rief er darauf im tiefsten Schmerz, „gnädiger Herr, gebt mir meine arme Gabriele zurück!"

„Ich?" fuhr der Graf auf, „zum Teufel, wo ist sie?"

„Hier" – entgegnete Renald ernst.

Der Graf lachte laut auf, und den Leuchter ergreifend, stieß er rasch eine Flügeltür auf, daß man eine weite Reihe glänzender Zimmer übersah. „Nun", sagte er mit erzwungener Lustigkeit, „so hilf mir suchen. Horch, da raschelt was hinter der Tapete, jetzt hier, dort, nun sage mir, wo steckt sie?"

Renald blickte finster vor sich nieder, sein Gesicht verdunkelte sich immer mehr. Da gewahrte er Gabrieles Schnupftuch auf einem Tischchen; der Graf, der seinen Augen gefolgt war, stand einen Augenblick betroffen. – Renald hielt sich noch, es fiel ihm der Zettel des Fremden wieder ein, er wünschte immer noch, alles in Güte abzumachen, und reichte schweigend dem Grafen das Briefchen hin. Der Graf, ans Licht tretend, erbrach es schnell, da flog eine dunkle Röte über sein ganzes Gesicht. – „Und weiter nichts?" murmelte er leise zwischen den Zähnen, sich in die Lippen beißend. „Wollen sie mir drohen, mich schrecken?" – Und rasch zu Renald gewandt, rief er: „Und wenn ich deine ganze Sippschaft hätt', ich gäb' sie nicht heraus! Sag deinem Bettler-advokaten, ich lachte sein und wäre zehntausendmal noch stolzer als er, und wenn ihr beide euch im Hause zeigt, laß' ich mit Hunden euch vom Hofe hetzen, das sag ihm; fort, fort, fort!" – Hiermit schleuderte er den Zettel dem Jäger ins Gesicht und schob ihn selber zum Saal hinaus, die eichene Tür hinter ihm zuwerfend, daß es durchs ganze Haus öde erschallte.

Renald stand, wild um sich blickend, auf der stillen Treppe. Da bemerkte er erst, daß er den Zettel noch krampfhaft in den Händen hielt; er entfaltete ihn hastig und las an dem flackernden Licht einer halbverlöschten Laterne die Worte: „Hütet Euch. Ein Freund des Volkes."

Unterdes hörte er oben den Grafen heftig klingeln; mehrere Stimmen wurden im Hause wach, er stieg langsam hinunter wie ins Grab. Im Hofe blickte er noch einmal zurück, die Fenster des Grafen waren noch erleuchtet, man sah ihn im Saale heftig auf und nieder gehen. Da hörte Renald auf einmal draußen durch den Wind singen:

> „Am Himmelsgrund schießen
> So lustig die Stern',
> Dein Schatz läßt dich grüßen
> Aus weiter, weiter Fern!
>
> Hat eine Zither gehangen
> An der Tür unbeacht',
> Der Wind ist gegangen
> Durch die Saiten bei Nacht
>
> Schwang sich auf dann vom Gitter
> Über die Berge, über'n Wald –
> Mein Herz ist die Zither,
> Gibt einen fröhlichen Schall!"

Die Weise ging ihm durch Mark und Bein; er kannte sie wohl. – Der Mond streifte soeben durch die vorüberfliegenden Wolken den Seitenflügel des Schlosses, da glaubte er in dem einen Fenster flüchtig Gabriele zu erkennen; als er sich aber wandte, wurde es schnell geschlossen. Ganz erschrocken und verwirrt warf er sich auf die nächste Tür, sie war fest zu. Da trat er unter das Fenster und rief leise aus tiefster Seele hinauf, ob sie drin wider ihren Willen festgehalten werde? so solle sie ihm ein Zeichen geben, es sei keine Mauer so stark als die Gerechtigkeit Gottes. – Es rührte sich nichts als die Wetterfahne auf dem Dach. – „Gabriele", rief er nun lauter, „meine arme Gabriele, der Wind in der Nacht weint um dich an den Fenstern, ich liebte dich so sehr, ich lieb' dich noch immer, um Gottes willen, komm, komm herab zu mir, wir wollen miteinander fortziehen, weit, weit fort, wo uns niemand kennt, ich will für dich betteln von Haus zu Haus, es ist ja kein Lager so hart, kein Frost so scharf, keine Not so bitter als die Schande."

Er schwieg erschöpft, es war alles wieder still, nur die Tanzmusik von dem Ball schallte noch von fern über den Hof herüber, der Wind trieb große Schneeflocken schräg über die harte Erde, er war ganz verschneit. – „Nun, so gnade uns beiden Gott!" sagte er, sich abwendend, schüttelte den Schnee vom Mantel und schritt rasch fort.

Als er zu der Schenke seines Vetters zurückkam, fand er zu seinem Erstaunen das ganze Haus verschlossen. Auf sein heftiges Pochen trat der Nachbar, sich vorsichtig nach allen Seiten umsehend, aus seiner Tür, er schien auf des Jägers Rückkehr gewartet zu haben und erzählte ihm geheimnisvoll: Das Nest nebenan sei ausgenommen, Polizeisoldaten hätten heute abend den Vetter plötzlich abgeführt, niemand wisse wohin. – Den Renald überraschte und verwunderte nichts mehr, und zerstreut mit flüchtigem Danke nahm er alles an, als der Nachbar nun auch das gerettete Reisebündel des Jägers unter dem Mantel hervorbrachte und ihm selbst eine Zuflucht in seinem Hause anbot.

Gleich am andern Morgen aber begann Renald seine Runde in der weitläufigen Stadt, er mochte nichts mehr von der Großmut des stolzen Grafen, er wollte jetzt nur sein *Recht!* So suchte er unverdrossen eine Menge Advokaten hinter ihren großen Tintenfässern auf, aber die sahen's gleich alle den goldbortenen Rauten seines Rockes an, daß sie nicht aus seiner eigenen Tasche gewachsen waren; der eine verlangte unmögliche Zeugen, der andere Dokumente, die er nicht hatte, und alle forderten Vorschuß. Ein junger, reicher Advokat wollte sich totlachen über die ganze Geschichte; er fragte, ob die Schwester jung, schön und erbot sich, den ganzen Handel umsonst zu führen und die arme Waise dann zu sich ins Haus zu nehmen, während ein andrer gar das Mädchen selber heiraten wollte, wenn sie fernerhin beim Grafen bliebe. – In tiefster Seele empört, wandte sich Renald nun an die Polizeibehörde; aber da wurde er aus einem Revier ins andere geschickt, von Pontius zu Pilatus, und jeder wusch seine Hände in Unschuld, niemand hatte Zeit, in dem Getreibe ein vernünftiges Wort zu hören, und als er endlich vor das rechte Bureau kam, zeigten sie ihm ein langes Verzeichnis der Dienstleute und Hausgenossen des Grafen Dürande: seine Schwester war durchaus nicht darunter. Er habe Geister gesehen, hieß es, er solle keine unnützen Flausen

machen; man hielt ihn für einen Narren, und er mußte froh sein, nur ungestraft wieder unter Gottes freien Himmel zu kommen. Da saß er nun todmüde in seiner einsamen Dachkammer, den Kopf in die Hand gestützt; seine
Barschaft war mit dem frühzeitigen Schnee auf den Straßen geschmolzen,
jetzt wußt' er keine Hilfe mehr, es ekelte ihm recht vor dem Schmutz der
Welt. In diesem Hinbrüten, wie wenn man beim Sonnenglanz die Augen
schließt, spielten feurige Figuren wechselnd auf dem dunklen Grund seiner
Seele: schlängelnde Zornesblicke und halbgeborne Gedanken blutiger Rache.
In dieser Not betete er still für sich; als er aber an die Worte kam: „Vergib
uns unsere Schuld, als auch wir vergeben unseren Schuldnern", fuhr er zusammen; er konnte es dem Grafen nicht vergeben. Angestvoll und immer
brünstiger betete er fort. – Da sprang er plötzlich auf, ein neuer Gedanke erleuchtete auf einmal sein ganzes Herz. Noch war nicht alles versucht, nicht
alles verloren, er beschloß, den König selber anzutreten – so hatte er sich nicht
vergeblich zu Gott gewendet, dessen Hand auf Erden ja der König ist.

Ludwig XVI. und sein Hof waren damals in Versailles; Renald eilte sogleich hin und freute sich, als er bei seiner Ankunft hörte, daß der König, der
unwohl gewesen, heute zum ersten Male wieder den Garten besuchen wolle.
Er hatte zu Hause mit großem Fleiß eine Supplik aufgesetzt, Punkt für Punkt,
das himmelschreiende Unrecht und seine Forderung, alles wie er es dereinst
vor Gottes Thron zu verantworten gedachte. Das wollte er im Garten selbst
übergeben, vielleicht fügte es sich, daß er dabei mit dem König sprechen
durfte; so, hoffte er, könne noch alles wieder gut werden.

Vielerlei Volk, Neugierige, Müßiggänger und Fremde hatten sich unterdes schon unweit der Tür, aus welcher der König treten sollte, zusammengestellt. Renald drängte sich mit klopfendem Herzen in die vorderste Reihe. Es war einer jener halbverschleierten Wintertage, die lügenhaft den Sommer nachspiegeln, die Sonne schien lau, aber falsch über die stillen Paläste, weiterhin zogen Schwäne auf den Weihern, kein Vogel sang mehr, nur die weißen Marmorbilder standen noch verlassen in der prächtigen Einsamkeit. Endlich gaben die Schweizer das Zeichen, die Saaltür öffnete sich, die Sonne tat einen kurzen Blitz über funkelnden Schmuck, Ordensbänder und blendende Achseln, die schnell, vor dem Winterhauch, unter schimmernden Tüchern wieder verschwanden. Da schallt' es auf einmal: Vive le roi! durch die Lüfte, und im Garten, soweit das Auge reichte, begannen plötzlich alle Wasserkünste zu spielen, und mitten in dem Jubel, Rauschen und Funkeln schritt der König in einfachem Kleide langsam die breiten Marmorstufen hinab. Er sah traurig und bleich – eine leise Luft rührte die Wipfel der hohen Bäume und streute die letzten Blätter wie einen Goldregen über die fürstlichen Gestalten. Jetzt gewahrte Renald mit einiger Verwirrung auch den Grafen Dürande unter dem Gefolge, er sprach soeben halbflüsternd zu einer jungen schönen Dame. Schon rauschten die taftnen Gewänder immer näher und näher. Renald konnte deutlich vernehmen, wie die Dame, ihre Augen gegen Dürande aufschlagend, ihn neckend fragte, was er drin sehe, daß sie ihn so erschreckten.

„Wunderbare Sommernächte meiner Heimat", erwiderte der Graf zerstreut. Da wandte sich das Fräulein lachend, Renald erschrak, ihr dunkles Auge war wie Gabrielens in fröhlichen Tagen – es wollte ihm das Herz zerreißen.

Darüber hatte er alles andere vergessen, der König war fast vorüber; jetzt drängte er sich nach, ein Schweizer aber stieß ihn mit der Partisane zurück, er drang noch einmal verzweifelt vor. Da bemerkt ihn Dürande, er stutzt einen Augenblick, dann, schnell gesammelt, faßt er den Zudringlichen rasch an der Brust und übergibt ihn der herbeieilenden Wache. Der König über dem Getümmel wendet sich fragend. – „Ein Wahnsinniger", entgegnete Dürande.

Unterdes hatten die Soldaten den Unglücklichen umringt, die neugierige Menge, die ihn für verrückt hielt, wich scheu zurück, so wurde er ungehindert abgeführt. Da hörte er hinter sich die Fontänen noch rauschen, dazwischen das Lachen und Plaudern der Hofleute in der lauen Luft; als er aber einmal zurückblickte, hatte sich alles schon wieder nach dem Garten hingekehrt, nur ein bleiches Gesicht aus der Menge war noch zurückgewandt und funkelte ihm mit scharfen Blicken nach. Er glaubte schaudernd den prophetischen Fremden aus des Vetters Schenke wiederzuerkennen.

Der Mond bescheint das alte Schloß Dürande und die tiefe Waldesstille am Jägerhaus, nur die Bäche rauschen so geheimnisvoll in den Gründen. Schon blüht's in manchem tiefen Tal, und nächtliche Züge heimkehrender Störche hoch in der Luft verkünden in einzelnen halbverlornen Lauten, daß der

Frühling gekommen. Da fahren plötzlich Rehe, die auf der Wiese vor dem Jägerhaus gerastet, erschrocken ins Dickicht, der Hund an der Tür schlägt an, ein Mann steigt eilig von den Bergen, bleich, wüst, die Kleider abgerissen, mit wildverwachsenem Bart – es ist der Jäger Renald.

Mehrere Monate hindurch war er in Paris im Irrenhause eingesperrt gewesen; je heftiger er beteuerte, verständig zu sein, für desto toller hielt ihn der Wärter; in der Stadt aber hatte man jetzt Wichtigeres zu tun, niemand bekümmerte sich um ihn. Da ersah er endlich selbst seinen Vorteil, die Hinterlist seiner verrückten Mitgesellen half ihm treulich aus Lust an der Heimlichkeit. So war es ihm gelungen, in einer dunklen Nacht mit Lebensgefahr sich an einem Seil herabzulassen und in der allgemeinen Verwirrung der Zeit unentdeckt aus der Stadt durch die Wälder, von Dorf zu Dorfe bettelnd, heimwärts zu gelangen. Jetzt bemerkte er erst, daß es von fern überm Walde blitzte, vom stillen Schloßgarten her schlug schon eine Nachtigall, es war ihm, als ob ihn Gabriele riefe. Als er aber mit klopfendem Herzen auf dem altbekannten Fußsteig immer weiter ging, öffnete sich bei dem Hundegebell ein Fensterchen im Jägerhaus. Es gab ihm einen Stich ins Herz; es war Gabrielens Schlafkammer, wie oft hatte er dort ihr Gesicht im Mondschein gesehen. Heut aber guckte ein Mann hervor und fragte barsch, was es draußen gäbe. Es war der Waldwärter, der heimtückische Rotkopf war ihm immer zuwider gewesen. „Was macht Ihr hier in Renalds Haus?" sagte er. „Ich bin müde, ich will hinein." Der Waldwärter sah ihn von Kopf bis zu den Füßen an, er erkannte ihn nicht mehr. „Mit dem Renald ist's lange vorbei", entgegnete er dann, „er ist nach Paris gelaufen und hat sich dort mit verdächtigem Gesindel und Rebellen eingelassen, wir wissen's recht gut, jetzt habe ich seine Stelle vom Grafen." – Darauf wies er Renald am Waldesrand den Weg zum Wirtshause und schlug das Fenster wieder zu. – Oho, steht's so! dachte Renald. Da fielen seine Augen auf sein Gärtchen, die Kirschbäume, die er gepflanzt, standen schon in voller Blüte, es schmerzte ihn, daß sie in ihrer Unschuld nicht wußten, für wen sie blühten. Währenddes hatte sein alter Hofhund sich gewaltsam vom Stricke losgerissen, sprang liebkosend an ihm herauf und umkreiste ihn in weiten Freudensprüngen; er herzte sich mit ihm wie mit einem alten, treuen Freunde. Dann aber wandte er sich rasch zum Hause; die Tür war verschlossen, er stieß sie mit einem derben Fußtritt auf. Drin hatte der Waldwärter unterdes Feuer gepinkt. „Herr Jesus!" rief er erschrocken, da er, entgegentretend, plötzlich beim Widerschein der Lampe den verwilderten Renald erkannte. Renald aber achtete nicht darauf, sondern griff nach der Büchse, die überm Bett an der Wand hing. „Lump", sagte er, „das schöne Gewehr so verstauben zu lassen!" Der Waldwärter, die Lampe hinsetzend und auf dem Sprunge, durchs Fenster zu entfliehen, sah den furchtbaren Gast seitwärts mit ungewissen Blicken an. Renald bemerkte, daß er zitterte. „Fürcht' dich nicht", sagte er, „dir tu ich nichts, was kannst du dafür! ich hol' mir nur die Büchse, sie ist vom Vater, sie gehört mir und nicht dem Grafen, und so wahr der alte Gott noch lebt, so hol' ich mir auch mein Recht, und wenn sie's im Turmknopf von Dürande versiegelt hätten, das sag dem Grafen und wer's sonst wissen will." – Mit diesen Worten pfiff er dem Hunde und schritt wieder in den Wald hinaus, wo ihn der Waldwärter bei dem wirren Wetterleuchten bald aus den Augen verloren hatte.

Währenddes schnurrten im Schloß Dürande die Gewichte der Turmuhr ruhig fort, aber die Uhr schlug nicht, und der verrostete Weiser rückte nicht mehr von der Stelle, als wäre die Zeit eingeschlafen auf dem alten Hofe beim einförmigen Rauschen der Brunnen. Draußen, nur manchmal vom fernen Wetterleuchten zweifelhaft erhellt, lag der Garten mit seinen wunderlichen Baumfiguren, Statuen und vertrockneten Bassins wie versteinert im jungen Grün, das in der warmen Nacht schon von allen Seiten lustig über die Gartenmauer kletterte und sich um die Säulen der halbverfallenen Lusthäuser schlang, als wollt' nun der Frühling alles erobern. Das Hausgesinde aber stand heimlich untereinander flüsternd auf der Terrasse, denn man sah es hie und da brennen in der Ferne; der Aufruhr schritt wachsend schon immer näher über die stillen Wälder von Schloß zu Schloß. Da hielt der kranke alte Graf um die gewohnte Stunde einsam Tafel im Ahnensaal, die hohen Fenster waren fest verschlossen, Spiegel, Schränke und Marmortische standen unverrückt umher wie in der alten Zeit, niemand durfte, bei seiner Ungnade, der neuen Ereignisse erwähnen, die er verächtlich ignorierte. So saß er, im Staatskleide, frisiert, wie eine geputzte Leiche, am reichbesetzten Tisch vor den silbernen Armleuchtern und blätterte in alten Historienbüchern, seiner kriegerischen Jugend gedenkend. Die Bedienten eilten stumm über den glatten Boden hin und her, nur durch die Ritzen der Fensterladen sah man zuweilen das Wetterleuchten, und alle Viertelstunden hakte im Nebengemach die Flötenuhr knarrend ein und spielte einen Satz aus einer alten Opernarie.

Da ließen sich auf einmal unten Stimmen vernehmen, drauf hörte man jemand eilig die Treppe heraufkommen, immer lauter und näher. „Ich muß herein!" rief es endlich an der Saaltür, sich durch die abwehrenden Diener drängend, und bleich, verstört und atemlos stürzte der Waldwärter in den Saal, in wilder Hast dem Grafen erzählend, was ihm soeben im Jägerhaus mit Renald begegnet.

Der Graf starrte ihn schweigend an. Dann, plötzlich einen Armleuchter ergreifend, richtete er sich zum Erstaunen der Diener ohne fremde Hilfe hoch auf. „Hüte sich, wer einen Dürande fangen will!" rief er, und gespenstisch wie ein Nachtwandler mit dem Leuchter quer durch den Saal schreitend, ging er auf eine kleine eichene Tür los, die zu dem Gewölbe des Eckturms führte. Die Diener, als sie sich vom ersten Entsetzen über sein grauenhaftes Aussehen erholt, standen verwirrt und unentschlossen um die Tafel. „Um Gottes willen", rief da auf einmal ein Jäger herbeieilend, „laßt ihn nicht durch, dort in dem Eckturm hab' ich auf sein Geheiß heimlich alles Pulver zusammentragen müssen; wir sind verloren, er sprengt uns alle mit sich in die Luft!" – Der Kammerdiener, bei dieser schrecklichen Nachricht, faßte sich zuerst ein Herz und sprang rasch vor, um seinen Herrn zurückzuhalten, die andern folgten seinem Beispiel. Der Graf aber, da er sich so unerwartet verraten und überwältigt sah, schleuderte dem nächsten den Armleuchter an den Kopf, darauf, krank wie er war, brach er selbst auf dem Boden zusammen.

Ein verworrenes Durcheinanderlaufen ging nun durch das ganze Schloß; man hatte den Grafen auf sein seidenes Himmelbett gebracht. Dort versuchte er vergeblich, sich noch einmal emporzurichten, zurücksinkend rief er: „Wer sagte da, daß der Renald nicht wahnsinnig ist?" – Da alles still blieb, fuhr er leiser fort: „Ihr kennt den Renald nicht, er kann entsetzlich sein, wie fressend Feuer – läßt man denn reißende Tiere frei aufs Feld? – Ein schöner Löwe, wie er die Mähnen schüttelt – wenn sie nur nicht so blutig wären!" – Hier, sich plötzlich besinnend, riß er die müden Augen weit auf, und starrte die umherstehenden Diener verwundert an.

Der bestürzte Kammerdiener, der seine Blicke allmählich verlöschen sah, redete von geistlichem Beistand, aber der Graf, schon im Schatten des nahenden Todes, verfiel gleich darauf von neuem in fieberhafte Phantasien. Er sprach von einem großen, prächtigen Garten und einer langen, langen Allee, in der ihm seine verstorbene Gemahlin entgegenkäme, immer näher und heller und schöner. – „Nein, nein", sagte er, „sie hat einen Sternenmantel um und eine funkelnde Krone auf dem Haupt. Wie rings die Zweige schimmern von dem Glanz! – Gegrüßt seist du, Maria, bitt' für mich, du Königin der Ehren!" – Mit diesen Worten starb der Graf.

Als der Tag anbrach, war der ganze Himmel gegen Morgen dunkelrot gefärbt; gegenüber aber stand das Gewitter bleifarben hinter den grauen Türmen des Schlosses Dürande, die Sterbeglocke ging in einzelnen abgebrochenen Klängen über die stille Gegend, die fremd und wie verwandelt in der seltsamen Beleuchtung heraufblickte. – Da sahen einige Holzhauer im Walde den wilden Jäger Renald mit seiner Büchse und dem Hunde eilig in die Morgenglut hinabsteigen; niemand wußte, wohin er sich gewendet.

Mehrere Tage waren seitdem vergangen, das Schloß stand wie verzaubert in öder Stille, die Kinder gingen abends scheu vorüber, als ob es drin spuke. Da sah man eines Tages plötzlich droben mehrere Fenster geöffnet, buntes Reisegepäck lag auf dem Hof umher, muntere Stimmen schallten wieder auf den Treppen und Gängen, die Türen flogen hallend auf und zu, und vom Turm fing die Uhr trostreich wieder zu schlagen an. Der junge Graf Dürande war, auf die Nachricht vom Tode seines Vaters, rasch und unerwartet von Paris zurückgekehrt. Unterweges war er mehrmals verworrenen Zügen von Edelleuten begegnet, die schon damals flüchtend die Landstraßen bedeckten. Er aber hatte keinen Glauben an die Fremde und wollte ehrlich Freud und Leid mit seinem Vaterlande teilen. Wie hatte auch der erste Schreck aus der Ferne alles übertrieben! Er fand seine nächsten Dienstleute ergeben und voll Eifer und überließ sich gern der Hoffnung, noch alles zum Guten wenden zu können.

In solchen Gedanken stand er an einem der offenen Fenster, die Wälder rauschten so frisch herauf, das hatte er so lange nicht gehört, und im Tale schlugen die Vögel und jauchzten die Hirten von den Bergen, dazwischen hörte er unten im Schloßgarten singen:

    „Wär's dunkel, ich läg' im Walde,
    Im Walde rauscht's so sacht,
    Mit ihrem Sternenmantel
    Bedecket mich da die Nacht,
      Da kommen die Bächlein gegangen:
      Ob ich schon schlafen tu?
      Ich schlaf' nicht, ich hör' noch lange

Den Nachtigallen zu,
Wenn die Wipfel über mir schwanken,
Es klinget die ganze Nacht,
Das sind im Herzen die Gedanken,
Die singen, wenn niemand wacht."

Jawohl, gar manche stille Nacht, dachte der Graf, sich mit der Hand über
die Stirn fahrend. – „Wer sang da?" wandte er sich dann zu den auspackenden
Dienern; die Stimme schien ihm so bekannt. Ein Jäger meinte, es sei wohl
der neue Gärtnerbursch aus Paris, der habe keine Ruhe gehabt in der Stadt;
als sie fortgezogen, so sei er ihnen zu Pferde nachgekommen. „Der?" – sagte
der Graf – er konnte sich kaum auf den Burschen besinnen. Über den Zer-
streuungen des Winters in Paris war er nicht oft in den Garten gekommen;
er hatte den Knaben nur selten gesehn und wenig beachtet, um so mehr freute
ihn seine Anhänglichkeit.

Indes war es beinahe Abend geworden, da hieß der Graf noch sein Pferd
satteln, die Diener verwunderten sich, als sie ihn bald darauf so spät und ganz
allein noch nach dem Walde hinreiten sahen. Der Graf aber schlug den Weg
zu dem nahen Nonnenkloster ein, und ritt in Gedanken rasch fort, als gält'
es, ein lange versäumtes Geschäft nachzuholen; so hatte er in kurzer Zeit das
stille Waldkloster erreicht. Ohne abzusteigen, zog er hastig die Glocke am
Tor. Da stürzte ein Hund ihm entgegen, als wollt' er ihn zerreißen, ein langer,
bärtiger Mann trat aus der Klosterpforte und stieß den Köter wütend mit den
Füßen; der Hund heulte, der Mann fluchte, eine Frau zankte drin im Kloster,
sie konnte lange nicht zu Worte kommen. Der Graf, befremdet von dem seltsamen Empfang, verlangte jetzt schleunig die Priorin zu sprechen. – Der
Mann sah ihn etwas verlegen an, als schämte er sich. Gleich aber wieder in
alter Roheit gesammelt, sagte er, das Kloster sei aufgehoben und gehöre der
Nation; er sei der Pächter hier. Weiter erfuhr nun der Graf noch, wie ein Pariser Commissair das alles so rasch und klug geordnet. Die Nonnen sollten
nun in weltlichen Kleidern hinaus in die Städte, heiraten und nützlich sein;
da zogen alle in einer schönen stillen Nacht aus dem Tal, für das sie so lange
gebetet, nach Deutschland hinüber, wo ihnen in einem Schwesterkloster
freundliche Aufnahme angeboten worden.

Der überraschte Graf blickte schweigend umher, jetzt bemerkte er erst, wie
die zerbrochenen Fenster im Winde klappten; aus einer Zelle unten sah ein
Pferd schläfrig ins Grün hinaus, die Ziegen des Pächters weideten unter um-
geworfenen Kreuzen auf dem Kirchhof, niemand wagte es, sie zu vertreiben;
dazwischen weinte ein Kind im Kloster, als klagte es, daß es geboren in dieser
Zeit. Im Dorfe aber war es wie ausgekehrt, die Bauern guckten scheu aus den

Fenstern, sie hielten den Grafen für einen Herrn von der Nation. Als ihn aber nach und nach einige wiedererkannten, stürzte auf einmal alles heraus und umringte ihn, hungrig, zerlumpt und bettelnd. Mein Gott, mein Gott, dachte er, wie wird die Welt so öde! – Er warf alles Geld, das er bei sich hatte, unter den Haufen, dann setzte er rasch die Sporen ein und wandte sich wieder nach Hause.

Es war schon völlig Nacht, als er in Dürande ankam. Da bemerkte er mit Erstaunen im Schlosse einen unnatürlichen Aufruhr, Lichter liefen von Fenster zu Fenster, und einzelne Stimmen schweiften durch den dunklen Garten, als suchten sie jemand. Er schwang sich rasch vom Pferde und eilte ins Haus. Aber auf der Treppe stürzte ihm schon der Kammerdiener mit einem versiegelten Blatte atemlos entgegen: es seien Männer unten, die es abgegeben und trotzig Antwort verlangten. Ein Jäger, aus dem Garten hinzutretend, fragte ängstlich den Grafen, ob er draußen dem Gärtnerburschen begegnet? Der Bursch habe ihn überall gesucht, der Graf möge sich aber hüten vor ihm, er sei in der Dämmerung verdächtig im Dorf gesehen worden, ein Bündel unterm Arm, mit allerlei Gesindel sprechend, nun sei er gar spurlos verschwunden.

Der Graf, unterdes oben im erleuchteten Zimmer angelangt, erbrach den Brief und las in schlechter, mit blasser Tinte mühsam gezeichneter Handschrift: „Im Namen Gottes verordne ich hiermit, daß der Graf Hippolyt von Dürande auf einem, mit dem gräflichen Wappen besiegelten Pergament die einzige Tochter des verstorbenen Försters am Schloßberg, Gabriele Dubois, als seine rechtmäßige Braut und künftiges Gemahl bekennen und annehmen soll. Dieses Gelöbnis soll heute bis elf Uhr nachts in dem Jägerhause abgeliefert werden. Ein Schuß aus dem Schloßfenster aber bedeutet: Nein. Renald."

„Was ist die Uhr?" fragte der Graf. – „Bald Mitternacht", erwiderten einige, sie hätten ihn so lange im Walde und Garten vergeblich gesucht. – „Wer von euch sah den Renald, wo kam er her?" fragte er von neuem. Alles schwieg. Da warf er den Brief auf den Tisch. „Der Rasende!" sagte er und befahl für jeden Fall die Zugbrücke aufzuziehen, dann öffnete er rasch das Fenster und schoß ein Pistol, als Anwort, in die Luft hinaus. Da gab es einen wilden Widerhall durch die stille Nacht, Geschrei und Rufen und einzelne Flintenschüsse, bis in die fernsten Schlünde hinein, und als der Graf sich wieder wandte, sah er in dem Saal einen Kreis verstörter Gesichter lautlos um sich her. Er schalt sie Hasenjäger, denen vor Wölfen graute. „Ihr habt lange genug Krieg gespielt im Walde", sagt er, „nun wendet sich die Jagd, wir sind jetzt das Wild, wir müssen durch. Was wird es sein! Ein Tollhaus mehr ist wieder aufgeriegelt, der rasende Veitstanz geht durchs Land, und der Renald geigt ihnen vor. Ich hab' nichts mit dem Volk, ich tat ihnen nichts als Gutes, wollen sie noch Besseres, sie sollen's ehrlich fordern, ich gäb's ihnen gern, abschrecken aber laß ich mir keine Handbreit meines alten Grund und Bodens; Trotz gegen Trotz!"

So trieb er sie in den Hof hinab, er selber half die Pforten, Luken und Fenster verrammen. Waffen wurden rasselnd von allen Seiten herbeigeschleppt, sein fröhlicher Mut belebte alle. Man zündete mitten im Hofe ein großes Feuer an, die Jäger lagerten sich herum und gossen Kugeln in den roten Widerscheinen, die lustig über die stillen Mauern liefen – sie merkten nicht, wie die Raben, von der plötzlichen Helle aufgeschreckt, ächzend über ihnen die alten Türme umkreisten. – Jetzt brachte ein Jäger mit großem Geschrei den Hut und die Jacke des Gärtnerburschen, die er zu seiner Verwunderung beim Aufsuchen der Waffen im Winkel eines abgelegenen Gemaches gefunden. Einige meinten, das Bürschchen sei vor Angst aus der Haut gefahren, andere schworen, er sei ein Schleicher und Verräter, während der alte Schloßwart Nicolo, schlau lächelnd, seinem Nachbar heimlich etwas ins Ohr flüsterte. Der Graf bemerkte es. „Was lachst du?" fuhr er den Alten an; eine entsetzliche Ahnung flog plötzlich durch seine Seele. Alle sahen verlegen zu Boden. Da faßte er den erschrockenen Schloßwart hastig am Arm und führte ihn mit fort in einen entlegenen Teil des Hofes, wohin nur einige schwankende Schimmer des Feuers langten. Dort hörte man beide lange Zeit lebhaft miteinander reden, der Graf ging manchmal heftig an dem dunklen Schloßflügel auf und ab, und kehrte dann immer wieder fragend und zweifelnd zu dem Alten zurück. Dann sah man sie in den offenen Stall treten, der Graf half selbst eilig den schnellsten Läufer satteln, und gleich darauf sprengte Nicolo quer über den Schloßhof, daß die Funken stoben, durchs Tor in die Nacht hinaus. „Reit zu", rief ihm der Graf noch nach, „frag, suche bis ans Ende der Welt!"

Nun trat er rasch und verstört wieder zu den andern, zwei der zuverlässigsten Leute mußten sogleich bewaffnet nach dem Dorf hinab, um den Renald draußen aufzusuchen; wer ihn zuerst sähe, solle ihm sagen: er, der Graf, wolle ihm Satisfaktion geben wie einem Kavalier und sich mit ihm schlagen, Mann gegen Mann – mehr könne der Stolze nicht verlangen.

Die Diener starrten ihn verwundert an, er aber hatte unterdes einen rüstigen Jäger auf die Zinne gestellt, wo man am weitesten ins Land hinaussehen konnte. „Was siehst du?" fragte er, unten seine Pistolen ladend. Der Jäger erwiderte: die Nacht sei zu dunkel, er könne nichts unterscheiden, nur einzelne Stimmen höre er manchmal fern im Feld und schweren Tritt, als zögen viele Menschen lautlos durch die Nacht, dann sei alles wieder still. „Hier ist's lustig oben", sagte er, „wie eine Wetterfahne im Wind – was ist denn das?"

„Wer kommt?" fuhr der Graf hastig auf.

„Eine weiße Gestalt, wie ein Frauenzimmer", entgegnete der Jäger, „fliegt unten dicht an der Schloßmauer hin." – Er legte rasch seine Büchse an. Aber der Graf, die Leiter hinauffliegend, war schon selber droben und riß dem Zielenden heftig das Gewehr aus der Hand. Der Jäger sah ihn erstaunt an. „Ich kann auch nichts mehr sehen", sagte er dann halb unwillig und warf sich nun auf die Mauer nieder, über den Rand hinausschauend: „Wahrhaftig, dort an der Gartenecke ist noch ein Fenster offen, der Wind klappt mit den Laden, dort ist's hereingehuscht."

Die Zunächststehenden im Hofe wollten eben nach der bezeichneten Stelle hineilen, als plötzlich mehrere Diener wie Herbstblätter im Sturm über den Hof daherflogen; die Rebellen, hieß es, hätten im Seitenflügel eine Pforte gesprengt, andere meinten, der rotköpfige Waldwärter habe sie mit Hilfe eines Nachschlüssels heimlich durch das Kellergeschoß hereingeführt. Schon hörte man Fußtritte hallend auf den Gängen und Treppen und fremde, rauhe Stimmen da und dort, manchmal blitze eine Brandfackel vorüberschweifend durch das Fenster. – „Hallo, nun gilt's, die Gäste kommen, spielt auf zum Hochzeitstanze!" rief der Graf, in niegefühlter Mordlust aufschauernd. Noch war nur erst ein geringer Teil des Schlosses verloren; er ordnete rasch seine kleine Schar, fest entschlossen, sich lieber unter den Trümmern seines Schlosses zu begraben, als in diese rohen Hände zu fallen.

Mitten in dieser Verwirrung aber ging auf einmal ein Geflüster durch seine Leute: der Graf zeigte sich doppelt im Schloß, der eine hatte ihn zugleich im Hof und am Ende eines dunkeln Ganges gesehen, einem andern war er auf der Treppe begegnet, flüchtig und auf keinen Anruf Antwort gebend, das bedeutete seit uralter Zeit dem Hause großes Unglück. Niemand hatte jedoch in diesem Augenblick das Herz und die Zeit, es dem Grafen zu sagen, denn soeben begann auch unten der Hof sich schon grauenhaft zu beleben; unbekannte Gesichter erschienen überall an den Kellerfenstern, die Kecksten arbeiteten sich gewaltsam hervor und sanken, ehe sie sich draußen noch aufrichten konnten, von den Kugeln der wachsamen Jäger wieder zu Boden, aber über ihre Leichen weg kroch und rang und hob es sich immer wieder von neuem unaufhaltsam empor, braune verwilderte Gestalten, mit langen Vogelflinten, Stangen und Brecheisen, als wühlte die Hölle unter dem Schlosse sich auf. Es war die Bande des verräterischen Waldwärters, der ihnen heimtückisch die Keller geöffnet. Nur auf Plünderung bedacht, drangen sie sogleich nach dem Marstall und hieben in der Eile die Stränge entzwei, um sich der Pferde zu bemächtigen. Aber die edlen schlanken Tiere, von dem Lärm und der gräßlichen Helle verstört, rissen sich los und stürzten in wilder Freiheit in den Hof; dort mit zornig-funkelnden Augen und fliegender Mähne, sah man sie bäumend aus der Menge steigen und Roß und Mann verzweifelnd durcheinander ringen bei wirren Wetterleuchten der Fackeln, Jubel und Todesschrei und die dumpfen Klänge der Sturmglocken dazwischen. Die versprengten Jäger fochten nur noch einzeln gegen die wachsende Übermacht; schon umringte das Getümmel immer dichter den Grafen, er schien unrettbar verloren, als der blutige Knäuel mit dem Aufruf: dort, dort ist er! sich plötzlich wieder entwirrte und alles dem andern Schloßflügel zuflog.

Der Graf, in einem Augenblick fast alleinstehend, wandte sich tiefaufatmend und sah erstaunt das alte Banner des Hauses Dürande drüben vom Balkon wehen. Es wallte ruhig durch die wilde Nacht, auf einmal aber schlug der Wind wie im Spiel die Fahne zurück – da erblickte er mit Schaudern sich selbst dahinter, in seinen weißen Reitermantel tief gehüllt, Stirn und Gesicht von seinem Federbusch umflattert. Alle Blicke und Rohre zielten auf die stille Gestalt, doch dem Grafen sträubte sich das Haar empor, denn die Blicke des furchtbaren Doppelgängers waren mitten durch den Kugelregen unverwandt auf ihn gerichtet. Jetzt bewegte er die Fahne, er schien ihm ein Zeichen geben zu wollen, immer deutlicher und dringender ihn zu sich hinaufwinkend.

Eine Weile starrt er hin, dann, von Entsetzen überreizt, vergißt er alles andere, und unerkannt den Haufen teilend, der wütend nach dem Haupttor dringt, eilt er selbst dem gespenstischen Schloßflügel zu. Ein heimlicher Gang, nur wenigen bekannt, führt seitwärts näher zum Balkon, dort stürzt er sich hinein; schon schließt die Pforte sich schallend hinter ihm, er tappt am Pfeiler einsam durch die stille Halle, da hört er atmen neben sich, es faßt ihm plötzlich bei der Hand, schauernd sieht er das Banner und den Federbusch im Dunkeln wieder schimmern. Da, den weißen Mantel zurückschlagend, stößt es unten rasch eine Tür auf nach dem stillen Feld, ein heller Mondblick streift blendend die Gestalt, sie wendet sich. – „Um Gottes willen, Gabriele!" ruft der Graf und läßt verwirrt den Degen fallen.

Das Mädchen stand bleich, ohne Hut vor ihm, die schwarzen Locken aufgeringelt, rings von der Fahne wunderbar umgeben. Sie schien noch atemlos. „Jetzt zaudere nicht", sagte sie, den ganz Erstaunten eilig nach der Tür drängend, „der alte Nicolo harrt deiner draußen mit dem Pferde. Ich war im Dorf, der Renald wollte mich nicht wiedersehn, so rannte ich ins Schloß zurück, zum Glück stand noch ein Fenster offen, da fand ich dich nicht gleich und warf mich rasch in deinen Mantel. Noch merken sie es nicht, sie halten mich für dich; bald ist's zu spät, laß mich und rette dich, nur schnell!" Dann setzte sie leiser hinzu: „Und grüße auch das schöne Fräulein in Paris, und betet für mich, wenn's euch wohlgeht."

Der Graf aber, in tiefster Seele bewegt, hatte sie schon fest in beide Arme genommen und bedeckte den bleichen Mund mit glühenden Küssen. Da wand sie sich schnell los. „Mein Gott, liebst du mich denn noch, ich meinte, du freitest um das Fräulein?" sagte sie voll Erstaunen, die großen Augen fragend zu ihm aufgeschlagen. – Ihm war's auf einmal, wie in den Himmel hineinzusehen. „Die Zeit fliegt heut entsetzlich", rief er aus, „dich liebte ich immerdar, da nimm den Ring und meine Hand auf ewig, und so verlaß mich

Gott, wenn ich je von dir lasse!" – Gabriele, vor Überraschung und Freude verwirrt, wollte niederknien, aber sie taumelte und mußte sich an der Wand festhalten. Da bemerkte er erst mit Schrecken, daß sie verwundet war. Ganz außer sich riß er sein Tuch vom Halse, suchte eilig mit Fahne, Hemd und Kleidern das Blut zu stillen, das auf einmal unaufhaltsam aus vielen Wunden zu quellen schien. In steigender unsäglicher Todesangst blickte er nach Hilfe ringsumher, schon näherten sich verworrene Stimmen, er wußte nicht, ob es Freund oder Feind. Sie hatte währenddes den Kopf müde an seine Schulter gelehnt. „Mir flimmert's so schön vor den Augen", sagte sie, „wie dazumal, als du durchs tiefe Abendrot noch zu mir kamst; nun ist ja alles, alles wieder gut."

Da pfiff plötzlich eine Kugel durch das Fenster herein. „Das war der Renald!" rief der Graf, sich nach der Brust greifend; er fühlte den Tod im Herzen. – Gabriele fuhr hastig auf. „Wie ist dir?" fragte sie erschrocken. Aber der Graf, ohne zu antworten, faßte heftig nach seinem Degen. Das Gesindel war leise durch den Gang herangeschlichen, auf einmal sah er sich in der Halle von bewaffneten Männern umring. – „Gute Nacht, mein liebes Weib!" rief er da; und mit letzter, übermenschlicher Gewalt das von der Fahne verhüllte Mädchen auf den linken Arm schwingend, bahnt' er sich eine Gasse durch die Plünderer, die ihn nicht kannten und verblüfft von beiden Seiten vor dem Wütenden zurückwichen. So hieb er sich durch die offene Tür glücklich ins Freie hinaus, keiner wagte ihm aufs Feld zu folgen, wo sie in den schwankenden Schatten der Bäume einen heimlichen Hinterhalt besorgten.

Draußen aber rauschten die Wälder so kühl. „Hörst du die Hochzeitsglokken gehn?" sagte der Graf; „ich spür' schon Morgenluft." – Gabriele konnte nicht mehr sprechen, aber sie sah ihn still und selig an. – Immer ferner und leiser verhallten unterdes schon die Stimmen vom Schlosse her, der Graf wankte verblutend, sein steinernes Wappenschild lag zertrümmert im hohen Gras, dort stürzt' er tot neben Gabrielen zusammen. Sie atmeten nicht mehr, aber der Himmel funkelte von Sternen, und der Mond schien prächtig über

das Jägerhaus und die einsamen Gründe; es war, als zögen Engel singend durch die schöne Nacht.

Dort wurden die Leichen von Nicolo gefunden, der vor Ungeduld schon mehrmals die Runde um das Haus gemacht hatte. Er lud beide mit dem Banner auf das Pferd, die Wege standen verlassen, alles war im Schloß, so brachte er sie unbemerkt in die alte Dorfkirche. Man hatte dort vor kurzem erst die Sturmglocke geläutet, die Kirchtür war noch offen. Er lauschte vorsichtig in die Nacht hinaus, es war alles still, nur die Linden säuselten im Winde, vom Schloßgarten hörte er die Nachtigallen schlagen, als ob sie im Traume schluchzten. Da senkte er betend das stille Brautpaar in die gräfliche Familiengruft und die Fahne darüber, unter der sie noch heut zusammen ausruhn. Dann aber ließ er mit traurigem Herzen sein Pferd frei in die Nacht hinauslaufen, segnete noch einmal die schöne Heimatgegend und wandte sich rasch nach dem Schloß zurück, um seinen bedrängten Kameraden beizustehen; es war ihm, als könnte er nun selbst nicht länger mehr leben.

Auf den ersten Schuß des Grafen aus dem Schloßfenster war das raubgierige Gesindel, das durch umlaufende Gerüchte von Renalds Anschlag wußte, aus allen Schlupfwinkeln hervorgebrochen, er selbst hatte in der offenen Tür des Jägerhauses auf die Antwort gelauert und sprang bei dem Blitz im Fenster wie ein Tiger allen voraus, er war der erste im Schloß. Hier, ohne auf das Treiben der anderen zu achten, suchte er mitten zwischen den pfeifenden Kugeln in allen Gemächern, Gängen und Winkeln unermüdlich den Grafen auf. Endlich erblickt' er ihn durchs Fenster in der Halle, er hört' ihn drin sprechen, ohne Gabrielen in der Dunkelheit zu bemerken. Der Graf kannte den Schützen wohl, er hatte gut gezielt. Als Renald ihn getroffen taumeln sah, wandte er sich tiefaufatmend – sein Richteramt war vollbracht.

Wie nach einem schweren, löblichen Tagewerk durchschritt er nun die leeren Säle in der wüsten Einsamkeit zwischen zertrümmerten Tischen und Spiegeln, der Zugwind strich durch alle Zimmer und spielte traurig mit den Fetzen der zerrissenen Tapeten.

Als er durchs Fenster blickte, verwunderte er sich über das Gewimmel fremder Menschen im Hofe, die ihm geschäftig dienten wie das Feuer dem Sturm. Ein seltsam Gelüsten funkelte ihn da von den Wänden an aus dem glatten Getäfel, in dem der Fackelschein sich verwirrend spiegelte, als äugelte der Teufel mit ihm. – So war er in den Gartensaal gekommen. Die Tür stand offen, er trat in den Garten hinaus. Da schauerte ihn in der plötzlichen Kühle. Der untergehende Mond weilte noch zweifelnd am dunklen Rand der Wälder, nur manchmal leuchtete der Strom noch herauf, kein Lüftchen ging, und doch rührten sich die Wipfel, und die Alleen und geisterhaften Statuen warfen lange, ungewisse Schatten dazwischen, und die Wasserkünste spielten und rauschten so wunderbar durch die weite Stille der Nacht. Nun sah er seitwärts auch die Linde und die mondbeglänzte Wiese vor dem Jägerhause; er dachte sich die verlorne Gabriele wieder in der alten unschuldigen Zeit als Kind mit den langen dunklen Locken, es fiel ihm immer das Lied ein: „Gute Nacht, mein Vater und Mutter, wie auch mein stolzer Bruder" – es wollte ihm das Herz zerreißen, er sang verwirrt vor sich hin, halb wie im Wahnsinn:

„Meine Schwester, die spielt an der Linde. –
Stille Zeit, wie so weit, so weit!
Da spielten so schöne Kinder
Mit ihr in der Einsamkeit.

Von ihren Locken verhangen,
Schlief sie und lachte im Traum,
Und die schönen Kinder sangen
Die ganze Nacht unterm Baum.

Die ganze Nacht hat gelogen,
Sie hat mich so falsch gegrüßt,
Die Engel sind fortgeflogen
Und Haus und Garten stehn wüst.

Es zittert die alte Linde
Und klaget der Wind so schwer,
Das macht, das macht die Sünde –
Ich wollt', ich läg im Meer. –

Die Sonne ist untergegangen
Und der Mond im tiefen Meer,
Es dunkelt schon über dem Lande;
Gute Nacht! seh' dich nimmermehr."

„Wer ist da?" rief er auf einmal in den Garten hinein. Eine dunkle Gestalt unterschied sich halb kenntlich zwischen den wirren Schatten der Bäume; erst hielt er es für eins der Marmorbilder, aber es bewegte sich, er ging rasch darauf los, ein Mann versuchte sich mühsam zu erheben, sank aber immer wieder in Gras zurück. „Um Gott, Nicolo, du bist's!" rief Renald erstaunt; „was machst du hier?" – Der Schloßwart wandte sich mit großer Anstrengung auf die andere Seite, ohne zu antworten.

„Bist du verwundet?" sagte Renald, besorgt nähertretend, „wahrhaftig, an dich dacht' ich nicht in dieser Nacht. Du warst mir der liebste immer unter allen, treu, zuverlässig, ohne Falsch; ja, wär' die Welt wie du! Komm nur mit mir, du sollst herrschaftlich leben jetzt im Schloß auf deine alten Tage, ich will dich über alle stellen."

Nicolo aber stieß ihn zurück: „Rühre mich nicht an, deine Hand raucht noch von Blut."

„Nun", entgegnete Renald finster, „ich meine, ihr solltet mir's alle danken, die wilden Tiere sind verstoßen in den wüsten Wald, es bekümmert sich niemand um sie, sie müssen sich ihr Futter selber nehmen – bah, und was ist Brot gegen Recht?"

„Recht?" sagte Nicolo, ihn lange starr ansehend, „um Gottes willen, Renald, ich glaube gar, du wußtest nicht" –

„Was wußt ich nicht?" fuhr Renald hastig auf.

„Deine Schwester Gabriele –"

„Wo ist sie?"

Nicolo wies schweigend nach dem Kirchhof; Renald schauderte heimlich zusammen. „Deine Schwester Gabriele", fuhr der Schloßwart fort, „hielt schon als Kind immer große Stücke auf mich, du weißt es ja; heut abend nun in der Verwirrung, eh's noch losging, hat sie in ihrer Herzensangst mir alles anvertraut."

Renald zuckte an allen Gliedern, als hinge in der Luft das Richtschwert über ihm. „Nicolo", sagte er drohend, „belüg' mich nicht, denn dir, gerade dir glaube ich."

Der Schloßwart, seine klaffende Brustwunde zeigend, erwiderte: „Ich rede die Wahrheit, so wahr mir Gott helfe, vor dem ich noch in dieser Stunde stehen werde! – Graf Hippolyt hat deine Schwester nicht entführt."

„Hoho", lachte Renald, plötzlich wie aus unsäglicher Todesangst erlöst, „ich sah sie selber in Paris am Fenster in des Grafen Haus."

„Ganz recht", sagte Nicolo, „aus Lieb' ist sie bei Nacht dem Grafen heimlich nachgezogen aus dem Kloster."

„Nun siehst du, siehst du wohl? ich wußt's ja doch. Nur weiter, weiter", unterbrach ihn Renald; große Schweißtropfen hingen in seinem wildverworrenen Haar.

„Das arme Kind", erzählte Nicolo wieder, „sie konnte nicht vom Grafen lassen; um ihm nur immer nahe zu sein, hat sie verkleidet als Gärtnerbursche sich verdungen im Palast, wo sie keiner kannte."

Renald, aufs äußerste gespannt, hatte sich unterdes neben dem Sterbenden, der immer leiser sprach, auf die Knie hingeworfen, beide Hände vor sich auf die Erde gestützt. „Und der Graf", sagte er, „der Graf, was tat der? Er lockte, er kirrte sie, nicht wahr?"

„Wie sollt' er's ahnen?" fuhr der Schloßwart fort; „er lebte wie ein loses Blatt im Sturm, von Fest zu Fest. Wie oft stand sie des Abends spät in dem verschneiten Garten vor des Grafen Fenstern, bis er nach Hause kam, wüst, überwacht – er wußte nichts davon bis heute abend. Da schickt' er mich hinaus, sie aufzusuchen; sie aber hatte sich dem Tode schon geweiht, in seinen Kleidern euch täuschend wollte sie eure Kugeln von seinem Herzen auf ihr eigenes wenden – o jammervoller Anblick – so fand ich beide tot im Felde Arm in Arm – der Graf hat ehrlich sie geliebt bis in den Tod – sie beide sind schuldlos – rein – Gott sei uns allen gnädig!"

Renald war über diese Worte ganz still geworden, er horchte noch immer hin, aber Nicolo schwieg auf ewig, nur die Gründe rauschten dunkel auf, als schauderte der Wald.

Da stürzte auf einmal vom Schloß die Bande siegestrunken über Blumen und Beete daher, sie schrien vivat und riefen den Renald im Namen der Nation zum Herrn von Dürande aus. Renald, plötzlich sich aufrichtend, blickte wie aus einem Traum in die Runde. Er befahl, sie sollten schleunig alle Gesellen aus dem Schlosse treiben und keiner, bei Lebensstrafe, es wieder betreten, bis er sie riefe. Er sah so schrecklich aus, sein Haar war grau geworden über Nacht, niemand wagte es, ihm jetzt zu widersprechen. Darauf sahen sie ihn allein rasch und schweigend in das leere Schloß hineingehen, und während sie noch überlegen, was er vorhat und ob sie ihm gehorchen oder dennoch folgen sollen, ruft einer erschrocken aus: „Herr Gott, der rote Hahn ist auf dem Dach!" Und mit Erstaunen sehen sie plötzlich feurige Spitzen bald da, bald dort aus den zerbrochenen Fenstern schlagen und an dem trocknen Sparrwerk hurtig nach dem Dache klettern. Renald, seines Lebens müde, hatte eine brennende Fackel ergriffen und das Haus an allen vier Ecken angesteckt. – Jetzt, mitten durch die Lohe, die der Zugwind wirbelnd faßte, sahen sie den Schrecklichen eilig nach dem Eckturme schreiten, es war, als schlüge Feuer auf, wohin er trat. Dort in dem Turme liegt das Pulver, hieß es auf einmal, und voll Entsetzen stiebte alles über den Schloßberg auseinander. Da tat es gleich darauf einen furchtbaren Blitz, und donnernd stürzte das Schloß hinter ihnen zusammen. Dann wurde alles still; wie eine Opferflamme, schlank, mild und prächtig stieg das Feuer zum gestirnten Himmel auf, die Gründe und Wälder ringsumher erleuchtend – den Renald sah man nimmer wieder.

Das sind die Trümmer des alten Schlosses Dürande, die weinumrankt in schönen Frühlingstagen von den waldigen Bergen schauen. – Du aber hüte dich, das wilde Tier zu wecken in der Brust, daß es nicht plötzlich ausbricht und dich selbst zerreißt.

Annette v. Droste-Hülshoff

Die Judenbuche

Ein Sittengemälde aus dem gebirgichten
Westfalen

Wo ist die Hand so zart, daß ohne Irren
Sie sondern mag beschränkten Hirnes Wirren,
So fest, daß ohne Zittern sie den Stein
Mag schleudern auf ein arm verkümmert Sein?
Wer wagt es, eitlen Blutes Drang zu messen,
Zu wägen jedes Wort, das unvergessen

In junge Brust die zähen Wurzeln trieb,
Des Vorurteils geheimen Seelendieb?
Du Glücklicher, geboren und gehegt
Im lichten Raum, von frommer Hand gepflegt,
Leg hin die Wagschal', nimmer dir erlaubt!
Laß ruhn den Stein – er trifft dein eignes Haupt!

Friedrich Mergel, geboren 1738, war der einzige Sohn eines sogenannten Halbmeiers oder Grundeigentümers geringerer Klasse im Dorfe B., da, so schlecht gebaut und rauchig es sein mag, doch das Auge jedes Reisenden fesselt durch die überaus malerische Schönheit seiner Lage in der grünen Waldschlucht eines bedeutenden und geschichtlich merkwürdigen Gebirges. Das Ländchen, dem es angehörte, war damals einer jener abgeschlossenen Erdwinkel ohne Fabriken und Handel, ohne Heerstraßen, wo noch ein fremdes Gesicht Aufsehen erregte und eine Reise von dreißig Meilen selbst den Vornehmeren zum Ulysses (Odysseus) seiner Gegend machte – kurz, ein Fleck, wie es deren sonst so viele in Deutschland gab, mit all den Mängeln und Tugenden, all der Originalität und Beschränktheit, wie sie nur in solchen Zuständen gedeihen.

Unter höchst einfachen und häufig unzulänglichen Gesetzen waren die Begriffe der Einwohner von Recht und Unrecht einigermaßen in Verwirrung geraten, oder vielmehr, es hatte sich neben dem gesetzlichen ein zweites Recht gebildet, ein Recht der öffentlichen Meinung, der Gewohnheit und der durch Vernachlässigung entstandenen Verjährung. Die Gutsbesitzer, denen die niedere Gerichtsbarkeit zustand, straften und belohnten noch ihrer in den meisten Fällen redlichen Einsicht; der Untergebene tat, was ihm ausführbar und mit einem etwas weiten Gewissen verträglich schien, und nur dem Verlierenden fiel es zuweilen ein, in alten staubichten Urkunden nachzuschlagen. – Es ist schwer, jene Zeit unparteiisch ins Auge zu fassen; sie ist seit ihrem Verschwinden entweder hochmütig getadelt oder albern gelobt worden, da den, der sie erlebte, zu viel teure Erinnerungen blenden und der Spätergeborene sie nicht begreift. Soviel darf man indessen behaupten, daß die Form schwächer, der Kern fester, Vergehen häufiger, Gewissenlosigkeit seltener waren. Denn wer nach seiner Überzeugung handelt, und sei sie noch so mangelhaft, kann nie ganz zugrunde gehen, wogegen nichts seelentötender wirkt, als gegen das innere Rechtsgefühl das äußere Recht in Anspruch nehmen. Ein Menschenschlag, unruhiger und unternehmender als seine Nachbarn, ließ in dem kleinen Staate, von dem wir reden, manches weit greller hervortreten als anderswo unter gleichen Umständen. Holz- und Jagdfrevel waren an der Tagesordnung, und bei den häufig vorfallenden Schlägereien hatte sich jeder selbst seines zerschlagenen Kopfes zu trösten. Da jedoch große und ergiebige

Waldungen den Hauptreichtum des Landes ausmachten, ward allerdings scharf über die Forsten gewacht, aber weniger auf gesetzlichem Wege als in stets erneuten Versuchen, Gewalt und List mit gleichen Waffen zu überbieten.

Das Dorf B. galt für die hochmütigste, schlaueste und kühnste Gemeinde des ganzen Fürstentums. Seine Lage inmitten tiefer und stolzer Waldeinsamkeit mochte schon früh den angeborenen Starrsinn der Gemüter nähren; die Nähe eines Flusses, der in die See mündete und bedeckte Fahrzeuge trug, groß genug, um Schiffbauholz bequem und sicher außer Land zu führen, trug sehr dazu bei, die natürliche Kühnheit der Holzfrevler zu ermutigen, und der Umstand, daß alles umher von Förstern wimmelte, konnte hier nur aufregend wirken, da bei den häufig vorkommenden Scharmützeln der Vorteil meist auf seiten der Bauern blieb. Dreißig, vierzig Wagen zogen zugleich aus in den schönen Mondnächten mit ungefähr doppelt so viel Mannschaft jedes Alters, vom halbwüchsigen Knaben bis zum siebzigjährigen Ortsvorsteher, der als erfahrener Leitbock den Zug mit gleich stolzem Bewußtsein anführte, wie er seinen Sitz in der Gerichtsstube einnahm. Die Zurückgebliebenen horchten sorglos dem allmählichen Verhallen des Knarrens und Stoßens der Räder in den Hohlwegen und schliefen sacht weiter. Ein gelegentlicher Schuß, ein schwacher Schrei ließen wohl einmal eine junge Frau oder Braut auffahren; kein anderer achtete darauf. Beim ersten Morgengrau kehrte der Zug ebenso schweigend heim, die Gesichter glühend wie Erz, hier und dort einer mit verbundenem Kopf, was weiter nicht in Betracht kam, und nach ein paar Stunden war die Umgegend voll von dem Mißgeschick eines oder mehrerer Forstbeamten, die aus dem Walde getragen wurden, zerschlagen, mit Schnupftabak geblendet und für einige Zeit unfähig, ihrem Berufe nachzukommen.

In diesen Umgebungen ward Friedrich Mergel geboren, in einem Hause, das durch die stolze Zugabe eines Rauchfanges und minder kleiner Glasscheiben die Ansprüche seines Erbauers, sowie durch seine gegenwärtige Verkommenheit die kümmerlichen Umstände des jetzigen Besitzers bezeugte. Das frühere Geländer um Hof und Garten war einem vernachlässigten Zaune gewichen, das Dach schadhaft, fremdes Vieh weidete auf den Triften, fremdes Korn wuchs auf dem Acker zunächst am Hofe, und der Garten enthielt, außer ein paar holzigten Rosenstöcken aus besserer Zeit, mehr Unkraut als Kraut. Freilich hatten Unglücksfälle manches hiervon herbeigeführt; doch war auch viel Unordnung und böse Wirtschaft im Spiel. Friedrichs Vater, der alte Hermann Mergel, war in seinem Junggesellenstande ein sogenannter ordentlicher Säufer, da heißt einer, der nur an Sonn- und Festtagen in der Rinne lag und die Woche hindurch so manierlich war wie ein anderer. So war denn auch seine Bewerbung um ein recht hübsches und wohlhabendes Mädchen ihm nicht erschwert. Auf der Hochzeit ging's lustig zu. Mergel war nicht gar zu arg betrunken, und die Eltern der Braut gingen abends vergnügt heim; aber am nächsten Sonntage sah man die junge Frau schreiend und blutrünstig durchs Dorf zu den Ihrigen rennen, alle ihre guten Kleider und neues Hausgerät im Stich lassend. Das war freilich ein großer Skandal und Ärger für Mergel, der allerdings Trostes bedurfte. So war denn auch am Nachmittage keine Scheibe an seinem Hause mehr ganz, und man sah ihn noch bis spät in die Nacht vor der Türschwelle liegen, einen abgebrochenen Flaschenhals von Zeit zu Zeit zum Munde führend und sich Gesicht und Hände jämmerlich zerschneidend. Die junge Frau blieb bei ihren Eltern, wo sie bald verkümmerte und starb. Ob nun den Mergel Reue quälte oder Scham, genug, er schien der Trostmittel immer bedürftiger und fing bald an, den gänzlich verkommenen Subjekten zugezählt zu werden.

Die Wirtschaft verfiel; fremde Mägde brachten Schimpf und Schaden; so verging Jahr auf Jahr. Mergel war und blieb ein verlegener und zuletzt ziemlich armseliger Witwer, bis er mit einemmal wieder als Bräutigam auftrat. War die Sache an und für sich unerwartet, so trug die Persönlichkeit der Braut noch dazu bei, die Verwunderung zu erhöhen. Margret Semmler war eine brave, anständige Person, so in den Vierzigen, in ihrer Jugend eine Dorfschönheit und noch jetzt als klug und wirtlich geachtet, dabei nicht unvermögend; und so mußte es jedem unbegreiflich sein, was sie zu diesem Schritte getrieben. Wir glauben den Grund eben in dieser ihrer selbstbewußten Vollkommenheit zu finden. Am Abend vor der Hochzeit soll sie gesagt haben: „Eine Frau, die von ihrem Manne übel behandelt wird, ist dumm oder taugt nicht: wenn's mir schlecht geht, so sagt, es liege an mir." Der Erfolg zeigte leider, daß sie ihre Kräfte überschätzt hatte. Anfangs imponierte sie ihrem Manne; er kam nicht nach Haus oder kroch in die Scheune, wenn er sich übernommen hatte; aber das Joch war zu drückend, um lange getragen zu werden, und bald sah man ihn oft genug quer über die Gasse ins Haus taumeln, hörte drinnen sein wüstes Lärmen und sah Margret eilends Tür und Fenster schließen. An einem solchen Tage – keinem Sonntage mehr – sah man sie abends aus dem Hause stürzen, ohne Haube und Halstuch, das Haar wild um den Kopf hängend, sich im Garten neben ein Krautbeet niederwerfen und die Erde mit den Händen aufwühlen, dann ängstlich um sich schauen, rasch ein Bündel Kräuter brechen und damit langsam wieder dem Hause zugehen, aber nicht hinein, sondern in die Scheune. Es hieß, an diesem Tage habe Mergel zuerst Hand an sie gelegt, obwohl das Bekenntnis nie über ihre Lippen kam. – Das zweite Jahr dieser unglücklichen Ehe ward mit einem Sohne, man kann nicht sagen erfreut; denn Margret soll sehr geweint haben, als man ihr das Kind reichte. Dennoch, obwohl unter einem Herzen voll Gram getragen, war Friedrich ein gesundes, hübsches Kind, das in der frischen Luft kräftig gedieh. Der Vater hatte ihn sehr lieb, kam nie nach Hause, ohne ihm ein Stückchen Wecken oder dergleichen mitzubringen, und man meinte sogar, er sei seit der Geburt des Knaben ordentlicher geworden; wenigstens ward der Lärm im Hause geringer.

Friedrich stand in seinem neunten Jahre. Es war um das Fest der heiligen drei Könige, eine harte, stürmische Winternacht. Hermann war zu einer Hochzeit gegangen und hatte sich schon beizeiten auf den Weg gemacht, da das Brauthaus dreiviertel Meilen entfernt lag. Obgleich er versprochen hatte, abends wiederzukommen, rechnete Frau Mergel doch um so weniger darauf, da sich nach Sonnenuntergang dichtes Schneegestöber eingestellt hatte. Gegen zehn Uhr schürte sie die Asche am Herde zusammen und machte sich zum Schlafengehen bereit. Friedrich stand neben ihr, schon halb entkleidet, und horchte auf das Geheul des Windes und das Klappen der Bodenfenster.

„Mutter, kommt der Vater heute nicht?" fragte er. – „Nein, Kind, morgen." – „Aber warum nicht, Mutter? Er hat's doch versprochen." – „Ach Gott, wenn der alles hielte, was er verspricht! Mach', mach' voran, daß du fertig wirst!"

Sie hatte sich kaum niedergelegt, so erhob sich eine Windsbraut, als ab sie das Haus mitnehmen wollte. Die Bettstatt bebte, und im Schornstein rasselte es wie ein Kobold. – „Mutter, es pocht draußen!" – „Still, Fritzchen, das ist das lockere Brett im Giebel, das der Wind jagt!" – „Nein, Mutter an der Tür!" – „Sie schließt nicht; die Klinke ist zerbrochen. Gott, schlaf doch! bring' mich nicht um das armselige bißchen Nachtruhe." – „Aber wenn nun der Vater kommt?" – Die Mutter drehte sich heftig im Bett um. – „Den hält der Teufel fest genug!" – „Wo ist der Teufel, Mutter?" – „Wart', du Unrast! er steht vor der Tür und will dich holen, wenn du nicht ruhig bist!"

Friedrich ward still; er horchte noch ein Weilchen und schlief dann ein. Nach einigen Stunden erwachte er. Der Wind hatte sich gewendet und zischte jetzt wie eine Schlange durch die Fensterritze an seinem Ohr. Seine Schulter war erstarrt; er kroch tief unters Deckbett und lag aus Furcht ganz still. Nach einer Weile bemerkte er, daß die Mutter auch nicht schlief. Er hörte sie weinen und mitunter: „Gegrüßt seist du, Maria!" und „bitte für uns arme Sünder!" Die Kügelchen des Rosenkranzes glitten an seinem Gesicht hin. Ein unwillkürlicher Seufzer entfuhr ihm. – „Friedrich, bist du wach?" – „Ja, Mutter." – „Kind, bete ein wenig – du kannst ja schon das halbe Vaterunser – daß Gott uns bewahre vor Wasser- und Feuersnot!"

Friedrich dachte an den Teufel, wie der wohl aussehen möge. Das mannigfache Geräusch und Getöse im Hause kam ihm wunderlich vor. Er meinte, es müsse etwas Lebendiges drinnen sein und draußen auch. – „Hör', Mutter, gewiß, da sind Leute, die pochen." – „Ach nein, Kind; aber es ist kein altes Brett im Hause, das nicht klappert." – „Hör'! hörst du nicht? es ruft! hör' doch!"

Die Mutter richtete sich auf; das Toben des Sturmes ließ einen Augenblick nach. Man hörte deutlich an den Fensterläden pochen und mehrere Stimmen: „Margret! Frau Margret, heda, aufgemacht!" Margret ließ einen heftigen Laut aus: „Da bringen sie mir das Schwein wieder!"

Der Rosenkranz flog klappernd auf den Brettstuhl, die Kleider wurden herbeigerissen. Sie fuhr zum Herde, und bald darauf hörte Friedrich sie mit trotzigen Schritten über die Tenne gehen. Margret kam gar nicht wieder; aber in der Küche war viel Gemurmel und fremde Stimmen. Zweimal kam ein fremder Mann in die Kammer und schien ängstlich etwas zu suchen. Mit einemmal ward eine Lampe hereingebracht; zwei Männer führten die Mutter. Die war weiß wie Kreide und hatte die Augen geschlossen. Friedrich meinte, sie sei tot; er erhob ein fürchterliches Geschrei, worauf ihm jemand eine Ohrfeige gab, was ihn zur Ruhe brachte, und nun begriff er nach und nach aus den Reden der Umstehenden, daß der Vater vom Ohm Franz Semmler und dem Hülsmeyer tot im Holze gefunden sei und jetzt in der Küche liege.

Sobald Margret wieder zur Besinnung kam, suchte sie die fremden Leute loszuwerden. Der Bruder blieb bei ihr, und Friedrich, dem bei strenger Strafe im Bett zu bleiben geboten war, hörte die ganze Nacht hindurch das Feuer in der Küche knistern und ein Geräusch von Hin- und Herrutschen und Bürsten. Gesprochen ward wenig und leise, aber zuweilen drangen Seufzer herüber, die dem Knaben, so jung er war, durch Mark und Bein gingen. Einmal verstand er, daß der Oheim sagte: „Margret, zieh dir das nicht zu Gemüt; wir wollen jeder drei Messen lesen lassen, und um Ostern gehen wir zusammen eine Bittfahrt zur Mutter Gottes von Werl."

Als nach zwei Tagen die Leiche fortgetragen wurde, saß Margret am Herde, sich mit der Schürze verhüllend. Nach einigen Minuten, als alles still geworden war, sagte sie in sich hinein: „Zehn Jahr, zehn Kreuze. Wir haben sie doch zusammen getragen, und jetzt bin ich allein!" Dann lauter: „Fritzchen, komm her!"

Friedrich kam scheu heran; die Mutter war ihm ganz unheimlich geworden mit den schwarzen Bändern und den verstörten Zügen. „Fritzchen", sagte sie, „willst du jetzt auch fromm sein, daß ich Freude an dir habe, oder willst du unartig sein und lügen, oder saufen und stehlen?" „Mutter Hülsmeyer stiehlt". – „Hülsmeyer? Gott bewahre! Soll ich dir auf den Rücken kommen! Wer sagt dir so schlechtes Zeug?" – „Er hat neulich den Aaron geprügelt und ihm sechs Groschen genommen." – „Hat er dem Aaron Geld genommen, so hat ihn der verfluchte Jude gewiß zuvor darum betrogen. Hülsmeyer ist ein ordentlicher, angesessener Mann, und die Juden sind alle Schelme." – „Aber, Mutter, Brandes sagt auch, daß er Holz und Rehe stiehlt." – „Kind, Brandes ist ein Förster." – „Mutter, lügen die Förster?"

Margret schwieg eine Weile, dann sagte sie: „Höre, Fritz, das Holz läßt unser Herrgott frei wachsen, und das Wild wechselt aus eines Herren Land in das andere; die können niemandem gehören. Doch das verstehst du noch nicht; jetzt geh in den Schuppen und hole mir Reisig!"

Friedrich hatte seinen Vater auf dem Stroh gesehen, wo er, wie sagt, blau und fürchterlich ausgesehen haben soll. Aber davon erzählte er nie und schien ungern daran zu denken. Überhaupt hatte die Erinnerung an seinen Vater eine mit Grausen gemischte Zärtlichkeit in ihm zurückgelassen, wie denn nichts so fesselt, wie die Liebe und Sorgfalt eines Wesens, das gegen alles übrige verhärtet scheint, und bei Friedrich wuchs dieses Gefühl mit den Jahren durch das Gefühl mancher Zurücksetzung von seiten anderer. Es war ihm äußerst empfindlich, wenn, solange er Kind war, jemand des Verstorbenen nicht allzu löblich gedachte, ein Kummer, den ihm das Zartgefühl der Nachbarn nicht ersparte. Es ist gewöhnlich in jenen Gegenden, den Verunglückten die Ruhe im Grabe abzusprechen. Der alte Mergel war das Gespenst des Brederholzes geworden; einen Betrunkenen führte er als Irrlicht auf ein Haar in den Zellerkolk (Teich); die Hirtenknaben, wenn sie nachts bei ihren Feuern kauerten und die Eulen in den Gründen schrien, hörten zuweilen in abgebrochenen Tönen ganz deutlich dazwischen sein: „Hör' mal an, feins Liseken", und ein unprivilegierter Holzbauer, der unter der breiten Eiche eingeschlafen, und dem es darüber Nacht geworden war, hatte beim Erwachen sein geschwollenes blaues Gesicht durch die Zweige lauschen sehen. Friedrich mußte von anderen Knaben vieles darüber hören; dann heulte er, schlug um sich, stach ein einmal mit seinem Messerchen und wurde bei dieser Gelegenheit jämmerlich geprügelt. Seitdem trieb er seiner Mutter Kühe allein an das andere Ende des Tales, wo man ihn oft stundenlang in derselben Stellung im Grase liegen und den Thymian aus dem Boden rupfen sah.

Er war zwölf Jahre alt, als seine Mutter einen Besuch von ihrem jüngeren Bruder erhielt, der in Brede wohnte und seit der törichten Heirat seiner Schwester ihre Schwelle nicht betreten hatte.

Simon Semmler war ein kleiner, unruhiger, magerer Mann mit vor dem Kopf liegenden Fischaugen und überhaupt einem Gesicht wie ein Hecht, ein unheimlicher Geselle, bei dem dicktuende Verschlossenheit oft mit ebenso gesuchter Treuherzigkeit wechselte, der gern einen aufgeklärten Kopf vorgestellt hätte und statt dessen für einen fatalen, Händel suchenden Kerl galt, dem jeder um so lieber aus dem Wege ging, je mehr er in das Alter trat, wo ohnehin beschränkte Menschen leicht an Ansprüchen gewinnen, was sie an Brauchbarkeit verlieren. Dennoch freute sich die arme Margret, die sonst keinen der Ihrigen mehr am Leben hatte.

„Simon, bist du da?" sagte sie, und zitterte, daß sie sich am Stuhle halten mußte. „Willst du sehen, wie es mir geht und meinem schmutzigen Jungen?" – Simon betrachtete sie ernst und reichte ihr die Hand: „Du bist alt geworden,

Margret!" – Margret seufzte: „Es ist mir derweil oft bitterlich gegangen mit allerlei Schicksalen." – „Ja, Mädchen, zu spät gefreit hat immer gereut! Jetzt bist du alt, und das Kind ist klein. Jedes Ding hat seine Zeit. Aber wenn ein altes Haus brennt, dann hilft kein Löschen." Über Margrets vergrämtes Gesicht flog eine Flamme, so rot wie Blut.

„Aber ich höre, dein Junge ist schlau und gewichst", fuhr Simon fort. – „Ei nun, so ziemlich, und dabei fromm." – „Hum's hat mal einer eine Kuh gestohlen, der hieß auch Fromm. Aber er ist Still und nachdenklich, nicht wahr? er läuft nicht mit den anderen Buben?" – „Er ist ein eigenes Kind", sagte Margret wie für sich; „es ist nicht gut." Simon lachte hell auf: „Dein Junge ist scheu, weil ihn die anderen ein paarmal gut durchgedroschen haben. Das wird ihnen der Bursche schon wieder bezahlen. Hülsmeyer war neulich bei mir, der sagte, es ist ein Junge wie 'n Reh."

Welcher Mutter geht das Herz nicht auf, wenn sie ihr Kind loben hört? Der armen Margret ward selten so wohl, jedermann nannte ihren Jungen tückisch und verschlossen. Die Tränen traten ihr in die Augen. „Ja, gottlob, er hat gerade Glieder." „Wie sieht er aus?" fuhr Simon fort. – „Er hat viel von dir, Simon, viel." Simon lachte: „Ei, das muß ein rarer Kerl sein, ich werde alle Tage schöner. An der Schule soll er sich wohl nicht verbrennen. Du läßt ihn die Kühe hüten? Ebensogut. Es ist doch nicht halb wahr, was der Magister sagt. Aber wo hütet er? Im Telgengrund? im Roderholze? im Teutoburger Wald? auch des Nachts und früh?" – „Die ganzen Nächte durch; aber wie meinst du das?"

Simon schien dies zu überhören; er reckte den Hals zur Tür hinaus: „Ei, da kommt der Gesell! Vaterssohn! er schlenkert gerade so mit den Armen wie dein seliger Mann. Und schau' mal an! wahrhaftig, der Junge hat meine blonden Haare!"

In der Mutter Züge kam ein heimliches, stolzes Lächeln: ihres Friedrichs blonde Locken und Simons rötliche Borsten! Ohne zu antworten, brach sie einen Zweig von der nächsten Hecke und ging ihrem Sohne entgegen, scheinbar, eine träge Kuh anzutreiben, im Grunde aber, ihm einige rasche halbdrohende Worte zuzuraunen; denn sie kannte seine störrische Natur, und Simons Weise war ihr heute einschüchternder vorgekommen als je. Doch ging alles über Erwarten gut; Friedrich zeigte sich weder verstockt noch frech, vielmehr etwas blöde und sehr bemüht, dem Oheim zu gefallen. So kam es denn dahin, daß nach einer halbstündigen Unterredung Simon eine Art Adoption des Knaben in Vorschlag brachte, vermöge deren er denselben zwar nicht gänzlich seiner Mutter entziehen, aber doch über den größten Teil seiner Zeit verfügen wollte, wofür ihm dann am Ende des alten Junggesellen Erbe zufallen solle, das ihm freilich ohnedies nicht entgehen konnte. Margret ließ sich geduldig auseinandersetzen, wie groß der Vorteil, wie gering die

Entbehrung ihrerseits bei dem Handel sei. Sie wußte am besten, was eine kränkliche Witwe an der Hilfe eines zwölfjährigen Knaben entbehrt, den sie bereits gewöhnt hat, die Stelle einer Tochter zu ersetzen. Doch sie schwieg und gab sich in alles. Nur bat sie den Bruder, streng, doch nicht hart gegen den Knaben zu sein.

„Er ist gut", sagte sie, „aber ich bin eine einsame Frau; mein Kind ist nicht wie einer, über den Vaterhand regiert hat." Simon nickte schlau mit dem Kopf: „Laß mich nur gewähren, wir wollen uns schon vertragen, und weißt du was? gib mir den Jungen gleich mit, ich habe zwei Säcke aus der Mühle zu holen; der kleinste ist ihm grad' recht, und so lernt er mir zur Hand gehen. Komm, Fritzchen, zieh deine Holzschuh' an!"

Und bald sah Margaret den beiden nach, wie sie fortschritten, Simon voran, mit seinem Gesicht die Luft durchschneidend, während ihm die Schöße des roten Rocks wie Feuerflammen nachzogen. So hatte er ziemlich das Ansehen eines feurigen Mannes, der unter dem gestohlenen Sacke büßt; Friedrich ihm nach, fein und schlank für sein Alter, mit zarten, fast edlen Zügen und langen blonden Locken, die besser gepflegt waren, als sein übriges Äußere erwarten ließ; übrigens zerlumpt, sonneverbrannt und mit dem Ausdruck der Vernachlässigung und einer gewissen rohen Melancholie in den Zügen. Dennoch war eine große Familienähnlichkeit beider nicht zu verkennen, und wie Friedrich so langsam seinem Führer nachtrat, die Blicke fest auf denselben geheftet, der ihn gerade durch das Seltsame seiner Erscheinung anzog, erinnerte er unwillkürlich an jemand, der in einem Zauberspiegel das Bild seiner Zukunft mit verstörter Aufmerksamkeit betrachtet.

Jetzt nahten die beiden sich der Stelle des Teutoburger Waldes, wo das Brederholz den Abhang des Gebirges niedersteigt und einen sehr dunkeln Grund ausfüllt. Bis jetzt war wenig gesprochen worden. Simon schien nach-

denkend, der Knabe zerstreut, und beide keuchten unter ihren Säcken. Plötzlich fragte Simon: „Trinkst du gern Branntwein?" – Der Knabe antwortete
nicht. – „Ich frage, trinkst du gern Branntwein? Gibt dir die Mutter zuweilen
welchen?" – „Die Mutter hat selbst keinen", sagte Friedrich. – „So, so, desto
besser! – Kennst du das Holz da vor uns?" – „Das ist das Brederholz." – –
„Weißt du auch, was darin vorgefallen ist?" – Friedrich schwieg. Indessen
kamen sie der düstern Schlucht immer näher.

„Betet die Mutter noch so viel?" hob Simon wieder an. – „Ja, jeden Abend
zwei Rosenkränze." – „So? und du betest mit?" – Der Knabe lachte halb verlegen mit einem durchtriebenen Seitenblick. – „Die Mutter betet in der Dämmerung vor dem Essen den einen Rosenkranz, dann bin ich meist noch nicht
wieder da mit den Kühen, und den andern im Bette, dann schlaf' ich gewöhnlich ein." – „So, so, Geselle!" – Diese letzten Worte wurden unter dem
Schirme einer weiten Buche gesprochen, die den Eingang der Schlucht über-
wölbte. Es war jetzt ganz finster; das erste Mondviertel stand am Himmel,
aber seine schwachen Schimmer dienten nur dazu, den Gegenständen, die sie
zuweilen durch eine Lücke der Zweige berührten, ein fremdartiges Ansehen
zu geben. Friedrich hielt sich dicht hinter seinem Ohm; sein Odem ging
schnell, und wer seine Züge hätte unterscheiden können, würde den Ausdruck einer ungeheuren, doch mehr phantastischen als furchtsamen Spannung darin wahrgenommen haben. So schritten beide rüstig voran, Simon mit
dem festen Schritt des abgehärteten Wanderers, Friedrich schwankend und
wie im Traum. Es kam ihm vor, als ob alles sich bewegte und die Bäume in
den einzelnen Mondstrahlen bald zusammen, bald voneinander schwankten.
Baumwurzeln und schlüpfrige Stellen, wo sich das Wegwasser gesammelt,
machten seinen Schritt unsicher; er war einige Male nahe daran, zu fallen,
Jetzt schien sich in einiger Entfernung das Dunkel zu brechen, und bald traten beide in eine ziemliche große Lichtung. Der Mond schien klar hinein und
zeigte, daß hier noch vor kurzem die Axt unbarmherzig gewütet hatte. Überall ragten Baumstümpfe hervor, manche mehrere Fuß über der Erde, wie sie
gerade in der Eile am bequemsten zu durchschneiden gewesen waren; die
verpönte Arbeit mußte unversehens unterbrochen worden sein; denn eine
Buche lag quer über dem Pfad, in vollem Laube, ihre Zweige hoch über sich
streckend und im Nachtwinde mit den noch frischen Blättern zitternd. Simon
blieb einen Augenblick stehen und betrachtete den gefällten Stamm mit Aufmerksamkeit. In der Mitte der Lichtung stand eine alte Eiche, mehr breit als
hoch; ein blasser Strahl, der durch die Zweige auf ihren Stamm fiel, zeigte,
daß er hohl sei, was ihn wahrscheinlich vor der allgemeinen Zerstörung geschützt hatte. Hier ergriff Simon plötzlich des Knaben Arm.

„Friedrich, kennst du den Baum? Das ist die breite Eiche." – Friedrich fuhr
zusammen und klammerte sich mit kalten Händen an seinen Ohm. „Sieh",

fuhr Simon fort, „hier haben Ohm Franz und der Hülsmeyer deinen Vater gefunden, als er in der Betrunkenheit ohne Buße und Ölung zum Teufel gefahren war." – „Ohm, Ohm!" keuchte Friedrich. – „Was fällt dir ein? Du wirst dich doch nicht fürchten? Satan von einem Jungen, du kneifst mir den Arm! laß los, los!" – Er suchte den Knaben abzuschütteln. „Dein Vater war übrigens eine gute Seele; Gott wird's nicht so genau mit ihm nehmen. Ich hatte ihn so lieb wie meinen eigenen Bruder." – Friedrich ließ den Arm seines Ohms los; beide legten schweigend den übrigen Teil des Waldes zurück, und das Dorf Brede lag vor ihnen, mit seinen Lehmhütten und den einzelnen besseren Wohnungen von Ziegelsteinen, zu denen auch Simons Haus gehörte.

Am nächsten Abend saß Margret schon seit einer Stunde mit ihrem Rocken vor der Tür und wartete auf ihren Knaben. Es war die erste Nacht, die sie zugebracht hatte, ohne den Atem ihres Kindes neben sich zu hören, und Friedrich kam noch immer nicht. Sie war ärgerlich und ängstlich und wußte, daß sie beides ohne Grund war. Die Uhr im Turm schlug sieben, das Vieh kehrte heim; er war noch immer nicht da, und sie mußte aufstehen, um nach den Kühen zu schauen.

Als sie wieder in die dunkle Küche trat, stand Friedrich am Herde; er hatte sich vornüber gebeugt und wärmte die Hände an den Kohlen. Der Schein spielte auf seinen Zügen und gab ihnen ein widriges Ansehen von Magerkeit und ängstlichem Zucken. Margret blieb in der Tennentür stehen, so seltsam verändert kam ihr das Kind vor.

„Friedrich, wie geht's dem Ohm?" Der Knabe murmelte einige unverständliche Worte und drängte sich dicht an die Feuermauer. – „Friedrich, hast du das Reden verlernt? Junge, tu das Maul auf! du weißt ja doch, daß ich auf dem rechten Ohr nicht gut höre." – Das Kind erhob seine Stimme und geriet dermaßen ins Stammeln, daß Margret es um nichts mehr begriff.

„Was sagst du? einen Gruß von Meister Semmler? wieder fort? wohin? die Kühe sind schon zu Hause. Verfluchter Junge, ich kann dich nicht verstehen. Wart', ich muß einmal sehen, ob du keine Zunge im Munde hast!" – Sie trat heftig einige Schritte vor. Das Kind sah zu ihr auf mit dem Jammerblick eines armen, halbwüchsigen Hundes, der Schildwacht stehen lernt, und begann in der Angst mit den Füßen zu stampfen und den Rücken an der Feuermauer zu reiben.

Margret stand still; ihre Blicke wurden ängstlich. Der Knabe erschien ihr wie zusammengeschrumpft, auch seine Kleider waren nicht dieselben, nein, das war ihr Kind nicht! und dennoch – „Friedrich, Friedrich!" rief sie.

In der Schlafkammer klappte eine Schranktür, und der Gerufene trat hervor, in der einen Hand eine sogenannte Holschenvioline, das heißt einen alten Holzschuh, mit drei bis vier zerschabten Geigensaiten überspannt, in der anderen einen Bogen, ganz des Instrumentes würdig. So ging er gerade auf sein verkümmertes Spiegelbild zu, seinerseits mit einer Haltung bewußter Würde und Selbständigkeit, die in diesem Augenblicke den Unterschied zwischen beiden sonst merkwürdig ähnlichen Knaben stark hervortreten ließ.

„Da, Johannes", sagte er und reichte ihm mit einer Gönnermiene das Kunstwerk, „da ist die Violine, die ich dir versprochen habe. Mein Spielen ist vorbei, ich muß jetzt Geld verdienen." – Johannes warf noch einmal einen scheuen Blick auf Margret, streckte dann langsam seine Hand aus, bis er das Dargebotene fest ergriffen hatte, und brachte es wie verstohlen unter die Flügel seines armseligen Jäckchens.

Margret stand ganz still und ließ die Kinder gewähren. Ihre Gedanken hatte eine andere, sehr ernste Richtung genommen, und sie blickte mit unruhigem Auge von einem auf den andern. Der fremde Knabe hatte sich wieder über die Kohlen gebeugt mit einem Ausdruck augenblicklichen Wohlbehagens, der an Albernheit grenzte, während in Friedrichs Zügen der Wechsel eines Offenbar mehr selbstischen als gutmütigen Mitgefühls spielte und sein Auge in fast glasartiger Klarheit zum erstenmal bestimmt den Ausdruck jenes ungebändigten Ehrgeizes und Hanges zum Großtun zeigte, der nachher als so starkes Motiv seiner meisten Handlungen hervortrat.

Der Ruf seiner Mutter störte ihn aus Gedanken, die ihm ebenso neu als angenehm waren.

Sie saß wieder am Spinnrade.

„Friedrich", sagte sie zögernd, „sag' einmal –" und schwieg dann. Friedrich sah auf und wandte sich, da er nichts weiter vernahm, wieder zu seinem Schützling. – „Nein, höre –" und dann leiser: „Was ist das für ein Junge? wie heißt er?" – Friedrich antwortete ebenso leise: „Das ist des Ohms Simon Schweinehirt, der eine Botschaft an den Hülsmeyer hat. Der Ohm hat mir ein Paar Schuhe und eine Weste von Drillich gegeben, die hat mir der Junge unterwegs getragen; dafür hab' ich ihm meine Violine versprochen; er ist ja doch ein armes Kind; Johannes heißt er." – „Nun?" sagte Magret. – „Was willst du Mutter? – „Wie heißt er weiter?" – „Ja – weiter nicht – oder warte – doch: Niemand, Johannes Niemand heißt er. – Er hat keinen Vater", fügte er leiser hinzu.

Margret stand auf und ging in die Kammer. Nach einer Weile kam sie heraus mit einem harten, finstern Ausdruck in den Mienen. „So, Friedrich", sagte sie, „laß den Jungen gehen, daß er seine Bestellung machen kann. – Junge, was liegst du da in der Asche? Hast du zu Hause nichts zu tun?"

Der Knabe raffte sich mit der Miene eines Verfolgten so eilfertig auf, daß ihm alle Glieder im Wege standen und die Holschenvioline auf ein Haar ins Feuer gefallen wäre.

„Warte, Johannes", sagte Friedrich stolz, „ich will dir mein halbes Butterbrot geben, es ist mir doch zu groß, die Mutter schneidet allemal übers ganze Brot."

„Laß doch", sagte Margret, „er geht ja nach Hause!"

„Ja, aber er bekommt nichts mehr; Ohm Simon ißt um sieben Uhr." Margret wandte sich zu dem Knaben: „Hebt man dir nichts auf? Sprich, wer sorgt für dich?" – „Niemand", stotterte das Kind. – „Niemand?" wiederholte sie; „Da nimm, nimm!" fügte sie heftig hinzu; „du heißt Niemand und niemand sorgt für dich! Das sei Gott geklagt! Und nun mach' dich fort! Friedrich, geh nicht mit ihm, hörst du, geht nicht zusammen durchs Dorf!" – „Ich will ja nur Holz holen aus dem Schuppen", antwortete Friedrich. – Als beide Knaben fort waren, warf sich Margret auf einen Stuhl und schlug die Hände mit dem Ausdruck des tiefsten Jammers zusammen. Ihr Gesicht war bleich wie ein Tuch. „Ein falscher Eid, ein falscher Eid!" stöhnte sie. „Was ist's? Simon, Simon, wie willst du vor Gott bestehen!"

So saß sie eine Weile, starr mit geklemmten Lippen, wie in völliger Geistesabwesenheit. Friedrich stand vor ihr und hatte sie schon zweimal angeredet. „Was ist's? was willst du?" rief sie auffahrend. – „Ich bringe Euch Geld", sagte er, mehr erstaunt als erschreckt. – „Geld? wo?" Sie regte sich, und die kleine Münze fiel klingend auf den Boden. Friedrich hob sie auf. – Geld vom Ohm Simon, weil ich ihm habe arbeiten helfen. Ich kann mir nun selber was verdienen." – „Geld vom Simon? wirf's fort, fort! – nein, gib's den Armen. Doch nein, behalt's", flüsterte sie kaum hörbar; „wir sind selber arm; wer weiß, ob wir bei dem Betteln vorbeikommen!" – „Ich soll Montag wieder zum Ohm und ihm bei der Einsaat helfen." – „Du wieder zu ihm? nein, nein, nimmermehr!" Sie umfaßte ihr Kind mit Heftigkeit. „Doch", fügte sie hinzu, und ein Tränenstrom stürzte ihr plötzlich über die eingefallenen Wangen; „geh, er ist mein einziger Bruder, und die Verleumdung ist groß! Aber halt Gott vor Augen und vergiß das tägliche Gebet nicht!"

Margret legte das Gesicht an die Mauer und weinte laut. Sie hatte manche harte Last getragen, ihres Mannes üble Behandlung, noch schwerer seinen Tod, und es war eine bittere Stunde, als die Witwe das letzte Stück Ackerland einem Gläubiger zur Nutznießung überlassen mußte und der Pflug vor ihrem Hause stillstand. Aber so war ihr nie zumute gewesen; dennoch, nachdem sie einen Abend durchgeweint, eine Nacht durchgewacht hatte, war sie dahingekommen, zu denken, ihr Bruder Simon könne so gottlos nicht sein, der Knabe gehöre gewiß nicht ihm, Ähnlichkeiten wollen nichts beweisen. Hatte sie doch selbst vor vierzig Jahren ein Schwesterchen verloren, das genau dem fremden Hechelkrämer glich. Was glaubt man nicht gern, wenn man so wenig hat und durch Unglauben dies Wenige verlieren soll!

Von dieser Zeit an war Friedrich selten mehr zu Hause. Simon schien alle wärmeren Gefühle, deren er fähig war, dem Schwestersohn zugewendet zu haben; wenigstens vermißte er ihn sehr und ließ nicht nach mit Botschaften, wenn ein häusliches Geschäft ihn auf einige Zeit bei der Mutter hielt. Der

Knabe war seitdem wie verwandelt, das träumerische Wesen gänzlich von ihm gewichen, er trat fest auf, fing an, sein Äußeres zu beachten und bald in den Ruf eines hübschen, gewandten Burschen zu kommen. Sein Ohm, der nicht wohl ohne Projekte leben konnte, unternahm mitunter bedeutende öffentliche Arbeiten, zum Beispiel beim Wegbau, wobei Friedrich für seinen besten Arbeiter und überall als seine rechte Hand galt; denn obgleich dessen Körperkräfte noch nicht ihr volles Maß erreicht hatten, kam ihm doch nicht leicht jemand an Ausdauer gleich. Margret hatte bisher ihren Sohn nur geliebt, jetzt fing sie an, stolz auf ihn zu werden und sogar eine Art Hochachtung vor ihm zu fühlen, da sie den jungen Menschen so ganz ohne ihr Zutun sich entwickeln sah, sogar ohne ihren Rat, den sie, wie die meisten Menschen, für unschätzbar hielt und deshalb die Fähigkeiten nicht hoch genug anzuschlagen wußte, die eines so kostbaren Förderungsmittels entbehren konnten.

In seinem achtzehnten Jahre hatte Friedrich sich bereits einen bedeutenden Ruf in der jungen Dorfwelt gesichert durch den Ausgang einer Wette, infolge deren er einen erlegten Eber über zwei Meilen weit auf seinem Rücken trug, ohne abzusetzen. Indessen war der Mitgenuß des Ruhms auch so ziemlich der einzige Vorteil, den Margret aus diesen günstigen Umständen zog, da Friedrich immer mehr auf sein Äußeres verwandte und allmählich anfing, es schwer zu verdauen, wenn Geldmangel ihn zwang, irgend jemand im Dorf darin nachzustehen. Zudem waren alle seine Kräfte auf den auswärtigen Erwerb gerichtet; zu Hause schien ihm, ganz im Widerspiel mit seinem sonstigen Rufe, jede anhaltende Beschäftigung lästig, und er unterzog sich lieber einer harten, aber kurzen Anstrengung, die ihn bald erlaubte, seinem früheren Hirtenamte wieder nachzugehen, was bereits begann, seinem Alter unpassend zu werden, und ihm gelegentlichen Spott zuzog, vor dem er sich aber durch ein paar derbe Zurechtweisungen mit der Faust Ruhe verschaffte. So gewöhnte man sich daran, ihn bald geputzt und fröhlich als anerkannten Dorfelegant an der Spitze des jungen Volkes zu sehen, bald wieder als zerlumpten Hirtenbuben einsam und träumerisch hinter den Kühen herschleichend, oder in einer Waldlichtung liegend, scheinbar gedankenlos und das Moos von den Bäumen rupfend.

Um diese Zeit wurden die schlummernden Gesetze doch einigermaßen aufgerüttelt durch eine Bande von Holzfrevlern, die unter dem Namen der Blaukittel alle ihre Vorgänger soweit an List und Frechheit übertraf, daß es dem Langmütigsten zuviel werden mußte. Ganz gegen den gewöhnlichen Stand der Dinge, wo man die stärksten Böcke der Herde mit dem Finger bezeichnen konnte, war es hier trotz aller Wachsamkeit bisher nicht möglich gewesen, auch nur ein Individuum namhaft zu machen. Ihre Benennung erhielten sie von der ganz gleichförmigen Tracht, durch die sie das Erkennen erschwerten, wenn etwa ein Förster noch einzelne Nachzügler im Dickicht verschwinden sah. Sie verheerten alles wie die Wanderraupe, ganze Waldstrecken wurden in einer Nacht gefällt und auf der Stelle fortgeschafft, so daß man am andern Morgen nichts fand als Späne und wüste Haufen von Topholz, und der Umstand, daß nie Wagenspuren einem Dorfe zuführten, sondern immer vom Flusse her und dorthin zurück, bewies, daß man unter dem Schutz und vielleicht mit dem Beistande der Schiffseigentümer handelte. In der Bande mußten sehr gewandte Spione sein, denn die Förster konnten wochenlang umsonst wachen; in der ersten Nacht, gleichviel, ob stürmisch oder mondhell, wo sie vor Übermüdung nachließen, brach die Zerstörung ein. Seltsam war es, daß das Landvolk umher ebenso unwissend und gespannt schien als die Förster selber.

Von einigen Dörfern ward mit Bestimmtheit gesagt, daß sie nicht zu den Blaukitteln gehörten, aber keines konnte als dringend verdächtig bezeichnet werden, seit man das verdächtigste von allen, das Dorf B., freisprechen mußte. Ein Zufall hatte dies bewirkt, eine Hochzeit, auf der fast alle Bewohner dieses Dorfes notorisch die Nacht zugebracht hatten, während zu ebendieser Zeit die Blaukittel eine ihrer stärksten Expeditionen ausführten.

Der Schaden in den Forsten war indes allzu groß, deshalb wurden die Maßregeln dagegen auf eine bisher unerhörte Weise gesteigert; Tag und Nacht wurde patrouilliert, Ackerknechte, Hausbediente mit Gewehren versehen und den Forstbeamten zugesellt. Dennoch war der Erfolg nur gering, und die Wächter hatten oft kaum das eine Ende des Forstes verlassen, wenn die Blaukittel schon zum andern einzogen. Das währte länger als ein volles Jahr, Wächter und Blaukittel, Blaukittel und Wächter, wie Sonne und Mond immer abwechselnd im Besitz des Terrains und nie zusammentreffend.

Es war im Juli 1756 früh um drei; der Mond stand klar am Himmel, aber sein Glanz fing an zu ermatten, und im Osten zeigte sich bereits ein schmaler gelber Streif, der den Horizont besäumte und den Eingang einer engen Talschlucht wie mit einem Goldbande schloß. Friedrich lag im Grase, nach seiner gewohnten Weise, und schnitzelte an einem Weidenstabe, dessen knotigem Ende er die Gestalt eines ungeschlachten Tieres zu geben versuchte. Er sah übermüdet aus, gähnte, ließ mitunter seinen Kopf an einem verwitterten Stammknorren ruhen und Blicke, dämmeriger als der Horizont, über den mit Gestrüpp und Aufschlag fast verwachsenen Eingang des Grundes streifen. Ein paarmal belebten sich seine Augen und nahmen den ihnen eigentümlichen glasartigen Glanz an, aber gleich nachher schloß er sie wieder halb und gähnte und dehnte sich, wie es nur faulen Hirten erlaubt ist. Sein Hund lag in einiger Entfernung nahe bei den Kühen, die, unbekümmert um die Forstgesetze, ebensooft den jungen Baumspitzen als dem Grase zusprachen und in die frische Morgenluft schnaubten.

Aus dem Walde drang von Zeit zu Zeit ein dumpfer, krachender Schall; der Ton hielt nur einige Sekunden an, begleitet von einem langen Echo an den Bergwänden, und wiederholte sich etwa alle fünf bis acht Minuten. Friedrich achtete nicht darauf; nur zuweilen, wenn das Getöse ungewöhnlich stark oder anhaltend war, hob er den Kopf und ließ seine Blicke langsam über die verschiedenen Pfade gleiten, die ihren Ausgang in dem Talgrunde fanden.

Es fing bereits stark zu dämmern an; die Vögel begannen leise zu zwitschern, und der Tau stieg fühlbar aus dem Grunde. Friedrich war an dem Stamm hinabgeglitten und starrte, die Arme über den Kopf verschlungen, in das leise einschleichende Morgenrot. Plötzlich fuhr er auf: über sein Gesicht fuhr ein Blitz, er horchte einige Sekunden mit vorgebeugtem Oberleib, wie ein Jagdhund, dem die Luft Witterung zuträgt. Dann schob er schnell zwei Finger in den Mund und pfiff gellend und anhaltend. – „Fidel, du verfluchtes Tier!" Ein Steinwurf traf die Seite des unbesorgten Hundes, der, vom Schlafe aufgeschreckt, zuerst um sich biß und dann heulend auf drei Beinen dort Trost suchte, von wo das Übel ausgegangen war.

In demselben Augenblicke wurden die Zweige eines nahen Gebüsches fast ohne Geräusch zurückgeschoben, und ein Mann trat heraus, im grünen Jagdrock, den silbernen Wappenschild am Arm, die gespannte Büchse in der Hand. Er ließ schnell seine Blicke über die Schlucht fahren und sie dann mit besonderer Schärfe auf dem Knaben verweilen, trat dann vor, winkte nach dem Gebüsch, und allmählich wurden sieben bis acht Männer sichtbar, alle in ähnlicher Kleidung, Weidmesser im Gürtel und die gespannten Gewehre in der Hand.

„Friedrich, was war das?" fragte der zuerst Erschienene. – „Ich wollte, daß der Racker auf der Stelle krepierte. Seinetwegen können die Kühe mir die

Ohren vom Kopfe fressen." – „Die Kanaille hat uns gesehen", sagte ein anderer.

„Morgen sollst du auf die Reise mit einem Stein am Halse", fuhr Friedrich fort und stieß nach dem Hunde. – „Friedrich, stell' dich nicht an wie ein Narr! Du kennst mich und du verstehst mich auch!" Ein Blick begleitete diese Worte, der schnell wirkte. – „Herr Brandes, denkt an meine Mutter!" – „Das tu' ich. Hast du nichts im Walde gehört?" – „Im Walde?" – Der Knabe warf einen raschen Blick auf des Försters Gesicht. – „Eure Holzfäller, sonst nichts." – „Meine Holzfäller!"

Die ohnehin dunkle Gesichtsfarbe des Försters ging in tiefes Blaurot über. „Wie viele sind ihrer, und wo treiben sie ihr Wesen?" – „Wohin Ihr sie geschickt habt; ich weiß es nicht." – Brandes wandte sich zu seinen Gefährten: „Geht voran; ich komme gleich nach."

Als einer nach dem andern im Dickicht verschwunden war, trat Brandes dicht vor den Knaben: „Friedrich", sagte er mit dem Ton unterdrückter Wut, „meine Geduld ist zu Ende; ich möchte dich prügeln wie einen Hund, und mehr seid ihr auch nicht wert. Ihr Lumpenpack, dem kein Ziegel auf dem Dach gehört! Bis zum Betteln habt ihr es, gottlob, bald gebracht, und an meiner Tür soll deine Mutter, die alte Hexe, keine verschimmelte Brotrinde bekommen. Aber vorher sollt ihr mir noch beide ins Hundeloch." Friedrich griff krampfhaft nach einem Aste. Er war totenbleich, und seine Augen schienen wie Kristallkugeln aus dem Kopfe schießen zu wollen. Doch nur einen Augenblick. Dann kehrte die größte, an Erschlaffung grenzende Ruhe zurück. „Herr", sagte er fest, mit fast sanfter Stimme, „Ihr habt gesagt, was Ihr nicht verantworten könnt, und ich vielleicht auch. Wir wollen es gegeneinander aufgehen lassen, und nun will ich Euch sagen, was Ihr verlangt. Wenn Ihr die Holzfäller nicht selbst bestellt habt, so müssen es die Blaukittel sein; denn aus dem Dorfe ist kein Wagen gekommen; ich habe den Weg ja vor mir, und vier Wagen sind es. Ich habe sie nicht gesehen, aber den Hohlweg hinauffahren hören." Er stockte einen Augenblick.

„Könnt Ihr sagen, daß ich je einen Baum in Eurem Revier gefällt habe? überhaupt, daß ich je anderwärts gehauen habe als auf Bestellung? Denkt nach, ob Ihr das sagen könnt?"

Ein verlegenes Murmeln war die ganze Antwort des Försters, der nach Art der meisten rauhen Menschen leicht bereute. Er wandte sich unwirsch und schritt dem Gebüsche zu. – „Nein, Herr", rief Friedrich, „wenn Ihr zu den anderen Förstern wollt, die sind dort an der Buche hinaufgegangen." – „An der Buche?" sagte Brandes zweifelhaft, „nein, dort hinüber, nach dem Mastergrunde." – „Ich sage Euch, an der Buche; des langen Heinrich Flintenriemen blieb noch am krummen Ast dort hängen; ich hab's ja gesehen!"

Der Förster schlug den bezeichneten Weg ein.

Friedrich hatte die ganze Zeit hindurch seine Stellung nicht verlassen; halb liegend, den Arm um einen dürren Ast verschlungen, sah er dem Fortgehenden unverrückt nach, wie er durch den halbverwachsenen Steig glitt, mit den vorsichtigen, weiten Schritten seines Metiers, so geräuschlos, wie ein Fuchs die Hühnersteige erklimmt. Hier sank ein Zweig hinter ihm, dort einer; die Umrisse seiner Gestalt schwanden immer mehr. Da blitzte es noch einmal durchs Laub. Es war ein Stahlknopf seines Jagdrockes; nun war er fort. Friedrichs Gesicht hatte während dieses allmählichen Verschwindens den Ausdruck seiner Kälte verloren, und seine Züge schienen zuletzt unruhig bewegt. Gereute es ihn vielleicht, den Förster nicht um Verschweigung seiner Angaben gebeten zu haben? Er ging einige Schritte voran, blieb dann stehen. „Es ist zu spät", sagte er vor sich hin und griff nach seinem Hute. Ein leises Picken im Gebüsche, nicht zwanzig Schritte von ihm. Es war der Förster, der den Flintenstein schärfte. Friedrich horchte. – „Nein!" sagte er dann mit entschlossenem Tone, raffte seine Siebensachen zusammen und trieb das Vieh eilfertig die Schlucht entlang.

Um Mittag saß Frau Margret am Herd und kochte Tee. – Friedrich war krank heimgekommen, er klagte über heftige Kopfschmerzen und hatte auf ihre besorgte Nachfrage erzählt, wie er sich schwer geärgert über den Förster, kurz den ganzen eben beschriebenen Vorgang, mit Ausnahme einiger Kleinigkeiten, die er besser fand für sich zu behalten. Margret sah schweigend und trübe in das siedende Wasser. Sie war es wohl gewohnt, ihren Sohn mitunter klagen zu hören, aber heute kam er ihr so angegriffen vor wie sonst nie. Sollte wohl eine Krankheit im Anzuge sein? Sie seufzte tief und ließ einen eben ergriffenen Holzblock fallen.

„Mutter!" rief Friedrich aus der Kammer. – „Was willst du?" – „War das ein Schuß?" – „Ach nein, ich weiß nicht, was du meinst." – „Es pocht mir wohl nur so im Kopfe", versetzte er. Die Nachbarin trat herein und erzählte mit leisem Flüstern irgendeine unbedeutende Klatscherei, die Margret ohne Teilnahme anhörte. Dann ging sie.

„Mutter!" rief Friedrich. Margret ging zu ihm hinein. „Was erzählte die Hülsmeyer?" – „Ach gar nichts, Lügen, Wind!" – Friedrich richtete sich auf. – „Von der Gretchen Siemers; du weißt ja wohl die alte Geschichte; und ist doch nichts Wahres dran." – Friedrich legte sich wieder hin. „Ich will sehen, ob ich schlafen kann", sagte er.

Margret saß am Herde; sie spann und dachte wenig Erfreuliches. Im Dorfe schlug es halb zwölf; die Türe klinkte, und der Gerichtsschreiber Kapp trat herein.

„Guten Tag, Frau Mergel", sagte er; „könnt Ihr mir einen Trunk Milch geben? ich komme von M." – Als Frau Mergel das Verlangte brachte, fragte er: „Wo ist Friedrich?" Sie war gerade beschäftigt, einen Teller hervorzulangen, und überhörte die Frage. Er trank zögernd und in kurzen Absätzen. „Wißt Ihr wohl", sagte er dann, „daß die Blaukittel in dieser Nacht wieder im Masterholze eine ganze Strecke so kahl gefegt haben wie meine Hand?" – „Ei du frommer Gott!" versetzte sie gleichgültig. – „Die Schandbuben", fuhr der Schreiber fort, „ruinieren alles; wenn sie noch Rücksicht nähmen auf das junge Holz, aber Eichenstämmchen wie mein Arm dick, wo nicht einmal eine Ruderstange drinsteckt! Es ist, als ob ihnen anderer Leute Schaden ebenso lieb wäre wie ihr Profit!" – „Es ist schade!" sagte Margret.

Der Amtsschreiber hatte getrunken und ging noch immer nicht. Er schien etwas auf dem Herzen zu haben. „Habt Ihr nichts von Brandes gehört?" fragte er plötzlich. – „Nichts; er kommt niemals hier ins Haus." – „So wißt Ihr nicht, was ihm begegnet ist?" – „Was denn?" fragte Margret gespannt. – „Er ist tot!" – „Tot!" rief sie, „was tot? Um Gottes willen! er ging ja noch heute morgen ganz gesund hier vorüber mit der Flinte auf dem Rücken!" – „Er ist tot", wiederholte der Schreiber, sie scharf fixierend; „von den Blaukitteln erschlagen. Vor einer Viertelstunde wurde die Leiche ins Dorf gebracht."

Margret schlug die Hände zusammen. – „Gott im Himmel, geh nicht mit ihm ins Gericht! Er wußte nicht, was er tat!" – „Mit ihm!" rief der Amtsschreiber, „mit dem verfluchten Mörder, meint Ihr?" Aus der Kammer drang ein schweres Stöhnen. Margret eilte hin und der Schreiber folgte ihr. Friedrich saß aufrecht im Bette, das Gesicht in die Hände gedrückt, und ächzte wie ein Sterbender. – „Friedrich, wie ist dir?" sagte die Mutter. – „Wie ist dir?" wiederholte der Amtsschreiber. – „O mein Leib, mein Kopf!" jammerte er. – „Was fehlt ihm?" – „Ach, Gott weiß es", versetzte sie; „er ist schon um vier mit den Kühen heimgekommen, weil ihm so übel war." – „Friedrich, Friedrich, antworte doch, soll ich zum Doktor?" – „Nein, nein", ächzte er, „es ist nur Kolik, es wird schon besser."

Er legte sich zurück; sein Gesicht zuckte krampfhaft vor Schmerz; dann kehrte die Farbe wieder. „Geht", sagte er matt; „ich muß schlafen, dann geht's vorüber."

„Frau Mergel", sagte der Amtsschreiber ernst, „ist es gewiß, daß Friedrich um vier zu Hause kam und nicht wieder fortging?" – Sie sah ihn starr an. „Fragt jedes Kind auf der Straße. Und fortgehen? – wollte Gott, er könnt' es!" – „Hat er Euch nichts von Brandes erzählt?" – „In Gottes Namen, ja, daß er ihn im Walde geschimpft und unsere Armut vorgeworfen hat, der Lump! Doch Gott verzeih' mir, er ist tot! Geht!" – fuhr sie heftig fort; „seid Ihr gekommen, um ehrliche Leute zu beschimpfen? Geht!" – Sie wandte sich wieder zu ihrem Sohne; der Schreiber ging. – „Friedrich, wie ist dir?" sagte die Mutter; „hast du wohl gehört? Schrecklich, schrecklich! ohne Beichte und Absolution!"

„Mutter, Mutter, um Gottes willen, laß mich schlafen; ich kann nicht mehr!"

In diesem Augenblicke trat Johannes Niemand in die Kammer; dünn und lang wie eine Hopfenstange, aber zerlumpt und scheu, wie wir ihn vor fünf Jahren gesehen. Sein Gesicht war noch bleicher als gewöhnlich. „Friedrich", stotterte er, „du sollst gleich zum Ohm kommen, er hat Arbeit für dich; aber sogleich." – Friedrich drehte sich gegen die Wand. – „Ich komme nicht", sagte er barsch, „ich bin krank." – „Du mußt aber kommen", keuchte Johannes; „er hat gesagt, ich müßte dich mitbringen."

Friedrich lachte höhnisch auf: „Das will ich doch sehen!" – „Laß ihn in Ruhe, er kann nicht", seufzte Margret, „du siehst ja, wie es steht." – Sie ging auf einige Minuten hinaus; als sie zurückkam, war Friedrich bereits angekleidet. – „Was fällt dir ein?" rief sie, „du kannst, du sollst nicht gehen!" – „Was sein muß, schickt sich wohl", versetzte er und war schon zur Türe hinaus mit Johannes. – „Ach Gott", seufzte die Mutter, „wenn die Kinder klein sind, treten sie uns in den Schoß, und wenn sie groß sind, ins Herz!"

Die gerichtliche Untersuchung hatte ihren Anfang genommen, die Tat lag klar am Tage; über den Täter aber waren die Anzeichen so schwach, daß, obschon alle Umstände die Blaukittel dringend verdächtigten, man doch nicht mehr als Mutmaßungen wagen konnte. Eine Spur schien Licht geben zu wollen: doch rechnete man aus Gründen wenig darauf. Die Abwesenheit des Gutsherrn hatte den Gerichtsschreiber genötigt, auf eigene Hand die Sache einzuleiten. Er saß am Tische; die Stube war gedrängt voll von Bauern, teils neugierigen, teils solchen, von denen man in Ermangelung eigentlicher Zeugen einigen Aufschluß zu erhalten hoffte. Hirten, die in derselben Nacht gehütet,

Knechte, die den Acker in der Nähe bestellt, alle standen stramm und fest, die Hände in den Taschen, gleichsam als stillschweigende Erklärung, daß sie nicht einzuschreiten gesonnen seien.

Acht Forstbeamte wurden vernommen. Ihre Aussagen waren völlig gleichlautend: Brandes habe sie am zehnten abends zur Runde bestellt, da ihm von einem Vorhaben der Blaukittel müsse Kunde zugekommen sein; doch habe er sich nur unbestimmt darüber geäußert. Um zwei Uhr in der Nacht seien sie ausgezogen und auf manche Spuren der Zerstörung gestoßen, die den Oberförster sehr übel gestimmt; sonst sei alles still gewesen. Gegen vier Uhr habe Brandes gesagt: „Wir sind angeführt, laßt uns heimgehen." – Als sie nun um den Bremerberg gewendet und zugleich der Wind umgeschlagen, habe man deutlich im Masterholz fällen gehört und aus der schnellen Folge der Schläge geschlossen, daß die Blaukittel am Werk seien. Man habe nun eine Weile beratschlagt, ob es tunlich sei, mit so geringer Macht die kühne Bande anzugreifen, und sich dann ohne bestimmten Entschluß dem Schalle langsam genähert. Nun folgte der Auftritt mit Friedrich. Ferner: nachdem Brandes sie ohne Weisung fortgeschickt, seien sie eine Weile vorangeschritten und dann, als sie bemerkt, daß das Getöse im noch ziemlich weit entfernten Walde gänzlich aufgehört, stillegestanden, um den Oberförster zu erwarten.

Die Zögerung habe sie verdrossen, und nach etwa zehn Minuten seien sie weitergegangen und so bis an den Ort der Verwüstung. Alles sei vorüber gewesen, kein Laut mehr im Walde, von zwanzig gefällten Stämmen noch acht vorhanden, die übrigen bereits fortgeschafft. Es sei ihnen unbegreiflich, wie man dieses ins Werk gestellt, da keine Wagenspuren zu finden gewesen.

Auch habe die Dürre der Jahreszeit und der mit Fichtennadeln bestreute Boden keine Fußstapfen unterscheiden lassen, obgleich der Grund ringsumher wie festgestampft war. Da man nun überlegt, daß es zu nichts nützen könne, den Oberförster zu erwarten, sei man rasch der andern Seite des Waldes zugeschritten, in der Hoffnung, vielleicht noch einen Blick von den Frevlern zu erhaschen. Hier habe sich einem von ihnen beim Ausgange des Waldes die Flaschenschnur in Brombeerranken verstrickt, und als er umgeschaut, habe er etwas im Gestrüpp blitzen sehen; es war die Gurtschnalle des Oberförsters, den man nun hinter den Ranken liegend fand, grad' ausgestreckt, die rechte Hand um den Flintenlauf geklemmt, die andere geballt und die Stirn von einer Axt gespalten.

Dies waren die Aussagen der Förster; nun kamen die Bauern an die Reihe, aus denen jedoch nichts zu bringen war. Manche behaupteten, um vier Uhr noch zu Hause oder anderswo beschäftigt gewesen zu sein, und keiner wollte etwas bemerkt haben. Was war zu machen? Sie waren sämtlich angesessene, unverdächtige Leute. Man mußte sich mit ihren negativen Zeugnissen begnügen.

Friedrich ward hereingerufen. Er trat ein mit einem Wesen, das sich durchaus nicht von seinem gewöhnlichen unterschied, weder gespannt noch keck. Das Verhör währte ziemlich lange, und die Fragen waren mitunter ziemlich schlau gestellt; er beantwortete sie jedoch alle offen und bestimmt und erzählte den Vorgang zwischen ihm und dem Oberförster ziemlich der Wahrheit gemäß, bis auf das Ende, das er geratener fand, für sich zu behalten. Sein Alibi zur Zeit des Mordes war leicht erwiesen.

Der Förster lag am Ausgange des Masterholzes; über dreiviertel Stunden Weges von der Schlucht, in der er Friedrich um vier Uhr angeredet, und aus der dieser seine Herde schon zehn Minuten später ins Dorf getrieben. Jedermann hatte dies gesehen; alle anwesenden Bauern beeiferten sich, es zu bezeugen; mit diesem hatte er geredet, jenem zugenickt.

Der Gerichtsschreiber saß unmutig und verlegen da. Plötzlich fuhr er mit der Hand hinter sich und brachte etwas Blinkendes vor Friedrichs Auge. „Wem gehört dies?" – Friedrich sprang drei Schritt zurück. „Herr Jesus! ich dachte, Ihr wolltet mir den Schädel einschlagen." Seine Augen waren rasch über das tödliche Werkzeug gefahren und schienen momentan auf einem ausgebrochenen Splitter am Stiele zu haften. „Ich weiß es nicht", sagte er fest. – Es war die Axt, die man in dem Schädel des Oberförsters eingeklammert gefunden hatte. – „Sieh sie genau an", fuhr der Gerichtsschreiber fort. Friedrich faßte sie mit der Hand, besah sie oben, unten, wandte sich um. „Es ist eine Axt wie andere", sagte er und legte sie gleichgültig auf den Tisch. Ein Blutfleck ward sichtbar; er schien zu schaudern, aber er wiederholte noch einmal sehr bestimmt: „Ich kenne sie nicht." Der Gerichtsschreiber seufzte vor Unmut. Er selbst wußte um nichts mehr und hatte nur einen Versuch zu möglicher Entdeckung durch Überraschung machen wollen. Es blieb nichts übrig, als das Verhör zu schließen.

Denjenigen, die vielleicht auf den Ausgang dieser Begebenheit gespannt sind, muß ich sagen, daß diese Geschichte nie aufgeklärt wurde, obwohl noch viel dafür geschah und diesem Verhöre mehrere folgten. Den Blaukitteln schien durch das Aufsehen, das der Vorgang gemacht, und die darauf folgenden geschärften Maßregeln der Mut genommen; sie waren von nun an wie verschwunden, und obgleich späterhin noch mancher Holzfrevler erwischt wurde, fand man doch nie Anlaß, ihn der berüchtigten Bande zuzuschreiben. Die Axt lag zwanzig Jahre nachher als unnützes Korpusdelikti im Gerichtsarchiv, wo sie wohl noch jetzt ruhen mag mit ihren Rostflecken. Es würde in einer erdichteten Geschichte unrecht sein, die Neugier des Lesers so zu täuschen. Aber dies alles hat sich wirklich zugetragen; ich kann nichts davon oder dazutun.

Am nächsten Sonntage stand Friedrich sehr früh auf, um zur Beichte zu

gehen. Es war Mariä Himmelfahrt und die Pfarrgeistlichen schon vor Tagesanbruch im Beichtstuhle.

Nachdem er sich im Finstern angekleidet, verließ er so geräuschlos wie
möglich den engen Verschlag, der ihm in Simons Hause eingeräumt war. In
der Küche mußte sein Gebetbuch auf dem Sims liegen, und er hoffte, es mit
Hilfe des schwachen Mondlichtes zu finden; es war nicht da. Er warf die Augen suchend umher und fuhr zusammen; in der Kammertür stand Simon, fast
unbekleidet; seine dürre Gestalt, sein ungekämmtes, wirres Haar und die
vom Mondschein verursachte Blässe des Gesichts gaben ihm ein schauerlich
verändertes Ansehen. „Sollte er nachtwandeln?" dachte Friedrich, und verhielt sich ganz still. – „Friedrich, wohin?" flüsterte der Alte. – „Ohm, seid
Ihr's? Ich will beichten gehen." – „Das dacht' ich mir; geh in Gottes Namen,
aber beichte wie ein guter Christ!" – „Das will ich", sagte Friedrich. – „Denk
an die zehn Gebote: du sollst kein Zeugnis ablegen gegen deinen Nächsten!"
– „Kein falsches!" – „Nein, gar keines; du bist schlecht unterrichtet; wer einen anderen in der Beichte anklagt, der empfängt das Sakrament unwürdig."

Beide schwiegen. – „Ohm, wie kommt Ihr darauf?" sagte Friedrich dann;
„Eu'r Gewissen ist nicht rein; Ihr habt mich belogen." – „Ich? so?" – „Wo
ist Eure Axt?" – „Meine Axt? auf der Tenne." – „Habt Ihr einen neuen Stiel
hineingemacht? wo ist der alte?" – „Den kannst du heute bei Tage im Holz-
schuppen finden."

„Geh", fuhr er verächtlich fort, „ich dachte, du seiest ein Mann; aber du
bist ein altes Weib, das gleich meint, das Haus brennt, wenn ihr Feuertopf
raucht. Sieh", fuhr er fort, „wenn ich mehr von der Geschichte weiß, als der
Türpfosten da, so will ich ewig nicht selig werden. Längst war ich zu Haus'",
fügte er hinzu. – Friedrich stand beklemmt und zweifelnd. Er hätte viel
darum gegeben, seines Ohms Gesicht sehen zu können. Aber während sie
flüsterten, hatte der Himmel sich bewölkt.

„Ich habe schwere Schuld", seufzte Friedrich, „daß ich ihn den unrechten
Weg geschickt – obgleich – doch, dies hab' ich nicht gedacht; nein, gewiß
nicht. Ohm, ich habe Euch ein schweres Gewissen zu danken." – „So geh,
beicht'!" flüsterte Simon mit bebender Stimme; „verunehre das Sakrament
durch Angeberei und setze armen Leuten einen Spion auf den Hals, der schon
Wege finden wird, ihnen das Stückchen Brot aus den Zähnen zu reißen, wenn
er gleich nicht reden darf – geh!"

Friedrich stand unschlüssig; er hörte ein leises Geräusch; die Wolken ver-
zogen sich, das Mondlicht fiel wieder auf die Kammertür: sie war geschlossen. Friedrich ging an diesem Morgen nicht zur Beichte.

Den Eindruck, den dieser Vorfall auf Friedrich gemacht, erlosch leider nur
zu bald. Wer zweifelt daran, daß Simon alles tat, seinen Adoptivsohn dieselben Wege zu leiten, die er selber ging? Und in Friedrich lagen Eigenschaften,

die dies nur zu sehr erleichterten: Leichtsinn, Erregbarkeit, und vor allem ein grenzenloser Hochmut, der nicht immer den Schein verschmähte und dann alles daransetzte, durch Wahrmachung des Usurpierten möglicher Beschämung zu entgehen. Seine Natur war nicht unedel, aber er gewöhnte sich, die innere Schande der äußeren vorzuziehen. Man darf nur sagen, er gewöhnte sich zu prunken, während seine Mutter darbte.

Diese unglückliche Wendung seines Charakters war indessen das Werk mehrerer Jahre, in denen man bemerkte, daß Margret immer stiller über ihren Sohn ward und allmählich in einen Zustand der Verkommenheit versank, den man früher bei ihr für unmöglich gehalten hätte. Sie wurde scheu, saumselig, sogar unordentlich, und manche meinten, ihr Kopf habe gelitten. Friedrich ward desto lauter; er versäumte keine Kirchweih oder Hochzeit, und da ein sehr empfindliches Ehrgefühl ihn die geheime Mißbilligung mancher nicht übersehen ließ, war er gleichsam immer unter Waffen, der öffentlichen Meinung nicht sowohl Trotz zu bieten, als sie den Weg zu leiten, der ihm gefiel. Er war äußerlich ordentlich, nüchtern, anscheinend treuherzig, aber listig, prahlerisch und oft roh, ein Mensch, an dem niemand Freude haben konnte, am wenigsten seine Mutter, und der dennoch durch seine gefürchtete Kühnheit und noch mehr gefürchtete Tücke ein gewisses Übergewicht im Dorfe erlangt hatte, das um so mehr anerkannt wurde, je mehr man sich bewußt war, ihn nicht zu kennen und nicht berechnen zu können, wessen er am Ende fähig sei. Nur ein Bursch im Dorfe, Wilm Hülsmeyer, wagte im Bewußtsein seiner Kraft und guter Verhältnisse ihm die Spitze zu bieten; und da er gewandter in Worten war als Friedrich und immer, wenn der Stachel saß, einen Scherz daraus zu machen wußte, so war dies der einzige, mit dem Friedrich ungern zusammentraf.

Vier Jahre waren verflossen; es war im Oktober; der milde Herbst von 1760, der alle Scheunen mit Korn und alle Keller mit Wein füllte, hatte seinen Reichtum auch über diesen Erdwinkel strömen lassen, und man sah mehr Betrunkene, hörte von mehr Schlägereien und dummen Streichen als je. Überall gab's Lustbarkeiten; der blaue Montag kam in Aufnahme, und wer ein paar Taler erübrigt hatte, wollte gleich eine Frau dazu, die ihm heute essen und morgen hungern helfen könne. Da gab es im Dorfe eine tüchtige, solide Hochzeit, und die Gäste durften mehr erwarten als eine verstimmte Geige, ein Glas Branntwein und was sie an guter Laune selber mitbrachten. Seit früh war alles auf den Beinen; vor jeder Türe wurden Kleider gelüftet, und B. glich den ganzen Tag einer Trödelbude. Da viele Auswärtige erwartet wurden, wollte jeder gern die Ehre des Dorfes oben halten.

Es war sieben Uhr abends und alles im vollen Gange; Jubel und Gelächter an allen Enden, die niederen Stuben zum Ersticken angefüllt mit blauen, roten und gelben Gestalten, gleich Pfandställen, in denen eine zu große Herde eingepfercht ist. Auf der Tenne ward getanzt, das heißt, wer zwei Fuß Raum erobert hatte, drehte sich darauf immer rundum und suchte durch Jauchzen zu ersetzen, was an Bewegung fehlte. Das Orchester war glänzend, die erste Geige als anerkannte Künstlerin prädominierend, die zweite und eine große Baßviole mit drei Saiten, von Dilettanten ad libitum gestrichen; Branntwein und Kaffee in Überfluß, alle Gäste von Schweiß triefend; kurz, es war ein köstliches Fest.

Friedrich stolzierte umher wie ein Hahn, im neuen himmelblauen Rock, und machte sein Recht als erster Elegant geltend. Als auch die Gutsherrschaft anlangte, saß er gerade hinter der Baßgeige und strich die tiefste Saite mit großer Kraft und vielem Anstand.

„Johannes!" rief er gebieterisch, und heran trat sein Schützling von dem Tanzplatze, wo er auch seine ungelenken Beine zu schlenkern und eins zu jauchzen versucht hatte. Friedrich reichte ihm den Bogen, gab durch eine stolze Kopfbewegung seinen Willen zu erkennen und trat zu den Tanzenden. „Nun lustig, Musikanten: den Papen von Istrup!" Der beliebte Tanz ward gespielt, und Friedrich machte Sätze vor den Augen seiner Herrschaft, daß die Kühe an der Tenne die Hörner zurückzogen und Kettengeklirr und Gebrumme an ihren Ständern herlief. Fußhoch über die anderen tauchte sein blonder Kopf auf und nieder, wie ein Hecht, der sich im Wasser überschlägt; an allen Enden schrien Mädchen auf, denen er zum Zeichen der Huldigung mit einer raschen Kopfbewegung sein langes Flachshaar ins Gesicht schleuderte.

„Jetzt ist es gut!" sagte er endlich und trat schweißtriefend an den Kredenztisch; „die gnädigen Herrschaften sollen leben und alle die hochadeligen Prinzen und Prinzessinnen, und wer's nicht mittrinkt, den will ich an die Ohren schlagen, daß er die Engel singen hört!" Ein lautes Vivat beantwortete den galanten Toast. – Friedrich machte seinen Bückling. – „Nichts für ungut, gnädige Herrschaften; wir sind nur ungelehrte Bauersleute!"

In diesem Augenblick erhob sich ein Getümmel am Ende der Tenne, Geschrei, Schelten, Gelächter, alles durcheinander. „Butterdieb, Butterdieb!" riefen ein paar Kinder, und heran drängte sich oder vielmehr ward geschoben, Johannes Niemand, den Kopf zwischen die Schultern ziehend und mit aller Macht nach dem Ausgange strebend. – „Was ist's? was habt ihr mit unserem Johannes?" rief Friedrich gebieterisch.

„Das sollt Ihr früh genug gewahr werden", keuchte ein altes Weib mit der Küchenschürze und einem Wischhader in der Hand. – Schande! Johannes, der arme Teufel, dem zu Hause das Schlechteste gut genug sein mußte, hatte versucht, sich ein halbes Pfündchen Butter für die kommende Dürre zu sichern, und ohne daran zu denken, daß er es, sauber in sein Schnupftuch gewickelt, in der Tasche geborgen, war er ans Küchenfeuer getreten, und nun rann das Fett schmählich die Rockschöße entlang.

Allgemeiner Aufruhr; die Mädchen sprangen zurück, aus Furcht, sich zu beschmutzen, oder stießen den Delinquenten vorwärts. Andere machten Platz, sowohl aus Mitleid als Vorsicht. Aber Friedrich trat vor: „Lumpenhund!" rief er; ein paar derbe Maulschellen trafen den geduldigen Schützling; dann stieß er ihn an die Tür und gab ihm einen tüchtigen Fußtritt mit auf den Weg. Er kehrte niedergeschlagen zurück; seine Würde war verletzt, das allgemeine Gelächter schnitt ihm durch die Seele, ob er sich gleich durch einen tapfern Juchheschrei wieder in den Gang zu bringen suchte – es wollte nicht mehr recht gehen. Er war im Begriff, sich wieder hinter die Baßviole zu flüchten; doch zuvor noch ein Knalleffekt: er zog seine silberne Taschenuhr hervor, zu jener Zeit ein seltener und kostbarer Schmuck. „Es ist bald zehn", sagte er. „Jetzt den Brautmenuett! Ich will Musik machen."

„Eine prächtige Uhr!" sagte der Schweinehirt und schob sein Gesicht in ehrfurchtsvoller Neugier vor.

„Was hat sie gekostet?" rief Wilm Hülsmeyer, Friedrichs Nebenbuhler. – „Willst du sie bezahlen?" fragte Friedrich. – „Hast du sie bezahlt?" antwortete Wilm. Friedrich warf einen stolzen Blick auf ihn und griff in schweigender Majestät zum Fidelbogen. – „Nun, nun", sagte Hülsmeyer, „dergleichen hat man schon erlebt. Du weißt wohl, der Franz Ebel hatte auch eine schöne Uhr, bis der Jude Aaron sie ihm wieder abnahm." – Friedrich antwortete nicht, sondern winkte stolz der ersten Violine, und sie begannen aus Leibeskräften zu streichen.

Die Gutsherrschaft war indessen in die Kammer getreten, wo der Braut von den Nachbarfrauen das Zeichen ihres neuen Standes, die weiße Stirnbinde, umgelegt wurde. Das junge Blut weinte sehr, teils weil es die Sitte so wollte, teils aus wahrer Beklemmung. Sie sollte einem verworrenen Haushalt vorstehen, unter den Augen eines mürrischen alten Mannes, den sie noch obendrein lieben sollte. Er stand neben ihr, durchaus nicht wie der Bräutigam des Hohenliedes, der ‚in die Kammer tritt wie die Morgensonne'. – „Du hast nun genug geweint", sagte er verdrießlich; „bedenk', du bist es nicht, die mich glücklich macht, ich mache dich glücklich!" – Sie sah demütig zu ihm auf und schien zu fühlen, daß er recht habe.

Das Geschäft war beendigt; die junge Frau hatte ihrem Manne zugetrunken; junge Spaßvögel hatten durch den Dreifuß geschaut, ob die Binde gerade sitze; und man drängte sich wieder der Tenne zu, von wo unauslöschliches Gelächter und Lärm herüberschallte. Friedrich war nicht mehr dort. Eine große, unerträgliche Schmach hatte ihn getroffen, da der Jude Aaron, ein Schlächter und gelegentlicher Althändler aus dem nächsten Städtchen, plötzlich erschienen war und nach einem kurzen, unbefriedigenden Zwiegespräch ihn laut vor allen Leuten um den Betrag von zehn Talern für eine schon um Ostern gelieferte Uhr gemahnt hatte. Friedrich war wie vernichtet fortgegangen und der Jude ihm gefolgt, immer schreiend: „O weh mir! warum hab' ich nicht gehört auf vernünftige Leute! Haben sie mir nicht hundertmal gesagt, Ihr hättet all Eu'r Gut am Leibe und kein Brot im Schranke!" – Die Tenne tobte vor Gelächter; manche hatten sich auf den Hof nachgedrängt. – „Packt den Juden! wiegt ihn gegen ein Schwein!" riefen einige; andere waren ernst geworden. – „Der Friedrich sah so blaß aus wie ein Tuch", sagte eine alte Frau, und die Menge teilte sich, wie der Wagen des Gutsherrn in den Hof lenkte.

Herr von S. war auf dem Heimwege verstimmt, die jedesmalige Folge, wenn der Wunsch, seine Popularität aufrechtzuerhalten, ihn bewog, solchen Festen beizuwohnen. Er sah schweigend aus dem Wagen. „Was sind denn das für ein paar Figuren?" – Er deutete auf zwei dunkle Gestalten, die vor dem Wagen rannten wie Strauße. Nun schlüpften sie ins Schloß. – „Auch ein paar selige Schweine aus unserm eigenen Stall!" seufzte Herr von S. – Zu Hause angekommen, fand er die Hausflur vom ganzen Dienstpersonal eingenommen, das zwei Kleinknechte umstand, welche sich blaß und atemlos auf der Stiege niedergelassen hatten. Sie behaupteten, von des alten Mergels Geist verfolgt worden zu sein, als sie durchs Brederholz heimkehrten. Zuerst hatte es über ihnen an der Höhe gerauscht und geknistert; darauf hoch in der Luft ein Geklapper, wie von aneinanderschlagenden Stöcken; plötzlich ein gellender Schrei und ganz deutlich die Worte: „O weh, meine arme Seele!" hoch von oben herab. Der eine wollte auch glühende Augen durch die Zweige funkeln gesehen haben, und beide waren gelaufen, was ihre Beine vermochten.

„Dummes Zeug!" sagte der Gutsherr verdrießlich und trat in die Kammer, sich umzukleiden. Am anderen Morgen wollte die Fontäne im Garten nicht springen, und es fand sich, daß jemand eine Röhre verrückt hatte, augenscheinlich, um nach dem Kopfe eines vor vielen Jahren hier verscharrten Pferdegerippes zu suchen, der für ein bewährtes Mittel wider allen Hexen- und Geisterspuk gilt. „Hm", sagte der Gutsherr, „was die Schelme nicht stehlen, das verderben die Narren."

Drei Tage später tobte ein furchtbarer Sturm. Es war Mitternacht, aber alles im Schlosse außer dem Bett. Der Gutsherr stand am Fenster und sah besorgt ins Dunkle, nach seinen Feldern hinüber. An den Scheiben flogen Blätter und Zweige her; mitunter fuhr ein Ziegel hinab und schmetterte auf das Pflaster des Hofes. „Furchtbares Wetter!" sagte Herr von S. Seine Frau sah ängstlich aus. „Ist das Feuer auch gewiß gut verwahrt?" sagte sie; „Gretchen, sieh noch einmal nach, gieß es lieber ganz aus! Kommt, wir wollen das Evangelium Johannis beten." Alles kniete nieder, und die Hausfrau begann:

„Am Anfang war das Wort und das Wort war bei Gott und Gott war das

Wort." – Ein furchtbarer Donnerschlag. Alle fuhren zusammen; dann furchtbares Geschrei und Getümmel die Treppe heran. – „Um Gottes willen! brennt es?" rief Frau von S. und sank mit dem Gesichte auf den Stuhl. Die Tür ward aufgerissen, und herein stürzte die Frau des Juden Aaron, bleich wie der Tod, das Haar wild um den Kopf, von Regen triefend. Sie warf sich vor dem Gutsherrn auf die Knie. „Gerechtigkeit!" rief sie, „Gerechtigkeit! mein Mann ist erschlagen!" und sank ohnmächtig zusammen.

Es war nur zu wahr, und die nachfolgende Untersuchung bewies, daß der Jude Aaron durch einen Schlag an die Schläfe mit einem stumpfen Instrumente, wahrscheinlich einem Stabe, sein Leben verloren hatte, durch einen einzigen Schlag. An der linken Schläfe war der blaue Fleck, sonst keine Verletzung zu finden. Die Aussagen der Jüdin und ihres Knechtes Samuel lauteten so: Aaron war vor drei Tagen am Nachmittage ausgegangen, um Vieh zu kaufen, und hatte dabei gesagt, er werde wohl über Nacht ausbleiben, da noch einige böse Schuldner in B. und S. zu mahnen seien. In diesem Falle werde er in B. beim Schlachter Salomon übernachten. Als er am folgenden Tage nicht heimkehrte, war seine Frau sehr besorgt geworden und hatte sich endlich heute um drei Uhr nachmittags in Begleitung ihres Knechtes und des großen Schlächterhundes auf den Weg gemacht. Beim Juden Salomon wußte man nichts von Aaron; er war gar nicht dagewesen. Nun waren sie zu allen Bauern gegangen, von denen sie wußten, daß Aaron einen Handel mit ihnen im Auge hatte.

255

Nur zwei hatten ihn gesehen, und zwar an demselben Tage, an welchem er ausgegangen. Es war darüber sehr spät geworden. Die große Angst trieb das Weib nach Haus, wo sie ihren Mann wiederzufinden eine schwache Hoffnung nährte. So waren sie im Brederholz vom Gewitter überfallen worden und hatten unter einer großen, am Berghange stehenden Buche Schutz gesucht; der Hund hatte unterdessen auf eine auffallende Weise umhergestöbert und sich endlich, trotz allem Locken, im Walde verlaufen. Mit einem Mal' sieht die Frau beim Leuchten des Blitzes etwas Weißes neben sich im

Moose. Es ist der Stab ihres Mannes, und fast im selben Augenblicke bricht der Hund durchs Gebüsch und trägt etwas im Maule: es ist der Schuh ihres Mannes. Nicht lange, so ist in einem mit dürrem Laube gefüllten Graben der Leichnam des Juden gefunden.

Dies war die Angabe des Knechtes, von der Frau nur im allgemeinen unterstützt; ihre übergroße Spannung hatte nachgelassen, und sie schien jetzt halb verwirrt oder vielmehr stumpfsinnig. „Aug' um Auge, Zahn um Zahn!" dies waren die einzigen Worte, die sie zuweilen hervorstieß.

In derselben Nacht noch wurden die Schützen aufgeboten, um Friedrich zu verhaften. Der Anklage bedurfte es nicht, da Herr von S. selbst Zeuge eines Auftritts gewesen war, der den dringendsten Verdacht auf ihn werfen mußte;

zudem die Gespenstergeschichte von jenem Abende, das Aneinanderschlagen der Stäbe im Brederholz, der Schrei aus der Höhe. Da der Amtsschreiber gerade abwesend war, so betrieb Herr von S. selbst alles rascher, als sonst geschehen wäre. Dennoch begann die Dämmerung bereits anzubrechen, bevor die Schützen so geräuschlos wie möglich das Haus der armen Margret umstellt hatten. Der Gutsherr selber pochte an; es währte kaum eine Minute, bis geöffnet ward und Margret völlig angekleidet in der Tür erschien. Herr von S. fuhr zurück; er hatte sie fast nicht erkannt, so blaß und steinern sah sie aus. „Wo ist Friedrich?" fragte er mit unsicherer Stimme.

„Sucht ihn", antwortete sie und setzte sich auf einen Stuhl. Der Gutsherr zögerte noch einen Augenblick.

„Herein, herein!" sagte er dann barsch; „worauf warten wir?" Man trat in Friedrichs Kammer. Er war nicht da, aber das Bett noch warm. Man stieg auf den Söller, in den Keller, stieß ins Stroh, schaute hinter jedes Faß, sogar in den Backofen; er war nicht da. Einige gingen in den Garten, sahen hinter den Zaun und in die Apfelbäume hinauf; er war nicht zu finden.

„Entwischt!" sagte der Gutsherr mit sehr gemischten Gefühlen; der Anblick der alten Frau wirkte gewaltig auf ihn. „Gebt den Schlüssel zu jenem Koffer!" – Margret antwortete nicht. – „Gebt den Schlüssel!" wiederholte der Gutsherr und merkte jetzt erst, daß der Schlüssel steckte. Der Inhalt des Koffers kam zum Vorschein; des Entflohenen gute Sonntagskleider und seiner Mutter ärmlicher Staat; dann zwei Leichenhemden mit schwarzen Bändern, das eine für einen Mann, das andere für eine Frau gemacht. Herr von S. war tief erschüttert. Ganz zu unterst auf dem Boden des Koffers lag die silberne Uhr und einige Schriften von sehr leserlicher Hand; eine derselben von einem Manne unterzeichnet, den man in starkem Verdacht der Verbindung mit den Holzfrevlern hatte. Herr von S. nahm sie mit zur Durchsicht, und man verließ das Haus, ohne daß Margret ein anderes Lebenszeichen von sich gegeben hätte, als daß sie unaufhörlich die Lippen nagte und mit den Augen zwinkerte.

Im Schlosse angelangt, fand der Gutsherr den Amtsschreiber, der schon am vorigen Abend heimgekommen war und behauptete, die ganze Geschichte verschlafen zu haben, da der gnädige Herr nicht nach ihm geschickt.

„Sie kommen immer zu spät", sagte Herr von S. verdrießlich. „War denn nicht irgendein altes Weib im Dorfe, das Ihrer Magd die Sache erzählte? Und warum weckte man sie dann nicht?" – „Gnädiger Herr", versetzte Kapp, „allerdings hat meine Anne-Marie den Handel um eine Stunde früher erfahren als ich; aber sie wußte, daß Ihre Gnaden die Sache selbst leiteten, und dann", fügte er mit klagender Miene hinzu, „daß ich so todmüde war!" – „Schöne Polizei!" murmelte der Gutsherr, „jede alte Schachtel im Dorf weiß Bescheid, wenn es recht geheim zugehen soll." Dann fuhr er heftig fort: „Das müßte wahrhaftig ein dummer Teufel von Delinquenten sein, der sich packen ließe!"

Beide schwiegen eine Weile. „Mein Fuhrmann hatte sich in der Nacht verirrt", hob der Amtsschreiber wieder an; „über eine Stunde lang hielten wir im Walde; es war ein Mordwetter; ich dachte, der Wind werde den Wagen umreißen. Endlich, als der Regen nachließ, fuhren wir in Gottes Namen darauf los, immer in das Zellerfeld hinein, ohne eine Hand vor den Augen zu sehen. Da sagte der Kutscher: ‚Wenn wir nur nicht den Steinbrüchen zu nahe kommen!' Mir war selbst bange; ich ließ halten und schlug Feuer, um wenigstens etwas Unterhaltung an meiner Pfeife zu haben. Mit einem Mal' hörten wir ganz nah, perpendikulär unter uns, die Glocke schlagen. Euer Gnaden mögen glauben, daß mir fatal zumut' wurde. Ich sprang aus dem Wagen; denn seinen eigenen Beinen kann man trauen, aber denen der Pferde nicht. So stand ich, in Kot und Regen, ohne mich zu rühren, bis es gottlob! sehr bald anfing zu dämmern. Und wo hielten wir? Dicht an der Heerser Tiefe und den Turm von Heerse gerade unter uns. Wären wir noch zwanzig Schritt weiter gefahren, wir wären alle Kinder des Todes gewesen." – „Das war in der Tat kein Spaß", versetzte der Gutsherr, halb versöhnt.

Er hatte unterdessen die mitgenommenen Papiere durchgesehen. Es waren Mahnbriefe um geliehene Gelder, die meisten von Wucherern. „Ich hatte nicht gedacht", murmelte er, „daß die Mergels so tief drinstecken." – „Ja, und daß es so an den Tag kommen muß", versetzte Kapp, „das wird kein kleiner Ärger für Frau Margret sein." – „Ach Gott, die denkt jetzt daran nicht!" Mit diesen Worten stand der Gutsherr auf und verließ das Zimmer, um mit Herrn Kapp die gerichtliche Leichenschau vorzunehmen. – Die Untersuchung war kurz, gewaltsamer Tod erwiesen, der vermeintliche Täter entflohen, die Anzeigen gegen ihn zwar gravierend, doch ohne persönliches Geständnis nicht beweisend, seine Flucht allerdings sehr verdächtig. So mußte die gerichtliche Verhandlung ohne genügenden Erfolg geschlossen werden.

Die Juden der Umgegend hatten großen Anteil gezeigt. Das Haus der Witwe ward nie leer von Jammernden und Ratenden. Seit Menschengedenken waren nicht so viel Juden beisammen in L. gesehen worden.

Durch den Mord ihres Glaubensgenossen aufs äußerste erbittert, hatten sie weder Mühe noch Geld gespart, dem Täter auf die Spur zu kommen. Man weiß sogar, daß einer derselben, gemeinhin der Wucherjoel genannt, einem seiner Kunden, der ihm mehrere Hunderte schuldete, und den er für einen besonders listigen Kerl hielt, Erlaß der ganzen Summe angeboten hatte, falls er ihm zu Verhaftung des Mergel verhelfen wolle; denn der Glaube war allgemein unter den Juden, daß der Täter nur mit guter Beihilfe entwischt und wahrscheinlich noch in der Umgegend sei. Als dennoch alles nichts half und die gerichtliche Verhandlung für beendet erklärt worden war, erschien am nächsten Morgen eine Anzahl der angesehensten Israeliten im Schlosse, um dem gnädigen Herrn einen Handel anzutragen. Der Gegenstand war die Buche, unter der man Aarons Stab gefunden, und wo der Mord wahrscheinlich verübt worden war. – „Wollt ihr sie fällen? so mitten im vollen Laube?" fragte der Gutsherr.

„Nein, Ihro Gnaden, sie muß stehenbleiben im Winter und Sommer, solange ein Span daran ist." – „Aber, wenn ich nun den Wald hauen lasse, so schadet es dem jungen Aufschlag." – „Wollen wir sie doch nicht um gewöhnlichen Preis." Sie boten zweihundert Taler. Der Handel ward geschlossen und allen Förstern streng eingeschärft, die Judenbuche auf keine Weise zu schädigen.

Darauf sah man an einem Abende wohl gegen sechzig Juden, ihren Rabbiner an der Spitze, in das Brederholz ziehen, alle schweigend und mit gesenkten Augen.

Sie blieben über eine Stunde im Walde und kehrten dann ebenso ernst und feierlich zurück, durch das Dorf B. bis in das Zellerfeld, wo sie sich zerstreuten und jeder seines Weges ging.

Am nächsten Morgen stand an der Buche mit dem Beil eingehauen:

אם דו וועסט צו דיזעם ארטע קומען, ווירד עס דיר ערגעהן ווי מיר

Und wo war Friedrich? Ohne Zweifel fort, weit genug, um die kurzen Arme einer so schwachen Polizei nicht mehr fürchten zu dürfen. Er war bald verschollen, vergessen. Ohm Simon redete selten von ihm, und dann schlecht; die Judenfrau tröstete sich am Ende und nahm einen anderen Mann. Nur die arme Margret blieb ungetröstet.

Etwa ein halbes Jahr nachher las der Gutsherr einige eben erhaltene Briefe in Gegenwart des Amtsschreibers.

„Sonderbar, sonderbar!! sagte er. „Denken Sie sich, Kapp, der Mergel ist vielleicht unschuldig an dem Morde. Soeben schreibt mir der Präsident des Gerichtes zu P.: ‚Le vrai n'est pas toujours vraisemblable (dt.: Das Wahre ist nicht immer das Wahrscheinlichste); das erfahre ich oft in meinem Berufe und jetzt neuerdings. Wissen Sie wohl, daß Ihr lieber Getreuer, Friedrich Mergel, den Juden mag ebensowenig erschlagen haben als ich oder Sie? Leider fehlen die Beweise, aber die Wahrscheinlichkeit ist groß. Ein Mitglied der Schlemmingschen Bande (die wir jetzt, nebenbei gesagt, größtenteils unter Schloß und Riegel haben), Lumpenmoises genannt, hat im letzten Verhöre ausgesagt, daß ihn nichts so sehr gereue, als der Mord eines Glaubensgenossen, Aaron, den er im Walde erschlagen und doch nur sechs Groschen bei ihm gefunden habe. Leider ward das Verhör durch die Mittagsstunde unterbrochen, und während wir tafelten, hat sich der Hund von einem Juden an einem Strumpfbande erhängt. Was sagen Sie dazu? Aaron ist zwar ein verbreiteter Name usw.‘ "

„Was sagen Sie dazu?" wiederholte der Gutsherr; „und weshalb wäre der Esel von einem Burschen denn gelaufen?"

Der Amtsschreiber dachte nach. – „Nun, vielleicht der Holzfrevel wegen, mit denen wir ja gerade in Untersuchung waren. Heißt es nicht: der Böse läuft vor seinem eigenen Schatten? Mergels Gewissen war schmutzig genug auch ohne diesen Flecken."

Dabei beruhigte man sich. Friedrich war hin, verschwunden und – Johannes Niemand, der arme, unbeachtete Johannes, am gleichen Tage mit ihm.

Eine schöne lange Zeit war verflossen, achtundzwanzig Jahre, fast die Hälfte eines Menschenlebens; der Gutsherr war sehr alt und grau geworden, sein gutmütiger Gehilfe Kapp längst begraben. Menschen, Tiere und Pflanzen waren entstanden, gereift, vergangen, nur Schloß B. sah immer gleich grau und vornehm auf die Hütten herab, die wie alte hektische Leute immer fallen zu wollen schienen und immer standen.

Es war am Vorabende des Weihnachtsfestes, den 24. Dezember 1788.

Tiefer Schnee lag in den Hohlwegen, wohl an zwölf Fuß hoch, und eine durchdringende Frostluft machte die Fensterscheiben in der geheizten Stube gefrieren. Mitternacht war nahe, dennoch flimmerten überall matte Lichtchen aus den Schneehügeln, und in jedem Hause lagen die Einwohner auf den Knien, um den Eintritt des heiligen Christfestes mit Gebet zu erwarten, wie dies in katholischen Ländern Sitte ist oder wenigstens damals allgemein war. Da bewegte sich von der Breder Höhe herab eine Gestalt langsam gegen das Dorf: der Wanderer schien sehr matt oder krank; er stöhnte schwer und schleppte sich äußerst mühsam durch den Schnee.

In der Mitte des Hanges stand er still, lehnte sich auf seinen Krückenstab und starrte unverwandt auf die Lichtpunkte. Es war so still überall, so tot und kalt; man mußte an Irrlichter auf Kirchhöfen denken. Nun schlug es zwölf im Turm; der letzte Schlag verdröhnte langsam, und im nächsten Hause erhob sich ein leiser Gesang, der, von Hause zu Hause schwellend, sich über das ganze Dorf zog:

> Ein Kindelein so löbelich
> Ist uns geboren heute,
> Von einer Jungfrau säuberlich,
> Des freun sich alle Leute;
> Und wär' das Kindlein nicht geborn,
> So wären wir alle zusammen verlorn:
> Das Heil ist unser aller.
> O du mein liebster Jesu Christ,
> Der du als Mensch geboren bist,
> Erlös' uns von der Hölle!

Der Mann am Hange war in die Knie gesunken und versuchte mit zitternder Stimme einzufallen: es ward nur ein lautes Schluchzen daraus, und schwere, heiße Tropfen fielen in den Schnee. Die zweite Strophe begann; er betete leise mit; dann die dritte und vierte. Das Lied war geendigt, und die Lichter in den Häusern begannen sich zu bewegen. Da richtete der Mann sich mühselig auf und schlich langsam hinab in das Dorf. An mehreren Häusern keuchte er vorüber, dann stand er vor einem still und pochte leise an.

„Was ist denn das?" sagte drinnen eine Frauenstimme; „die Türe klappert, und der Wind geht doch nicht." – Er pochte stärker. – „Um Gottes willen, laßt einen halberfrorenen Menschen ein, der aus der türkischen Sklaverei kommt!" – Geflüster in der Küche. – „Geht ins Wirtshaus", antwortete eine andere Stimme; „das fünfte Haus von hier!" – „Um Gottes Barmherzigkeit willen, laßt mich ein! Ich habe kein Geld."

Nach einigem Zögern ward die Tür geöffnet und ein Mann leuchtete mit der Lampe hinaus. – „Kommt nur herein", sagte er dann. „Ihr werdet uns den Hals nicht abschneiden!"

In der Küche befanden sich außer dem Manne eine Frau in mittleren Jahren, eine alte Mutter und fünf Kinder. Alle drängten sich um den Eintretenden her und musterten ihn mit scheuer Neugier. Eine armselige Figur! mit schiefem Halse, gekrümmtem Rücken, die ganze Gestalt gebrochen und kraftlos; langes, schneeweißes Haar hing um sein Gesicht, das den verzogenen Ausdruck langen Leidens trug. Die Frau ging schweigend an den Herd und legte frisches Reisig zu. – „Ein Bett können wir Euch nicht geben", sagte sie; „aber ich will hier eine gute Streu machen; Ihr müßt Euch schon so behelfen!" – „Gott's Lohn!" versetzte der Fremde; „ich bin's wohl schlechter gewohnt."

Der Heimgekehrte ward als Johannes Niemand erkannt, und er selbst bestätigte, daß er derselbe sei, der einst mit Friedrich Mergel entflohen.

Das Dorf war am folgenden Tage voll von den Abenteuern des so lange Verschollenen.

Jeder wollte den Mann aus der Türkei sehen, und man wunderte sich beinahe, daß er noch aussehe wie andere Menschen. Das junge Volk hatte zwar keine Erinnerungen von ihm, aber die Alten fanden seine Züge noch ganz wohl heraus, so erbärmlich entstellt er auch war.

„Johannes, Johannes, was seid Ihr grau geworden!" sagte eine alte Frau. „Und woher habt Ihr den schiefen Hals?" – „Vom Holz- und Wassertragen in der Sklaverei", versetzte er.

„Und was ist aus Mergel geworden? Ihr seid doch zusammen fortgelaufen?"

„Freilich wohl; aber ich weiß nicht, wo er ist, wir sind voneinander gekommen. Wenn Ihr an ihn denkt, betet für ihn", fügte er hinzu, „er wird es wohl nötig haben!"

Man fragte ihn, warum Friedrich sich denn aus dem Staube gemacht, da er den Juden doch nicht erschlagen? – „Nicht?" sagte Johannes und horchte gespannt auf, als man ihm erzählte, was der Gutsherr geflissentlich verbreitet hatte, um den Fleck von Mergels Namen zu löschen. – „Also ganz umsonst", sagte er nachdenkend, „ganz umsonst so viel ausgestanden!" Er seufzte tief und fragte nun seinerseits nach manchem. Simon war lange tot, aber zuvor

noch ganz verarmt, durch Prozesse und böse Schuldner, die er nicht gerichtlich belangen durfte, weil es, wie man sagte, zwischen ihnen keine reine Sache
war.

Er hatte zuletzt Bettelbrot gegessen und war in einem fremden Schuppen
auf dem Stroh gestorben. Margret hatte länger gelebt, aber in völliger Gei-
stesstumpfheit.

Die Leute im Dorf waren es bald müde geworden, ihr beizustehen, da sie
alles verkommen ließ, was man ihr gab, wie es denn die Art der Menschen
ist, gerade die Hilflosesten zu verlassen, solche, bei denen der Verstand nicht
nachhaltig wirkt und die der Hilfe immer gleich bedürftig bleiben. Dennoch
hatte sie nicht eigentlich Not gelitten; die Gutsherrschaft sorgte sehr für sie,
schickte ihr täglich das Essen und ließ ihr auch ärztliche Behandlung zukom-

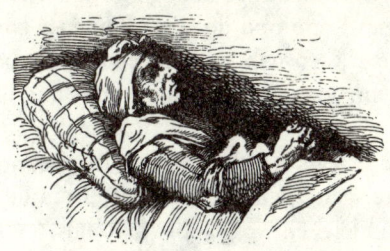

men, als ihr kümmerlicher Zustand in völlige Abzehrung übergegangen war.
In ihrem Hause wohnte jetzt der Sohn des ehemaligen Schweinehirten, der
an jenem unglücklichen Abende Friedrichs Uhr so sehr bewundert hatte.

„Alles hin, alles tot!" seufzte Johannes.

Am Abend, als es dunkel geworden war und der Mond schien, sah man
ihn im Schnee auf dem Kirchhofe umherhumpeln; er betete bei keinem
Grabe, ging auch an keines dicht hinan, aber auf einige schien er aus der Ferne
starre Blicke zu heften. So fand ihn der Förster Brandes, der Sohn des Erschlagenen, den die Gutsherrschaft abgeschickt hatte, ihn ins Schloß zu holen.

Beim Eintritt in das Wohnzimmer sah er scheu umher, wie vom Licht geblendet, und dann auf den Baron, der sehr zusammengefallen in seinem
Lehnstuhl saß, aber noch immer mit den hellen Augen und dem roten Käppchen auf dem Kopfe wie vor achtundzwanzig Jahren; neben ihm die gnädige
Frau, auch alt, sehr alt geworden.

„Nun, Johannes", sagte der Gutsherr, „erzähl' mir einmal recht ordentlich
von deinen Abenteuern. Aber", er musterte ihn durch die Brille, „du bist ja
erbärmlich mitgenommen in der Türkei!"

Johannes begann: wie Mergel ihn nachts von der Herde abgerufen und gesagt, er müsse mit ihm fort. – „Aber warum lief der dumme Junge denn? Du

weißt doch, daß er unschuldig war?" – Johannes sah vor sich nieder: „Ich weiß nicht recht, mich dünkt, es war wegen Holzgeschichten. Simon hatte so allerlei Geschäfte; mir sagte man nichts davon, aber ich glaube nicht, daß alles war, wie es sein sollte." – „Was hat denn Friedrich dir gesagt?" – „Nichts, als daß wir laufen müßten, sie wären hinter uns her. So liefen wir bis Heerse; da war es noch dunkel, und wir versteckten uns hinter das große Kreuz am Kirchhofe, bis es etwas heller würde, weil wir uns vor den Steinbrüchen am Zellerfelde fürchteten, und wie wir eine Weile gesessen hatten, hörten wir mit einem Mal' über uns schnauben und stampfen und sahen lange Feuerstrahlen in der Luft gerade über dem Heerser Kirchturm. Wir sprangen auf und liefen, was wir konnten, in Gottes Namen geradeaus, und wie es dämmerte, waren wir wirklich auf dem rechten Weg nach P."

Johannes schien noch vor der Erinnerung zu schaudern, und der Gutsherr dachte an seinen seligen Kapp und dessen Abenteuer am Heerser Hange.

„Sonderbar", lachte er, „so nah wart ihr einander! aber fahr fort."

Johannes erzählte nun, wie sie glücklich durch P. und über die Grenze gekommen.

Von da an hatten sie sich als wandernde Handwerksburschen durchgebettelt bis Freiburg im Breisgau. „Ich hatte meinen Brotsack bei mir", sagte er, „und Friedrich ein Bündelchen: so glaubte man uns." – In Freiburg hatten sie sich von den Österreichern anwerben lassen: ihn hatte man nicht gewollt, aber Friedrich bestand darauf. So kam er unter den Train. „Den Winter über blieben wir in Freiburg", fuhr er fort, „und es ging uns ziemlich gut; mir auch, weil Friedrich mich oft erinnerte und mir half, wenn ich etwas verkehrt machte. Im Frühling mußten wir marschieren, nach Ungarn, und im Herbst ging der Krieg mit den Türken los. Ich kann nicht viel davon nachsagen, denn ich wurde gleich in der ersten Affäre gefangen und bin seitdem sechsundzwanzig Jahre in der türkischen Sklaverei gewesen!" – „Gott im Himmel! das ist doch schrecklich!" sagte Frau von S. – „Schlimm genug, die Türken halten uns Christen nicht besser als Hunde; das schlimmste war, daß meine Kräfte unter der harten Arbeit vergingen; ich ward auch älter und sollte noch immer tun wie vor Jahren."

Er schwieg eine Weile.

„Ja", sagte er dann, „es ging über Menschenkräfte und Menschengeduld; ich hielt es auch nicht aus. – Von da kam ich auf ein holländisches Schiff." – „Wie kamst du denn dahin?" fragte der Gutsherr. – „Sie fischten mich auf, aus dem Bosporus", versetzte Johannes. Der Baron sah ihn befremdet an und hob den Finger warnend auf; aber Johannes erzählte weiter. Auf dem Schiffe war es ihm nicht viel besser gegangen. „Der Skorbut riß ein; wer nicht ganz elend war, mußte über Nacht arbeiten, und das Schiffstau regierte ebenso streng wie die türkische Peitsche."

„Endlich", schloß er, „als wir nach Holland kamen, nach Amsterdam, ließ man mich frei, weil ich unbrauchbar war, und der Kaufmann, dem das Schiff gehörte, hatte auch Mitleiden mit mir und wollte mich zu seinem Pförtner machen. Aber" – er schüttelte den Kopf – „ich bettelte mich lieber durch bis hierher." – „Das war dumm genug", sagte der Gutsherr. Johannes seufzte tief: „O Herr, ich habe mein Leben zwischen Türken und Ketzern zubringen müssen; soll ich nicht wenigstens auf einem katholischen Kirchhofe liegen?" Der Gutsherr hatte seine Börse gezogen: „Da, Johannes, nun geh und komm bald wieder. Du mußt mir das alles noch ausführlicher erzählen; heute ging es etwas konfus durcheinander."

„Du bist wohl noch sehr müde?" – „Sehr müde", versetzte Johannes; „und", er deutete auf seine Stirn, „meine Gedanken sind zuweilen so kurios, ich kann nicht recht sagen, wie es so ist." – „Ich weiß schon", sagte der Baron, „von alter Zeit her. Jetzt geh! Hülsmeyers behalten dich wohl noch die Nacht über, morgen komm wieder."

Herr von S. hatte das innigste Mitleiden mit dem armen Schelm; bis zum folgenden Tage war überlegt worden, wo man ihn einmieten könne; essen sollte er täglich im Schlosse, und für Kleidung fand sich auch wohl Rat. – „Herr", sagte Johannes, „ich kann auch wohl noch etwas tun; ich kann hölzerne Löffel machen, und Ihr könnt mich wohl auch als Boten schicken."

Herr von S. schüttelte mitleidig den Kopf: „Das würde doch nicht sonderlich ausfallen." – „O doch, Herr, wenn ich erst im Gange bin – es geht nicht schnell, aber hin komme ich doch, und es wird mir auch nicht sauer, wie man denken sollte." – „Nun", sagte der Baron zweifelnd, „willst du's versuchen? Hier ist ein Brief nach P. Es hat keine sonderliche Eile."

Am folgenden Tage bezog Johannes sein Kämmerchen bei einer Witwe im Dorfe. Er schnitzelte Löffel, aß auf dem Schlosse und machte Botengänge für den gnädigen Herrn. Im ganzen ging's im leidlich; die Herrschaft war sehr gütig, und Herr von S. unterhielt sich oft lange mit ihm über die Türkei, den österreichischen Dienst und die See.

„Der Johannes könnte viel erzählen", sagte er zu seiner Frau, „wenn er nicht so grundeinfältig wäre." – „Mehr tiefsinnig als einfältig", versetzte sie; „ich fürchte immer, er schnappt noch über." – „Ei bewahre!" antwortete der Baron, „er war sein Leben lang ein Simpel; simple Leute werden nie verrückt."

Nach einiger Zeit blieb Johannes auf einem Botengange über Gebühr lange aus. Die gute Frau von S. war sehr besorgt um ihn und wollte schon Leute aussenden, als man ihn die Treppe heraufstelzen hörte.

„Du bist lange ausgeblieben, Johannes", sagte sie; „ich dachte schon, du hättest dich im Brederholz verirrt."

„Ich bin durch den Föhrengrund gegangen."

„Das ist ja ein weiter Umweg; warum gingst du nicht durchs Brederholz?"
Er sah trübe zu ihr auf: „Die Leute sagten mir, der Wald sei gefällt, und
jetzt seien so viele Kreuz- und Querwege darin, da fürchtete ich, nicht wieder
hinauszukommen. Ich werde alt und duselig", fügte er langsam hinzu. –
„Sahst du wohl", sagte Frau von S. nachher zu ihrem Manne, „wie wunderlich und quer er aus den Augen sah? Ich sage dir, Ernst, das nimmt noch ein
schlimmes Ende."

Indessen nahte der September heran. Die Felder waren leer, das Laub begann abzufallen, und mancher Hektische fühlte die Schere an seinem Lebensfaden. Auch Johannes schien unter dem Einflusse des nahen Äquinoktiums
zu leiden; die ihn in diesen Tagen sahen, sagten, er habe auffallend verstört
ausgesehen und unaufhörlich leise mit sich selber geredet, was er auch sonst
mitunter tat, aber selten. Endlich kam er eines Abends nicht nach Hause. Man
dachte, die Herrschaft habe ihn verschickt; am zweiten auch nicht; am dritten
Tage ward seine Hausfrau ängstlich. Sie ging ins Schloß und fragte nach. –
„Gott bewahre", sagte der Gutsherr, „ich weiß nichts von ihm; aber geschwind den Jäger gerufen und Försters Wilhelm! Wenn der armselige Krüp-
pel", setzte er bewegt hinzu, „auch nur in einen trockenen Graben gefallen
ist, so kann er nicht wieder heraus. Wer weiß, ob er nicht gar eines von seinen
schiefen Beinen gebrochen hat! – Nehmt die Hunde mit", rief er den abzie-
henden Jägern nach, „und sucht vor allem in den Gräben; seht in die Stein-
brüche!" rief er lauter.

Die Jäger kehrten nach einigen Stunden heim; sie hatten keine Spur gefunden. Herr von S. war in großer Unruhe: „Wenn ich mir denke, daß einer so
liegen muß wie ein Stein und kann sich nicht helfen! Aber er kann noch leben;
drei Tage hält's ein Mensch wohl ohne Nahrung aus." Er machte sich selbst
auf den Weg; in allen Häusern wurde nachgefragt, überall in die Hörner geblasen, gerufen, die Hunde zum Suchen angehetzt – umsonst! – Ein Kind
hatte ihn gesehen, wie er am Rande des Brederholzes saß und an einem Löffel
schnitzelte; „er schnitt ihn aber ganz entzwei", sagte das kleine Mädchen.
Das war vor zwei Tagen gewesen. Nachmittags fand sich wieder eine Spur:
abermals ein Kind, das ihn an der anderen Seite des Waldes bemerkt hatte,
wo er im Gebüsch gesessen, das Gesicht auf den Knien, als ob er schliefe. Das
war noch am vorigen Tage. Es schien, er hatte sich immer um das Brederholz
herumgetrieben.

„Wenn nur das verdammte Buschwerk nicht so dicht wäre! da kann keine
Seele hindurch", sagte der Gutsherr. Man trieb die Hunde in den jungen
Schlag; man blies und hallote und kehrte endlich mißvergnügt heim, als man
sich überzeugt, daß die Tiere den ganzen Wald abgesucht hatten. – „Laßt
nicht nach! laßt nicht nach!" bat Frau von S., „besser ein paar Schritte umsonst, als daß etwas versäumt wird." Der Baron war fast ebenso beängstigt

wie sie. Seine Unruhe trieb ihn sogar nach Johannes' Wohnung, obwohl er sicher war, ihn dort nicht zu finden. Er ließ sich die Kammer des Verschollenen aufschließen. Da stand sein Bett noch ungemacht, wie er es verlassen hatte, dort hing sein guter Rock, den ihm die gnädige Frau aus dem alten Jagdkleide des Herrn hatte machen lassen; auf dem Tische ein Napf, sechs neue hölzerne Löffel und eine Schachtel. Der Gutsherr öffnete sie; fünf Groschen lagen darin, sauber in Papier gewickelt, und vier silberne Westenknöpfe; der Gutsherr betrachtete sie aufmerksam. „Ein Andenken an Mergel", murmelte er und trat hinaus, denn ihn ward ganz beengt in dem dumpfen, engen Kämmerchen.

Die Nachsuchungen wurden fortgesetzt, bis man sich überzeugt hatte, Johannes sei nicht mehr in der Gegend, wenigstens nicht lebendig.

So war er denn zum zweitenmal verschwunden; ob man ihn wiederfinden würde – vielleicht einmal nach Jahren seine Knochen in einem trockenen Graben? Ihn lebend wiederzusehen, dazu war wenig Hoffnung, und jedenfalls nach achtundzwanzig Jahren gewiß nicht.

Vierzehn Tage später kehrte der junge Brandes morgens von einer Besichtigung seines Reviers durch das Brederholz heim. Es war ein für die Jahreszeit ungewöhnlich heißer Tag; die Luft zitterte, kein Vogel sang, nur die Raben krächzten langweilig aus den Ästen und hielten ihre offenen Schnäbel der Luft entgegen. Brandes war sehr ermüdet. Bald nahm er seine von der Sonne durchglühte Kappe ab, bald setzte er sie wieder auf. Es war alles gleich unerträglich, das Arbeiten durch den kniehohen Schlag sehr beschwerlich. Ringsumher kein Baum außer der Judenbuche. Dahin strebte er denn auch aus allen Kräften und ließ sich todmatt auf das beschattete Moos darunter nieder: Die Kühle zog so angenehm durch seine Glieder, daß er die Augen schloß.

„Schändliche Pilze!" murmelte er halb im Schlaf. Es gibt nämlich in jener Gegend eine Art sehr saftiger Pilze, die nur ein paar Tage stehen, dann einfallen und einen unerträglichen Geruch verbreiten. Brandes glaubte solche unangenehme Nachbarn zu spüren, er wandte sich ein paarmal hin und her, mochte aber doch nicht aufstehen; sein Hund sprang unterdessen umher, kratzte am Stamm der Buche und bellte hinauf. „Was hast du da, Bello? eine Katze?" murmelte Brandes. Er öffnete die Wimper halb, und die Judenschrift fiel ihm ins Auge, sehr ausgewachsen, aber doch noch ganz kenntlich. Er schloß die Augen wieder; der Hund fuhr fort zu bellen und legte endlich seinem Herrn die kalte Schnauze ans Gesicht.

„Laß mich in Ruh'! was hast du denn?" Hierbei sah Brandes, wie er so auf dem Rücken lag, in die Höhe, sprang dann mit einem Satze auf und wie besessen ins Gestrüpp hinein.

Totenbleich kam er auf dem Schlosse an: in der Judenbuche hänge ein Mensch; er habe die Beine gerade über seinem Gesichte hängen sehen. –

„Und du hast ihn nicht abgeschnitten, Esel?" rief der Baron.

„Herr", keuchte Brandes, „wenn Euer Gnaden dagewesen wäre, so wüßten Sie wohl, daß der Mensch nicht mehr lebt. Ich glaubte anfangs, es seien die Pilze!" – Dennoch trieb der Gutsherr zur größten Eile und zog selbst mit hinaus.

Sie waren unter der Buche angelangt. „Ich sehe nichts", sagte Herr von S. – „Hierher müssen Sie treten, hierher, an diese Stelle!" – Wirklich, dem war so: der Gutsherr erkannte seine eigenen abgetragenen Schuhe.

„Gott, es ist Johannes! – Setzt die Leiter an! – so – nun herunter! – sacht, sacht! laßt ihn nicht fallen! – Lieber Himmel, die Würmer sind schon daran! Macht dennoch die Schlinge auf und die Halsbinde!" Eine breite Narbe ward sichtbar; der Gutsherr fuhr zurück.

„Mein Gott!" sagte er; er beugte sich wieder über die Leiche, betrachtete die Narbe mit großer Aufmerksamkeit und schwieg eine Weile in tiefer Erschütterung.

Dann wandte er sich zu den Förstern: „Es ist nicht recht, daß der Unschuldige für den Schuldigen leide; sagt es nur allen Leuten: der da" – er deutete auf den Toten – „war Friedrich Mergel."

Die Leiche ward auf dem Schindanger verscharrt.

Dies hat sich nach allen Hauptumständen wirklich so begeben im September des Jahres 1788. – Die hebräische Schrift am Baume heißt:

„Wenn du dich diesem Orte nahest, so wird es dir ergehen, wie du mir getan hast."

Adalbert Stifter

Der Kondor

1. Ein Nachtstück

Um zwei Uhr einer schönen Junimondnacht ging ein Kater längs des Dachfirstes und schaute in den Mond. Das eine seiner Augen, von dem Strahle des Nachtgestirnes schräg getroffen, erglänzte wie ein grüner Irrwisch, das andere war schwarz wie Küchenpech, und so glotzte er zuletzt, am Ende der Dachkante ankommend, bei einem Fenster hinein – und ich heraus. Die großen, freundlichen Räder seiner Augen auf mich heftend, schien er befremdlich fragen zu wollen: „Was ist denn das, du lieber, alter Spiel- und Stubengenosse, daß du heute in die späte Nacht dein Gesicht zum Fenster

269

hinaushältst, das sonst immer rot und gesund auf dem weißen Kissen lag und ruhig schlummerte, wenn ich bei meinen Nachtgängen gelegentlich vorbeikam und hineinschaute?"

„Ei, Trauter", erwiderte ich ihm auf die stumme Frage, „die Zeiten haben sich nun einmal sehr geändert, das siehst du; – die weißen Kissen liegen unzerknittert dort auf dem Bettgestelle, und der Vollmond malt die lieblich flirrenden Fensterscheiben darauf, statt daß er in mein schlummerndes Angesicht schiene, welches Gesicht ich dafür da am Simse in die Nacht hinaushalten muß, um damit schon durch drei Vierteile derselben auf den Himmel zu schauen; denn an demselben wird heute das seltenste und tollste Gestirn emporsteigen, was er je gesehen. Es wird zwar nicht leuchten, aber wenn nach Verdienst gerichtet würde, so ist etwas in ihm, das strahlenreicher ist als der Mond und alle Sterne zusammengerechnet, deine glänzenden Augen nicht ausgenommen, Verehrtester."

So sagte ich ungefähr zu dem Kater, er aber drehte seine Augen, als verstände er meine Rede, noch einmal so groß und noch einmal so freundlich gegen mich, daß sie wie Glimmerscheiben leuchteten, und die Seite seines weichen Felles gegen meine Hand krümmend und stemmend, hob er sofort sein traulich Spinnen an, während ich fortfuhr, mit ihm zu kosen: „Man sieht viel in einer langen Mondnacht, das wirst du wissen, Lieber, wenn du sonst Beobachtungsgeist besitzest; aber siehe, ich wußte es nicht, da ich nie Zeit hatte, eine so recht von Herzen anzuschauen, allein in diesem Harren und Schauen nach dem Himmel, namentlich da der gehoffte Weltkörper immer nicht kam, hatte ich Muße genug, den Lebenslauf einer Frühlingsnacht zu studieren."

Da aber alles wahr ist, was ich da meinem lieben Freunde Hinze eröffnete, so sehe ich nicht ab, warum ich es nicht auch einem noch lieberen Menschenauge eröffnen, dem einst dieses Blatt vorkommen könnte, warum ich nicht sagen sollte, daß mich wirklich ein närrisches und unglückliches Verhängnis an dieses Fenster kettete und meine Blicke die ganze Nacht in die Lüfte bannte. Es will fast närrisch sein, aber jeder säße auch bei mir hier oben, wenn er vorher das erlebt hätte, was ich.

Die Zeit war zäh wie Blei.

Leider war ich schon viel zu früh heraufgestiegen, als sich noch das leidige Abendgetümmel der Menschen durch die Gassen schleppte und eine wunderliche Dissonanz bildete zu dem lieben Monde, der bereits mit rosenrotem Angesichte dort drüben zwischen zwei mächtigen Rauchfängen lag und auf meine zwei Fenster herübergrüßte.

Allmählich puppte sich denn doch alles, was Mensch heißt, in seine Nachthüllen ein, und nur die Rufe der Schlemmer tönten hie und da herauf, wie sie ihren späten Nachtweg nach Hause suchten – dann hob jene Zeit an, die

die Philosophen, Dichter und Kater lieben, die Nachtstille – mein vierpfotiger Freund hat eben nicht den übelsten Geschmack für die Zeit seiner Spaziergänge. – Der Mond hatte sich endlich von den Dächern gelöset und stand hoch im Blau – ein Glänzen und ein Flimmern und ein Leuchten durch den ganzen Himmel begann, durch alle Wolken schoß Silber, von allen Blechdächern rannen breite Ströme desselben nieder, und an die Blitzableiter, Dachspitzen und Turmkreuze waren Funken geschleudert. Ein feiner Silberrauch ging über die Dächer der weiten Stadt wie ein Schleier, der auf den hunderttausend schlummernden Herzen liegt. Der einzige Goldpunkt in dem Meere von Silber war die brennende Lampe drüben in dem Dachstübchen der armen Waschfrau, deren Kind auf den Tod liegt.

So schön das alles war, so wurden doch die Stunden eine nach der andern länger – die Schatten der Schornsteine hatten sich längst umgekehrt, die silberne Mondkugel rollte schon bergab auf der zweiten Hälfte ihres dunklen Bogens – es war die tödlichste Stille – nur ich und jenes Lämpchen wachten.

Was ich aber suchte, das erschien nicht.

Zweimal schritt Hinze über die Dächer, ohne zu mir zu kommen. Die große Stadt unter mir, in der undeutlichen Magie des Mondlichts schwimmend, lag im tiefsten Schlummer, als sollte man sie atmen hören – aber auch der Himmel an der gesuchten Stelle blieb glänzend einsam, wie er die ganze Nacht gewesen. Ich harrte fort. Es war, als würde es mit jeder Minute lautloser. Der Mond zog sichtlich der zweiten Halbkugel zu; eine Herde Lämmerwolken, die tief gegen Süden auf der blauen Weide gingen, wurde leise angezündet, und selbst ferne Wolkenbänke, die schon seit Abend unten am Westhimmel schlummerten und sich dehnten – und lange in unsere Nacht hinein die Sonne Amerikas widergeschienen hatten, waren erloschen und glommen nun vom Monde an, und durch ihre Glieder floß ein sanftes, blasses Licht, als regten sie sich leise.

Da schlug es zwei Uhr, und Hinze kam. Er war mir in dieser Nacht ordentlich bedeutsam geworden. Es entspann sich das stumme Gespräch mit ihm, das ich anfangs dieses Blattes berichtete; aber freilich dauerte die Unterhaltung mit ihm nicht lange, da wir beide des Zwiegesprächs bald müde waren und jeder zu unserm Geschäft übergingen: er zu seinem Lustwandeln, ich zu meinem einförmigen Schauen.

Das Lämpchen der Witwe war mittlerweile ausgelöscht worden, dafür fürchtete ich, daß bald eine ganz andere Lampe angezündet werden würde; denn im Osten kroch bereits ein verdächtiges Lichtgrauen herum, als sei es der Morgen; auch die Luft, bisher so warm und todesruhig, machte sich auf; denn ich fühlte es schon zweimal kühl aus Morgen her an mein Gesicht wehen, und das Rauschen der Frühlingsgewässer wurde deutlich von den Bergen herübergetragen.

Da auf einmal, in einem lichten Gürtel des Himmels, den zwei lange Wolkenbänder zwischen sich ließen, war mir's, als schwebe langsam eine dunkle Scheibe – ich griff rasch um das Fernrohr und schwang es gegen jene Stelle des Firmaments – Sterne, Wolken, Himmelsglanz flatterten durch das Objektiv – ich achtete ihrer nicht, sondern suchte angstvoll mit dem Glase, bis ich plötzlich eine große, schwarze Kugel erfaßte und festhielt.

Also ist es richtig, eine Voraussage trifft ein: gegen den zarten, weißen Frühhimmel, so schwach rot erst wie eine Pfirsichblüte, zeichnete sich eine bedeutend große, dunkle Kugel, unmerklich emporschwebend – und unter ihr an unsichtbaren Fäden hängend, im Glase des Rohres zitternd und schwankend, klein wie ein Gedankenstrich am Himmel – das Schiffchen, ein gebogenes Kartenblatt, das drei Menschenleben trägt und sie noch vor dem Frührote herabschütteln kann, so naturgemäß, wie aus der Wolke daneben ein Morgentropfen fällt.

Kornelia, armes, verblendetes Kind! möge dich Gott retten und schirmen!

Ich mußte das Rohr weglegen; denn es wurde mir immer grauiger, daß ich durchaus die Stricke nicht sehen konnte, mit denen das Schiff am Ballon hing.

Ist nun auch die zweite Tatsache so gewiß wie die erste, dann lebe wohl, du mein Herz, – dann kanntest du und liebest du das schönste, großherzigste, leichtsinnigste Weib!!

Ich mußte doch das Rohr wieder nehmen; aber der Ballon war nicht mehr sichtbar, wahrscheinlich hatte ihn das obere jener Wolkenbänder aufgenommen, gegen dessen Grund seine Zeichnung verschwand. Ich wartete und suchte dann noch lange am Himmel, fand aber nichts mehr.

Mit seltsamen Gefühlen des Unwillens und der Angst legte ich das Fernrohr weg und starrte in die Lüfte, bis endlich eine andere, aber glühende Kugel emporstieg und ihr strahlendes Licht über die große, heitere Stadt ausgoß und auf meine Fenster und auf einen ungeheuren, klaren, heitern, leeren Himmel.

2. Tagstück

Der junge Mann, aus dessen Tagebuche das Vorstehende wörtlich genommen wurde, war ein angehender Künstler, ein Maler, noch nicht völlig zweiundzwanzig Jahre alt, aber seinem Ansehen nach hätte man ihm kaum achtzehn gegeben. Aus einer Fülle blonder Haare, die er noch fast knabenhaft in Locken trug, sah ein unbeschreiblich treuherziges Gesicht heraus, weiß und rot, voll Gesundheit, geziert mit den Erstlingen eines Bartes, den er sehr liebte und der kindisch trotzig auf der Oberlippe saß, – zwei dunkelblaue, schwärmerische Augen unter einer ruhigen Stirn, auf der noch alle Unschuld seiner Kindheit wohnte. Wirklich hatte er auch aus der Einsamkeit des Waldlandes, in dem er erzogen wurde, alle Herzenseinfalt seines Tales und so viel Wissen, als bei seinen Jahren überhaupt möglich ist, in die große, lasterhafte Stadt gebracht.

Und so saß er früh nach jener ihm merkwürdigen Nacht, die er oben beschrieb, auf seiner Dachstube, die nach und nach voll warmen Morgenlichts anquoll, rückgelehnt auf die hohe Lehne eines tuchenen, altmodischen Sessels, des unzählige gelbe Nägel im Frühlichte einen gleißenden Sternenbogen um ihn spannten. Die Hände ruhten in dem Schoße, und die Augen schauten auf die leere Leinwand, die vor ihm auf der Staffelei stand, aber sie sannen nicht auf Bilder, sondern in ihrem tiefen, schwermütigen Feuer stand der Anfang einer Leidenschaft, die düster-selig in dem Herzen anbrannte und trotzig-schön in das kindliche Antlitz trat – auf dem unbeschriebenen Blatte die ersten Lettern der großen Stadt, der Titel, daß nun ein heißes Leben beginne, voll Seligkeit und Unruhe, aber fernabliegend von der friedlichen Insel seiner Kindheit.

Die Liebe ist ein schöner Engel, aber oft ein schöner Todesengel für das gläubige, betrogne Herz!

Sein Nachtgenosse, Hinze, der Kater seiner Mietsfrau, lag auf dem breiten Fenstersimse und schlief in den Strahlen der Morgensonne. Nicht weit davon auf der Zeichnung eines Cherubs lag das Fernrohr. Unten in den Gassen lärmte bereits die Industrie einer großen Hauptstadt, sorgend für den heutigen Hunger und für die heutige Üppigkeit.

Während nun der Künstler so saß in seiner engen Dachstube, die ihm der Himmel endlich ganz mit Sonnengold angefüllt hatte, begab sich anderswo eine andere Szene: hoch am Firmamente in der Einöde unbegrenzter Lüfte schwebte der Ballon und führte sein Schiffchen und die kühnen Menschen darinnen in dem wesenlosen Ozeane mit einem sanften Luftstrome westwärts. Rings ausgestorbene Stille, nur zeitweise unterbrochen durch das zarte Knarren des Taffets, wenn der Ostwind an seinen Wänden strich, oder durch ein kaum hörbares Seufzen in dem seidnen Tauwerk. Drei Menschen, ebenfalls im tiefsten Schweigen, saßen in dem Schiffe, bis ans Kinn in dichte Pelze gehüllt und doppelte grüne Schleier über die Gesichter. Durch einen derselben schimmerten die sanften Umrisse eines schönen, blassen Frauenantlitzes mit großen, geistvollen, zagenden Augen – und somit war auch die zweite Tatsache richtig, welche der nächtliche Beobachter der Auffahrt vermutet hatte. Aber wie sie hier schiffte, war in ihr nicht mehr jene kühne Kornelia zu erkennen, die gleich ihrer römischen Namensschwester erhaben sein wollte über ihr Geschlecht und gleich den heldenmütigen Söhnen derselben den Versuch wagen, ob man nicht die Bande der Unterdrückten sprengen möge, und die an sich wenigstens ein Beispiel aufstellen wollte, daß auch ein Weib sich frei erklären könne von den willkürlichen Grenzen, die der harte Mann seit Jahrtausenden um sie gezogen hatte – frei, ohne doch an Tugend und Weiblichkeit etwas zu verlieren. Sie war nicht mehr, was sie kaum noch vor einer halben Stunde gewesen; denn alles, alles war anders geworden, als sie sich gedacht hatte.

In frühester Morgendämmerung, um jeder unberufenen Beobachtung zu entgehen, ward die Auffahrt veranstaltet, und mit hochgehobenem Herzen stand die schöne Jungfrau dabei, als der Ballon gefüllt wurde, fast nicht bändigend den klopfenden Busen und die ahnungsreiche Erwartung der Dinge, die da kommen sollten. Dennoch war es ein banger Augenblick für die umstehenden Teilnehmer, als der unscheinbare Taffet zu einer riesenhaften Kugel anschwoll und die mächtigen Taue straff spannte, mit denen sie an die Erde gebunden war. Seltsame Instrumente und Vorrichtungen wurden gebracht und in die Fächer des Schiffes geschnallt. Ein schöner, großer Mann – sonst war er sanft, fröhlich und wohlgemut, heute blaß und ernst – ging vielmal um die Maschine herum und prüfte sie stellenweise um ihre Tüchtigkeit. Endlich fragte er die Jungfrau, ob sie auf ihrem Wunsche beharre, und auf das Ja sah er sie mit einem seltsamen Blicke der Bewunderung an und führte sie ehrerbietig in das Schiff, bemerkend, daß er ihr nicht mit Wiederholung der Warnungen lästig sein wolle, die er ihr schon vor vierzehn Tagen gemacht, da sie dieselben ohne Zweifel wohl überlegt haben würde. Er wartete noch einige Minuten, und da keine Antwort erfolgte, so stieg auch er ein, und ein alter Mann war der letzte; sie hielt ihn für einen ergrauten, wissenschaftlichen Famulus.

Alle waren sie nun in Bereitschaft, die Maschine in Ordnung. Einen Blick noch tat Kornelia auf die Bäume des Gartens, die ins Morgengrau vermummt umherstanden und zusahen – dann erscholl aus dem Munde ihres Begleiters der Ruf: „Nun laßt im Namen Gottes den braven Kondor fliegen – löst die Taue!" Es geschah, und von den tausend unsichtbaren Armen der Luft gefaßt und gedrängt, erzitterte der Riesenbau der Kugel und schwankte eine Se-

kunde – dann sachte aufsteigend zog er das Schiffchen los vom mütterlichen
Grunde der Erde, und mit jedem Atemzug an Schnelligkeit gewinnend, schoß
er endlich pfeilschnell senkrecht in den Morgenstrom des Lichts empor, und
im Momente flogen auch auf seine Wölbung und in das Tauwerk die Flammen der Morgensonne, daß Kornelia erschrak und meinte, der ganze Ballon
brenne; denn wie glühende Stäbe schnitten sich die Linien der Schnüre aus
dem indigoblauen Himmel, und seine Rundung flammte wie eine riesenhafte
Sonne. Die zurücktretende Erde war noch ganz schwarz und unentwirrbar,
in Finsternis verrinnend. Weit im Westen auf einer Nebelbank lag der erblassende Mond.

So schwebten sie höher und höher, immer mehr und mehr an Rundsicht
gewinnend. Zwei Herzen und vielleicht auch das dritte, alte, pochten der
Größe des Augenblicks entgegen.

Die Erhabenheit begann nun, allgemach ihre Pergamente auseinanderzu-
rollen – und der Begriff des Raumes fing an, mit seiner Urgewalt zu wirken.
Die Schiffenden stiegen eben einem Archipel von Wolken entgegen, die der
Erde in demselben Augenblicke ihre Morgenrosen sandten, hier oben aber
weiß schimmernde Eisländer waren, in den furchtbar blauen Bächen der Luft
schwimmend und mit Schlünden und Spalten dem Schiffe entgegenstarrend.
Und wie sie näherkamen, regten und rührten sich die Eisländer als weiße,
wallende Nebel. In diesem Augenblicke ging auf der Erde die Sonne auf, und
diese Erde wurde wieder weithin sichtbar. Es war noch das gewohnte Mut-
terantlitz, wie wir es von hohen Bergen sehen, nur lieblich schön errötend
unter dem Strahlennetze der Morgensonne, welche eben auch das Fenster des
Dachstübchens vergoldete, in dem der arme junge Meister saß.

„Wie weit, Koloman?" fragte der Luftschiffer.

„Fast Montblancs Höhe", antwortete der alte Mann, der am andern Ende
des Schiffchens saß, „wohl über vierzehntausend Fuß, Mylord."

„Es ist gut."

Kornelia sah bei dieser Rede behutsam über Bord des Schiffes und tauchte
ihre Blicke senkrecht nieder durch den luftigen Abgrund auf die liebe verlassene, nunmehr schimmernde Erde, ob sie etwa bekannte Stellen entdecken
möge – aber siehe, alles war fremd, und die vertraute Wohnlichkeit derselben
war schon nicht mehr sichtbar, und mithin auch nicht die Fäden, die uns an
ein teures, kleines Fleckchen binden, das wir Heimat nennen. Wie große
Schatten zogen die Wälder gegen den Horizont hinaus – ein wunderliches
Bauwerk von Gebirgen, wie wimmelnde Wogen, ging in die Breite und lief
gegen fahle Flecken ab, wahrscheinlich Gefilde. Nur ein Strom war deutlich
sichtbar, ein dünner, zitternder Silberfaden, wie sie oft im Spätherbst auf
dunkler Heide spinnen. Über dem Ganzen schien ein sonderbar gelbes Licht
zu schweben.

Wie sie ihre Blicke wieder zurückzog, begegnete sie dem ruhigen Auge des Lords, an dem sie sich erholte. Er stellte eben ein Teleskop zurecht und befestigte es.

Dies nun war der Moment, in welchem wir den Ballon trafen, als wir uns aus der Stube des Künstlers entfernten. Er zog, wie wir sagten, mit einem sanften Luftstrome westwärts, ohne weiter zu steigen; denn schon über zwanzig Minuten fiel das Quecksilber in der Röhre gar nicht mehr. Die beiden Männer arbeiteten mit ihren Instrumenten. Kornelia drückte sich tiefer in ihre Gewänder und in die Ecke ihres Sitzes. Die fließende Luft spielte um ihre Locken, und das Fahrzeug wiegte sich. Von ihrem Herzen gab sie sich keine Rechenschaft.

Die Stille wurde nur unterbrochen durch eintönige Laute der Männer, wie der eine diktierte, der andere schrieb. Am Horizonte tauchten jetzt in nebelhafter Ferne ungeheure schimmernde Schneefelder auf, die sich Kornelia nicht enträtseln konnte. „Es ist das Mittelmeer, verehrtes Fräulein", sagte Koloman; „wir wollen hier nur noch einige Luftproben in unsere Fächer schöpfen und die Elektrizität prüfen; dann sollen Sie den Spiegel noch viel schöner sehen, nicht mehr silbern, sondern wie lauter blitzendes Gold."

Währenddessen hatte der junge Luftschiffer eine Phiole mit starkem Kaffee gefüllt, in ungelöschten Kalk gelegt, hatte Wasser auf den Kalk gegossen und so die Flüssigkeit gewärmt; dann goß er etwas Rum dazu und reichte der Jungfrau einen Becher des heißen und erhitzenden Getränkes. Bei der großen Kälte fühlte sie die wohltätige Wirkung augenblicklich wie neues Leben durch ihre Nerven fließen. Auch die Männer tranken. Dann redeten sie leise, und der Jüngere nickte. Hierauf fing der Ältere an, Säcke mit Sand, die im Schiffe standen, über Bord zu leeren. Der Kondor wiegte sich in seinem Bade, und wie mit den prächtigen Schwingen seines Namensgenossen hob er sich langsam und feierlich in den höchsten Äther – und hier nun änderte sich die Szene schnell und überwältigend.

Der erste Blick Kornelias war wieder auf die Erde – diese aber war nicht mehr das wohlbekannte Vaterhaus: in einem fremden, goldnen Rauche lodernd, taumelte sie gleichsam zurück, an ihrer äußersten Stirn das Mittelmeer wie ein schmales, gleißendes Goldband tragend, überschwimmend in unbekannte phantastische Massen. Erschrocken wandte die Jungfrau ihr Auge zurück, als hätte sie ein Ungeheuer erblickt – aber auch um das Schiff herum wallten weithin weiße, dünne, sich dehnende und regende Leichentücher – von der Erde gesehen – Silberschäfchen des Himmels. – Zu diesem Himmel floh nun ihr Blick – aber siehe, er war gar nicht mehr da: das ganze Himmelsgewölbe, die schöne blaue Glocke unserer Erde, war ein ganz schwarzer Abgrund geworden, ohne Maß und Grenze in die Tiefe gehend, – jenes Labsal, das wir unten so gedankenlos genießen, war hier oben völlig verschwunden, die Fülle und Flut des Lichtes auf der schönen Erde. Wie zum Hohne wurden alle Sterne sichtbar – winzige, ohnmächtige Goldpunkte, verloren durch die Öde gestreut – und endlich die Sonne, ein drohendes Gestirn, ohne Wärme, ohne Strahlen, eine scharfgeschnittene Scheibe aus wallendem, blähendem, weißgeschmolzenem Metalle: so glotzte sie mit vernichtendem Glanze aus dem Schlunde – und doch nicht einen Hauch des Lichtes festhaltend in diesen wesenlosen Räumen; nur auf dem Ballon und dem Schiffe starrte ein grelles Licht, die Maschine gespenstig von der umgebenden Nacht abhebend und die Gesichter totenartig zeichnend wie in einer Laterna magica.

Und dennoch – die Phantasie begriff es kaum – dennoch war es unsere zarte, liebe Luft, in der sie schifften – dieselbe Luft, die morgen die Wangen eines Säuglings fächelt. Der Ballon kam, wie der Alte bemerkte, in den obern umgekehrten Passatstrom und mußte mit fürchterlicher Schnelligkeit dahingehen, was das ungemeine Schiefhängen des Schiffes bewies und das gewaltige Rütteln und Zerren an dem Taffet, der dessen ungeachtet keinen stärkern Laut gab als das Wimmern eines Kindes; denn auch das Reich des Klanges war hier oben aus – und wenn das Schiff sich von der Sonne wendete, so war nichts, nichts da als die entsetzlichen Sterne, wie Geister, die bei Tage umgehen.

Jetzt, nach langem Schweigen, taten sich zwei schneebleiche Lippen auf und sagten furchtsam leise: „Mir schwindelt."

Man hörte sie aber nicht.

Sie schlug nun den Pelz dichter um sich, um den schüttelnden Fieberfrost abzuwehren. Die Männer arbeiteten noch Dinge, die sie gar nicht verstand; nur der junge, schöne, furchtbare Mann, däuchte es ihr, schoß zuweilen einen majestätischen Blick in die großartige Finsternis und spielte dichterisch mit Gefahr und Größe – an dem Alten war nicht ein einzig Zeichen eines Affektes bemerkbar.

Nach langer, langer Zeit der Vergessenheit neigte der Jüngling doch sein Angesicht gegen die Jungfrau, um nach ihr zu sehen: sie aber schaute mit stillen, wahnsinnigen Augen um sich, und auf ihren Lippen stand ein Tropfen Blut.

„Koloman", rief der Jüngling, so stark er es hier vermochte, „Koloman, wir müssen niedergehen; die Lady ist sehr unwohl."

Der alte Mann stand auf von den Instrumenten und sah hin, es war ein Blick voll strahlenden Zornes und ein tief entrüstetes Antlitz. Mit überraschend starker Stimme rief er aus: „Ich habe es dir gesagt, Richard, das Weib erträgt den Himmel nicht – die Unternehmung, die so viel kostete, ist nun unvollendet; eine so schöne Fahrt, die einfachste und ruhigste in meinem ganzen Leben, geht umsonst verloren. Wir müssen freilich nieder, das Weib stirbt sonst hier. Lüfte nur die Klappen."

Nach diesen Worten saß er wieder nieder, klammerte sich an ein Tau und zog die Falten seines Mantels zusammen; der Jüngling aber tat einen jähen Zug an einer grünseidenen Schnur – und wie ein Riesenfalke stieß der Kondor hundert Klafter senkrecht nieder in der Luft – und sank dann langsam immer mehr und mehr.

Der Lord hielt die ohnmächtige Kornelia in den Armen.

3. Blumenstück

Ich weiß nicht, wieviel Zeit seit der Luftfahrt vergangen war, – da war es wieder eines Morgens, ehe kaum der Tag graute, daß der junge Künstler wieder auf dem altmodischen Sessel mit den gelben Nägeln saß und wieder auf die gespannte Leinwand schaute: aber diesmal war sie nicht leer, sondern mit einem großen skizzierten Bilde prangend, das bereits ein schwerer Goldrahmen umfing. Wie einer, der heißhungrig nach Taten ist, arbeitete er an dem Bilde, und wer ihn so gesehen hätte, wie er in Selbstvergessenheit die Augen über die gemalte Landschaft strömen ließ, der hätte gemeint, aus ihnen müsse die Wärme und Zärtlichkeit in das Bild geflossen sein, die so unverkennbar und reizend aus demselben traten. Oft ging er einen Schritt zurück, mit klugem Blicke das Ganze prüfend und wägend; dann ward mit leuchtenden Augen die Arbeit fortgesetzt. Es ist ein schöner Anblick, wenn der Engel der Kunst in ein unbewußtes, reizendes Jünglingsantlitz tritt, dasselbe verklärt und es ohne Ahnung des Besitzers so schön und so weit über den Ausdruck des Tages emporhebt. Heller und heller schien die Sonne in das Gemach, und in dieser Stimmung war es, daß ein Diener gegen Mittag ein versiegeltes Blättchen brachte.

Der Jüngling riß es auf. „Gut, ich werde kommen", sagte er, und ein heißes Rot lief auf seine Wangen, der Zeuge eines Gefühls, das er in der tiefsten Falte seines Herzens verborgen wähnte und in letzter Zeit gar unmutig und unwillig niedergekämpft hatte.

Der Diener ging – der Jüngling aber malte nun nicht mehr.

Um zehn Uhr des andern Tages, in feines Schwarz gekleidet, den leichten Hut über den blonden, vorquellenden Locken, ging er aus der Stadt, die langen, lichten Gassen der Vorstadt entlang, bis er zu dem Eingange eines schönen Landhauses gelangte; dort trat er ein, stieg die breite, sommerliche Treppe hinauf und öffnete die Flügeltüren zu einem großen Saale voll Bilder. Hier harrte er und ließ sich melden. Nach einer Zeit tat sich eine Tür gegenüber dem Eingange auf, und eine ältliche Frau trat heraus, die ihm sogleich mit mütterlicher Freude die Hand reichte und sie herzlich drückte.

„Gehen Sie nur hinein", sagte sie, „gehen Sie hinein – Sie werden fast mit Angst erwartet. Ach, Gustav, was habe ich gelitten! – Sie hat es wirklich ausgeführt; dann war sie krank – sie muß fürchterliche Dinge gesehen haben, sie muß sehr weit, sehr weit gewesen sein; denn drei Tage und Nächte dauerte die Rückreise. – Seit sie genesen, ist sie gut und sanft, daß es mir oft wunderbar ins Herz geht; aber sie sagt von jener Sache auch nicht ein leises, leises Wörtchen. Gehen Sie nur hinein."

Der Jüngling hatte mit düsterer Miene zugehört; er schwieg, und die Miene wurde nur noch düsterer.

Er schritt der Türe zu, öffnete sie und verschwand hinter derselben. Das Zimmer, in dem er sich nun befand, war groß und mit dem feinsten Sinne eingerichtet. An einem Fenster desselben, mitten in einem Walde fremder Blumen, saß eine junge Dame. Sie war in einem weißen Atlaskleide, dessen sanfter Glanz sich edel abhob von den dunkelgrünen Blättern der Kamelien.

Sie war aufgestanden, als der junge Mann eintrat, und ging ihm freundlich entgegen. Eine Gestalt über mittlerer Größe, von jener hohen Grazie der Vornehmen, aber auch voll jener höheren der Sitte, die den Menschen so schön macht. Ihr Angesicht war geistvoll, blühend, aber heute blaß. Zwei große schwarze Augen schauten dem Künstler aus der Blässe entgegen und grüßten ihn freundlich.

Er aber sah es nicht, daß ein leises Ding von Demütigung oder Krankheit in ihrem Wesen zittere – sein Herz lag gebannt in der Vergangenheit, sein Auge war gedrückt und trotzend.

Einen Moment war Stille.

„Wir haben uns lange nicht gesehen", sagte sie weich; „ich war auch ein wenig krank."

Er sagte auf ihre Anrede nichts, sondern verbeugte sich nur.

„Sie waren immer wohl?" fragte sie.

„Ich war wohl", antwortete er.

Ein großer, verwundernder Blick flog auf ihn – aber sie sagte nichts, sondern ging gegen die Kamelien, wo eine Staffelei stand, rückte dort etwas, dem kein Rücken not tat: stellte etwas zurechte, das ohnedies recht stand; sah in die grünen Pflanzenblätter, als suche sie etwas – und kam dann wieder zurück. Er stand indessen auf demselben Flecke wie einer, der Befehle erwartet, den Hut in der Hand und seinen Ort nicht um die Breite eines Haares verrükkend.

Die Dame atmete und fragte dann endlich, sich zwingend, noch sanfter: „Dachten Sie wohl auch die Zeit her an uns?"

„Ich dachte oft", sagte er mit unbefangener Stimme, „an Sie und an unsere Studien. Jetzt werden wohl die Farben auf dem Bilde gar zu sehr verdorrt sein."

Nun aber ward sie purpurrot und stieß heiß heraus: „Malen wir."

Das Rot des Antlitzes war im raschen Umwenden ihrer Gestalt nur hinter den Schläfen sichtbar geworden, und den tiefen Unmutsblitz des Auges hatte nur der Spiegel aufgefangen. Es war ganz deutlich, und schon ihr Anzug hatte es gezeigt, daß sie nicht hatte malen wollen: aber wie er nun den Hut abgelegt, an die Staffelei getreten, dort ein Fach geöffnet, Malergeräte herausgenommen und stehend die Farben auf die Palette gestellt – und wie sie allem dem mit großem, schweigendem Auge zugesehen hatte – und wie er ihr die Palette artig reichte: so drückte sie rasch den einen Ärmel ihres Atlasgewandes zusammen, empfing die Palette und setzte sich mit unsäglichem Stolze nieder.

Er stand hinter ihr, auf dem Antlitze nicht einen Hauch von Erregung zeigend.

Das Malen begann. Die ältliche Frau, die Amme der jungen Dame, ging zeitweise ab und zu.

Der junge Mann, als Lehrer, begann mit klarer Stimme kühl und ruhig die Beurteilung des bereits auf der Leinwand Vorhandenen und tat dieses Geschäft lobender und kürzer als sonst; dann gab er den Plan für das, was nun dem Bilde zunächst not tue: er nannte die erforderlichen Töne und die Farben, aus denen sie zu mischen seien.

Sie nahm und mischte.

„Gut", sagte er. Die Töne wurden nun in einem Bogen auf der Palette nebeneinander aufgestellt – das Malen begann, und das Zimmer war totenstill; nur, wie eine Grotte durch fallende Tropfen, so ward es durch die gelegentlichen Worte unterbrochen: „gut – wärmer – tiefer –". Nach und nach tönte auch dies nicht mehr; mit dem langen Stiele des Pinsels zeigte er, was zu verbinden war, was zu trennen; oder er setzte plötzlich ein Lichtchen oder einen Drucker hin, wo es not tat und sie es nicht wagte.

Was er gewollt, hatte er erreicht; aber wer ihn nun gesehen hätte, wie er sein schönes Antlitz hinter ihrem Rücken einsam emporhob, der hätte den leisen, heißen Schmerz bemerkt, der in demselben schwamm – aber sie sah sich nicht um, und sonst waren rings nur die blinden Wände.

Wie so oft der Geist des Zwiespalts zwischen Menschen tritt, anfangs als ein so kleines, wesenloses Ding, daß sie es nicht sehen oder nicht wert halten, es mit einem Hauch des Mundes, mit einer Falte des Gewandes wegzufegen – wie es dann heimlich wächst und endlich als unangreifbarer Riese wolkig, dunkel zwischen ihnen steht: so war es auch hier. Einstens, ja in einem schönen Traume war es ihm gewesen, als zittre auch in ihr der Anfang jenes heißen Wesens, das so dunkel über seiner Seele lag, einstens in einem schönen Traume; aber dann war ihr Stolz wieder da, ihr Freiheitsstreben, ihr Wagen – alles, alles so ganz anders, als ihm sein schüchtern wachsendes, schwellendes Herz sagte, daß es sein solle – so ganz anders, ganz anders, daß er plötzlich knirschend alles hinter sich geworfen und nun dastand wie einer, der verachtet – und wie sie immer fortmalte und auch nicht eine Seitenbewegung ihres Hauptes machte und auch nicht ein Wort sagte: da preßte er die Zähne seines Mundes aufeinander und dachte, er hasse dieses Weib recht inbrünstiglich! – Und wie Stunde um Stunde des Vormittags floß, – wie er ihren Atem hörte und wie doch keine Sekunde etwas anderes brachte als immer dasselbe Bild: – da wurde es schwül im Zimmer, und auf einmal – er wußte nicht warum – trat er an das Fenster und sah hinaus. Es war draußen still wie drinnen; ein traurig blauer Himmel zog über reglose grüne Bäume – der Jüngling meinte, er ringe mit einer Riesenschlange, um sie zu zerdrücken. Plötzlich war es, als höre er hinter sich einen dumpfen Ton, wie wenn etwas niedergelegt würde – er sah um: wirklich waren Palette und Malerstab weggelegt, und die Jungfrau saß im Stuhle zurückgelehnt, die beiden Hände fest vor ihr Antlitz drückend. Einen Moment schaute er auf sie und begann zu beben; – dann ging er leise näher – sie regte sich nicht – dann noch näher – sie regte sich nicht – er hielt den Atem an, er sah auf die schönen Finger, die sich gegen die Blüte des Antlitzes drückten – und da sah er endlich, wie quellend Wasser zwischen ihnen vordrang – mit eins lag er auf seinen Knien vor ihr. Man erzählt von einer fabelhaften Blume der Wüste, die jahrelang ein starres Kraut war, aber in einer Nacht bricht sie in Blüten auf, sie erschrickt und schauert in der eignen Seligkeit – so war's hier: mit Angst suchte er unter ihren Händen empor in ihr Angesicht zu schauen; allein er konnte es nicht sehen, – er suchte sanft den Arm zu fassen, um ihre eine Hand herabzuziehen; allein sie ließ den Arm nicht. Da preßten seine Lippen das heiße Wort heraus: „Liebe, teure Kornelia!"

Sie drückte ihre Hände nur noch fester gegen das Gesicht, und nur noch heißer und nur noch reichlicher flossen die Tränen hervor.

Ihm aber – – wie war ihm denn? Angst des Todes war es über diese Tränen, und dennoch rollte jede wie eine Perle jauchzenden Entzückens über sein Herz – – wo ist die Schlange am Fenster hin? wo der drückende blaue Himmel? – Ein lachendes Gewölbe sprang über die Welt, und die grünen Bäume wiegten ein Meer von Glanz und Schimmer!

Er hatte noch immer ihren Arm gefaßt, aber er suchte nicht mehr ihn herabzuziehen – sie ward ruhiger – endlich stille. Ohne das Antlitz zu enthüllen, sagte sie leise: „Sie haben mir einst über mein den Männern nachgebildetes Leben ein Freundeswort gesagt...‟

„Lassen wir das‟, unterbrach er sie, „es war Torheit, Anmaßung von mir...‟

„Nein, nein‟, sagte sie, „ich muß reden, ich muß Ihnen sagen, daß es anders werden wird – – ach, ich bin doch nur ein armes, schwaches Weib, wie schwach, wie arm selbst gegen jenen greisen, hinfälligen Mann – – sie erträgt den Himmel nicht!‟

Hier stockte sie, und wieder wollten Tränen kommen. Der Jüngling zog nun ihre Hände herab; sie folgte, aber der erste Blick, den sie auf ihn tat, machte sie erschrecken, daß plötzlich die Tränen stockten. Wie war er verwandelt! Aus den Locken des Knaben schaute ein gespanntes, ernstes Männerantlitz empor, schimmernd in dem fremden Glanze des tiefsten Fühlens; – aber auch sie war anders: in den stolzen, dunklen Sonnen lag ein Blick der tiefsten Demut, und diese demütigen Sonnen hafteten beide auf ihm und so weich, so liebreich wie nie – – hingegeben, hilflos, willenlos – sie sahen sich sprachlos an – die heiße Lohe des Gefühles wehte – das Herz war ohnmächtig – ein leises Ansichziehen – ein sanftes Folgen – und die Lippen schmolzen heiß zusammen, nur noch ein unbestimmter Laut der Stimme – und der seligste Augenblick zweier Menschenleben war gekommen und – vorüber.

Der Kranz aus Gold und Ebenholz um ihre Häupter hatte sich gelöset, der Funke war gesprungen, und sie beugten sich auseinander – aber die Häupter blickten sich nun nicht an, sondern sahen zur Erde und waren stumm.

Nach langer, langer Pause wagte der Jüngling zuerst ein Wort und sagte gedämpft: „Kornelia, was soll nun dieser Augenblick bedeuten?‟

„Das Höchste, was er kann‟, erwiderte sie stolz und leise.

„Wohl, er ist das Schönste, was mir Gott in meinem Leben vorgezeichnet‟, sagte er, „aber hinter der großen Seligkeit ist mir jetzt, als stände ein großer, langer Schmerz – Kornelia – wie werde ich diesen Augenblick vergessen lernen?!‟

„Um Gott nicht‟, sagte sie erschrocken, „Gustav, lieber, einziger Freund, den allein ich auf dieser weiten Erde hatte, als ich mich verblendet über mein Geschlecht erheben wollte – wir wollen ihn auch nicht vergessen; ich müßte mich hassen, wenn ich es je könnte. – Und auch Sie, bewahren Sie mir in Liebe und Wahrheit Ihr großes, schönes Herz.‟

Er schlug nun plötzlich die Augen zu ihr auf, erhob sich von dem Sitze, trat vor sie, ordentlich höher geworden, wie ein starker Mann, und rief: „Vielleicht ist dieses Herz reicher, als ich selber weiß; eben kommt ihm ein Entschluß, der mich selber überrascht, aber er ist gut: meine vorgenommene Reise trete ich sogleich und zwar morgen schon an. – Ich kann noch an das neue Glück nicht glauben – ist es etwa nur ein Moment, ein Blitz, in dem zwei Herzen sich begegneten, und ist es dann wieder Nacht? Laß uns nun sehen, was diese Herzen sind. Verloren kann diese Minute nie sein, aber was sie bringen wird!? Sie bringe, was sie muß und kann – und so gewiß eine Sonne draußen steht, so gewiß wird sie eines Tages die Frucht der heutigen Blume beleuchten, sie sei so oder so – – – ich weiß nur eines, daß draußen eine andere Welt ist, andere Bäume, andere Lüfte – und ich ein anderer Mensch. O Kornelia, hilf mir's sagen, welch ein wundervoller Sternenhimmel in meinem Herzen ist, so selig, leuchtend, glänzend, als sollt' ich ihn in Schöpfungen ausströmen, so groß als das Universum selbst, – aber ach, ich kann es nicht, ich kann ja nicht einmal sagen, wie grenzenlos, wie unaussprechlich und wie ewig ich Sie liebe und lieben will, solange nur eine Faser dieses Herzens halten mag."

Kornelia war im höchsten Grade erstaunt über den Jüngling und seine Sprache. – Sie war mit ihm in gleichem Alter, aber sie war eine aufgeblühte, volle Blume, er konnte zuzeiten fast noch ein Knabe heißen. – Bewußt oder unbewußt hatte sie die Liebe vorzeitig aus ihm gelockt – in einer Minute war er ein Mann geworden; er wurde vor ihren Augen immer schöner, wie Seele und Liebe in sein Gesicht trat, und sie sah ihn mit Entzücken an, wie er vor ihr stand, so schön, so kräftig, schimmernd schon von künftigem Geistesleben und künftiger Geistesgröße, und doch unschuldig wie ein Knabe und unbewußt der göttlichen Flamme Genie, die um seine Scheitel spielte.

Seele kann nur Seele lieben, und Genie nur Genie entzünden.

Kornelia war nun auch aufgestanden, sie hatte ihre schönen Augen zu ihm emporgeschlagen, und alles, was je gut und edel und schön war in ihrem Leben, die unbegrenzte Fülle eines guten Herzens lag in ihrem Lächeln, und sie wußte es nicht und meinte zu arm zu sein, um dieses Herz lohnen zu können, das sich da vor ihr entfaltete. Er aber versprach sich in diesem Momente innerlich, daß er ringen wolle, solange ein Hauch des Lebens in ihm sei, bis er geistesgroß und tatengroß vor allen Menschen der Welt dastehe, um ihr nur vergelten zu können, daß sie ihr herrlich Leben an ihn hingebe für kein anderes Pfand als für sein Herz.

Sie waren mittlerweile an das Fenster getreten, und so sehr jedes innerlich sprach, so stumm und so befangener wurden sie äußerlich.

Es ist seltsam, wie das Gemüt in seiner Unschuld ist: wenn der erste Wonnesturz der ersten Liebe auf dasselbe fällt und nun vorüber ist, – so ist der erste Eindruck der, zu fliehen, selbst vor der Geliebten zu fliehen, um die stumme Übermacht ins Einsame zu tragen.

So standen auch die beiden an dem Fenster, so nahe aneinander und doch so fern. Da trat die Amme ein und gab beide sich selbst wieder. Er vermochte es, von seiner Reise und von seinen Plänen zu sprechen, und als die Amme sagte, er möge doch auch schreiben und die Gebirge und Wälder und Quellen so schön beschreiben, wie er oft auf Spaziergängen getan habe, – da streifte sein Blick scheu auf Kornelia, und er sah, wie sie errötete.

Als endlich die Amme wieder abgerufen wurde, nahm auch er sachte seinen Hut und sagte: „Kornelia, leben Sie wohl!"

„Reisen Sie recht glücklich", antwortete sie und setzte hinzu: „Schreiben Sie einmal."

Sie hatte nicht mehr den Mut, nur noch mit einem Worte die vergangene Szene zu berühren. Sie getraute sich nicht zu bitten, daß er die Reise aufschiebe, und er nicht zu sagen, daß er lieber hier bliebe, und so gingen sie auseinander, nur daß er unter der Tür noch einmal umblickte und die liebe, teure Gestalt schamvoll neben den Blumen stehen sah.

Als er aber draußen war, eilte sie rasch vor ihr Marienbild, sank vor demselben auf die Knie und sagte: „Mutter der Gnaden, Mutter der Waisen, höre mein Gelübde: ein demütig schlechtes Blümchen will ich hinfort sein und bleiben, das er mit Freuden an sein schönes Künstlerherz stecke, damit er dann wisse, wie unsäglich ich ihn liebe und ewig lieben werde."

Und wieder flossen ihre Tränen, aber es waren linde, warme und selige.

So trennten sich zum erstenmal zwei Menschen, die sich gefunden. Wer weiß es, was die Zukunft bringen wird? Beide sind sie unschuldige, überraschte Herzen, beider glühendster, einzigster Entschluß ist es, das Äußerste zu wagen, um nur einander wert zu sein, um nur sich zu besitzen, immerfort in Ewigkeit und Ewigkeit.

Ach, ihr Armen, kennt ihr denn die Herrlichkeit, und kennt ihr denn die Tücke des menschlichen Herzens?

4. Fruchtstück

Manches Jahr war seit dem Obigen verflossen, allein es liegt nichts davon vor. – Welch ein Glühen, welch ein Kämpfen zwischen beiden war, wer weiß es? Nur ein ganz kleines Bild aus späterer Zeit ist noch da, welches ich gerne gebe.

Vor einigen Jahren war ich in Paris und hörte einmal zufällig beim Restaurateur einem heftigen Streite zu, der sich über den Vorzug zweier Bilder erhob, die eben auf der Ausstellung waren. Wie es zu gehen pflegt, einer pries das erste, der andere das zweite, aber darin waren alle einig, daß die neue Zeit nichts dem Ähnliches gesehen habe, und was die ganze Welt nur noch mehr reizte, war, daß kein Mensch wußte, von wem die Bilder seien.

„Ich kenne den Künstler", rief ein langer Herr, „es ist derselbe blasse Mann, der vorigen Sommer so oft auf dem Turme von Notre-Dame war und so viel schwieg. Er soll jetzt in Südamerika sein."

„Das Bild ist von Mousard", sagte ein anderer, „er will nur die Welt äffen."

„Ja, das malt einmal Mousard", schrie ein dritter, „die Gemälde sind darum mit einem falschen Namen versehen, sage ich, weil sie von einer hohen Hand sind."

Einige lachten, andere schrien, und so ging es fort, ich aber begab mich vom Restaurateur auf den Salon, um diese gepriesenen Stücke zu sehen. Ich fand sie leicht, und in der Tat, sie machten mich ebenso betroffen wie die andern, die neben mir standen. Es waren zwei Mondbilder – nein, keine Mondbilder, sondern wirkliche Mondnächte, aber so dichterisch, so gehaucht, so trunken, wie ich nie solche gesehen. Immer stand eine gedrängte Gruppe davor, und es war merkwürdig, wie selbst dem Munde der untersten Klassen ein Ruf des Entzückens entfuhr, wenn sie dieselben erblickten und von dieser Natur getroffen wurden. Das erste war eine große Stadt von oben gesehen, mit einem Gewimmel von Häusern, Türmen, Kathedralen, im Mondlicht schwimmend – das zweite eine Flußpartie in einer schwülen, elektrischen, wolkigen Sommermondnacht.

‚Gustav R... aus Deutschland' stand im Kataloge, und man kann denken, welche Reihe von Erinnerungen plötzlich in mir aufzuckten, als ich ‚Gustav' las – ich kannte nun den Künstler sehr wohl. – Also auf diese Weise, dachte ich, ist dein Herz in Erfüllung gegangen und hat sich deine Liebe entfaltet! Armer, getäuschter Mann! – Auch das werden unsere Leser verstehen, was sich damals ganz Paris als eine Seltsamkeit und Künstlerlaune erzählte, daß nämlich auf jedem Bilde eine Katze vorkomme – der ehrliche, gute Hinze.

Ich blieb fast bis zum Schlusse und sah nun auch die andern Bilder an. Als ich auf meinem Rückwege durch die Säle wieder an den zwei Gemälden vorüberkam, bemerkte ich, wie ein Galeriediener einer Dame, die davorstand, bedeutete, daß sie gehen müsse, weil geschlossen werde. Die Dame zögerte noch einen Moment, dann löste sie ihr Auge von den Gemälden und wandte sich zum Gehen – nie wurde ich von zwei schöneren Augen getroffen – sie ließ den Schleier überfallen und ging davon.

Ich konnte damals nicht ahnen, wer sie war, und erst heute, nach einer Reihe von Jahren vermag ich zu berichten, daß die Dame nach jenem Besuche in dem Salon nach ihrem Hause in der Straße St. Honoré fuhr, daß sie dort in ihrem Schlafgemache die Fenstervorhänge niederließ, die Hände über ihrem Haupte zusammenschlug und dann ihr Angesicht tief in die Kissen des Sofas drückte. Wie zuckte in ihrem Gehirne all das leise Flimmern und Leuchten dieser unschuldigen, keuschen Bilder, gleichsam leise, leise Vorwürfe einer Seele, die da schweigt, aber mit Lichtstrahlen redet, die tiefer dringen, die immer da sind, immer leuchten und nie verklingen wie der Ton!

Paris wußte es nicht, als jenes Tages seine gefeiertste Schönheit in keinem der Zirkel erschien, die Schönheit, welche tausend Herzen entzündete und mit tausenden spielte – Paris wußte es nicht, daß sie zu Hause in ihrem verdunkelten Zimmer sitze und hilflos siedende Tränen über ihre Wangen rollen lasse, Tränen, die ihr fast das lechzende Herz zerdrücken wollten; – aber es war vergebens, vergebens! Gelassen und kalt stand die Macht des Geschehenen vor ihrer Seele und war nie und nimmermehr zu beugen – und fern, fern von ihr, in den Urgebirgen der Kordilleren, wandelte ein unbekannter, starker, verachtender Mensch, um dort neue Himmel für sein wallendes, schaffendes, dürstendes, schuldlos gebliebenes Herz zu suchen.

Anmerkungen zu dem Kondor

Es wurde im zweiten Kapitel gesagt, daß den Luftschiffern die Erde in goldnem Rauche erschien, daß die Sterne sichtbar wurden und daß der beleuchtete Ballon in schwarzem, finsterm Raume hing.

Für Nichtphysiker diene folgende kleine Erklärung:

1. Da das von der beleuchteten Erde allseitig in die Luft geworfene Licht blau reflektiert wird, so ist das hinausgehende (nach der Optik) das komplementäre Orange, daher die Erde, von außen gesehen, golden erscheint wie die andern Sterne.

2. Das Licht selbst ist nicht sichtbar, sondern nur die von ihm getroffenen Flächen, daher der gegenstandslose Raum schwarz ist. Das Licht ist nur auf den Welten, nicht zwischen denselben erkennbar. Wäre unsere Erde von keiner Luft umgeben, so stände die Sonne als scharfe Scheibe in völligem Schwarz.

3. Daß wir am Tage keine Sterne sehen, rührt von dem Lichtglanze, den alle Objekte ins Auge senden; wo dieser abgehalten wird, wie z. B. in tiefen Brunnen, erscheinen uns auch die Sterne am Tage.

Theodor Storm

Draußen im Heidedorf

Es war an einem Herbstabend; ich hatte in der Amtsvogtei ein paar am Mittage eingebrachte Holzfrevler vernommen und ging nun langsam meinem Hause zu. Die Gaserleuchtung war derzeit für unsere Stadt noch nicht erfunden; nur die kleinen Handlaternen wankten wie Irrlichter durch die dunklen Gassen. Einer dieser Scheine aber blieb unverrückt an derselben Stelle und zog dadurch meine müßigen Augen auf sich.

Als ich näher gekommen war, sah ich vor dem Wirtshause, wo damals die nach Ost belegenen Dörfer ihr Anfahrt hatten, noch einen angeschirrten Bauerwagen halten; der alte Hausknecht stand mit der Stalleuchte daneben, während die Leute sich zur Abfahrt rüsteten.

„Macht fertig, Hinrich!" sprach es vom Wagen herab; „Ihr habt nun genug gealbert! Carsten Krügers und Carsten Deckers Frau warten alle beid auf ihre Stunde; es läßt mir nicht Ruh mehr."

Die etwas ältliche Stimme kam von einer breiten, anscheinend weiblichen Person, welche, in Tücher und Mäntel eingemummt, unbeweglich auf dem zweiten Wagenstuhle saß.

Ich war unwillkürlich an der Ecke der hier abgehenden Querstraße stehengeblieben. Wenn man stundenlang gearbeitet hat, so sieht man gern einmal die anderen Menschen eine Szene vor sich abspielen, und der Knecht hielt die Leuchte hoch genug, daß ich alles bequem betrachten konnte.

Neben einer jugendlichen Frauengestalt, deren Wuchs sich auffallend von der gedrungenen Statur unserer gewöhnlichen Landmädchen unterschied, stand ein junger Bauer, dessen blondes krauses Haar unter der Tuchmütze hervorquoll; in der einen Hand hielt er Zügel und Peitsche, mit der anderen

hatte er die Lehne eines hölzernen Stuhles gefaßt, der zum Auftritt an den Wagen gerückt war. Es lag etwas Brütendes in dem Gesichte des jungen Menschen; der breite Stirnknochen trat so weit vor, daß er die Augen fast verdeckte, – „Komm, Margret, steig nun auf!" sagte er, indem er nach der Hand des Mädchens haschte.

Aber sie stieß ihn zurück. „Ich brauch dich nicht!" rief sie. „Paß du nur deine Braunen!"

„So laß doch die Narrensspossen, Margret!"

Auf diese mit kaum verhehlter Ungeduld gesprochenen Worte wandte sie den Kopf. Bei dem Schein der Leuchte sah ich nur den unteren Teil des Gesichtes; aber diese weichen, blassen Wangen waren schwerlich jemals dem Wetter der ländlichen Saat- und Erntezeit preisgegeben gewesen; was mir besonders auffiel, waren die weißen spitzen Zähne, die jetzt von den lächelnden Lippen bloßgelegt wurden.

Sie hatte dem jungen Menschen auf seine letzten Worte nichts erwidert; aber nach der Haltung des Kopfes konnte ich annehmen, daß ihre Augen jetzt die Antwort gaben. Zugleich trat sie leis mit einem Fuße auf den Holzstuhl, und als er sie nun umfaßte, ließ sie sich weich an seine Schulter sinken, und ich bemerkte, wie ihre Wangen eine Weile aneinander ruhten. Ich sah aber auch, wie er sie nach dem vorderen Wagensitze hinzudrängen suchte; allein sie entschlüpfte ihm und hatte sich im Augenblick auf dem zweiten Stuhl neben der dicken Frau zurechtgesetzt, die jetzt wieder ein „Mach fertig, Hinrich, mach fertig!" aus ihren Tüchern herausrief.

Der junge Bauer blieb noch wie unentschlossen an dem Wagen stehen. Dann zupfte er dem Mädchen an den Kleidern. „Margret!" stieß er dumpf hervor, „setz dich nach vorne, Margret!" „Viel Dank, Hinrich!" erwiderte sie laut; „ich sitz hier gut genug."

Der junge Mensch riß heftiger an ihren Kleidern. „Ich fahr nicht ab, Margret, wenn du nicht bei mir sitzen willst!"

Jetzt bog sie sich über den Rand des Sitzes zu ihm herab; ich sah ein Paar dunkle Augen in dem blassen Antlitz blitzen, und die weißen Zähne wurden wieder sichtbar zwischen den üppigen Lippen. „Willst du dich schicken, Hinrich!" sprach sie leise, fast wie mit verheißender Zärtlichkeit, „oder sollen wir ein andermal mit Hans Ottsen zur Stadt fahren? Er hat mich oft genug darum geplagt."

Der junge Mann murmelte etwas, das ich nicht verstand; dann sprang er ungestüm zwischen die Pferde durch auf den vorderen Wagensitz, knallte ingrimmig mit der Peitsche und riß in die Zügel, daß die Braunen sich steil in die Höhe bäumten. Und gleich darauf, unter dem Aufschrei der Frauen, rasselte das Gefährt in die Nacht hinaus, daß der Holzstuhl, vom Rade getroffen, zertrümmert auf das Pflaster stürzte und der alte Hausknecht mit einem „Gott bewahr uns in Gnaden" zurücktaumelte und dann scheltend mit seiner Leuchte durch die Haustür verschwand.

Wie ein Schattenspiel war alles vorüber; und nachdenklich setzte ich meinen Weg nach Hause fort.

Etwa ein halbes Jahr danach wurde in der Amtsvogtei der Tod des Eingesessenen Hinrich Fehse zur Anzeige gebracht, der in einem der Ostdörfer eine große, aber, wie mir bekannt war, stark verschuldete Bauernstelle besaß. Da er außer seiner Witwe und einem mündigen Sohne gleichen Namens zwei unmündige Kinder hinterließ, so mußte die Masse in gerichtliche Behandlung genommen werden. Zum Vormunde der Unmündigen wurde, in Ermangelung naher Verwandter, auf den Wunsch der Witwe der frühere Küster des Dorfes bestellt; ein Mann, der während seiner Amtsführung sich weniger um die ihm anvertraute Jugend, als um seinen schon derzeit nicht geringen Landbetrieb bekümmert hatte, seit Niederlegung des Amtes aber seinen einstigen Schülern um so mehr in allen Vorkommnissen des Lebens mit seinem oft nur allzu weltklugen Rat zur Seite stand.

Als ich am Tage der Erbregulierung in die Gerichtsstube trat, fand ich den gewichtigen Mann schon in eifriger Durchsicht der Dokumente neben dem Pult des Bevollmächtigten sitzen. Nachdem er mich durch seine runden Brillengläser erkannt hatt, strich er bedächtig die Seitenhärchen über seinen kahlen Scheitel und stand dann auf, um mich mit der ihm eigenen Würde zu begrüßen. Zugleich wies er auf einen jungen Menschen, der sich bei meinem Eintritt gleichfalls von einem Stuhl erhoben hatte, und sagte: „Das hier, Herr Amtsvogt, ist Hinrich Fehse, der älteste Sohn des Verstorbenen."

Mir war in diesem Augenblick, als sei ich diesem eckigen Kopfe schon sonst einmal begegnet; nur über das Wie und Wo konnte ich nicht ins reine kommen. Aber wohl niemals hatte ich auf einem jugendlichen Antlitz einen solchen Ausdruck gleichgültiger Verdrossenheit gesehen: die grauen tiefliegenden Augen schienen es kaum der Mühe wert zu halten, die Wimpern zu mir aufzuheben.

Drüben an der Wand saß eine alte Bäuerin mit harten Zügen und dunklen Augenbrauen, das graue Haar unter das schwarze Käppchen zurückgestrichen, sie saß unbeweglich und hielt ihre Hände mit dem Sacktuch auf der blaugedruckten Leinwandschürze. Das war die Witwe des verstorbenen Hufners Hinrich Fehse.

Es war mir darum zu tun, die etwas verwickelte Angelegenheit zunächst mit dem Küster allein zu besprechen, und ich trat deshalb mit ihm in mein nebenan liegendes Arbeitszimmer.

„Die Stelle wird sich schwerlich für die Familie halten lassen", sagte ich, zugleich das Inventurprotokoll der Masse vor ihm aufschlagend: „wir werden leider zum Verkauf genötigt sein."

Der Küster sah mich mit seinen runden Augen an. „Da bin ich nicht der Meinung!" sagte er dann im gewichtigen Schulton.

Ich wies auf die lange Reihe der im Protokoll verzeichneten Schulden. „Wenn das Altenteil der Witwe noch dazukommt, so wird dem Annehmer der Stelle nicht genug bleiben, um auch noch die Erbteile der Geschwister auszukehren."

„Das allerdings nicht!" Und der würdevolle Mann klemmte die fleischigen Lippen ein und blickte auf mich mit einer Sicherheit, als ob er das Gegenmittel schon fix und fertig in der Tasche hätte.

„Und trotz dessen", fragte ich wieder, „wollen Sie ihn die große Hufe übernehmen lassen?"

„Das wäre so meine Meinung!"

„Und das Geld, woher wollen Sie das bekommen?"

„Dafür müßte freilich schon gesorgt sein!" Und er nannte die Tochter eines wohlhabenden Hufners aus demselben Dorfe. „Gestern", fuhr er fort, „haben wir bereits die Verlobung gefeiert, und die Fehsesche Stelle kann nun von den beiden jungen Leuten gemeinschaftlich übernommen werden."

Der Küster legte die Hände auf den Rücken und erwartete gehobenen Hauptes den Ausdruck meiner Bewunderung. Mir aber war es unter dieser Eröffnung plötzlich klar geworden, wo ich dem jungen Hinrich Fehse schon begegnet sei. Ich sah ihn wieder neben jenem gefährlichen Mädchen am Wagen stehen und hörte ihn sein düsteres „Margret, Margret!" ausstoßen. – „Mir ist", sagte ich endlich, „als hätte ich Ihren Bräutigam schon auf anderen Wegen getroffen! Hat etwa die Hebamme Ihres Dorfes eine besonders hübsche Tochter?"

„Also das wissen Herr Amtsvogt auch schon!" erwiderte etwas überrascht der Küster. „Nun, wir haben das Mädchen sechs Meilen weit in die Stadt als Nähjungfer vermietet, und morgen geht sie dahin ab. Mit solider Bauernarbeit hat die Mamsell sich doch ihr Lebtag nicht befassen mögen."

Ich mußte lachen. „Und wie haben Sie denn das nur wieder fertiggebracht?"

Das selbstzufriedene Lächeln im Gesichte des Küsters zuckte so tief, als es die starken Wangen zuließen. „Mit Erlaubnis, Herr Amtsvogt, für Geld kann man den Teufel tanzen lassen, warum denn nicht ein altes Weib!"

„In der Tat, Sie haben mehr als recht; und die Tochter der Hebamme ist voraussichtlich ohne Mittel?"

„Mit dem glatten Gesicht, Herr Amtsvogt, konnte uns nicht gedient sein, und sonst ist nichts da, was sie hätte in die Wirtschaft bringen können. Überdies", und er stimmte seinen Ton zu vertraulichem Flüstern, „ihr Großvater war ein Slowak von der Donau und, Gott weiß wie, bei uns hängengeblieben; dazu die alte Hebamme mit ihrem Kartenlegen und Geschwulstbesprechen, womit sie den Dummen die Schillinge aus der Tasche lockt – das hätte übel gepaßt in eine alte Bauernfamilie!"

„Und hat sich denn Ihr Hinrich so leicht von jenem Mädchen trennen lassen?" fragte ich noch einmal.

Der Küster setzte seinen weltklugen Kopf in Positur. „Wenn ich es geradheraus sagen soll", erwiderte er ausweichend, „es war noch ganz die Frage,

ob die Dirne ihn genommen hätte; da sind noch andere, die sie hinter sich
herzieht und die schwerer ins Gewicht fallen. Die junge Frau aber wird nicht
mit ihm betrogen, denn das muß ihm jeder lassen, ein Bauer ist er aus dem
Fundament!"

Unsere Unterredung war zu Ende. Von Gerichts wegen war gegen den ge-
machten Vorschlag nichts einzuwenden; im Gegenteil, alle Schwierigkeiten
wurden dadurch wie von selbst gelöst.

Als wir wieder in die Gerichtsstube traten, hatte sich dort inzwischen auch
die Braut mit ihrem Vater eingefunden. Sie mußte fast um zehn Jahre älter
sein, als der ihr bestimmte Bräutigam; das Gesicht war wohlgeformt, aber
reizlos, wie es bei denen zu sein pflegt, die schon mit ihrer Kinderseele um
den Erwerb gerechnet haben; das fahlblonde Haar zeigte deutlich, daß es un-
geschützt allem Wetter und Sonnenbrand ausgesetzt wurde. Ihr gegenüber
an der anderen Wand saß jetzt der Bräutigam; den Kopf gesenkt, die Hände
zwischen den gespreizten Beinen vor sich hin gefaltet. – Bei den nun folgenden Verhandlungen zeigte er sich mit allem einverstanden; ein dürftiges „Ja"
oder „Nein" oder „Das muß ja denn wohl sein", war indessen alles, womit
er diese Zustimmung ausdrückte; dabei fuhr er mit dem Rücken der Hand
ein paarmal über seine Stirn, als wenn es dort etwas fortzuwischen gäbe. Endlich, als mit sämtlichen Beteiligten alles besprochen und das Vereinbarte zu
Papier gebracht war, erfolgte, wie Rechtens, die Unterschrift des Protokolls.

Auch Hinrich Fehse, als an ihn die Reihe kam, trat an das Pult des Bevollmächtigten und malte in steilen, widerhaarigen Buchstaben seinen Vornamen
unter die Verhandlung; dann aber setzte er mit einem tiefen Atemzug die Feder ab und starrte unbeweglich vor sich hin. Vor seinem inneren Auge mochte
jetzt ein üppiger Mädchenkopf erscheinen; vielleicht flog gar der erschütternde Gedanke durch sein Gehirn, den Bann des alten bäuerlichen Herkommens zu durchbrechen. Aber der Küster, der ihn während der ganzen Verhandlung nicht aus den Augen gelassen hatte, trat jetzt, die Hände in den
Taschen, zu ihm heran und sagte ruhig: „Bloß deinen Namen, Hinrich; bloß
deinen Namen!"

Und Hinrich, wie von der eisernen Notwendigkeit am Draht gezogen,
malte nun auch sein „Fehse" in denselben steilen Zügen noch dahinter.

„Actum ut supra" und Sand darauf; die Sache war erledigt. Hinrich Fehse
verließ das Gericht als ein gemachter Mann; mit der Frau hatte er das Be-
triebskapital für die Hufe in Händen; wenn er als Bauer seine Schuldigkeit
tat, so konnte es ihm nicht fehlen. – Und bald auch hörte ich, daß die Hochzeit mit allem Pompe bäuerlichen Herkommens gefeiert worden sei.

Der Eindruck, den diese Vorgänge mir gemacht hatten, war allmählich
verblaßt. Anfänglich hatte ich wohl darauf geachtet, wenn an Markttagen der

junge Bauer mit seiner Frau an mir vorüberfuhr; von der letzteren hatte ich dann auch wohl ein Kopfnicken bekommen, während er selbst, ohne sich umzuwenden, auf seine Pferde peitschte. Dann, geraume Zeit nachher, da es schon spät am Abend war, hatte ich ihn einmal in dem erleuchteten Hausflur jenes Wirtshauses an der Ecke gesehen; es war mir auch damals wohl durch den Kopf gegangen: „Was hat denn der wieder so spät in der Stadt zu tun!" Weitere Gedanken hatte ich mir darüber nicht gemacht. Da – es war wieder einmal Herbst geworden, der November stand schon vor der Tür – ging ich bei der Rückkehr von einer Morgenwanderung durch die Neustadt, wo eben Pferdemarkt gehalten wurde. Die edlen Tiere standen wie gewöhnlich zu beiden Seiten der Straße vor den Häusern angebunden, und ich drängte mich eben durch einen Haufen von Käufern und Verkäufern und vergnügter Stadtjugend, als mir von einem Hause ein lautes Rufen und Händeschlagen entgegenschallte. Im Näherkommen erkannte ich Hinrich Fehse, der mit einem jütischen Bauern in eifrigem Handeln begriffen war. Den Gegenstand, wie mir bald klar wurde, bildeten zwei höchst elend aussehende Pferde, die mit gesenktem Kopf danebenstanden, indes der Jüte den Schweif des einen Tieres lobpreisend zur Seite riß.

„Ja, ja", sagte der andere, ohne auch nur hinzusehen; „die Schindmähren sind just gut genug."

„Hundertunddreißig für die beide!" rief der Jüte wieder.

Aber Hinrich zog seine Hand zurück. „Hundertundzwanzig", sagte er düster; „keinen Schilling mehr."

Und klatschend fielen die Hände ineinander. Hinrich Fehse schnallte seine lederne Geldkatze los, zahlte dem anderen die harten Taler in die Hand und rüstete sich dann, die erhandelten Tiere von dem Rickwerk loszubinden.

Im Weitergehen, wo ich über den Eindruck des Gesehenen zum deutlicheren Bewußtsein kam, wollte mich bedünken, als ob der junge Bauer seit unserer letzten Begegnung, wie man bei uns sagt, bös verspielt habe. Das Gesicht war scharf und mager geworden und die ohnehin kleinen Augen waren unter der vortretenden Stirn fast verschwunden; überhaupt, der an sich gewöhnliche Vorgang hatte mir jetzt etwas Auffallendes, so daß ich nicht umhin konnte, mich später beim Eintritt in die Gerichtsstube gegen meinen landkundigen Bevollmächtigten darüber auszusprechen.

Der alte Aktenmann machte vom Pultbock herab seine bedenklichste Handbewegung.

„So", sagte ich; „die Sachen stehen also schlecht?"

„Gar nicht stehen sie!" erwiderte er. „Seit einem halben Jahr ist die Margret wieder im Dorf, und seitdem sitzt auch der Fehse fast alle Abend bei den Hebammenleuten; sogar in die Stadt ist er ihr nachgelaufen, als sie um Pfingsten in der Anfahrt hier zu nähen saß. Und dabei verkauft er, was los und fest ist, Futter und Saatroggen, so daß zum Winter wohl die leeren Scheunen nachbleiben werden; heut haben nun sogar die schönen braunen Wallachen daran glauben müssen – wissen, Herr Amtsvogt, die im Inventar zu fünfhundert Taler taxiert waren – und statt dessen hat er sich die jütschen Kracken eingehandelt. Dafür aber promeniert draußen im Dorf das Hebammenfräulein in seidenen Jacken und goldenen Vorstecknadeln; mag auch wohl manche Tonne Fehseschen Hafers an ihrem Leibe tragen!" Und der Alte nahm eine große Prise.

„Am Ende auch noch die beiden Wallachen, Brüttner!"

Der kleine graue Mann steckte die Feder hinters Ohr und segelte auf seinem Drehbock vollends zu mir herum. „Nun", sagte er schmunzelnd, „wohin der Überschuß seinen Weg nimmt, das wäre wohl nicht schwer zu raten!"

„Und woher wissen Sie das alles so genau?"

Brüttner wollte eben antworten, als der Amtsdiener in die Stube trat: „Der Herr Küster ließen grüßen, heut könne er nicht wieder vorbeikommen, aber nächsten Donnerstag; und da wollte er die beiden Fehseschen Weiber gleich mit aufs Amt bringen."

„Also der Küster ist hier gewesen?" fragte ich.

„Hm, freilich", versetzte Brüttner; „und er meinte, nach den letzten Passagen wär's doch am besten, wenn die Frauen den Fehse unter Kuratel stellen ließen; er würde dem Herrn Amtsvogt schon alles auseinandersetzen."

Bevor jedoch der Küster diesen kühnen Plan in Angriff nehmen konnte, wurde mir – es war an einem Mittwoch – von dem Bauernvogt des Dorfes die schriftliche Anzeige gemacht, daß der Eingesessene Hinrich Fehse seit letztem Sonntagabend verschwunden sei. Die Meinung einiger gehe dahin, daß er mit dem neulich aus einem Pferdehandel gewonnen Gelde auf einem Auswandererschiffe von Hamburg fortgegangen sei; andere dagegen hegten die Befürchtung, der könne sich ein Leides angetan haben. Außer dem bekannten Verhältnis mit der Tochter der Hebamme sei ein besonderes Ereignis, welches sein Verschwinden erklären könne, nicht bekannt geworden. Übrigens hätten die angestellten Nachforschungen bis jetzt keinen Erfolg gehabt.

Ich beschloß sofort, noch am Nachmittag die Sache an Ort und Stelle zu untersuchen. – Um desto unbehinderter zu sein, verzichtete ich auf einen Protokollführer und nahm nur den Amtsdiener als Begleitung mit. Wir fuhren auf einem offenen Wagen; denn es war ein milder Herbsttag, wie uns deren in unserer Gegend immer einige vor dem entschiedenen Eintritt des Winters beschert zu werden pflegen. Die lebendigen Hecken, welche wir während der ersten Stunde zu beiden Seiten des Weges hatten, trugen noch einen Teil ihres Laubes; hie und da zwischen Hasel- und Eichenbusch drängte sich ein Spillbaum vor, an dessen dünnen Zweigen noch die roten zierlichen Pfaffenkäppchen schwebten. Meine Augen begleiteten im Vorüberfahren das ebenso sanfte als schwermütige Schauspiel, wie fortwährend unter dem noch warmen Strahl der Sonne sich gelbe Blätter lösten und zur Erde sanken, zumal wenn vor dem Schnauben unserer Pferde eine verspätete Drossel, ihren Angstschrei ausstoßend, durch die Büsche flatterte.

Aber die Gegend wurde anders; die bewachsenen Wälle mit den bebauten Feldern dahinter hörten auf. Statt dessen fuhren wir hart am Rande des sogenannten „wilden Moors" entlang, das sich derzeit, so weit der Blick reichte, nach Norden hinauszog. Es schien hier, als sei plötzlich der letzte Sonnenschein, der noch auf Erden war, von dieser düsteren Steppe eingeschluckt worden. Zwischen dem schwarzbraunen Heidekraut, oft neben größeren oder kleineren Wassertümpeln, ragten einzelne Torfhaufen aus der öden Fläche; mitunter aus der Luft herab kam der melancholische Schrei des großen Regenpfeifers, der einsam darüber hinflog. Das war alles, was man sah und hörte.

Mir kam in den Sinn, was ich einst – ich meine über die noch von dem slawischen Urstamm bewohnten Steppen an der unteren Donau – gelesen hatte. Dort aus den Heiden erhebt sich in der Dämmerung ein Ding, das einem weißen Faden gleicht und das sie dort den „weißen Alp" nennen. Es wandert gegen die Dörfer, es stiehlt sich in die Häuser, und wenn die Nacht gekommen ist, legt es sich an den offenen Mund der Schlafenden; dann schwillt und wächst der anfänglich dünne Faden zu einer schwerfälligen Ungestalt. Am Morgen darauf ist alles verschwunden; aber der Schläfer, der dann die Augen auftut, ist über Nacht blödsinnig geworden; der weiße Alp hat ihm die Seele ausgetrunken. Er bekommt sie nimmer wieder; weit auf die Heide hinaus in feuchte Schluchten, zwischen Moor und Torf, hat das Unwesen sie verschleppt.

Nicht der weiße Alp war hier zu Hause; aber zu anderen, nicht minder unheimlichen Dingen verdichteten sich auch die Dünste des Moors, denen

manche, besonders der älteren Dorfbewohner, nachts und im Zwielicht wollten begegnet sein.

An der südlichen Grenze desselben lag unser Reiseziel, das Dorf, dessen spitzer Turm und schwarze Strohdächer schon lange vor uns sichtbar gewesen waren. – Als wir endlich anlangten, ließ ich zunächst vor dem Hause des alten Küsters halten, um durch diesen etwas Näheres über die Verhältnisse im Fehseschen Hause zu erfahren. Ich traf ihn mit seinem Knecht beim Aufladen des Düngers beschäftigt, im blauwollenen Futterhemd, die Furke in der Hand; doch war er deshalb nicht weniger würdevoll, als er erst seinen „Goldhaufen" mit der ebenen Erde vertauscht hatte. „Ich will's Ihnen sagen, Herr Amtsvogt", hub er an, nachdem er zuvor seine Sprachwerkzeuge durch ein paar Ansätze fetten Hustens in Bereitschaft gesetzt hatte, „wem nicht zu raten ist, dem ist auch nicht zu helfen! Dieser Hinrich hat mit Gewalt sein Glück nicht erkennen wollen; Gott weiß, ob's mit der Kuratel noch zu kurieren ist!"

Wir waren unterdessen in das Haus und in die Wohnstube getreten. Hinter dem Ofen, in welchem trotz der milden Witterung ein Feuer brannte, saß ein kränklich aussehendes Mütterchen, fast verdeckt von einer großen Wollenstrickerei, die sie mit ihren mageren Fingern handhabte. Sie entschuldigte sich klagend, daß sie wegen ihrer Kreuzschmerzen nicht vom Lehnstuhl auf könne, um mich zu begrüßen; dann klinkte sie von ihrem Sitze aus die daneben befindliche Küchentür auf und rief mit scharfer Stimme: „Kathrin! Setz den Kessel auf, Kathrin!" Und zugleich hörte ich auch draußen den Dreifuß auf den Herd werfen und im Feuerloch rumoren.

Die Frau Küsterin klappte die Tür wieder zu und strickte weiter; aber ihre kleinen matten Augen folgten unablässig, während ich mit ihrem Eheherrn im Gespräche auf und ab wandelte. „Wenn's erlaubt ist, zu reden, Herr Amtsvogt", sagte sie endlich, ihr Strickzeug von sich schiebend; „es hat schon einen Vorspuk gegeben; dazumal, als mein Mann hier noch im Amte war.

Ich hab' die Rosen so gern", fuhr sie hüstelnd fort; „es sollte just am andern Tag das Ringlaufen für die Schule sein, und abends dann, mit hoher Erlaubnis, die Tanzlustbarkeit im Kruge; da waren auf einmal alle meine Rosen abgerissen. Ich wußte wohl gleich, wo mein Spitzbube zu suchen war; aber bei unserem Vater in der Schule hat's der Hinrich so zu drehen gewußt, daß das Strafrohr auf seinen Rücken gefallen ist. Und die Dirne saß mausestill dabei und guckte in ihr Gesangbuch."

„Aber Mutter", versuchte der Küster einzureden, „so erzähl doch dem Herrn Amtsvogt nicht die alten Kindergeschichten!" „Meinst du, Vater?" versetzte sie. – „Sie standen beide vor der Konfirmation; es ist nur ein Faden, und der läuft bis heute hin." Ich bat höflich um die Fortsetzung des Berichts.

Das Mütterchen nickte. „Ich hatte damals noch meine Gesundheit, Herr Amtsvogt", begann sie wieder; „aber als ich anderen Abends mit der Frau Pastorin nur kaum in den Tanzsaal getreten war, so sah ich auch schon, daß der Hinrich seinen Willen hatte; denn in dem Kranze, den die Slowakendirne auf ihren schwarzen Haaren trug, saßen richtig meine roten Rosen; und herumgeschwenkt hat sie sich auch mit ihm, daß dem hölzernen Jungen der Schweiß von den Backen rann.

Nun, nun, Vater!" unterbrach sie sich, als der Küster zu einer neuen Bemerkung anhub. „Ich weiß wohl, die Freude dauerte nicht lange; ich will's dem Herrn Amtsvogt alles schon erzählen. Es war nämlich einer unter den größeren Jungen, der nicht wie die anderen in das Hebammenmädchen vernarrt war, obschon sie sich genug um ihn zu tun machte; und das war der Sohn von dem reichen Klaus Ottsen hier! – Als eben die Musikanten zu einem neuen Walzer aufspielten, kommt der anstolziert, in seiner blauen Jacke mit Perlmutterknöpfen, die silberne Uhrkette über der Weste, und sieht sich unter den Dirnen um, als wenn sie nur alle so für ihn zu Kauf stünden. Er war aber auch ein schlanker, braunhaariger Junge und hat noch heute so was Stolzes an sich. – Vor Hinrich und Margret, die eben wieder in die Reihe treten wollten, blieb er stehen und sah höhnisch auf sie herab. ‚Hehler und Stehler?‘ sagte er lachend. ‚Der Rosenhinrich und die Slowakenmargret? Ihr macht ein sauberes Paar zusammen!‘ – Die Dirne glotzte ihn an mit ihren schwarzen Augen. ‚Läßt d' mich schimpfen, Hinrich?‘ rief sie. Und im Handumdrehen hatte auch mein Ottsen seine zwei Faustschläge in dem Nacken. ‚Das für die Slowakenmargret! Und das für den Rosenhinrich!‘ – Und dabei fiedelten die Musikanten, und die Kinder tanzten und stolperten über den Hans, der sich eben vom Fußboden wieder aufsammelte; und in all dem Lärm hör ich die Stimme unseres Herrn Pastors und sehe auch, wie er den Hinrich am Kragen hat und ihn gegen den Türpfosten stellt. ‚Daß du es weißt, Fehse!‘ hör ich ihn noch sagen; ‚mit dem Tanzen ist es heute abend aus für dich!‘ – Da stand er nun und biß sich die Lippen blutig, und die Margret reckte ihren Schwarzkopf auf und schaute durch den Saal nach einem anderen Tänzer aus. –– 's ist aber ein wunderlich Ding das Menschenherz, Herr Amtsvogt! Schon lange hatt ich gesehen, daß Herr Ottsen dastand, als wenn er die Dirne mit den Augen verschlingen wollte; und es hilft einmal nicht, die gestohlenen Rosen ließen ihr verwettert gut zu ihrem feinen unverschämten Stumpfnäschen. Und richtig! Sie hatte nun auch den am Band. ‚Was meinst, Margret?‘ sagt ganz kleinlaut der Hans Hoffart; ‚willst jetzt mit mir halten heute abend?‘ – Erst, als er nach ihrer Hand griff, stieß sie ihn vor die Brust und tat wild wie 'ne Katze; aber als sie merkte, daß es Ernst war, ward sie auch ebenso geschmeidig und lacht' und wies ihre weißen Zähne, und tanzte mit ihrem schmucken Hans an dem armen Burschen vorüber, als hätte es für sie nimmer einen Hinrich Fehse auf der Welt gegeben. Der aber stand noch immer wie angenagelt auf seinem Posten; nur seine kleinen Augen fuhren hinter den beiden her; es war ein Glück, daß sie nicht mit Flintenkugeln geladen waren!

Was weiter im Saal passiert ist", fuhr die Erzählerin fort, nachdem sie eine Weile Atem geschöpft hatte, „das hab' ich nicht gesehen; die Frau Pastorin holte mich nach der Hinterstube, wo unsere Männer sich zu ihrem Kartenspiel gesetzt hatten. Die Zeit verging; es war eben Feierabend geboten, ich stand just am Fenster und hörte nach den Wildgänsen droben in der Luft, denn es war eine milde Nacht, und das Getier flog über die Heide nach dem Haff – da auf einmal hieß es: ‚Wo ist Hinrich Fehse?‘ – Ja, Hinrich Fehse war nicht da. – ‚Ich sah ihn draußen im Weg‘, meinte einer; ‚er wird nach Haus gelaufen sein.‘ – Aber die Mutter kam gejammert; zu Hause war er auch nicht. – Der alte Hinrich Fehse, ein Querkopf trotz seinem Jungen, stand vorn im dicken Haufen in der Schenkstube und stieß sein Glas auf den Tisch, daß er nur noch den Fuß in der Hand behielt, und räsonierte auf den Herrn Pastor; er lasse seinen Jungen nicht quälen, wenn er ihn auch nicht wie die reichen Bauern mit Uhrketten und Perlmutterknöpfen besetzen könne; nein, zum Teufel, das leide er nicht!

Ich war in den Tanzsaal zurückgegangen, wo eben die Musikanten ihre Fiedeln in die Ledersäcke steckten. Da stand noch die Hebammendirne mit Hans Ottsen auf der leeren Diele; sie allein schien alles das nicht anzufechten. ‚Nun, Margret‘, fragte ich, ‚weißt du denn nicht, wo der Hinrich abgeblieben ist?‘ – ‚Ich? – Nein!‘ sagte sie kurz, und zog einen ihrer kleinen Schuhe aus und zupfte die rote Bandschleife darauf zurecht; dann funkelte sie wieder auf den Hans mit ihren schwarzen Augen und schlug ihn neckisch auf die Hände: ‚Du, was hast mich eingestaubt, du! Du bist so wild; wart' nur, ich tanz nicht mehr mit solch 'nem Tollen!‘

Und das war die Margret, Herr Amtsvogt; der Hinrich aber kam auch am anderen Morgen noch nicht wieder; sie meinten, der Mittag würde ihn nach Hause treiben; aber da hatte auch eine Eule gesessen; das ganze Dorf kam in die Beine, sie suchten ihn mit Leitern und mit Stangen. Und endlich! Wo war er gewesen, Herr Amtsvogt? – Bei den Wasserkröten hatte er in der Nacht gesessen; dort hinten im Moor bei der schwarzen Lake. Der Finkeljochim, der da seine Besen schneidet, kam ins Dorf gelaufen und erzählte es. Da haben sie ihn denn nach Hause geholt mitsamt dem Gliederreißen, das er sich vom feuchten Moorgrund heimgebracht. Ein paar Wochen hat er in den Kissen liegen müssen, und als der Doktor nicht angeschlagen, haben sie die Sympathie gebraucht: und mit drei Tassen Kamillentee und ein paar Handvoll Kirchhofserde ist dann auch alles wieder in seinen Schick gekommen."

Der Kaffee war inzwischen aufgetragen und der Küster erinnerte, nicht ohne scheinbare Vorsicht, seine Frau daran, daß der Herr Amtsvogt noch mit ihm zu reden habe.

„Ich will nicht im Wege sein, Vater", versetzte diese, von ihrem Lehnstuhl aus die Tassen vollschenkend; „ich sage nur und hab's dem Herrn Pastor auch schon gesagt: erst, als die Dirne wieder aus der Stadt zurück war, lief nur der Hinrich bei den Hebammenleuten, und es gefiel ihr schon, daß sie gleich wieder einen hinter sich herzuziehen hatte; und wenn auch nur, um die junge Frau zu ärgern, die ihn geheiratet hat; seit es aber mit dem alten Klaus Ottsen aufs Letzte geht und der nicht mehr den Daumen gegenhalten kann, weiß auch sein Hans mit Dunkelwerden den Weg dorthin zu finden. Ich wundre mich nicht, daß der Fehse auch diesmal wieder fortgelaufen ist; denn mit sich selber umzugehen, was doch die größte Kunst vom Menschenleben ist, das hat er immer noch nicht lernen können. Ich begreif nicht, was darum so viel Aufhebens im Dorf ist; er wird schon wiederkommen, wenn er's satt hat!"

Die kleine gebrechliche Frau, deren blasse Wangen unter dem lebhaften Erzählen wieder aufgeblüht waren, schwieg jetzt und suchte mit der Feuerzange die Kohlen in ihrem Ofen aufzustören. – Ich tat noch diese und jene Frage; dann ließ ich mich von dem Küster, dem draußen sichtlich seine Würde wieder zuwuchs, an meinen Wagen geleiten.

„Ja, ja, mein wohlgeborener Herr Amtsvogt", sagte er, gleichsam die Summe eines langen Gedankenexempels ziehend; „ich habe manchen Gang um diese Heirat gemacht; aber der Mensch soll ja auf den Dank der Welt nicht rechnen! Nehmen Sie nur die Mamsell Margret aufs Korn; die wird Ihnen über alles Bescheid geben können."

Unterdessen hatte er das Schutzleder vor meinem Sitze zugeknöpft, und, mit majestätischer Handbewegung entlassen, rumpelte mein Fuhrwerk auf der schlecht gepflasterten Dorfstraße weiter.

Hinter der zur Rechten liegenden Kirche, an deren granitner Mauer ich im Vorüberfahren die Jahreszahl 1470 las, blickte aus jetzt fast entlaubten Holunderhecken ein Häuschen mit grünen Fensterläden.

„Den Hebammenleuten gehört es", erwiderte auf meine Frage der Amtsdiener, sich vom Kutschersitze zu mir wendend, „sie halten's gewaltig sauber; in Geschäften bin ich ein paarmal dort gewesen."

Nach einer Weile hörten zur Linken die Häuser auf. Die an der Kirchseite sich noch eine gute Strecke entlangziehenden Gehöfte lagen gegen Westen, nur durch den Weg und einige eingewallte Acker- und Wiesenstücke von dem großen Moor getrennt; das letzte derselben, einsam und weit hinaus belegen, war mir als das des Hinrich Fehse bezeichnet worden.

Vor vielen dieser Häuser bemerkte ich Gruppen von Menschen, anscheinend in lebhafter Unterhaltung, zuweilen auch wohl mit ausgestrecktem Arm nach dem Moor hinausweisend. Es war augenscheinlich eine besondere Aufregung unter den Dorfbewohnern.

Endlich fuhren wir auf die Fehsesche Hofstelle. An dem Hause, welches etwa hundert Schritt vom Wege zurücktrat, waren noch die Früchte der wohlhabenden Heirat sichtbar: die nördliche Hälfte mit dem großen Scheunentor und den halbrunden Stallfenstern war augenscheinlich kaum vor Jahresfrist gebaut, die andere dagegen, welche die Wohnungsräume enthielt, mochte in diesem Zustande schon lange von Vater und Sohn vererbt worden sein. Vor den niedrigen Fenstern, auf welche das schwere schwarzbraune Strohdach drückte, zog sich ein ziemlich ödes Gartenstück bis an den Weg hinab.

Da sich niemand von den Hausgenossen zeigte, als wir oben vor dem Scheunentore hielten, so schickte ich den Amtsdiener in das Haus, der dann auch bald in Begleitung einer alten Frau wieder an den Wagen trat. Ich wollte sie als Witwe Fehse begrüßen, aber sie erwiderte, sie habe nur als Nachbarin das Haus gehütet; die alte und die junge Frau Fehse seien zum Bauervogt gegangen; denn die Tochter des Finkeljochim hätte erzählt, daß sie noch gestern abend, da eben der Mond aufgegangen sei, den Hinrich dort hinten auf dem Moor gesehen habe; auf diese Nachricht seien wieder Leute zum Suchen hinausgeschickt worden.

Ich fragte näher nach.

„Es wird wohl nichts daran sein, Herr Amtsvogt", meinte die Alte; „die Dirne ist so was simpel; und seit der Hans Ottsen ihr vergangenen Winter was in den Kopf gesetzt hat, ist sie vollends faselig geworden."

„Aber wo ist das Mädchen jetzt zu finden?"

„Jetzt bekommen Herr Amtsvogt sie nicht. Sie ist mit den Leuten in die Heide, um ihnen den Platz zu zeigen."

Ich ließ mich zunächst von der Alten in das Wohnzimmer weisen und einen Tisch in die Mitte stellen, auf welchem ich zur Aufnahme der nötigen Notizen mein mitgebrachtes Schreibmaterial bereitlegte.

Es war ein niedriges, aber geräumiges Zimmer; der weiße Sand auf den

Dielen, die blanken Messingknöpfe an dem Beileger-Ofen, alles zeugte von Sauberkeit und Ordnung. Den Fenstern gegenüber befanden sich zwei verhangene Wandbetten; vor dem einen, mit der zwischen Vergißmeinnicht gemalten Überschrift: „Ost un West, to Huus ist best", stand eine jetzt leere hölzerne Wiege.

Um keine Zeit zu verlieren; hieß ich den Amtsdiener, mir die in der Nähe wohnende Tochter der Hebamme zur Stelle zu bringen, während die Alte es übernahm, die Fehseschen Frauen von der entlegeneren Wohnung des Bauervogtes herbeizuholen.

Ich befand mich allein im Hause; von der Wand tickte der harte Schlag einer Schwarzwälder Uhr; in Erwartung der kommenden Dinge war ich ans Fenster getreten und sah in die gelbe Herbstsonne, die schon tief jenseits der Heide stand.

Das Rauschen von Frauenkleidern weckte mich aus den Gedanken, worin ich mich einzuspinnen begann. Als ich mich umwandte, erblickte ich eine schlanke volle Mädchengestalt in städtischer Kleidung, deren kleine und, wie mir schien, zitternde Hand eben ein schwarzes Kopftuch von dem Nacken streifte.

Ich konnte nicht zweifeln, wen ich vor mir hatte; zum erstenmal sah ich den verführerischen Kopf jenes Mädchens unverhüllt.

„Sie sind Margarete Glansky!" sagte ich.

Ein kaum hörbares „Ja" war die Antwort.

Ich setzte mich gegenüber an den Tisch und nahm die Feder zur Hand.

„Sie kennen den jungen Hinrich Fehse?" fragte ich weiter.

Ein ebenso leises „Ja" erfolgte.

„Ich meine, Sie haben in näherer Bekanntschaft mit ihm gestanden?"

Sie antwortete nicht. Als ich aufblickte, sah ich, daß sie totenblaß war; ich hörte, wie die weißen Zähnchen aufeinanderschlugen. Die Angst vor äußerlicher Verantwortlichkeit wegen einer vielleicht innerlichen Schuld mochte sie ergriffen haben.

„Weshalb fürchten Sie sich?" fragte ich.

„Ich fürchte mich nicht; – aber die Bauernweiber haben alle einen Haß auf mich."

„Es handelt sich nicht um Sie, Margarete Glansky; sondern um den jungen Mann, der seit einigen Tagen vermißt wird."

„Ich weiß nichts davon; ich bin nicht schuld daran!" stieß sie, noch immer nach Atem ringend, hervor.

„Aber wir müssen ihn zu finden suchen", fuhr ich fort. „Kurz vor seiner Heirat sind Sie in die Stadt gezogen, und dann vor einem halben Jahre wieder zurückgekommen?"

„Es gefiel mir dort nicht, ich hatte nicht nötig zu dienen; – es reut mich noch, daß ich so dumm mich hatte fortschicken lassen!" Und die starken Augenbrauen des Mädchens zogen sich dicht zusammen.

„Hinrich Fehse", sagte ich, „ist dann oft des Abends zu Ihnen gekommen?"

„Wir konnten ihn doch nicht fortjagen."

„Er kam zuletzt, so sagt man, jeden Abend und blieb dann oft bis Mitternacht."

„Das lügen die Weiber!"

„Aber Sie haben Geschenke von ihm angenommen?"

Ein heißes Rot flog über ihr Gesicht. „Wer hat das gesagt?"

„Das singen die Spatzen von den Dächern; es hat argen Unfrieden zwischen den Eheleuten gesetzt."

„Nun, und wenn's auch wäre!" rief sie und warf trotzig ihre roten Lippen auf. „Wer hat sie geheißen, ihn zu heiraten!"

„Und würden Sie ihn denn geheiratet haben?" fragte ich.

Aber bevor sie zu antworten vermochte, wurde die Stubentür aufgerissen, und die beiden Fehseschen Frauen, die junge mit ihrem Kinde auf dem Arm, traten in das Zimmer. Ich sah noch, wie die Augen der alten Bäuerin und der Hebammentochter in unverhohlenem Hasse aufeinander blitzten; dann stellte die Alte sich vor mir hin und sagte zitternd:

„Herr Amtsvogt, was tut die Person da in unserem Hause? Ich bin der Meinung, daß ich das wohl nicht zu leiden brauche!" „Die Person", erwiderte ich, und schob dabei die beiden Frauen unmerklich wieder zur Tür hinaus, „wird gerichtlich vernommen und ist von mir hieher beschieden worden."

Wir standen draußen auf dem Hausflur. Die alte hagere Frau rang die Hände: „Ach, das Elend!" rief sie; „das Elend!" – Die junge Bäuerin trocknete von den Wangen ihres schlafenden Kindes die Tränen, die sie fortwährend darauf weinte.

„Wir hatten es so gut das erste Jahr", sagte sie, „wenn nur die nicht wiedergekommen wär; unsereins versteht so was nicht; aber sie muß es ihm doch angetan haben! Und das viele Geld, das er neulich für die Pferde gelöst hat; – wir haben die Schatulle und alles durchgesucht; aber es ist nichts davon zu finden."

Durch die offene Haustür sah ich draußen einen Mann mit einer langen Stange vorübergehen und den Weg ins Moor hinunter nehmen. Die Alte war hinausgetreten und kam jammernd zurück. Plötzlich aber fuhr sie sich mit der Schürze über die Augen. „Der da oben wird wissen, wo er ist", sagte sie. „Er war nicht gottlos, mein Hinrich! – Auf die Knie hat er sich geworfen und seinen armen Kopf in meinen Schoß gedrückt; denn er war ja immer doch mein Kind! ‚Mutter', hat er gesagt, ‚Ihr saht mich auf dem Braunen fortreiten, und ich sagte Euch, daß ich wegen der Zinsen zum Müller nach der Norder-mühle müßte; – das war gelogen, Mutter; in der Irre bin ich fünf Stunden lang wie wild herumgeritten; Ihr habt selbst dem Braunen den Schaum von den Flanken gestrichen, als ich heimgekommen; – ich hab' nur nicht zu ihr hinüber wollen; aber es hat mich doch wie bei den Haaren dahin zurückgezo-gen: – es kriegt mich unter; ich kann's nicht helfen, Mutter!'"

„Und er war doch so gut, mein Hinrich!" fuhr die Alte, wie mit sich selber redend, fort. „Noch als das Kind geboren war! In unserem Hof hier, aufs Pferd hab' ich's ihm reichen müssen; die Sonne schien so warm, drüben in der Koppel stand die Sommersaat so grün. ,Was meinst, Mutter', sagt' er, ,ich könnt' es gut ein bißchen mit aufs Feld nehmen!' Er war so glücklich über sein Kind; ich hatt' meine Not, es ihm wieder abzukriegen; und es war doch erst sechs Wochen alt!"

Ich machte mich von den Frauen los, indem ich ihnen bedeutete, daß sie wegen ihrer eigenen Vernehmung zur Stelle bleiben müßten. Als ich wieder in das Zimmer trat, fielen schon die schrägen Strahlen der Abendsonne durch die Fenster. Das Mädchen stand noch auf demselben Platze wie vorhin; aber sie schien ruhiger geworden und sogar, vielleicht nur weil ich den anderen Frauen gegenüber ihre Anwesenheit vertreten hatte, ein Vertrauen zu mir ge-faßt zu haben. „Ich will's Ihnen wohl erzählen, Herr Amtsvogt", begann sie, indem sie mit beiden Händen ihr glänzendschwarzes Haar zurückstrich; – „ob ich ihn geheiratet hätte, wenn er das Geld von der anderen nicht hätte brauchen müssen; – ich weiß das nicht, und ist auch wohl übrig jetzt zu fra-gen; ich bin gut Freund mit ihm gewesen; wir tanzten wohl zusammen; aber – und das ist die Wahrheit! Herr Amtsvogt – ich hatte nicht gedacht, daß er's gar so ernsthaft nehmen würde."

„Sie wußten doch", sagte ich, „daß er von Jugend auf Ihnen nachgegangen war; und ich meine, der sah nicht aus, als ob er mit solchen Dingen spielen könnte."

Sie hatte seitwärts einen raschen Blick in den kleinen, mit Pfauenfedern ge-schmückten Spiegel geworfen, und eine Sekunde lang brach es wie heiße Le-benslust aus ihren dunklen Augen. „Nun", sagte sie, „zuletzt hab' ich's schon merken müssen; aber da hab' ich ihn nicht mehr fortbringen können. Ver-sucht hab' ich's genug; denn er plagte mich bis aufs Blut mit seinen Grillen; zumal wenn sonst junge Leute zu uns kamen, wie das doch nicht anders ist. Er konnte mit den Zähnen knirschen, wenn ich nur einen an die Haustür brachte; oder gar, als einmal Hans Ottsen aus Narretei mir die Haarzöpfe losmachen wollte; und er hatte doch sein Weib zu Hause!"

Ich sah sie fest an. „Also der Ottsen kam in der letzten Zeit auch zu Ihnen? Sie wissen vielleicht, daß sein Vater ihm um Johanni die Hufe übergeben hat."

Sie stutzte einen Augenblick wie verwirrt; dann aber, als habe sie meine Bemerkung nicht gehört, fuhr sie fort: „Manchen Abend, wenn der Wächter zu neun geblasen, hat meine Mutter ihn angerufen, nach Haus zu gehen. Aber er ging nicht. ‚Frau Nachbar‘, sagt’ er dann wohl, ‚Sie wird mir doch den Stuhl in ihrem Hause gönnen; ich verlang ja weiter nichts!‘ – Und so sind wir denn sitzen geblieben; ich an meinem Nähstein vor der einen Tischschublade, er vor der anderen. ‚Hinrich‘, hab’ ich oft gesagt, ‚sei nicht so hintersinnig! Du kannst ja Sonntag im Krug mit mir tanzen; nimm doch deine Frau mit, und laß uns alle miteinander vergnügt sein.‘ Aber er stieß dann nur ein höhnisches Lachen aus und sah mich aus seinen kleinen Augen an, als wollte er mir damit ein Leides tun.

Nur einmal“, fuhr sie nach einer Weile fort, „ist er eine Zeitlang weggeblieben; – als ihm das Kind geboren war; und ich dachte schon, er sei nun zur Vernunft gekommen. – Da, etwa vier Wochen nachher, wurde seine Frau schwer krank; sie glaubten alle, es geh mit ihr aufs letzte, auch meine Mutter, die ihr doch in der Geburt hatte beistehen müssen. Und da, Herr Amtsvogt – kam er wieder.“

Das Mädchen atmete schwer auf. – „Er war ganz anders geworden, mehr so wie damals, als er noch ein junger Bursche war; er konnte wieder erzählen und sprach wieder von seiner Wirtschaft und was er tun und treiben wollte. Einmal aber – meine Mutter war eben außer Hause – faßte er mich plötzlich an beiden Schultern und sah mich an, wie unsinnig vor Freude. ‚Margret!‘ – rief er, ‚denk’s einmal aus! Wenn – o wenn!‘

Er verstummte dann und ließ mich los; aber ich wußte doch, wie’s gemeint war, und hab’s auch bald nachher gesehen. Deshalb dachte ich ihn auf andere Gedanken zu bringen. ‚Ist denn der Doktor heute bei euch gewesen?‘ fragte ich. ‚Wie geht’s mit Ann-Marieken?‘ – Es war erst, als wenn er nicht antworten mochte. ‚Sie hat wieder ein neues Glas gekriegt‘, sagte er dann; ‚ich weiß nicht, was der Doktor meinte.‘ Dabei hatte er sich das Punktierbuch meiner Mutter aus deren Nähkasten gekramt, setzte sich mir gegenüber und fing nun an, mit Kreide auf den Tisch zu stricheln. Er tat das so hastig und wurde so heiß um den Kopf dabei, daß ich ihn fragte: ‚Hinrich, auf was punktierst du da?‘

‚Laß, laß!‘ sagte er. ‚Bleib du bei deiner Näharbeit!‘

Aber ich bog mich unbemerkt über den Tisch und las in dem Buch die Nummer, auf welche er den Finger hielt. – Da war es die Frage, ob der Kranke genesen werde? – Ich schwieg und setzte mich wieder an meine Arbeit; und er strichelte weiter, zählte ‚Eben‘ oder ‚Uneben‘ und punktierte sich nachher die Figuren mit der Kreide auf den Tisch. ‚Nun‘, fragte ich, ‚bist du fertig? Kann man’s jetzt zu wissen kriegen?‘ – Er hatte den Kopf in die Hand gestützt und sah mich schweigend an, aber still und weich, wie er’s lang nicht getan hatte. Dann stand er auf und gab mir die Hand. ‚Gute Nacht, Margret', sagte er; ‚ich muß nun nach Hause.' Und somit ging er fort; es war noch früh am Abend. – Da die Figuren auf dem Tische stehengeblieben waren, so schlug ich in dem Büchlein nach. Da lautete die Antwort: ‚Tröstet die Seele des Kranken und laßt alle Hoffnung fahren!' –– Aber es war diesmal nicht getroffen; die Frau erholte sich bald hernach; und nun ward's mit ihm schlimmer, als es je gewesen war. Glauben Sie's mir, Herr Amtsvogt, wenn ich was an ihm versehen habe, es ist mit Angst und Not gebüßt."

Da sie bei diesen Worten in ein krampfhaftes Weinen ausbrach, so ließ ich sie auf einen Stuhl niedersitzen. Bald aber erhob sie wieder ihren Kopf, den sie in beide Hände gepreßt hatte, und sah mich an. – Im Zimmer war nur noch das Licht des Sonnenuntergangs, in dem die roten Lippen des Mädchens auffallend gegen ihr blasses Gesicht und ihre dunklen Augen hervortraten.

Aber ich mußte weiter fragen. „Hinrich Fehse", sagte ich, „hat in der vorigen Woche einen Pferdehandel gemacht, woraus er viel Geld hätte nach Hause bringen müssen; die Fehseschen Frauen aber versichern, daß sie es nirgends haben finden können."

„Wir haben das Geld nicht, Herr Amtsvogt!" sagte sie düster.

„Und Sie wissen auch nicht, wo es hingekommen ist?"

Sie nichte. „Doch; das weiß ich."

„Es haben einige gemeint", fuhr ich fort, „er sei nach Hamburg, um von dort mit einem Auswandererschiff nach Amerika zu gehen?"

„Nein, Herr Amtsvogt; wohin er gegangen ist, das weiß ich nicht; aber mit dem Geld ist er nicht nach Amerika. – Ich will Ihnen auch das erzählen; so wahr, als wenn ich vor Gott stünde! – Am letzten Sonntagabend war's, es mochte gegen acht Uhr sein; meine Mutter, die über Nacht ausgewesen war, saß im Lehnstuhl und nickte über ihrem Strickzeug; wir waren ganz allein, und ich wunderte mich, daß auch Hinrich Fehse nicht kam; denn am Vormittag in der Kirche hatte er mich wieder einmal angestarrt, daß alle Weiber die Köpfe nach mir wandten. – Draußen ging der Sturm; aber zwischen den Windstößen glaubt ich mitunter bei unserem Hause gehen zu hören. Mir war das unheimlich und ich trat vor die Haustür, um zu sehen, was es gäbe. Es war kein Mondschein, Herr Amtsvogt; aber es war nachthell; ich konnte durch den kahlen Fliederzaun ganz deutlich die Kreuze auf dem Kirchhof unterscheiden, der an unseren Garten stöß; und so sah ich auch, daß unterm Zaune einer stand; und da ich hinzutrat, war es Hinrich Fehse. ‚Was stehst du hier und läßt dich durchkälten?' sagte ich. ‚Warum kommst du nicht herein?' – ‚Ich muß dich allein sprechen, Margret!' erwiderte er. – ‚Nun, so sprich, wir sind hier allein; es wird auch niemand kommen in dem Unwetter.' – Aber er sprach nicht, bis ich sagte: ‚Mich friert; ich will hinein und mein Umschlagetuch holen!' Da griff er mich bei der Hand und sagte schwer: ‚'s geht so nicht länger, Margret; ich muß ein Ende machen.' – Er kam mir so seltsam vor; ich wußte nicht, was ich ihm darauf antworten sollte. ‚Hinrich', sagte ich; ‚am besten wär's, ich ginge wieder fort; dann wird wohl alles noch gut werden!' – ‚Wir müssen beide fort, miteinander fort, Margret!' antwortete er. Dabei zog er einen Beutel hervor und ließ ihn mehrmals auf der Kante des Brunnens klingen, an dem wir in diesem Augenblicke standen. ‚Hörst du?' sagte er; ‚das ist Gold! Vorgestern hab' ich meine Braunen verkauft; ich geh' zu meinem Vetter über See in die Neue Welt; es ist leicht dort sein Brot zu finden.' – ‚Das wirst du deiner Frau nicht antun!' sagte ich. – ‚Nicht antun, Margret? Es ist kein Segen für sie, wenn ich dableib; die paar tausend Taler, die sie in die Wirtschaft gebracht hat, gehen bald darauf; ich bin kein Bauer mehr, ich hab' keine Gedanken ohne dich!' – Er wollte mich umfassen, aber ich sprang zurück.

‚Das würde mir anstehn', sagt ich, ‚als deine Beiläuferin mit dir in die weite Welt zu rennen!' – ‚Hör mich nur', begann er wieder; ‚wir gehen heimlich fort; meine Frau wird dann auf Scheidung klagen; dann können wir uns dort zusammengeben lassen.' – ‚Nein, Hinrich; ich tu's nicht, ich geh' so nicht fort.'

Auf diese Worte ward er wie unsinnig; er warf sich auf die Erde, ich weiß nicht, was er alles sprach; auch heulte der Sturm um die Kirche, daß ich's kaum verstehen konnte; meine Kleider flogen, ich war ganz verklommen. ‚Geh nach Haus, Hinrich', bat ich, ‚du bist heut nicht bei dir, laß uns morgen über die Sache sprechen!' – Indem hörte ich hinter uns vom Kirchhofsteige laute Stimmen; Hans Ottsen war darunter, und ich horchte nach unserer Pforte; denn er war in den letzten Wochen bisweilen zu uns gekommen. Aber sie mußten vorübergegangen sein; ich hörte das Kreuz im großen Kirchhofstor drehen und bald auch die Stimmen weiter unten auf dem Dorfwege. – Als ich den Kopf zurückwandte, stand Hinrich vor mir. ‚Margret', sagte er, und er würgte die Worte nur so heraus; ‚willst du mit mir gehen?' – Aber bevor ich noch zu antworten vermochte, legte er die Hand auf meinen Mund. ‚Sprich nicht zu früh!' rief er, ‚denn ich frag' nicht wieder – nimmer wieder.' – Ich antwortete nicht; es schnürte mir die Kehle zu; was hätte ich ihm auch antworten sollen! – ‚Siehst du!' sagte er; ‚ich wußte es wohl; du bist falsch, du wartest auf den anderen!' – Er machte eine Bewegung mit dem Arm, und gleich darauf hörte ich es auch unten im Brunnen aufklatschen. ‚Hinrich, dein Gold!' rief ich. ‚Was tust du, Hinrich!' – ‚Laß nur!' sagt' er; ‚ich brauch's nun nicht mehr; – aber' – und er faßte mich mit beiden Händen und hielt mich vor sich, als ob er wie aus der Ferne mich betrachten wollte – ‚küß mich noch einmal, Margret!'

„Und dann?" fragte ich, als das Mädchen stockte.

„Ich will nicht lügen, Herr Amtsvogt; ich hätt's ihm nicht gewehrt: aber

er stieß mich plötzlich von sich. – Ich wollte der Haustür zulaufen; da rief
er zornig meinen Namen; und als ich darauf nicht hörte, sprang er hinter mir
her und packte mich wie mit eisernen Armen. Das Haar war mir losgegangen;
er schlang einen meiner Zöpfe un seine Hand und riß mir damit den Kopf
in den Nacken. ‚Noch einen Augenblick, Margret‘, sagte er, und trotz der
Nacht sah ich, wie seine kleinen Augen über mir funkelten; und während der
Sturm mir fast die Kleider vom Leibe riß, schrie er mir ins Ohr: ‚Ich will dir
was Heimliches anvertrauen, Margret; aber sprich's nicht weiter! Für uns
beid zusammen ist kein Platz mehr auf der Welt; du sollst verflucht sein,
Margret!‘ – Ich stieß einen lauten Schrei aus; ich glaubt', er wolle mich erwür-
gen. Da ließ er mich los und rannte davon; ich hörte noch, wie er drüben die
Kirchhofspforte zuschlug; und gleich darauf war auch meine Mutter vor die
Haustür getreten und rief nach mir.

‚Er wird sich morgen schon besinnen‘, sagte sie, nachdem ich ihr alles, so
gut als ich es vermochte, erzählt hatte; ‚da kann er auch sein Gold sich selber
wieder fischen.‘ Dann holte sie ein Vorlegeschloß und legte es vor den Brun-
nendeckel, den einst mein Großvater ungebetener Gäste wegen hatte machen
lassen; es hätte ja jemand anders den Beutel im Eimer mit heraufziehen können. – – Als wir ins Haus gegangen waren, legte meine Mutter sich ins Bett,
und ich setzte mich wieder an meine Arbeit. Draußen stürmte es noch immerfort; mitunter hörte ich unten im Dorf den Wächter blasen; im Kirchturm
schlug die große Glocke an. Mir war ganz unheimlich; aber es ließ mir keine
Ruh; ich dachte immer, er könne sich ein Leids angetan haben. Als ich

merkte, daß meine Mutter eingeschlafen war, nahm ich mein Umschlagetuch und schlich mich fort. – Es begegnete mir niemand; die meisten Häuser waren schon dunkel; nur auf der Fehseschen Stelle sah ich vom Wege aus noch Licht durch die Öffnung der Fensterläden scheinen. Ich nahm mir ein Herz und ging den Wall hinauf und in die Gartenpforte. Als ich mich an das Fenster stellte, hörte ich drinnen die Spinnräder schnurren, bisweilen auch ein Wort von der alten Fehse.

‚Was sie nur sprechen mögen!‘ dachte ich und legte das Ohr an den Laden, aber ich konnt es nicht verstehen. Da gewahrte ich unter dem anderen Fenster eine umgestürzte Schubkarre, und als ich hinaufgestiegen war und mich auf den Zehen hob, reichte mein Auge bis an das Herz des Ladens. Ich konnte dort das Wandbett übersehen; auch sah ich, daß jemand darinlag, und als der Kopf sich auf dem Kissen umwarf, erkannte ich, daß es Hinrich war. Mit einemmal aber richtete er sich in den Kissen auf und stierte mit den Augen auf mich zu. Da befiel mich die Angst, ich sprang von der Karre herab und rannte fort über den Weg, über den Kirchhof; – um die Turmecke pfiff und heulte es; der alte Finkeljochim sagt dann immer, die Toten schreien in den Gräbern. Mir grauste, ich weiß nicht mehr, wie ich wieder ins Haus und ins Bett gekommen bin. – Am anderen Morgen aber hieß es, Hinrich Fehse sei in der Nacht verschwunden; ich hab’ nichts wieder von ihm gesehen.“

Sie schwieg. – Es war inzwischen dämmerig geworden. Als ich durch die kleinen Scheiben einen Blick ins Freie tat, war fern am Horizont nur noch ein schwacher Abendschein; die Bäume im Garten standen schwarz, unten über dem Moor aber zogen die Nebel wie weiße Schleier. – Ich ließ zwei Talgkerzen anzünden und vor mir auf den Tisch stellen; dann rief ich die Fehseschen Frauen in das Zimmer.

„Soll denn die dabei sein?“ fragte die alte Bäuerin, indem sie einen halb scheuen, halb haßerfüllten Blick auf das Mädchen warf, die nach meinem Geheiß sich in die eine Fensterecke gesetzt hatte.

„Die wird Sie nicht stören, Frau Fehse!“ erwiderte ich.

„Nun, meinethalben; was ich zu sagen habe, kann Gott und alle Welt hören; aber“ – und sie erhob drohend ihren dürren Finger – „die Bösen werden ihren Lohn bekommen!“

Das Mädchen schien von diesen Worten nichts zu hören; sie hatte wie erschöpft den Kopf so weit gegen die Wand gelehnt, daß ihr das schwarze Haar von den Schläfen zurückgefallen war. – „Lassen Sie das, Frau Fehse!“ sagte ich. „Erzählen Sie mir, wie sich die Sache zutrug!“

Sie schien wie aus tiefen Gedanken aufgestört zu werden.

„Ja“, sagte sie, „er war auch den Abend drüben gewesen, da, bei der! Aber er kam doch früh nach Haus; denn Ann-Marieken lag so schlecht, der Doktor hatte ihr eben ein neues Glas verschrieben; da hat er die ganze Nacht an ihrem

Bett gesessen, gewiß, das hat er! und ihre Hand gestreichelt. ,Ann-Marieken‘, sagte er, ,du bist nicht schuld daran; verklag mich nicht zu hart da oben; du wirst's da besser haben als bei mir.‘ "

Die junge Frau, die eben ihr Kind in die Wiege legte, brach in bitterliche Tränen aus.

„Ich meine, Frau Fehse", erinnerte ich, „wie es an dem letzten Abend war, da Euer Sohn das Haus verlassen hat?"

„Ja, wie war's?" erwiderte sie. „'s war am letzten Sonntagabend; das Essen hatten wir abgeräumt, und die Magd war in ihre Kammer gegangen – nein, es muß schon hin um zehn Uhr gewesen sein; Ann-Marieken und ich saßen

noch bei unserem Spinnrad. Mein Hinrich war vordem ganz verstürzt nach Hause gekommen, nun lag er schon lange in dem Wandbett da. Aber er schlief wohl nicht, denn er warf sich fleißig herum und stöhnte auch wohl so vor sich hin; wir waren das schon an ihm gewohnt, Herr Amtsvogt. –– Draußen war's Unwetter, wie das jetzt im November wohl zu sein pflegt; der Nordwest war zu Gang und riß die Blätter von den Bäumen; mir bangte immer, er sollte auch den Birnbaum an der Scheune umstürzen; denn mein Vater selig hat ihn bei der Taufe von meinem Hinrich selbst gepflanzt. Da hör ich's draußen leise vor dem Fenster trotten, und ich horchte darauf; denn, Herr Amtsvogt, ich wußte nicht, war es ein Tier oder war es eines Menschen Fußtritt. Ich frag: ,Hörst du das, Ann-Marieken?‘ frag ich. Aber sie greift in ihr Spinnrad und sagt: ,Nein, Mutter, ich höre nichts!‘ – Nun rück ich 'nen Stuhl zum Fenster und sehe durch das Herz des Fensterladens; denn wir hatten wegen des Unwetters die Läden angeschroben. Da stand der Birnbaum gegen den grauen Nachthimmel und ächzte und wehrte sich zum Erbarmen gegen den

Sturm; auch über die Koppeln und die Wischen hinunter konnte ich sehen und sah auch hinten im Moor die Wassertümpel blenkern, denn die Luft war hell dazumalen. Lebendiges war nicht zu sehen. Aber das merkt ich wohl, es drückte sich was unter das Fenster und es rutschte, als scheuere ein Zottelpelz an der Mauer lang. Da ich vom Stuhl herabsteige, kratzt es draußen an dem anderen Laden, und sogleich hör ich auch drüben in der Wand das Bettband knacken, und mein Hinrich sitzt steil aufrecht in den Kissen und starrt mit ganz toten Augen nach dem Fenster zu. – Als ich ruf: ‚Herr Jes‘, Hinrich, was ist denn?‘ da ist auch hinten im Stall das Vieh in die Unruhe gekommen, und durch all das Unwetter hör ich den Bullen brüllen und mit Gewalt an seiner Kette reißen. Aber mein Hinrich sitzt noch immer so tot und glasig, daß mir ganz graulich wurde, und als ich mich nun selber umwende – Herr, du mein Jesus Christ! Da guckt‘ ein Tier durch den Fensterladen! Ich sah ganz deutlich die weißen, spitzen Zähne und die schwarzen Augen!“

Die Alte wischte sich mit der Schürze den Schweiß von der Stirn und begann leise vor sich hinzumurmeln.

„Ein Tier, Frau Fehse?“ fragte ich; „habt Ihr denn so große Hunde im Dorf?“

Sie schüttelte den Kopf: „Es war kein Hund, Herr Amtsvogt!“

„Aber Wölfe gibt's hier doch nicht mehr bei uns!“

Die Alte drehte langsam den Kopf nach dem Mädchen und sagte dann mit scharfer Stimme: „Es mag auch wohl kein rechter Wolf gewesen sein!“

„Mutter, Mutter!“ rief das junge Weib; „Ihr habt mir doch immer gesagt, es sei die Hebammen-Margret gewesen, die ins Fenster gesehen habe!“

„Hm, Ann-Marieken, ich sage auch nicht, daß sie es nicht gewesen ist.“ Und die alte Frau verfiel wieder in ihr unverständliches Klagen und Murmeln.

„Was faselt Ihr, Mutter Fehse!“ rief ich. Und doch, als ich das Mädchen so leblos mit ihrem kreideweißen Gesicht und den roten Lippen dasitzen sah – der weiße Alp fiel mir ein aus der Heimat ihres Großvaters, und ich hätte fast hinzugefügt: „Ihr irrt Euch, ich weiß es besser, Mutter Fehse, sie hat ihm die Seele ausgetrunken; vielleicht ist er fort, um sie zu suchen!“ Aber ich sagte nur: „Erzählt mir ordentlich, wie wurde es denn weiter mit Eurem Hinrich?“

„Mit meinem Hinrich?“ wiederholte sie. „Er griff ans Bettband und war auf einmal mit beiden Füßen auf der Diele. ‚Laß mich, Hinrich!‘ sagte ich. Aber er fuhr hastig in die Kleider: ‚Nein, nein, Mutter, Ihr haltet den Bullen nicht!‘ und dabei hatte er immer die Augen nach dem Fensterladen. Als er dann im Fortgehen an die Wiege stieß, die so wie heut dort neben dem Bette stand, da streckte das Kleine im Schlaf seine Ärmchen auf und griff mit den Fingerchen in die Luft. Mein Hinrich blieb noch einmal stehen und bückte sich über die Wiege, und ich hörte, wie er bei sich selber sagte: Das Kind! Er streckte auch schon seine Hand nach den kleinen Händchen aus, als just

311

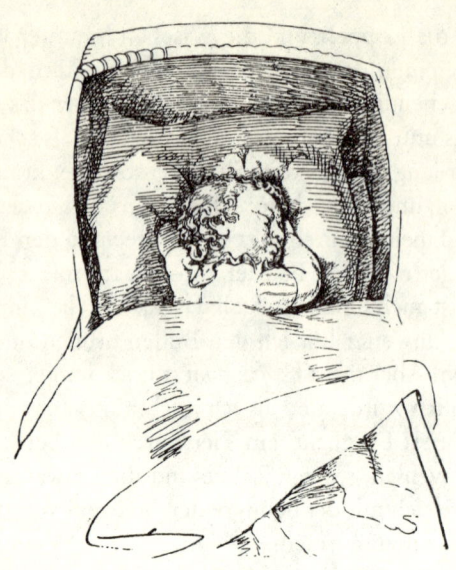

der Sturm wieder gegen die Laden stieß und das Rumoren draußen im Stalle wieder anhub. Da tat er einen tiefen Seufzer und ging wie taumelig zur Tür hinaus."

Schon länger hatte ich bemerkt, daß Margret den Kopf wie lauschend gegen das Fenster hielt; jetzt hörte ich auch das dumpfe Rumpeln eines Wagens, der den Weg vom Moor heraufzukommen schien.

„Und seitdem", fragte ich die Alte wieder, „habt Ihr Euren Sohn nicht mehr gesehen?"

Ich erhielt keine Antwort. Die Stubentür knarrte, und durch die Türspalte drängte sich ein graues Hündchen, naß und beschmutzt; es lief zu der alten Bäuerin und sah sie einen Augenblick wie fragend an, schnoberte winselnd an der Bettstelle herum und lief dann ebenso wieder zur Tür hinaus. Die beiden Frauen, welche atemlos das Tier mit den Augen verfolgt hatten, brachen in laute Klagen aus. Es war, wie ich daraus entnehmen konnte, der Hund des Vermißten, den er selber aufgezogen und dann immer um sich gehabt hatte; das kleine Tier war seit jenem Abend ebenfalls verschwunden gewesen.

Das Rumpeln des Wagens kam indessen näher, und zugleich sah ich, wie am Fenster das Mädchen ihren Kopf aufreckte und mit weit aufgerissenen Augen hinausstarrte. Die Talgkerzen leuchteten nicht so weit, aber es fiel von außen eine Mondhelle durch die Scheiben. Gleich einer Schlange glitt sie in die Höhe und blieb dann mit offenem Munde stehen. In demselben Augenblick fuhr auch der Wagen dröhnend auf die Tenne des Hauses.

Eine Weile war es lautlos still, dann wurden Männerstimmen auf dem Hausflur laut, die Stubentür wurde weit geöffnet, und ein breitschultriger

Mann trat auf die Schwelle. „Wir sind mit der Leiche da", sagte er; „hinten im Moor in der schwarzen Lake hat sie gelegen."

Das Zetergeschrei der Frauen brach herein; das junge Weib hatte sich mit beiden Armen über die Wiege ihres Kindes geworfen, das jetzt, vom Schlafe aufgestört, sein schrilles Stimmchen mit dareinmischte.

Aber die alte Bäuerin besann sich plötzlich; ihre knochige Hand schüttelnd, trat sie vor das Mädchen hin, die noch immer wie versteinert in die leere Nacht hinausstarrte. „Hörst du's!" rief sie; „er ist tot! Geh nun! Du hast hier weiter nichts zu schaffen." Das Mädchen wandte den Kopf, als habe sie nichts davon verstanden; aber trotz des verhüllenden Gewandes sah ich, daß ein Schauder über ihre Glieder lief, während sie schweigend zur Tür hinausging. Durch das Fenster sah ich sie den Hof hinabschreiten; sie hatte den Kopf im Nacken, als sei er ihr herumgedreht, der Scheune zugewendet, worin der Tote lag. Plötzlich, als sie den Weg erreicht hatte, begann sie zu laufen, mit aufgehobenen Armen, als sei was hinter ihr, dem sie entrinnen müßte. Bald aber verschwand sie in den weißen Nebeln, die vom Moor herauf den Weg überschwemmt hatten.

Ich ließ anspannen, mein Geschäft war für heut zu Ende. Als ich durch das Dorf fuhr, kam der Küster von seiner Hofstelle mir entgegen und legte die Hand auf meinen Wagen. „Es tut mir leid um den Hinrich, Herr Amtsvogt!" sagte er. „Aber, wer weiß, ob es nicht so am besten ist; wir müssen jetzt nur sehen, daß wir einen tüchtigen Setzwirt bekommen, der die Witwe heiraten und die Stelle für den kleinen Hinrich Fehse bewirtschaften kann. Es soll schon alles besorgt werden, Herr Amtsvogt!" Und in seiner alten Unerschütterlichkeit grüßte er gravitätisch mit der Hand, während ich, diese tröstlichen Worte noch im Ohr, aus dem Dorfe hinausfuhr, an dem Moor entlang, das von einem trüben Mond beleuchtet wurde.

Um mit meinem Bericht zu Ende zu kommen: der Brunnen der Hebammenleute wurde schon am anderen Tage ausgeschöpft, und der versenkte Schatz kam wirklich wieder ans Tageslicht. Auch der Mann für die junge Witwe fand sich, nachdem das Kind noch binnen Jahresfrist mittelst eines Bräune-Anfalls seinem Vater in jenes unbekannte Land gefolgt war. Hans Ottsen zog es vor, statt die verrufene Hebammen-Margret zu seinem Weibe zu machen, zu der väterlichen Hufe auch noch die Fehsesche Stelle auf dem einfachen Wege der Heirat zu erwerben. Und so war denn, nach dem Rezept der Küsterin, mit ein paar Handvoll Kirchhofserde wieder alles in seinen Schick gebracht. Will man noch nach dem Slowakenmädchen fragen, so vermag ich darauf keine Antwort zu geben; sie soll in, ich weiß nicht welche große Stadt gezogen und dort in der Menschenflut verschollen sein.

Theodor Fontane

Geschwisterliebe

1.

Wenige Jahre waren seit dem großen Brande vergangen, welcher eine der ältesten Städte der Mark Brandenburg in Schutt und Asche legte; allgemach erhob sie sich wieder gar zierlich und nett aus ihren Trümmern, und wie noch vor kurzem die grauen, mittelalterlichen Giebelhäuser, als die toten Überreste einer schöneren Zeit, Achtung und Ehrfurcht eingeflößt hatten, so machten jetzt die stattlichen Gebäude mit ihren hellen, heiteren Farben den freundlichsten Eindruck auf den Fremden.

Nur einen kleinen Teil der Stadt, und zwar denjenigen, welcher der kreisförmigen Mauer zunächst gelegen war, hatten die alles verzehrenden Flammen verschont. Hier standen nur Fischerhütten, die sich durch ihr klägliches Äußere stets vorteilhaft ausgezeichnet hatten, und jetzt nun gar, wo die größeren Straßen so sauber und prächtig erschienen, wurde der Unterschied so fühlbar, daß selbst ein letzter Rest der feinen Spießbürgerwelt das verpönte Revier verließ, um seinen Aufenthalt mehr im Mittelpunkt der Stadt zu wählen. Nur wenige wagten es, gegen den Strom zu schwimmen, und blieben in den alten Quartieren, wo sie und ihre Väter glücklich gewesen waren. Zwar sanken diese Märtyrer ihrer vernunftgemäßen Ansichten in der Gunst und Achtung der eitlen prunksüchtigen Kleinstädter; – der Schnittwarenhändler und erste Senator lüftete kaum den Hut, wenn er dem einen oder dem andern jener plebejischen Mitbürger begegnete und ganz unmöglich in ein nahe gelegenes Haus entschlüpfen konnte, und ging gar der Herr Kämmerer, ein ehemaliger Apotheker, mit seinen schnippischen Töchtern durch die unanständige Vorstadt, so drückte er den Filz, fast so spitz wie seine gedrehten Tüten, in das noch spitzere Gesicht, das in dem Adler vor der Apotheke auf das prächtigste konterfeit war. Auch sprach er dann gar eifrig und anhaltend mit den beiden rotköpfigen Töchtern, die wie verschämt zu Boden blickten, und das alles geschah nur, um das hübsche Clärchen nicht grüßen zu müssen, die

unweit des Seetores gemeinhin am Fenster ihres zwar alten, doch freundlichen Wohnhauses saß, mit weiblichen Handarbeiten, oder beim Lesen einzelner Lieblingsschriftsteller fleißig beschäftigt; – denn ein so liebes, gutes Mädchen das anspruchslose Clärchen war, – sie wohnte ja in der Vorstadt, Grund genug, sich ihrer zu schämen.

Jenes Haus, großenteils aus Fachwerk bestehend, zeigte über seiner Türe die frommen Worte: „Gott mit uns!", und wahrlich, es gab wohl kein Gebäude in der großen Stadt, das in bezug auf seine Bewohner diese Inschrift mehr verdient hätte. So groß und umfangreich es auch war, wurde es dennoch nur von zwei Personen bewohnt, von Clärchen und ihrem blinden Bruder Rudolph, der nie das Licht der Welt erblickt hatte.

Ihre Eltern waren vor einigen Jahren gestorben. Der Vater, vormals ein wohlhabender Kaufmann, hatte nach und nach durch schlechte Spekulationen viel von seinem Reichtum eingebüßt, so daß, als er seiner vor Gram dahin geschiedenen Gattin folgte, dem blinden Sohne die schutzbedürftige Tochter, oder richtiger dieser letztern einen blinden Bruder fast als die einzige Hinterlassenschaft anheimgefallen war. Auch das ziemlich wertlose Haus und ein kleiner Rest des einst bedeutenden Vermögens war ihnen geblieben, nur eben hinreichend, um sie der Gnade ihrer Mitmenschen nicht bedürftig zu machen.

So weit es das unglückliche Schicksal Rudolphs zuließ, lebten die Geschwister in ungetrübter Heiterkeit. Trotz der strengsten, fast klösterlichen Abgeschiedenheit von der übrigen Welt erfüllte die Herzen beider nimmer jene entsetzliche Leere, welche die Unzufriedenheit stets bedingt. Sie genügten sich in ihrer gegenseitigen Liebe und verschmähten den Umgang mit der

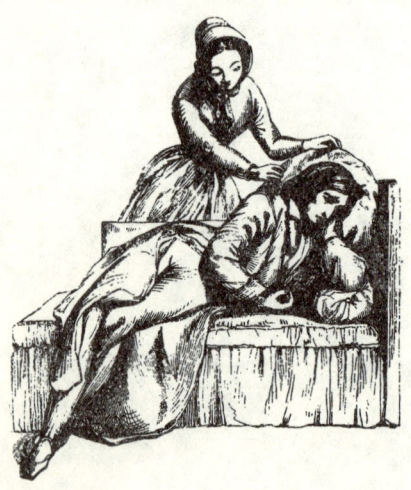

Außenwelt, da sie wohl empfanden, wie ein wahrhaftes Glück nur in der eignen Brust zu finden ist. Sie hatten es in sich selbst gesucht, – sie hatten es gefunden und reich an stillen Freuden schwanden beiden die Tage dahin.

Rudolphs Leben war nur ein halbes; auf die schönsten und größten Genüsse, die der Mensch zu empfinden vermag, mußte er verzichten, und wenn er sich von Zeit zu Zeit seines entsetzlichen Unglücks bewußt wurde, wenn er fühlte, welch einen unersetzlichen Schatz die Vorsehung ihm verweigert hatte; – da bemächtigte sich seiner jene Bitterkeit, wie sie sich an allen den Beklagenswerten bemerklich zu machen pflegt, die, von einer höhern Hand schrecklich gezeichnet, das Mitleid weniger auf sich ziehn, aber fast immer das Ziel eines empörenden Spottes für diejenigen sind, welchen der Himmel schönere geistige Eigenschaften versagte, die er blind für die Leiden und taub für die Klagen ihrer unglücklichen Mitmenschen erschuf. Seine Harfe und noch mehr sein Clärchen gewährten ihm in solchen trüben Augenblicken, wo es auch in seiner Seele Nacht wurde, den einzigen Trost. Er griff, von wildem Schmerze gefoltert, wild in die Saiten, Disharmonien entlockte er ihnen, um zu ermessen, ob irgend ein Ton der Erde unharmonischer zu klingen vermöchte wie eine Saite in seinem Herzen, auf der die Schmerzen gar schaurige Weisen spielten, an sie zerrten und rissen, ohne sie je zerreißen zu können. Endlich wich dann der wütende Schmerz einer stillen, mildtätigen Wehmut, aus dem ewig geschlossenen Auge drangen die großen Tränen hervor, leiser und immer leiser berührte er die Saiten seiner Harfe, bis endlich ein melancholisches Lied aus ihr ertönte und den wilden Kampf im Herzen des Unglücklichen vollends in einen heiligen Frieden verwandelte.

Aber nicht immer genügte ihm das wilde Phantasieren auf der Harfe; oft spielten die Schmerzen mit fürchterlicher Ausdauer auf seiner Herzenssaite, ohne sich auf die Saiten der Harfe auszuströmen; die Töne blieben rauh und disharmonisch und kein wehmutsvolles Lied erklang, dessen Melodienzauber ihn zu beruhigen vermochte. Von einer namenlosen Furcht ergriffen, durchschauerte ihn das Gefühl ewiger Einsamkeit und Verlassenheit, wie auch uns wohl im nächtig düstren Walde, fern von jeder menschlichen Seele, eine unerklärliche, peinigende Angst befällt. Licht und Menschen sind es, die uns fehlen, und der erste matte Schimmer, welcher uns die Nähe eines bewohnten Dorfes verkündet, gleicht einem Hoffnungsstrahle, den uns der Himmel schickt. Die Schreckgestalten, Mißgeburten einer erhitzten Phantasie, weichen von uns, neu belebt fließt das fast erstarrte Blut durch die Adern, die Hoffnung zieht ein in unser Herz und den ersten Menschen, der uns begegnet, könnten wir im Überdruß der Freude umarmen, ihn herzen und küssen, sei er König – sei er Bauer, sei er reich – sei er arm, er ist ja doch immer ein Mensch.

Licht und Menschen fehlten auch dem unglücklichen Rudolph! In ewige Nacht begraben, empfand er in jenen Augenblicken, wo er sich von der Welt verlassen, aus ihr verstoßen glaubte, die fürchterliche Großartigkeit des Unglücks, das ihn betroffen hatte; tausend folternde Gedanken stürmten auf ihn ein, Gefühle reich und tief an Schmerz wurden in ihm wach, doch jede Regung seiner Seele ging unter in der Sehnsucht zu den Menschen. In solchem

Zustande wäre er fähig gewesen, wie im Wahnsinn auf die Straße zu stürzen, hätte er sich wie ein Bettler an eine Ecke gestellt und mit ausgebreiteten Armen auf Vorübergehende gelauscht, um sich an ihre Brust zu werfen und Beistand und Rettung vor sich selbst von ihnen zu erflehn.

Doch er durfte nicht betteln; ein liebevolles Herz, eine gütige, nie ruhende Hand sorgte für ihn und gewährte ihm freiwillig alles, was er sonst hätte erbitten müssen. Schwester Clara war ihm die ganze Menschheit, wie er sie sich dachte und tausendfach mehr, als sie ihm in der Wirklichkeit gewesen sein würde. So ruhte er denn an ihrem Herzen, wenn selbst die Harfe eine Last von Kummer und Schmerz nicht von ihm wälzen vermochte. Trostesreich war jedes Wort, das Clara zu dem unglücklichen Bruder sprach, und unerschöpflich war sie an neuen Mitteln, seine tiefe Traurigkeit zu verbannen. Jetzt spielte sie seine Lieblingsmelodie auf dem Klavier; dann sang sie mit ihrer silberhellen, ergreifenden Stimme ein bevorzugtes Lied ihres Rudolph; plötzlich sprang sie auf, eilte zu ihm, setzte sich auf seinen Schoß, glättete die Falten auf seiner Stirn, strich ihm das lange Haar aus dem umnachteten Angesicht, bedeckte ihn mit Küssen und ruhte nicht eher mit ihren Liebesbezeigungen, bis sie ein Lächeln, wenn auch ein wehmutsvolles, in seinen Zügen erblickte. Aber dann, als wolle sie das warme Eisen schmieden, schaffte sie die Bibel herbei, las ihm vor, was sie als besonders heilsam und wohltätig für ihn erkannt hatte, bis ihm endlich die hellen Tränen entstürzten, bis er die geliebte Schwester umschlang und sein Auge zu ihr emporrichtete, das blind und doch voll des heißesten Dankes war. Ein schwerer Seufzer entrang sich noch seiner Brust, und als habe er mit ihm all sein Leid und Wehe ausgehaucht, kehrte jetzt Frieden, Lust und Freude im Geleite, in Rudolphs Herz zurück.

Seit einigen Tagen war er besonders heiter gestimmt, wozu eine Unterhaltung mit dem Prediger an der alten Klosterkirche, namens Eisenhardt, gar vieles beigetragen haben mochte. Dieser, ein Mann von dreißig und einigen Jahren, gesellte sich seit kurzer Zeit öfters zu den Geschwistern; seine Besuche währten lange; die Unterhaltung des geistreichen Mannes war keine einseitige, er kannte das Leben, er hatte die Menschen studiert und mit wahrem Entzücken lauschte Rudolph seinen Werken, die ihm über gar manches Aufschluß verschafften, was ohne sie dem Blinden stets dunkel geblieben wäre.

Die Liebe des Unglücklichen zu seinem täglichen Gaste wuchs von einem Besuche desselben zum andern, denn ach, er ahnte nicht, daß er in ihm den Zerstörer seines Erdenglückes an sich zu fesseln suchte. Der blinde Bruder! es mußte ihm entgehen, wie des Predigers Blicke auf Clara verweilten, wie die Augen desselben in leidenschaftlichem Feuer glühten, wenn jener alle Sinne des verehrten Mannes nur in seiner Unterhaltung lebendig glaubte; – ach, er sah es nicht, wie Claras Auge den Blicken des Geistlichen liebend begegnete, sah es nicht, daß Clara bleich geworden war, erkannte nicht den Kampf, der in ihrem Innern tobte und in dem schönen, großen Auge gar treu gespiegelt wurde.

Sie liebte und verehrte ihren Bruder, aber sie war ja doch seine Schwester; das Band der Natur, was sie umschlang, war doch gleichzeitig die Scheidewand, welche sie für immer trennen mußte, sobald ihre Zuneigung mehr denn eine schwesterliche gewesen wäre. Nie hatte sie in ihrer reinen Seele an ein solches Verhältnis gedacht und erst jetzt, wo sie zum ersten Male liebte, bemerkte sie mit Schrecken, daß der Bruder mehr denn eine Schwester in ihr erblickte, gestand sie sich errötend eine Gleichheit ihrer Gefühle für den Geliebten mit denen, welche ihr der blinde, leidenschaftliche Bruder genugsam an den Tag gelegt hatte.

Ihre Liebe zu ihm wähnte sie in der glühendheißen Zuneigung zu dem Geistlichen untergegangen, doch wie mächtig sich ihr Herz durch eine allgewaltige Kraft zu diesem hingezogen fühlte, fesselten sie dennoch tausend Bande an den teuren Bruder, der ohne sie wie ein führerloser Kahn auf dem Lebensozean umhergeschwommen und gar bald an dem harten, riesig großen Felsen der Gefühllosigkeit zerschellt sein würde. Die Entschlüsse des sonst so willenskräftigen Mädchens wechselten mit jedem Augenblicke; Liebe und Pflicht bekriegten sich hartnäckig in ihrer Brust, – doch, armer Rudolph! wie lange durfte wohl ein so ungleicher Kampf unentschieden bleiben?

2.

Es war ein freundlicher, mondenhellter Juniabend. Clara und Rudolph saßen in einer duftenden Rosenlaube, die den Gipfel eines Hügels schmückte. Dieser erhob sich am Ende ihres Gartens, den die Stadtmauer begrenzte, über welche hinfort man den großen, stillen See in seiner ganzen Pracht erblicken

und bewundern konnte. Claras Auge ward durch den entzückenden Anblick, der sich ihm darbot, auf dem Zauberspiegel des Sees gefesselt, während Rudolph die balsamische Luft in langen Zügen so heftig in sich sog, als solle ihn sein Gefühl den ganzen Reiz einer Umgebung empfinden lassen, die man erblicken mußte, um eines ungeschwächten Genusses teilhaftig zu werden. Clärchen war schweigsam; mit derselben Liebe wie vordem gewährte sie dem blinden Bruder jede Dienstleistung, die ihm erwünscht sein konnte, doch zu sprechen vermochte sie nicht. Sie mußte fürchten, dem armen Rudolph ihr Geheimnis zu verraten, da es seinem scharfen Ohre unmöglich entgangen wäre, wenn allen ihren Worten jener wohl zu erkennende Ton der Liebe gefehlt haben würde, welcher seit Jahren seine Himmelskraft auf Rudolphs Herz geltend gemacht hatte.

„Du bist so still, mein Clärchen", unterbrach Rudolph das anhaltende Schweigen, „und doch ist der Ton deiner lieben Stimme mir, dem blinden Bruder, alles, was dem sehenden Geliebten die schönen Augen seines Mädchens sind. Er liest darin jeden Zug ihrer Seele, alle ihre Gedanken, ihre Gefühle, und schließt sich ihr Auge, so dünkt es ihn: es lagre sich eine Wolke zwischen ihn und seinen Himmel. Der Klang deiner Stimme verrät mir die Freude, die dich beseeligt, die Furcht, die dich quält, und sprächest du nur in Tönen zu mir, sie würden mir wie Worte deine Gedanken an den Tag legen können. Clärchen, du offenbarst dich in ihnen, wie der Dichter in seinem Lied; sie lassen mich in dir mein Ideal erkennen, lieben und verehren, und du kannst dennoch zürnend schweigen?"

„Ich dir zürnen?!" erwiderte Clara mit dem Ausdrucke des höchsten Erstaunens, „nein, nein, gewiß nicht, – ich befinde mich nicht wohl, – mein Kopf tut mir weh, – es ist die Folge einer leichten Erkältung, die ich mir während unseres letzten Spazierganges mit dem Prediger zugezogen habe; um des Himmels willen, ich dir zürnen! lieber, lieber Bruder, beruhige dich, es wird recht bald anders und wieder besser werden."

„So hoff' auch ich! Du sprachst ja eben in dem lieben, alten Tone, könnte doch die ganze, liebe Vergangenheit wiederkehren und mit ihr unser beiderseitiges Glück. Mein Clärchen, ach, ich fühl' es wohl, es muß eine schwere Last sein, einen Unglücklichen zu pflegen, nicht von seiner Seite zu weichen, ein ganzes Dasein ihm hinzuopfern; doch ertrag' es nur, mein Dank und meine Liebe ist grenzenlos, wie das Opfer, welches du bringst."

„Rudolph, lieber Bruder, welche Reden! wie kannst du meinem Herzen so wehe tun? Ist es denn ein Opfer, welches ich dir...?"

Doch hier unterbrach sie sich. Eine laute Stimme in ihrem Innern rief ihr zu: es ist ein Opfer! Sie erschrak; hastig ergriff sie Rudolphs Hand, drückte sie warm und innig und benetzte sie mit den Tränen, welche ihr der Schmerz entpreßte. Sie wurde weich, und die Wehmut hätte ihr sicherlich ein Geständnis, demjenigen gegenüber, abgerungen, vor dem ihr Herz bis dahin geheimnislos geblieben war; wenn sie nicht, ihre eigene Schwäche ebensosehr erkennend, wie fürchtend, von seiner Seite in die duftenden Gänge des Gartens zu den schlafenden Blumenschwestern geflohen wäre.

Plötzlich vernahm sie Rudolphs Stimme, deren tiefe Töne weithin durch die Stille der Nacht erschallten. Der See, unter einer Sternendecke schlummernd, lauschte dem Gesange; die Bäume, aus ihren Zukunftsträumen geweckt, horchten auf, die Blumen öffneten ihre Kelche und spendeten dem nächtlichen Sänger in Zauberdüften ihren Dank, während ihm die Wasser und die Bäume ihren rauschenden Beifall zu erkennen gaben. Gleich einer Königin der Nacht, ihre Blumenschwestern an Schönheit überstrahlend, stand Clara unter den duftenden Rosen und Lilien, in der weiten Schöpfung um sie her einzig und allein die ganze Schmerzenstiefe des Liedes erkennend, das zu ihr herüberklang. So schmerzlich sie auch jene düstren Klänge berührten, schlich sie dennoch der Laube näher, um keine Silbe, keinen Ton durch die Entfernung einzubüßen, und als wolle sie ermessen, wieviel ihr Herz zu dulden vermöchte, horchte sie mit gespannter Aufmerksamkeit den letzten Strophen des folgenden Liedes:

„Selbst die dunkelste der Nächte
Sieht am Morgen wieder Licht,
Nur der düstren Nacht des Blinden
Harrt das Licht des Tages nicht.

Menschenleer war's noch auf Erden,
Gott, da schufst Du schon das Licht,
Und Du lässest Blinde werden!
Höhnt das Deine Weisheit nicht?

Laß mich einmal nur erschauen
Deiner Augen Sternenlicht,
Und ich will Dir ganz vertrauen,
Länger zweifeln will ich nicht.

Laß in Claras Herz mich lesen,
Zeige mir ihr Angesicht,
Ja, Du bist ein höchstes Wesen,
Einen Zufall gibt es nicht."

Die letzten Akkorde hatte der Nachtwind verweht; – die Blumen neigten wieder die müden Häupter, die Bäume träumten weiter und selbst der blinde Sänger war in Folge geistiger Abspannung, die ein Übermaß von Schmerz zu erzeugen vermag, dem Schlafe in die Arme gesunken. Starr und regungslos stand Clara am Fuße des Hügels, immer noch lauschend, als erwarte sie ein neues Schmerzenslied, um endlich ihren Wunsch erfüllt, – die Kraft ihres Herzens gebrochen und ein Dasein vernichtet zu sehn, das, wie sie handeln mochte, nur Leid und Wehe über diejenigen ausschütten mußte, die ihrem Herzen alles waren.

Doch es blieb still um sie her. – Da plötzlich schien sie wie aus einer Betäubung zu erwachen. Das Bewußtsein ihrer Freiheit leuchtete jetzt stolz aus ihrem schwarzen Auge; die langen, dunklen Locken, die ihren Kopf umflatterten, warf sie über den blendend weißen Nacken zurück; mit dem Ausdrucke der Entschlossenheit in ihren Mienen richtete sie sich majestätisch empor und eilte zur Laube, wo sie, wider Erwarten, den Bruder schlafend fand.

„Er muß alles wissen", sprach sie zu sich selbst, „zu lange schon habe ich ihm verhehlt, was ihm nimmer ein Geheimnis sein durfte. Ich kann nicht zweien Herren dienen! Gott, Du bist Zeuge, wie ich gekämpft habe, aber ich muß dem Geliebten den Bruder zum Opfer bringen. Der Entschluß ist gefaßt; mag er unnatürlich sein, – ich gehorche der Stimme meines Herzens, das nie aufhören wird, schwesterlich für den armen Rudolph zu fühlen, aber mir einzig und allein seinen Nebenbuhler zu lieben gebietet."

Fest entschlossen, dem Bruder noch in dieser Minute ihr Geheimnis zu offenbaren, trat sie näher; schon hob sie die Hand, um ihn aus Träumen zu wecken, deren vielleicht liebliche Bilder ihm einen schwachen Ersatz für eine schmerzensreiche Wirklichkeit gewähren mochten, als sie plötzlich ihre

Rechte sinken ließ. Sie starrte unverwandten Blickes auf das vom Mondlicht umflossene Haupt des Bruders, dann ergriff sie, im Innersten ergriffen, ihre Laute, um ein Lied zu begleiten, das der Augenblick in ihrer Seele hervorgerufen hatte:

„Welch ein Wunder! ist es Täuschung?
Nein, es kann nur Wahrheit sein,
Um das Haupt des blinden Bruders
Leuchtet mild ein Heilgenschein.

Um Verzeihung will ich beten
Vor dem Engelsangesicht,
Daß im wilden Herzenskampfe
Liebe siegte über Pflicht.

Ach, so soll ich ihn verlassen!
O, mein Gott! er ist ja blind,
Schwester, Mutter, Liebe – alles
Fehlte dann dem blinden Kind.

Himmel! wie so engelsmilde
Er so plötzlich auf mich blickt;
Doch es waren wohl nur Grüße,
Die der Mond mir zugeschickt.
Aber nein, in seinem Auge
Glänzt das wunderbare Licht,

Segensvoller, freudereicher
Strahlt mir selbst die Sonne nicht.

Gott, wie groß doch Deine Werke
An mir schlichtem Mädchen sind,
Ach, nun steht die Welt mir offen,
Rudolph ist ja nicht mehr blind."

Die letzten Worte hatte sie von ihren Empfindungen überwältigt und fortgerissen, mehr gesprochen wie gesungen. Ihre überreizte Phantasie machte
sie glauben, der heißeste ihrer Wünsche sei in Erfüllung gegangen, und von
der Überzeugung beseelt, dem unglücklichen Bruder sei von einer höheren
Hand endlich das Augenlicht geschenkt, umschlang sie jetzt in geistiger
Trunkenheit – o, arme Clara – den noch immer blinden Rudolph.

„Schwester, was ist dir, mein süßes Leben!" rief Rudolph erschreckt, der
schon vor Beendigung des Liedes erwacht war und seinen Inhalt teilweise
zwar gehört, aber nicht klar verstanden hatte. Er, der nicht ahnen konnte,
daß die Strahlen des Mondes, welche sein Auge trafen, von der überreizten
Schwester für die ersten milden Blicke des sehend gewordenen Bruders gehalten worden waren, glaubte erklärlicherweise, jene sei dem Irrsinn verfallen.

„Rudolph, Rudolph, seh mich an mit deinem lieben, sanften Auge; was
sagst du zu deiner Clara? Ach, du hast sie dir wohl schöner gedacht? Aber
tröste dich nur, ich werde wieder schöner werden, wenn meine gramge-
bleichten Wangen wieder blühn und die matten, fast erstorbenen Augen in
altem Glanze strahlen werden. Ja, ja mein herziger, lieber Bruder, all' mein
Leid und Weh ist in die unaussprechliche Freude verwandelt, denn ach, du
bist ja…"

„Immer noch blind", unterbrach sie Rudolph mit bitterster Stimme.
„Mein Kind, was hat dich verblendet? Arme Clara, geh' zur Ruh; du phanta-
sierst, du träumst, und dein Erwachen wird kein freudiges sein. Der Gram
hat zerstörend an dir genagt, dein Geist ist zerrüttet; geh' heim in unsre Wohnung, mein Clärchen, träume weiter, wenn du es vermagst, und bist du
glücklich in deiner Traumwelt, so suche nimmer zu erwachen. Die Nacht ist
so schön, laß mich allein, laß mich den Zauber der Natur um mich her ungestört genießen."

Rudolph hatte sich von seinem Platze erhoben; er seufzte tief, war er doch
durch Claras ungegründete Freude mehr denn je an sein Unglück erinnert
worden. Hastig suchte er ihre Hand, preßte sie an seine Lippen, und während
seine glühendheißen Tränen auf die heißere Hand der Schwester fielen, rief
er mit vor Schmerz erstickter Stimme:

„Ach, mein Gott, warum bin ich blind? Warum ist mein ganzes Leben nur eine ewig lange Prüfungszeit?"

Starren Auges schaute Clara auf den jetzt nachtumhüllten Bruder, eine Wolke hatte sich vor den Mond gelagert und all ihr Hoffen in ein Nichts verwandelt. Weder ein Heiligenschein umglänzte das dunkle Haupt, noch leuchteten milde, segensreiche Blicke aus den dicht geschlossen Augen und dunkle Nacht war es in ihrer Seele geworden, wie rings um sie her. Taub war sie gegen die Worte und Bitten ihres Bruders; leblos, gleich einer Statue, hatte sie jetzt das tote Auge unverwandt auf den See gerichtet, dessen Tiefe der Schmerzensreichen sicherlich als ein rettungsverheißendes Asyl erscheinen mochte. Da ward sie plötzlich durch ein Geräusch in den Bäumen, welche das Ufer des Sees bekleideten, aus ihrem Starrkrampfe geweckt; gleichzeitig warf der Mond den düstren Schleier von seinem mildstrahlenden Antlitz zurück, bei dessen hellem Scheine Clara die dunkle Gestalt des Predigers erkannte, dessen Herz, wie das ihre, von den verschiedensten Gefühlen bestürmt, Ruhe und Frieden am Busen der Natur zu finden hoffte.

Nicht ahnend, wer sich in seiner Nähe befinde, wollte er flüchtigen Schrittes vorübereilen, als er, durch einen ängstlichen Schrei Claras veranlaßt, sein Auge auf die Stadtmauer richtete und dort mit nicht geringem Erstaunen die Geliebte bemerkte. Er grüßte sie mit der Hand, und ohne auf ihre lauten, hastigen Fragen: „Wohin so spät? Warum so eilig?" zu antworten, beflügelte er seine Schritte und war bald vor Claras sehnsuchtsvollen Blicken verschwunden.

„Wer war der Glückliche, zu dem du sprachst? Welchem Beneidenswerten galten jene gleichgültigen Fragen, die dennoch meinem Herzen nicht gleichgültig klingen wollten?" rief Rudolph mit bittrem Hohne. „Himmel, meine Ahnungen, die folternden Gedanken, welche mir den erquickenden Schlaf raubten, wenn sie Wirklichkeit gewönnen! Gott sei mir gnädig, laß mich das nimmer erleben!"

Er entriß seinen Arm den Händen Claras, welche ihn willenlos umklammert hielt und von dem quälenden Gedanken gepeinigt: ihr Geliebter, ihr anders Ich teile den Lebensüberdruß mit ihr, der unglücklichsten aller Bräute, bangte sie für ein Dasein, dem sie das ihrige mit freudiger Hingebung zum Opfer gebracht haben würde.

„Clara, sprich!" so störte der unheilahnende Rudolph die in ängstliches Sinnen verfallene Schwester, – „wer war der, zu dem du zärtlicher als zu dem Bruder sprechen konntest?"

„Welche Frage! er war es ja selbst! lieber, treuer Rudolph, wenn er mich wirklich für ewig unglücklich machen wollte! – ach nein, er kann es nicht, ein Diener der Kirche, ein Lehrer der Religion – o fort ihr finstern Gedanken, die ihr wie böse Geister auf mich einstürmt und meinen Glauben an ihn und seine Liebe vernichten wollt. O gewiß, – der Irrsinn spricht aus mir; Clara, Clara, welche Torheit! er muß, er wird leben um meinetwillen; er liebt mich innig genug, um für mich das Unerträgliche zu ertragen. Aber welch ein Ton traf jetzt mein Ohr? Gott im Himmel erbarme Dich seiner und meiner armen Seele. Rudolph, Bruder, hast du den dumpfen, unbeschreiblich schrecklichen Laut vernommen? Rette, rette ihn, wenn du es vermagst; siehst du dort – ach warum bist du blind? Du siehst und rettest ihn nimmer – dort das dunkle Gewand, er ringt und kämpft mit der Flut; wie todesbleich seine Wangen sind, – er grüßt mich zum letzten Male mit der Hand, – wie, war das nicht gar mein Name? – o harre meiner, nimm mich mit in das Land des Friedens! – weh mir, alles ruhig, todesstill auf dem Wasserspiegel. Er ist tot, und ich – ich lebe noch! Welch ein Leben! o könnt' ich meine Tränen sammeln, die um den Toten fließen werden, sie würden ein Tränenmeer, in dem ich sterben wollte, wie er gestorben ist."

In Rudolphs Brust kämpfte der Zorn mit dem Mitleid; zu dem Kummer über das eigene Wehe gesellte sich der Schmerz über die unglückliche Schwester. Er setzte sich auf die Bank, stützte den Kopf mit beiden Händen, und ohne ein Wort des Trostes, doch auch ohne den leisesten Vorwurf auszusprechen, überließ er sich seinen düstren Gedanken.

Allgemach gelangte Clara zum vollständigen Bewußtsein ihrer selbst. Sie erkannte, daß die Furcht ihrer Phantasie ein zu weites Feld eröffnet hatte; wie ein schrecklicher Traum erschien ihr die jüngste Vergangenheit und nur die quälende und doch freudige Gewißheit, dem Bruder endlich das lang verhehlte Geheimnis offenbart zu haben, war ihr geblieben.

„Rudolph", so wandte sie sich jetzt zu diesem, „die namenloseste Furcht hat mir ein Geständnis erpreßt, das du sonst vielleicht nimmer vernommen hättest. Sooft ich bemüht gewesen bin, mein Herz so faltenlos wie in glücklicheren Zeiten vor dir aufzudecken, es wollte mir bisher durchaus nicht gelingen. Nimmer wärest du wohl der Vertraute eines solchen Geheimnisses geworden, das ich mit mir ins Grab zu nehmen gedachte, an dessen Rande ich schon stand. Doch in dem Augenblicke, wo ich das Leben des Geliebten gefährdet, ja verloren glaubte, wurde mir das Band der Zunge gelöst. Jedes andere Gefühl wich der Liebe zu ihm; jede Rücksicht, die mir deine Nähe sonst auferlegt haben würde, wurde hintenan gesetzt, es galt ja seine Rettung, die Rettung des Geliebten. Bruder, ich empfind' es wohl, wie jedes dieser Worte dein Herz wie ein Dolchstich trifft, aber es ist besser, du leerest sogleich den Leidenskelch bis auf den Grund, als daß ich ihn dir tropfenweise zu trinken gebe. – All' mein irdisch Glück war meine Liebe zu dir; ach, ich war so heiter und zufrieden, als ich nichts von der Welt wie den blinden Bruder kannte; warum mußte der heilige Frieden, die segensreiche Ruhe unseres Ineinanderlebens durch die Gegenwart eines Dritten gestört und vernichtet werden? Er war ein Räuber an deinem Eigentum, das ich in meinem Herzensschreine sicher geborgen glaubte; doch er öffnete Schloß für Schloß mit dem Zauberschlüssel seiner Liebe und nahm die Schätze, die ich dir gesammelt hatte. Rechne ich es seinem Edelmute oder meinem verzweifelten Widerstande zugute, – er raubte nur die Hälfte seiner Habe, die ihm dem Sieger preisgegeben war. Rudolph, er hat dir ein köstlich Teil gelassen; ich weiß nicht, ob du es zu deuten vermagst, aber wie er dir die Fülle meiner Liebe geschmälert haben mag, – bei Gott, ich fühl' es erst in diesem Augenblick – ich liebe dich wahrhaftiger denn je. Wie ein Heiliger erscheinst du mir; ich blicke scheu zu dir empor, beten könnte ich vor dir; aber – ach, wozu soll ich es aussprechen – ich bin deine Schwester, erwäge das eine Wort und verzeihe mir, wenn ich die irdische Liebe, eine Leidenschaft, die ich noch nie gekannt und jetzt mein Innerstes ergriffen hat, fort von dir in die ausgebreiteten Arme des Geliebten führt. Er hat das Versprechen meiner Liebe – es trennt mich für immer von dir. Jetzt bin ich sein! mit wilder, ungestümer Hast zieht es mich an seine Brust; Gefühle, die jahrelang fast einen Todesschlaf in meinem Busen schliefen, sind in ihrer riesigen Größe erwacht.

Eisenhardt liebt dich fast so innig und aufrichtig, wie ich; ziehe zu uns, sei uns beiden ein geliebter Bruder, kein Opfer wird uns zu groß sein, um dein Leben froh und heiter zu gestalten. Auch in den Armen des Geliebten werde ich dir ewig eine Schwester sein. Kann deine Eitelkeit dennoch von mir verlangen, nur dir zu gehören und unerfüllt zu lassen, was die Bestimmung des Weibes ist?"

Rudolph erhob sich von seinem Sitze. Clara umschlang ihn, bat ihn zu bleiben, denn es rege sich noch Tausenderlei in ihrem Herzen, was er nur jetzt in diesem Augenblicke erfahren könne, wo ihr das Verhältnis zum Geliebten noch über einen solchen Gegenstand zu sprechen erlaube. Umsonst, er entzog sich gewaltsam ihrer Umarmung. „Eitelkeit, Eitelkeit!" rief er mit herzzerreißendem Tone in die Nacht hinaus und kehrte dann auf wohlbekannten Wegen in sein Zimmer zurück, das er verschloß, um weiterer Mitteilungen überhoben zu sein.

„Gott, vergib mir", flehte Clara, „daß ich die Seele des Unglücklichen bis in den Tod betrübte! Das Los des Weibes ist entsagen, dulden und ertragen, doch sollte es darum auch seine Bestimmung sein, den Geliebten um des Bruders willen zu opfern? Ich wäre arm an Gefühlen, könnte ich nur seine Schwester sein; ich bin mehr, ich bin ein Weib und stolz auf meine Liebe zu dem Auserwählten. Ein Weib? – ach nein, ich war es einst in schöneren Tagen; die fromme Liebe, ungetrübt durch sinnliches Verlangen, ist niedergekämpft, jetzt trägt jeder Gedanke die Sehnsüchtige in seine Arme."

„Der Lerche Lieder tönen
So voller Freud' und Lust,
Als wollten sie verhöhnen
Den Schmerz in meiner Brust.
Sie kann gar fröhlich singen,
Weil ihr das Laben lacht,
Mir wird es nie gelingen
Nach einer solchen Nacht.

Es tönten Orgelklänge
Mit feierlichem Laut,
Da schritten durchs Gedränge
Der Bräut'gam und die Braut.
Ich suchte ihre Herzen,
Doch ach, sie hatten keins,
Nicht Liebeslust, noch Schmerzen; –
Da schlug die Glocke eins.

Und sieh, am Hochzeitslager
Erblickt' ich jetzt die Braut,
Der Bräut'gam, blaß und hager
War schon ihr angetraut.
Er hielt sie fest umschlungen,
Dann hört' ich einen Schrei,
Der mir das Herz durchdrungen; –
Da schlug die Glocke zwei.

Und durch des Tores Pforte
Zog jetzt ein Trauerzug,
Der still zum Friedensorte
Die tote Braut nun trug.
Ich fragte herzzerrissen:
Wo denn der Gatte sei?
Doch wollt' es keiner wissen; –
Da schlug die Glocke drei.

Und ehe neue Bilder
Mir Leib und Seel' erschreckt,

Die wild und immer wilder
Den Wahnsinn wohl geweckt,
Entfloh ich meinem Lager,
Doch nicht der Angst und Not,
Mir folgte, blaß und hager,
Ihr Gatte jetzt – der Tod."

Während Rudolph früh am Morgen dies Lied sang, da alles den neuen Tag mit Wonne und Jubel begrüßte, schrieb Clara mit zitternder Hand wenige Zeilen an den Geliebten:

„Das Unvermeidliche ist geschehn! er weiß, daß ich Dich liebe. Eine namenlose Furcht, die mich ergriff, als ich Dich gestern unvermutet an dem Ufer des Sees erblickte, verriet ihm alles. Segnen wir den Himmel für eine solche Fügung!Nur die Besorgnis für Dein Wohl konnte mich die tausend Rücksichten vergessen machen, welche ich, dem Bruder gegenüber, nie außer acht gelassen habe. Ohne einen solchen Zufall wäre es mir unmöglich gewesen, ihm unser Verhältnis einzugestehn. Ich fürchtete einen leidenschaftlichen Ausbruch seiner Heftigkeit; ich hatte ihn jedoch verkannt. Er blieb schrecklich ruhig, so ruhig, daß ich wünschen möchte, sein Zorn hätte keine Grenzen gefunden. Aber ich glaube, mein Geständnis hat seine Kraft gelähmt. Er gleicht einem Vulkan, dessen Feuer nur eben hinreicht, sich selbst zu verzehren, aber viel zu schwach ist, in heftigen Ausbrüchen rings um sich her Tod und Verderben zu verbreiten. Du bist so gut, so liebevoll, und bald Rudolphs sicherste Stütze, eile zu uns und suche den Unglücklichen zu trösten. Ich vermag es nicht; sein Anblick bricht mir das Herz. Zeige Du Dich in Deiner ganzen Kraft; Du bist ja ein Mann, Du mußt den vorwurfsvollen, schmerzensreichen Blick eher ertragen können, der selbst aus dem ewig geschlossenen Auge hervorleuchtet. Komm, komm Geliebter, um ihn und mich zu retten.

Deine Clara."

Eine Stunde später klopfte es an Rudolphs Tür. Nach mehrmaligem Pochen öffnete er, und die hohe, ehrfurchtgebietende Gestalt des Predigers trat in das Zimmer; Clara, bleich und weinend, hielt seinen Arm umklammert. Der Geistliche grüßte seinen Nebenbuhler mit wenigen freundlichen Worten. Als dieser an der Stimme erkannte, wer in seiner Nähe sei, ergriff ihn ein heftiges Zittern, umsonst rang er nach Fassung, um die Begrüßung seines Gastes erwidern zu können; endlich hatte er sich insoweit gesammelt, um mit bittrem Hohne die Frage an diesen richten zu können:

„Was gewährt mir so früh das Vergnügen Ihres Besuchs, Herr Prediger?" Doch ehe ihm derselbe zu antworten vermochte, rief er, vom Schmerz überwältigt, aus: „Ich weiß alles! ich flehe Sie an, jede Bemühung einzustellen, um die Wunde, die Sie mir schlugen, durch Trostesreden und Erbauungspredigten heilen zu wollen; jedes Ihrer Worte würde mir wie ein dreischneidiger Dolch in der unheilbaren Herzenswunde wühlen, sie vergrößern, augenblicklich vielleicht sie tödlich mach. Nehmen Sie mein Alles, alles, was ich außer meinem Schmerze besitze; wohl mir, der hat nur Wert für mich; sonst würden mir ein hartes Herz und eine gierige Hand auch das letzte zu rauben suchen, was mir vom Leben geblieben ist. O ein köstlicher Rest! Clara liebt Sie, – o nehmen Sie ohne Verzug die Geliebte fort aus der Nähe ihres blinden Bruders. Bei Gott! ich mißgönne sie Ihnen nicht. In dem Augenblicke, wo sie Ihnen ihr Herz schenkte, hörte sie auf, mein zu sein, und fremdes Eigentum habe ich nimmer gern bei mir geborgen. Was ist mir Clara ohne ihr liebend Herz! Nichts andres wie die Wärterin eines Blinden. Sie sei die Ihre; macht es Sie doch glücklich, und mir kann es gleichgültig sein, wer mir die Suppe kocht."

„Rudolph, ich kann den Bruder meiner Braut bei keinem andern Namen nennen", unterbrach ihn hier der Geistliche, „verbittern Sie nicht uns allen eine Zukunft, die so reich an Freuden sein könnte. In Ihrer Hand ruht unser aller Schicksal, Sie können sich und uns verderben. Was Ihnen Clärchen war, – ich weiß es wohl, doch mochte Ihre Liebe in die glühendste Leidenschaft ausgeartet sein, eine heilige Pflicht, die Erfüllung der Naturgesetze, zwang Sie mit unbesiegbarer Kraft in der Schwester immer nur die Schwester zu lieben. Sie denken zu edel, Clara ist zu rein, um auch im Verborgenen ein innigeres Gefühl obwalten zu lassen, das dem Auge stets verdeckt bleiben müßte, und so müssen Sie eine Gnade des Himmels darin erkennen, daß er sich ein Werkzeug erkor, um für immer zu trennen, dessen Vereinigung eine Todsünde gewesen wäre. Ich spreche nicht zu Ihnen, Bruder meiner Clara, wie ein moralisierender Gottesgelehrter, der unter dem Deckmantel der Religion seinen teuflischen Egoismus, die Habsucht und den Geiz seiner schmutzigen Seele verbirgt, nein, ein solches Tun und Treiben sei ferne von mir. Ich entbinde Clärchen hiermit jedes Versprechens, das sie mir gegeben; möge sie angesichts Ihrer noch einmal entscheiden, ob sie es um des Bruders willen verschmäht, das eheliche Weib ihres Geliebten zu werden!"

„Nein, nein", rief Rudolph mit lauter Stimme, – „wozu? ihr Herz hat längst entschieden."

„Erwägen Sie ferner", fuhr der Geistliche fort, „daß Sie zu viel von unserm Clärchen fordern. Sie soll nur Ihre Schwester sein. Wie gemäßigt sind meine Ansprüche im Vergleich zu den Ihrigen: ich verlange sie zum Weibe und werde doch nimmer zürnen, wenn sie ihre Liebe zwischen dem Gatten und Bruder teilt. Hier angesichts des teuren Mädchens, deren innige Liebe für Sie nie zu ersterben vermag, die in dem Augenblicke, wo ihr Mund das für dies Leben entscheidende Ja ausgesprochen hatte, wo ich die Geliebte an meine

Brust und den ersten süßen Kuß auf ihre Lippen drückte, – dennoch an den Bruder dachte und fast zu meinem Kummer fragen konnte: ‚Aber Rudolph wird doch bei uns sein?' – Angesichts ihrer schwöre ich es Ihnen, jene schwesterliche Liebe wie ein Kleinod ihrer Seele hegen und pflegen, aber sie nimmermehr wie eine Flamme löschen zu wollen, die ihre Liebe zu mir in Todesgefahr bringen könnte. Begleiten Sie unser Clärchen! ich gedenke nicht zwei Wesen zu trennen, deren Herzen sich ewig gehören werden. Sein Sie mir ein innig geliebter Bruder, ich habe nie Geschwister gehabt, lassen Sie mich diesen hohen, himmlischen Genuß empfinden. Alles Leid und Weh, das ich Ihnen scheinbar zugefügt haben mag, soll die unverkennbare Wirklichkeit meiner Bruderliebe unvergeßlich machen. Ich ergreife Ihre Hand, erwidern Sie diesen Druck mit gleicher Innigkeit und besiegeln Sie einen Bund, den erst der Tod auflösen soll."

Rudolph entzog dem Prediger hastig seine Hand, die dieser ergriffen hatte.

„Nein, nein, – um des Himmels willen nein!" rief er in größter Aufregung, „es kann, es darf nicht sein. Ist es nicht genug aus einem Himmel gerissen und der nüchternen Erde wiedergegeben zu werden! warum soll ich mich selbst zu Höllenqualen verdammen!"

Clara eilte auf ihn zu, schloß den Widerstrebenden in ihre Arme und beschwor ihn in seiner Rede inne zu halten.

„Teurer Bruder, bei der Liebe, die du einst für mich gefühlt haben willst, flehe ich zu dir: laß dich erweichen! Willst du mein Lebensglück zerstören und eine namenlos Glückliche der Verzweiflung preisgeben? Du wirst, du mußt in unsre Mitte und unser lieber, guter Bruder sein. Mein Gott! was soll aus dir werden, wenn ich dir fehle, welcher der Himmel das beneidenswerte Los beschieden hatte, einem Unglücklichen sein einzig und alles zu sein? Wer wird dich trösten in deinem Schmerz? wer dir aus der Bibel lesen? Dir ein Liedchen singen und dich am See spazieren führen? Ach, ich weiß es, du kannst ohne die Schwester nicht leben, die ein Teil deiner selbst geworden ist; reißt du doch kein Glied deines Körpers gewaltsam von dir, warum willst du dich meiner entäußern, die ich durch festere, geistige Bande an dich gefesselt bin?"

„Clara, du bist in einem unerklärlichen Irrtume befangen! Wer hat alle Bande zwischen uns gelöst? Wer hat sich losgerissen? schärfe dein Gedächtnis und du wirst in dir selbst den Täter erkennen. Geh mit Gott und sei glücklich! ich kann und werde nie aufhören dich zu lieben, weshalb sich der Wunsch für dein Wohl im Innersten meines Herzens regte. Ich muß es beklagen, daß du meine Liebe zu dir nicht verstehen konntest, sonst würdest du jetzt den Beweggrund zu meiner Handlungsweise in keiner allzugroßen Eitelkeit erblicken. Sie, Herr Prediger, huldigen noch einem ungleich größeren Wahne, wenn Sie mir die Fähigkeit, ja sogar die Absicht zumuten, die Reinheit eines Engels durch Erdenlust entweihen zu wollen. Ich wäre zu einem Sünder ohnegleichen herabgesunken, wenn ich meine Schwester, die mir Vater und Mutter ersetzen mußte, zu der ich wie zu meinem guten Engel betete, für die ich gleichzeitig wie für ein fromm unschuldig Kind den Beistand Gottes erflehte, wenn ich mich bemüht hätte, dies Wesen durch Befriedigung einer irdischen Lust zu entheiligen, o Gott – die Schwester zu meinem Weibe zu machen. – Clara, was du mir gewesen bist, ich weiß es nicht zu sagen. Die Sprache hat weder Worte noch Vergleiche dafür. Ebenso glühend, aber reiner, wie der Geliebte die Braut, frei von Eigennutz, jeder Aufopferung fähig, hab' ich dich geliebt, wie die Mutter ihr Kind, ein Vergleich, der um so passender sein dürfte, als mich das traurige aber unabänderliche Schicksal einer Mutter trifft. Das undankbare Kind, das sie mit Schmerzen geboren, das als zarte Pflanze benetzt vom Tränentau des sorglichen Mutterauges gediehen und emporgewachsen ist, das die Ruhe ihres Schlafes störte und in bösen Täumen ihr Herz mit banger Besorgnis für sein Wohl erfüllte; dies undankbare Kind verläßt, von wilder Leidenschaft getrieben, mit unverhehlter Freude das elterliche Haus, reißt sich freudig los aus der Umarmung der weinenden Mutter, die ihm einst alles war und schon nach Minuten nur noch ein Nothafen ist, der das leckgewordene Schiff von Zeit zu Zeit rettend aufzunehmen vermag, wenn es auf dem Lebensozean den schönen Port der Liebe und des Glücks vergeblich gesucht haben sollte. – Clärchen, noch immer geliebte Schwester, leb' wohl für ewig, ihn, der dich nie erblickte, darfst du nimmer wiedersehen."

Bei diesen Worten hatte er sich ihr zitternd genähert, und sie heftig an seine Brust drückend fuhr er fort:

„Mein Schmerz hat sich in Wehmut aufgelöst, die mich als eine treuere Gefährtin wie du, mein Clärchen, auf der Lebensreise begleiten soll, die mich hoffentlich recht, recht bald an das Ziel meiner Wünsche geführt haben wird. Mögen Monate, mögen Jahre darüber vergehn, du mußt es mir versprechen, diese Stunde stets als Trennungsstunde für die Ewigkeit anzusehn. Tu' es aus Liebe zu mir, von der du einen so kleinen Teil vielleicht bewahrt haben wirst. Der leiseste Ton deiner Stimme würde alte Schmerzen in ihrer alten Kraft erwachen lassen, darum fliehe mich wie einen Verdammten, den die Menschheit ausgestoßen oder richtiger nie in sich aufgenommen hatte; fliehe mich, wenn ich in diesen Mauern weilen soll. Jeder Versuch, mich meiner grabesgleichen Einsamkeit zu entreißen, würde meinen Entschluß heranreifen, mich meinen Vorsatz in Ausführung bringen lassen. Ich würde gewiß ein Plätzchen finden, wo ich ungestört mein Haupt zum letzten Schlummer niederlegen könnte; ach mein Gott, der Blinde bedarf ja keiner Hand das Auge sanft ihm zuzudrücken. – Gatte meiner Clara, nimm hin dies Kleinod, dessen Tugendglanz von Zeit zu Zeit die ewige Nacht meines Herzens erhellte und führe sie dort oben so engelrein in meine Hand zurück, als ich sie dir, dem Glückgekrönten, übergebe."

Hier legte er die Hände beider ineinander, suchte sie durch einen innigen Druck wie für das ganze Leben zu verfestigen und eilte dann mit staunenswerter Schnelle aus dem Zimmer hinab in den Garten.

Langsamen Schrittes verließen die Liebenden das helle, freundliche Gemach seines düstren Bewohners. Sie wurden ihres Glücks nicht froh; Clara ging schweigsam und Tränen im Auge an der Seite des Geliebten, auf dessen Stirn sich eine finstere Wolke gelagert hatte. Er geleitete jene nach ihrem Zimmer; nur ein herzliches Abschiedswort sprachen seine Lippen und mit der bestimmten Zusage, nach wenigen Stunden zurückzukehren, um über ihre nächste Zukunft zu entscheiden, trennte er sich mit Kuß und Händedruck von der unglücklichen Braut.

Diese war ein Bild des Jammers; bald saß sie weinend in einer Ecke des Zimmers und überließ sich ihrem wilden Schmerz, bald ging sie händeringend auf und ab und bat um Rettung in ihrer Not bei dem Gott der Liebe und Gnade.

Unaufhaltsam klangen ihr Rudolphs letzte Worte im Ohr und Herzen.

„Weh mir", rief sie aus, „mein armes Herz wird ein Raub der verschiedensten Gefühle, die in ihm stürmen. Rudolphs Zorn hätte ich ertragen und Trost in den Armen des Geliebten gesucht und gefunden; aber dies wehmütige, stillergebene Entsagen vernichtet mich. ‚Engelsrein' hat er mich genannt! Ach, die Reinheit meines Herzens ist dahin, die Leidenschaft hat in ihm getobt und jene zerstört; ich hätte vor Scham über ein Lob vergehen mögen, das ich – ein trauriges Geständnis – nicht mehr verdiene. Wohl ergreift mich eine unendliche Sehnsucht nach jener schönen Zeit, wo die unbefleckte Liebe, wo Ruhe und Frieden in meinem Herzen thronten; – aber ach, unwiederbringlich ist die herrliche Vergangenheit für mich verloren!"

4.

Ungefähr ein Jahr war seit jenem denkwürdigen Morgen vergangen, wo Rudolph die Schwester um ewige Trennung beschwor; ein Jahr war dahin, und wenn auch mit blutendem Herzen, hatte Clärchen die Wünsche ihres Bruders dennoch auf das strengste erfüllt.

Wenige Wochen nach jenem Auftritte, während welcher Zeit beide Geschwister kaum ihr Zimmer verlassen hatten, fand ihre Vermählung mit dem

Geistlichen statt. Bei der Hochzeitsfeierlichkeit wurde der Bruder als krank gemeldet, um den wenigen Gästen seine Abwesenheit erklärlich zu machen. Noch an demselben Tage zog Clärchen still, ohne Abschied nehmen zu dürfen, aus der alten Wohnung in das stattliche Pfarrhaus, von welcher Zeit ab die Schwelle nimmer von ihr berührt worden war, welche sie seit ihrer Kindheit unter den mannigfachsten Verhältnissen des Lebens überschritten hatte.

Rudolphs Herzensleiden war durch die Zeit nicht einmal gemildert, wiel weniger geheilt worden. Seine Harfe ließ er, wie eine Geliebte, welche die Leidenschaft des Genießenden nur zu erhöhen, sie aber nie zu schwächen vermag, fast nimmer aus seinen Armen; doch umsonst entlockte er den Saiten manch melodisches Lied, der Trübsinn, welcher seine Seele umnachtete, konnte durch den Zauber der Musik nicht mehr gehoben werden.

Während des Winters saß er tagelang in seinem Gemache allein, mit nächtig düsteren Gedanken. Sie waren alle auf einen Gegenstand gerichtet. Erlösung von dem Leid und Weh, das ihn betroffen und sein Leben untergraben hatte, konnte er nur vom Tode erwarten, weshalb er seiner sehnsüchtig, wie der Ankunft eines lieben, teuren Freundes, harrte.

In solcher Stimmung finden wir den Hartgeprüften nach Verlauf eines Jahres wieder. Er saß, wie immer, seine Harfe im Arm, an dem weinumrankten Fenster seines Stübchens und von einer Schar düsterer Gedanken bestürmt, entrang sich ein Lied seiner erliegenden Seele.

> „Wie ist mein ewiges Leben,
> Dies Leben voll Kummer und Not?
> Es ist wohl die Parze gestorben,
> Und tot ist wohl endlich der Tod!
>
> Ach, Vater im Himmel – ich flehte
> Vergeblich noch immer zu Dir,
> Die letzte Bitte – zu sterben,
> Versagst Du auch diese noch mir?
>
> Du drücktest doch, wie einem Toten,
> Die Augen auf ewig mir zu,
> So übe nun endlich Erbarmen
> Und gönne dem Toten die Ruh
>
> Dann kämen die lachenden Erben
> Und scharrten gar hurtig mich ein,
> Und schmausten im Trauerhause
> Bei Leichenkuchen und Wein.

Verteilten zuerst meine Habe,
Zuletzt gedächten sie mein
Und weinten – vor Freude, und sprächen:
,Der Gute wird glücklich nun sein.'

Dann aber erwacht' ich im Grabe
Und lachte und jubelte laut,
Weil ich mit erblindeten Augen
Das menschliche Herz noch durchschaut."

Er stand auf, ging unruhig im Zimmer umher, setzte sich dann wieder, preßte den Kopf krampfhaft mit beiden Händen, als wollte er das wuchernde Gedankenunkraut seines Hirns, welches ihm den Kopf zu zersprengen drohte, niederdrücken und vernichten.

Seine Magd, die jetzt in das Gemach trat, verursachte ihm an und für sich eine lästige Störung, die unerträglich wurde, als jene meldete: Der Prediger Eisenhardt stehe im Korridor und wünsche ihn zu sprechen.

Rudolphs schon blasses Gesicht ward todesbleich. Zitternd erhob er sich, man las in seinen Zügen, daß er vergeblich nach Worten ringe. Doch plötzlich, als habe er sich gewaltsam zum Zorne angefacht, rief er mit rauher, wilder Stimme:

„Sage dem Herrn Pfarrer, der Himmel hätte mir noch keine zweite Schwester gesendet, um von mir sorgsam gehegt und gepflegt und durch ihn geknickt zu werden. Doch nein, nein! sage das ihm nicht; frage ihn lieber, ob er meiner letzten, heißen Wünsche so ganz uneingedenk geworden sei. Mein Gott, ich kann die Stimme des Mannes nicht ertragen, in der mir ein jeder Ton wie ein Locklied klingt, durch welches der listige Vogelsteller selbst eine Taube in sein Netz zu locken wußte. Höre, Mädchen, du zählst dich doch auch zu den Menschen, und kannst sicherlich mit frecher Stirne lügen, beteure dem Herrn, daß ich krank, sehr krank sei, und heute unmöglich seinen Besuch annehmen könne."

Die Magd eilte aus der Tür, durch welche der Geistliche verstörten Angesichts hereintrat, ohne eine abweisende oder einladende Antwort abgewartet zu haben.

„Gott zum Gruß! dem unglücklichen Bruder einer unglücklichen Schwester", – so redete er den fast erstarrten Rudolph an. „Ich komme auf Clärchens Bitten zu Ihnen, die den stets geliebten Bruder vor ihrem Tode noch zu sprechen wünscht."

Rudolph zuckte bei diesen Worten wie vom Schlage getroffen. Es folgte eine lange Pause; dann plötzlich sprang er wie ein gereizter Tiger auf jene Stelle, wo er den Prediger vermutete. Aber der Blinde hatte sich getäuscht;

er sprang fehl und fiel zur Erde. Doch mit rascher Geistesgegenwart betastete er den Boden mit ausgestreckter Hand, jetzt berührte er den Fuß seines Feindes, und sich wutentbrannt auf den Zerstörer seines Erdenglücks werfend, umkrallte er den Hals des Geistlichen und schrie mit lauter Stimme:

„Mörder, Mörder, nicht lebendig entkommst du den Händen der Gerechtigkeit!"

Ein trübes Lächeln umspielte den Mund des schönen Mannes, als er sich mit Leichtigkeit aus den Armen seines schwachen Feindes befreite.

Er versuchte zu sprechen, doch Rudolphs kreischende Stimme machte diesem seine Worte durchaus unverständlich.

„Ha, ich weiß es wohl, sie ist nicht mehr unter den Lebenden, ist schon lange, lange begraben, sie war in dir dem Tode angetraut; jene fürchterliche Nacht hatte mich in die Zukunft blicken lassen und mir alles verraten, was sonst die weise Vorsehung mit einem undurchdringlichen Schleier bedeckt."

Hier entstürzte ihm ein Strom von Tränen, der, wie der Regen beim Ungewitter, dem tobenden Sturme Einhalt gebot. Er schwieg, und den günstigen Augenblick benutzend, wandte sich der Prediger, in dessen schönen, blauen Augen eine große Träne erglänzte, an seinen jetzt aufmerksamen Zuhörer.

„Rudolph", begann er ernst und feierlich, „vermögen Sie auch heute nicht Ihren Stolz zu zügeln und zu bezähmen, wo es sich darum handelt, die letzte Bitte einer Sterbenden zu erfüllen? Sei es fern von mir, Sie je mit Vorwürfen zu überhäufen, die ich, vielleicht nicht allzu ungerecht, gegen Sie ausprechen könnte, aber der Gram, den Sie Ihrer Schwester, wenn auch willenlos, bereitet haben, hat an ihrem Herzen genagt und ein zartes Leben allzufrüh zerstört. Die Trennung von Ihnen war der Beklagenswerten unerträglich, kein Tag unserer Ehe, die sonst eine namenlos glückliche gewesen wäre, verging ohne Klagen und Tränen; selbst meine stete Gegenwart, mein schwach erwiderte und doch von Tag zu Tag wachsende Liebe, vermochten nicht Glück und Zufriedenheit in ein Herz zurückkehren zu lassen, das erst im Grabe Ruhe und Frieden finden wird. Gestern schenkte mir die Hartgeprüfte ein Töchterchen, doch war es tot; was anders konnte auch die Halbgestorbene gebären? – Körperliche Leiden haben sich nun zu ihrem Seelenschmerze gesellt; kein Wunder, wenn die Umstände eine Trennungsstunde eher herbeigeführt haben, die uns doch in allzukurzer Zeit bevorgestanden hätte. Rudolph, antworten Sie, können Sie noch länger zaudern?"

Aber schon hatte dieser den Arm des Geistlichen erfaßt, und ohne ein Wort zu sprechen, zerrte er hastig auf wohlbekannten Wegen seinen Führer mit sich zum Hause hinaus, dann überließ er sich dessen Leitung, doch war er noch jetzt bemüht, den eilenden Prediger zu größerer Hast zu bewegen.

Ihr Ziel war erreicht! In einem düstren Zimmer, durch ein halb verstecktes Licht spärlich erleuchtet, lag Clara auf ihrem Sterbebette. Als sie die leisen

Tritte der Hereintretenden vernahm, richtete sie sich mit letzter Anstrengung empor und winkte ihrem Manne, den sehnsüchtig erwarteten Bruder zu ihr zu führen. Beide näherten sich dem Lager; sie ergriff Rudolphs Hand, um sie zu küssen, doch verließen sie die Kräfte, und erschöpft sank sie auf die Kissen zurück.

Mit unsäglicher Mühe hatte Rudolph die Bewegung seines Innern bis dahin unterdrückt; länger vermochte er sich nicht zu bemeistern:

„O mein Gott, was habe ich getan!" rief er zerknirscht und sank vor der Sterbenden auf die Knie. „Schwester, – Clärchen, – ich beschwöre dich bei Himmel und Erde, scheide nicht ohne ein Wort der Verzeihung von deinem Bruder!"

Diese Worte schienen einen letzten Lebensfunken in ihr anzufachen.

„Rudolph", sprach sie mit heller, klarer Stimme, „jedes Unrecht bestraft sich schon auf Erden, das Leiden, was ich dir bereitete, hat mich in Begleitung der Reue unaufhörlich verfolgt. Jetzt hab' ich eingesehn, wie mich die Vorsehung nur für dich erschaffen hatte, wie meine Liebe nur dir einzig und allein gehören sollte. Es ist mir klar geworden, daß deine Schwester das Weib keines Fremden werden durfte. Die schöne Bestimmung, welche mir Gott auferlegte, habe ich außer acht und unerfüllt gelassen; ich habe schwer gesündigt und flehe dich an, der Betörten zu vergeben, die ohne deine Verzeihung nicht ruhig zu sterben vermag."

„Clärchen, Engel, du vernichtest mich durch deine Himmelsgüte; wie fang' ich es an, was soll ich dir verzeihn?"

„Du kannst, du willst es nicht? o ich Unglückselige!"

„Bringe mich nicht zur Verzweifelung! Tausendfach ist dir alles Unrecht verziehn, dessen du dich allein schuldig erklärst."

Ein seliges Lächeln spielte auf dem todesbleichen Angesichte, als sie, zum Prediger gewandt, fortfuhr:

„Du seltner Mann, der frei von aller Eigenliebe, von jeder Eitelkeit, die Beklagenswerte zu trösten, unausgesetzt zu lieben wußte, die sich, als der erste Rausch der Sinne verflogen war, mit Schrecken gestehen mußte, zwar leidenschaftlich gefühlt, den Augenblick seliger Vereinigung zitternd ersehnt, aber den Mann ihrer Wahl nie wahrhaft geliebt zu haben. Du hattest längst mit inniger Betrübnis mein Herz durchschaut und mit seltenem Edelmute mir verziehen. Eine minder große und reiche Seele, wie die deinige, wäre als ein Opfer der brennendsten Eifersucht zu Tode gemartert worden. Großmütig zeigtest du dich deiner ungetreuen Gattin, und vereinigt mit ihr, lobtest du einen Nebenbuhler, den sie in ihrem Herzen liebte und verehrte. Fülle jetzt das Maß deiner Vortrefflichkeit und mache ihn zu deinem Freunde, den du, wie er dich auch verkannt und geschmäht haben mag, in deiner Herzensgüte nie zu hassen vermochtest. Reicht euch die Hände, lebt friedfertig miteinander, seid so innige Freunde, wie sie nur gemeinschaftliches Unglück zu schaffen vermag, und gedenkt meiner als eurer beiderseitigen Geliebten, deren Tod es war, sich unter euch nicht teilen zu können; das ist mein letzter Wunsch, die Bitte einer Sterbenden."

„Wir sind es auf ewig!" riefen beide wie aus einem Munde. Hand in Hand, Brust an Brust, vergaß Rudolph in diesem Augenblicke seine Schwüre, deren Erfüllung ihn für immer von seinem Nebenbuhler getrennt haben würde. Jetzt war dieser unglücklich und verlassen wie er selbst und einen Schwur, den nicht der edelste Beweggrund hervorgerufen hatte, einer gottwohlgefälligen Ursache halber zu brechen, konnte nur verdienstlich, nicht sträflich sein.

Als sich die Freunde, wie von einem Geiste beseelt, zu ihrem versöhnenden Engel wandten, war dieser zu seinem himmlischen Heimatlande zurückgekehrt und die heiße Sehnsucht gestillt, die stets ein Wesen erfüllen mußte, welches der Erde nie vollends angehört hatte.

Der Geistliche umschlang die Verklärte, um vielleicht ein leises Pochen ihres Herzens wahrzunehmen und den kurzen, aber um so köstlicheren Genuß zu empfinden, die Teure noch auf wenige Minuten unter den Lebenden zu wissen. Aber umsonst; das liebereiche Herz hatte zu schlagen aufgehört, keine Regung irgendeines Muskels deutete auf Spuren von Leben, das Auge, der Spiegel ihrer Seele, vermochte nicht mehr wiederzugeben, was der Körperhülle entflohen war, gebrochen lag es starr in seiner Höhle.

„Unser Clärchen ist tot!" rief er weinenden Auges und erhob sich von dem Totenlager. Doch der leidenschaftliche Rudolph warf sich über sie hin und schrie mit herzzerreißender Stimme:

„Nein, nein – es ist erlogen, das Schreckliche ist in diesem Augenblicke noch unmöglich. Clara, Clara! hörst du, kennst du diese Stimme nicht? mein Gott, sie regt sich nicht, – keine Antwort – so wäre sie dennoch tot, und ich muß leben? – Hartherziger Tod, laß dich erbitten und erbarme dich endlich eines Lebensüberdrüssigen.

„Sei ein Mann!" unterbrach der Prediger den verzweifelnden Rudolph, „laß die Toten ruhn! Du weckst sie nimmer auf und höhne nicht die göttliche Vorsehung, die dir den Todesengel schickt, sobald du reif für jenes Leben bist."

Er ergriff den Jammernden, zog ihn von der Geliebten, die er selbst im Tode nicht lassen wollte, zurück und führte ihn gewaltsam in ein ferngelegenes Zimmer, wo er sich, allerdings mit schwachem Erfolg, bemühte, den Schmerzzerrissenen zu trösten. Waren ihm doch die eigenen Worte kein Balsam, um die Herzenswunde zu heilen, welche ihm jener Todesfall geschlagen hatte.

5.

Clara war begraben! Ihre Gruft barg außer den irdischen Überresten der Verklärten, alles Lieben, alle Lust am Leben – unersetzliche Gefühle, die sich einst im Herzen der jetzt verwaisten Freunde geregt hatten. Bei der Beerdi-

gung durfte Rudolph, auf ausdrückliches Verlangen des Predigers, nicht zugegen sein. Die Handlung an und für sich, besonders jedoch eine ergreifende Rede, die der letztere am Grabe des eigenen Weibes hielt, würden jenen zu tief erschüttert und die stets lästige Aufmerksamkeit einer mehr oder weniger gefühllosen Menschenmenge auf sich gezogen haben. Doch am Ende desselben Tages noch vermochten weder Bitten noch Gewalt den Blinden zurückzuhalten, der sich überzeugt hielt auf offener Straße einen mitleidigen Führer zu finden, welcher ihn unverzüglich an das Grab seiner Schwester geleiten würde. Der Geistliche fügte sich endlich in die stets heftiger ausgesprochenen Wünsche Rudolphs und schickte sich mit widerstrebendem Herzen zu einem Gange an, der die augenblickliche, im Gebet gefundene Ruhe seines Herzens gewaltsam zerstören mußte. Doch wider Erwarten bemächtigte sich seiner das köstliche Gefühl eines himmlischen Friedens, er glaubte sich dem Tode nahe und eine baldige Erlösung vom Erdenleben und Leiden hoffend, ahnte er schon die Seligkeit der Wiedervereinigung mit seinem Clärchen.

Auch der leicht ergriffene Rudolph, das stete Opfer seiner wilden leidenschaftlichen Gefühle, zeigte sich ruhiger, denn irgend zuvor. Befand er sich doch an einem geheiligten Friedensorte, dessen feierliche Stille er selbst durch allzugerechte Klagen nicht zu unterbrechen wagte.

Der heftige Schmerz, welcher die Herzen der beiden Freunde zerfleischte, ward an dem Grabe zu einer lieben, stillen Wehmut, mit welcher sich ihrer gleichzeitig eine allgewaltige Sehnsucht zu der Geliebten hin bemächtigte, die wie ein Lichtmeteor die Nacht ihres Lebens erleuchtet hatte, aber allzufrüh verschwindend, denen, die sich an dem Himmelsglanze erfreuen durften, die Finsternis noch unerträglicher machte.

Kein Wunder, wenn die frommen, gottergebenen Freunde auch in der Folge gar oft zu dem heiligen Grabe pilgerten, das von Jahr zu Jahr ein immer mehr geliebter unentbehrlicher Wallfahrtsort für sie geworden war. Dort saßen sie Hand in Hand unter der selbst gepflanzten Trauerweide und wurden es nicht müde, von ihrem Clärchen zu sprechen, an der sie stets neue und stets verehrungswerte Eigenschaften entdeckten. Wenn dann die Sonne im Westen untergegangen war, wenn die Blumen auf dem duftenden Grabeshügel die müden Häupter senkten und es in den Zweigen der Weide geheimnisvoll rauschte, als verließe der Geist der geliebten Toten das Blätterdach, wo er dem Gespräche des treuen Paares lauschte, um nun wieder dort oben auf jenen Stern zurückzukehren, der mit blassem Scheine am Himmelsgewölbe erschien; – dann verließen sie getröstet und gekräftigt das schönste Plätzchen, welches ihnen die große Erde zu bieten vermochte, plaudernd – und wer erriete es nicht, von wem? – kehrten sie heim in die öde Wohnung, um dort der eine die Bibel, der andere die Harfe in der Hand, das Tagewerk zu beschließen. Sie wünschten sich eine gute Nacht, d. h. einen Traum von ihr und hielten sich noch, ehe sie schieden, die trostesreiche Gewißheit vor, wieder einen Tag gelebt und um ebensoviel dem Grabe und ihrem Clärchen näher gekommen zu sein.

Viele, viele Jahre waren schon seit deren Tode vergangen, und noch immer grünte und blühte es auf ihrem Grabeshügel, wenn der Frühling wieder erschien, der den Herzen der verwaisten Freunde keine Blüten mehr bringen konnte. Sie glichen wurmstichigen Bäumen, die der Forstmann zu fällen verschmäht; umsonst streckten sie die dürren Zweige wie todesflehend gen Himmel aus, umsonst blickten sie hoffend auf die spärlichen weißen Flocken, mit denen der Winter des Lebens ihre sonst kahlen Häupter bedeckte; – nicht ein wild daherbrausender Sturm, keine äußere Gewalt, nein, sie selbst sollten sich langsam von innen heraus vernichten. Endlich hatte der Schmerz wie ein nimmersatter Wurm ihr Leben aufgezehrt, der Tod, der jahrelang ihre Bitten verhöhnte, mußte nun den Gesetzen der Natur Gehorsam leisten. Die Beklagenswerten endeten, nachdem sie von fremden Händen kümmerlich gepflegt, den Leidenskelch bis auf den Grund geleert hatten. Nur den letzten Tropfen durften sie nicht genießen, da keiner den andern überlebte. Als Rudolph starb, war die Krankheit des Geistlichen schon so gefährlich geworden, daß man ihn davon nicht zu benachrichtigen wagte. Wenige Stunden später war auch sein Geist entflohn.

Dort oben haben sie endlich die stets und treu Geliebte wiedergefunden, ihr heißes Sehnen gestillt und jeden Trennungsschmerz in der seligen Vereinigung mit ihrem Clärchen vergessen.

Gottfried Keller

Der Schmied seines Glückes

John Kabys, ein artiger Mann von bald vierzig Jahren, führte den Spruch im Munde, daß jeder der Schmied seines eigenen Glückes sein müsse, solle und könne, und zwar ohne viel Gezappel und Geschrei.

Ruhig, mit nur wenigen Meisterschlägen schmiede der rechte Mann sein Glück! war seine öftere Rede, womit er nicht etwa die Erreichung bloß des Notwendigen, sondern überhaupt alles Wünschenswerten und Überflüssigen verstand.

So hatte er denn als zarter Jüngling schon den ersten seiner Meisterstreiche geführt und seinen Taufnamen Johannes in das englische John umgewandelt, um sich von vornherein für das Ungewöhnliche und Glückhafte zuzubereiten, da er dadurch von allen übrigen Hansen abstach und überdies einen angelsächsisch unternehmenden Nimbus erhielt.

Darauf verharrte er einige Jährchen ruhig, ohne viel zu lernen oder zu arbeiten, aber auch ohne über die Schnur zu hauen, sondern klug abwartend.

Als jedoch das Glück auf den ausgeworfenen Köder nicht anbeißen wollte, tat er einen zweiten Meisterschlag und verwandelte das i in seinem Familiennamen Kabis in ein y. Dadurch erhielt dies Wort (anderwärts auch Kapes), welches Weißkohl bedeutet, einen edleren und fremdartigeren Anhauch, und John Kabys erwartete nun mit mehr Berechtigung, wie er glaubte, das Glück.

Allein es vergingen abermals mehrere Jahre, ohne daß selbiges sich einstellen wollte, und schon näherte er sich dem einunddreißigsten, als er sein nicht bedeutendes Erbe mit aller Mäßigung und Einteilung endlich doch aufgezehrt hatte. Jetzt begann er aber sich ernstlich zu regen und sann auf ein Unternehmen, das nicht für den Spaß sein sollte. Schon oft hatte er viele Seldwyler um ihre stattlichen Firmen beneidet, welche durch Hinzufügen des Frauennamens entstanden. Diese Sitte war einst plötzlich aufgekommen, man wußte nicht wie und woher; aber genug, sie schien den Herren vortrefflich zu den roten Plüschwesten zu passen und auf einmal erklang das ganze Städtchen an allen Ecken von pompösen Doppelnamen. Große und kleine Firmatafeln, Haustüren, Glockenzüge, Kaffeetassen und Teelöffel waren damit beschrieben und das Wochenblatt strotzte eine Zeitlang von Anzeigen und Erklärungen, deren einziger Zweck das Anbringen der Alliance-Unterschrift war. Insbesondere gehörte es zu den ersten Freuden der Neuverheirateten, alsbald irgend ein Inserat vom Stapel laufen zu lassen. Dabei gab es auch mancherlei Neid und Ärgernis; denn wenn etwa ein schwärzlicher Schuster oder sonst für gering Geachteter durch Führung solchen Doppelnamens an der allgemeinen Respektabilität teilnehmen wollte, so wurde ihm das mit Naserümpfen übel vermerkt, obgleich er im legitimsten Besitze der anderen Ehehälfte war. Immerhin war es nicht ganz gleichgültig, ob ein oder mehrere Unbefugte durch dieses Mittel in das allgemeine vergnügte Kreditwesen eindrangen, da erfahrungsgemäß die geschlechterhafte Namensverlängerung zu den wirksameren, doch zartesten Maschinenteilchen jenes Kreditwesens gehörte.

Für John Kabys aber konnte der Erfolg einer solchen Hauptveränderung nicht zweifelhaft sein. Die Not war jetzt gerade groß genug, um diesen lang aufgesparten Meisterstreich zur rechten Stunde zu führen, wie es einem alten Schmied seines Glückes geziemt, der da nicht in den Tag hinein hämmert, und John sah demgemäß nach einer Frau aus, still, aber entschlossen. Und siehe! schon der Entschluß schien das Glück endlich heraufzubeschwören; denn noch in derselben Woche langte an, wohnte in Seldwyla mit einer mannbaren Tochter eine ältere Dame und nannte sich Frau Oliva, die Tochter

Fräulein Oliva. Kabys-Oliva! klang es sogleich in Johns Ohren und widerhallte es in seinem Gemüte! Mit einer solchen Firma ein bescheidenes Geschäft begründet, mußte in wenigen Jahren ein großes Haus daraus werden.
So machte er sich denn weislich an die Sache, ausgerüstet mit allen seinen At-
tributen.

Diese bestanden in einer vergoldeten Brille, in drei emaillierten Hemd-
knöpfen, durch goldene Kettchen unter sich verbunden, in einer langen
goldenen Uhrkette, welche eine geblümte West überkreuzte, mit allerlei An-
hängseln, in einer gewaltigen Busennadel, welche als Miniaturgemälde eine
Darstellung der Schlacht von Waterloo enthielt, ferner in drei oder vier großen Ringen, einem großen Rohrstock, dessen Knopf ein kleiner Operngucker
bildete in Gestalt eines Perlmutterfäßchens. In den Taschen trug, zog hervor

und legte er vor sich hin, wenn er sich setzte: ein großes Futteral aus Leder,
in welchem eine Zigarrenspitze ruhte aus Meerschaum geschnitzt, darstellend
den aufs Pferd gebundenen Mazeppa; diese Gruppe ragte ihm, wenn er
rauchte, bis zwischen die Augenbrauen hinauf und war ein Kabinettsstück;

ferner eine rote Zigarrentasche mit vergoldetem Schloß, in welcher schöne Zigarren lagen mit kirschrot und weiß getigertem Deckblatt, ein abenteuerlich elegantes Feuerzeug, eine silberne Tabaksdose und eine gestickte Schreibtafel. Auch führte er das komplizierteste und zierlichste aller Geldtäschchen mit unendlich geheimnisvollen Abteilungen.

Diese sämtliche Ausrüstung war ihm die Idealausstattung eines Mannes im Glücke; er hatte dieselbe, als kühn entworfenen Lebensrahmen, im voraus angeschafft, als er noch an seinem kleinen Vermögen geknappert, aber nicht ohne einen tieferen Sinn. Denn solche Anhäufung war jetzt nicht sowohl das Behänge eines geschmacklosen eitlen Mannes, als vielmehr eine Schule der Übung, der Ausdauer und des Trostes zur Zeit des Unsterns, sowie eine würdige Bereithaltung für das endlich einkehrende Glück, welches ja kommen konnte wie ein Dieb in der Nacht. Lieber wäre er verhungert, als daß er das geringste seiner Zierstücke veräußert oder versetzt hätte; so konnte er weder vor der Welt, noch vor sich selbst für einen Bettler gelten und lernte das Äußerste erdulden, ohne an Glanz einzubüßen. Ebenso war, um nichts zu verlieren, zu verderben, zu zerbrechen oder in Unordnung zu bringen, eine fortwährend ruhige und würdevolle Haltung geboten. Kein Räuschchen und keine andere Aufregung durfte er sich gestatten, und wirklich besaß er seinen Mazeppa schon seit zehn Jahren, ohne daß an dem Pferde ein Ohr oder der fliegende Schweif abgebrochen wäre, und die Häkchen und Ringelchen an seinen Etuis und Necessaires schlossen noch so gut als am Tage ihrer Schöpfung. Auch mußte er zu all dem Schmucke Rock und Hut säuberlich schonen, sowie er auch stets ein blankes Vorhemdchen zu besitzen wußte, um seine Knöpfe, Kettchen und Nadeln auf weißem Grunde zu zeigen.

Freilich lag eigentlich mehr Mühe darin, als er in seinem Spruche von den wenigen Meisterschlägen zugestehen wollte: allein man hat ja immer die Werke des Genies fälschlich für mühelos ausgegeben.

Wenn nun die beiden Frauenzimmer das Glück waren, so ließ es sich nicht ungern in dem ausgespannten Netze des Meisters fangen, ja er schien ihnen mit seiner Ordentlichkeit und seinen vielen Kleinodien gerade der Mann zu sein, den zu suchen sie ins Land gekommen waren. Sein geregelter Müßiggang deutete auf einen behanglichen und sicheren Zinsleinpicker oder Rentier, der seine Werttitel gewiß in einem artigen Kästchen aufbewahrte. Sie sprachen einiges von ihrem eigenen wohlbestellten Wesen; als sie aber merkten, daß Herr Kabys nicht viel Gewicht darauf zu legen schien, hielten sie klüglich inne und ihre Persönlichkeit für das, was diesen guten Mann allein anziehe. Kurz, in wenigen Wochen war er mit dem Fräulein Oliva verlobt, und gleichzeitig reiste er nach der Hauptstadt, um eine reichverzierte Adreßkarte mit dem herrlichen Doppelnamen stechen zu lassen, andererseits ein prächtiges Firmenschild zu bestellen und einige Handelsverbindungen mit

Kredit für ein Geschäft mit Ellenwaren zu eröffnen. Im Übermut kaufte er gleich noch zwei oder drei Ellenstäbe von poliertem Pflaumenholz, einige Dutzend Wechselformulare mit vielen merkurialischen Emblemen, Preiszettel und kleine Papierchen mit goldenem Rande zum Aufkleben, Handlungsbücher und derartiges mehr.

Vergnügt eilte er wieder in seine Heimatstadt und zu seiner Braut, deren einziger Fehler ein etwas unverhältnismäßig großer Kopf war. Freundlich, zärtlich wurde er empfangen und seinem Reiseberichte die Eröffnung entgegengesetzt, daß die Papiere der Braut, so für die Hochzeit erforderlich waren, angekommen seien. Doch geschah diese Eröffnung mit einer lächelnden Zurückhaltung, wie wenn er auf eine zwar unbedeutende, aber immerhin nicht ganz ordnungsgemäße Nebensache müßte vorbereitet werden. Alles dies ging endlich vorüber und es ergab sich, daß die Mutter allerdings eine verwitwete Dame Oliva, die Tochter hingegen ein außereheliches Kind von ihr war, aus ihrer Jugendzeit und ihren eigenen Familiennamen trug, wenn es sich um amtliche und zivilrechtliche Dinge handelte. Dieser Name war: Häuptle! Die Braut hieß: Jungfer Häuptle, und die künftige Firma also: John Kabys-Häuptle, zu deutsch: Hans Kohlköpfle.

Sprachlos stand der Bräutigam eine gute Weile, die unselige Hälfte seines neuesten Meisterwerkes betrachtend; endlich rief er: „Und mit einem solchen Hauptkopfschädel kann man Häuptle heißen!" Erschrocken und demütig senkte die Braut ihr Häuptlein, um das Gewitter vorübergehen zu lassen; denn noch ahnte sie nicht, daß die Hauptsache an ihr für Kabyssen jener schöne Name gewesen sei.

Herr Kabys schlechtweg aber ging ohne weiteres nach seiner Behausung, um sich den Fall zu überlegen; allein schon auf dem Wege riefen ihm seine lustigen Mitbürger Hans Kohlköpfle zu, da das Geheimnis bereits verraten war. Drei Tage und drei Nächte suchte er das gefehlte Werk in tiefer Einsamkeit umzuschmieden. Am vierten Tage hatte er seinen Entschluß gefaßt, ging wieder dorthin und begehrte die Mutter statt der Tochter zur Ehe. Allein die entrüstete Frau hatte nun ihrerseits in Erfahrung gebracht, daß Herr Kabys gar kein Mahagonikästchen mit Werttiteln besitze, und wies ihm schnöde die Tür, worauf sie mit ihrer Tochter um ein Städtchen weiter zog.

So sah Herr John das glänzende Oliva entschwinden wie eine schimmernde Seifenblase im Ätherblau, und höchst betreten hielt er seinen Glücksschmiedehammer in der Hand. Seine letzte Barschaft war über diesem Handel fortgegangen. Daher mußte er sich endlich entschließen, etwas Wirkliches zu arbeiten oder wenigstens zur Grundlage seines Daseins zu machen, und indem er sich so hin und her prüfte, konnte er gar nichts, als vortrefflich rasieren, ebenso die Messer dazu im Stande halten und scharf machen. Nun stellte er sich auf mit einem Bartbecken und in einem schmalen Stübchen zu ebener

Erde, über dessen Türe er ein „John Kabys" befestigte, welches er aus jener stattlichen Firmentafel eigenhändig herausgesägt und von dem verlorenen Oliva wehmütig abgetrennt hatte. Der Spitzname Kohlköpfle blieb ihm jedoch in der Stadt und führte ihm manchen Kunden zu, so daß er mehrere Jahre lang ganz leidlich dahinlebte, Gesichter schabend und Messer abziehend, und seinen übermütigen Wahlspruch fast ganz zu vergessen schien.

Da sprach eines Tages ein Bürger bei ihm ein, der soeben von langen Reisen zurückgekehrt war, und jetzt nachlässig, indem er sich zum Einseifen setzte, hinwarf: „So gibt es, wie ich aus Ihrem Schilde ersehe, doch noch Kabyse in Seldwyla?" „Ich bin der letzte meines Geschlechts", erwiderte der Barbier nicht ohne Würde, „doch warum fragen Sie das, wenn ich fragen darf?" Der Fremde schwieg jedoch, bis er barbiert und gesäubert, und erst als alles beendigt und der Ehrensold entrichtet war, fuhr er fort: „In Augsburg kannte ich einen alten reichen Kauz, welcher öfter versicherte, seine Großmutter sei eine geborene Kabis von Seldwyla in der Schweiz gewesen und es nehme ihn höchlich Wunder, ob da noch Leute dieses Geschlechts lebten?"

Hierauf entfernte sich der Mann.

Hans Kohlköpfle dachte nach und dachte nach und kam in eine große Aufregung, als er sich endlich dunkel erinnerte, daß eine Vorfahrin von ihm sich wirklich vor langen Jahren nach Deutschland verheiratet haben sollte, die seither verschollen war. Ein rührendes Familiengefühl erwachte plötzlich in ihm, ein romantisches Interesse für Stammbäume, und es ward ihm bange, ob der Gereiste auch wiederkommen würde. Nach der Art seines Bartwuchses mußte er in zwei Tagen wieder erscheinen. In der Tat kam der Mann pünktlich um diese Zeit. John seifte ihn ein und schabte ihn beinahe zitternd vor Neugierde. Als er fertig war, platzte er heraus und erkundigte sich angelegentlich nach den näheren Umständen. Der Mann sagte: „Es ist einfach ein Herr Adam Litumlei, hat eine Frau, aber keine Kinder, und wohnt in der und der Straße zu Augsburg."

John beschlief sich den Handel noch eine Nacht und faßte in derselben den Mut, doch noch tüchtig glücklich zu werden. Am nächsten Morgen schloß er seinen Ladenstreifen, packte seinen Sonntagsanzug in einen alten Tornister und alle seine wohlerhaltenen Wahrzeichen in ein besonderes Paketlein, und nachdem er sich mit hinlänglichen Ausweisschriften und pfarrbücherlichen Auszügen versehen, trat er unverweilt die Reise nach Augsburg an, still und unscheinbar, wie ein älterer Handwerksbursche.

Als er die Türme und die grünen Wälle der Stadt vor sich sah, überzählte er seine Barschaft und fand, daß er sich sehr knapp halten müsse, wenn er im ungünstigen Falle den Rückweg wieder bestehen wolle. Darum kehrte er in der bescheidensten Herberge ein, welche er nach einigem Suchen auffinden konnte; er trat in die Gaststube und sah verschiedene Handwerkszeichen

über den Tischen hängen, worunter auch dasjenige der Schmiede. Unter dieses setzte er sich als ein Schmied seines Glückes, der guten Vorbedeutung wegen, und stärkte sein Leibliches durch ein Frühstück, da es noch zeitig am
Tage. Dann ließ er sich ein eigenes Kämmerchen geben, wo er sich umklei-
dete. Er stutzte sich auf jegliche Weise auf und behing sich mit dem ganzen
Zierat; auch schraubte er das Perspektivfäßchen auf den Stock. So trat er aus
der Kammer hervor, daß die Wirtin erschrak ob all der Pracht.

Es dauerte ziemlich lang, eh' er die Straße fand, nach der sein Herz begehrte. Doch endlich sah er sich in einer weiten Gasse, worin mächtige alte
Häuser standen; aber kein lebendes Wesen war zu erblicken. Endlich wollte
doch ein Mägdlein mit einem blanken schäumenden Kännchen Bier an ihm
vorüberhuschen. Er hielt es fest und fragte nach Herrn Adam Litumlei, und
das Mädchen zeigte ihm das Haus, vor welchem er gerade stand.

Neugierig schaute er daran hinauf. Über einem ansehnlichen Portal türm-
ten sich mehrere Stockwerke mit hohen Fenstern empor, deren starke Ge-
simse und Profile ein senkrechtes Meer von kühnen Verkürzungen vor dem
Auge des armen Glücksuchers ausbreiteten, so daß es ihm fast bänglich
wurde und er befürchtete, eine zu großartige Sache unternommen zu haben;
denn er stand vor einem förmlichen Palast. Dennoch drückte er sachte an dem
schweren Torflügel, schlüpfte hinein und befand sich in einem prächtigen
Treppenhaus. Eine steinerne Doppeltreppe baute sich mit breiten Absätzen
in die Höhe, von einem reichgeschmiedeten Geländer eingefaßt. Unter der
Treppe hindurch und durch die hintere offene Haustür sah man Sonnenschein und Blumenbeete. John ging leise dahin, um vielleicht einen Dienstboten oder einen Gärtner zu finden, sah aber nichts als einen großen altfränkischen Garten, der voll der schönsten Blumen war, sowie einen steinernen
Brunnen mit vielen Figuren.

Alles war wie ausgestorben; er ging wieder zurück und begann die Treppe
hinaufzusteigen. An den Wänden hingen große vergilbte Landkarten, Pläne
alter Reichsstädte mit ihren Festungswerken, mit stattlichen allegorischen
Darstellungen in den Ecken. Eine eichene Tür unter mehreren war bloß angelehnt; der Eindringling öffnete sie zur Hälfte und sah eine ziemlich hübsche
Frau auf einem Ruhebette ausgestreckt, welcher das Strickzeug entfallen war
und die ein ruhiges Schläfchen tat, obgleich es erst zehn Uhr vormittags war.
Mit klopfendem Herzen hielt John Kabys, da das Zimmer sehr tief war, seinen Stock ans Auge und betrachtete die Erscheinung durch das Perspektiv-
chen von Perlmutter; das seidene Kleid, die rundlichen Formen der Schläferin
ließen ihm das Haus immer mehr wie ein verzaubertes Schloß erscheinen, und
höchst gespannt zog er sich zurück und stieg weiter hinauf, sachte und vorsichtig.

Zuoberst war das Treppenhaus eine ordentliche Rüstkammer, da es behangen war mit Rüstungen und Waffen aus allen Jahrhunderten; rostige Panzerhemden, Eisenhüte, Galakürasse aus der Zopfzeit, Schlachtschwerter, vergoldete Luntenstäbe, alles hing durcheinander, und in den Ecken standen ziervolle kleine Geschütze, grün vor Alter. Kurz, es war das Treppenhaus eines großen Patriziers und Herrn John wurde es feierlich zu Mute.

Da ließ sich plötzlich eine Art Geschrei vernehmen, ganz in der Nähe, wie von einem größeren Kinde, und als es nicht aufhörte, benutzte John den Anlaß, ihm nachzugehen und so zu Leuten zu kommen. Er öffnete die nächste Türe und sah einen weitläufigen Ahnensaal, von unten bis oben mit Bildnissen angefüllt. Der Boden bestand aus sechseckigen Fliesen verschiedener Farbe, die Decke aus Gipsstukkaturen mit lebensgroßen fast frei schwebenden Menschen- und Tiergestalten, Fruchtkränzen und Wappen. Vor einem zehn Fuß hohen Kaminspiegel aber stand ein winziges eisgraues Greischen, nicht schwerer als ein Zicklein, in einem Schlafrock von scharlachrotem Sammet mit eingeseiftem Gesicht. Das strampelte vor Ungeduld, schrie weinerlich und rief: „Ich kann mich nicht mehr rasieren! Ich kann mich nicht mehr rasieren! Mein Messer schneidet nicht! Niemand hilft mir, o je, o je!" Als es im Spiegel den Fremden sah, schwieg es still, kehrte sich um und sah mit dem Messer in der Hand verblüfft und furchtsam auf Herrn John, welcher, den Hut in der Hand, mit vielen Bücklingen vordrang, den Hut abstellte, lächelnd dem Männchen das Messer aus der Hand nahm und dessen Schneide prüfte.

Er zog sie einigemale auf seinen Stiefel, dann auf dem Handballen ab, prüfte hierauf die Seife und schlug einen dichteren Schaum, kurz er barbierte das Männchen in weniger als drei Minuten aufs herrlichste.

„Verzeihen Sie, hochgeehrter Herr!" sagte hierauf Kabys, „die Freiheit, die ich mir genommen habe! Allein, da ich Sie in solcher Verlegenheit sah, glaubte ich mich dergestalt auf die natürlichste Weise bei Ihnen einzuführen, insofern ich etwa die Ehre habe, vor Herrn Adam Litumlei zu stehen."

Das Alterchen betrachtete noch immer erstaunt den Fremden; dann schaute es in den Spiegel und fand sich sauber rasiert, wie lange nicht mehr, worauf es, Wohlgefallen mit Mißtrauen vermischend, den Künstler abermals besah und mit Zufriedenheit wahrnahm, daß es ein anständiger Fremder sei.

Doch fragte es mit immer noch unwirschem Stimmchen, wer er sei und was er wolle?

John räusperte sich und versetzte: er sei ein gewisser Kabys aus Seldwyla, und da er sich gerade auf Reisen befinde und hiesige Stadt passiere, so habe er nicht versäumen wollen, die Nachkommen einer Ahne seines Hauses aufzusuchen und zu begrüßen. Und er tat, als ob er von Kindheit auf nur von Herrn Litumlei sprechen gehört hätte. Dieser war auf einmal freudig überrascht und rief freundlich und wohlgemut:

„Ha! so blühet also das Geschlecht der Kabise noch! Ist es zahlreich und angesehen?"

John hatte schon gleich einem Wandergesellen, der vor dem Torschreiber steht, seine Schriften ausgepackt und vorgelegt. Indem er auf sie wies, sprach er ernst: „Zahlreich ist es nicht mehr, denn ich bin der letzte des Geschlechtes! Aber seine Ehre steht noch unbewegt!" Erstaunt und gerührt ob solchen Reden bot ihm der Alte die Hand und hieß ihn willkommen. Die beiden Herren verständigten sich schnell über den Grad ihrer Verwandtschaft; abermals rief Litumlei: „So nahe berühren sich unsere Lebenszweige! Kommen Sie, lieber Vetter, hier sehen Sie Ihre edle und treffliche Urgroßtante, meine leibliche Großmama!" Und er führte ihn im mächtigen Saale umher, bis sie vor einem schönen Frauenbild standen in der Tracht des vorigen Jahrhunderts. In der Tat bezeichnete ein Papierbörtchen, welches in der Ecke des Rahmens befestigt war, die besagte Dame, sowie auch eine Anzahl der anderen Bildnisse mit solchen Zetteln versehen war. Freilich zeigten die Gemälde selbst noch andere Inschriften in lateinischer Sprache, welche mit den angehefteten Papierchen nicht übereinstimmten. Aber John Kabys stand und stand und überlegte in seinem Innern: „So hast du denn doch gut geschmiedet! Denn hier blickt auf dich hernieder, hold und freundlich, die Ahnfrau deines Glükkes im reichen Rittersaal!"

Melodisch zu dieser Selbstansprache klangen die Worte des Herrn Litumlei, welcher sagte, daß nun von einer Weiterreise keine Rede sein dürfte, sondern der werteste Vetter zur Begrüßung eines engeren Verhältnisses vorerst so lange, als dessen Zeit es erlaube, sein Gast sein müsse. Denn das flunkernde Ziergeräte des Herrn Großneffen, welches ihm schon in die Augen gefallen, versah trefflich seinen Dienst und erfüllte ihn mit Vertrauen.

Darum zog er jetzt mit aller Macht an einer Glocke, worauf allmählich einige Dienstboten herbeischlurften, um nach ihrem kleinen Gebieter zu sehen, und endlich erschien auch die Dame, welche im ersten Stock geschlafen hatte, noch gerötet von ihrem Schläfchen und mit halb offenen Augen. Als ihr aber der angekommene Gast vorgestellt wurde, tat sie dieselben ganz auf, neugierig und vergnüglich, wie es schien, über die unerwartete Begebenheit. John wurde nun in andere Räume geführt und mußte eine gehörige Erfrischung einnehmen, wobei ihm das Ehepaar eifrig half, wie Kinder, die zu jeder Stunde Eßlust haben. Dies gefiel dem Gast über die Maßen, da er sah, daß es Leute waren, die sich nichts abgehen ließen und welche noch Freude an den guten Dingen hätten. Seinerseits aber verfehlte er auch nicht, stündlich einen angenehmeren Eindruck zu machen, ja schon beim bald folgenden Mittagessen stellte sich derselbe entschieden fest, als jedes der beiden Leutchen seine eigenen Leibgerichte auftragen ließ und John Kabys von allem aß und alles trefflich fand und seine angewöhnte ruhige Würde seinem Urteil einen noch höheren Wert gab. Es wurde aufs rühmlichste gegessen und getrunken, und noch nie genossen drei wackere Leute zusammen ein reichlicheres und zugleich schuldloseres Dasein. Es war für John ein Paradies, in welchem kein Sündenfall möglich schien.

Genug, es begab sich alles auf das beste. Bereits lebte er acht Tage in dem ehrwürdigen Haus und kannte dasselbe schon in allen Ecken. Er vertrieb dem Alten die Zeit auf tausenderlei Weise, ging mit ihm spazieren und rasierte ihn so leicht wie ein Zephir, was dem Männchen vor allem aus gefiel. John merkte, daß Herr Litumlei über irgend etwas nachzusinnen begann und erschrak, wenn jener von seiner Abreise sprach, was er etwas in ernsten Andeutungen tat. Da fand er, es sei Zeit, jetzt wieder einen kleinen Meisterschlag zu wagen, und kündigte seinem Gönner am Ende des achten Tages deutlicher seine demnächstige Abreise an, zum Grunde nehmend, daß er durch längeres Zaudern den Abschied und die Gewöhnung an ein einfacheres Leben nicht erschweren dürfe. Denn männlich wolle er sein Schicksal ertragen, das Schicksal eines letzten seines Geschlechtes, der da in strenger Arbeit und Zurückgezogenheit die Ehre des Hauses bis zum Erlöschen zu wahren habe.

„Kommen Sie mit mir hinauf in den Rittersaal!" erwiderte Herr Adam Litumlei; sie gingen; als dort der Alte einigemal feierlich auf und ab gewandelt, begann er wieder: „Hören Sie meinen Entschluß und meinen Vorschlag, lieber Großneffe! Sie sind der letzte Ihres Geschlechts, es ist dies ein ernstes Schicksal! Allein ein nicht minder ernstes habe ich zu tragen! Blicken Sie mich an, wohlan! Ich bin der erste des meinigen!"

Stolz richtete er sich auf, und John sah ihn an, konnte aber nicht entdecken, was das heißen sollte. Aber jener fuhr fort: „Ich bin der erste des meinigen will so viel heißen, als: Ich habe mich entschlossen, ein solch großes und rühmliches Geschlecht zu gründen, wie Sie hier an den Wänden dieses Saales gemalt sehen! Dieses sind nämlich nicht meine Ahnen, sondern die Glieder eines ausgestorbenen Patriziergeschlechtes dieser Stadt. Als ich vor dreißig Jahren hier einwanderte, war das Haus mit all seinem Inhalt und seinen Denkmälern eben käuflich und ich erstand sogleich den ganzen Apparat als Grundlage zur Verwirklichung meines Lieblingsgedankens. Denn ich besaß ein großes Vermögen, aber keinen Namen, keine Vorfahren, und ich kenne nicht einmal den Taufnamen meines Großvaters, welcher eine Kabis geheiratet hatte. Ich entschädigte mich anfänglich damit, die hier gemalten Herren und Frauen als meine Vorfahren zu erklären und einige zu Litumleis, andere zu Kabissen zu machen mittels solcher Zettel, wie Sie sehen; doch meine Familienerinnerungen reichten nur für sechs oder sieben Personen aus, die übrige Menge dieser Bilder, das Ergebnis von vier Jahrhunderten, spottete meiner Bestrebungen. Um so dringender war ich an die Zukunft gewiesen, an die Notwendigkeit, selbst ein lang andauerndes Geschlecht zu stiften, dessen gefeierter Stammvater ich bin. Mein Bild habe ich längst anfertigen lassen, sowie einen Stammbaum, an dessen Wurzel mein Name steht. Aber ein hartnäckiger Unstern verfolgt mich! Schon habe ich die dritte Frau und noch hat mir keine ein Mädchen, geschweige denn einen Sohn und Stammhalter geschenkt. Die beiden früheren Weiber von denen ich mich scheiden ließ, haben seither mit anderen Männern aus Bosheit verschiedene Kinder gehabt, und die gegenwärtige, welche ich auch schon sieben Jahre besitze, würde es gewißlich gerade so machen, wenn ich sie laufen ließe.

Ihre Erscheinung, teurer Großneffe, hat mir nun eine Idee eingegeben, diejenige einer künstlichen Nachhilfe, wie sie in der Geschichte, in großen und kleinen Dynastien vielfach gebraucht wurde. Was sagen Sie hierzu: Sie leben bei uns wie das Kind im Hause, ich setze Sie gerichtlich zu meinem Erben ein! Dagegen haben Sie zu leisten: Sie opfern äußerlich Ihre eigene Familienüberlieferung (sind Sie ja doch der letzte Ihres Geschlechtes) und nehmen nach meinem Tode, d. h. bei Antritt des Erbes, meinen Namen an! Ich verbreite unter der Hand das Gerücht, daß Sie ein natürlicher Sohn von mir seien, die Frucht eines tollen Jugendstreiches; Sie nehmen diese Auffassung an, widersprechen ihr nicht! Vielleicht läßt sich in der Folge eine schriftliche Kundgebung darüber aufsetzen, ein Memoire, ein kleiner Roman, eine denkwürdige Liebesgeschichte, worin ich eine feurige, wenn auch unbesonnene Figur mache, Unheil anrichte, das ich im Alter wieder gut mache. Endlich verpflichten Sie sich, diejenige Gattin von meiner Hand anzunehmen, die ich unter den angesehenen Töchtern der Stadt für sie aussuchen werde, zur weiteren Verfolgung meines Zieles. Das ist im ganzen und im besonderen mein Vorschlag!"

John war während dieser Rede rot und bleich geworden, aber nicht aus Scham und Schreck, sondern vor Freude und Erstaunen über das endlich eingetroffene Glück und über seine eigene Weisheit, welche dasselbe herbeigeführt habe. Aber mitnichten ließ er sich davon überrumpeln, sondern er tat, als ob er sich nur schwer entschließen könnte wegen der Aufopferung seines ehrbaren Familiennamens und seiner ehelichen Geburt. Er nahm sich eine Bedenkzeit von vierundzwanzig Stunden, in höflichen und wohlgesetzten Worten, und fing danach an, in dem schönen Garten höchst nachdenklich auf und ab zu spazieren. Die lieblichen Blumen, die Levkojen, Nelken und Rosen, die Kaiserkronen und Lilien, die Geranienbeete und Jasminlauben, die Myrten- und Oleanderbäumchen, alle äugelten ihn höflich an und huldigten ihm als ihrem Herrn.

Als er eine halbe Stunde lang den Duft und Sonnenschein, den Schatten und die Frische des Brunnens genossen, ging er ernsthaft hinaus auf die Straße, um die Ecke, und trat in einen Gebäckladen, wo er drei warme Pastetchen samt zwei Spitzgläsern feinen Weines zu sich nahm. Hierauf kehrte er in den Garten zurück und spazierte abermals eine halbe Stunde, doch diesmal eine Zigarre dazu rauchend. Da entdeckte er ein Beet voll kleiner, zarter Radieschen. Er zog ein Büschel davon aus der Erde, reinigte sie am Brunnen, dessen steinerne Tritonen ihn mit den Augen ergebenst anzwinkerten, und begab sich damit in ein kühles Bräuhaus, wo er einen Krug schäumendes Bier dazu trank. Er unterhielt sich vortrefflich mit den Bürgern und versuchte schon seinen Heimatdialekt in das weichere Schwäbische umzuwandeln, da er voraussichtlich unter diesen Leuten einen hervorragenden Mann abgeben würde.

Absichtlich versäumte er die Mittagsstunde und verspätete sich beim Essen. Um dort eine kritische Appetitlosigkeit durchzuführen, aß er vorher noch drei Münchner Weißwürste und trank einen zweiten Krug Bier, der ihm noch besser schmeckte, als der erste. Endlich runzelte er doch seine Stirn und begab sich mit derselben zum Essen, wo er die Suppe anstarrte.

Das Männchen Litumlei, welches durch unerwartete Hindernisse einem leidenschaftlichen Eigensinn zu verfallen pflegte und keinen Widerspruch ertragen konnte, empfand schon zornige Angst, daß seine letzte Hoffnung, ein Geschlecht zu gründen, zu Wasser werde, und beobachtete den unbestechlichen Gast mit mißtrauischen Blicken. Endlich ertrug er die Ungewißheit, ob er ein Stammvater sein solle oder keiner, nicht länger, sondern forderte den Bedenkzeitler auf, jene vierundzwanzig Stunden abzukürzen und seinen Entschluß sogleich zu fassen. Denn er fürchtete, die strenge Tugend seines Vetters möchte mit jeder Stunde wachsen. Er holte eigenhändig eine uralte Flasche Rheinwein aus dem Keller, von welchem John noch keine Ahnung gehabt. Als die entfesselten Sonnengeister unsichtbar über den Kristallgläsern dufteten, die gar fein erklangen, und mit jedem Tropfen des flüssigen Goldes, das man auf die Zunge brachte, schnell ein Blumengärtlein unter die Nase zu wachsen schien, da erweichte endlich der rauhe Sinn John Kabyssens und er gab sein Jawort. Schnell wurde der Notar geholt und bei einem herrlichen Kaffee ein rechtsgültiges Testament aufgesetzt. Schließlich umarmten sich der künstlich-natürliche Sohn und der geschlechtergründende Erzvater; aber es war nicht wie eine warme Umarmung von Fleisch und Blut, sondern weit

feierlicher, eher wie das Zusammenstoßen von zwei großen Grundsätzen, die auf ihren Wurfbahnen sich treffen.

Nun saß John im Glücke. Er hatte jetzt weiter nichts zu tun, als seiner angenehmen Bestimmung inne zu sein, etwas rücksichtsvoll sich gegen seinen Herrn Vater zu benehmen und ein reichliches Taschengeld auf die Art zu verzehren, die ihm am meisten zusagte. Dies geschah alles auf die anständigste und ruhigste Weise, und er kleidete sich dabei wie ein Baron. Von Wertgegenständen brauchte er nicht einen einzigen mehr anzuschaffen; es zeigte sich jetzt sein Genie, indem die vor Jahren erworbenen auch jetzt noch gerade ausreichten und einem genau entworfenen Schema glichen, welches durch die Fülle des Glückes nun vollkommen gedeckt wurde. Die Schlacht von Waterloo blitzte und donnerte auf einer zufriedenen Brust; Ketten und Klunkern schaukelten sich auf einem wohlgefüllten Magen, durch die goldene Brille guckte ein vergnügtes und stolzes Auge, der Stock zierte mehr einen klugen Mann, als er ihn stützte, und die schöne Zigarrentasche war mit guten Stengeln angefüllt, welche er aus dem Mazepparöhrchen mit Verstand rauchte. Das wilde Pferd war schon glänzend braun, der Mazeppa darauf aber erst hell rötlich, beinahe fleischfarbig, so daß das doppelte Kunstwerk des Schnitzers und des Rauchers die gerechte Bewunderung der Sachverständigen erregte. Auch Papa Litumlei wurde höchlich davon eingenommen und lernte bei seinem Pflegesöhnchen eifrig Meerschäume anrauchen. Es wurde eine ganze Sammlung solcher Pfeifen angeschafft; doch der Alte war zu unruhig und ungeduldig in der edeln Kunst. Der Junge mußte überall nachhelfen und gut machen, was jenem wiederum Achtung und Zutrauen einflößte.

Jedoch fand sich bald eine noch wichtigere Tätigkeit für die beiden Männer vor, als der Papa darauf drang, nun gemeinschaftlich jenen Roman zu erfinden und aufzuschreiben, durch welchen John zu seinem natürlichen Sohn erhoben wurde. Es sollte ein geheimes Familiendokument werden in der Form fragmentarischer Denkwürdigkeiten. Um Eifersucht und Unruhe der Frau Litumlei zu verhüten, mußte es in geheimen Sitzungen abgefaßt und sollte ganz im stillen in das zu gründende Familienarchiv verschlossen werden, um erst in künftigen Zeiten, wenn das Geschlecht in Blüte stände, an das Tageslicht zu treten und von der Geschichte des Litumleiblutes zu reden.

John hatte sich schon vorgenommen, nach dem Absterben des Alten sich nicht schlechtweg Litumlei, sondern Kabys de Litumley zu nennen, da er für seinen eigenen Namen, den er so zierlich geschmiedet, eine verzeihliche Vorliebe hegte; ebenso nahm er sich vor, das zu errichtende Schriftstück, wodurch er um seine eheliche Geburt und zu einer liederlichen Mutter kommen sollte, dereinst ohne weiteres zu verbrennen. Aber dennoch mußte er jetzt daran mitarbeiten, was eine leise Trübung seines Wohlseins verursachte. Doch schickte er sich weislich in die Sache und schloß sich eines Morgens mit dem Alten in einem Gartenzimmer ein, um das Werk zu beginnen. Da saßen sie nun an einem Tische sich gegenüber und entdeckten plötzlich, daß ihr Vorhaben schwieriger war, als sie gedacht, indem keiner von ihnen je hundert Zeilen nacheinander geschrieben hatte. Sie konnten durchaus keinen Anfang finden, und je näher sie die Köpfe zusammensteckten, desto weniger wollte ihnen etwas einfallen. Endlich besann sich der Sohn, daß sie eigentlich zuerst ein Buch starkes und schönes Papier haben müßten, um ein dauerhaftes Schriftstück zu errichten. Das leuchtete ein; sie machten sich sogleich auf, ein solches zu kaufen, und durchstreiften einträchtig die Stadt. Als sie gefunden, was sie suchten, rieten sie einander, da es ein warmer Tag war, in ein Schenkhaus zu gehen und sich allda zu erfrischen und zu sammeln. Vergnügt tranken sie mehrere Kännchen und aßen Nüsse, Brot, Würstchen, bis John plötzlich sagte, er hätte jetzt den Anfang der Geschichte erfunden und wollte stracks nach Hause laufen, um ihn aufzuschreiben, damit er ihn nicht wieder verliere. „So lauf nur schnell", sagte der Alte, „ich will unterdessen hier die Fortsetzung erfinden, ich merke, daß sie mir schon auf dem Weg ist!"

John eilte wirklich mit dem Buch Papier nach jenem Zimmer und schrieb:

„Es war im Jahr 17..., als es ein gesegnetes Jahr war. Der Eimer Wein kostete 7 Gulden, der Eimer Apfelmost $^1/_2$ Gulden und die Maß Kirschbrannt-
wein 4 Batzen. Ein zweipfündiges Weißbrot 1 Batzen, ein dito Roggenbrot
$^1/_2$ Batzen und ein Sack Erdäpfel 8 Batzen. Auch war das Heu gut geraten
und der Scheffel Haber kostete 2 Gulden. Auch waren die Erbsen und Bohnen gut geraten und der Flachs und Hanf waren nicht gut geraten, dagegen
wieder die Ölfrüchte und der Talg oder Unschlitt, so daß alles in allem die
merkwürdige Sachlage stattfand, daß die bürgerliche Gesellschaft gut genährt
und getränkt, notdürftig gekleidet und wiederum wohl beleuchtet war. So
ging das Jahr ohne weiteres zu Ende, wo nun jedermann mit Recht neugierig
war zu erleben, wie sich das neue Jahr anlassen würde. Der Winter bezeigte
sich als ein gehöriger und regelrechter Winter, kalt und klar; eine warme
Schneedecke lag auf den Feldern und schützte die junge Saat. Aber dennoch
ereignete sich zuletzt etwas Seltsames. Es schneite, taute und fror wieder
während des Monats Hornung in so häufigem Wechsel, daß nicht nur viele
Menschen krank wurden, sondern auch eine solche Menge Eiszapfen entstand, daß das ganze Land aussah wie ein großes Glasmagazin und jeder ein
kleines Brett auf dem Kopfe trug, um von den fallenden Spitzen nicht ange-

357

stochen zu werden. Im übrigen behaupteten sich die Preise der Lebensmittel noch immer, wie oben bemerkt, und schwankten endlich einem merkwürdigen Frühling entgegen."

Hier kam der kleine Alte eifrig hergerannt, nahm den Bogen an sich, und ohne das bisher Geschriebene zu lesen oder etwas zu sagen, schrieb er weiter:

„Nun kam er und hieß Adam Litumlei. Er verstand keinen Spaß und war geboren anno 17... Er kam dahergestürmt wie ein Frühlingswetter. Er war einer von denjenigen. Er trug einen roten Sammetrock, einen Federhut und einen Degen. Er trug eine goldene Weste mit dem Wahlspruch: Jugend hat keine Tugend! Er trug goldene Sporen und ritt auf einem weißen Hengst; er stellte denselben in den ersten Gasthof und rief: ,Ich kümmere mich den Teufel darum, denn es ist Frühling und Jugend muß austoben!' Er zahlte alles bar und alles wunderte sich über ihn. Er trank den Wein, er aß den Braten, er sagte: ,Das taugt mir alles nichts!' Ferner sagte er: ,Komm du holdes Liebchen, du taugst mir besser als Wein und Braten, als Silber und Gold! Was kümmere ich mich darum? Denke, was du willst, was sein muß, muß sein!'"

Hier blieb er plötzlich stecken und konnte durchaus nicht weiter. Sie lasen zusammen das Geschriebene, fanden es nicht übel und sammelten sich wieder während acht Tagen, wobei sie ein lockeres Leben führten; denn sie gingen öfter ins Bierhaus, um einen neuen Anlauf zu gewinnen; allein das Glück lachte nicht alle Tage. Endlich erwischte John wieder einen Zipfel, lief nach Hause und fuhr fort:

„Diese Worte richtete der junge Herr Litumlei nämlich an eine gewisse Jungfrau Liselein Federspiel, welche in den äußersten Häusern der Stadt wohnte, wo die Gärten sind und bald ein Wäldchen oder Hölzchen kommt. Dieses war eine der reizendsten Schönheiten, welche die Stadt je hervorgebracht hat, mit blauen Augen und kleinen Füßen. Sie war so schön gewachsen, daß sie kein Korsett brauchte und aus dieser Ersparnis, denn sie war arm, allmählich ein violettes Seidenkleid kaufen konnte. Aber alles dies war verklärt durch eine allgemeine Traurigkeit, welche nicht nur über die lieblichen Gesichtszüge, sondern über die ganze Gliederharmonie des Fräulein Federspiel zitterte, daß man in aller Windstille die wehmütige Akkorde einer Äolsharfe zu hören glaubte. Denn es war jetzt ein gar denkwürdiger Maimonat angebrochen, in welchem sich alle vier Jahreszeiten zusammenzudrängen schienen. Es gab im Anfang noch einen Schnee, daß die Nachtigallen mit Schneeflocken auf dem Kopfe sangen, als ob sie weiße Zipfelmützchen trügen; dann trat eine solche Wärme ein, daß die Kinder im Freien badeten und die Kirschen reiften, und die Chronik bewahrt davon den Reim auf:

Eis und Schnee,
Buben baden im See,

Reife Kirschen und blühender Wein
Mocht' alles in einem Maimond sein.

Diese Naturerscheinungen machten die Menschen nachdenklich und wirkten auf verschiedene Weise. Die Jungfer Liselein Federspiel, welche besonders tiefsinnig war, grübelte auch nach und ward zum erstenmal inne, daß sie ihr Wohl und Wehe, ihre Tugend und ihren Fall in der eigenen Hand trage, und indem sie nun die Waage hielt und diese verantwortliche Freiheit erwog, ward sie ebenso traurig darüber. Wie sie nun dastand, kam jener verwegene Rotrock und sagte unverweilt: ,Federspiel, ich liebe Dich!' Worüber sie durch eine sonderbare Fügung plötzlich ihren vorigen Gedankengang änderte und in ein helles Gelächter ausbrach."

„Jetzt laß mich fortfahren!" rief der Alte, welcher erhitzt nachgelaufen kam und dem Jungen über die Schulter las, „es paßt mir nun eben recht!" und setzte die Geschichte folgendermaßen fort:

„,Da ist nichts zu lachen'! sagte jener, ,denn ich verstehe keinen Spaß!' Kurz, es kam, wie es kommen mußte; wo das Wäldchen auf der Höhe stand, saß mein Federspiel im Grünen und lachte noch immer; aber schon sprang der Ritter auf seinen Schimmel und flog so schnell in die Ferne, daß er durch die platzgreifende Luftperspektive in wenig Augenblicken ganz bläulich aussah. Er verschwand, kehrte nicht mehr zurück; denn er war ein Teufelsbraten!"

„Ha, nun ist's geschehen!" schrie Litumlei und warf die Feder hin, „nun habe ich das Meinige getan, führe Du nun den Schluß herbei, ich bin ganz erschöpft von diesen höllischen Erfindungen! Beim Styx! Es nimmt mich nicht wunder, daß man die Ahnherren großer Häuser so hoch hält und in Lebensgröße malt, da ich spüre, welche Mühe mich die Gründung des meinigen kostet! Aber habe ich das Ding nicht kühn behandelt?"

John schrieb nun weiter:

„Die arme Jungfer Federspiel empfand eine große Unzufriedenheit, als sie plötzlich vermerkte, daß der verführerische Jüngling entschwunden war, fast gleichzeitig mit dem denkwürdigen Maimonat. Doch hatte sie die Geistesgegenwart, schnell das Vorgefallene in ihrem Inneren für ungeschehen zu erklären, um so den früheren Zustand einer gleichschwebenden Waage wieder herzustellen. Aber sie genoß dieses Nachspiel der Unschuld nur kurze Zeit. Der Sommer kam, man schnitt das Korn; es ward einem gelb vor den Augen, wohin man blickte, vor all dem goldenen Segen; die Preise gingen wieder bedeutend herunter, Liselein Federspiel stand auf jenem Hügel und schaute allem zu; aber sie sah nichts vor lauter Verdruß und Reue. Es kam der Herbst, jeder Weinstock war ein fließender Brunnen, vom Fallen der Äpfel und Birnen trommelte es fortwährend auf der Erde; man trank, man sang, kaufte und verkaufte. Jeder versorgte sich, das ganze Land war ein Jahrmarkt, und so reichlich und wohlfeil alles war, so wurde doch das Überflüssige noch gelobt und gehätschelt und dankbar angenommen. Nur allein der Segen, den Liselein brachte, sollte nichts gelten und keiner Nachfrage wert sein, als ob der im Überfluß schwimmende Menschenhaufen nicht ein einziges Mäulchen mehr brauchen könnte. Da hüllte sie sich in ihre Tugend und gebar, einen Monat zu früh, ein munteres Knäblein, welches so recht darauf angewiesen war, der Schmied seines eigenen Glückes zu werden.

Dieser Sohn führte sich auch so wacker durch ein vielbewegtes Leben, daß er, durch wunderbare Schicksale endlich mit seinem Vater vereinigt, von demselben zu Ehren gezogen und in seine Rechte eingesetzt wurde, und ist dies der zweite bekannte Stammherr des Geschlechtes der Litumlei."

Unter dieses Dokument schrieb der Alte:,,Eingesehen und bestätigt, Johann Polykarpus Adam Litumlei." Und John unterschrieb ebenfalls. Dann drückte Herr Litumlei noch sein Siegel bei, dessen Wappenschild drei halbe goldene Fischangeln im blauen Felde und sieben weiß und rot quadrierte Bachstelzen auf einem schräglaufenden grünen Balken zeigte.

Sie wunderten sich aber, daß das Schriftstück nicht größer geworden; denn sie hatten kaum einen Bogen von dem Buch Papier beschrieben. Nichtsdestoweniger legten sie es in das Archiv, wozu sie einstweilen eine alte eiserne Kiste bestimmten, und waren zufrieden und guter Dinge.

Unter solchen und anderen Beschäftigungen verging die Zeit auf das angenehmste; es wurde dem glückhaften John beinahe unheimlich, daß es auch gar nichts mehr zu hoffen und zu fürchten, zu schmieden und zu spekulieren gab. Indem er sich so nach neuer Tätigkeit umsah, wollte es ihn bedünken, daß die Gemahlin des Hausherrn ein etwas unzufriedenes und verdächtiges Gesicht gegen ihn zeigte; es dünkte ihn nur, bestimmt konnte er es nicht behaupten. Er hatte diese Frau, welche fast immer schlief, oder wenn sie wachte, etwas Gutes aß, über seinen anderweitigen Bestrebungen wenig beachtet, da sie sich in nichts mischte und mit allem zufrieden schien, wenn ihre Ruhe nicht gestört wurde. Jetzt fürchtete er plötzlich ihm irgendeine nachteilige Wandlung der Dinge bereiten, ihren Mann umstimmen und dergleichen.

Er legte den Finger an die Nase und sagte: ,,Halt! Hier dürfte es geraten sein, dem Werke noch die letzte Feile zu geben! Wie konnte ich nur diese wichtige Partie so lange aus den Augen setzen! Gut ist gut, aber besser ist besser!"

Der Alte war eben fort, um im Stillen an der Ausmittelung einer zweckmäßigen Gattin für seinen Stammhalter tätig zu sein, wovon er selbst diesem nichts verriet. John beschloß unverweilt, sich zu der Dame zu begeben mit der unbestimmten Vorstellung, ihr auf irgendeine Weise den Hof zu machen, und sich bei ihr einzuschmeicheln, um das Versäumte nachzuholen. Er säuselte ehrbarlich die Treppe hinunter bis zu dem Gemach, wo sie sich aufzuhalten pflegte, und fand wie gewöhnlich die Türe halb offen stehen; denn sie war bei aller Trägheit neugierig und liebte, immer gleich zu hören, was vorging.

Er trat vorsichtig hinein und sah sie wieder schlummernd daliegen, ein halb aufgegessenes Himbeertörtchen in der Hand. Ohne recht zu wissen, was eigentlich beginnen, ging er endlich auf den Zehen hin, ergriff ihre runde Hand und küßte sie ehrerbietig. Sie regte sich nicht im mindesten; doch öffnete sie die Augen zur Hälfte und sah ihn, ohne den Mund zu verziehen, mit einem höchst seltsamen Blick an, solang er dastand. Verblüfft und stotternd zog er

sich endlich zurück und lief in sein Zimmer. Dort setzte er sich in in eine Ecke, jenen Blick aus schmaler Augenzwinkerung immer vor sich. Er eilte wieder hinunter, die Frau verhielt sich unbeweglich wie vorhin, und wie er näher trat, taten sich die Augen wieder halb auf. Wiederum zog er sich zurück, wiederum saß er in der Ecke seiner Kammer, zum drittenmal fuhr er in die Höhe, stieg die Treppe hinunter, huschte hinein und blieb nun dort, bis der Patriarch nach Hause kehrte.

Es verging nun kaum ein Tag, wo die zwei Leute sich nicht zusammenzutun und den Alten zu hintergehen wußten, daß es eine Art hatte. Die schläfrige Frau wurde auf einmal munter in ihrer Weise; John aber ergab sich dem leidenschaftlichsten Undank gegen seinen Wohltäter, immer in der Absicht, seine Stellung zu befestigen und das Glück recht an die Wand zu nageln.

Beide Sünder taten indessen nur um so freundlicher und ergebener gegen den betrogenen Litumlei, der dabei sich ganz behaglich fühlte und sein Haus auf das beste bestellt zu haben glaubte, so daß man nicht unterscheiden konnte, welcher von beiden Herren mehr mit sich zufrieden war. Eines Morgens schien jedoch der Alte den Sieg davonzutragen infolge einer vertraulichen Unterredung, welche seine Frau mit ihm gepflogen; denn er ging ganz sonderbar herum, stand keinen Augenblick still und suchte fortwährend allerlei Sätzchen zu pfeifen, was aber wegen Mangels an Zähnen nicht gelang. Er schien um mehrere Zoll gewachsen zu sein über Nacht, kurz, er war der Inbegriff der Selbstzufriedenheit. Aber denselben Tag noch neigte sich der Sieg wieder auf die Seite des Jüngeren, als ihn der Alte unversehens fragte, ob er nicht Lust habe, eine tüchtige Reise zu machen, um auch noch die Welt ein wenig kennen zu lernen und besonders auch, indem er sich selber bilde, die verschiedenen Arten der Jugenderziehung in den Ländern in Betracht zu nehmen und sich über die diesfalls herrschenden Grundsätze zu unterrichten, namentlich mit Bezug auf die vornehmeren Stände?

Nichts konnte ihm willkommener sein, als solch herrlicher Antrag, und freudig genehmigte er denselben. Er wurde schnell für die Reise ausgerüstet und mit Wechseln versehn, und er fuhr in höchster Gloria davon. Zuerst bereiste er Wien, Dresden, Berlin und Hamburg; dann wagte er sich nach Paris, und überall führte er ein prächtiges und weises Leben. Er patrouillierte alle Vergnügungsorte, Sommertheater und Spektakelplätze ab, lief durch die Raritätenkammern der Schlösser und stand allmittags in der Sonnenhitze auf den Paradeplätzen, um die Musik zu hören und die Offiziere anzugaffen, eh' er zur Tafel ging. Wenn er all die Herrlichkeiten unter tausend anderen Menschen mit ansah, so wurde er ganz stolz und schrieb sich von allem Glanz und Getön das alleinige Verdienst zu, jeden für einen unwissenden Tropf haltend, der nicht dabei war. Mit dem behenden Genießen verband er aber die größte Weisheit, um seinem Wohltäter zu zeigen, daß er keinen Hasen auf Reisen geschickt habe. Keinem Bettler gab er etwas, keinem armen Kinde kaufte er je etwas ab, den Dienstbaren in den Gasthäusern wußte er beharrlich mit dem Trinkgelde durchzugehen, ohne Schaden zu leiden, und um jeden Dienst feilschte er lange, ehe er ihn annahm. Am meisten Spaß machte ihm das Vexieren und Foppen der verlorenen Wesen, mit denen er sich im Vereine mit zwei oder drei Gleichgesinnten auf den öffentlichen Bällen unterhielt. Mit einem Wort: er lebte so sicher und vergnügt, wie ein alter Weinreisender.

Zum Schluße konnte er sich nicht versagen, einen Abstecher nach seiner Heimat Seldwyla zu machen. Dort logierte er im ersten Gasthof, saß geheimnisvoll und einsilbig an der Mittagstafel und ließ seine Mitbürger sich die Köpfe darüber zerbrechen, was aus ihm geworden sei. Sie waren überzeugt, daß nicht viel hinter der Sache stecke, und doch lebte er zur Zeit unzweifelhaft im Wohlstand, so daß sie einstweilen ihren Spott zurückhielten und mit krausen Nasenflügeln nach dem Golde blinzelten, das er sehen ließ. Er aber beschenkte sie nicht mit einer einzigen Flasche Wein, obgleich er vor ihren Augen vom besten trank, und sann, wie er ihnen noch weiteres antun könne.

Da gedachte er, am Ende seiner Reise, plötzlich des Auftrages, der ihm zur Erforschung des Erziehungswesens in den durchreisten Ländern geworden, um die Grundsätze festzustellen, nach welchen die Kinder des von Litumlei gegründeten und von Kabys fortzupflanzenden Geschlechtes erzogen werden sollten. Diese Aufgabe in Seldwyla zu lösen, kam ihm nun trefflich zu statten, da er in den Mantel einer höheren Mission gehüllt als eine Art Edukationsrat auftreten und die Seldwyler noch mehr foppen konnte. Er kam auch gerade vor die rechte Schmiede. Denn seit einiger Zeit schon waren sie auf einen herrlichen Erwerbszweig geraten, indem sie alle ihre Mädchen zu Erzieherinnen machten und versandten. Kluge und unkluge, gesunde und kränkliche Kinder wurden in dieser Weise zubereitet in eigenen Anstalten und für alle Bedürfnisse. Wie man Forellen verschiedentlich behandelt, sie blau absiedet oder bäckt oder spickt usw., so wurden die guten Mädchen entweder mehr positiv christlich oder mehr weltlich, mehr für die Sprachen oder mehr für die Musik, für vornehme Häuser oder für mehr bürgerliche Familien zugerichtet, je nach der Weltgegend, für welche sie bestimmt waren und von wo die Nachfrage kam. Das Seltsame dabei war, daß die Seldwyler für alle diese verschiedenen Zweckbestimmungen sich vollkommen neutral und gleichgültig verhielten und auch von den betreffenden Lebenskreisen durchaus keine Kenntnis besaßen, und der gute Absatz ließ sich nur dadurch erklären, daß die Abnehmer des Exportartikels ebenso gleichgültig und kenntnislos waren. Ein Seldwyler, der den unversöhnlichsten Kirchenfeind spielte, konnte seine nach England bestimmten Kinder auf Gebet und Sonntagsheiligung einüben lassen; ein anderer, der in öffentlichen Reden von der edlen Stauffacherin, der Zierde des freien Schweizerhauses schwärmte, hatte seine fünf oder sechs Töchter nach den russischen Steppen oder in andere unwirtliche Gegenden verbannt, wo sie in ferner Trostlosigkeit schmachteten.

Die Hauptsache war, daß die wackeren Bürger die armen Wesen so bald als möglich mit einem Reisepaß und Regenschirm versehen hinausjagen und mit dem heimgesandten Erwerb derselben sich gütlich tun konnten.

Aus alledem war aber bald eine gewisse Überlieferung und Geschicklichkeit für die äußerliche Zurichtung der Mädchen entstanden und John Kabys hatte vollauf zu tun, die kuriosen Grundsätze, die hierin walteten, mit noch kurioserer Auffasungsgabe einzusammeln und sich zu notieren. Er ging in den verschiedenen Fabriklein herum, wo die Mädchen zubereitet wurden, befragte Vorsteherinnen und Lehrer und suchte sich vorzüglich ein Bild davon zu entwerfen, wie die Erziehung eines Knäbchens in einem großen Hause von Anfang an standesmäßig betrieben wurde und zwar so recht auf Kosten der hierfür bezahlten Leute und ohne Mühsal noch Verdruß der Eltern. Hierüber fertigte er ein merkwürdiges Memorandum an, welches in einigen Tagen, dank seinen fleißigen Notizen, zu mehreren Bogen anschwoll, und mit dem er sich aufsehenerregend beschäftigte. Er verwahrte die Schrift zusammengerollt in einer runden Blechkapsel und trug dieselbe an einem Lederriemchen beständig an der Hüfte. Als aber die Seldwyler das bemerkten, glaubten sie, er sei abgesandt, ihnen das Geheimnis ihrer Industrie abzustehlen und in das Ausland zu verpflanzen. Sie erbosten sich über ihn und trieben ihn drohend und scheltend davon.

Erfreut, daß er sie habe ärgern können, reiste er ab und langte endlich in Augsburg an, gesund und fröhlich, wie ein junger Hecht. Er trat wohlgemut ins Haus und fand dasselbe ebenso froh belebt. Eine muntere schöne Land-

frau mit hohem Busen war das erste, was er antraf; sie trug eine Schüssel mit warmem Wasser und er hielt sie für eine neue Köchin und betrachtete sie vorläufig nicht ohne Wohlgefallen. Doch drängte es ihn, die Hausfrau schnell zu begrüßen; allein sie war nicht zu sprechen und lag im Bett, obgleich das Haus von einem seltsamen Geräusch widerhallte. Dieses rührte vom alten Litumlei her, welcher herumrannte, sang, rief, lachte und krakeelte und endlich zum Vorschein kam, blasend, pustend, die Augen rollend und ganz rot vor Freude, Stolz und Hochmut. Ausgelassen und würdeatmend zugleich hieß er seinen Günstling willkommen und eilte wieder davon, um etwas anderes zu verrichten; denn er schien alle Hände voll zu tun zu haben.

Zwischendurch ließ sich von einer Gegend her wiederholt ein gedämpftes Quieken vernehmen, wie von einem Kreuzertrompetchen; die vollbusige Bäuerin ging wieder über die Szene mit einer Handvoll weißer Tüchelchen und rief aus ihrer weißen Kehle: „Gleich, mein Schätzchen! gleich, mein Bübchen!"

„Daß dich!" sagte John, „was ist das für ein leckerer Bissen!"

Aber er horchte wieder auf jenes Quieken, das sich fort und fort vernehmen ließ.

„Nun?" rief Litumlei, der wieder hergeträppelt kam, „singt der Vogel nicht schön? Was sagst du dazu, mein Bursche?"

„Welcher Vogel?" fragte John.

„Ei, Herr Jesus! Du weißt am Ende noch gar nichts?" rief der Alte; „ein Sohn ist uns allendlich geboren, ein Stammhalter, so munter wie ein Ferkel, liegt uns in der Wiege! Alle meine Wünsche, meine alten Pläne sind erfüllt!"

Der Schmied seines Glückes stand wie eine Bildsäule, ohne jedoch die Folgen des Ereignisses schon zu übersehen, so einfach sie auch sein mochten; er fühlte nur, daß es ihm höchst widerstrebend zu Mute war, machte ganz runde Augen und spitzte den Mund, wie wenn er einen Igel küssen müßte.

„Nun", fuhr der vergnügte Alte fort, „sei nur nicht zu verdrießlich! Etwas verändert wird allerdings unser Verhältnis, habe auch bereits das Testament umgestoßen und verbrannt, sowie jenen lustigen Roman, dessen wir nun nicht mehr bedürfen! Du aber bleibst im Hause, du sollst bei der Erziehung meines Sohnes die Oberleitung übernehmen, du sollst mein Rat sein und mein Helfer in allen Dingen und es soll dir nichts abgehen, solang ich lebe. Nun ruh dich aus, ich muß dem kleinen Kreuzkerl einen rechten Namen zusammensuchen! Schon dreimal hab' ich den Kalender durchgesehen, will jetzt noch eine alte Chronik durchstöbern, dort gibt's so alte Stammbäume mit ganz merkwürdigen Taufnamen!"

John begab sich endlich auf sein Zimmer und setzte sich in jene Ecke; die Blechkapsel mit der Erziehungsdenkschrift hatte er noch umhängen und er hielt sie unbewußt zwischen den Knien. Er sah die Sachlage ein, er ver-

wünschte die böse Frau, welche ihm diesen Streich gespielt und einen Erben
untergeschoben; er verwünschte den Alten, der da glaubte, er hätte einen
rechtmäßigen Sohn; nur sich selbst verwünschte er nicht, der doch der wirkliche und alleinige Urheber des kleinen Schreiers war und sich so selbst ent-
erbt hatte. Er zappelte in einem unzerreißlichen Netze, rannte aber wieder
nach dem Alten, um ihm törichterweise die Augen zu öffnen.

„Glauben Sie denn wirklich", sagte er mit gedämpfter Stimme zu ihm,
„daß das Kind das Ihrige sei?"

„Wie, was?" sagte Herr Litumlei und sah von seiner Chronik auf.

John fuhr fort, in abgebrochenen Redensarten ihm zu verstehen zu geben,
daß er selbst ja nie imstande gewesen sei, Vater zu werden, daß seine Frau
wahrscheinlich sich eine Untreue habe zu Schulden kommen lassen usw.

Sobald ihn das kleine Männchen ganz verstand, fuhr es wie besessen in die
Höhe, stampfte auf den Boden, schnaubte und schrie endlich: „Aus den Augen mir, undankbares Scheusal, verleumderischer Schuft! Warum sollte ich
nicht imstande sein, einen Sohn zu haben? Sprich, Elender! Ist das der Dank
für meine Wohltaten, daß du die Ehre meines Weibes und meine eigene Ehre

begeiferst mit deiner niederträchtigen Zunge? Welch ein Glück, daß ich noch rechtzeitig erkenne, welch eine Schlange ich an meinem Busen genährt habe! Wie werden doch solche große Stammhäuser gleich in der Wiege schon vom Neid und von der Selbstsucht attackiert! Fort! aus dem Hause mit dir von Stund' an!"

Er lief zitternd vor Wut nach seinem Schreibtische, nahm eine Handvoll Goldstücke, wickelte sie in ein Papier und warf es dem Unglücklichen vor die Füße.

„Hier ist noch ein Zehrpfennig und damit fort auf immer!" Hiermit entfernte er sich, immer zischend wie eine Schlange.

John hob das Päcklein auf, ging aber nicht aus dem Hause, sondern schlich auf seine Kammer mehr tot als lebendig, zog sich aus bis auf das Hemd, obschon es noch nicht Abend war, und legte sich ins Bett, schlotternd und erbärmlich stöhnend. In allem Jammer zählte er, da er keinen Schlaf finden konnte, das erhaltene Geld und das, welches er auf der Reise in oben beschriebener Weise erspart. „Unnütz!" sagte er, „ich denke nicht daran, fortzugehen, ich will und muß hier bleiben!"

Da klopften zwei Polizeimänner an die Tür, traten herein und hießen ihn aufstehen und sich anziehen. Voll Angst und Schrecken tat er es; sie befahlen ihm, seine Sachen zusammenzupacken; es war aber alles noch auf das schönste beisammen, da er seine Reisekoffer noch gar nicht geöffnet hatte. Darauf führten sie ihn aus dem Hause; ein Knecht trug die Sachen nach, setzte sie auf die Straße und schloß die Tür vor seiner Nase zu. Hierauf lasen ihm die Männer von einem Papier ein Verbot vor, bei Strafe nicht mehr das Haus zu

betreten. Dann gingen sie fort; er aber blickte nochmals an das Haus seines verlorenen Glückes hinauf, als eben einer der hohen Fensterflügel sich ein wenig öffnete, jene hübsche Amme eine in ländlicher Weise dort getrocknete Windel hereinlangte und gleichzeitig das Stimmchen des Kindes sich wieder vernehmen ließ.

Da floh er endlich mit seiner Habe in einen Gasthof, zog sich dort wiederum aus und legte sich nun ungestört ins Bett.

Am andern Tage lief er aus Verzweiflung noch zu einem Advokaten, um zu erfahren, ob denn gar nichts mehr zu machen sei. Sobald der aber seine Rede halb angehört, rief er zornig: „Machen Sie, daß Sie fortkommen, Sie Esel, mit Ihrer einfältigen Erbschleicherei, oder ich lasse Sie verhaften!"

Ganz verstürmt reiste er allendlich nach seinem guten Seldwyla, wo er erst vor einigen Tagen gewesen war. Er setzte sich wieder in den Gasthof und zehrte einige Zeit nachdenklich von seiner Barschaft, und je mehr sie sich verminderte, desto kleinlauter wurde er. Humoristisch gesellten sich die Seldwyler zu ihm, und als sie, da er nun zugänglicher geworden, sein Schicksal so ziemlich erforscht hatten und ihn im Besitze seines abnehmenden kleinen Vermögens sahen, verkauften sie ihm eine kleine alte Nagelschmiede vor dem Tore, die gerade feil stand und, wie sie sagten, ihren Mann nährte. Er mußte aber, um den Kaufschilling voll zu machen, alle seine Attribute und Kleinode veräußern, was er um so leichter tat, als er nun keine Hoffnung mehr auf diese Dinge setzte; sie hatten ihn ja immer betrogen und er mochte nicht mehr um sie Sorge tragen.

Mit der Nagelschmiede, in der zwei oder drei Arten einfacher Nägel gemacht wurden, ging ein alter Geselle in den Kauf, von dem der neue Inhaber die Hantierung selbst ohne viel Mühe erlernte und dabei noch ein wackerer Nagelschmied wurde, der erst in leidlicher, dann in ganzer Zufriedenheit so dahin hämmerte, als er das Glück einfacher und unverdrossener Arbeit spät kennenlernte, das ihn wahrhaft aller Sorge enthob und von seinen schlimmen Leidenschaften reinigte.

Dankbar ließ er seine Kürbisstauden und Winden an dem niedrigen schwärzlichen Häuschen emporranken, das außerdem von einem großen Holunderbaum überschattet war und dessen Esse immer ein freundliches Feuerlein hegte.

Nur in stillen Nächten bedachte er etwa noch sein Schicksal und einigemal, wenn der Jahrestag wiederkehrte, wo er die Dame Litumlei bei dem Himbeertörtchen gefunden hatte, stieß der Schmied seines Glückes den Kopf gegen die Esse, aus Reue über die unzweckmäßige Nachhilfe, welche er seinem Glück hatte geben wollen.

Allein auch diese Anwandlungen verloren sich allmählich, je besser die Nägel gerieten, welche er schmiedete.

Conrad Ferdinand Meyer

Die Hochzeit des Mönchs

Es war in Verona. Vor einem breiten Feuer, das einen weiträumigen Herd füllte, lagerte in den bequemsten Stellungen, welche der Anstand erlaubt, ein junges Hofgesinde männlichen und weiblichen Geschlechts um einen ebenso jugendlichen Herrscher und zwei blühende Frauen. Dem Herde zur Linken saß diese fürstliche Gruppe, welcher die übrigen in einem Viertelkreise sich anschlossen, die ganze andere Seite des Herdes nach höfischer Sitte frei lassend. Der Gebieter war derjenige Scaliger, welchen sie Cangrande nannten. Von den Frauen, in deren Mitte er saß, mochte die nächst dem Herd etwas zurück und ins Halbdunkel gelehnte sein Eheweib, die andere, vollbeleuchtete, seine Verwandte oder Freundin sein, und es wurden mit bedeutsamen Blicken und halblautem Gelächter Geschichten erzählt.

Jetzt trat in diesen sinnlichen und mutwilligen Kreis ein gravitätischer Mann, dessen große Züge und lange Gewänder aus einer andern Welt zu sein schienen: „Herr, ich komme, mich an deinem Herde zu wärmen", sprach der Fremdartige halb feierlich, halb geringschätzig und verschmähte hinzuzufügen, daß die lässige Dienerschaft trotz des frostigen Novemberabends vergessen oder versäumt hatte, Feuer in der hochgelegenen Kammer des Gastes zu machen.

„Setze dich neben mich, mein Dante", erwiderte Cangrande, „aber wenn du dich gesellig wärmen willst, so blicke mir nicht nach deiner Gewohnheit stumm in die Flamme! Hier wird erzählt, und die Hand, welche heute Terzinen geschmiedet hat – auf meine astrologische Kammer steigend, hörte ich in der deinigen mit dumpfem Gesange Verse skandieren –, diese wuchtige Hand darf es heute nicht verweigern, das Spielzeug eines kurzweiligen Geschichtchens, ohne es zu zerbrechen, zwischen ihre Finger zu nehmen. Beurlaube die Göttinnen" – er meinte wohl die Musen – „und vergnüge dich mit diesen schönen Sterblichen." Der Scaliger zeigte seinem Gaste mit einer leichten Handbewegung die zwei Frauen, von welchem die größere, die scheinbar gefühllos im Schatten saß, nicht daran dachte zu rücken, während die kleinere und aufgeweckte dem Florentiner bereitwillig neben sich Raum machte. Aber dieser gab der Einladung seines Wirtes keine Folge, sondern wählte stolz den letzten Sitz am Ende des Kreises. Ihm mißfiel entweder die Zweiweiberei des Fürsten – wenn auch vielleicht nur das Spiel eines Abends –, oder dann ekelte ihn der Hofnarr, welcher, die Beine vor sich hingestreckt, neben dem Sessel Cangrandes auf dem herabgeglittenen Mantel desselben am Boden saß.

Dieser, ein alter, zahnloser Mensch mit Glotzaugen und einem schlaffen, verschwätzten und vernaschten Maul – neben Dante der einzige Bejahrte der Gesellschaft –, hieß Gocciola, das heißt das Tröpfchen, weil er die letzten klebrigen Tropfen aus den geleerten Gläsern zusammenzunaschen pflegte, und haßte den Fremdling mit kindischer Bosheit, denn er sah in Dante seinen Nebenbuhler um die nicht eben wählerische Gunst des Herrn. Er schnitt ein Gesicht und erfrechte sich, seine hübsche Nachbarin zur Linken auf das an der hellen Decke des hohen Gemaches sich abschattende Profil des Dichters höhnisch grinsend aufmerksam zu machen. Das Schattenbild Dantes glich einem Riesenweibe mit langgebogener Nase und hangender Lippe, einer Parze oder dergleichen. Das lebhafte Mädchen verwand ein kindliches Lachen. Ihr Nachbar, ein klug blickender Jüngling, der Ascanio hieß, half ihr dasselbe ersticken, indem er sich an Dante wendete mit jener maßvollen Ehrerbietung, in welcher dieser angeredet zu werden liebte.

„Verschmähe es nicht, du Homer und Virgil Italiens", bat er, „dich in unser harmloses Spiel zu mischen. Laß dich zu uns herab und erzähle, Meister, statt zu singen."

„Was ist euer Thema?" warf Dante hin, weniger ungesellig, als er begonnen hatte, aber immer noch mürrisch genug.

„Plötzlicher Berufswechsel", antwortete der Jüngling bündig, „mit gutem oder schlechtem oder lächerlichem Augange."

Dante besann sich. Seine schwermütigen Augen betrachteten die Gesellschaft, deren Zusammensetzung ihm nicht durchaus zu mißfallen schien; denn er entdeckte in derselben neben mancher flachen einige bedeutende Stirnen. „Hat einer unter euch den entkutteten Mönch behandelt?" äußerte der schon milder Gestimmte.

„Gewiß, Dante!" antwortete, sein Italienisch mit einem leichten deutschen Akzent aussprechend, ein Kriegsmann von treuherzigem Aussehen, Germano mit Namen, der einen Ringelpanzer und einen lang herabhangenden Schnurrbart trug. „Ich selbst erzählte den jungen Manucio, welcher über die Mauern seines Klosters sprang, um Krieger zu werden."

„Er tat recht", erklärte Dante, „er hatte sich selbst getäuscht über seine Anlage."

„Ich, Meister", plauderte jetzt eine kecke, etwas üppige Paduanerin, namens Isotta, „habe die Helene Manente erzählt, welche eben die erste Locke unter der geweihten Schere verscherzt hatte, aber schnell die übrigen mit den beiden Händen deckte und ihr Nonnengelübde verschluckte, denn sie hatte ihren in barbareske Sklaverei geratenen und höchst wunderbar daraus erretteten Freund unter dem Volk im Schiff der Kirche erblickt, wie er die gelösten Ketten" – sie wollte sagen: an der Mauer aufhing, aber ihr Geschwätze wurde von dem Munde Dantes zerschnitten.

„Sie tat gut", sagte er, „denn sie handelte aus der Wahrheit ihrer verliebten Natur. Vor alledem ist hier die Rede nicht, sondern von einem ganz andern Falle: wenn nämlich ein Mönch nicht aus eigenem Triebe, nicht aus erwachter Weltlust oder Weltkraft, nicht weil er sein Wesen erkannt hätte, sondern einem andern zuliebe, unter dem Druck eines fremden Willens, wenn auch vielleicht aus heiligen Gründen der Pietät, untreu an sich wird, sich selbst mehr noch als der Kirche gegebene Gelübde bricht und eine Kutte abwirft, die ihm auf dem Leibe saß und ihn nicht drückte. Wurde das schon erzählt? Nein? Gut, so werde ich es tun. Aber sage mir, wie endet solches Ding, mein Gönner und Beschützer?" Er hatte sich ganz gegen Cangrande gewendet.

„Notwendig schlimm", antwortete dieser ohne Besinnen. „Wer mit freiem Anlaufe springt, springt gut; wer gestoßen wird, springt schlecht."

„Du redest die Wahrheit, Herr", bestätigte Dante, „und nicht anders, wenn ich ihn verstehe, meint es auch der Apostel, wo er schreibt: daß Sünde sei, was nicht aus dem Glauben gehe, das heißt aus der Überzeugung und Wahrheit unserer Natur."

„Muß es denn überhaupt Mönche geben?" kicherte eine gedämpfte Stimme aus dem Halbdunkel, als wollte sie sagen: Jede Befreiung aus einem an sich unnatürlichen Stande ist eine Wohltat.

Die dreiste und ketzerische Äußerung erregte hier kein Ärgernis, denn an diesem Hofe wurde das kühnste Reden über kirchliche Dinge geduldet, ja belächelt, während ein freies oder nur unvorsichtiges Wort über den Herrscher, seine Person oder seine Politik, verderben konnte.

Dantes Auge suchte den Sprecher und entdeckte denselben in einem vornehmen jungen Kleriker, dessen Finger mit dem kostbaren Kreuze tändelten, welches er über dem geistlichen Gewande trug.

„Nicht meinetwegen", gab der Florentiner bedächtig zur Antwort. „Mögen die Mönche aussterben, sobald ein Geschlecht ersteht, welches die beiden höchsten Kräfte der Menschenseele, die sich auszuschließen scheinen, die Gerechtigkeit und die Barmherzigkeit vereinigen lernt. Bis zu jener späten Weltstunde verwalte der Staat die eine, die Kirche die andere. Da aber die Übung der Barmherzigkeit eine durchaus selbstlose Seele fordert, so sind die drei mönchischen Gelübde gerechtfertigt; denn es ist weniger schwer, wie die Erfahrung lehrt, der Lust ganz als halb zu entsagen."

„Gibt es aber nicht mehr schlechte Mönche als gute?" fragte der geistliche Zweifler weiter.

„Nein", behauptete Dante, „wenn man die menschliche Schwachheit berücksichtigt. Es müßte denn mehr ungerechte Richter als gerechte, mehr feige Krieger als beherzte, mehr schlechte Menschen als gute geben."

„Und ist das nicht der Fall?" flüsterte der im Halbdunkel.

„Nein", entschied Dante, und eine himmlische Verklärung erleuchtete seine strengen Züge. „Fragt und untersucht unsere Philosophie nicht: Wie ist das Böse in die Welt gekommen? Wären die Bösen in der Mehrzahl, so frügen wir: Wie kam das Gute in die Welt?"

Diese stolzen und dunkeln Sätze imponierten der Gesellschaft, erregten aber auch die Besorgnis, der Florentiner möchte sich in seine Scholastik vertiefen statt in seine Geschichte.

Cangrande sah, wie seine junge Freundin ein hübsches Gähnen verwand. Unter solchen Umständen ergriff er das Wort und fragte: „Erzählst du uns eine wahre Geschichte, mein Dante, nach Dokumenten? oder eine Sage des Volksmundes? oder eine Erfindung deiner bekränzten Stirne?"

Dieser antwortete langsam betonend: „Ich entwickle meine Geschichte aus einer Grabschrift."

„Aus einer Grabschrift?"

„Aus einer Grabschrift, die ich vor Jahren bei den Franziskanern in Padua

gelesen habe. Der Stein, welcher sie trägt, lag in einem Winkel des Kloster-
gartens, allerdings unter wildem Rosengesträuch versteckt, aber doch den
Novizen zugänglich, wenn sie auf allen vieren krochen und sich eine von
Dornen zerkritzte Wange nicht reuen ließen. Ich befahl dem Prior – will sagen, ich ersuchte ihn, den fraglichen Stein in die Bibliothek zu versetzen und
unter die Hut eines Greises zu stellen."

„Was sagte denn der Stein?" ließ sich jetzt die Gemahlin des Fürsten nachlässig vernehmen.

„Die Inschrift", erwiderte Dante, „war lateinisch und lautete: Hic jacet
monachus Astorre cum uxore Antiope. Sepeliebat Azzolinus."

„Was heißt denn das?" fragte die andere neugierig.

Cangrande übersetzte fließend: „Hier schlummert der Mönch Astorre neben seiner Gattin Antiope. Beide begrub Ezzelin."

„Der abscheuliche Tyrann!" rief die Empfindsame. „Gewiß hat er die beiden lebendig begraben lassen, weil sie sich liebten, und das Opfer noch in der
Gruft verhöhnt, indem er es die Gattin des Mönches nannte. Der Grausame!"

„Kaum", meinte Dante. „Das hat sich in meinem Geiste anders gestaltet
und ist auch nach der Geschichte unwahrscheinlich. Denn Ezzelin bedrohte
wohl eher den kirchlichen Gehorsam als den Bruch geistlicher Gelübde. Ich
nehme das ›sepeliebat‹ in freundlichem Sinne: er gab den beiden ein Begräbnis."

„Recht", rief Cangrande freudig, „du denkst wie ich, Florentiner! Ezzelino war eine Herrschernatur und, wie sie einmal sind, etwas rauh und gewaltsam. Neun Zehntel seiner Frevel haben ihm die Pfaffen und das fabel-
süchtige Volk angedichtet."

„Möchte dem so sein!" seufzte Dante. „Wo er übrigens in meiner Fabel
auftritt, ist er noch nicht das Ungeheuer, welches uns, wahr oder falsch, die
Chronik schildert, sondern seine Grausamkeit beginnt sich nur erst zu zeichnen, mit einem Zug um den Mund sozusagen –"

„Eine gebietende Gestalt", vollendete Cangrande feurig das Bildnis, „mit
gesträubtem schwarzem Stirnhaar, wie du ihn in deinem zwölften Gesange
als einen Bewohner der Hölle malst. Woher hast du dieses schwarzhaarige
Haupt?"

„Es ist das deinige", versetzte Dante kühn, und Cangrande fühlte sich ge-
schmeichelt.

„Auch die übrigen Gestalten der Erzählung", fuhr er mit lächelnder Dro-
hung fort, „werde ich – ihr gestattet es? –", und er wendete sich gegen die
Umsitzenden –, „aus eurer Mitte nehmen und ihnen eure Namen geben: euer
Inneres lasse ich unangetastet, denn ich kann nicht darin lesen."

„Meine Miene gebe ich dir preis", sagte großartig die Fürstin, deren
Gleichgültigkeit zu weichen begann.

Ein Gemurmel der höchsten Aufregung lief durch die Zuhörer, und: „Deine Geschichte, Dante!" raunte es von allen Seiten, „deine Geschichte!" „Hier ist sie", sagte dieser und erzählte.

„Wo sich der Gang der Brenta in einem schlanken Bogen der Stadt Padua nähert, ohne diese jedoch zu berühren, glitt an einem himmlischen Sommertage unter gedämpftem Flötenschall eine bekränzte, von festlich Gekleideten überfüllte Barke auf dem schnellen, aber ruhigen Wasser. Es war die Brautfahrt des Umberto Vicedomini und der Diana Pizzaguerra. Der Paduaner hatte sich seine Verlobte aus einem am obern Laufe des Flusses gelegenen Kloster geholt, wohin, kraft einer alten städtischen Sitte, Mädchen von Stande vor ihrer Hochzeit zum Behufe frommer Übungen sich zurückzuziehen pflegen. Sie saß in der Mitte der Barke auf einem purpurnen Polster zwischen ihrem Bräutigam und den drei blühenden Knaben seines ersten Bettes. Umberto Vicedomini hatte vor fünf Jahren, da die Pest in Padua wütete, das Weib seiner Jugend begraben und, obwohl in der Kraft der Männlichkeit stehend, nur schwer und widerwillig, auf das tägliche Drängen eines alten und siechen Vaters, zu diesem zweiten Ehebunde sich entschlossen.

Mit eingezogenen Rudern fuhr die Barke, dem Willen des Stromes sich überlassend. Die Bootsknechte begleiteten die sanfte Musik mit einem halblauten Gesange. Da verstummten beide. Aller Augen hatten sich nach dem rechten Ufer gerichtet, an welchem ein großer Reiter seinen Hengst bändigte und mit einer weiten Gebärde nach der Barke herübergrüßte. Scheues Gemurmel durchlief die Reihen der Sitzenden. Die Ruderer rissen sich die roten Mützen vom Kopfe, und das ganze Fest erhob sich in Furcht und Ehrerbietung, auch der Bräutigam, Diana und die Knaben. Untertänige Gebärden, grüßende Arme, halbgebogene Knie wendeten sich gegen den Strand mit einem solchen Ungestüm und Übermaße der Bewegung, daß die Barke aus dem Gleichgewicht kam, sich nach rechts neigte und plötzlich überwog. Ein Schrei des Entsetzens, ein drehender Wirbel, eine leere Strommitte, die sich mit Auftauchenden, wieder Versinkenden und den schwimmenden Kränzen der verunglückten Barke bevölkerte. Hilfe war nicht ferne, denn wenig weiter unten lag ein kleiner Port, wo Fischer und Fährleute hausten und heute auch die Rosse und Sänften warteten, welche die Gesellschaft, die jetzt im Strome unterging, vollends nach Padua hätten bringen sollen.

Die zwei ersten der rettenden Kähne strebten sich von den entgegengesetzten Ufern zu. In dem einen stand neben einem alten Fergen mit struppigem Barte Ezzelin, der Tyrann von Padua, der unschuldige Urheber des Verderbens, in dem andern, vom linken Ufer kommenden, ein junger Mönch und sein Fährmann, welcher den staubigen Waller über den Strom stieß gerade in dem Augenblicke, da sich darauf das Unheil zutrug. Die beiden Boote erreichten sich. Zwischen ihnen schwamm im Flusse etwas wie eine Fülle blonden Haares, in das der Mönch entschlossen hineingriff, knielings, mit weit ausgestrecktem Arme, während sein Schiffer aus allen Kräften sich auf die andere Seite des Nachens zurückstemmte. An einer dicken Strähne hob der Mönch ein Haupt, das die Augen geschlossen hielt, und dann, mit Hilfe des dicht herangekommenen Ezzelin, die Last eines von triefendem Gewande beschwerten Weibes aus der Strömung. Der Tyrann war von seinem Nachen in den andern gesprungen und betrachtete jetzt das entseelte Haupt, das einen Ausdruck von Trotz und Unglück trug, mit einer Art von Wohlgefallen, sei es an den großen Zügen desselben, sei es an der Ruhe des Todes.

‚Kennst du sie, Astorre?' fragte er den Mönch. Dieser schüttelte verneinend den Kopf, und der andere fuhr fort: ‚Siehe, es ist das Weib deines Bruders.'

Der Mönch warf einen mitleidigen, scheuen Blick auf das bleiche Antlitz, welches unter demselben langsam die schlummernden Augen öffnete.

‚Bringe sie ans Ufer!' befahl Ezzelin, allein der Mönch überließ sie seinem Fährmann. ‚Ich will meinen Bruder suchen', rief er, ‚bis ich ihn finde.' – ‚Ich helfe dir, Mönch', sagte der Tyrann, ‚doch ich zweifle, daß wir ihn retten: ich sah ihn, wie er seine Knaben umschlang und, von den dreien umklammert, schwer in die Tiefe ging.'

Inzwischen hatte sich die Brenta mit Fahrzeugen bedeckt. Es wurde gefischt mit Stangen, Haken, Angeln, Netzen, und in der rasch wechselnden Szene vervielfältigte sich über den Suchenden und den gehobenen Bürden die Gestalt des Herrschers.

‚Komm, Mönch!' sagte er endlich. ‚Hier gibt es für dich nichts mehr zu tun. Umberto und seine Knaben liegen nunmehr zu lang in der Tiefe, um ins Leben zurückzukehren. Der Strom hat sie verschleppt. Er wird sie ans Ufer legen, wann er ihrer müde ist. Aber siehst du dort die Zelte?' Man hatte deren eine Zahl am Strande der Brenta zum Empfange der mit der Hochzeitsbarke Erwarteten aufgeschlagen und jetzt die Toten oder Scheintoten hineingelegt, welche von ihren schon aus dem nahen Padua herbeigeeilten Verwandten und Dienern umjammert wurden. ‚Dort, Mönch, verrichte, was deines Amtes ist: Werke der Barmherzigkeit! Tröste die Lebenden! Bestatte die Toten!'

Der Mönch hatte das Ufer betreten und den Reichsvogt aus den Augen verloren. Da kam ihm aus dem Gedränge Diana entgegen, die Braut und Witwe seines Bruders, trostlos, aber ihrer Sinne wieder mächtig. Noch trieften die schweren Haare, aber auf ein gewechseltes Gewand: Ein mitleidiges Weib aus dem Volke hatte ihr im Gezelt das eigene gegeben und sich des kostbaren Hochzeitskleides bemächtigt. ‚Frommer Bruder', wendete sie sich an Astorre, ‚ich bin verlassen: die mir bestimmte Sänfte ist in der Verwirrung mit einer andern, Lebenden oder Toten, in die Stadt zurückgekehrt. Begleite mich nach dem Haus meines Schwiegers, der dein Vater ist!'

Die junge Witwe täuschte sich. Nicht in der Bestürzung und Verwirrung, sondern aus Feigheit und Aberglaube hatte das Gesinde des alten Vicedomini sie im Stiche gelassen. Es fürchtete sich, dem jähzornigen Alten eine Wittib und mit ihr die Kunde von dem Untergange seines Hauses zu bringen.

Da der Mönch viele seinesgleichen unter den Zelten und im Freien mit barmherzigen Werken beschäftigt sah, willfahrte er dem Gesuch. ‚Gehen wir', sagte er und schlug mit dem jungen Weibe die Straße nach der Stadt ein, deren Türme und Kuppeln aus dem blauen Himmel wuchsen. Der Weg war bedeckt mit Hunderten, die an den Strand eilten oder vom Strande zurückkehrten. Die beiden schritten, oft voneinander getrennt, aber sich immer wieder findend, in der Mitte der Straße, ohne miteinander zu reden, und wandelten jetzt schon durch die Vorstadt, wo die Gewerbe hausen. Hier standen überall – das Unglück auf der Brenta hatte die ganze Bevölkerung auf die Beine gebracht – laut plaudernde oder flüsternde Gruppen, welche das zufällige Paar, das den Bruder und den Bräutigam verloren hatte, mit teilnehmender Neugierde betrachteten.

Der Mönch und Diana waren Gestalten, die jedes Kind in Padua kannte. Astorre, wenn er nicht für einen Heiligen galt, hatte doch den Ruf des musterhaften Mönches. Er konnte der Stadtmönch von Padua heißen, den das Volk verehrte und auf den es stolz war. Und mit Grund: denn er hatte auf die Vorrechte seines hohen Adels und den unermeßlichen Besitz seines Hauses tapfer, ja freudig verzichtet und gab sein Leben in Zeiten der Seuche oder bei andern öffentlichen Fährlichkeiten, ohne zu markten, für den Geringsten und die Ärmste preis. Dabei war er mit seinem kastanienbraunen Kraushaar, seinen warmen Augen und seiner edeln Gebärde ein anmutiger Mann, wie das Volk seine Heiligen liebt.

Diana war in ihrer Weise nicht weniger namhaft, schon durch die Vollkraft des Wuchses, welche das Volk mehr als die zarten Reize bewundert. Ihre Mutter war eine Deutsche gewesen, ja eine Staufin, wie einige behaupteten, freilich nur dem Blute, nicht dem Gesetze nach. Deutschland und Welschland hatten zusammen als gute Schwestern diese große Gestalt gebaut.

Wie herb und streng Diana mit ihresgleichen umging, mit den Geringsten war sie leutselig, ließ sich ihre Händel erzählen, gab kurzen und deutlichen Bescheid und küßte die zerlumptesten Kinder. Sie schenkte und spendete ohne Besinnen, wohl weil ihr Vater, der alte Pizzaguerra, nach Vicedomini der reichste Paduaner, zugleich der schmutzigste Geizhals war und Diana sich des väterlichen Lasters schämte.

So verheiratete das ihr geneigte Volk in seinen Schenken und Plauderstuben Diana monatlich mit irgendeinem vornehmen Paduaner, doch die Wirklichkeit trug diesen frommen Wünschen keine Rechnung. Drei Hindernisse erschwerten eine Brautschaft: die hohen und oft finstern Brauen Dianas, die geschlossene Hand ihres Vaters und die blinde Anhänglichkeit ihres Bruders Germano an den Tyrannen, bei dessen möglichem Falle der treue Diener mit zugrunde gehen mußte, seine Sippe nach sich ziehend.

Endlich verlobte sich mit ihr, ohne Liebe, wie es stadtkundig war, Umberto Vicedomini, der jetzt in der Brenta lag.

Übrigens waren die beiden so versunken in ihren gerechten Schmerz, daß sie das eifrige Geschwätze, welches sich an ihre Fersen heftete, entweder nicht vernahmen oder sich wenig um dasselbe bekümmerten. Nicht das gab Anstoß, daß der Mönch und das Weib nebeneinanderschritten. Es erschien in der Ordnung, da der Mönch an ihr zu trösten hatte und sie wohl beide denselben Weg gingen: zu dem alten Vicedomini, als die nächsten und natürlichen Boten des Geschehenen.

Die Weiber bejammerten Diana, daß sie einen Mann habe heiraten müssen, der sie nur als Ersatz für eine teure Gestorbene genommen, und beklagten sie in demselben Atemzuge, daß sie diesen Mann vor der Ehe eingebüßt habe.

Die Männer dagegen erörterten mit wichtigen Gebärden und den schlausten Mienen eine brennende Frage, welche sich über den in der Brenta versunkenen vier Stammhaltern des ersten paduanischen Geschlechtes eröffnet hatte. Die Glücksgüter der Vicedomini waren sprichwörtlich. Das Familienoberhaupt, ein ebenso energischer als listiger Mensch, der es fertiggebracht hatte, mit beiden, dem fünffach gebannten Tyrannen von Padua und der diesen verdammenden Kirche auf gutem Fuße zu bleiben, hatte sich lebelang nicht im geringsten mit etwas Öffentlichem beschäftigt, sondern ein zähes Dasein und prächtige Willenskräfte auf ein einziges Ziel gewendet: den Reichtum und das Gedeihen seines Stammes. Jetzt war dieser vernichtet. Sein Ältester und die Enkel lagen in der Brenta. Sein zweiter und dritter waren in ebendiesem Unglücksjahre, der eine vor zwei, der andere vor drei Monaten von der Erde verschwunden. Den ältern hatte der Tyrann verbraucht und auf einem seiner wilden Schlachtfelder zurückgelassen. Der andere, aus welchem der vorurteilslose Vater einen großartigen Kaufmann in venezianischem Stile gemacht, hatte sich an einer morgenländischen Küste auf dem Kreuze verblutet, an welches ihn Seeräuber geschlagen, verspäteten Lösegeldes halber. Als vierter blieb Astorre, der Mönch. Daß er diesen mit dem Aufwande seines letzten Pulses den Klostergelübden zu entreißen versuchen werde, daran zweifelten die schnellrechnenden Paduaner keinen Augenblick. Ob es ihm gelinge und der Mönch sich dazu hergebe, darüber stritt jetzt die aufgeregte Gasse.

Und sie stritt sich am Ende so laut und heftig, daß selbst der trauernde Mönch nicht mehr im Zweifel darüber bleiben konnte, wer mit dem ‚egli‘ und der ‚ella‘ gemeint sei, welche aus den versammelten Gruppen ertönten. Dergestalt schlug er, mehr noch seiner Gefährtin als seinethalben eine mit Gras bewachsene verschattete Gasse ein, die seinen Sandalen wohlbekannt war, denn sie führte längs der verwitterten Ringmauer seines Klosters hin. Hier war es bis zum Schauder kühl, aber die ganze Padua erfüllende Schreckenskunde hatte selbst diese Schatten erreicht. Aus den offenen Fenstern des Refektoriums, das in die dicke Mauer gebaut war, scholl an der verspäteten Mittagstafel – die Katastrophe auf der Brenta hatte in der Stadt alle Zeiten und Stunden gestört – das Tischgespräch der Brüder so zänkisch und schreiend, so voller ‚-inibus‘ und ‚-atibus‘ – es wurde lateinisch geführt –, oder dann stritt man sich mit Zitaten aus den Dekretalen, daß der Mönch unschwer erriet, auch hier werde dasselbe oder ein ähnliches Dilemma wie auf der Straße verhandelt. Und wenn er sich vielleicht nicht Rechenschaft gab, wovon, so wußte er doch, von wem die Rede ging. Aber was er nicht entdeckte, waren –‘‘

Mitten im Sprechen suchte Dante über den Zuhörern den vornehmen Kleriker, der sich hinter seinen Nachbar verbarg.

„– waren zwei brennende, hohle Augen, welche durch eine Luke in der Mauer auf ihn und das Weib an seiner Seite starrten. Diese Augen gehörten einer unseligen Kreatur, einem verlorenen Mönche, namens Serapion, welcher sich, Seele und Leib, im Kloster verzehrte. Mit seiner voreiligen Einbildungskraft hatte dieser auf der Stelle begriffen, daß sein Mitbruder Astorre zum längsten nach der Regel des heiligen Franziskus gedarbt und gefastet habe, und beneidete ihn rasend um den ihm von der Laune des Todes zugeworfenen Besitz weltlicher Güter und Freuden. Er lauerte auf den Heimkehrenden, um die Mienen desselben zu erforschen und darin zu lesen, was Astorre über sich beschlossen hätte. Seine Blicke verschlangen das Weib und hafteten an ihren Stapfen.

Astorre lenkte die Schritte und die seiner Schwägerin auf einen kleinen von vier Stadtburgen gebildeten Platz und trat mit ihr in das tiefe Tor der vornehmsten. Auf einer Steinbank im Hofe erblickte er zwei Ruhende, einen vom Wirbel zur Zehe gepanzerten blutjungen Germanen und einen greisen Sarazenen. Der hingestreckte Deutsche hatte seinen schlummernden rotblonden Krauskopf in den Schoß des sitzenden Ungläubigen gelegt, der, ebenfalls schlummernd, mit seinem schneeweißen Barte väterlich auf ihn niedernickte. Die zweie gehörten zur Leibwache Ezzelins, welche sich in Nachahmung derjenigen seines Schwiegers, des Kaisers Friedrich, aus Deutschen und Sarazenen zu gleichen Teilen zusammensetzte. Der Tyrann war im Palaste. Er mochte es für seine Pflicht gehalten haben, den alten Vicedomini zu besuchen. In der Tat vernahmen Astorre und Diana schon auf der Wendeltreppe das Gespräch, welches Ezzelin in kurzen ruhigen Worten, der Alte dagegen, der gänzlich außer sich zu sein schien, mit schreiender und scheltender Stimme führte. Mönch und Weib blieben am Eingange des Saales unter dem bleichen Gesinde stehen. Die Diener zitterten an allen Gliedern. Der Greis hatte sie mit den heftigsten Verwünschungen überhäuft und dann mit geballten Fäusten weggejagt, weil sie ihm verspätete Botschaft vom Strande gebracht und dieselbe hervorzustottern sich kaum getraut. Überdies hatte dieses Gesinde der gefürchtete Schritt des Tyrannen versteinert. Es war bei Todesstrafe verboten, ihn anzumelden. Unaufgehalten wie ein Geist betrat er Häuser und Gemächer.

‚Und das berichtest du so gelassen, Grausamer‘, tobte der Alte in seiner Verzweiflung, ‚als erzähltest du den Verlust eines Rosses oder einer Ernte? Du hast mir die viere getötet, niemand anders als du! Was brauchtest du gerade zu jener Stunde am Strande zu reiten? Was brauchtest du auf die Brenta hinauszugrüßen? Das hast du mir zuleide getan! Hörst du wohl?‘

‚Schicksal‘, antwortete Ezzelin.

‚Schicksal?‘ schrie der Vicedomini. ‚Schicksal und Sternguckerei und Beschwörungen und Verschwörungen und Enthauptungen, von der Zinne auf das Pflaster sich werfende Weiber und hundert pfeildurchbohrte Jünglinge vom Rosse sinkend in deinen verruchten, waghalsigen Schlachten, das ist deine Zeit und Regierung, Ezzelin, du Verfluchter und Verdammter! Uns alle ziehst du in deine blutigen Gleise, alles Leben und Sterben wird neben dir gewaltsam und unnatürlich, und niemand endet mehr als reuiger Christ in seinem Bette!‘

‚Du tust mir unrecht!‘ versetzte der andere. ‚Ich zwar habe mit der Kirche nichts zu schaffen. Sie läßt mich gleichgültig. Aber dich und deinesgleichen habe ich nie gehindert, mit ihr zu verkehren. Das weißt du, sonst würdest du dich nicht erkühnen, mit dem Heiligen Stuhle Briefe zu wechseln. Was drehst du da in deinen Händen und verbirgst mir das päpstliche Siegel? Einen Ablaß? Ein Breve? Gib her! Wahrhaftig, ein Breve! Darf ich es lesen? Du erlaubst? Dein Gönner, der Heilige Vater, schreibt dir, daß, würde dein Stamm erlöschen bis auf deinen Vierten und Letzten, den Mönch, dieser ipso facto seiner Gelübde ledig sei, wenn er aus freiem Willen und eigenem Entschlusse in die Welt zurückkehre. Schlauer Fuchs, wie viele Unzen Goldes hat dich dieses Pergament gekostet?'

‚Verhöhnst du mich?' heulte der Alte. ‚Was anderes blieb mir übrig nach dem Tode meines Zweiten und Dritten? Für wen hätte ich gesammelt und gespeichert? Für die Würmer? Für dich? Willst du mich berauben?... Nein? So hilf mir, Gevatter' – der noch ungebannte Ezzelin hatte den dritten Knaben Vicedominis aus der Taufe gehoben, denselben, der sich für ihn auf dem Schlachtfelde geopfert –, ‚hilf mir den Mönch überwinden, daß er wieder weltlich werde und ein Weib nehme, befiehl es ihm, du Allgewaltiger, gib ihn mir statt des Sohnes, den du mir geschlachtet hast, halte mir den Daumen, wenn du mich liebst!'

‚Das geht mich nichts an', erwiderte der Tyrann ohne die geringste Erregung. ‚Das mache er mit sich selbst aus. Freiwillig, sagt das Breve. Warum sollte er, wenn er ein guter Mönch ist, wie ich glaube, seinen Stand wechseln? Damit das Blut der Vicedomini nicht versiege? Ist das eine Lebensbedingung der Welt? Sind die Vicedomini eine Notwendigkeit?'

Jetzt kreischte der andere in rasender Wut: ‚Du Böser, du Mörder meiner Kinder! Ich durchblicke dich! Du willst mich beerben und mit meinem Gelde deine wahnsinnigen Feldzüge führen!' Da gewahrte er seine Schwiegertochter, welche vor dem zögernden Mönche durch das Gesinde und über die Schwelle getreten war. Trotz seiner Leibesschwachheit stürzte er ihr mit schwankenden Schritten entgegen, ergriff und riß ihre Hände, als wollte er sie zur Verantwortung ziehen für das über sie beide gekommene Unheil. ‚Wo hast du meinen Sohn, Diana?' keuchte er.

‚Er liegt in der Brenta', antwortete sie traurig, und ihre blauen Augen dunkelten.

‚Wo meine drei Enkel?'

‚In der Brenta', wiederholte sie.

‚Und dich bringst du mir als Geschenk? Dich behalte ich?' lachte der Alte mißtönig.

‚Wollte der Allmächtige', sagte sie langsam, ‚mich zögen die Wellen und die andern stünden hier statt meiner!'

Sie schwieg. Dann geriet sie in einen jähen Zorn. ‚Beleidigt dich mein Anblick und bin ich dir überlästig, so halte dich an diesen: Er hat mich, da ich schon gestorben war, an den Haaren gerissen und ins Leben zurückgezogen!'

Jetzt erst erblickte der Alte den Mönch, seinen Sohn, und sein Geist sammelte sich mit einer Kraft und Schnelligkeit, welche der schwere Jammer eher gestählt als gelähmt zu haben schien.

‚Wirklich? Dieser hat dich aus der Brenta geholt? Hm! Merkwürdig! Die Wege Gottes sind doch wunderbar!'

Er ergriff den Mönch an Arm und Schulter, als wollte er sich desselben, Leib und Seele, bemächtigen, und schleppte ihn und sich gegen seinen Krankenstuhl, auf welchen er hinfiel, ohne den gepreßten Arm des nicht Widerstrebenden freizugeben. Diana folgte und kniete sich auf der andern Seite des Sessels nieder mit hangenden Armen und gefalteten Händen, das Haupt auf die Lehne legend, so daß nur der Knoten ihres blonden Haares wie ein lebloser Gegenstand sichtbar blieb. Der Gruppe gegenüber saß Ezzelin, die Rechte auf das gerollte Breve wie auf einen Feldherrnstab gestützt.

‚Söhnchen, Söhnchen‘, wimmerte der Alte mit einer aus Wahrheit und List gemischten Zärtlichkeit, ‚mein letzter und einziger Trost! Du Stab und Stekken meines Alters wirst mir nicht zwischen diesen zitternden Händen zerbrechen!… Du begreifst‘, fuhr er in einem schon trockneren, sachlichen Tone fort, ‚daß, wie die Dinge einmal liegen, deines Bleibens im Kloster nicht länger sein kann. Ist es doch kanonisch, nicht wahr, Söhnchen, daß ein Mönch, dessen Vater verarmt oder versiecht, von seinem Prior beurlaubt wird, um das Erbgut zu bebauen und den Urheber seiner Tage zu ernähren. Ich aber brauche dich noch viel notwendiger. Deine Brüder und Neffen sind weg, und jetzt bist du es, der die Lebensfackel unseres Hauses trägt! Du bist ein Flämmchen, das ich angezündet habe, und mir kann nicht dienen, daß es in einer Zelle verglimme und verrauche! Wisse eines‘ – er hatte in den warmen, braunen Augen ein aufrichtiges Mitgefühl gelesen, und die ehrerbietige Haltung des Mönches schien einen blinden Gehorsam zu versprechen –, ‚ich bin kränker, als du denkst. Nicht wahr, Isaschar?‘ Er wendete sich rückwärts gegen eine schmale Gestalt, welche mit Fläschchen und Löffel in den Händen durch eine Nebentür leise hinter den Stuhl des Alten getreten war und jetzt mit dem blassen Haupte bestätigend nickte. ‚Ich fahre dahin, aber ich sage dir, Astorre: Lässest du mich meines Wunsches ungewährt, so weigert sich dein Väterchen, in den Kahn des Totenführers zu steigen, und bleibt zusammengekauert am Dämmerstrande sitzen!‘

Der Mönch streichelte die fiebernde Hand des Alten zärtlich, antwortete aber mit Sicherheit zwei Worte: ‚Meine Gelübde!‘

Ezzelin entfaltete das Breve.

‚Deine Gelübde?‘ schmeichelte der alte Vicedomini. ‚Lose Stricke! Durchgefeilte Fesseln! Mache eine Bewegung, und sie fallen. Die heilige Kirche, welcher du Ehrfurcht und Gehorsam schuldig bist, erklärt sie für ungültig und nichtig. Da steht es geschrieben.‘ Sein dürrer Finger zeigte auf das Pergament mit dem päpstlichen Siegel.

Der Mönch näherte sich ehrerbietig dem Herrscher, empfing die Schrift und las, von vier Augen beobachtet. Schwindelnd tat er einen Schritt rückwärts, als stünde er auf einer Turmhöhe und sähe das Geländer plötzlich weichen.

Ezzelin griff dem Wankenden mit der kurzen Frage unter die Arme: ‚Wem hast du dein Gelübde gegeben, Mönch? Dir oder der Kirche?‘

‚Natürlich beiden!‘ schrie der Alte erbost. ‚Das sind verfluchte Spitzfindigkeiten! Nimm dich vor dem dort in acht, Söhnchen! Er will uns Vicedomini an den Bettelstab bringen!‘

Ohne Zorn legte Ezzelin die Rechte auf den Bart und schwur: ‚Stirbt Vicedomini, so beerbt ihn der Mönch hier, sein Sohn, und stiftet – sollte das Geschlecht mit ihm erlöschen und wenn er mich und seine Vaterstadt liebhat – ein Hospital von einer gewissen Ausdehnung und Großartigkeit, um welches uns die hundert Städte‘ – er meinte die Städte Italiens – ‚beneiden sollen. Nun, Gevatter, da ich mich von dem Vorwurfe der Raubgier gereinigt habe, darf ich an den Mönch ein paar weitere Fragen richten? Du gestattest?‘

Jetzt packte den Alten ein solcher Ingrimm, daß er in Krämpfe fiel. Noch aber ließ er den Arm des Mönches, welchen er wieder ergriffen hatte, nicht fahren.

Isaschar näherte den vollen, mit einer stark duftenden Essenz gefüllten Löffel vorsichtig den fahlen Lippen. Der Gefolterte wendete mit einer Anstrengung den Kopf ab. ‚Laß mich in Ruhe!‘ stöhnte er, ‚du bist auch der Arzt des Vogts!‘ und schloß die Augen.

Der Jude wandte die seinigen, welche glänzend schwarz und sehr klug waren, gegen den Tyrannen, als flehe er um Verzeihung für diesen Argwohn.

‚Wird er zur Besinnung zurückkehren?‘ fragte Ezzelin.

‚Ich glaube‘, antwortete der Jude. ‚Noch lebt er und wird wieder erwachen, aber nicht für lange, fürchte ich. Diese Sonne sieht er nicht untergehen.‘

Der Tyrann ergriff den Augenblick, mit Astorre zu sprechen, der um den ohnmächtigen Vater beschäftigt war.

‚Stehe mir Rede, Mönch!‘ sagte Ezzelin und wühlte – seine Lieblingsgebärde – mit den gespreizten Fingern der Rechten in dem Gewelle seines Bartes. ‚Wieviel haben dich die drei Gelübde gekostet, die du vor zehn und einigen Jahren, ich gebe dir dreißig‘ – der Mönch nickte –, ‚beschworen hast?‘

Astorre schlug die lautern Augen auf und erwiderte ohne Bedenken: ‚Armut und Gehorsam nichts. Ich habe keinen Sinn für Besitz und gehorche leicht.‘ Er hielt inne und errötete.

Der Tyrann fand ein Wohlgefallen an dieser männlichen Keuschheit. ‚Hat dir dieser hier deinen Stand aufgenötigt oder dich dazu beschwatzt?‘ lenkte er ab.

‚Nein‘, erklärte der Mönch. ‚Seit lange her, wie der Stammbaum erzählt, wird in unserm Hause von dreien oder vieren der letzte geistlich, sei es, damit wir Vicedomini einen Fürbitter besitzen, oder um das Erbe und die Macht des Hauses zu wahren – gleichviel, der Brauch ist alt und ehrwürdig. Ich kannte mein Los, welches mir nicht zuwider war, von jung an. Mir wurde kein Zwang auferlegt.'

,Und das dritte?' holte Ezzelin nach – er meinte das dritte Gelübde. Astorre verstand ihn.

Mit einem neuen, aber dieses Mal schwachen Erröten erwiderte er: ,Es ist mir nicht leicht geworden, doch ich vermochte es wie andere Mönche, wenn sie gut beraten sind, und das war ich. Von dem heiligen Antonius', fügte er ehrfürchtig hinzu.

Dieser verdienstliche Heilige, wie ihr wisset, Herrschaften, hat einige Jahre bei den Franziskanern in Padua gelebt", erläuterte Dante.

„Wie sollten wir nicht?" scherzte einer unter den Zuhörern. „Haben wir doch die Reliquie verehrt, die in dem dortigen Klosterteiche herumschwimmt: ich meine den Hecht, welcher weiland der Predigt des Heiligen beiwohnte, sich bekehrte, der Fleischspeise entsagte, im Guten standhielt und jetzt noch in hohem Alter als strenger Vegetarier..." Er verschluckte das Ende des Schwankes, denn Dante hatte gegen ihn die Stirn gerunzelt.

,Und was riet er dir?' fragte Ezzelin.

,Meinen Stand einfach zu fassen, schlecht und recht', berichtete der Mönch, ,als einen pünktlichen Dienst, etwa wie einen Kriegsdienst, welcher ja auch gehorsame Muskeln verlangt, und Entbehrungen, die ein wackerer Krieger nicht einmal als solche fühlen darf: die Erde im Schweiße meines Angesichtes zu graben, mäßig zu essen, mäßig zu fasten, weder Mädchen noch jungen Frauen Beichte zu sitzen, im Angesichts Gottes zu wandeln und seine Mutter nicht brünstiger anzubeten, als das Breviarium vorschreibt.'

Der Tyrann lächelte. Dann streckte er die Rechte gegen den Mönch aus, ermahnend oder segnend, und sprach: ,Glücklicher! Du hast einen Stern! Dein Heute entsteht leicht aus deinem Gestern und wird unversehens zu deinem Morgen! Du bist etwas und nichts Geringes; denn du übst das Amt der Barmherzigkeit, das ich gelten lasse, wiewohl ich ein anderes bekleide. Würdest du in die Welt treten, die ihre eigenen Gesetze befolgt, welche zu lernen es für dich zu spät ist, so würde dein klarer Stern zum lächerlichen Irrwisch und zerplatzte zischend nach ein paar albernen Sprüngen unter dem Hohne der Himmlischen!

Noch eines, und dies rede ich als der, welcher ich bin: der Herr von Padua. Dein Wandel war meinem Volke eine Erbauung, ein Beispiel der Entsagung. Der Ärmste getröstete sich deiner, den er seine karge Kost und sein hartes Tagewerk teilen sah. Wirfst du die Kutte weg, freiest du, ein Vornehmer eine Vornehme, schöpfst du mit vollen Händen aus dem Reichtume deines Hauses, so begehst du Raub an dem Volke, welches dich als einen seinesgleichen in Besitz genommen hat, du machst mir Unzufriedene und Ungenügsame, und entstünde daraus Zorn, Ungehorsam, Empörung, mich sollte es nicht wundern. Die Dinge verketten sich!

Ich und Padua können dich nicht entbehren! Mit deiner schönen und ritterlichen Gestalt stichst du der Menge in die Augen und hast auch mehr oder wenigstens einen edlern Mut als deine bäurischen Brüder. Wenn das Volk nach seiner rasenden Art diesen hier' – er deutete auf Isaschar – ,ermorden will, weil er ihm Hilfe bringt, was dem Juden in der letzten Pestzeit – wenig fehlte – geschehen wäre, wer verteidigt ihn, wie du tatest, gegen die wahnsinnige Menge, bis ich da bin und Halt gebiete?

Isaschar, hilf mir den Mönch überzeugen!' wendete sich Ezzelin gegen den Arzt mit einem grausamen Lächeln. ,Schon deinetwegen darf er sich nicht entkutten!'

,Herr', lispelte dieser, ,unter deinem Zepter wird sich die unvernünftige Szene, welche du so gerecht wie blutig gestraft hast, kaum wiederholen, und meinethalb, dessen Glaube die Dauer des Stammes als Gottes höchsten Segen preist, darf der Erlauchte' – so und schon nicht mehr den Ehrwürdigen nannte er den Mönch – ,nicht unvermählt bleiben.'

Ezzelin lächelte über die Feinheit des Juden. ,Und wohin gehen deine Gedanken, Mönch?' fragte er.

,Sie stehen und beharren! Doch ich wollte – Gott verzeihe mir die Sünde –, der Vater erwachte nicht mehr, daß ich nicht hart gegen ihn sein muß! Hätte er nur schon die Zehrung empfangen!' Er küßte die Wange des Ohnmächtigen, welcher darüber zur Besinnung kam.

Der Wiederbelebte tat einen schweren Seufzer, hob die müden Augenlider und richtete aus dem grauen Gebüsche seiner hangenden Brauen einen Blick des Flehens auf den Mönch. ,Wie steht's?' fragte er. ,Was hast du über mich verhängt, Geliebtester? Himmel oder Hölle?'

,Vater', bat Astorre mit bewegter Stimme, ,deine Zeit ist um! Dein Stündlein ist gekommen! Entschlage dich der weltlichen Dinge und Sorgen! Denke an die Seele! Siehe, deine Priester' – er meinte die der Pfarrkirche – ,sind nebenan versammelt und harren mit den hochheiligen Sterbesakramenten.'

Es war so. Die Türe des Nebengemaches hatte sich sachte geöffnet, aus demselben schimmerte schwaches, in der Tageshelle kaum sichtbares Kerzenlicht, ein Chor präludierte gedämpft, und das leise Schüttern eines Glöckchens wurde hörbar.

Jetzt klammerte sich der Alte, der seine Knie schon in die kalte Flut der Lethe versinken fühlte, an den Mönch, wie weiland Sankt Petrus auf dem See Genezareth an den Heiland. ,Du tust es mir!' lallte er.

,Könnte ich! Dürfte ich!' seufzte der Mönch. ,Bei allen Heiligen, Vater, denke an die Ewigkeit! Laß das Irdische! Deine Stunde ist da!'

Diese verhüllte Weigerung entzündete das letzte Leben des Vicedomini zur lodernden Flamme. ‚Ungehorsamer! Undankbarer!‘ zürnte er.

Astorre winkte den Priestern.

‚Bei allen Teufeln‘, raste der Alte, ‚laßt mich zufrieden mit eurem Geknete und Gesalbe! Ich habe nichts zu verspielen, ich bin schon ein Verdammter und bliebe es mitten im himmlischen Reigen, wenn mein Sohn mich mutwillig verstößt und meinen Lebenskeim verdirbt!‘

Der entsetzte Mönch, durch dieses grause Lästern im Tiefsten erschüttert, sah seinen Vater unwiderruflich der ewigen Unseligkeit anheimfallen. So meinte er und war fest davon überzeugt, wie ich es an seiner Stelle auch gewesen wäre. Er warf sich vor dem Sterbenden in dunkler Verzweiflung auf die Knie und flehte unter stürzenden Tränen: ‚Herr, ich beschwöre Euch, habet Erbarmen mit Euch und mit mir!‘

‚Laß den Schlaukopf seiner Wege gehen!‘ raunte der Tyrann. Der Mönch vernahm es nicht.

Wieder gab er den erstaunten Priestern ein Zeichen, und die Sterbelitanei wollte beginnen.

Da kauerte sich der Alte zusammen wie ein trotziges Kind und schüttelte das graue Haupt.

‚Laß den Arglistigen seine Straße ziehen!‘ mahnte Ezzelin lauter.

‚Vater, Vater!‘ schluchzte der Mönch, und seine Seele zerfloß in Mitleid.

‚Erlauchter Herr und christlicher Bruder‘, fragte jetzt ein Priester mit unsicherer Stimme, ‚seid Ihr in der Verfassung, Euern Schöpfer und Heiland zu empfangen?‘ Der Alte schwieg.

‚Steht Ihr fest im Glauben an die Heilige Dreifaltigkeit? Antwortet mir, Herr!‘ fragte der Geistliche zum andern Male und wurde, bleich wie ein Tuch, denn: ‚Geleugnet und gelästert sei sie!‘ rief der Sterbende mit starker Stimme, ‚gelästert und –‘

‚Nicht weiter!‘ schrie der Mönch und war aufgesprungen. ‚Ich bin Euch zu Willen, Herr! Machet mir mir, was Ihr wollt! Nur daß Ihr Euch nicht in die Flammen stürzet!‘

Der Alte seufzte wie nach einer Anstrengung. Dann blickte er erleichtert, ich hätte fast gesagt vergnügt, um sich. Er ergriff mit tastender Hand den blonden Schopf Dianas, zog das sich von den Knien erhebende Weib in die Höhe, nahm ihre Hand, die sich nicht weigerte, öffnete die gekrampfte des Mönches und legte beide zusammen.

‚Gültig! vor dem hochheiligen Sakramente!‘ frohlockte er und segnete das Paar. Der Mönch widersprach nicht, und Diana schloß die Augen.

‚Jetzt rasch, ehrwürdige Väter!‘ drängte der Alte. ‚Es eilt, wie ich meine, und ich bin in christlicher Verfassung.‘

Der Mönch und seine Braut wollten hinter die priesterliche Schar zurück-

treten. ,Bleibt', murmelte der Sterbende, ,bleibt, daß euch meine getrösteten Augen zusammen sehen, bis sie brechen!' Astorre und Diana, kaum einige Schritte zurückweichend, mußten mit vereinigten Händen vor dem erlöschenden Blicke des hartnäckigen Greises verharren.

Dieser murmelte eine kurze Beichte, empfing die letzte Zehrung und verschied, während sie ihm die Sohlen salbten und der Priester den schon tauben Ohren jenes großartige: ,Brich auf, christliche Seele!' zurief. Das gestorbene Antlitz trug den deutlichen Ausdruck triumphierender List.

Der Tyrann hatte, während ringsum alles auf den Knien lag, die heilige Handlung sitzend und mit ruhiger Aufmerksamkeit betrachtet, etwa wie man eine fremde Sitte beschaut oder wie ein Gelehrter das auf einem Sarkophag abgebildete Opfer eines alten Volkes besichtigt. Er näherte sich dem Toten und drückte ihm die Augen zu.

Dann wendete er sich gegen Diana. ,Edle Frau', sagte er, ,ich denke, wir gehen nach Hause. Eure Eltern, wenn auch von Eurer Rettung unterrichtet, werden nach Euch verlangen. Auch traget Ihr ein Gewand der Niedrigkeit, das Euch nicht kleidet.'

,Fürst, ich danke und folge Euch', erwiderte Diana, ließ aber ihre Hand in der des Mönchs ruhen, dessen Blicke sie bis jetzt gemieden hatte. Nun schaute sie dem Gatten voll ins Gesicht und sprach mit einer tiefen, aber wohlklingenden Stimme, während ihre Wangen sich mit dunkler Glut bedeckten: ,Mein Herr und Gebieter, wir durften die Seele des Vaters nicht umkommen lassen. So wurde ich Euer. Haltet mir bessere Treue als dem Kloster. Euer Bruder hat mich nicht geliebt. Vergebet mir, wenn ich so rede: ich sage die einfache Wahrheit. Ihr werdet an mir ein gutes und gehorsames Weib besitzen. Doch habe ich zwei Eigenschaften, welche Ihr schonen müßt. Ich bin jähzornig, wenn man mir Recht oder Ehre antastet, und darin peinlich, daß man mir nichts versprechen darf, ohne es zu halten. Schon als Kind habe ich das schwer oder nicht gelitten. Ich bin von wenig Wünschen und verlange nichts über das Alltägliche hinaus; nur wo mir einmal etwas gezeigt und zugesagt wurde, da bedarf ich der Erfüllung, sonst verliere ich den Glauben und kränke mich schwerer als andere Frauen über das Unrecht. Doch wie darf ich so zu Euch reden, mein Herr und Gebieter, den ich kaum kenne? Laßt mich verstummen. Lebet wohl, mein Gemahl, und gebet mir neun Tage, Euern Bruder zu betrauern.' Jetzt löste sie langsam die Hand aus der seinigen und verschwand mit dem Tyrannen.

Inzwischen hatte die geistliche Schar den Leichnam weggehoben, um ihn in der Hauskapelle aufzubahren und einzusegnen.

Astorre stand allein in seinem verscherzten Mönchsgewande, welches eine von Reue erfüllte Brust bedeckte. Ein Heer von Dienern, das den seltsamen Vorgang belauscht und genügend begriffen hatte, näherte sich in unterwürfigen Stellungen und mit furchtsamen Gebärden seinem neuen Herrn, verblüfft und eingeschüchtert weniger noch durch den Wechsel der Herrschaft als durch das vermeintliche Sakrilegium der gebrochenen Gelübde – das leise gelesene Breve war nicht zu ihren Ohren gelangt – und durch die Verweltlichung des ehrwürdigen Mönches. Diesem gelang es nicht, seinen Vater zu betrauern. Ihn beschlich jetzt, da er seines Willens wieder mächtig war, der Argwohn, was sage ich, ihn überkam die empörende Gewißheit, daß ein Sterbenden seinen guten Glauben betrogen und seine Barmherzigkeit mißbraucht habe. Er entdeckte in der Verzweiflung des Alten den Schlupfwinkel der List und in der wilden Lästerung das berechnete Spiel an der Schwelle des Todes. Unwillig, fast feindselig wandte sich sein Gedanke gegen das ihm zugefallene Weib. Ihn versuchte der verzwickte mönchische Einfall, dasselbe nicht aus eigenem Herzen, sondern nur als Stellvertreter seines entseelten Bruders zu lieben; aber sein gesunder Sinn und sein redliches Gemüt verwarfen die schmähliche Auskunft. Da er sie nun als die Seinige betrachtete, erwehrte er sich einer gewissen Verwunderung nicht, daß ihm sein Weib mit so bündiger Rede und harter Wahrheitsliebe entgegengetreten und so sachlich mit ihm sich auseinandergesetzt habe, ohne Schleier und Wolke, eine viel derbere und wirklichere Gestalt als die zarten Erscheinungen der Legende. Er hatte sich die Frauen weicher gedacht.

Jetzt gewahrte der Mönch plötzlich sein Ordenskleid und den Widerspruch seiner Gefühle und Betrachtungen mit demselben. Er schämte sich vor seiner Kutte, und sie wurde ihm lästig. ‚Gebt mir weltliches Gewand!' befahl er. Geschäftige Diener umringten ihn, aus welchen er bald in der Tracht sei nes ertrunkenen Bruders, mit dem er ungefähr von gleichem Wuchse war, hervortrat.

In demselben Augenblick warf sich ihm der Narr seines Vaters, mit Namen Gocciola, zu Füßen und huldigte ihm, nicht um wie die andern Verlängerung seines Dienstes sich zu erbitten, sondern seinen Abschied und die Erlaubnis, den Stand zu wechseln, denn er sei der Welt überdrüssig, seine Haare ergrauten, und es stünde ihm schlecht an, mit der läutenden Schellenkappe ins Jenseits zu gehen. Mit diesen weinerlichen Worten bemächtigte er sich der abgeworfenen Kutte, welche das Gesinde zu berühren sich gescheut hatte. Aber sein buntscheckiges Gehirn schlug einen Purzelbaum, und er fügte lüstern bei: ,Einmal möchte ich noch Amarellen essen, ehe ich der Welt und ihren Täuschungen Valet sage! Hochzeit läßt sich hier nicht auf sich warten, glaub' ich.' Er beleckte sich die Maulwinkel mit seiner fahlen Zunge. Dann bog er ein Knie vor dem Mönche, schüttelte seine Schellen und entsprang, die Kutte hinter sich herschleifend. –

Amarelle oder Amare", erläuterte Dante, „heißt das paduanische Hochzeitsgebäck wegen seines bitteren Mandelgeschmackes und zugleich mit anmutiger Anspielung auf das Verbum der ersten Konjugation." Hier machte der Erzähler eine Pause und verschattete Stirn und Augen mit der Hand, den weitern Gang seiner Fabel übersinnend.

Inzwischen trat der Majordom des Fürsten, ein Alsatier namens Burcardo, mit abgemessenen Schritten, umständlichen Bücklingen und weitläufigen Entschuldigungen, daß er die Unterhaltung stören müsse, vor Cangrande, welchen er in irgendeiner häuslichen Angelegenheit um Befehl bat. Deutsche waren dazumal an den ghibellinischen Höfen Italiens keine eben seltene Erscheinung, ja sie wurden gesucht und den Einheimischen vorgezogen wegen ihrer Redlichkeit und ihres angeborenen Verständnisses für Zeremonien und Gebräuche.

Als Dante das Haupt wieder hob, gewahrte er den Elsässer und hörte sein Welsch, das weich und hart beharrlich verwechselte, den Hof ergötzend, das feine Ohr des Dichters aber empfindlich beleidigend. Sein Blick verweilte dann mit sichtlichem Wohlgefallen auf den zwei Jünglingen, Ascanio und dem bepanzerten Krieger. Zuletzt ließ er ihn sinnend ruhen auf den beiden Frauen, der Herrin Diana, die sich belebt und deren marmorne Wange sich leicht gerötet hatte, und auf Antiope, der Freundin Cangrandes, einem hübschen und natürlichen Wesen. Dann fuhr er fort:

„Hinter der Stadtburg der Vicedomini dehnte sich vormals – jetzt, da das erlauchte Geschlecht längst erloschen ist, hat sich jener Platz völlig verändert – ein geräumiger Bezirk bis an den Fuß der festen und breiten Stadtmauer aus, so geräumig, daß er Weideplätze für Herden, Gehege für Hirsche und Rehe, mit Fischen gefüllte Teiche, tiefe Waldschatten und sonnige Weinlau-

ben enthielt. An einem leuchtenden Morgen, sieben Tage nach der Toten-
feier, saß im schwarzen Schatten einer Zeder, den Rücken an den Stamm gelehnt und die Schnäbel seiner Schuhe in das brennende Sonnenlicht
streckend, der Mönch Astorre; denn diesen Namen behielt er unter den Pa-
duanern, obwohl er weltlich geworden war, während seines kurzen Wandels
auf der Erde. Er saß oder lag einem Brunnen gegenüber, der aus dem Mund
einer gleichgültigen Maske eine kühle Flut sprudelte, unfern einer Steinbank,
welcher er das weiche Polster des schwellenden Rasens vorgezogen hatte.

Während er sann oder träumte, ich weiß nicht was, sprangen auf dem
beinahe schon mittäglich übersonnten Platze vor dem Palast zwei junge Leute
von staubbedeckten Gäulen, der eine gepanzert, der andere mit Wahl gekleidet, obschon im Reisegewand. Ascanio und Germano, so hießen die Reiter,
waren die Günstlinge des Vogtes und zugleich die Jugendgespielen des Mönches, mit welchen er brüderlich gelernt und sich ergötzt hatte bis zu seinem
fünfzehnten Jahre, dem Beginne seines Noviziates. Ezzelin hatte sie an seinen
Schwieger, Kaiser Friedrich, gesendet." –

Dante hielt inne und verneigte sich vor dem großen Schatten. –

„Mit beantworteten Aufträgen kehrten die zweie zu dem Tyrannen zurück, welchem sie noch überdies die Neuigkeit des Tages mitbrachten: eine
in der kaiserlichen Kanzlei verfertigte Abschrift des an den christlichen Kle-
rus gerichteten Hirtenbriefes, worin der Heilige Vater den geistvollen Kaiser
vor dem Angesichte der Welt der äußersten Gottlosigkeit anklagt.

Obwohl mit wichtigen, vielleicht Eile heischenden Aufträgen und dem un-
heilschweren Dokumente betraut, brachten die beiden es nicht über sich, an
dem Heim ihres Jugendgespielen vorbei nach dem Stadtturm des Tyrannen
zu sprengen. Sie hatten in der letzten Herberge vor Padua, wo sie, ohne den
Bügel zu verlassen, ihre Pferde fressen und saufen ließen, von dem geschwät-
zigen Schenkwirt das große Stadtunglück und das größere Stadtärgernis, den
Untergang der Hochzeitsbarke und die weggeschleuderte Kutte des Mönches, erfahren, so ziemlich mit allen Umständen, ohne die vereinigten Hände
Dianas und Astorres jedoch, welche noch nicht offenbar geworden waren.
Unzerstörliche Bande, die uns an die Gespielen unserer Kindheit fesseln! Von
dem seltsamen Schicksal Astorres betroffen, konnten die beiden keine Ruhe
finden, bis sie ihn mit Augen gesehen, den Wiedergewonnenen. Während
langer Jahre waren sie nur dem Mönche begegnet, zufällig auf der Straße, ihn
mit einem zwar freundlichen, aber durch aufrichtige Ehrfurcht vertieften und
etwas fremden Kopfnicken begrüßend.

Gocciola, den sie im Hofe des Palastes fanden, wie er mit einer Semmel
beschäftigt auf einem Mäuerlein saß und die Beine baumeln ließ, führte sie
in den Garten. Ihnen voranwandelnd, unterhielt der Narr die Jünglinge nicht
von dem tragischen Schicksale des Hauses, sondern nur von seinen eigenen

Angelegenheiten, welche ihm als das weit Wichtigere erschienen. Er erzählte, daß er brünstig nach einem seligen Ende strebe, und verschluckte darüber den Rest der Semmel, ohne ihn mit seinen wackligen Zähnen gekaut zu haben, so daß er fast daran erstickte. Über die Gesichter, die er schnitt, und über seine Sehnsucht nach der Zelle brach Ascanio in ein so lustiges Gelächter aus, daß er damit den Himmel entwölkte, wenn dieser heute nicht schon aus eigener Freude in leuchtenden Farben geschwelgt hätte.

Ascanio versagte sich nicht, das Tröpfchen zu foppen, schon um den lästigen Begleiter loszuwerden. ‚Ärmster‘, begann er, ‚du wirst die Zelle nicht erreichen, denn, unter uns, im tiefsten Vertrauen, mein Ohm, der Tyrann, hat ein begehrliches Auge auf dich geworfen. Laß dir sagen: Er besitzt vier Narren, den Stoiker, den Epikureer, den Platoniker, den Skeptiker, wie er sie benennt. Diese viere stellen sich, wann der Ernste spaßen will, auf seinen Wink in die vier Ecken eines Saales, an dessen Wölbung der gestirnte Himmel und die Planetenbilder prangen. Der Ohm, im Hauskleide, tritt in die Mitte des Raumes, klatscht in die Hände, und die Philosophen wechseln hopsend die Winkel. Vorgestern ist der Stoiker heulend und winselnd draufgegangen, weil der Unersättliche viele Pfunde Nudeln auf einmal verschlang. Der Ohm hat mir flüchtig angedeutet, er gedenke, ihn zu ersetzen, und werde sich von dem Mönche, deinem neuen Herrn, als Erbsteuer dich, o Gocciola, erbitten. So steht es. Ezzelin fahndet nach dir. Wer weiß, ob er nicht hinter dir geht.‘ Dieses war eine Anspielung auf die Allgegenwart des Tyrannen, welche die Paduaner in Furcht und beständigem Zittern hielt. Gocciola stieß einen Schrei aus, als falle die Hand des Gewaltigen auf seine Schulter, blickte sich um, und obwohl niemand hinter ihm ging als sein kurzer Schatten, flüchtete er sich zähneklappernd in irgendein Versteck. –

Ich streiche die Narren Ezzelins", unterbrach sich Dante mit einer griffelhaltenden Gebärde, als schriebe er seine Fabel, statt sie zu sprechen, wie er tat. „Der Zug ist unwahr, oder dann log Ascanio. Es ist durchaus denkbar, daß ein so ernster und ursprünglich edler Geist wie Ezzelin Narren gefüttert und sich an ihrem Blödsinn ergötzt habe." Diesen geraden Stich führte der Florentiner gegen seinen Gastfreund, auf dessen Mantel Gocciola saß, den Dichter angrinsend.

Cangrande tat nicht dergleichen. Er versprach sich im stillen, bei erster Gelegenheit mit Wucher heimzuzahlen.

Befriedigt, fast heiter setzte Dante seine Erzählung fort. –

„Endlich entdeckten die beiden den entmönchten Mönch, welcher, wie gesagt, den Rücken an den Stamm einer Pinie lehnte –"

„An den Stamm einer Zeder, Dante", verbesserte die aufmerksam gewordene Fürstin. –

„– einer Zeder lehnte und sich die Fußspitzen sonnte. Er bemerkte die sich ihm von beiden Seiten Nähernden nicht, so tief war er in sein leeres oder volles Träumen versunken. Jetzt bückte sich der mutwillige Ascanio nach einem Grashalm, brach denselben und kitzelte damit die Nase des Mönches, daß dieser dreimal kräftig nieste. Astorre ergriff freundlich die Hände seiner Jugendgespielen und zog sie rechts und links neben sich auf den Rasen nieder. ‚Nun, was saget ihr dazu?' fragte er in einem Tone, der eher schüchtern als herausfordernd klang.

‚Zuerst mein aufrichtiges Lob deines Priors und deines Klosters', scherzte Ascanio. ‚Sie haben dich frisch bewahrt. Du schaust jugendlicher als wir beide. Freilich, die knappe weltliche Tracht und gar das glatte Kinn mögen dich auch verjüngen. Weißt du, daß du ein schöner Mann bist? Du liegst unter deiner Riesenzeder gleich dem ersten Menschen, den Gott, wie die Gelehrten behaupten, als einen Dreißigjährigen erschuf, und ich', fuhr er mit einer unschuldigen Miene fort, da er den Mönch über seinen Mutwillen erröten sah, ‚bin wahrlich der letzte, dich zu tadeln, daß du dich aus der Kutte befreitest, denn sein Geschlecht zu erhalten, ist der Wunsch alles Lebenden.'

‚Es war nicht mein Wunsch noch freier Entschluß', bekannte der Mönch wahrhaft. ‚Widerstrebend tat ich den Willen eines sterbenden Vaters.'

‚Wirklich?' lächelte Ascanio. ‚Erzähle das niemandem, Astorre, als uns, die dich lieben. Andern würde dich diese Unselbständigkeit lächerlich oder gar verächtlich machen. Und, weil wir vom Lächerlichen reden, gib acht, ich bitte dich, Astorre, daß du den Menschen aus dem Mönche entwickelst, ohne den guten Geschmack zu beleidigen! Der heikle Übergang will sorgfältig geschont und abgestuft sein. Nimm Rat an! Du reisest ein Jährchen, zum Beispiel an den Hof des Kaisers, von wo nach Padua und zurück die Boten nicht zu laufen aufhören. Du lässest dich von Ezzelin nach Palermo senden! Dort lernst du neben dem vollkommensten Ritter und dem vorurteilslosesten Menschen – ich meine unsern zweiten Friedrich – auch die Weiber kennen und gewöhnst dir die Mönchsart ab, sie zu vergöttern oder geringzuschätzen. Das Gemüt des Herrschers färbt Hof und Stadt. Wie das Leben hier in Padua geworden ist unter meinem Ohm, dem Tyrannen, wild und übertrieben und gewalttätig, gibt es dir ein falsches Weltbild. Palermo, wo sich unter dem menschlichsten aller Herrscher Spiel und Ernst, Tugend und Lust, Treue und Unbestand, guter Glaube und kluges Mißtrauen in den richtigen Verhältnissen mischen, bietet das wahrere. Dort vertändelst du den Reigen eines Jahres mit unsern Freundinnen in erlaubter oder läßlicher Weise' – der Mönch runzelte die Stirn –, ‚machst etwa einen Feldzug mit, ohne jedoch unbesonnen dich auszusetzen – denke an deine Bestimmung –, nur daß du dich wieder erinnerst, wie Pferd und Klinge geführt wird – als Knabe verstundest du das –, behältst deine muntern braunen Augen, die – bei der Fackel der Aurora!

– leuchten und sprühen, seit du das Kloster verlassen hast, überall offen und kehrst uns als ein Mann zurück, der sich und andere besitzt.'

,Er muß dort beim Kaiser eine Schwäbin heiraten', riet der Gepanzerte gutmütig. ,Sie sind frömmer und verläßlicher als unsere Weiber.'

,Schweigst du wohl?' drohte ihm Ascanio mit dem Finger. ,Mache mir keine Langeweile mit semmelblonden Zöpfen!' Der Mönch aber drückte die Rechte Germanos, welche er noch nicht hatte fahrenlassen.

,Aufrichtig, Germano', forschte er, ,was sagst du dazu?'

,Wozu?' fragte dieser barsch.

,Nun, zu meinem neuen Stande?'

,Astorre, mein Freund', antwortete der Schnurrbärtige etwas verlegen, ,ist es getan, fragt man nicht mehr herum nach Beirat und Urteil. Man behauptet sich, wo man steht. Willst du aber meine Meinung durchaus wissen, nun, schaue, Astorre, verletzte Treue, gebrochenes Wort, Fahnenflucht und so weiter, dem gibt man in Germanien grobe Namen. Natürlich, bei dir ist's etwas ganz anderes, das läßt sich gar nicht vergleichen – und dann der sterbende Vater –, Astorre, mein lieber Freund, du hast ganz hübsch gehandelt, nur wäre das Gegenteil noch hübscher gewesen. Das ist meine Meinung', schloß er treuherzig.

,So hättest du mir, wärest du dagewesen, die Hand deiner Schwester verweigert, Germano?'

Dieser fiel aus den Wolken. ,Die Hand meiner Schwester? der Diana? Derselben, die deinen Bruder betrauert?'

,Derselben. Sie ist meine Verlobte.'

,O herrlich!' rief jetzt der weltkluge Ascanio, und: ,Erfreulich!' fiel Germano bei. ,Laß dich umarmen, Schwager!' Der Gepanzerte hatte trotz seiner Geradheit gute Lebensart. Aber er unterdrückte einen Seufzer. So herzlich er die herbe Schwester achtete, dem Mönche, wie dieser neben ihm saß, hätte er, nach seinem natürlichen Gefühle, ein anderes Weib gegeben.

So drehte er den Schnurrbart und Ascanio das Steuerruder des Gespräches. ,Eigentlich, Astorre', plauderte der Heitere, ,müssen wir damit anfangen, uns wieder kennenzulernen; nicht weniger als deine fünfzehn beschaulichen Klosterjahre liegen zwischen unserer Kindheit und heute. Nicht daß wir inzwischen unser Wesen geändert hätten, wer ändert es? Doch wir haben uns ausgewachsen. Dieser zum Beispiel' – er deutete gegen Germano – ,freut sich jetzt eines schönen Waffenruhmes; aber ich habe ihn zu verklagen, daß er ein halber Deutscher geworden ist. Er –', Ascanio krümmte den Arm, als leere er den Becher – ,und hernach wird er tiefsinnig oder händelsüchtig. Auch verachtet er unser süßes Italienisch. ,Ich werde deutsch mit euch reden!' prahlt er und brummt die Bärenlaute einer unmenschlichen Sprache. Dann erbleicht sein Gesinde, seine Gläubiger fliehen, und unserere Paduanerinnen kehren ihm die stattlichen Rücken zu. Dergestalt ist er vielleicht so jungfräulich geblieben als du, Astorre‘, und er legte dem Mönch traulich die Hand auf die Schulter.

Germano lachte herzlich und erwiderte, auf Ascanio zeigend: ,Und dieser hier hat seine Bestimmung gefunden, indem er der perfekte Höfling wurde.‘

,Da irrst du dich, Germano‘, widersprach der Günstling Ezzelins. ,Meine Bestimmung war, das Leben leicht und heiter zu genießen.‘ Und zum Beweise dessen rief er freundlich gebietend das Kind des Gärtners herbei, das er in einiger Entfernung sich vorüberstehlen und nach seiner neuen Herrschaft, dem Mönche, schielen sah. Das hübsche Ding trug einen mit Trauben und Feigen überhäuften Korb auf dem lachenden Haupte und schaute eher schelmisch als schüchtern. Ascanio war aufgesprungen. Er legte die Linke um die schlanke Seite des Mädchens und holte sich mit der Rechten aus dem Korbe eine Traube. Zugleich suchte sein Mund die schwellenden Lippen. ,Mich durstet‘, sagte er. Das Mädchen tat schämig, hielt aber stille, weil es seine Früchte nicht verschütten wollte. Unmutig wendete sich der Mönch von den zwei Leichtsinnigen ab, und das erschreckende Dirnchen entrann, da es die harte mönchische Gebärde erblickte, den Pfad ihrer Flucht mit rollenden Früchten bestreuend. Ascanio, der seine Traube in der Hand hielt, hob hinter den flüchtigen Stapfen noch zwei andere auf, deren eine er Germano bot, welcher aber die ungekelterte verächtlich ins Gras warf. Die andere reichte der Mutwillige dem Mönche, der sie eine Weile ebenfalls unberührt ließ, dann aber gedankenlos eine saftige Beere und bald noch eine zweite und die dritte kostete.

,Ein Höfling?‘ fuhr Ascanio fort, der sich, belustigt durch die Zimperlichkeit des dreißigjährigen Mönches, wieder neben ihn auf den Rasen geworfen hatte. ,Glaube das nicht, Astorre! Glaube das Gegenteil! Ich bin der einzige, welcher meinem Ohm leise, aber verständlich zuredet, daß er nicht unbarmherzig werde, daß er ein Mensch bleibe.‘

,Er ist nur gerecht und sich selbst getreu!‘ meinte Germano.

,Über seine Gerechtigkeit!‘ jammerte Ascanio, ,und über seine Logik! Padua ist Reichslehen. Ezzelin ist Vogt. Wer ihm mißfällt, lehnt sich gegen das Reich auf. Hochverräter werden –‘ Er brachte es nicht über die Lippen. ,Abscheulich!‘ murmelte er. ,Und überhaupt: warum dürfen wir Welsche kein eigenes Leben unter unserer warmen Sonne führen? Warum dieses Nebelphantom des Reiches, das uns den Atem beengt? Ich rede nicht für mich. Ich bin an dem Ohm gefesselt. Stirbt der Kaiser, den Gott erhalte, so wirft sich ganz Italien mit Flüchen und Verwünschungen über den Tyrannen Ezzelin, und den Neffen erwürgen sie so nebenbei.‘ Ascanio betrachtete über der üppigen Erde den strahlenden Himmel und stieß einen Seufzer aus.

,Uns beide‘, ergänzte Germano kaltblütig. ,Das aber hat Weile. Der Gebieter besitzt eine feste Prophezeiung. Der gelehrte Guido Bonatte und Paul von Bagdad, welcher mit seinem langen Barte den Staub der Gasse zusammenfegt, haben ihm, so sehr sich die aufeinander Eifersüchtigen gewöhnlich widersprechen, ein neues seltsames Sternbild einmütig folgendermaßen enträtselt: In einer Kürze oder Länge wird ein Sohn der Halbinsel die ungeteilte Krone derselben erringen mit Hilfe eines germanischen Kaisers, der für sein Teil jenseits der Gebirge alles Deutsche in einen harten Reichsapfel zusammenballt. Ist Friedrich dieser Kaiser? Ist dieser König Ezzelin? Das weiß Gott, der Zeit und Stunde kennt, aber der Gebieter hat darauf seinen Ruhm und unsere Köpfe verwettet.'

,Geflechte von Vernunft und Wahn!' ärgerte sich Ascanio, während der Mönch erstaunte über die Macht der Sterne, den weiten Ehrgeiz der Herrscher und den alles mitreißenden Strom der Welt. Auch erschreckte ihn das Gespenst der beginnenden Grausamkeit Ezzelins, in welchem der Unschuldige die verkörperte Gerechtigkeit gesehen hatte.

Ascanio beantwortete seine schweigenden Zweifel, indem er fortfuhr: ,Mögen sie beide einen bösen Tod finden, der stirnrunzelnde Guido und der bärtige Heide! Sie verleiten den Ohm, seinen Launen und Lüsten zu gehorchen, indem er das Notwendige zu tun glaubt. Hast du ihm schon zugeschaut, Germano, wie er bei seinem kargen Mahle in dem durchsichtigen Kristall des Bechers sein Wasser mit den drei oder vier blutroten Tropfen Sizilianers färbt, welche er sich gönnt? wie sein aufmerksamer Blick das Blut verfolgt, das sich langsam wölkt und durch den lautern Quell verbreitet? oder wie er den Toten die Lider zuzudrücken liebt, so daß es zur Höflichkeit geworden ist, den Vogt wie zu einem Fest an die Sterbelager zu bitten und ihm diese traurige Handlung zu überlassen? Ezzelin, mein Fürst, werde mir nicht grausam!' rief der Jüngling aus, von seinem Gefühl überwältigt.

,Ich denke nicht, Neffe', sprach es hinter ihm. Es war Ezzelin, welcher ungesehen herangetreten war und, obwohl kein Lauscher, den letzten schmerzlichen Ausruf Ascanios vernommen hatte.

Die drei Jünglinge erhoben sich rasch und begrüßten den Herrscher, der sich auf die Bank niederließ. Sein Gesicht war ruhig wie die Maske des Brunnens.

,Ihr meine Boten', stellte er Ascanio und Germano zur Rede, ,was kam euch an, diesen hier' – er nickte leicht gegen den Mönch – ,vor mir aufzusuchen?'

,Er ist unser Jugendgespiele und hat Seltsames erfahren', entschuldigte der Neffe, und Ezzelin ließ es gelten. Er empfing die Briefschaften, die ihm Ascanio, das Knie biegend, überreichte. Alles schob er in den Busen außer der Bulle. ,Siehe da', sagte er, ,das Neueste! Lies vor, Ascanio! Du hast jüngere Augen als ich.'

Ascanio rezitierte den apostolischen Brief, während Ezzelin die Rechte in den Bart vergrub und mit dämonischen Vergnügen zuhörte.

Zuerst gab der dreigekrönte Schriftsteller dem geistreichen Kaiser den Namen eines apokalyptischen Ungeheuers. ‚Ich kenne das, es ist absurd‘, sagte der Tyrann. ‚Auch mich hat der Pontifex in seinen Briefen ausschweifend betitelt, bis ich ihn ermahnte, mich, welcher Ezzelin der Römer heißt, fortan in klassischer Sprache zu schelten. Wie nennt er mich dieses Mal? Ich bin neugierig. Suche nur die Stelle, Ascanio – es wird sich eine finden –, wo er meinem Schwieger seinen bösen Umgang vorhält. Gib her!‘ Er ergriff das Schreiben und fand bald den Ort: hier beschuldigte der Papst den Kaiser, den Gatten seiner Tochter zu lieben, ‚Ezzelino da Romano, den größten Verbrecher der bewohnten Erde.‘

‚Korrekt!‘ lobte Ezzelin und gab Ascanio das Schreiben zurück. ‚Lies mir die Gottlosigkeiten des Kaisers, Neffe‘, lächelte er.

Ascanio las, Friedrich habe geäußert, es gebe neben vielem Wahn nur zwei wahre Götter: Natur und Vernunft. Der Tyrann zuckte die Achseln.

Ascanio las ferner, Friedrich habe geredet: drei Gaukler, Moses, Mohammed und – er stockte – hätten die Welt betrogen. ‚Oberflächlich‘, tadelte Ezzelin, ‚sie hatten ihre Sterne; aber, gesagt oder nicht, der Spruch gräbt sich ein und wiegt für den unter der Tiara ein Heer und eine Flotte. Weiter.‘

Nun kam eine wunderliche Mär an die Reihe: Friedrich hätte, durch ein wogendes Kornfeld reitend, mit seinem Gefolge gescherzt und in lästerlicher Anspielung auf die heilige Speise den Dreireim zum besten gegeben:

So viele Ähren, so viele Götter sind,
Sie schießen empor in der Sonne geschwind
Und wiegen die goldenen Häupter im Wind –

Ezzelin besann sich. ‚Seltsam!‘ flüsterte er. ‚Mein Gedächtnis hat diese Verschen aufbewahrt. Es ist durchaus authentisch. Der Kaiser hat es mir mit fröhlich lachendem Munde zugerufen, da wir zusammen im Angesichte der Tempeltrümmer von Enna jene strotzenden Ährenfelder durchritten, mit welchen Göttin Ceres die sizilische Scholle gesegnet hat. Darauf besinne ich mich mit derselben Klarheit, welche an jenem Sommertage über der Insel glänzte. Ich bin es nicht, der diesen heitern Scherz dem Pontifex mitgeteilt hat. Dazu bin ich zu ernsthaft. Wer tat es? Ich mache euch zu Richtern, Jünglinge. Wir ritten zu dreien, und der dritte – auch dessen bin ich gewiß, wie dieser leuchtenden Sonne‘ – sie warf gerade einen Strahl durch das Laub –, ‚war Petrus de Vinea, der Unzertrennliche des Kaisers. Hätte der fromme Kanzler für seine Seele gebangt und sein Gewissen durch einen Brief nach Rom erleichtert? Reitet ein Sarazene heute? Ja? Rasch, Ascanio. Ich diktiere dir eine Zeile.‘

Dieser zog Täfelchen und Stift hervor, ließ sich auf das rechte Knie nieder und schrieb, das gebogene linke als Pult gebrauchend:

‚Erhabener Herr und geliebter Schwieger! Ein schnelles Wort. Das Verschen in der Bulle – Ihr seid zu geistreich, um Euch zu wiederholen – haben nur vier Ohren gehört, die meinigen und die Eures Petrus, in den Kornfeldern von Enna, vor einem Jahre, da Ihr mich an Euern Hof beriefet und ich mit Euch die Insel durchritt. Kein Hahn kräht danach, wenn nicht der im Evangelium, welcher den Verrat des Petrus bekräftigte. Wenn Ihr mich und Euch liebet, Herr, so versuchet Euern Kanzler mit einer scharfen Frage.'

‚Blutiges Wortspiel! Das schreibe ich nicht! Die Hand zittert mir!' rief der erblassende Ascanio. ‚Ich bringe den Kanzler nicht auf die Folter!' und er warf den Stift weg.

‚Dienstsache', bemerkte Germano trocken, hob den Stift auf und beendigte das Schreiben, welches er unter seine Eisenhaube schob. ‚Es läuft noch heute', sagte er. ‚Mir für meine einfache Person hat der Capuaner nie gefallen: er hat einen verhüllten Blick.'

Der Mönch Astorre schauderte zusammen trotz der Mittagssonne. Zum ersten Male griff der aus dem Klosterfrieden Geschiedene, gleichsam mit Händen, wie die schlüpfrigen Windungen einer Natter, den Argwohn oder den Verrat der Welt. Aus seinem Brüten weckte ihn ein strenges Wort Ezzelins, welches dieser an ihn richtete, von seiner Steinbank sich erhebend.

‚Sprich, Mönch, warum vergräbst du dich in dein Haus? Du hast es noch nie verlassen, seit du weltliches Gewand trägst. Du scheust die öffentliche Meinung? Tritt ihr entgegen! Sie weicht zurück. Machst du aber eine Bewegung der Flucht, so heftet sie sich an deine Sohle wie eine heulende Meute. Hast du deine Braut Diana besucht? Die Trauerwoche ist vorüber. Ich rate dir! Heute noch lade deine Sippen und heute noch vermähle dich mit Diana!'

‚Und dann rasch mit euch auf dein entlegenstes Schloß!' beendigte Ascanio.

‚Das rate ich nicht', verbot der Tyrann. ‚Keine Furcht. Keine Flucht. Heute vermählst du dich, und morgen hälst du Hochzeit mit Masken. Valete!' Er schied, Germano winkend, ihm zu folgen.'' –

„Darf ich unterbrechen?' fragte Cangrande, der höflich genug gewesen war, eine natürliche Pause der Erzählung abzuwarten.

„Du bist der Herr", versetzte der Florentiner mürrisch.

„Traust du dem unsterblichen Kaiser jenes Wort von den drei großen Gauklern zu?"

„Non liquet."

„Ich meine: in deinem innersten Gefühle?"

Dante verneinte mit einer deutlichen Bewegung des Hauptes.

„Und doch hast du ihn als einen Gottlosen in den sechsten Kreis deiner Hölle verdammt. Wie durftest du das? Rechtfertige dich!"

„Herrlichkeit", antwortete der Florentiner, „die Komödie spricht zu meinem Zeitalter. Dieses aber liest die fürchterlichste der Lästerungen mit Recht oder Unrecht auf jener erhabenen Stirne. Ich vermag nichts gegen die fromme Meinung. Anders vielleicht urteilen die Künftigen."

„Mein Dante", fragte Cangrande zum andern Mal, „glaubst du Petrus de Vinea unschuldig des Verrates an Kaiser und Reich?"

„Non liquet."

„Ich meine: in deinem innersten Gefühle?"

Dante verneinte mit derselben Gebärde.

„Und du lässest den Verräter in deiner Komödie seine Unschuld beteuern?"

„Herr", rechtfertigte sich der Florentiner, „werde ich, wo klare Beweise fehlen, einen Sohn der Halbinsel mehr des Verrates bezichtigen, da schon so viele Arglistige und Zweideutige unter uns sind?"

„Dante, mein Dante", sagte der Fürst, „du glaubst nicht an die Schuld und du verdammst? Du glaubst an die Schuld und du sprichst frei!" Dann führte er die Erzählung in spielendem Scherze weiter:

„Auch der Mönch und Ascanio verließen jetzt den Garten und betraten die Halle." Doch Dante nahm ihm das Wort. –

„Keineswegs, sondern sie steigen in eine Turmstube, dieselbe, die Astorre als Knabe mit ungeschorenen Locken bewohnt: denn dieser mied die großen und prunkenden Gemächer, welche er sich erst gewöhnen mußte als sein Eigentum zu betrachten, wie er auch den ihm hinterlassenen goldenen Hort noch mit keinem Finger berührt hatte. Den beiden folgte, auf einen gebietenden Wink Ascanios, der Majordom Burcardo in gemessener Entfernung mit steifen Schritten und verdrießlichen Mienen." –

Der gleichnamige Haushofmeister Cangrandes war nach verrichtetem Geschäfte neugierig lauschend in den Saal zurückgetreten, denn er hatte gemerkt, daß es sich um wohlbekannte Personen handle; da er nun sich selbst nennen hörte und unversehens und lebensgroß im Spiegel der Novelle erblickte, fand er diesen Mißbrauch seiner Ehrenperson verwegen und durchaus unziemlich im Munde des beherbergten Gelehrten und geduldeten Flüchtlings, welchem er in gerechter Erwägung der Verhältnisse und Unterschiede auf dem obern Stockwerke des fürstlichen Hauses eine denkbar einfache Kammer eingeräumt hatte. Was die andern lächelnd gelitten, empfand er als ein Ärgernis. Er runzelte die Brauen und rollte die Augen. Der Florentiner weidete sich mit ernsthaftem Gesicht an der Entrüstung des Pedanten und ließ sich in seiner Fabel nicht stören.

„,Würdiger Herr', befragte Ascanio den Majordom – habe ich gesagt, daß dieser von Geburt ein Alsatier war? – ‚wie heiratet man in Padua? Astorre und ich sind unerfahrene Kinder in dieser Wissenschaft.‘

Der Haushofmeister warf sich in Positur, starr seinen Herrn anschauend, ohne Ascanio, der ihm nach seinen Begriffen nichts zu befehlen hatte, eines Blickes zu würdigen.

‚Distinguendum est‘, sagte er feierlich. ‚Es ist auseinanderzuhalten: Werbung, Vermählung und Hochzeit.‘

‚Wo steht das geschrieben?‘ scherzte Ascanio.

‚Ecce!‘ antwortete der Majordom, indem er ein großes Buch entfaltete, das ihn niemals verließ. ‚Hier!‘ und er wies mit dem gestreckten Finger der linken Hand auf den Titel, welcher lautete: Die Zeremonien von Padova nach genauer Erforschung zu Nutz und Frommen aller Ehrbaren und Anständigen zusammengestellt von Messer Godoscalco Burcardo. Er blätterte und las: ‚Erster Abschnitt: Die Werbung, Paragraph eins: Der ernsthafte Werber bringt einen Freund gleichen Standes als gültigen Zeugen mit –‘

‚Bei den überflüssigen Verdiensten meines Schutzheiligen‘, unterbrach ihn Ascanio ungeduldig, ‚laß uns zufrieden mit ante und post, mit Werbung und Hochzeit, serviere uns das Mittelstück: Wie vermählt man sich in Padua?‘

‚In Batova‘, krähte der gereizte Alsatier, dessen barbarische Aussprache in der Gemütsbewegung noch mehr als gewöhnlich hervortrat, ‚werden zu den adeligen Sbosalizien geladen die zwölf großen Geschlechter‘ – er zählte sie aus dem Gedächtnis her –, ‚zehn Tage voraus, nicht früher, nicht später, von dem Majordome des Bräutigams, gefolgt von sechs Dienern, In dieser erlauchten Versammlung werden die Ringe gewechselt. Man schlürft Cybrier und verzehrt als Hochzeitsgebäcke die Amarellen –'

,Gott gebe, daß wir uns nicht die Zähne ausbeißen!' lachte Ascanio, und dem Majordom das Buch entreißend, durchlief er die Namen, von welchen sechs Familienhäupter – sechse von zwölfen – und einige Jünglinge mit breiten Strichen ausgelöscht waren. Sie mochten sich in irgendeine Verschwörung gegen den Tyrannen verwickelt und darin den Untergang gefunden haben.

,Merk auf, Alter!' befahl Ascanio, für den Mönch handelnd, welcher in einen Sessel gesunken war und in Gedanken verloren die freundliche Bevormundung sich gefallen ließ. ,Du hältst deinen Umgang mit den sechs Tagedieben zur Stunde, jetzt gleich, ohne Verzug, verstehst du? und ladest auf heute zur Vesperzeit.'

,Zehn Tage voraus', wiederholte Herr Burcardo majestätisch, als verkünde er ein Reichsgesetz.

,Heute und auf heute, Starrkopf!'

,Unmöglich', sprach der Majordom ruhig. ,Ändert Ihr den Lauf der Gestirne und Jahreszeiten?'

,Du rebellierst? Juckt dich der Hals, Alter?' warnte Ascanio mit einem sonderbaren Lächeln.

Das genügte. Herr Burcardo erriet. Ezzelin hatte befohlen, und der hartnäckigste der Pedanten fügte sich ohne Murren, so eisern war die Rute des Tyrannen.

,Dann ladest du die beiden Herrinnen Canossa nicht, die Olympia und die Antiope.'

,Warum diese nicht?' fragte der Mönch plötzlich, wie von einem Zauberstabe berührt. Die Luft färbte sich vor seinem Blicke, und ein Bild entstand, dessen erster Umriß schon seine ganze Seele fesselte.

,Weil die Gräfin Olympia eine Törin ist, Astorre. Kennst du die Geschichte des armen Weibes nicht? Doch du stakest ja damals noch in den Windeln, will sagen in der Kutte. Es war vor drei Jahren, da die Blätter gilbten.'

,Im Sommer, Ascanio. Eben jährt es sich', widersprach der Mönch.

,Du hast recht – kennst du denn die Geschichte? Doch wie solltest du? Zu jener Zeit munkelte der Graf Canossa mit dem Legaten, wurde belauscht, ergriffen und verurteilt. Die Gräfin tat einen Fußfall vor dem Ohm, der sich in sein Schweigen hüllte. Sie wurde dann auf die sträflichste Weise von einem habgierigen Kämmerer getäuscht, welcher ihr Gewinnes wegen vorspiegelte, der Graf werde vor dem Blocke begnadigt werden. Das ging nicht in Erfüllung, und da man der Gräfin einen Enthaupteten brachte, warf sich ihm die aus der Hoffnung kopfüber in die Verzweiflung Geschleuderte durch das

Fenster entgegen, wunderbarerweise ohne sich zu verletzen, außer daß sie sich den Fuß verstauchte. Aber von jenem Tage an war ihr Geist zerrüttet. Wenn natürliche Stimmungen sich unmerklich ineinanderverlieren wie das erlöschende Licht in die wachsende Dämmerung, wechseln die ihrigen in rasendem Umschwung von Hell und Dunkel zwölfmal in zwölf Stunden. Von beständiger Unruhe gestachelt, eilt das elende Weib aus ihrem verödeten Stadtpalast auf ihr Landgut und aus diesem in die Stadt zurück, in ewigem Irrgange. Heute will sie ihr Kind einem Pächtersohn vermählen, weil nur Niedrigkeit Schutz und Frieden gewähre, morgen wäre ihr der edelste Freier, der übrigens aus Scheu vor einer solchen Mutter sich nicht einstellt, kaum vornehm genug –'

Hätte Ascanio, während seine Rede floß, den flüchtigsten Blick auf den Mönch geworfen, er hätte staunend innegehalten, denn das Antlitz des Mönches verklärte sich vor Mitleid und Erbarmen.

‚Wenn der Tyrann‘, fuhr der Achtlose fort, ‚an der Behausung Olympias vorüber auf die Jagd reitet, stürzt sie ans Fenster und erwartet, er werde an ihrer Schwelle vom Pferde steigen und die in Ungnade Geratene, aber nun genug Geprüfte, günstig und gnädig an seinen Hof zurückführen, wozu er wahrlich keine Lust hat. Eines andern Tages, oder noch an demselben, wähnt sie sich von Ezzelin, welcher sich nicht um sie bekümmert, verfolgt und geächtet. Sie glaubt sich verarmt und ihre Güter, die er unberührt ließ, eingezogen. So brennt und friert sie im Wechselfieber der schroffsten Gegensätze, ist nicht nur selbst verrückt, sondern verrückt auch, was sie in die wirbelnden Kreise ihres Kopfes zieht, und stiftet – denn sie ist nur eine halbe Törin und redet mitunter treffend und witzig – überall Unheil, wo ihr geglaubt wird. Es kann nicht die Rede davon sein, sie unter die Leute und an ein Fest zu bringen. Ein Wunder ist, daß ihr Kind, die Antiope, welches sie vergöttert und dessen Verheiratung sich im Mittelpunkte ihrer Phantasie dreht, auf diesem schwankenden Boden den Verstand behält. Aber das Mädchen, das in seiner Frühblüte steht und leidlich hübsch ist, hat eine gute Natur...' So ging es noch eine Weile fort.

Astorre aber versank in seinem Traume. So sage ich, weil das Vergangene Traum ist. Denn der Mönch sah, was er vor drei Jahren erlebt hatte: einen Block, den Henker daneben und sich selbst an der Stelle eines erkrankten Mitmönches als geistlicher Tröster, der einen armen Sünder erwartet. Dieser – der Graf von Canossa – erschien gefesselt, wollte aber durchaus nicht herhalten, sei es, weil er wähnte seine Begnadigung werde, jetzt da er vor dem Block stehe, nicht säumen, sei es einfach, weil er die Sonne liebte und die Gruft verabscheute. Er ließ den Mönch hart an und verschmähte seine Gebete. Ein entsetzliches Ringen stand bevor, wenn er fortfuhr, sich zu sträuben und zu stemmen; denn er hielt sein Kind an der Hand, welches ihm – von den Wachen unbemerkt – zugesprungen war und ihn umklammerte, die ausdrucksvollsten Augen und die flehendsten Blicke auf den Mönch heftend. Der Vater drückte das Mädchen fest an seine Brust und schien sich mit diesem jungen Leben gegen die Vernichtung decken zu wollen, wurde aber von dem Henker nieder und mit dem Haupte auf den Block gedrückt. Da legte das Kind Kopf und Nacken neben den väterlichen. Wollte es das Mitleid des Henkers erwecken? Wollte es den Vater ermutigen, das Unabwendbare zu leiden? Wollte es dem Unversöhnten den Namen eines Heiligen ins Ohr murmeln? Tat es das Unerhörte ohne Besinnen und Überlegung, aus überströmender kindlicher Liebe? Wollte es einfach mit ihm sterben?

Jetzt leuchteten die Farben so kräftig, daß der Mönch die zwei nebeneinanderliegenden Hälse, den ziegelroten Nacken des Grafen und den schneeweißen des Kindes mit dem gekräuselten goldbraunen Flaume wenige Schritte vor sich in voller Lebenswahrheit erblickte. Das Hälschen war von der schönsten Bildung und ungewöhnlicher Schlankheit. Astorre bebte, das fallende Beil möchte sich irren, und fühlte sich in tiefster Seele erschüttert, nicht anders als das erste Mal, nur daß ihm die Sinne nicht schwanden, wie sie ihm damals geschwunden waren, als die schreckliche Szene in Wahrheit und Wirklichkeit sich ereignete und er erst wieder zu sich kam, als alles vorüber war.

‚Hat mir mein Gebieter einen Auftrag zu geben?‘ störte den Verzückten die schnarrende Stimme des Majordoms, der es schwer ertrug, von Ascanio gemeistert zu werden.

‚Burcardo‘, antwortete Astorre mit weicher Stimme, ‚vergiß nicht die zwei Frauen Canossa, Mutter und Tochter, zu laden. Es sei nicht gesagt, daß der Mönch die von der Welt Gemiedenen und Verlassenen von sich fernhält. Ich ehre das Recht einer Unglücklichen‘ – hier stimmte der Majordom mit eifrigem Nicken bei –, ‚von mir geladen und empfangen zu werden. Würde sie übergangen, es dürfte sie schwer kränken, wie sie beschaffen ist.‘

‚Beileibe!‘ warnte Ascanio. ‚Tu dir doch das nicht zuleide! Dein Verlöbnis ist schon abenteuerlich genug! Und das Aberteuerliche begeistert die Törichten. Sie wird nach ihrer Art etwas Unglaubliches beginnen und irgendein tolles Wort in die Feier schleudern, welche sonst schon alle Paduanerinnen aufregt.‘

Herr Burcardo aber, der die Berechtigung einer Canossa, ob sie bei Verstande sei oder nicht, sich zu den Zwölfen zu versammeln, mit den Zähnen festhielt und seinen Gehorsam dem Vicedomini und keinem andern verpflichtet glaubte, verbeugte sich tief vor dem Mönche. ‚Deiner Herrlichkeit allein wird gehorcht‘, sprach er und entfernte sich.

‚O Mönch, Mönch‘, rief Ascanio, ‚der die Barmherzigkeit in eine Welt trägt, wo kaum die Güte ungestraft bleibt!‘ –

„Doch wie wir Menschen sind", flocht Dante ein, „oft zeigt uns ein prophetisches Licht den Rand eines Abgrundes, aber dann kommt der Witz und klügelt und lächelt und redet uns die Gefahr aus. –

Dergestalt fragte und beruhigte sich der Leichtsinnige: Welche Beziehung auf der Welt hat die Närrin zu dem Mönche, in dessen Leben sie nicht die geringste Rolle spielt? Und am Ende – wenn sie zu lachen gibt, so würzt sie uns die Amarellen! Er ahnte nicht von ferne, was sich in der Seele Astorres begab, aber auch wenn er geraten und geforscht, dieser hätte sein keusches Geheimnis dem Weltkinde nicht preisgegeben.

So ließ Ascanio es gut sein, und sich des andern Befehles des Tyrannen erinnernd, den Mönch unter die Leute zu bringen, fragte er lustig: ,Ist für den Ehereif gesorgt, Astorre? Denn es steht in den Zeremonien geschrieben, Abschnitt zwei, Paragraph soundso: Die Reife werden gewechselt.' Dieser erwiderte, es werde sich dergleichen in dem Hausschatze finden.

,Nicht so, Astorre', meinte Ascanio. ,Wenn du mir folgst, kaufst du deiner Diana einen neuen. Wer weiß, was für Geschichten an den gebrauchten Ringen kleben. Wirf das Alte hinter dich. Auch schickt es sich ganz allerliebst: du kaufst ihr einen Ring bei dem Florentiner auf der Brücke. Kennst du den Mann? Doch wie solltest du! Höre: Als ich heute in der Frühstunde, mit Germano in die Stadt zurückkehrend, unsere einzige Brücke über den Kanal beschritt – wir mußten absitzen und die Pferde führen, so dicht war dort das Gedränge –, hatte, meiner Treu, auf dem verwitterten Kopfe des Brückenpfeilers ein Goldschmied seinen Laden aufgetan, und ganz Padua kramte und feilschte vor demselben. Warum auf der engen Brücke, Astorre, da wir so viele Plätze haben? Weil in Florenz die Schmuckläden auf der Arnobrücke stehen. Denn – bewundere die Logik der Mode! – wo kauft man feinen Schmuck als bei einem Florentiner, und wo legt ein Florentiner aus, wenn nicht auf einer Brücke? Er tut es einmal nicht anders. Sonst wäre seine Ware ein plumpes Zeug und er selbst kein echter Florentiner. Doch dieser ist es, ich meine. Hat er doch mit riesigen Buchstaben über seine Bude geschrieben:

> Niccolò Lippo dei Lippi, der Goldschmied,
> durch einen feilen und ungerechten Urteilsspruch,
> wie sie am Arno gebräuchlich sind,
> aus der Heimat vertrieben.

Auf, Astorre! gehen wir nach der Brücke!'

Dieser weigerte sich nicht, da er selbst das Bedürfnis fühlen mochte, den Bann des Hausbezirkes zu brechen, welchen er, seit er seine Kutte niedergestreift, nicht mehr verlassen hatte.

,Hast du Geld zu dir gesteckt, Freund Mönch?' scherzte Ascanio. ,Dein Gelübde der Armut ist hinfällig, und der Florentiner wird dich überfordern.' Er pochte an das Schiebfensterchen des im untern Flur, welchen die Jünglinge eben durchschritten, gelegenen Hauskontores. Es zeigte sich ein verschmitztes Gesicht, jede Falte ein Betrug, und der Verwalter der Vicedomini – ein Genuese, wenn ich recht berichtet bin – reichte seinem Herrn mit kriechender Verbeugung einen mit Goldbyzantieren gefüllten Beutel. Dann wurde der Mönch von einem Diener in den bequemen paduanischen Sommermantel mit Kapuze gehüllt.

Auf der Straße zog sich Astorre dieselbe tief ins Gesicht, weniger gegen die brennenden Strahlen der Sonne als aus langer Gewöhnung, und wandte sich freundlich gegen seinen Begleiter. ‚Nicht wahr, Ascanio‘, sagte er, ‚diesen Gang tue ich allein? Einen einfachen Goldring zu kaufen übersteigt meinen Mönchsverstand nicht? Das traust du mir noch zu? Auf Wiedersehen bei meiner Vermählung, wann es Vesper läutet!‘ Ascanio ging und rief noch über die Schulter zurück: ‚Einen, nicht zwei! Den deinigen gibt dir Diana! Merke dir das, Astorre!‘ Es war eine jener farbigen Seifenblasen, deren der Lustige mehr als eine täglich von den Lippen in die Luft jagte. –

Fraget ihr mich, Herrschaften, warum der Mönch den Freund beurlaubte, so sage ich: Er wollte den himmlischen Ton, welchen die junge Märtyrerin der Kindesliebe in seinem Gemüte geweckt hatte, rein ausklingen lassen. –

Astorre hatte die Brücke erreicht, welche trotz des Sonnenbrandes randvoll war und von den nahen zwei Ufern ein doppeltes Menschengedränge vor den Laden des Florentiners führte. Der Mönch blieb unter seinem Mantel unerkannt, ob auch hin und wieder ein Auge fragend auf dem unbedeckten Teile seines Gesichtes ruhte. Adel und Bürgerschaft suchte sich den Vortritt abzugewinnen. Vornehme Weiber stiegen aus ihren Sänften und ließen sich drängen und drücken, um ein Paar Armringe oder ein Stirnband von neuester Mache zu erhandeln. Der Florentiner hatte auf allen Plätzen mit der Schelle verkündigen lassen, er schließe heute nach dem Ave-Maria. Er dachte nicht daran. Doch was kostet einen Florentiner die Lüge!

Endlich stand der Mönch, von Menschen eingeengt, vor der Bude. Der bestürmte Händler, der sich verzehnfachte, streifte ihn mit einem erfahrenen Seitenblick und erriet sofort den Neuling. ‚Womit diene ich dem gebildeten Geschmacke der Herrlichkeit?‘ fragte er. ‚Gib mir einen einfachen Goldreif‘, antwortete der Mönch. Der Kaufmann ergriff einen Becher, auf welchem, nach florentinischer Kunst und Art, in erhabener Arbeit irgend etwas Üppiges zu sehen war. Er schüttelte den Kelch, in dessen Bauche hundert Reife wimmelten, und bot ihn Astorre.

Dieser geriet in eine peinliche Verlegenheit. Er kannte den Umfang des Fingers nicht, welchen er mit einem Reife bekleiden sollte, und deren mehrere heraushebend, zauderte er sichtlich zwischen einem weitern und einem engern. Der Florentiner konnte den Spott nicht lassen, wie denn ein versteckter Hohn aus aller Rede am Arno hervorkichert. ‚Kennt der Herr die Gestalt des

Fingers nicht, welchen er doch wohl zuweilen gedrückt hat?' fragte er mit einem unschuldigen Gesichte, aber als ein kluger Mann verbesserte er sich alsobald, und in der heimischen Meinung, der Verdacht der Unwissenheit sei beleidigend, derjenige der Sünde aber schmeichle, gab er Astorre zwei Ringe, einen größern und einen kleinern, die er aus Daumen und Zeigefinger seiner beiden Hände geschickt zwischen die Daumen und Zeigefinger des Mönches hinübergleiten ließ. ,Für die zwei Liebchen der Herrlichkeit', wisperte er, sich verneigend.

Ehe noch der Mönch über diese lose Rede ungehalten werden konnte, er- hielt er einen harten Stoß. Es war das Schulterblatt eines Roßpanzers, das ihn so unsanft streifte, daß er den kleinern Ring fallen ließ. In demselben Augen- blick schmetterte ihm der betäubende Ton von acht Tuben ins Ohr. Die Feldmusik der germanischen Leibwache des Vogtes ritt in zwei Reihen, beide vier Rosse hoch, über die Brücke, den ganzen Menscheninhalt derselben aus- einanderwerfend und gegen die steinernden Geländer pressend.

Sobald die Bläser vorüber waren, stürzte der Mönch, den festgehaltenen größern Ring rasch in seinem Gewande bergend, dem kleinern nach, welcher unter den Hufen der Gäule weggerollt war.

Das alte Bauwerk der Brücke war in der Mitte ausgefahren und vertieft, so daß der Reif die Höhlung hinab und dann durch seine eigene Bewegung getrieben die andere Seite hinanrollte. Hier hatte eine junge Zofe, namens Isotta oder, wie man in Padua den Namen kürzt, Sotte, das rollende und blit- zende Ding gehascht, auf die Gefahr hin, von den Pferden zerstampft zu wer- den. ,Ein Glücksring!' jubelte das unkluge Geschöpf und steckte einer ju- gendlichen Herrin, welcher sie das Begleite gab, mit kindischem Frohlocken den Fund an den schlanken Finger, den vierten der linken Hand, welcher ihr durch seine zierliche Bildung des engen Schmuckes besonders würdig und fähig schien. In Padua aber, wie auch hier in Verona, wenn mir recht ist, pflegt man den Trauring an der linken Hand zu tragen.

Das Edelfräulein zeigte sich unwillig über die Posse der Magd, war aber doch auch ein bißchen belustigt davon. Sie bemühte sich eifrig, den fremden Ring, der ihr wie angegossen saß, dem Finger wieder abzustreifen. Da stand unversehens der Mönch vor ihr und hob die Arme in freudiger Verwunde- rung. Seine Gebärde aber war, daß er die geöffnete rechte Hand vor sich hin- streckte, die linke in der Höhe des Herzens hielt; denn er hatte, trotz der ent- falteten Blüte, an der auffallenden Schlankheit des Halses und wohl mehr noch an der Bewegung seiner Seele das Kind wiedererkannt, dessen zartes Haupt er auf dem Blocke gesehen hatte.

Während das Mädchen bestürzte, fragende Augen auf den Mönch richtete und immerfort an dem widerspenstigen Ringe drehte, zauderte Astorre, den- selben zurückzuverlangen. Doch es mußte geschehen. Er öffnete den Mund.

‚Junge Herrin', begann er – und fühlte sich von zwei starken gepanzerten Armen umfaßt, die sich seiner bemächtigten und ihn emporzogen. Im Augenblick sah er sich, mit Hilfe eines andern Gepanzerten, ein Bein rechts, ein Bein links, auf ein stampfendes Roß gesetzt. ‚Laß schauen', schallte ein gutmütiges Gelächter, ‚ob du das Reiten nicht verlernt hast!' Es war Germano, welcher an der Spitze der von ihm befehligten deutschen Kohorte ritt, die der Vogt auf eine Ebene unweit Padua zur Musterung befohlen hatte. Da er unvermutet den Freund und Schwager im Freien erblickte, hatte er sich den unschuldigen Spaß gemacht, denselben neben sich auf ein Pferd zu heben, von welchem ein junger Schwabe auf seinen Wink abgesprungen war. Das feurige Tier, welches den veränderten Reiter spürte, tat ein paar wilde Sprünge, es entstand ein Rossegedränge auf der nicht geräumigen Brücke, und Astorre, dem die Kapuze zurückgefallen war und der sich mit Mühe im Bügel hielt, wurde von dem entsetzt ausweichendem Volke erkannt. ‚Der Mönch! Der Mönch!' rief und deutete es von allen Seiten, aber schon hatte der kriegerische Tumult die Brücke hinter sich und verschwand um eine Straßenecke. Der unbezahlt gebliebene Florentiner rannte nach, aber kaum zwanzig Schritte, denn ihm wurde bange um seine unter der schwachen Hut eines Jüngelchens gelassene Ware, und dann belehrte ihn der Zuruf der Menge, daß er es mit einer bekannten und leicht aufzufindenden Persönlichkeit zu tun habe. Er ließ sich den Palast Astorres bezeichnen und meldete sich dort heute, morgen, übermorgen. Die zwei ersten male richtete er nichts aus, weil in der Behausung des Mönches alles drunter und drüber ging, das dritte Mal fand er die Siegel des Tyrannen an das verschlossene Tor geheftet. Mit diesem wollte der Feigling nichts zu schaffen haben, und so ging er der Bezahlung verlustig.

Die Frauen aber – zu Antiope und der leichtfertigen Zofe hatte sich noch eine dritte, durch den Brückentumult von ihnen abgedrängte wiedergefunden – schritten in der entgegengesetzten Richtung. Diese war ein seltsam blickendes, vorzeitig, wie es schien, gealtertes Weib mit tiefen Furchen, grauen Haarbüscheln, aufgeregten Mienen, und schleppte ihr vernachlässigtes, aber vornehmes Gewand mitten durch den Straßenstaub.

Sotte erzählte eben der Alten, offenbar der Mutter des Fräuleins, mit dummen Jubel den Vorgang auf der Brücke: Astorre – auch ihr hatte der Zuruf des Volkes ihn genannt –, Astorre der Mönch, der stadtkundig freien müsse, habe Antiope verstohlenerweise einen Goldring zugerollt, und als sie – Sotte –, den Wink der Vorsehung und die Schlauheit des Mönches verstehend, ihn dem lieben Mädchen angesteckt, sei der Mönch selbst vor dasselbe hingetreten, und da Antiope ihm den Ring in Züchten habe zurückgeben wollen, habe er – sie ahmte den Mönch nach – die Linke zärtlich auf das Herz gelegt – so! – die Rechte aber zurückweisend ausgestreckt mit einer Gebärde, die in ganz Italien nichts anderes sage und bedeute als: Behalte, Schatz!

Endlich kam die erstaunte Antiope zu Worte und beschwor die Mutter, auf das alberne Geschwätz Isottens nichts zu geben, aber umsonst. Madonna Olympia erhob die Arme gen Himmel und dankte auf offener Straße dem heiligen Antonius mit Inbrunst, daß er ihre tägliche Bitte über alles Hoffen und Erwarten erhört und ihrem Kleinod einen ebenbürtigen und tugendhaften Mann, einen seiner eigenen Söhne beschert habe. Dabei gebärdete sie sich so abenteuerlich, daß die Vorübergehenden lachend auf die Stirne wiesen. Die verwirrte Antiope gab sich alle erdenkliche Mühe, der Mutter das blendende Märchen auszureden; aber diese hörte nicht und baute leidenschaftlich an ihrem Luftschlosse weiter.

So langten die Frauen in dem Palaste Canossa an und begegneten im Torbogen einem steifgeputzten Majordom, dem sechs verschwenderisch gekleidete Diener folgten. Herr Burcardo ließ, ehrerbietig zurücktretend, Madonna Olympia die Treppe voraufgehen, dann, in einer öden Halle angelangt, machte er drei abgezirkelte Verbeugungen, eine immer näher und tiefer als die andere, und redete langsam und feierlich: ,Herrlichkeiten, mich sendet Astorre Vicedomini, hochdieselben untertänigst zu seinen Sbosalizien zu laden, heute' – er schluckte schmerzhaft ,in zehn Tagen' – ,wenn es Vesper läutet.'" –

Dante hielt inne. Seine Fabel lag in ausgeschütteter Füller vor ihm; aber sein strenger Geist wählte und vereinfachte. Da rief ihn Cangrande.

„Mein Dante", hub er an, „ich wundere mich, mit wie harten und ätzend scharfen Zügen du deinen Florentiner umrissen hast! Dein Niccolò Lippo dei Lippi ist verbannt durch ein feiles und ungerechtes Urteil. Er selbst aber ist ein Überteurer, ein Schmeichler, ein Lügner, ein Spötter, ein Schlüpfriger und eine Memme, alles ,nach Art der Florentiner'. Und das ist nur ein winziges Flämmchen aus dem Feuerregen von Verwünschungen, womit du dein Florenz überschüttest, nur eine tröpfelnde Neige jener bittern, von Essig und Galle triefenden Terzinen, die du in deiner Komödie der Vaterstadt zu kosten gibst. Lasse dir sagen, es ist unedel, seine Wiege zu schmähen, seine Mutter zu beschämen! Es kleidet nicht gut! Glaube mir, es macht einen schlechten Eindruck!

Mein Dante, ich will dir erzählen von einem Puppenspiel, dem ich jüngst, verkappt unter dem Volke mich umtreibend, in unserer Arena zuschaute. Du rümpfst die Nase, daß ich den niedrigen Geschmack habe, in müßigen Augenblicken an Puppen und Narren mich zu vergnügen. Dennoch begleite mich vor die kleine Bühne! Was schaust du da? Mann und Weib zanken sich. Sie wird geprügelt und weint. Ein Nachbar streckt den Kopf durch die Türspalte, predigt, straft, mischt sich ein. Doch siehe! das tapfere Weib erhebt sich gegen den Eindringling und nimmt Partei für den Mann. ,Wenn es mir beliebt, geprügelt zu werden!' heult sie.

Ähnlicherweise, mein Dante, spricht ein Hochherziger, welchen seine Vaterstadt mißhandelt: Ich will geschlagen sein!"

Viele junge und scharfe Augen hafteten auf dem Florentiner. Dieser verhüllte sich schweigend das Haupt. Was in ihm vorging, weiß niemand. Als er es wieder erhob, war seine Stirn vergrämter, sein Mund bitterer und seine Nase länger.

Dante lauschte. Der Wind pfiff um die Ecken der Burg und stieß einen schlechtverwahrten Laden auf. Monte Baldo hatte seine ersten Schauer gesendet. Man sah die Flocken stäuben und wirbeln, von der Flamme des Herdes beleuchtet. Der Dichter betrachtete den Schneesturm, und seine Tage, welche er sich entschlüpfen fühlte, erschienen ihm unter der Gestalt dieser bleichen Jagd und Flucht durch eine unstete Röte. Er bebte vor Frost.

Und seine feinfühligen Zuhörer empfanden mit ihm, daß ihn kein eigenes Heim, sondern nur wandelbare Gunst wechselnder Gönner bedache und vor dem Winter beschirme, welcher Landstraße und Feldweg mit Schnee bedeckte. Alle wurden es inne, und Cangrande, der von großer Gesinnung war, zuerst: Hier sitzt ein Heimatloser!

Der Fürst erhob sich, den Narren wie eine Feder von seinem Mantel schüttelnd, trat auf den Verbannten zu, nahm ihn an der Hand und führte ihn an seinen eigenen Platz, nahe dem Feuer. „Es gebührt dir", sagte er, und Dante widersprach nicht. Cangrande aber bediente sich des freigewordenen Schemels. Er konnte dort bequem die beiden Frauen betrachten, zwischen welchen jetzt der Wanderer durch die Hölle saß, den das Feuer glühend beschien und der seine Erzählung folgendermaßen fortsetzte:

„Während die mindern Glocken in Padua die Vesper läuteten, versammelte sich unter dem Zedergebälke des Prunksaales der Vicedomini, was von den zwölf Geschlechtern übriggeblieben war, den Eintritt des Hausherrn erwartend. Diana hielt sich zu Vater und Bruder. Ein leises Geschwätz lief um. Die Männer besprachen ernst und gründlich die politische Seite der Vermählung zweier großer städtischer Geschlechter. Die Jünglinge scherzten halblaut über den heiratenden Mönch. Die Frauen schauderten, trotz dem Breve des Papstes, vor dem Sakrilegium, welches nur die von knospenden Töchtern umringten in milderem Lichte sahen, mit dem Zwang der Umstände entschuldigten oder aus der Herzensgüte des Mönches erklärten. Die Mädchen waren lauter Erwartung.

Die Anwesenheit der Olympia Canossa erregte Verwunderung und Unbehagen, denn sie war in auffallendem, fast königlichem Staate, als ob ihr bei der bevorstehenden Feier eine Hauptrolle zustünde, und redete mit unheimlicher Zungenfertigkeit in Antiope hinein, welche bangen Herzens die aufgebrachte Mutter flüsternd und flehend zu beschwichtigen suchte. Madonna Olympia hatte sich schon auf den Treppen gewaltig geärgert, wo sie – Herr

Burcardo beschäftigte sich eben mit dem Empfange zweier anderer Herrschaften – von Gocciola, der eine neue, scharlachrote Kappe mit silbernen Schellen in der Hand hielt, ehrfüchtig willkommen geheißen wurde. Jetzt mit den andern im Kreise stehend, belästigte oder ängstigte sie durch ihr maßloses Gebärdenspiel ihre Standesgenossen. Mit Augenwinken und Kinnheben wurde auf die Ärmste gedeutet. Keiner hätte sie an des Mönchens Statt geladen, und jeder machte sich darauf gefaßt, sie werde diesem einen ihrer Streiche spielen.

Burcardo meldete den Hausherrn. Astorre hatte sich von den Germanen bald losgemacht, war auf die Brücke zurückgeeilt, ohne dort den Ring noch die Frauen mehr zu finden, und sich darüber Vorwürfe machend, obschon im Grunde nur der Zufall anzuklagen war, hatte er in der ihm bis zur Vesper bleibenden Stunde den Entschluß gefaßt, in Zukunft immerdar nach den Regeln der Klugheit zu handeln. Mit diesem Vorsatze trat er in den Saal und in die Mitte der Versammelten. Der Druck der auf ihn gerichteten Aufmerksamkeit und die sozusagen in der Luft fühlbaren Formen und Forderungen der Gesellschaft ließen ihn empfinden, daß er nicht die Wirklichkeit der Dinge sagen dürfe, energisch und mitunter häßlich, wie sie ist, sondern ihr eine gemilderte und gefällige Gestalt geben müsse. So hielt er sich unwillkürlich in der Mitte zwischen Wahrheit und schönem Schein und redete untadelig.

‚Herrschaften und Standesbrüder‘, begann er, ‚der Tod hat eine reiche Ernte unter uns Vicedomini gehalten. Wie ich in Schwarz gekleidet vor euch stehe, trage ich Trauer um den Vater, drei Brüder und drei Neffen. Daß ich, von der Kirche freigelassen, den Wunsch eines sterbenden Vaters, in Sohn und Enkel fortzuleben, nach ernster Erwägung‘ – hier verhüllte sich der Klang seiner Stimme – ‚und gewissenhafter Prüfung vor Gott nicht glaubte ungewährt lassen zu dürfen, dieses werdet ihr verschieden beurteilen, billigend oder tadelnd, nach der Gerechtigkeit oder Milde, die euch innewohnt. Darin aber werdet ihr einiggehen, daß es mir bei meiner Vergangenheit nicht angestanden hätte, zu zaudern und zu wählen, und daß hier nur das Nächstliegende und Ungesuchte Gott gefällig sein konnte. Wer aber stand mir näher als die schon mit mir durch die trostlose Trauer um meinen letzten Bruder vereinigte jungfräuliche Witwe desselben? Dergestalt ergriff ich über einem teuern Sterbebett diese Hand, wie ich sie jetzt ergreife‘ – er trat zu Diana und führte sie in die Mitte – ‚und ihr den Trauring um den Finger lege.‘ So tat er. Der Ring paßte. Diana tat dasselbe, indem sie dem Mönch einen goldenen Reif anlegte. ‚Er ist der meiner Mutter‘, sagte sie, ‚die ein wahrhaftes und tugendsames Weib war. Ich gebe dir einen Ring, der Treue gehalten hat.‘ Ein feierlich gemurmelter Glückwunsch aller Anwesenden beschloß die ernste Handlung, und der alte Pizzaguerra, ein würdiger Greis – denn der Geiz ist ein gesundes Laster und läßt zu Jahren kommen –, weinte die übliche Träne.

Madonna Olympia sah ihr Traumschloß auflodern und brennen mit sinkenden Säulen und krachenden Balken. Sie tat einen Schritt vorwärts, als wolle sie ihre Augen überführen, daß sie sich betrügen, dann einen zweiten in wachsender Wildheit, und jetzt stand sie dicht vor Astorre und Diana, die grauen Haare gesträubt, und ihre rasenden Worte rannten und stürzten, wie ein Volk in Aufruhr.

‚Elender!' schrie sie. ‚Gegen den Ring an dem Finger dieser da zeugt ein anderer und zuerst gegebener.' Sie riß Antiope, welche ihr in wachsender Angst und mit den flehensten Gebärden gefolgt war, hinter sich hervor und hob die Hand des Mädchens. ‚Den Ring hier hast du meinem Kinde vor nicht einer Stunde auf der Brücke bei dem Florentiner an den Finger gesteckt!' So hatte ihr ein falscher Spiegel den Vorhang verschoben. ‚Ruchloser Mensch! Ehebrecherischer Mönch! Öffnet sich die Erde nicht, dich zu verschlingen? Hängt den Bruder Pförtner, der im Rausche schnarchte und dich deiner Zelle entspringen ließ! Deinen Lüsten wolltest du frönen, du aber durftest dir eine andere Beute wählen als eine ungerecht verfolgte, ratlose Wittib und eine unbeschützte Waise!'

Die Marmordiele öffnete sich nicht, und in den Blicken der Umstehenden las die Unglückliche, die einem gerechten Mutterzorne arme und schwache Worte zu geben glaubte, den hellen Hohn oder ein Mitleid anderer Art, als sie zu finden hoffte. Sie vernahm hinter sich das verständlich geflüsterte Wort: ‚Närrin!' und ihr Zorn schlug in ein wahnsinniges Gelächter um. ‚Ei, seht mir einmal den Toren', hohnlachte sie, ‚der so dumm zwischen diesen beiden wählen konnte! Ich mache euch zu Richtern, Herrschaften, und jeden, der Augen hat. Hier das herzige Köpfchen, die schwellende Jugend' – das übrige vergaß ich, aber ich weiß eines: Alle Jünglinge im Saale Vicedominis, und mehr als einer unter ihnen mochte locker leben, alle Jünglinge, die enthaltsamen und die es nicht waren, wendeten Ohr und Augen ab von den empörenden Worten und Gebärden einer Mutter, welche Zucht und Scham unter die Füße trat vor dem Kinde, das sie geboren, und dieses preisgab wie eine Kupplerin.

Alle im Saal bemitleideten Antiope. Nur Diana, sowenig sie an der Treue des Mönches zweifelte, empfand ich weiß nicht welchen dumpfen Groll über die ihrem Bräutigam frech gezeigte Schönheit.

Antiope mochte es verschuldet haben dadurch, daß sie den unseligen Reif am Finger behielt. Vielleicht hat sie es, um die sich selbst betörende Mutter nicht zu reizen, in dem Gedanken, diese werde, durch die Wirklichkeit enttäuscht, aus dem Hochmut, nach ihrer Art, in Kleinmut verfallen und alles mit einem Augenrollen und ein paar gemurmelten Worten vorübergehen. Oder dann hatte die junge Antiope selbst eine Fingerspitze in den sprudelnden Märchenbrunnen getaucht. War die Begegnung auf der Brücke nicht wunderbar, und wäre ihre Erkiesung durch den Mönch wunderbarer gewesen als das Schicksal, das ihn dem Kloster entriß?

Jetzt erlitt sie grausame Strafe. Soweit es eine zügellose Rede vermag, beraubte sie die eigene Mutter der schützenden Hüllen.

Eine dunkle Röte und eine noch dunklere fuhr ihr über Stirn und Nacken. Darauf begann sie in der allgemeinen Stille laut und bitterlich zu weinen.

Selbst die graue Mänade lauschte betroffen. Dann zuckte ihr ein entsetzlicher Schmerz über das Gesicht und verdoppelte ihre Wut. ‚Und die andere!‘ kreischte sie, auf Diana zeigend, ‚dieses kaum aus dem Rohen gehauene breite Stück Marmor! Diese verpfuschte Riesin, die Gottvater stümperte, als er noch Gesell war und kneten lernte! Pfui über den plumpen Leib ohne Leben und Seele! Wer hätte ihr auch eine gespendet? Die Bastardin, ihre Mutter? die stupide Orsola? Oder der dürre Knicker dort? Nur widerstrebend hat er ihr ein karges Almosen von Seele verabfolgt!‘

Der alte Pizzaguerra blieb gelassen. Mit dem klaren Verstande der Geizigen vergaß er nicht, wen er vor sich hatte. Seine Tochter Diana aber vergaß es. Durch die rohe Verhöhnung ihres Leibes und ihrer Seele aufgebracht, tief empört, zog sie die Brauen zusammen und ballte die Hände. Jetzt geriet sie außer sich, da die Närrin ihre Eltern ins Spiel zog, ihr die Mutter im Grabe beschimpfte, den Vater an den Pranger stellte. Ein bleicher Jähzorn packte und übermannte sie.

‚Hündin!‘ schrie sie und schlug – in Antiopes Angesicht; denn das verzweifelte und beherzte Mädchen hatte sich vor die Mutter geworfen. Antiope stieß einen Laut aus, der den Saal und alle Herzen erschütterte.

Nun drehte sich das Rad in dem Kopfe der Törin vollständig um. Die höchste Wut ging unter in unsäglichem Jammer. ‚Sie haben mir mein Kind geschlagen!‘ stöhnte sie, sank auf die Knie und schluchzte: ‚Gibt es keinen Gott mehr im Himmel?‘

Jetzt war das Maß voll. Es wäre schon früher übergelaufen, doch das Verhängnis schritt rascher, als mein Mund es erzählte, so rasch, daß weder der Mönch noch der nahestehende Germano den gehobenen Arm Dianas ergreifen und aufhalten konnten. Ascanio umschlang die Törin, ein anderer Jüngling faßte sie bei den Füßen, die sich kaum Sträubende wurde fortgetragen, in ihre Sänfte gehoben und nach Hause gebracht.

Noch stunden sich Diana und Antiope gegenüber, eine bleicher als die andere, Diana reuig und zerknirscht nach schnell verrauchtem Jähzorn, Antiope nach Worten ringend; sie konnte nur nicht stammeln, sie bewegte lautlos die Lippen.

Wenn jetzt der Mönch Antiopes Hand ergriff, um der von seinem verlobten Weibe Mißhandelten das Geleite zu geben, so erfüllte er damit nur die ritterliche und gastwirtliche Pflicht. Alle fanden es selbstverständlich. Besonders Diana mußte wünschen, das Opfer ihrer Gewalttat aus den Augen zu verlieren. Auch sie entfernte sich dann mit Vater und Bruder. Die versammelten Gäste aber hielten es für das Zarteste, gleichfalls bis auf die letzte Ferse zu verschwinden.

Es klingelte unter dem mit Amarellen und Zyperwein bestellten Kredenztisch. Eine Narrenkappe kam zum Vorschein, und Gocciola kroch auf allen Vieren aus seinem leckern Verstecke hervor. Alles war köstlich verlaufen

nach seiner Ansicht; denn er hatte jetzt die volle Freiheit, Amarellen zu naschen und ein Gläschen um das andere zu leeren. So vergnügte er sich eine Weile, bis er nahende Schritte vernahm. Er wollte entwischen, aber einen verdrießlichen Blick nach dem Störer werfend, erachtete er jede Flucht für unnötig. Es war der Mönch, der zurückkehrte, und der Mönch war ebenso frohlockend und ebenso berauscht wie er; denn der Mönch –"

„– liebte Antiope", unterbrach den Erzähler die Freundin des Fürsten mit einem krampfhaften Gelächter.

„Du sagst es, Herrin, er liebte Antiope", wiederholte Dante in tragischem Tone.

„Natürlich!" – „Wie anders?" – „Es mußte so kommen!" – „So geht es gewöhnlich!" scholl es dem Erzähler aus dem ganzen Hörerkreise entgegen.

„Sachte, Jünglinge", murrte Dante. „Nein, so geht es nicht gewöhnlich. Meinet ihr denn, eine Liebe mit voller Hingabe des Lebens und der Seele sei etwas Alltägliches, und glaubet wohl gar, so geliebt zu haben oder zu lieben?

Enttäuschet euch! Jeder spricht von Geistern, doch wenige haben sie gesehen. Ich will euch einen unverwerflichen Zeugen bringen. Es schleppt sich hier im Hause ein modisches Märchenbuch herum. Darin mit vorsichtigen Fingern blätternd, habe ich unter vielem Wuste ein wahres Wort gefunden. ,Liebe', heißt es an einer Stelle, ,ist selten und nimmt meistens ein schlimmes Ende.'" Dieses hatte Dante ernst gesprochen. Dann spottete er: „Da ihr alle in der Liebe so ausgelernt und bewandert seid und es mir überdies nicht ansteht, einen von der Leidenschaft überwältigten Jüngling aus meinem zahnlosen Munde reden zu lassen, überspringe ich das verräterische Selbstgespräch des zurückkehrenden Astorre und sage kurz: Da ihn der verständige Ascanio belauschte, erschrak er und predigte ihm Vernunft."

„Wirst du deine rührende Fabel so kläglich verstümmeln, mein Dante?" wendete sich die entzündliche Freundin des Fürsten mit bittenden Händen gegen den Florentiner. „Laß den Mönch reden, daß wir teilnehmend erfahren, wie er sich abwendete von einer Rohen zu einer Zarten, einer Kalten zu einer Fühlenden, von einem steinernen zu einem schlagenden Herzen –"

„Ja, Florentiner", unterbrach die Fürstin in tiefer Bewegung und mit dunkelglühender Wange, „laß deinen Mönch reden, daß wir staunend vernehmen, wie es kommen konnte, daß Astorre, so unerfahren und täuschbar er war, ein edles Weib verriet für eine Verschmitzte – hast du nicht gemerkt, Dante, daß Antiope eine Verschmitzte ist? Du kennst die Weiber wenig! In Wahrheit, ich sage dir" – sie hob den kräftigen Arm und ballte die Faust – „auch ich hätte geschlagen, nicht die arme Törin, sondern wissentlich die Arglistige, die sich um jeden Preis dem Mönch vor das Angesicht bringen wollte!" Und sie führte den Schlag in die Luft. Die andere erbebte leise.

Cangrande, welcher die zwei Frauen, denen er jetzt gegenübersaß, nicht aufhörte zu betrachten, bewunderte seine Fürstin und freute sich ihrer großen Leidenschaft. In diesem Augenblicke fand er sie unvergleichlich schöner als die kleinere und zarte Nebenbuhlerin, welche er ihr gegeben hatte, denn das Höchste und Tiefste der Empfindung erreicht seinen Ausdruck nur in einem starken Körper und in einer starken Seele.

Dante für sein Teil lächelte zum ersten und einzigen Male an diesem Abende, da er die beiden Frauen so heftig auf der Schaukel seines Märchens sich wiegen sah. Er brachte es sogar zu einer Neckerei. „Herrinnen", sagte er, „was verlangt ihr von mir? Selbstgespräch ist unvernünftig. Hat je ein weiser Mann mit sich selbst gesprochen?"

Nun erhob sich aus dem Halbdunkel ein mutwilliger Lockenkopf, und ein Edelknabe, der hinter irgendeinem Sessel oder einer Schleppe in traulichem Verstecke mochte gekauert haben, rief herzhaft: „Großer Meister, wie wenig du dich kennst oder zu kennen vorgibst! Wisse, Dante, niemand plaudert geläufiger mit sich selbst als du, in dem Grade, daß du nicht nur uns dumme

Buben übersiehst, sondern selbst das Schöne dicht an dir vorübergehen lässest, ohne es zu begrüßen."

„Wirklich?" sagte Dante. „Wo war das? Wo und wann?"

„Nun gestern auf der Etschbrücke", lächelte der Knabe.

„Du lehntest am Geländer. Da ging die reizende Lukrezia Nani vorüber, deine Toga streifend. Wir Knaben folgten, sie bewundernd, und ihr entgegen schritten zwei feurige Kriegsleute, nach einem Blicke aus ihren sanften Augen haschend. Sie aber suchte die deinigen: denn nicht jeder hat mit heiler Haut in der Hölle gelustwandelt! Du Meister, betrachtetest eine rollende Welle, welche in der Mitte der Etsch daherfuhr, und murmeltest etwas."

„Ich ließ das Meer grüßen! Die Woge war schöner als das Mädchen. Doch zurück zu den zwei Toren! Horch, sie sprechen miteinander! Und bei allen Musen, fortan unterbreche mich keiner mehr, sonst findet uns Mitternacht noch am Märchenherde. –

Als der Mönch, nachdem er Antiope heimgeführt, seinen Saal wieder betrat – doch ich vergaß zu sagen, daß er Ascanio nicht begegnete, obwohl dieser mit der Sänfte und Madonna Olympia darin denselben Weg gemacht hatte. Denn der Neffe, nachdem er die gänzlich Vernichtete ihrer Dienerschaft übergeben, war schleunig zu seinem Ohm, dem Tyrannen, geeilt, ihm den tollen Vorgang als frisches Gebäcke aufzutischen. Er hinterbrachte Ezzelin lieber eine Stadtgeschichte als eine Verschwörung.

Ich weiß nicht, ob der Mönch so wohlgestaltet war, wie der Spötter Ascanio ihn genannt hatte. Aber ich sehe ihn, der wie der blühendste Jüngling schreitet. Mit beflügelten Füßen durchschwebt er den Saal, als trüge ihn Zephir oder führte ihn Iris. Seine Augen sind voller Sonne, und er murmelt Laute aus der Sprache der Seligen. Gocciola, der viel Zyperwein geschluckt hatte, fühlte sich gleichfalls beherzt und verjüngt. Auch unter seinen Sohlen löste sich der Marmorboden in weißes Gewölk auf. Er verspürte einen unbesiegbaren Durst, das Gemurmel auf den frischen Lippen Astorres, wie man sich über eine Quelle beugt, zu belauschen, und begann neben demselben die Länge des Saales zu durchmessen, bald mit gespreizten, bald mit hüpfenden Schritten, das Narrenzepter unter dem Arme.

,Das zärtliche Haupt, das sich für den Vater bot, hat sich auch für die Mutter geboten und gegeben!' lispelte Astorre. ,Das schamhafte – wie es brannte! Das mißhandelte – wie es litt! Das geschlagene – wie es aufschrie! Hat es mich je verlassen, seit es auf dem Blocke lag? Es wohnte in meinem Geiste. Es begleitete mich allgegenwärtig, schwebte in meinem Gebete, strahlte in meiner Zelle, bettete sich auf mein Kissen! Lag das herzige Haupt mit dem weißen, schmalen Hälschen nicht neben dem des heiligen Paulus –'

,Des heiligen Paulus?' kicherte das Tröpfchen.

,Des heiligen Paulus auf unserm Altarbilde –'

‚Mit dem schwarzen Kraushaar und dem roten Hals auf dem breiten Blocke und dem Beil des Henkers darüber?' Gocciola verrichtete bei den Franziskanern zeitweilig seine Andacht.

Der Mönch nickte. ‚Sah ich lange hin, so zuckte das Beil, und ich bebte zusammen. Habe ich es nicht dem Prior gebeichtet?'

‚Und was sagte der Prior?' examinierte Gocciola.

‚Mein Sohn', sagte er, ‚was du sahest, war ein vorausgeeiltes Kind des himmlischen Triumphzuges. Fürchte nichts! Dem ambrosischen Hälschen geschieht kein Leid!'

‚Aber', reizte der böse Narr, ‚das Kind ist gewachsen, so hoch!' Er hob die Hand, dann senkte er sie und hielt sie über dem Boden. ‚Und die Kutte Eurer Herrlichkeit', grinste er, ‚liegt so tief!'

Das Gemeine konnte den Mönch nicht berühren. Ein schöpferisches Feuer war aus der Hand Antiopes in die seinige gefahren und begann zuerst zart und sanft, dann immer heißer und schärfer in seinen Adern zu brennen. ‚Gepriesen sei Gottvater', frohlockte er plötzlich, ‚der Mann und Weib geschaffen hat!'

‚Die Eva?' fragte der Narr.

‚Die Antiope!' antwortete der Mönch.

‚Und die andere? Die Große? Was fängst du mit der an? Schickst du sie betteln?' Gocciola wischte sich die Augen.

‚Welche andere?' fragte der Mönch. ‚Gibt es ein Weib, das nicht Antiope wäre!'

Dies war selbst dem Narren zu stark. Er glotzte Astorre erschreckt an, wurde aber von einer Faust am Kragen gepackt, gegen die Pforte geschleppt und auf den Flur gesetzt. Dieselbe Hand legte sich dann auf Astorres Schulter.

‚Erwache, Traumwandler!' rief der zurückgekehrte Ascanio, welcher die letzte schwärmerische Rede des Mönches belauscht hatte. Er zog den Verzückten auf eine Fensterbank nieder, heftete fest Augen auf Augen, und: ‚Astorre, du bist von Sinnen!' sprach er ihn an.

Dieser wich zuerst den prüfenden Blicken wie geblendet aus, dann begegnete er ihnen mit den seinigen, die noch voller Jubel waren, um sie scheu niederzuschlagen. ‚Wunderst du dich?' sagte er dann.

‚So wenig als über das Lodern einer Flamme', versetzte Ascanio. ‚Aber da du kein blindes Element, sondern eine Vernunft und ein Wille bist, so tritt die Flamme aus, sonst frißt sie dich und ganz Padua. Muß dir das Weltkind göttliches und menschliches Gesetz predigen? Du bist vermählt! So redet dieser Ring an deinem Finger. Wenn du, wie erst dein Gelübde, jetzt dein Verlöbnis brichst, brichst du Sitte, Pflicht, Ehre und Stadtfrieden. Wenn du dir den Pfeil des blinden Gottes nicht rasch und heldenmütig aus dem Herzen ziehst, ermordet er dich, Antiope und noch ein paar andere, wen es gerade treffen wird. Astorre! Astorre!'

Ascanios mutwillige Lippen erstaunten über die großen und ernsten Worte, welche er in seiner Herzensangst ihnen zu reden gab. ‚Dein Name, Astorre', sagte er dann halb scherzend, ‚schmettert wie eine Tuba und ruft dich zum Kampfe gegen dich selbst!'

Astorre ermannte sich. ‚Man hat mir ein Philtrum gegeben!' rief er aus. ‚Ich rase, ich bin ein Wahnsinniger! Ascanio, ich gebe dir Macht über mich, feßle mich!'

‚An Dianen will ich dich fesseln!' sagte Ascanio. ‚Folge mir, daß wir sie suchen!'

‚War es nicht Diana, die Antiope schlug?' fragte der Mönch.

‚Das hast du geträumt! Du hast alles geträumt! Du warst deiner Sinne nicht mächtig! Komm! Ich beschwöre dich! Ich befehle es dir! Ich begreife und führe dich!'

Wenn Ascanio die Wirklichkeit verjagen wollte, so führte sie der auf dem Flur klirrende Schritt Germanos zurück. Mit einem entschlossenen Gesichte trat der Bruder Dianens vor den Mönch und faßte seine Hand. ‚Ein gestörtes Fest, Schwager!' sagte er. ‚Die Schwester schickt mich – ich lüge, sie schickt mich nicht. Denn sie hat sich in ihre Kammer eingeschlossen, und drinnen flennt sie und verflucht ihren Jähzorn – heute ersaufen wir in Weibertränen! Sie liebt dich, nur bringt sie es nicht über die Lippen – es ist in der Familie: ich kann es auch nicht. An dir hat sie keinen Augenblick gezweifelt. Es ist einfach: Du hast irgendwo einen Ring verschleudert – wenn es der deinige war, den die kleine Canossa – wie heißt sie doch? richtig: die Antiope! – am Finger trug. Die närrische Mutter fand ihn und hat daraus ihr Märchen gesponnen. Antiope ist natürlich an alledem unschuldig wie ein neugeborenes Kind – wer es anders meint, hat es mit mir zu tun!'

‚Nicht ich!' rief Astorre. ‚Antiope ist rein wie der Himmel! Der Ring wurde von einem Zufall gerollt', und er erzählte mit fliegenden Worten.

‚Aber auch der Schwester, die zufuhr, darfst du es nicht anrechnen, Astorre', behauptete Germano. ‚Ihr schoß das Blut zu Kopfe, sie sah nicht, wen sie vor sich hatte. Sie glaubte die Närrin zu treffen, die ihr die Eltern verhunzte, und schlug die liebe Unschuld. Diese aber muß vor Gott und Menschen wieder zur Ehren und Würden gezogen werden. Laß das meine Sache sein, Schwager! Ich bin der Bruder. Es ist einfach.'

‚Du redest in einem fort und bleibst doch dunkel, Germano! Was hast du vor? Wie vergütest du es der Ärmsten?' fragte Ascanio.

‚Es ist einfach', wiederholte Germano. ‚Ich biete Antiope Canossa meine Hand und mache sie zu meinem Weibe.'

Ascanio griff sich an die Stirn. Der Streich betäubte ihn. Als er dann aber, schnell besonnen, näher zusah, fand er das heroische Mittel gar nicht so übel; doch warf er einen ängstlichen Blick auf den Mönch. Dieser, seiner selbst wieder mächtig, hielt sich mäuschenstille und horchte aufmerksam. Das Ehrgefühl des Kriegers scholl wie ein heller Ruf durch die Wildnis seiner Seele.

‚So treffe ich zwei Fliegen mit einem Schlage, Schwager‘, erläuterte Germano. ‚Das Mädchen wird in ihren Züchten und Ehren hergestellt. Den möchte ich sehen, der hinter meinem Weibe zischelte! Dann stifte ich Frieden zwischen euch Eheleuten. Diana braucht sich nicht länger vor dir noch vor sich selber zu schämen und ist von ihrem Jähzorne gründlich geheilt. Ich sage dir: sie ist davon genesen, zeitlebens!‘

Astorre drückte ihm die Hand. ‚Du bist brav!‘ sagte er. Der Wille, seine himmlische oder irdische Lust tapfer zu überwinden, erstarkte in dem Mönche. Doch dieser Wille war nicht frei und diese Tugend nicht selbstlos; denn sie klammerte sich an einen gefährlichen Sophismus: Nicht anders, als ich selbst eine Ungeliebte umarmen werde, tröstete sich Astorre, wird auch Antiope von einem Manne sich umfangen lassen, welcher sie kurzerdinge freit, um fremdes Unrecht gutzumachen. Wir verzichten alle! Entsagung und Kasteiung in der Welt wie im Kloster!

‚Was geschehen muß, verschiebe ich nicht‘, drängte Germano. ‚Sonst würde sie sich schlummerlos wälzen.‘ Ich weiß nicht, meinte er Diana oder Antiope. ‚Schwager, du begleitest mich als Zeuge: ich tue es in den Formen.‘

‚Nein, nein!‘ schrie Ascanio erschreckt. ‚Nicht Astorre! Nimm mich!‘

Germano schüttelte den Kopf. ‚Ascanio, mein Freund‘, sagte er, ‚dazu eignest du dich nicht. Du bist kein ernsthafter Zeuge in Ehesachen! Auch wird mein Bruder Astorre es sich nicht nehmen lassen, für mich zu werben. Es ist ja zum großen Teil seine eigene Angelegenheit. Nicht wahr, Astorre?‘ Dieser nickte. ‚So bereite dich, Schwager. Mache dich hübsch! Hänge dir eine Kette um!‘

‚Und‘, scherzte Ascanio gezwungen, ‚wann du über den Hof gehst, tauche den Kopf in den Brunnen! Du selbst aber, Germano, trägst Panzer? So kriegerisch? Schickt sich das zur Freite?‘

‚Ich bin lange nicht aus der Rüstung gekommen, und sie kleidet mich. Was betrachtest du mich von Kopf zu Füßen, Ascanio?‘

‚Ich frage mich, woher dieser Gepanzerte seine Sicherheit nimmt, nicht mitsamt der Sturmleiter in den Graben geworfen zu werden?‘

‚Das kann nicht in Frage stehen‘, meinte Germano seelenruhig. ‚Wird sich eine Beschämte und Geschlagene einem Ritter verweigern? Da wäre sie eine noch größere Närrin als ihre Mutter. Das ist doch sonnenklar, Ascanio. Komm, Astorre.‘

Während der Zurückbleibende mit verschlungenen Armen diese neue Wendung der Dinge bedachte, zweifelnd, ob dieselbe auf einen Spielplatz blühender Kinder oder auf ein Camposanto führe, schritten seine Jugendfreunde den nicht langen Weg zu dem Palaste Canossa.

Der wolkenlose Tag verglomm in einem reinglühenden Abendgolde, und horch! es läutete Ave. Der Mönch sprach innerlich die Gewohnheitsgebete, und sein etwas erhöht liegendes Kloster verlängerte zufällig das vertraute Geläute um ein paar friedliche wehmütige Schläge, welchen die andern Stadtglocken den Luftraum nicht länger streitig machten. Auch der Mönch wurde des allgemeinen Friedens teilhaft.

Da traf sein Blick das Gesicht des Freundes und ruhte auf den wetterharten Zügen. Sie waren hell und freudig, von erfüllter Pflicht ohne Zweifel, aber doch auch von dem unbewußten oder unbewachten Glück, unter dem von Ehre geschwellten Segel einer ritterlichen Handlung den Port einer seligen Insel zu erreichen. ‚Die süße Unschuld!' seufzte der Krieger.

Rasend schnell begriff der Mönch, daß der Bruder Dianens sich selbst täuschte, wenn er sich für uneigennützig hielt, daß Germano Antiope zu lieben begann und sein Nebenbuhler war. Seine Brust empfand einen scharfen Biß, dann einen zweiten noch schärfern, daß er hätte aufschreien mögen. Und jetzte wühlte und wimmerte schon ein ganzes Nest grimmiger Schlangen in seinem Busen. Herrschaften, Gott möge uns alle, Männer und Weiber, vor der Eifersucht behüten! Sie ist die qualvollste der Peinen, und wer sie leidet, ist unseliger als meine Verdammten!

Mit verzogenem Gesichte und gepreßtem Herzen folgte der Mönch dem selbstbewußten Freier die Treppen des erreichten Palastes hinauf. Dieser stand leer und verwahrlost. Madonna Olympia mochte sich eingeschlossen haben. Kein Gesinde, und alle Türen offen. Sie durchschritten ungemeldet eine Reihe schon dämmernder Gemächer: vor der Schwelle der letzten Kammer hielten sie stille, denn die junge Antiope saß am Fenster.

Sein in den Umriß eines Kleeblattes endigender Bogen war voller Abendglorie, welche die liebreizende Gestalt im Halbkreise von Brust zu Nacken umfing. Ihre gezauste Haarkrone ähnelte den Spitzen eines Dornenkranzes, und die schmachtenden Lippen schlürften den Himmel. Das geschlagene Mädchen lag müde unter dem Druck der erduldeten Schande, mit zugefallenen Augendeckeln und erschlafften Armen; aber in der Stille ihres Herzens frohlockte sie und pries ihre Schmach, denn diese hatte sie mit Astorre auf ewig vereinigt.

Und entzündet sich nicht heute noch und bis ans Ende der Tage aus tiefstem Erbarmen höchste Liebe? Wer widersteht dem Anblicke des Schönen, wenn es ungerecht leidet? Ich lästere nicht und kenne die Unterschiede, aber auch das Göttliche wurde geschlagen, und wir küssen seine Striemen und Wunden.

Antiope grübelte nicht, ob Astorre sie liebe. Sie wußte es. Da war kein

Zweifel. Sie war davon überzeugter als von den Atemzügen ihrer Brust und den Schlägen ihres Herzens. Keine Silbe hatte sie mit Astorre gewechselt vom ersten Schritt des Weges an, den sie zusammen gingen. Die Hände hielten sich nicht fester beim letzten: sie verwuchsen, ohne sich zu drücken. Sie durchdrangen sich, wie zwei leichte geistige Flammen und waren doch beim Scheiden wie die Wurzel aus der Erde kaum auseinanderzulösen.

Antiope vergriff sich an fremdem Eigentum und beging Raub an Dianen fast in Unschuld, denn sie hatte weder Gewissen mehr noch auch nur Selbstbewußtsein. Padua, das mit seinen Türmen vor ihr lag, die Mutter, des Mönches Verlöbnis, Diana, die ganze Erde, alles war vernichtet: nichts als der Abgrund des Himmels, und dieser gefüllt mit Licht und Liebe.

Astorre hatte von der ersten zur letzten Stufe der Treppe mit sich gerungen und meinte, den Sieg erkämpft zu haben. Ich werde das Opfer vollbringen, prahlte er gegen sich selbst, und Germano bei seiner Werbung zur Seite stehen. Auf dem obersten Tritte rief er noch alle seine Heiligen an, voraus Sankt Franziskus, den Meister der Selbstüberwindung. Er griff in die Brust und glaubte, durch den himmlischen Beistand stark wie Herkules, die Schlangen erwürgt zu haben. Aber der Heilige mit den vier Wundmalen hatte sich abgewendet von dem untreuen Jünger, der seinen Strick und seine Kutte verschmähte.

Der danebenstehende Germano entwarf indessen seine Rede, konnte aber nicht über die zwei Argumente hinauskommen, welche ihm gleich anfänglich eingeleuchtet hatten. Übrigens war er guten Mutes – hatte er doch schon öfters im Reiterkampfe seine Germanen angeredet – und fürchtete sich nicht vor einem Mädchen. Nur das Warten ertrug er ebensowenig als vor der Schlacht. Er klirrte leis mit dem Schwert an den Panzer.

Antiope schrak zusammen, blickte hin, erhob sich rasch und stand, den Rücken gegen das Fenster gewendet, mit dunkelm Antlitz den sich im Dämmerlichte vor ihr verbeugenden Männern gegenüber.

‚Sei getrost, Antiope Canossa!' redete Germano. ‚Ich bringe dir diesen mit, Astorre Vicedomini, welchen sie den Mönch nennen, den Gatten meiner Schwester Diana, als gültigen Zeugen: siehe, ich bin gekommen, dich – ohne Vater, wie du bist, und bei einer solchen Mutter – von dir selbst zum Weibe zu begehren. Meine Schwester hat sich gegen dich vergessen' – er sträubte sich, ein stärkeres Wort zu brauchen und damit Dianen, die er verehrte, preiszugeben -, ‚und ich, der Bruder, bin da, gutzumachen, was die Schwester schlecht gemacht hat. Diana mit Astorre, du mit mir, so euch entgegenkommend, werdet ihr Weiber euch die Hände geben.'

Das empfindliche Gemüt des lauschenden Mönches verwundete diese rohe Gleichstellung des Mißhandelns und des Leidens, der Schlagenden und der Geschlagenen – oder krümmte sich seine Natter? –: ‚Germano, so wirbt man nicht!' raunte er dem Gepanzerten zu.

Dieser vernahm es, und da die dunkle Antiope mäuschenstill blieb, verstimmte er sich. Er fühlte, daß er weicher reden sollte, und redete barscher. ‚Ohne Vater und mit einer solchen Mutter', wiederholte er, ‚bedürfet Ihr einer männlichen Hut! Das konntet Ihr heute lernen, junge Herrin. Ihr werdet nicht zum andern Male vor ganz Padua beschämt und geschlagen werden wollen! Gebet Euch mir, wie Ihr seid, und ich schirme Euch vom Wirbel zur Zehe!' Germano dachte an seinen Panzer.

Astorre fand diese Werbung von empörender Härte: Germano, so schien ihm, behandelte Antiope wie seine Kriegsgefangene – oder zischte die Schlange? –: ‚So wirbt man nicht, Germano!' keuchte er. Dieser wendete sich halb. ‚Wenn du es besser verstehst', sagte er mißmutig, ‚wirb du für mich, Schwager.' Er trat raumgebend beiseite.

Da näherte sich Astorre, das Knie gebogen, hob die Hände mit sich einander berührenden Fingerspitzen, und seine bangen Blicke befragten das zarte Haupt auf dem blassen Goldgrunde. ‚Findet Liebe Worte?' stammelte er. Dämmerung und Schweigen.

Endlich lispelte Antiope: ‚Für wen wirbst du, Astorre?' – ‚Für diesen hier, meinen Bruder Germano', preßte er hervor. Da barg sie das Antlitz mit den Händen.

Jetzt riß Germano die Geduld. ‚Ich werde deutsch mit ihr reden‘, brach er los, und: ‚Kurz und gut, Antiope Canossa‘, ließ er das Mädchen rauh an, ‚wirst du mein Weib oder nicht?‘

Antiope wiegte das kleine Haupt sanft und sachte, aber trotz der wachsenden Nacht mit deutlicher Verneinung.

‚Ich habe meinen Korb‘, sprach Germano trocken. ‚Komm, Schwager!‘ und er verließ den Saal mit ebenso festen Schritten, als er ihn betreten hatte. Der Mönch aber folgte ihm nicht.

Astorre verharrte in seiner flehenden Stellung. Dann ergriff er, selbst zitternd, Antiopes zitternde Hände und löste sie von dem Antlitz. Welcher Mund den andern suchte, weiß ich nicht, denn die Kammer war völlig finster geworden.

Auch wurde es darin so stille, daß, wäre ihr Ohr nicht voll stürmischen Jubels und seliger Chöre gewesen, die Liebenden leicht in einem anstoßenden Gelasse gemurmelte Gebete hätten vernehmen können. Das verhielt sich so: Neben Antiopes Kammer, einige Stufen tiefer, lag die Hauskapelle, und morgen jährte sich zum dritten Male der Tod des Grafen Canossa. Nach überschrittener Mitternacht sollte in Gegenwart der Witwe und der Waise die Seelenmesse gelesen werden. Schon hatte sich der Priester eingestellt, den Ministranten erwartend.

Ebensowenig als das unterirdische Gemurmel vernahm das Paar die schlurfenden Pantoffeln der Madonna Olympia, welche die Tochter suchte und nun bei dem spärlichen Scheine der Hausleuchte, die sie in der Hand trug, die Liebenden still und aufmerksam betrachtete. Daß die frechste Lüge einer ausschweifenden Einbildungskraft vor ihren Augen in diesen zärtlich verschlungenen Gestalten zu Tat und Wahrheit wurde, darüber wunderte sich Madonna Olympia nicht; aber, es sei der Törin zum Lobe gesagt, ebensowenig kostete sie einen Genuß der Rache. Sie weidete sich nicht an dem der gewalttätigen Diana bevorstehenden bittern Leiden, sondern es überwog die einfache mütterliche Freude, ihr Kind zu seinem Preise gewertet, begehrt und geliebt zu sehen.

Da jetzt, von einem scharfen Strahl aus ihrer Leuchte getroffen, die beiden verwundert aufblickten, fragte sie mit einer weichen und natürlichen Stimme: ‚Astorre Vicedomini, liebst du die Antiope Canossa?‘

‚Über alles, Madonna!‘ antwortete der Mönch.

‚Und verteidigst sie?‘

‚Gegen eine Welt!‘ rief Astorre verwegen.

‚So ist es recht‘, begütigte sie, ‚aber nicht wahr, du meinst es redlich? Du verstoßest sie nicht wie Dianen? Du närrst mich nicht? Du machst eine arme Törin, wie sie mich nennen, nicht unglücklich? Du lässest mein Kindchen nicht wieder zuschanden kommen? Du suchst keine Ausflüchte noch Aufschübe? Du gibst den Augen die Gewißheit und führst die Antiope gleich, als ein frommer Christ und wackerer Edelmann, zum Altar? Auch hast du nicht weit nach dem Pfaffen zu gehen. Hörst du es murmeln? Da unten kniet einer.‘

Und sie öffnete eine niedrige Tür, hinter welcher ein paar steile Stufen in das häusliche Heiligtum hinabführten. Astorre warf einen Blick: Unter dem plumpen Gewölbe vor einem kleinen Altar bei dem ungewissen Licht einer Kerze betete ein Barfüßer, welcher ihm an Alter und Gestalt nicht unähnlich war und auch die Kutte und den Strick des heiligen Franziskus trug.

Ich glaube, daß dieser Barfüßer hier und gerade zu dieser Stunde durch göttliche Schickung knien und beten mußte, um Astorre zum letzten Male zu erschrecken und zu warnen. Doch in seinen lodernden Adern wurde die Arznei zum Gifte. Da er die Verkörperung seines Klosterlebens erblickte, kam ein trotziger Geist des Frevels und der Sicherheit über ihn. Mit gleichen Füßen habe ich über mein erstes Gelübde weggesetzt, lachte er, und siehe, die Schranke fiel unter meinem Sprunge – warum nicht über das zweite? Meine Heiligen haben mich unterliegen lassen! Vielleicht retten und beschützen sie den Sünder! Der Verwildernde bemächtigte sich Antiopes und trug sie, mehr als daß er sie führte, die Stufen hinunter; Madonna Olympia aber, die sich nach einem kurzen lichten Momente wieder verwirrte, schlug hinter dem Mönch und ihrem Kinde die schwere Türe zu, wie hinter einem gelungenen Fange, einer gehaschten Beute, und lauschte durch das Schlüsselloch.

Was sie sah, bleibt ungewiß. Nach der Meinung des Volkes hätte Astorre den Barfüßer mit gezogenem Schwerte bedroht und vergewaltigt. Das ist unmöglich, denn der Mann Astorre hatte niemals den Leib mit einem Schwerte gegürtet. Der Wahrheit näher mag es kommen, daß der Barfüßer – traurig zu sagen – ein schlechter Mönch war und vielleicht derselbe Beutel unter seine Kutte wanderte, den Astorre zu sich gesteckt hatte, da er für Diana den Ehereif kaufen ging.

Daß aber anfänglich der Priester sich sperrte, daß die zwei Mönche miteinander rangen, daß das schwere Gewölbe eine häßliche Szene verbarg – solches lese ich in dem verzerrten und entsetzten Gesichte der Lauscherin. Donna Olympia verstand, daß da unten ein Frevel begangen werde, daß sie als die Anstifterin und Mitschuldige desselben der Strenge des Gesetzes und der Rache der Verratenen sich preisgebe, und da sich die Hinrichtung des Grafen, ihres Gemahls, jährte, glaubte sie auch ihr törichtes Haupt dem Beile unrettbar verfallen. Sie wähnte den nahenden Schritt Ezzelins zu vernehmen: da floh sie und schrie: ‚Hilfe! Mörder!‘

Die Gequälte stürzte auf den Flur und an das in den engen inneren Hof blickende Fenster. ‚Mein Maultier! Meine Sänfte!‘ rief sie hinunter, und lachend über den doppelten Befehl – das Maultier war für das Land, die Sänfte für die Stadt – erhob sich das Gesinde der Törin langsam und bequem aus einem Winkel, wo es bei einer Kürbislaterne trank und würfelte. Ein alter Stallmeister, welcher allein der unglücklichen Herrin Treue hielt, sattelte bekümmert zwei Maultiere und führte sie durch den Torweg auf den an der Gasse liegenden Vorplatz des Palastes: Er hatte Donna Olympia schon auf mancher Irrefahrt begleitet. Die andern folgten witzereißend mit der Sänfte.

Auf der großen Treppe stieß die flüchtige Törin, welche der auch bei den Unseligen übermächtige Trieb der Selbsterhaltung ihr geliebtes Kind vergessen ließ, gegen den besorgten Ascanio, der, ohne Nachricht gelassen und von Unruhe getrieben, auf Kundschaft ausgegangen war.

,Was ist geschehen, Signora?' fragte er eilig.

,Ein Unglück!' krächzte sie wie ein auffliegender Rabe, rannte die Treppe hinab, saß auf ihrem Tiere, stachelte es mit rasender Ferse und verschwand im Dunkel.

Ascanio suchte durch die finstern Gemächer bis in die von der stehengebliebenen Ampel der Madonna Olympia erhellte Kammer Antiopes. Wie er sich darin umblickte, wurde die Tür der Hauskapelle geöffnet, und zwei schöne Gespenster entstiegen der Tiefe. Der Mutige begann zu zittern. ,Astorre, du bist mit ihr vermählt!' Der schallvolle Name dröhnte im Echo des Gewölbes wie die Tuba jenes Tages. ,Und trägst Dianens Ring am Finger!'

Astorre riß ihn ab und schleuderte ihn von sich.

Ascanio stürzte an das offene Fenster, durch welches der Ring gesprungen war. ,Er ist in eine Spalte zwischen zwei Quadern geglitscht', sprach er aus der Gasse herauf. Ascanio erblickte Turbane und Eisenkappen. Es waren die Leute des Vogtes, welche ihre nächtliche Runde begannen.

‚Auf ein Wort, Abu Mohammed!‘ rief er, rasch besonnen, einen weißbärtigen Greis, der höflich erwiderte: ‚Dein Wunsch ist mir Befehl!‘ und mit zwei anderen Sarazenen und einem Deutschen im Tore des Palastes verschwand.

Abu-Mohammed-al-Tabib überwachte nicht nur die Sicherheit der Straße, sondern betrat auch das Innerste der Häuser, um Reichsverräter – oder was der Vogt so benannte – zu verhaften. Kaiser Friedrich hatte ihn seinem Schwiegersohne, dem Tyrannen, gegeben, damit er diesem eine sarazenische Leibwache werbe, und an deren Spitze war er in Padua verblieben. Abu Mohammed war eine feine Erscheinung und hatte gewinnende Formen. Er nahm Anteil an dem Schmerze der Familie, deren Glied er in den Kerker oder zum Blocke führte, und tröstete die betrübte in seinem gebrochenen Italienisch mit Sprüchen arabischer Dichter. Ich vermute, daß er seinen Beinamen ‚al Tabib‘, das ist der Arzt, wenn er auch einige chirurgische Kenntnisse und Griffe besitzten mochte, zuerst und voraus gewissen ärztlichen Manieren verdankte: ermutigenden Handgebärden, beruhigenden Worten, wie zum Beispiel: ‚Es tut nicht weh‘ oder: ‚Es geht vorüber‘, womit die Jünger Galens eine schmerzliche Operation einzuleiten pflegen. Kurz, Abu Mohammed behandelte das Tragische gelinde und war zur Zeit meiner Fabel trotz seines strengen und bittern Amtes in Padua keine verhaßte Persönlichkeit. Später, da der Tyrann eine Lust daran fand, menschliche Leiber zu martern, woran du nicht glauben kannst, Cangrande, verließ ihn Abu Mohammed und kehrte zu seinem gütigen Kaiser zurück.

Auf der Schwelle des Gemaches winkte Abu Mohammed seinen drei Begleitern, stehenzubleiben. Der Deutsche, der die Fackel trug, ein trotzig blickender Geselle, verharrte nicht lange. Er hatte heute zur Vesperstunde Germano nach dem Palaste Vicedomini begleitet und dieser ihm zugelacht: ‚Laß mich jetzt! Ich verlobe hier mein Schwesterchen Diana dem Mönche!‘ Der Germane kannte die Schwester seines Hauptmanns und hatte eine Art stiller Neigung zu ihr, ihres hohen Wuchses und ihrer redlichen Augen halber. Da er nun den Mönch, welchem er heute mittag zur Seite geritten, Hand in Hand mit einem kleinen und zierlichen Weibe sah, das ihm, neben dem großen Bilde Dianens, als eine Puppe erschien, witterte er Treuebruch, schmiß erzürnt die lodernde Fackel auf den Steinboden, wo sie der eine der Sarazenen behutsam aufhob, und eilte davon, Germano den Verrat des Mönches zu melden.

Ascanio, der den Deutschen erriet, bat Abu Mohammed, ihn zurückzurufen. Dieser aber weigerte sich. ‚Er würde nicht gehorchen‘, sagte er sanft, ‚und mir zwei oder drei meiner Leute niederhauen. Mit welchem andern Dienste, Herr, bin ich dir gefällig? Verhafte ich diese blühenden Jugenden?‘

‚Astorre, sie wollen uns trennen!‘ schrie Antiope und suchte Schutz in den Armen des Mönches. Die am Altare Frevelnde hatte mit einer schuldlosen

Seele auch die natürliche Beherztheit eingebüßt. Der Mönch, welchen seine Schuld vielmehr ermutigte und begeisterte, tat einen Schritt gegen den Sarazenen und riß ihm unversehens das Schwert aus der Scheide. ‚Vorsicht, Knabe, du könntest dich schneiden‘, warnte dieser gutmütig.

‚Laß dir sagen, Abu Mohammed‘, erklärte Ascanio, ‚dieser Rasende ist der Gespiele meiner Jugend und war lange Zeit der Mönch Astorre, den du sicherlich auf den Straßen Paduas gesehen hast. Der eigene Vater hat ihn um sein Klostergelübde geprellt und mit einem ungeliebten Weibe vermählt. Vor wenigen Stunden wechselte er mit ihr die Ringe, und jetzt, wie du ihn hier siehst, ist er der Gatte dieser andern.‘

‚Verhängnis!‘ urteilte der Sarazene mild.

‚Und die Verratene‘, fuhr Ascanio fort, ‚ist Diana Pizzaguerra, die Schwester Germanos! Du kennst ihn. Er glaubt und traut lange, sieht und greift er aber, daß er ein Getäuschter und Betrogener ist, so spritzt ihm das Blut in die Augen, und er tötet.‘

‚Nicht anders‘, bestätigte Abu Mohammed. ‚Er ist von der Mutter her ein Deutscher, und diese sind Kinder der Treue!‘

‚Rate mir, Sarazene. Ich weiß nur eine Auskunft: vielleicht eine Rettung. Wir bringen die Sache vor den Vogt. Ezzelin mag richten. Inzwischen bewachen deine Leute den Mönch in seinem eigenen festen Hause. Ich eile zum Ohm. Diese aber bringst du, Abu Mohammed, zu der Markgräfin Cunizza, der Schwester des Vogts, der frommen und leutseligen Domina, die hier seit einigen Wochen Hof hält. Nimm die hübsche Sünderin! Ich anvertraue sie deinem weißen Barte.‘ – ‚Du darfst es‘, versicherte Mohammed.

Antiope umklammerte den Mönch und schrie noch kläglicher als das erste Mal: ‚Sie wollen mich von dir trennen! Laß mich nicht, Astorre! keine Stunde! keinen Augenblick! Oder ich sterbe.‘ Der Mönch hob das Schwert.

Ascanio, der jede Gewalttat verabscheute, blickte den Sarazenen fragend an. Dieser betrachtete die sich umschlungen Haltenden mit väterlichen Augen. ‚Laß die Schatten sich umarmen!‘ sagte er dann weichgestimmt, sei es, daß er ein Philosoph war und das Leben für Schein hielt, sei es, daß er sagen wollte: Vielleicht verurteilt sie morgen Ezzelin zum Tode, gönne den verliebten Faltern die Stunde!

Ascanio zweifelte nicht an der Wirklichkeit der Dinge; desto zugänglicher war er dem zweiten Sinne des Spruches. Nicht allein als der Leichtfertige, der er war, sondern auch als ein Gütiger und Menschlicher zauderte er, die Liebenden auseinanderzureißen.

‚Astorre‘, fragte er, ‚kennst du mich?‘

‚Du warst mein Freund‘, antwortete dieser.

‚Und ich bin es noch. Du hast keinen treuern.‘

‚O trenne mich nicht von ihr!‘ flehte jetzt der Mönch in einem so ergreifenden Tone, daß Ascanio nicht widerstand. ‚So bleibet zusammen‘, sagte er, ‚bis ihr vor das Gericht tretet.‘ Er flüsterte mit Abu Mohammed.

Dieser näherte sich dem Mönche, entwand ihm sachte das Schwert, Finger um Finger von dem Griffe lösend, und ließ es in die Scheide an seiner Hüfte zurückfallen. Dann trat er ans Fenster, winkte seiner Schar, und die Sarazenen bemächtigten sich der auf dem Vorplatze stehengebliebenen Sänfte Madonna Olympias.

Durch eine enge, finstere Gasse bewegte sich die schleunige Flucht: Antiope voran, von vier Sarazenen getragen, ihr zur Seite der Mönch und Ascanio, dann die Turbane. Abu Mohammed schloß den Zug.

Dieser eilte an einem kleinen Platz und einer erhellten Kirche vorüber. In die dunkle Fortsetzung der Gasse einmündend, stieß er in hartem Anprall mit einem ihm entgegenkommenden andern, von zahlreichem Volke begleiteten Zuge zusammen. Heftiges Gezänk erhob sich. ‚Raum der Sposina!‘ rief die Menge. Chorknaben brachten aus der Kirche lange Kerzen herbei, deren wehende Flämmchen sie mit vorgehaltener Hand schützten. Der gelbe Schimmer zeigte eine geneigte Sänfte und eine umgestürzte Bahre. La Sposina war ein gestorbenes Bräutchen aus dem Volke, das zu Grabe getragen wurde. Die Tote regte sich nicht und ließ sich gelassen wieder auf ihre Bahre legen. Das versammelte Volk aber erblickte den Mönch, der die aus der Sänfte gesprungene Antiope schirmend umfing, und es wußte doch, daß der Mönch heute mit Diana Pizzaguerra sich vermählt hatte. Abu Mohammed schaffte Ordnung. Ohne weiteren Unfall erreichte man den Palast.

Astorre und Antiope wurden von der Dienerschaft mit erstaunten und bestürzten Blicken empfangen. Sie verschwanden im Tore, ohne von Abu Mohammed und Ascanio Abschied genommen zu haben. Dieser wickelte sich in sein Kleid und begleitete noch einige Schritte weit den Sarazenen, welcher die Stadtburg, die er bewachen sollte, umging, ihre Tore zählend und mit dem Blicke die Höhe ihrer Mauern messend.

‚Ein gefüllter Tag‘, sagte Ascanio.

‚Eine selige Nacht‘, erwiderte der Sarazene, den sternbesäten Himmel betrachtend. Die ewigen Lichter, ob sie nun unser Schicksal beherrschen oder nicht, wanderten nach ihren stillen Gesetzen, bis ein junger Tag, der jüngste und der letzte Astorres und Antiopes, die göttliche Fackel schwang.

In einer Morgenstunde desselben lauschte der Tyrann mit seinem Neffen durch ein kleines Rundbogenfenster seines Stadtturmes auf den anliegenden Platz hinunter, den eine aufgeregte Menge füllte, murmelnd und tosend wie die wechselnde Meereswoge.

Die gestrige Begegnung der Sänfte mit der Bahre und der daraus entstandene Tumult hatte blitzschnell durch die ganze Stadt verlautet. Alle Köpfe beschäftigten sich wachend und träumend mit nichts anderm mehr als mit dem Mönche und seiner Hochzeit: nicht nur dem Himmel habe der Ruchlose sein Gelübde gebrochen, sondern jetzt auch der Erde, seine Braut habe er verraten, seinen Reif verschleudert, in rasend raschem Wechsel mit einmal aufgeloderten Sinnen ein neues Weib gefreit, ein fünfzehnjähriges Mädchen, die Blüte des Lebens, und aus der zerrissenen Kutte sei ein gieriger Raubvogel aufgeflattert. Aber der gerechte Tyrann, der kein Ansehen der Person kenne, lasse das Haus, das den Verbrecher und die Verbrecherin verberge, von seinen Sarazenen bewachen; er werde heute, bald, jetzt die Missetat der zwei Vornehmen – denn die junge Sünderin Antiope sei eine Canossa – vor seinen Stuhl ziehen, der keuschen Diana ihr Recht schaffen und dem durch das schlechte Beispiel seines Adels beleidigten tugendhaften Volke die blutenden Köpfe der zwei Schuldigen durch das Fenster zuwerfen.

Der Tyrann ließ sich, während er einen beobachtenden Blick auf die gärende Masse warf, von Ascanio das Gestrige berichten. Die Verliebung rührte ihn nicht, nur der zugerollte Ring beschäftigte ihn einen Augenblick als eine neue Form des Schicksals. ‚Ich tadle‘, sagte er, ‚daß du sie gestern nicht auseinandergerissen hast! Ich lobe, daß du sie bewachst! Die Vermählung mit Diana besteht zu Recht. Das mit dem Schwert erzwungene oder mit dem Beutel gekaufte Sakrament ist so nichtig als möglich. Der Pfaffe, der sich erschrecken oder bestechen ließ, verdient den Galgen, und wird er eingefangen, so baumelt er. Noch einmal: Warum tratest du nicht zwischen die Unmündigen und das Kind? Warum zerrtest du nicht einen Taumelnden aus den Armen einer Berauschten? Du gabest sie ihm! Jetzt sind sie Gatten.‘

Ascanio, welcher sich wieder hell und leichtfertig geschlafen hatte, verbarg ein Lächeln. ‚Epikuräer!‘ strafte ihn Ezzelin. Er aber schmeichelte: ‚Es ist geschehen, gestrenger Ohm. Wenn du den Fall in deinen Machtkreis ziehst, ist alles gerettet! Beide Parteien habe ich vor deinen Richterstuhl beschieden auf diese neunte Stunde.‘ Ein gegenüberstehender Campanile schlug sie. ‚Wolle nur, Ezzelin, und deine feste und kluge Hand löst den Knoten spielend. Liebe verschwendet, und Geiz kennt Ehre nicht. Der verliebte Mönch wird dem niederträchtigen Geizhals, als welchen wir alle diesen würdigen Pizzaguerra kennen, hinwerfen, was er verlangt. Germano freilich wird das Schwert ziehen, doch du heißest es ihn in die Scheide zurückstoßen. Er ist dein Mann. Er knirscht, aber er gehorcht.‘

‚Ich frage mich‘, sagte Ezzelin, ‚ob ich recht tue, den Mönch dem Schwerte meines Germano zu entziehen. Darf Astorre leben? Kann er es, jetzt, da er nach verschleuderter Sandale auch den angezogenen ritterlichen Schuh zur Schlarpe tritt und der Cantus firmus des Mönches in einem gellenden Gassenhauer vertönt? Ich – was an mir liegt – friste dem Wankelmütigen und Wertlosen das Dasein. Allein ich vermag nichts gegen sein Schicksal. Ist Astorre dem Schwerte Germanos bestimmt, so kann ich diesen es senken heißen, jener rennt doch hinein. Ich kenne das. Ich habe das erfahren.' Und er verfiel in ein Brüten.

Scheu wandte Ascanio den Blick seitwärts. Er wußte eine grausame Geschichte.

Einst hatte der Tyrann ein Kastell erobert und die Empörer, die es gehalten hatten, zum Schwerte verurteilt. Der erste beste Kriegsknecht schwang es. Da kniete, um den Todesstreich zu empfangen, ein schöner Knabe, dessen Züge den Tyrannen fesselten. Ezzelin glaubte die seinigen zu erkennen und fragte den Jüngling nach seinem Ursprunge. Es war der Sohn eines Weibes, das Ezzelin in seiner Jugend sündig geliebt hatte. Er begnadigte den Verdammten. Dieser, von der eigenen Neugierde und den neidischen Sticheleien derer, welche ihre Söhne oder Verwandten durch jenes Bluturteil eingebüßt hatten, gereizt und verfolgt, ruhte nicht, bis er das Rätsel seiner Bevorzugung löste. Er soll den Dolch gegen die eigene Mutter gezückt und ihr das böse Geheimnis entrissen haben. Die enthüllte unehrliche Geburt vergiftete seine junge Seele. Er verschwur sich von neuem gegen den Tyrannen, überfiel ihn auf der Straße und wurde von demselben Kriegsknechte, der zufällig der erste war, Ezzelin zu Hilfe zu eilen, und mit demselben Schwerte niedergestoßen.

Ezzelin verbarg das Haupt eine Weile mit der Rechten und betrachtete den Untergang seines Sohnes. Dann erhob er sich langsam und fragte: ,Was aber wird aus Diana?'

Ascanio zuckte die Achseln. ,Diana hat einen Unstern. Zwei Männer hat sie verloren, den einen an die Brenta, den andern an ein lieblicheres Weib. Und dazu der karge Vater! Sie geht ins Kloster. Was bliebe ihr sonst?'

Jetzt erhob sich drunten auf dem Platze ein Murren, ein Schelten, ein Verwünschen, ein Drohen. ,Mordet den Mönch!' reizten einzelne Stimmen, doch da sie sich in einen allgemeinen Schrei vereinigen wollten, ging der Volkszorn auf eine seltsame Weise in ein erstauntes und bewunderndes ,Ach!' über. ,Ach, wie schön ist sie!' Der Tyrann und Ascanio konnten durch ihr Fenster den Auftritt bequem beobachten: Sarazenen auf schlanken Berbern, den Mönch Astorre und sein junges Weib, die von Maultieren getragen wurden, umringend. Die neue Vicedomini ritt verhüllt. Aber wie die tausend Fäuste des Volkes sich gegen den Mönch, ihren Gemahl, ballten, hatte sie sich leidenschaftlich vor ihn geworfen. Die liebende Gebärde zerriß den Schleier. Es war nicht der Reiz ihres Antlitzes allein, noch die Jugend ihres Wuchses, sondern das volle Spiel der Seele, das gestaltete Gefühl, der Atem des Lebens, was die Menge entwaffnete und hinriß, wie gestern den Mönch, der jetzt als ein blühender Triumphator ohne die leiseste Furcht, denn er glaubte sich gefestet und gefeit, mit seiner warmen Beute einherzog.

Ezzelin betrachtete diesen Sieg der Schönheit fast verächtlich. Er wandte sein Auge teilnehmend gegen den zweiten Auftritt, welcher aus einer andern

Gasse auf den Turmplatz mündete. Drei Vornehme, wie Astorre und Antiope zahlreich begleitet, suchten Bahn durch die Menge. In der Mitte ein schneeweißes Haupt, die würdige Erscheinung des alten Pizzaguerra. Ihm zur Linken Germano. Dieser hatte gestern schrecklich gezürnt, als ihm sein Deutscher die Kunde des Verrates brachte, und stürzte spornstreichs zur Rache, wurde aber von dem Sarazenen ereilt, welcher ihn, den Vater und die Schwester auf die nächste Frühstunde in den Turm und vor das Gericht des Vogtes lud. Er hatte darauf der Schwester den Frevel des Mönches, welchen er ihr lieber bis nach genommener Rache verheimlicht, offenbaren müssen und sich über ihre Fassung gewundert. Diana ritt zur Rechten des Vaters, keine andere als sonst, nur daß sie den breiten Nacken um einen schweren Gedanken tiefer als gestern trug.

Die Menge, welche die Gekränkte und ihr Recht Fordernde eine Minute früher mit zürnendem Jubel begrüßt hätte, begnügte sich jetzt, das Auge noch geblendet von dem Glanze Antiopes und den Verrat des Mönches begreifend und mitbegehend, der Gedrückten ein mitleidiges: ‚Arme, Ärmste! Immer Geopferte!' zuzumurmeln.

Jetzt erschienen die fünfe vor dem Tyrannen, der in einem nackten Saale auf einem nur zwei Stufen über dem Boden erhöhten Stuhle saß. Vor ihm standen Kläger und Verklagte sich gegenüber: hier die beiden Pizzaguerra und, ein wenig beiseite, die große Gestalt Dianas, dort, Hand in Hand verschlungen, der Mönch und Antiope, alle in Ehrfurcht, während Ascanio an den hohen Sessel des Tyrannen lehnte, als wolle er seine Unparteilichkeit und die Mitte wahren zwischen zwei Jugendgespielen.

‚Herrschaften', begann Ezzelin, ‚ich werde euern Fall nicht als eine Staatssache, wo Treubruch Verrat und Verrat Majestätsverbrechen ist, behandeln, sondern als eine läßliche Familienangelegenheit. In der Tat, die Pizzaguerra, die Vicedomini, die Canossa sind ebenso edeln Blutes als ich, nur daß die Erhabenheit des Kaisers mich zu ihrem Vogte in diesen ihren Ländern gemacht hat.' Ezzelin neigte das Haupt bei der Nennung der höchsten Macht; er konnte es nicht entblößen, da er dasselbe, wenn er es nicht mit dem Streithelm bedeckte, überall, selbst in Wind und Wetter, nach antiker Weise bar trug. ‚So bilden die zwölf Geschlechter eine große Familie, zu der auch ich durch eine meiner Ahnfrauen gehöre. Aber wie sind wir zusammengeschmolzen durch unselige Verblendung und strafbare Auflehnung einiger unter uns gegen das höchste weltliche Amt! Wenn ihr mir glaubet, so sparen wir nach Kräften, was noch vorhanden ist. In diesem Sinne halte ich die Rache der Pizzaguerra gegen Astorre Vicedomini auf, obwohl ich sie ihrer Natur nach eine gerechte nenne. Seid ihr', er wendete sich gegen die drei Pizzaguerra, ‚mit meiner Milde nicht einverstanden, so höret und bedenket eines: Ich, Ezzelino da Romano, bin der erste und darum der Hauptschuldige. Hätte ich mein Roß nicht an einem gewissen Tage und zu einer gewissen Stunde längs der Brenta jagen lassen, Diana wäre standesgemäß vermählt, und dieser hier murmelte sein Brevier. Hätte ich meine Deutschen nicht zur Musterung befohlen an einem gewissen Tage und zu einer gewissen Stunde, so hätte mein Germano den Mönch nicht unzeitig auf einen Gaul gesetzt und dieser der Frau, welche er jetzt an der Hand hält, den ihr von seinem bösen Dämon –'

‚Von meinem guten!' frohlockte der Mönch.

‚– von seinem Dämon zugerollten Brautring wieder vom Finger gezogen. Darum, Herrschaften, begünstigt mich, indem ihr mir die verwickelte Sache entwirren und schlichten helfet; denn bestündet ihr auf der Strenge, so müßte ich auch mich und mich zuerst verurteilen!'

Diese ungewöhnliche Rede brachte den alten Pizzaguerra keineswegs aus der Fassung, und als ihn der Tyrann ansprach: ‚Edler Herr, Euer ist die Klage', sagte er kurz und karg: ‚Herrlichkeit, Astorre Vicedomini verlobte sich öffentlich und ganz nach den Gebräuchen mit meinem Kinde Diana. Dann aber, ohne daß Diana sich gegen ihn vergangen hätte, brach er sein Verlöbnis. Unbegründet, ungesetzlich, kirchenschänderisch. Diese Tat wiegt schwer und verlangt, wo nicht Blut, welches deine Herrlichkeit nicht vergossen sehen will, eine schwere Sühne', und er machte die Gebärde eines Krämers, der Gewichtstein um Gewichtstein in eine Waagschale legt.

‚Ohne daß Diana sich vergangen hätte?' wiederholte der Tyrann. ‚Mich dünkt, sie verging sich. Hatte sie nicht eine Wahnsinnige vor sich? Und Diana schilt und schlägt. Denn Diana ist jähzornig und unvernünftig, wenn sie sich in ihrem Rechte gekränkt glaubt.'

Da nickte Diana und sprach: ‚Du sagst die Wahrheit, Ezzelin.'

‚Das ist es auch', fuhr der Tyrann fort, ‚warum Astorre sein Herz von ihr abgekehrt hat: Er erblickte eine Barbarin.'

‚Nein, Herr', widersprach der Mönch, die Verratene von neuem beleidigend, ‚ich habe Diana nicht angeschaut, sondern das süße Antlitz, das den Schlag empfing, und mein Eingeweide erbarmte sich.'

Der Tyrann zuckte die Achseln. ‚Du siehst, Pizzaguerra', lächelte er, ‚der Mönch gleicht einem sittsamen Mädchen, das zum erstenmal einen starken Wein geschlürft hat und sich danach gebärdet. Wir aber sind alte, nüchterne Leute. Sehen wir zu, wie die Sache sich austragen läßt.'

Pizzaguerra erwiderte: ‚Viel, Ezzelin, täte ich dir zu Gefallen wegen deiner Verdienste um Padua. Doch läßt sich beleidigte Hausehre sühnen anders als mit gezogenem Schwerte?' So redete der Vater Dianens und machte mit dem Arm eine edle Bewegung, welche aber in eine Gebärde ausartete, die einer geöffneten, wo nicht hingehaltenen Hand zum Verwechseln ähnlich sah.

‚Biete, Astorre!' sagte der Vogt mit dem Doppelsinne: Biete die Hand! oder: Biete Geld und Gut!

‚Herr', wendete sich jetzt der Mönch offen und edel gegen den Tyrannen, ‚wenn du einen Haltlosen, ja einen Sinnberaubten in mir erblickst, ich zürne dir es nicht, denn ein starker Gott, den ich leugnete, weil ich sein Dasein nicht ahnen konnte, hat sich an mir gerächt und mich überwältigt. Noch jetzt treibt er mich wie ein Sturm und jagt mir den Mantel über den Kopf. Muß ich mein Glück – bettelhaftes Wort! armselige Sprache! – muß ich das Höchste des Lebens mit dem Leben bezahlen: ich begreife es und finde den Preis niedrig gestellt! Darf ich aber leben und mit dieser leben, so markte ich nicht!' Er lächelte selig. ‚Nimm mein Habe, Pizzaguerra!'

‚Herrschaften', verfügte der Tyrann, ‚ich bevormunde diesen verschwenderischen Jüngling. Unterhandeln wir zusammen, Pizzaguerra. Du hörtest es: Ich habe weite Vollmacht. Was denkst du von den Bergwerken der Vicedomini?'

Der ehrbare Greis schwieg, aber seine nahe zusammenliegenden Augen glitzerten wie zwei Diamanten.

‚Nimm meine Perlfischereien dazu!' rief Astorre, doch Ascanio, der die Stufen heruntergeglitten kam, verschloß ihm den Mund.

‚Edler Pizzaguerra', versuchte jetzt Ezzelin den Alten, ‚nimm die Bergwerke! Ich weiß, die Ehre deines Hauses geht dir über alles und steht um keinen Preis feil, aber ich weiß ebenfalls, du bist ein guter Paduaner und tust dem Stadtfrieden etwas zuliebe.'

Der Alte schwieg hartnäckig.

‚Nimm die Minen', wiederholte Ezzelin, der das Wortspiel liebt, ‚und gib die Minne!'

‚Die Bergwerke und die Fischereien?' fragte der Alte, als wäre er schwer-
hörig.

‚Die Bergwerke, sagte ich, und damit gut. Sie ertragen viele tausend Pfunde.
Würdest du mehr fordern, Pizzaguerra, so hätte ich mich in deiner Gesinnung betrogen, und du setztest dich dem häßlichen Verdachte aus, um Ehre
zu feilschen.'

Da der Geizhals den Tyrannen fürchtete und nicht mehr erlangen konnte,
verschluckte er seinen Verdruß und bot dem Mönche die trockene Hand. ‚Ein
schriftliches Wort, Lebens und Sterbens halber', sagte er dann, zog Stift und
Rechenbüchlein aus der Gürteltasche, entwarf mit zitternden Fingern die
Urkunde ‚coram domino Azzolino' und ließ den Mönch unterzeichnen.
Hierauf verbeugte er sich vor dem Vogt und bat, ihn zu entschuldigen, wenn
er, obwohl einer aus den Zwölfen, Altersschwäche halber der Hochzeit des
Mönches nicht beiwohne.

Germano hatte, seine Wut verbeißend, neben dem Vater gestanden. Jetzt
löste er den einen seiner Eisenhandschuhe. Er schleuderte ihn dem Mönch
ins Gesicht, hätte ihm nicht eine Machtgebärde des Tyrannen Halt geboten.

‚Sohn, willst du den öffentlichen Frieden brechen?' mahnte jetzt auch der
alte Pizzaguerra. ‚Mein gegebenes Wort enthält und verbürgt auch das deinige. Gehorche! Bei meinem Fluche! Bei deiner Enterbung!' drohte er.

Germano lachte. ‚Kümmert Euch um Eure schmutzigen Hände, Vater!'
warf er verächtlich hin. ‚Doch auch du, Ezzelin, Herr von Padua, darfst es
mir nicht verwehren! Es ist Mannesrecht und Privatsache. Verweigere ich
dem Kaiser und dir, seinem Vogte, den Gehorsam, so enthaupte mich; aber
du hinderst mich nicht, gerecht wie du bist, diesen Mönch zu erwürgen, der
meine Schwester geäfft und mich beheuchelt hat. Wäre Untreue straflos, wer
möchte leben? Es ist des Platzes auf der Erde zuwenig für den Mönch und
mich. Das wird er selbst begreifen, wenn er wieder zu Sinnen kommt.'

‚Germano', gebot Ezzelin, ‚ich bin dein Kriegsherr. Morgen vielleicht ruft
die Tuba. Du bist nicht dein eigen, du gehörst dem Reich!'

Germano erwiderte nichts. Er befestigte den Handschuh. ‚Vorzeiten',
sagte er dann, ‚unter den blinden Heiden gab es eine Gottheit, welche gebrochene Treue rächte. Das wird sich mit dem Glockengeläute nicht geändert
haben. Ihr befehle ich meine Sache!' Rasch erhob er die Hand.

‚So steht es gut', lächelte Ezzelin. ‚Heute abend wird im Palaste Vicedomini
Hochzeit mit Masken gefeiert, ganz wie gebäuchlich. Ich gebe das Fest und
lade euch ein, Germano und Diana. Ungepanzert, Germano! Mit kurzem
Schwerte!'

‚Grausamer!' stöhnte der Krieger. ‚Kommt, Vater! Wie möget Ihr länger
das Schauspiel unserer Schande geben?'

Er riß den Alten mit sich fort.

‚Und du, Diana?' fragte Ezzelin, da er vor seinem Stuhle nur noch diese und die Neuvermählten sah. ‚Begleitest du nicht Vater und Bruder?'

‚Wenn du es gestattest, Herr', sagte sie, ‚habe ich ein Wort mit der Vicedomini zu reden.' An dem Mönche vorüber blickte sie fest auf Antiope.

Diese, deren Hand Astorre nicht losgab, hatte an dem Gerichte des Tyrannen einen leidenden, aber tief erregten Anteil genommen. Bald errötete das liebende Weib. Bald entfärbte sich eine Schuldige, die unter dem Lächeln und der Gnade Ezzelins sein wahres und ein sie verdammendes Urteil entdeckte. Bald jubelte ein der Strafe entwischtes Kind. Bald regte sich das erste Selbstgefühl der jungen Herrin, der neuen Vicedomini. Jetzt, von Diana ins Gesicht angeredet, warf sie ihr scheue und feindselige Blicke entgegen.

Diese ließ sich nicht beirren. ‚Schau her, Antiope!' sagte sie. ‚Hier mein Finger' – sie streckte ihn – ‚trägt den Ring deines Gatten. Den darfst du nicht vergessen. Ich bin nicht abergläubischer als andere, aber an deiner Stelle wäre mir schlimm zumute! Schwer hast du dich an mir versündigt, doch ich will gut und milde sein. Heute abend feierst du Hochzeit mit Masken nach den Gebräuchen. Ich werde dir erscheinen. Komme reuig und demütig und ziehe mir den Ring vom Finger!'

Antiope stieß einen Schrei der Angst aus und klammerte sich an ihren Gatten. Dann, in seinen Armen geborgen, redete sie stürmisch: ‚Ich soll mich erniedrigen? Was befiehlst du, Astorre? Meine Ehre ist deine Ehre! Ich bin nichts mehr als dein Eigentum, dein Herzklopfen, dein Atemzug und deine Seele. Wenn du willst und du gebietest, dann!'

Astorre sprach, sein Weib zärtlich beruhigend, gegen Diana: ‚Sie wird es tun. Möge dich ihre Demut versöhnen! und die meinige! Sei mein Gast heute nacht und bleibe meinem Hause günstig!' Er wendete sich zu Ezzelin, dankte ihm ehrerbietig für Gericht und Gnade, verneigte sich und entführte sein Weib. Auf der Schwelle aber wandte er sich noch fragend gegen Diana: ‚Und in welcher Tracht wirst du bei uns erscheinen, daß wir dich kennen und dir Ehre bezeigen?'

Diese lächelte verächtlich. Wieder wendete sie sich gegen Antiope. ‚Kommen werde ich als die, welche ich mich nenne und welche ich bin: die Unberührte, die Jungfräuliche!' sagte sie stolz. Dann wiederholte sie: ‚Antiope, denke daran: reuig und demütig!'

‚Du meinst es ehrlich, Diana? Du führst nichts im Schilde?' zweifelte der Tyrann, da ihm jetzt die Pizzaguerra allein gegenüberstand.

‚Nichts', erwiderte sie, jede Beteuerung verschmähend.

‚Und was wird aus dir, Diana?' fragte er.

‚Ezzelin', antwortete sie bitter, ‚vor diesem deinem Richterstuhle hat mein Vater die Ehre und Rache seines Kindes um ein paar Erzklumpen verschachert. Ich bin nicht wert, daß mich die Sonne bescheine. Für solche ist die Zelle!' Und sie verließ den Saal.

,Allervortrefflichster Ohm!' jubelte Ascanio. ,Du vermählst das seligste Paar in Padua und machst aus einer gefährlichen Geschichte ein reizendes Märchen, womit ich einst, als ein ehrwürdiger Greis, meine Enkel und Enkelinnen am Herdfeuer ergötzen werde!'

,Idyllischer Neffe!' spottete der Tyrann. Er trat ans Fenster und blickte auf den Platz hinunter, wo die Menge noch in fieberhafter Neugierde standhielt. Ezzelin hatte Befehl gegeben, die vor ihn Beschiedenen durch eine Hinterpforte zu entlassen.

,Paduaner', redete er jetzt mit gewaltiger Stimme, und Tausende schwiegen wie eine Einöde. ,Ich habe den Handel untersucht. Er war verwickelt und die Schuld geteilt. Ich vergab, denn ich bin der Milde geneigt jedesmal, wo die Majestät des Reiches nicht berührt wird. Heute abend halten Hochzeit mit Masken Astorre Vicedomini und Antiope Canossa. Ich, Ezzelin, gebe das Fest und lade euch alle. Lasset es euch schmecken, ich bin der Wirt. Euch gehören Schenke und Gasse! Den Palast Vicedomini aber betrete noch gefährde mir keiner, sonst, bei meiner Hand! – und jetzt kehre ruhig jeder in das Seinige, wenn ihr mich liebhabet!'

Ein unbestimmtes Gemurmel drang empor. Es verrieselte und verrann.

,Wie sie dich lieben!' scherzte Ascanio.''

Dante schöpfte Atem. Dann endigte er in raschen Sätzen.

„Nachdem der Tyrann sein Gericht gehalten hatte, verritt er um Mittag nach einem seiner Kastelle, wo er baute. Er begehrte rechtzeitig nach Padua zurückzukehren, um die vor Diana sich demütigende Antiope zu betrachten.

Aber gegen Voraussicht und Willen wurde er auf der mehrere Miglien von der Stadt entfernten Burg festgehalten. Dorthin kam ihm ein staubbedeckter Sarazene nachgesprengt und überreichte ihm ein eigenhändiges Schreiben des Kaisers, das umgehende Antwort verlangte. Die Sache war von Bedeutung. Ezzelin hatte vor kurzem eine kaiserliche Burg im Ferraresischen, in deren Befehlshaber, einem Sizilianer, sein Scharfblick den Verräter argwöhnte, nächtlicherweile überfallen, eingenommen und den zweideutigen kaiserlichen Burgvogt in Fesseln gelegt. Nun verlangte der Staufe Rechenschaft über diesen klugen, aber verwegenen Eingriff in seinen Machtkreis. Die arbeitende Stirn in die Linke gelegt, ließ Ezzelin die Rechte über das Pergament gleiten, und sein Stift zog ihn vom ersten zum zweiten und vom zweiten zu einem dritten. Gründlich unterhielt er sich mit dem erlauchten Schwiegervater über die Möglichkeiten und Ziele eines bevorstehenden oder wenigstens geplanten Feldzuges. So verschwand ihm Stunde und Zeitmaß. Erst als er sich wieder zu Pferde warf, erkannte er aus dem ihm vertrauten Wandel der Gestirne – sie blitzten in voller Klarheit –, daß er Padua kaum vor Mitternacht erreichen werde. Sein Gefolge weit hinter sich lassend, schnell wie ein Gespenst, flog er über die nächtige Ebene. Doch er wählte seinen Weg und umritt vorsichtig einen wenig tiefen Graben, über welchen der kühne Reiter an einem andern Tag spielend gesetzt hätte: Er verhinderte das Schicksal, seine Fahrt zu bedrohen und seinen Hengst zu stürzen. Wieder verschlang er auf gestrecktem Renner den Raum, aber Paduas Lichter wollten noch nicht schimmern.

Dort, vor der breiten Stadtfeste der Vicedomini, während sie sich in rasch wachsender Dämmerung schwärzte, hatte sich das trunkene Volk versammelt. Zügellose wechselten mit possierlichen Szenen auf dem nicht großen Platze. In der gedrängten Menge gor eine wilde, zornige Lust, ein bacchantischer Taumel, welchem die ausgelassene Jugend der Hochschule ein Element des Spottes und Witzes beimischte.

Jetzt ließ sich eine schleppende Kantilene vernehmen, in der Art einer Litanei, wie unsere Landleute zu singen pflegen. Es war ein Zug Bauern, alt und jung, aus einem der zahlreichen Dörfer im Besitze der Vicedomini. Dieses arme Volk, welches in seiner Abgelegenheit nichts von der Verweltlichung des Mönches, sondern nur in unbestimmten Umrissen die Vermählung des Erben erfahren, hatte sich vor Tagesanbruch mit den üblichen Hochzeitsgeschenken aufgemacht und erreichte nun sein Ziel nach einer langen Wallfahrt im Staube der Landstraße. Es hielt und duckte sich zusammen, langsam über den wogenden Platz vorrückend, hier ein lockiger Knabe, fast noch ein Kind, mit einer goldenen Honigwabe, dort eine scheue, stolze Dirne, ein blökendes, bebändertes Lämmchen in den sorglichen Armen. Alle verlangten sie sehnlich nach dem Angesichte ihres neuen Herrn.

Nun verschwanden sie nach und nach in der Wölbung des Tores, wo rechts und links die angezündeten Fackeln in den Eisenringen loderten, mit der letzten Tageshelle streitend. Im Torwege befahl Ascanio als Ordner des Festes, er, der sonst so freundliche, mit einer schreienden und gereizten Stimme.

Von Stunde zu Stunde wuchs der Frevelmut des Volkes, und als endlich die vornehmen Masken anlangten, wurden sie gestoßen, dem Gesinde die Fackeln entrissen und auf den Steinplatten ausgetreten, die Edelweiber von ihren männlichen Begleitern abgedrängt und lüstern gehänselt, ungerächt von dem Schwertstiche, der an gewöhnlichen Abenden die Frechheit sofort gestraft hätte.

Dergestalt kämpfte unweit des Palasttores ein hohes Weib in der Tracht einer Diana mit einem immer enger sich schließenden Ringe von Klerikern und Schülern niedersten Ranges. Ein hagerer Mensch ließ seine mythologischen Kenntnisse glänzen. ‚Nicht Diana bist du!' näselte er verbuhlt, ‚du bist eine andere! Ich erkenne dich. Hier sitzt dein Täubchen!', und er zeigte auf den silbernen Halbmond über der Stirne der Göttin. Diese aber schmeichelte nicht wie Aphrodite, sondern zürnte wie Artemis. ‚Weg, Schweine!' schalt sie. ‚Ich bin eine reinliche Göttin und verabscheue die Kleriker!' – ‚Gurr, gurr!' girrte die Hopfenstange und tastete mit den Knochenhänden, stieß aber auf der Stelle einen durchdringenden Schrei aus. Wimmernd hob der Elende die Hand und zeigte seinen Schaden. Sie war durch und durch gestochen und überquoll von Blut: das ergrimmte Mädchen hatte hinter sich in den Köcher gelangt – den entwendeten Jagdköcher ihres Bruders – und mit einem der scharfgeschliffenen Pfeile die ekle Hand gezüchtigt.

Schon wurde der rasche Auftritt von einem andern ebenso grausamen, wenn auch unblutigen verdrängt. Eine alle erdenklichen Widersprüche und schneidenden Mißtöne durcheinanderwerfende Musik, die einem rasenden Zanke der Verdammten in der Hölle glich, brach sich Bahn durch die betäubte und ergötzte Menge. Das niederste und schlimmste Volk – Beutelschneider, Kuppler, Dirnen, Betteljungen – blies, kratzte, paukte, pfiff, quieckte, meckerte und grunzte vor und hinter einem abenteuerlichen Paare. Ein großes, verwildertes Weib von zerstörter Schönheit ging Arm in Arm mit einem trunkenen Mönche in zerfetzter Kutte. Dieses war der Klosterbruder Serapion, der, von dem Beispiele Astorres aufgestachelt, nächtlicherweile aus der Zelle entsprungen war und sich seit einer Woche im Schlamm der Gasse wälzte. Vor einem aus der finstern Palastmauer vorspringenden erhellten Erker machte die Horde halt, und mit einer gellenden Stimme und der Gebärde eines öffentlichen Ausrufers schrie das Weib: ‚Kund und zu wissen, Herrschaften: Über ein kurzes schlummert der Mönch Astorre neben seiner Gattin Antiope!' Ein unbändiges Gelächter begleitete diese Verkündigung.

Jetzt nickte aus dem schmalen Bogenfenster des Erkers die läutende Schellenkappe Gocciolas, und ein melancholisches Gesicht zeigte sich der Gasse.

‚Gutes Weib, sei stille!' klagte der Narr weinerlich auf den Platz hinunter. ‚Du verletzest meine Erziehung und beleidigst mein Schamgefühl!'

‚Guter Narr', antwortete die Schamlose, ‚stoße dich nicht daran! Was die Vornehmen begehen, dem geben wir den Namen. Wir setzen die Titel auf die Büchsen der Apotheke!'

‚Bei meinen Todsünden', jubelte Serapion, ‚das tun wir! Bis Mitternacht soll die Hochzeit meines Brüderchens auf allen Plätzen Paduas ausgeschellt und hell verkündigt werden. Vorwärts, marsch! Hopsasa!', und er hob das nackte Bein mit der Sandale aus den hangenden Lumpen der besudelten Kutte.

Dieser von der Menge wütend beklatschte Schwank verscholl an den steilen Mauern der nächtigen Burg, deren Fenster und Gemächer zum großen Teil gegen die innern Hofräume gingen.

In einem stillen, geschützten Gemache wurde Antiope von ihren Zofen, Sotte und einer andern, gekleidet und geschmückt, während Astorre den nicht enden wollenden Schwarm der Gäste oben an den Treppen empfing.

Sie schaute in ihre eigenen bangen Augen, die ihr aus einem Silberspiegel begegneten, welchen die Unterzofe mit einem neidischen Gesicht in nackten, frechen Armen hielt.

‚Sotte‘, flüsterte das junge Weib zu der Dienerin, die ihr die Haare flocht, ‚du ähnelst mir und hast meinen Wuchs: Wechsle mit mir die Kleider, wenn du mich liebhast! Gehe hin und ziehe ihr den Ring vom Finger! Reuig und demütig! Verbeuge dich mit gekreuzten Armen vor der Pizzaguerra wie die letzte Sklavin! Falle auf die Knie! Wälze dich am Boden! Wirf dich ganz weg! Nur nimm ihr den Ring! Ich lohne fürstlich!‘, und da sie Sotte zaudern sah: ‚Nimm und behalte alles, was ich Köstliches trage!‘ flehte die Herrin, und dieser Versuchung widerstand die eitle Sotte nicht.

Astorre, welcher der Pflicht des Wirtes einen Augenblick entwendete, um sein Liebstes zu besuchen, fand im Gemache zwei sich umkleidende Frauen. Er erriet. ‚Nein, Antiope!‘ verbot er. ‚So darfst du nicht durchschlüpfen. Es muß Wort gehalten werden! Ich verlange es von deiner Liebe. Ich befehle es dir!‘ Indem er diesen strengen Spruch mit einem Kuß auf den geliebten Nakken zu einem Koseworte machte, wurde er weggerissen von dem herbeieilenden Ascanio, welcher ihm vorstellte, seine Bauern wünschten ihm ihre Gaben ohne Verzug zu überreichen, um in der Kühle der Nacht den Heimweg anzutreten. Da sich Antiope wendete, um den Gatten wiederzuküssen, küßte sie die Luft.

Jetzt ließ sie sich rasch fertigkleiden. Selbst die leichtfertige Sotte erschrak vor der Blässe des Angesichtes im Spiegel. Nichts lebte darin als die Angst der Augen und der Schimmer der zusammengepreßten Zähnchen. Ein roter Streif, der Schlag Dianens, wurde auf der weißen Stirne sichtbar.

Nach beendigtem Putze erhob sich das Weib Astorres mit klopfenden Pulsen und hämmernden Schläfen, verließ die sichere Kammer und durcheilte die Säle, Dianen suchend. Sie wurde gejagt von dem Mute der Furcht. Sie wollte jubelnd mit dem zurückeroberten Ringe ihrem Gatten entgegeneilen, dem sie den Anblick ihrer Buße erspart hätte.

Bald unterschied sie aus den Masken die hochgewachsene Göttin der Jagd, erkannte in ihr die Feindin und folgte, bebend und zornige Worte murmelnd, der gemessen Schreitenden, welche den Hauptsaal verließ und sich gnädig in eines der schwachbeleuchteten und nur halb so hohen Nebengemächer verlor. Die Göttin schien nicht öffentliche Demütigung, sondern Demut des Herzens zu verlangen.

Jetzt neigte sich im Halbdunkel Antiope vor Diana. ‚Gib mir den Ring!‘ preßte sie hervor und tastete an dem kräftigen Finger.

‚Demütig und reuig?‘ fragte Diana.

‚Wie anders, Herrin?‘ fieberte die Unselige. ‚Aber du treibst dein Spiel mit mir, Grausame! Du biegst deinen Finger, jetzt krümmst du ihn!‘

Ob Antiope es sich einbildete? Ob Diana wirklich dieses Spiel trieb? Wie wenig ist ein gekrümmter Finger! Cangrande, du hast mich der Ungerechtigkeit bezichtigst. Ich entscheide nicht.

Genug, die Vicedomini hob den geschmeidigen Leib und rief, die flammenden Augen auf die strengen der Pizzaguerra gerichtet: ‚Neckst du eine Frau, Mädchen?' Dann bog sie sich wieder und suchte mit beiden Händen dem Finger den Ring zu entreißen – da durchfuhr sie ein Blitz. Ihr die linke Hand überlassend, hatte die strafende Diana mit der Rechten einen Pfeil aus dem Köcher gezogen und Antiope getötet. Diese sank zuerst auf die linke, dann auf die rechte Hand, drehte sich und lag, den Pfeil im Genick, auf die Seite gewendet.

Der Mönch, der nach Verabschiedung seiner ländlichen Gäste zurückgeeilt kam und sehnlich sein Weib suchte, fand die Entseelte. Mit einem erstickten Schrei warf er sich neben sie nieder und zog ihr den Pfeil aus dem Halse. Ein Blutstrahl folgte. Astorre verlor die Besinnung.

Als er aus seiner Ohnmacht erwachte, stand Germano vor ihm mit gekreuzten Armen. ‚Bist du der Mörder?' fragte der Mönch.

‚Ich morde keine Weiber', antwortete der andere traurig. ‚Es ist meine Schwester, die ihr Recht gesucht hat.'

Astorre tastete nach dem Pfeile und fand ihn. Aufgesprungen in einem Satz und das lange Geschoß mit der blutigen Spitze wie eine Klinge handhabend, fiel er in blinder Wut den Jugendgespielen an. Der Krieger schauderte leicht vor dem schwarzgekleideten, fahlen Gespenste mit den gesträubten Haaren und dem Pfeil in der Faust.

Er wich um einen Schritt. Das kurze Schwert ziehend, welches der Ungepanzerte heute trug, und den Pfeil damit festhaltend, sagte er mitleidig: ‚Geh in dein Kloster zurück, Astorre, das du nie hättest verlassen sollen!'

Da gewahrte er plötzlich den Tyrannen, der, gefolgt von dem ganzen Feste, welches dem längst Erwarteten bis ans Tor entgegengestürzt war, ihm gerade gegenüber durch die Türe trat.

Ezzelin streckte die Rechte, Friede gebietend, und Germano senkte ehrfürchtig seine Waffe vor dem Kriegsherrn. Diesen Augenblick ergriff der rasende Mönch und stieß dem Ezzelin Entgegenschauenden den Pfeil in die Brust. Aber auch sich traf er tödlich, von dem blitzschnell wieder gehobenen Schwerte des Kriegers erreicht.

Germano war stumm zusammengesunken. Der Mönch, von Ascanio gestützt, tat noch einige wankende Schritte nach seinem Weibe und bettete sich, von dem Freunde niedergelassen, zu ihr, Mund an Mund.

Die Hochzeitsgäste umstanden die Vermählten. Ezzelin betrachtete den Tod. Hernach ließ er sich auf ein Knie nieder und drückte erst Antiope, darauf Astorre die Augen zu. In die Stille klang es mißtönig herein durch ein offenes Fenster. Man verstand aus dem Dunkel: ‚Jetzt schlummert der Mönch Astorre neben seiner Gattin Antiope.' Und ein fernes Gelächter."

Dante erhob sich. „Ich habe meinen Platz am Feuer bezahlt", sagte er, „und suche nun das Glück des Schlummers. Der Herr des Friedens behüte uns alle!" Er wendete sich und schritt durch die Pforte, welche ihm der Edelknabe geöffnet hatte. Aller Augen folgten ihm, der die Stufen einer fackelhellen Treppe langsam emporstieg.

Marie von Ebner-Eschenbach

Lotti, die Uhrmacherin

1.

Fräulein Lotti war soeben erwacht. Die Repetieruhr, die an einem zart ge-schweiften Schnörkel am rechten Kopfende des altertümlichen, reich ge-schnitzten Bettes hing, schlug mit zartem Klange sechsmal an. Gleich darauf begann die deutsche Stockuhr, eine solide Arbeit Meister Anton Schreibel-meyers, von der Kommode am Pfeiler aus, die Morgenstunde zu verkünden. – Auf, auf! befahl ihre gebieterische Stimme, an die Arbeit! der Tag beginnt! Ihre Glocken hatten kaum ausgezittert, als auch schon die französische Wanduhr in aller Bescheidenheit, eilig und leise zu melden begann: Sechs! sechs! gehorsamst zeig ich's an.

Eine kleine Pause – und am linken Kopfende des Bettes erhob das Seiten-stück der Repetier-, eine Spieluhr, ihre Silberstimme und gab ein Schäferlied-chen zum besten, so lieblich, als hätten kleine Engel es gesungen.

Mit unendlichem Wohlgefallen lauschte das Fräulein dem Konzerte, das ihre Uhren abhielten, und hätte in den Schlußgesang beinahe mit einge-stimmt, so fröhlich war ihr zumute. An dem Lichte, das durch die herabge-lassenen Vorhänge in das Zimmer drang, erkannte sie, daß es heute einen schönen Tag gebe – war das nicht genug, um den reichen Quell von Heiterkeit in ihrer Seele zum Überströmen zu bringen?

Sie stand auf und kleidete sich an; sehr sorgfältig zwar, aber ohne dabei mehr als durchaus nötig war, in den Spiegel zu sehen, denn – sie war sich kein angenehmer Anblick. Die Zeit, in der sie ihren Mangel an Schönheit gar schmerzlich und fast wie eine Schmach empfunden hatte, war freilich vorbei. Jetzt, mit fünfunddreißig Jahren als ehrenfeste alte Jungfer, hatte sie längst aufgehört, ihr Äußeres gehässig anzufeinden, aber so ganz erloschen war das letzte Fünkchen Eitelkeit in ihrem Frauenherzen doch nicht, wenn es sich auch nur in dem Gedanken aussprach: Es ist ein Glück, daß ich anderen anders vorkomme als mir selbst, sonst könnte mich niemand leiden.

Nach beendeter Toilette begab sie sich aus dem Schlaf- in das Wohnzimmer. Es war ein trauliches Gemach, dessen Fenster auf einen kleinen Platz sah – einen sehr kleinen, denn er wurde von nur vier Häusern gebildet; doch war er lustig und hell und gewährte den Anblick eines beträchtlichen Stückes Himmel, was gewiß kein geringer Vorzug war. Es will etwas heißen, im Herzen der Zivilisation zu wohnen, im Mittelpunkt der Hauptstadt, tausend Schritte vom Dome, den zu sehen viele Leute tausend Meilen weit hergezogen kommen, und dabei von seinem Fenster aus Wetterbeobachtungen fast wie Knauer, und das Studium des Sternenlaufes, fast wie ein Chaldäer, betreiben zu können, Wolken und Vögel ziehen, und der Sonne und dem Mond ins Gesicht zu sehen.

Dieses Stück Himmel, obwohl nur aus einem Fenster sichtbar, erhellte dem Fräulein die ganze im übrigen ziemlich finstere Wohnung und ließ ihr das Erklimmen der drei Stockwerke, die zu derselben hinaufführten, als eine höchst anmutige Promenade erscheinen, weniger beschwerlich als eine Bergbesteigung, und beinahe ebenso lohnend.

Aber nicht nur der Himmel über dem Platze, auch die Häuser auf dem Platze und die Menschen, die in ihnen wohnten, nahmen das Interesse Fräulein Lottis in Anspruch. Die Fenster des gegenüberliegenden Hauses, das den Platz gegen Osten in einem stumpfen Winkel abschnitt, glänzten schon im Sonnenschein. Bei den reichen Leuten im ersten Stockwerk sind die Gardinen noch nicht aufgezogen; dort schläft man in den Tag hinein, sieht den Himmel nie in seinem ersten, sanft umflorten Blau, in seiner duftigsten Schönheit. Im dritten und vierten Stock hingegen gibt's freien Eintritt für Licht und Luft des goldenen Maimorgens.

Auf den Mauervorsprüngen der beiden Häuser nebenan trippeln dicke graue Tauben in großer Aufregung. Sie warten voll Ungeduld auf das Frühstück, das ihnen Lotti auf dem Fenstergesimse zu servieren pflegt. Kaum weniger gespannt als sie sehen noch andere Geschöpfe dem anziehenden Schauspiel der Taubenfütterung entgegen. Es sind die nächsten Nachbarn des Fräuleins, und sie gehören zu ihren Bekannten, wenn auch nicht zu ihrem Kreise. Der Nachbar zur Linken erhält ihren ersten Gruß, dann kommen die

Nachbarn zur Rechten. Jener, ein gebrechliches Männchen, engbrüstig und kahl, das Urbild eines alten Damenschneiderleins, diese, drei frische Jungen, mit runden, dank der frühen Morgenstunde sauber gewaschenen Gesichtern. Prächtige Burschen, noch zu jung für die Schule und doch beinahe der weib-

lichen Zucht entwachsen; mit Worten wenigstens richtet die Mutter nichts mehr bei ihnen aus, obwohl sie mit denselben nicht spart, die brave Frau. Der Mann und Vater hat seine Werkstätte nebenan auf dem Hofe draußen und plagt sich an der Drehbank vom Morgen bis zum Abend. Er ist Pfeifenschneider, aber im Wohlstand scheint er nicht zu leben, und Überfluß hat er nur an Kindersegen. Die drei Erstgeborenen haben angefangen, sich um den besten Platz am Fenster zu balgen, die Mutter tritt zu ihnen, ein zweijähriges Mädchen auf dem Arme, zieht den Pantoffel vom Fuße und schlägt wacker auf die Buben los. Der Pantoffel fällt, gleich der Hand des Schicksals, ohne Unterschied auf das Haupt des Gerechten wie des Ungerechten, und bald herrschen Ruhe und Frieden. Die nunmehr maßvollen neuen Horatierknaben, die liegen still nebeneinander im Fenster und beobachten die grauen Tauben, mit innigstem Verständnis für ihre Rauflust und ihren guten Appetit.

Die Aufmerksamkeit des Schneiderleins hingegen ist auf das Fräulein gerichtet. Das braune Mohairkleid, das seine Gönnerin heute zum erstenmal angetan hat, ist seiner Hände selbsteigenes Werk. Der Schnitt hat sich seit wenigstens zehn Jahren als vortrefflich bewährt, und genäht und ausgefertigt ist das Kleidungsstück mit einer Sorgfalt, die ihresgleichen sucht. Alles solid und geschmackvoll. Der Rock so faltenreich, die Taille weder zu lang noch zu kurz, sondern gerade dort angebracht, wo der liebe Gott sie hingesetzt hat. Sie wird von einem breiten Gürtelband umgeben, aus reiner Seide: fein, weich und dauerhaft. Aus demselben Stoffe bestehen auch die Aufsätze, die den Kragen und die enganliegenden Ärmel schmücken. Von diesen heben sich die glatten Manschetten, die das Fräulein zu tragen pflegt, gar schön ab, und bilden die schneeweiße Einfassung der zarten schlanken Hände. Ach, diese Hände! das Schneiderlein vermag sie niemals ohne innere Rührung zu betrachten. Sie waren das erste, was er erblickte in jenem unvergeßlichen Momente, in dem er die Augen aufschlug, die er für immer geschlossen zu haben meinte, freiwillig geschlossen, nach schwerem entsetzlichen Kampfe. Der Alte besinnt sich nur noch wie eines bösen Traumes des hoffnungslosen Elends, das ihn zu einer Tat der Verzweiflung getrieben; er hat die Ursache fast vergessen und begreift ihre Wirkung nicht mehr. „Ich muß wahnsinnig gewesen sein!" sagt er jetzt, wenn er der Stunde gedenkt, in der er sein kleines Töchterchen zu sich gerufen, Tür und Fenster desselben Zimmers, das er heute noch bewohnt, verriegelt, und das Kohlenbecken entzündet hat.

Damals hatte der Zufall Fräulein Lotti zur Retterin des armen Schneidermeisters gemacht, ihre Güte machte sie zu seiner Beschützerin. Nachdem er unter ihrer Pflege gesund und wieder erwerbsfähig geworden, sammelte sie allmählich für ihn einen kleinen Kundenkreis. Der Schneider befand sich jetzt in guten Verhältnissen, war sogar imstande, einen Sparpfennig zurückzulegen. Er hätte das ruhigste Leben gehabt, wenn nur die revolutionären Ideen seiner Tochter nicht gewesen wären. Aber die Leopoldine, ein ehrgeiziges junges Ding, ein Feuerkopf, hatte an den Arbeiten des Vaters immer etwas auszusetzen und schwärmte, zu seinem Grauen und Entsetzen, für die unsinnigsten, lächerlichsten, abscheulichsten Moden, nämlich für die neuesten.

Soeben haben sie wieder einen scharfen Streit gehabt und sitzen jetzt einander gegenüber im Fenster und nähen an einer schwarzen Seidenmantille mit einem Eifer, den ihr nicht ganz ausgebrauster Zorn beflügelt. Die Mantille braucht erst morgen fertig zu werden, wird es aber gewiß heute noch, wenn die Furie anhält, mit der Vater und Tochter die Nadel führen.

Inzwischen hat sich das Dachfenster über der Schneiderwerkstätte geöffnet; eine Frau und eine Katze sind an demselben erschienen, beide wohlgenährt und weißhaarig. Die Katze schleicht zur Morgenpromenade auf das Dach hinaus, bleibt öfters stehen und wirft begehrliche Raubtierblicke auf die Tauben, die von Fräulein Lotti gefüttert werden. – Wer eine von euch erwischen könnte! denkt sie. Saubere Weltordnung, in der wir leben! – Gäb's eine Gerechtigkeit – ich hätte Flügel!

Frau Katze schüttelt den Kopf, schließt die Augen, leckt die fadendünnen Lippen und gähnt wie ein Tiger.

Ihre Gebieterin hakt den Fensterflügel ein, damit die Spaziergängerin bequem eintreten könne, wenn es ihr genehm sein würde, heimzukehren. Die Rückkunft ihres Lieblings kann die Bewohnerin der Dachstube nicht abwarten, sie muß an ihren Posten, in den kleinen Laden im Durchhause nebenan,

wo sie im Winter altgebackenes Brot, im Sommer auch Obst feilbietet, und
zu allen Jahreszeiten Näschereien, die ihre Katze verschmähen würde, die
aber an den Schulkindern beharrliche Abnehmer finden.

Fräulein Lotti sandte bereits viele Grüße zu der dicken Frau empor, die
so freundlich aussah wie des Teufels Großmutter, und sich's lange überlegte,
bevor sie mit einem kaum merkbaren Nicken dankte. Aber auch damit ist
Lotti zufrieden. An Zuvorkommenheit von Seite der Frau Brotbesitzerin
wurde sie nie gewöhnt und hat auch kein besonderes Herzensbedürfnis danach. Sie wünscht nur, konservativ wie sie einmal ist, daß alles beim alten
bleibe, und daß sie sich täglich sagen könne, was die Potentaten jährlich einmal in ihren Thronreden sagen: „Unsere Beziehungen zu den Nachbarstaa-
ten sind die freundschaftlichsten.“

2

Lotti schloß ihren unersättlichen Tauben das Fenster vor den Schnäbeln
zu und zog sich in das Zimmer zurück. Auf einem Tischchen, in der Nähe
des Kamins, hatte Agnes, die goldene Säule des kleinen Haushalts, schon alle
Vorbereitungen zum Tee getroffen. Lotti begann nun, ihn zu bereiten. Dabei
musterte sie ab und zu ihr Stübchen mit wohlgefälligen Blicken.

Je länger sie es bewohnte, desto gemütlicher erschien es ihr, desto mehr
mußte sie selbst die geschickte Benützung des Raumes bewundern, die es
möglich gemacht, so viele Tische, Schränke und Schränkchen in dem schma-

len Zimmer unterzubringen. Sehr frei bewegen konnte man sich darin freilich nicht, am wenigsten dann, wenn zufällig mehrere Schranktüren zu gleicher Zeit offen standen. Doch – was lag daran? Lotti empfing ja keine Gäste, hatte auch für solche nicht vorgesorgt. Außer dem Fauteuil, den sie bei ihren Mahlzeiten benützte, war nur noch ein Sitzmöbel vorhanden, ein altdeutscher, geschnitzter Holzsessel, ein wahres Ausbund von Schwerfälligkeit. Er überragte, kaum beweglicher als ein Berg, einen Arbeitstisch, auf dem mehrere zerlegte Uhrwerke unter Glasglocken, und alle erdenklichen Uhrmacherwerkzeuge lagen. Auf der linken Seite des Fensters, in der dunklen Ecke, welche das Zimmer dort bildete, befand sich ein großer, bis an die Decke reichender Schrank. Der glich einer gotischen Kapelle, war aber ein Schreibtisch, sehr schön, sehr merkwürdig und sehr unbequem – der Schreibtisch einer Person, die nicht schreibt. Um so zweckmäßiger war der niedrigere Bücherschrank, der den größten Teil der Längswand, dem Eingange zu Agnes' Zimmer gegenüber, einnahm. Schlanke Säulen mit korinthischen Kapitälchen verzierten die Glastüren des Aufsatzes, hinter dessen blanken Scheiben eine sehr gemischte Gesellschaft friedlich beisammen wohnte.

Da standen Schillers Werke in einem Bande, im allerdings ziemlich abgenützten Prunkgewand aus rotem Saffian, neben zwei kleinen dicken Büchlein in schweinsledernen Schlafröckchen, den Mémoires du Maréchal de Bassompierre. Goethes Benvenuto Cellini hatte zwei ganz unähnliche Nachbarn, Dom Jacques Martins Histoire de Gaules und ein ehrwürdiges Inkunabel: Unser lieben frawen psalter, gedruckt zu Augspurg. Von Luca Zeisselmair. Am mitwoch nach Jakobi. In dé iar als man zelet 1495. Gibbons Geschichte des Verfalls des römischen Reiches blickte gnädig auf den Herrn Quintus Fixlein herab, Krummachers Parabeln lehnten sich mit naiver Zutraulichkeit an die Annalen des Tacitus. Lessings Laokoon war durch ein Versehen mitten hinein geraten zwischen den Barometermacher auf der Zauberinsel und die Familie von Halden; Prinz von Gotland, der Bramarbas und Himmelstürmer, hielt sich ruhig neben dem weißen Pascal. Viele Klassiker der Weltliteratur, alte und neue, fanden sich durch irgendein Hauptwerk vertreten: vollständig vorhanden jedoch waren alle Lehrbücher der Uhrmacherkunst. Ihre lange, majestätische Reihe wurde durch Hieronymus Cardani (1557) eröffnet und schloß mit M. L. Moinet's: Traité général d'Horlogerie.

Kein einziges von allen diesen Büchern war seiner Eigentümerin ganz fremd, mit manchen stand sie auf dem vertrautesten Fuße, und gerade in diese vertiefte sie sich mit dem größten Vergnügen immer von neuem. Denn, meinte sie, ein schönes Buch nicht wieder lesen, weil man es schon gelesen hat, das ist, als ob man einen teuren Freund nicht wieder besuchen würde, weil man ihn schon kennt.

Übrigens – ein gutes Buch, ein guter Freund, da lernt man nicht aus. Ein weises Buch ist eben so unergründlich wie ein großes Menschenherz.

Viele dieser Werke besaßen außer ihrem eigenen, auch noch einen besonderen, für Lotti unschätzbaren Wert. Sie waren mit Randbemerkungen von der Hand eines Mannes versehen, der ihr unter allen Lebenden am höchsten gestanden hatte – ihres Vaters.

Sie meinte ihn sprechen zu hören, wenn sie die kurzen, zierlich geschriebenen Sätze, Früchte reiflicher Überlegung und solider Fachkenntnis, überlas.

Meister Johannes Feßler hatte nicht zu den Leuten gehört, die einen Gedanken deshalb schon für gut halten, weil er in ihrem Kopf entstanden ist. Das Handwerk, das er ein halbes Jahrhundert hindurch betrieben, hatte ihn gelehrt dreißig „vielleicht" und „ich glaube" leichter auszusprechen, als ein: „So ist's", oder ein: „Das steht fest."

Ein gewissenhafter Uhrmacher, wie er gewesen war, ein Mann, der so oft erfahren hatte, daß am Ende einer Reihe scheinbar richtiger Schlüsse ein Irrtum lauern kann, der hütet sich wohl, leichtsinnig Behauptungen aufzustellen. Dafür haben die seinen aber auch bei allen Leuten, die es verstehen, einen Ausspruch auf seinen Feingehalt an Wahrheit zu prüfen, ihr gehöriges Gewicht.

Aus den Randglossen des Meisters ließ sich erkennen, wie ernst es ihm war mit seinem Beruf, und welche Liebe er für ihn hegte. Man sah es wohl, was er auch gelesen hatte, wie sehr ein Buch seine Aufmerksamkeit gefesselt haben mochte: seines Handwerks hatte er dabei nie vergessen. Niemals war ein bemerkenswertes Ereignis in der Geschichte der Menschen zu seiner Kenntnis gekommen, ohne daß er gesucht hätte, es mit einem ebensolchen in der Geschichte der Uhren in Verbindung zu bringen. So fand sich zum Beispiel in einem historischen Werke, an einer Stelle, wo die Rede war vom Tode Kaiser Rudolfs von Habsburg, von Feßlers Hand die Anmerkung: – In demselben Jahre erhielt die Kirche von Canterbury eine Schlaguhr, für welche 30 Pfund St. bezahlt wurden. Weiter, als der „goldenen Bulle" Erwähnung geschah, hatte der Meister seinerseits erwähnt: Gleichzeitig ehrte die Stadt Bologna sich selbst, indem sie die erste öffentliche Uhr aufstellen ließ. – Noch weiter: Eduard III. entsagt seinen Ansprüchen auf den französischen Thron – und – fügte Feßler hinzu: erteilt dreien Uhrmachern aus den Niederlanden Schutzbriefe, damit sie nach England kommen können. Anno 1368. In demselben Geschichtswerke war der Beiname König Karls V., der Weise, nachdrücklich unterstrichen und daneben stand: Muß, wie der gleichnamige große deutsche Kaiser, eine besondere Freude an den Werken der Uhrmacherkunst gehabt, ja vielleicht selbst dabei Hand angelegt haben. Der berühmte Meister Jouvence hätte sich sonst schwerlich erlaubt, eine seiner Uhren mit der Inschrift zu versehen:

Charles le Quint, Roi de France
Me fit par Jean Jouvence.

Der nämliche weise König ließ auch (1364) Herrn Heinrich von Wick nach
Paris kommen, wo dieser eine Uhr für den Turm des Königlichen Schlosses
verfertigte. Er erhielt Wohnung in demselben Turm und eine Besoldung von
sechs Sous täglich.

Noch andere Randglossen machten darauf aufmerksam, daß Luther seine
Bibelübersetzung zu derselben Zeit geschrieben hat, zu welcher Peter Hele,
Andreas Heinlein und Caspar Werner in Nürnberg die ersten Taschenuhren
zustande brachten; daß, im Jahre des Unterganges der spanischen Armada,
Andreas Landek, Schüler Abraham Habrechts und Verfertiger der ersten
Kirchenuhr in Nancy, zu Wertheim in Franken geboren wurde; daß Anno
1690 – glorreichen Andenkens für Deutschland wegen der Gründung der
Universität Halle, und für Frankreich wegen der Siege Luxemburgs, Catinats
und Tourvilles – in Paris, wo bisher nur kleine Taschenuhren beliebt gewesen, plötzlich sehr große in die Mode kamen... Und so weiter noch viele
wichtige und höchst seltsame Zusammenstellungen, die jedem, der ein Herz
hat für die Uhrmacherei, gar viel zu denken geben.

Was ihm selbst dabei eingefallen, hatte Meister Johannes niemals verraten,
sehr oft aber sein Bedauern darüber ausgesprochen, daß er nur ein ungelehrter Mann war und nicht imstande, eine ausführliche und genaue Geschichte
der Entwicklung der Uhrmacherkunst zu schreiben. Das beste Material, das
es geben kann – wenigstens zu einem Hauptzweig eines solchen Werkes –
besaß er selbst. Er hatte im Laufe seines langen Lebens eine Sammlung von
Taschenuhren zusammengebracht, wie sie vor ihm so vollständig und lük-
kenlos, schwerlich ein Privatmann (Herrn Asthon Levers ausgenommen, das
versteht sich!) besessen haben dürfte. Lauter seltene und auserlesene Exem-
plare, jedes der Vertreter einer eigenen Gattung, jedes wertvoll an und für
sich, und doppelt wertvoll als Teil des Ganzen, zu dem es gehört. Wäre diese
Sammlung bekannt, sie wäre gewiß auch berühmt geworden, sie hätte die Bewunderung aller Kenner erwecken müssen. Aber dem Meister Johannes
war's um Berühmtheit gar nicht zu tun, und was die Bewunderung betrifft,
die ihm eigentlich ganz recht gewesen wäre – wer hört nicht gerne loben, was
er liebt? – so hat sie doch meistens Neid und Verlangen in ihrem Gefolge,
die Feßler um keinen Preis zu erwecken wünschte. Er freute sich im stillen
an seinem Schatze, was nicht heißen soll, daß er sich allein daran freute. Es
gab zwei Getreue, die keine anderen Interessen kannten als die seinen, für
die sein Wort das Evangelium war, sein Beifall das Ziel aller Wünsche, seine
Zufriedenheit das höchste Lebensgut. Die beiden waren seine Tochter Lotti
und sein Pflegesohn Gottfried. „Meine Gesellen" nannte er sie in ihrer Kind-

heit, und später mit Stolz: „Meine Gehilfen." Endlich schien ihm auch diese Bezeichnung nicht mehr ehrenvoll genug, und er sprach sie niemals aus, ohne sich dabei in Gedanken zu verbessern: „Ich sollte eigentlich sagen: Meine Berufsgenossen... solche noch dazu, die im besten Zuge sind, mich zu überflügeln."

Daß sie es doch möchten, und recht bald, und recht weit – sein liebster Traum wäre erfüllt. Aber nicht allein dieser, jeder Traum von Erfolg und Glück, den er für seine Kinder im treuen Vaterherzen hegte, schien in Erfüllung gehen zu wollen. Ihr Lebensweg lag so glatt geebnet vor ihnen, sie waren so ganz dazu geschaffen, die Bahn, die das Schicksal ihnen vorgezeichnet, eines auf das andere gestützt, ohne Abirrung, ohne Wanken und Straucheln zu verfolgen. Sie waren beide brav und talentvoll, hatten ein und dasselbe geistige Interesse und dienten ihm mit dem gleichen Eifer. Niemals war ihre Einigkeit getrübt worden. Von dem Augenblick an, in welchem Feßler den kleinen Gottfried, den Sohn eines in der Fremde verstorbenen Verwandten, in sein Haus aufgenommen, hatte sich dieser, so jung er selbst war, zum Beschützer des noch jüngeren Tantchens aufgeworfen. Gottfried war völlig verwaist, Lotti hatte vor kurzer Zeit ihre Mutter verloren.

Die beiden Kinder wuchsen munter heran. Er wurde ein kräftiger, ernster Jüngling von nachdenklichem, etwas zurückhaltendem Wesen, sie ein hochaufgeschossenes, schlankes Mädchen, verständig, sanft, und dabei immer lustig und guter Dinge. Sie bewunderte und verehrte ihren Vetter und fürchtete seinen Tadel mehr als den ihres Vaters. Ihren ersten großen Schmerz erfuhr sie, als Gottfried nach London geschickt wurde, um dort seine Lehrjahre durchzumachen. Er selbst hatte die Stunde der Abreise kaum erwarten können, aber als sie herankam, war sie so düster und leidvoll, wie sie aus der Ferne licht und freudig erschien. Lotti schluchzte bitterlich. Der frohe Mut, mit dem sie bisher der Trennung von ihrem Jugendgespielen entgegengesehen, war plötzlich verschwunden, sie wollte nicht mehr begreifen, warum er denn fort müsse, und wie es sich ohne ihn leben lassen solle.

Feßler jedoch bestand auf seinem Plane. Er umschloß seine beiden Kinder in einer Umarmung, dann trennte er sie sanft: „Leb wohl, Gottfried", sagte er, „in drei Jahren bist du wieder bei uns. Geh, lieber Sohn. Im Vaterlande eines Harrison", – in seinen feuchten Augen leuchtete es begeistert auf – „eines Mudge, eines Arnold müssen unsere künftigen Meister leben. Wenn du heimkommst, werde ich von dir lernen."

Allein dieses Wort sollte nicht zur Wahrheit werden. Als Gottfrieds Lehrzeit um war, und er nach Hause zurückkehrte, behauptete er, bei seinen neuen Meistern nichts so gut gelernt zu haben, als seinen alten Meister und dessen Kunst zu schätzen. So berühmt jene auch seien, so teuer ihre Arbeiten bezahlt werden, Feßler dürfe sich mit dem größten von ihnen messen. Eines nur verstände auch der Geringste unter allen besser, nämlich seine Geschicklichkeit geltend zu machen und zu verwerten. Diesen Vorwurf wies Feßler lächelnd zurück. Beehrten ihn nicht die vorzüglichsten Uhrmacher mit ihren Bestellungen? zögerten sie, ihren Namen in eine Uhr schreiben zu lassen, die aus seinen Händen kam?

Aber Gottfried schüttelte den Kopf und meinte, das sei es eben, was ihn kränke. – „Ihr Name auf deinem Werk! wo steht denn der deine? Wer kennt dich, wer weiß von dir?... Was hast du von deinen unvergleichlich schönen und genauen Arbeiten?"

„Die Freude, sie zu machen!" war die Antwort Feßlers, und das Herz schwoll ihm vor Wonne über die Anerkennung, die sein weitgereister Sohn ihm zollte.

Die kleine Familie verlebte damals eine herrliche Zeit. Eine Zeit voll beseligenden Friedens und erfolgreicher Tätigkeit. Feßler war mit der Vollendung eines Chronometers beschäftigt, den er selbst für sein bestes Werk hielt. Gottfried lieferte dazu eine Kompensationsunruhe von so einziger und zarter Ausführung, daß Meister Johannes bei ihrem Anblick laut ausrief: „Unübertrefflich!" – Dieses Lob hatte er noch nie einer Leistung gespendet, die aus seiner Werkstatt hervorgegangen war. Lotti hingegen gelang es, eine höchst merkwürdige und komplizierte Taschenuhr aus dem XVI. Jahrhundert in Gang zu bringen. Es bedurfte dazu außerordentlicher Geschicklichkeit, unsäglicher Geduld – aber welche Freude, als sie belohnt wurden, und das seltsame kleine Ding seine abenteuerlich geformten Räder in Bewegung zu setzen begann. Feßler und Gottfried lachten, staunten, bewunderten; das Herz des jungen Mädchens pochte vor Entzücken... Ja, es war eine herrliche Zeit! – warum mußte sie so rasch vergehen? Warum mußten ihr, die so erfüllt war von stillem und harmlosem Glück, Tage folgen voll Pein und Qual? Böse Tage, in denen die fleißigen Hände Lottis ruhten, aus ihrer Seele jedoch die Ruhe gewichen war. Tage, in denen alles, was sonst ihr Leben erhellte, ihr gleichgültig geworden war, und das Leben selbst – eine Last.

3.

Diese schreckliche Zeit war nun längst vorüber; doch hielt Lotti die Erinnerung an sie in ihrer Seele wach. Sie wollte nicht vergessen, daß auch ihr ein gehöriges Maß an Leid und Enttäuschung zugeteilt worden, sie wäre sich sonst im Vergleich mit anderen Menschenkindern ungerecht bevorzugt erschienen. Wie viele geht es denn so gut, mit ihr sagen zu können:

Ich habe das Leben, das ich brauche!

Ihrer alten Beschäftigung, zu der sie zurückgekehrt war, verdankte sie täglich neue Freude, verdankte ihr Frieden, Frohsinn und Unabhängigkeit. Wäre ihre Vater nur noch dagewesen, um dies alles mit ihr zu genießen! Aber leider, Meister Johannes ruhte schon seit geraumer Zeit in der kühlen Erde.

Er hatte keine Mühseligkeit des Alters kennengelernt; niemals hatten ihm Auge und Hand bei der Ausführung der Gedanken seines erfinderischen Kopfes ihre Dienste versagt. Wohl waren seine Haare weiß geworden, hatten seine Wangen sich entfärbt, aber aus seinen klaren Zügen leuchtete der Glanz einer unverwelkten Jugend. Die Jugend des mit Bewußtsein Werdenden. Unermüdlich strebend und lernend, hatte er sich nicht die Zeit genommen, recht zu überlegen, wieviel er schon erstrebt und erlernt – da plötzlich, ohne auch nur einen seiner Vorboten geschickt zu haben, trat der Tod an ihn heran.

Und jetzt, im Angesicht der ewigen Trennung, fiel dem Meister der Gedanke schwer aufs Herz, daß er seine Tochter fast mittellos in der Welt zurücklassen müsse. Er hätte ihr so leicht eine behagliche Wohlhabenheit sichern können! – Vor einem Jahre noch fand sich die beste Gelegenheit dazu, da bot ein reicher Kenner, der sich in die Uhrensammlung Feßlers vernarrt hatte, eine Summe dafür, eine lächerlich hohe Summe, wahrhaftig ein Vermögen. Allein Johannes hatte nicht einmal geschwankt, war ruhig dabei geblieben: „Die Uhren sind mir nicht feil!"

Über diesen Leichtsinn, diese törichte Selbstsucht machte er sich in seiner letzten Stunde bittere Vorwürfe und bat noch sterbend seinen Sohn Gottfried, jenen abgewiesenen Käufer aufzusuchen und ihm zu melden, die Sammlung, nach welcher er so heißes Verlangen trage, stehe ihm nun zur Verfügung. Lotti jedoch erklärte, daß sie ebenso gern ihre Seele verkaufen ließe, wie diese Uhren.

So blieben sie denn in ihrem Besitze, wenn auch nicht ohne manchen harten Kampf. Die Sammlung Meister Feßlers war allmählich doch in einem Kreise von Kennern und Liebhabern zu dem ihr gebührenden Rufe gelangt. Es fehlte nicht an zudringlichen Leuten, die trotz der standhaften Zurückweisungen, die sie erfuhren, immer wieder erschienen, immer neue Bewerbungen anstellten, immer glänzendere Anerbietungen machten. Das war denn oft herzlich langweilig, trug aber nur dazu bei, die Liebe, welche Lotti für die Uhren empfand, noch zu erhöhen. Sie hörte niemals auf, ihnen ihre Sorgfalt angedeihen zu lassen; und wenn es noch so viel zu tun gab, und wenn die Zeit noch so sehr drängte, ging sie nicht an ihr Tagewerk, ohne ihren Uhren einen Besuch abgestattet zu haben. Hätte sie das jemals unterlassen müssen, die rechte Begeisterung, die rechte Lust zur Arbeit hätte ihr gefehlt.

Auch heute war sie an das Schränklein getreten, das in der Ecke stand neben der Schlafzimmertür, dem großen Schreibtisch gegenüber. Eben fiel ein Sonnenstrahl schräg durch das Fenster auf das Kästchen, auf Lottis Hände, und als sie die erste Lade öffnete, schlüpfte er sogleich hinein. Prächtig war's, wie er die kleinen ehrwürdigen Meisterwerke beleuchtete, welche darin auf einem Bettlein von purpurrotem Samt lagen.

Die glatten Gehäuse aus Messing, Kristall, Silber und Gold und die reich verzierten und die durchbrochenen und in diesen so sorgfältig geputzten, polierten und wieder zusammengesetzten Werke erglänzten und gaben dem leuchtenden Strahl des Lichts, der sie in ihrer Verborgenheit und Ruhe besuchen kam, seinen Gruß zurück. Das war Lade Nummer Eins!

Sie enthielt drei sogenannte „lebendige Nürnberger Eier" und drei „Halsvrln". Kein einziges Stück jünger als dreihundert Jahre, manches noch älter und gerade die ältesten von der kunstvollsten Beschaffenheit. Was wollten sie nicht alles können, diese kleinen Maschinen, was trauten sie sich nicht zu? Sie begnügten sich keineswegs damit, die bürgerlichen Stunden anzuzeigen und zu schlagen, und den Schläfer zu wecken, wann immer es ihm beliebte, auch den Wochen- und Monatstag verzeichneten sie, kontrollierten die Aspekte und Phasen des Mondes und behaupteten, den Stand der Sonne nachweisen zu können. Sie wandten den Himmelszeichen ihre Aufmerksamkeit zu, wußten Auskunft zu geben über die Sternzeit und nahmen Notiz vom türkischen Kalender.

Wahrhaftig, die braven Männer, denen sie ihre Entstehung verdankten, hatten sich Schweres vorgesetzt – und mit wie geringen Mitteln gedachten sie es zu erreichen! Mit Spindelhemmungen – mit Löffelunruhen, deren kläglich humpelnder Gang von einer Schweinsborste reguliert wurde! Sie verfertigten alle Räder aus Eisen, und von einer Schnecke war ihnen nicht einmal die Ahnung aufgekommen.

Aber so ärmlich ihre Kunst, so reich war ihr Vertrauen. Sie wußten – das heißt, sie glaubten, und weil sie glaubten, wußten sie – daß Schwäche zur Stärke erwachsen kann, wenn nur der rechte Segen auf ihr ruht. Kühn und demütig zugleich riefen sie die Hilfe desjenigen herbei, dem nichts unmöglich ist, und stellten die Werke ihres Fleißes unter seinen allmächtigen Schutz, empfahlen sie auch wohl der Fürsprache der Mutter Gottes oder eines vornehmen Heiligen. Einer der alten Meister hatte in den Boden des Federhauses, das die Kraft umschließt, von der alle Bewegung ausgeht, die das ganze Getriebe gleichsam beseelt, den Namen Jesu eingegraben. Von einem andern war, aus dem feingeschnittenen, prächtig ornamentierten Monogramm der heiligen Jungfrau Maria, der Schutzdeckel des Zifferblattes gebildet worden. Auf der Innenseite des Gehäuses standen die Worte eingraviert:

Kasper Werner hat mich gemacht
Vnd der heiligen Jvngfrav dargebracht
Da · man · zelt · 1541.

Immer reichere Schätze gelangten zum Vorschein, als Lotti Lädchen um Lädchen öffnete und schloß. Taschenuhren in den verschiedensten Formen, achteckig, rund, oval, elliptisch, sternförmig, in Gehäusen aus Gold und Silber, aus Smaragd, Rauchtopas, Bergkristall. Unter andern gab es eine Uhr in Kreuzform, mit dem Augsburger „Stadtphyr", „Wardein- und Wichszeichen" versehen. Das Gehäuse, das Zifferblatt und der innere Deckel waren mit Darstellungen des Leidens Christi bedeckt, die dem besten Künstler zur Ehre gereicht hätten. Leider fehlte das Meisterzeichen. Aber mit Blindheit hätte man geschlagen sein müssen, um nicht sogleich zu erkennen, daß die prächtige deutsche Arbeit aus der Zeit Kaiser Rudolfs II. stammte und vermutlich von Hans Schlotheim hergestellt worden war.

Über den Ursprung ihrer nächsten Nachbarin, gleichfalls kreuzförmig, mit Gehäuse aus einem Stück Rauchtopas, konnte kein Zweifel obwalten. Ihr Schöpfer hatte sie nicht namenlos in die Welt geschickt, sondern neben dem Stellungsrade brav und deutlich sein „Konrad Kreizer" eingeschrieben.

Eine ganze Schar anmutiger Französinnen folgte. Köstliche Ührchen, geschmückt mit Emailmalereien von den Brüdern Huaut, oder mit erhaben geschnittenen Blumen, mit buntem Blattwerk, mit durchbrochenen Arabesken aus vielfarbigem Golde. Die Sammlung enthielt nicht minder merkwürdige Arbeiten von Tompion in England, Albrecht Erb in Wien, Gerard Mut in Frankfurt, Matthäus Degen, Christoph Strebell. Kurz, es fehlten wenig große Namen, und wer die vorhandenen mit recht scharfen Augen betrachtete, der sah mehr, als nur Namen in eine Metallplatte eingeritzt, der sah das Wesen des Meisters sich deutlich in seinem Werke spiegeln.

Nach all den köstlich verzierten Stücken erschienen die einfachen Taschenuhren von Pierre le Roy, Berthoud, Breguet, eine Emmery... Ach, die weckt traurige Erinnerungen, mahnt an die große Enttäuschung in Lottis Leben. Mit einer solchen Uhr in der Hand trat dereinst... Hinweg! – Schlafe du nur ruhig weiter. Hinweg von dir zu dem unerhörtesten Kuriosum der Sammlung – zu der Seetaschenuhr von Mudge dem Ersten.

Die Geschichte will wissen, daß dieser berühmte und unsterbliche Mann in seinem Leben nur drei Seeuhren verfertigt hat, und zwar die erste im Jahre 1774, und die beiden anderen, der blaue und der grüne Zeithalter genannt, im Jahre 1777. Nun, die Geschichte hat einmal wieder geirrt. Hier war sie auf die gründlichste Art der Welt widerlegt, durch eine Tatsache – hier war eine vierte Mudge. Zwillingsschwester der älteren, der von Maskelyn in Greenwich geprüften und sicherlich in demselben Jahre mit dieser entstanden, wie denn auch die beiden jüngeren in einem Jahre gemacht worden waren.

Die weltbekannten Beschreibungen, die wir von der ersten Seeuhr Mudges besitzen, paßten genau auf die, welche sich in Lottis Händen befand.

Die Uhr war echt, ihr edler Ursprung über jeden Zweifel erhaben, es war eine ganze Mudge – die Leistungsfähigkeit ausgenommen. Die durfte man freilich nicht mehr von ihr verlangen, der über hundert Jahre alten Greisin.

Die letzte Lade, die von Lotti geöffnet wurde, enthielt schöne Arbeiten von Arnold, Richard, Recorder, Robert, Courvoisier, Bruchstücke von hölzernen Unruhen Simon Henningers und Lorenz Freys und eine vollständig erhaltene hölzerne Taschenuhr von Andreas Dilger aus Gütenbach.

Ein Familienerbe! – Als Bräutigam hatte sie der Urgroßvater Lottis ihrer Urgroßmutter zugleich mit seinem Herzen dargebracht. Gottfried nannte sie die Majoratsuhr. Sie war nie getragen worden, hatte als Schaustück im Glasschranke der Urgroßmutter geruht. Nur an hohen Festtagen wurde sie hervorgeholt und zur Freude des Enkelchen Lotti aufgezogen. Dann setzte sie sich aber auch stracks in Bewegung und vollführte einen so akkuraten und energischen Gang und bimmelte so fleißig fort, als ob sie noch in der Blüte ihrer Jahre stände, und als ob sie all die Zeit einholen wollte, die sie in unfreiwilliger Muße versäumt.

Wie war sie nett! Wie waren ihre hölzernen Räder, Platten, Kolben so bewunderungswürdig ausgearbeitet. Wie sauber ausgestochen der Unruhkolben und die Stellungsflügel, und wie schön verziert die beiden und die Kolbenplatte. Man sah der kleinen Dilger gar deutlich die Liebe an, mit der sie ausgeführt, und auch die, mit der sie zeitlebens gehegt und gepflegt worden war. Ihr gehörte Lottis letzter und zärtlicher Blick, bevor sie die Lade zuschob und dabei dachte: „Ja, meine Uhren – die machen mir noch das Sterben schwer!"

In diesem Augenblicke wurde die Zimmertür geöffnet.

„Guten Morgen", sprach eine tiefe und wohlklingende Stimme.

Lotti wandte sich rasch: „Du, Gottfried? Ist es denn schon acht Uhr?"

„Noch nicht", war die Antwort, „ich bin heute unpünktlich."

„Zeichen und Wunder", rief Lotti, „was ist geschehen? Was gibt's?"

Gottfried war an den Arbeitstisch getreten. Er hob die kleinen Glasglocken von den Uhren, die darunter lagen, und nahm jedes einzelne Werk auf das allergenaueste in Augenschein.

„Du bist ja fertig", sagte er nach einer Weile.

„Beinahe – aber antworte mir doch – was gibt's?"

Er richtete sich empor, sah Lotti mit geheimnisvoller Miene, halb freudig, halb zweifelnd an und sagte: „Eine Überraschung."

4.

„Eine Überraschung?" wiederholte Lotti mit einem Anfluge von Sorge, „wenn ich Überraschungen nur zu schätzen wüßte."

„Diese wird dir gefallen", entgegnete Gottfried. „Ich habe einen Laden gemietet und bereits eingerichtet."

Lotti schlug die Hände zusammen und konnte vor Staunen nur die Worte herausbringen: „Aber nein!... Aber wo?"

Nun, nirgends anders, als gleich nebenan in der breiten belebten Straße, die zum Domplatze führt. Ein allerliebster kleiner Laden, an dessen Ausschmückung seit acht Tagen eifrigst gearbeitet wurde, der ein schönes Fenster bekommen hatte aus einem Stück tauklaren Glases, und eine geschmackvolle Vitrine mit feiner Einfassung aus Ebenholz. In dieser lagen seit gestern eine Kalenderuhr von Audemars und ein Chronometer von Dent inmitten anderer Uhren aus den vornehmsten Häusern.

Lotti war bewundernd vor ihnen stehen geblieben, aber heute erfüllte deren Kostbarkeit sie mit Schrecken. „Ein solcher Wert!" meinte sie, „ein so großes Kapital!" es schien ihr fast zu kühn, daß Gottfried die Bürgschaft dafür übernommen hatte.

Er jedoch war durchdrungen von Ruhe und Zuversicht.

Seit langer Zeit hatte er seine Vorbereitungen getroffen. Der Meister, der ihn beschäftigte, die Freunde, die er sich noch während seiner Lehrzeit erworben, unterstützten und förderten ihn dabei auf das kräftigste. Als ob es sich an ihm erproben sollte, daß nicht bloß diejenigen Vertrauen erringen, die es nicht wert sind, sondern manchmal doch auch einer, der es verdient, fand er allenthalben bereitwilliges Entgegenkommen. Es wurden ihm so billige und günstige Bedingungen gemacht, daß er, um in seinem Geschäfte zu bestehen, keineswegs auf ein besonderes Glück zu rechnen, sondern nur auf das Ausbleiben eines raffinierten Unglücks zu hoffen brauchte.

Das setzte er Lotti auseinander, die ihm aufmerksam und immer freudiger zuhörte und endlich meinte, in der ganzen Geschichte gäbe es zwei verwunderliche Dinge; erstens, daß er sich zu dem jetzt gefaßten Entschluß solange nicht gebracht, und zweitens, daß er sich doch dazu gebracht. Was sie von der Sache halte, wisse er; hatte sie ihn nicht schon vor Jahren beschworen, sich auf eigene Füße zu stellen?

Gottfried erwiderte, seine Pedanterie sei schuld, daß es nicht früher geschehen. Er hatte sich's einmal vorgesetzt, sein Geschäft nicht anzufangen, wenn er dazu auch nur einen Heller fremden Geldes brauchen würde. Um jedoch alles aus Eigenem bestreiten zu können, dazu habe es eben viel Zeit gebraucht.

„Und gut angewandte, das weiß Gott", meinte Lotti. „Heil dir, daß du gleich so stattlich ausrücken kannst an der Spitze von Dents und Audemars'…"

„Die beide schon halb und halb verkauft sind", fiel er ihr ins Wort.

„Gottfried, du machst mich übermütig! Einen Wunsch hast du mir erfüllt, der schon vor Altersschwäche erloschen war – jetzt wird ein zweiter, dem es ähnlich ergangen, lebendig. Du mußt heiraten, Gottfried."

Er richtete seine kleinen, glänzend braunen Augen fest auf sie und sprach ganz unternehmend:

„Warum nicht?"

„Das sag ich ja", rief Lotti, „warum nicht? Warum solltest du die brave Frau nicht finden, die du verdienst? Nur suchen heißt es, nur sich ein wenig bemühen, nur nicht, wie du es bisher getan hast, jeder Gelegenheit aus dem Wege gehen, mit einem jungen Mädchen zusammen zu kommen, das vielleicht denken könnte: dieser Gottfried Feßler wäre kein übler Mann für mich."

Er lachte. „Ein junges Mädchen denkt das nicht."

„Ich meine auch kein sechzehnjähriges."

Lotti hatte sich an den Arbeitstisch begeben und begann, die reparierten Uhrwerke in ihre Gehäuse einzusetzen.

Gottfried stand im Fenster und sah ihr zu. „Wann wird die Bestellung abgeliefert werden?" fragte er nach einer kleinen Weile.

„Kann morgen geschehen."

„Tu es selbst, ich bitte dich, und nimm zugleich Abschied von dem Meister. Du darfst für ihn nicht mehr arbeiten."

Lotti blickte ein wenig betroffen empor. „Abschied nehmen – das wäre schon gut, aber – so plötzlich, so ohne weiteres? Ich bin ihm Dank schuldig, er hat immer Rücksicht auf mich genommen, mich nie ohne Arbeit gelassen, immer gut und rasch bezahlt."

„Rasch ja, gut – nein. Mache dir keine Sorgen. Ich habe den Herrn bereits darauf vorbereitet, daß er jetzt seine beste Arbeiterin verliert. Wie leid ihm ist, mag Gott wissen, aber begreiflich muß er's finden, daß du dich von nun an für niemanden mehr plagen wirst als für mich, was so viel heißt, als für dich selbst, denn – nicht wahr?…" Er war plötzlich in heiße Verlegenheit geraten und stockte. „Oh", nahm er bald wieder das Wort, „da hätte ich beinahe vergessen! Der Herr bittet dich nur noch um einen letzten Freundschaftsdienst. Du möchtest so gut sein, diese Uhr anzusehen. Ist sehr fein, sagte er, hat deine Lieblingshemmung."

„Duplex also."

„Jawohl. Er weiß gerade keinen Arbeiter, dem er sich getraut, sie in die Hand zu geben. Überdies hat's Eile. Morgen abend möchte er sie wieder haben."

Lotti wandte einem hölzernen, mit Messing eingelegten Kästchen, das Gottfried vor sie hingestellt hatte, den Blick eines teilnehmenden Arztes für einen Patienten zu und fragte:

„Was fehlt denn?"

„Weiß nicht", erwiderte Gottfried, „aber ich glaube, nicht viel. Der Herr hat mir eine lange Geschichte erzählt, er hat die Uhr von einem, der sie aus Leichtsinn oder aus Not losschlug, um ein Spottgeld. Will sie jetzt sehr teuer verkaufen, deshalb sollst du die Herstellung besorgen. Er schwatzte lang und breit, ich habe nicht zugehört. Es wäre auch überflüssig gewesen, nachdem ich wußte, was mich dabei anging."

Lotti, die das Kästchen nicht mehr aus den Augen gelassen, hatte es geöffnet und dann auch – mit seltsamer Spannung und Hast – die Uhr, welche darin gelegen. Unverwandt starrte sie den Namen F. Alexi & Sandoz frères auf der Küvette, und die Zahl an, die darunter stand.

„Verkauft – wie sagtest du? – aus Leichtsinn oder aus Not", sprach sie gepreßten Tones.

„Freilich, freilich", versetzte er, lehnte sich tiefer in das Fenster zurück, sah auf den Boden nieder und schien ernstlich und scharf nachzudenken. „Du wirst mich doch heute im Geschäft besuchen!" rief er plötzlich aus.

Lotti nickte bejahend; sie hatte bereits begonnen, die Uhr zu zerlegen.

»Das Schild ist noch nicht angebracht", fuhr Gottfried langsam und zögernd fort, „aber fertig ist es schon. Es wird nicht angebracht, bevor du die Erlaubnis dazu gibst." Er hielt inne, er wartete, aber vergeblich. Lotti schwieg, und so hub er dann nach abermaliger Pause von neuem an:

„Denke nur, welche Freiheit ich mir genommen – denk nur – ich habe auf das Schild schreiben lassen... wie gesagt, oder nicht gesagt, auf jeden Fall, wie selbstverständlich – es kann geändert werden, wenn du es wünschest..."

Jetzt erst wagte er es wieder, sie anzusehen. Sie war ganz versunken in ihre Arbeit – eine unbegreiflich schwere Arbeit für sie, die Meisterin! Ihre sonst so sichere Hand zitterte, ihr Gesicht war hoch gerötet, eine mühsam unterdrückte Erregung gab sich in ihrem ganzen Wesen kund.

Was ist ihr denn? dachte Gottfried. – Ahnt sie, was er ihr zu sagen hat und versetzt sie das in eine Befangenheit, die aussieht wie Bestürzung? Wär's doch so! dann nimmt sie wenigstens die Sache ernst, und er braucht nicht zu fürchten, mit einem Scherze heimgeschickt zu werden, das Ärgste, das ihn geschehen könnte, dem alten Menschen. Ihre sichtbare Unruhe befreit ihn von dieser Sorge und zugleich von aller Ängstlichkeit. Er atmet auf und spricht mit einem gewissen unbeholfenen Humor, dabei aber höchst bedeutsam und nachdrücklich: „Es wäre schade, wenn an dem Schilde etwas geändert werden müßte; es ist sehr hübsch ausgefallen... Macht sich wirklich gut, auf glänzend schwarzem Grund, das G. u. L. Feßler... G. und L... Gottfried und Lotti..."

Ihre Stirn glühte, ihre Wangen brannten, sie beugte sich tiefer über ihre Arbeit und wiederholte mechanisch und ausdruckslos: „Gottfried und Lotti?"

Nein! Ihre Gedanken waren nicht bei ihm. In der Weise hätte sie ebensogut fremde Namen ausgesprochen. Die Worte, die sie vernommen, waren an ihr Ohr gedrungen, die schüchterne, inständig bittende Frage, die in ihnen lag, nicht an ihr Herz...

Jetzt trat von allen Pausen, die während dieses Gesprächs gemacht wurden, die längste ein. Still war's im Zimmer, nichts hörbar, als das Ticken der vielen Uhren und endlich ein tiefer, tiefer Seufzer aus Gottfrieds Brust.

Lotti erhob den Blick und sah trotz des feuchten Schleiers, der sich vor ihre Augen gelegt hatte, den Ausdruck leidvoller Enttäuschung in seinen Zügen.

„Was ist dir, Gottfried?" sprach sie.

„Du hörst mich nicht an", entgegnete er unmutig.

Sie nahm sich mit Gewalt zusammen: „Doch, ich habe alles gehört."

„Hast du? Wirklich? und – hast nichts einzuwenden?... Es ist dir recht – du weißt..."

„Es ist mir recht, gewiß. Aber wenn du, Lieber, auf dein Schild auch nur G. Feßler hättest schreiben lassen, für uns hätte es dennoch und immer ‚Geschwister Feßler' bedeutet."

„Geschwister – so? –– ja, Geschwister", murmelte er und zögerte, die Hand anzunehmen, die Lotti ihm reichte. Allein er ergriff sie und drückte sie fest und treuherzig, als Lotti sagte:

„Es versteht sich ja von selbst, daß wir zwei nach wie vor treu zusammenhalten."

„– Das Schild wird also angebracht", sprach er, mit einem herzhaften Versuch, vergnügt zu scheinen. „Komm es bewundern, komm bald!"

Er nahm seinen Hut und verließ das Zimmer.

Lotti war wieder allein und setzte ihre einen Augenblick unterbrochene Beschäftigung emsig fort. Sie hatte an der Uhr, die Gottfried mitgebracht, alle Brücken abgeschraubt, alle Räder ausgehoben, bis auf das Minutenrad. Das haftete noch, festgehalten vom Viertelrohr. Aber auch dieses muß nun weichen, das letzte Rad liegt bei seinen Kameraden, und Lotti hat gefunden, was sie suchte, was sie zu finden gewiß war. Ihren eigenen Namenszug und das Datum des 12. Mai, mit fast unsichtbar kleiner Schrift in die Bodenplatte eingeritzt und verborgen durch die Zähne des Rohrs.

Am 12. Mai, an dem Tage, der sich heute zum fünfzehnten Male jährte, hatte sie diese Zeichen da hinein geschrieben und diese Uhr ihrem Verlobten geschenkt und dabei gesagt:

„Sie kann uns gute, sie kann uns traurige Stunden anzeigen, aber keine, in der unsere Treue gewankt hätte."

So vermessene Behauptungen wagt die Jugend aufzustellen, solche

Schwüre schwört die kindische Liebe, die kaum erwacht, auch schon die Kraft in sich fühlt, ewig zu leben. Torheit ohnegleichen! Ebensogut könnte die Rose schwören, daß sie niemals welken wird, denkt Lotti, und halb erloschene Erinnerungen tauchen in ihrer Seele auf. Bleiche Schatten ringen sich los aus der Nacht der Vergessenheit und gewinnen allmählich Farbe und Gestalt. Sie ziehen langsam vorüber, mächtig genug, um noch eine leise Wehmut, nicht mehr mächtig, einen Schmerz zu erwecken. Sie gleichen dem Gedanken, an einen dunklen, peinvollen Traum, aus dem der Schläfer zum Licht und zum Frieden erwacht.

5.

Vor fünfzehn Jahren, an einem Winternachmittage, war ein junger Mann in der Werkstätte Feßlers erschienen und hatte ihm eine alte Uhr gebracht, mit der Bitte, sie zu schätzen. Während Feßler die Uhr betrachtete, betrachtete der junge Mann ihn so aufmerksam, wie ein Maler tut, der sich das Bild eines Menschen, den er aus dem Gedächtnis malen soll, einzuprägen sucht.

„Dies ist", sprach Feßler, nachdem er eine lange und sorgfältige Untersuchung beendet hatte, „ein kostbares Stück." Er rief seine Tochter herbei, um auch ihre Meinung zu hören.

„Wie?" sprach der Fremde ein wenig spöttisch und sehr erstaunt, „sind Sie Kennerin, mein Fräulein?"

Lotti fühlte den Blick auf sich ruhen, mit dem fast alle jungen Männer, denen sie zum ersten Male begegnete, sie ansahen; den Blick, der deutlich fragt: Was willst du in der Welt? und an den ein nicht hübsches Mädchen sich gewöhnen muß.

Sie nahm die Uhr aus der Hand ihres Vaters und erkannte in dem kleinen Kunsthandwerk sogleich ein Taschenchronometer von Emmery mit Mudgescher Hemmung.

Der Fremde lachte herzlich auf, als sie das sagte.

„Ist's richtig, Herr Feßler?"

„Ganz richtig", erwiderte der unangenehm berührt von dem über Gebühr zutraulichen Wesen des jungen Mannes, der an die Seite Lottis tretend, in seinem früheren Tone fortfuhr:

„Sie können mir vielleicht auch sagen, was diese Uhr wert ist?"

Lotti schüttelte den Kopf. „Was sie jetzt wert ist, kann ich nicht sagen; als sie neu war, sind gewiß nicht weniger als 150 Guineen für sie bezahlt worden."

„Als sie neu war? Und wann mag das gewesen sein?"

„Vor siebzig Jahren etwa."

„Ich bewundere Sie!" rief der junge Mann äußerst belustigt; „das alles erkennen Sie so auf den ersten Blick?... Jetzt aber die letzte, wichtigste Frage: Wieviel ist sie heute, wieviel ist sie Ihnen wert?" fügte er zu Feßler gewendet hinzu.

„Sie wäre mir sehr viel wert, wenn ich nicht eine ganz ähnliche besäße."

„Ah! in Ihrer Sammlung?... Wenn Sie doch wüßten, Herr Feßler, wieviel Gutes und Schönes ich schon von ihr gehört habe, von dieser Sammlung, und wie glücklich ich wäre, sie kennenzulernen... Wenn Sie das wüßten – Sie würden mir den elenden Vorwand verzeihen, den ich gebraucht habe, um mich bei Ihnen einzuschleichen."

Er legte eine gründliche Beichte ab.

Er hieß Hermann von Halwig, war ein kleiner Beamter und nebenbei ein ganz kleiner Poet und arbeitete eben an einer Novelle, in der eine alte Uhr eine große Rolle zu spielen hatte. Die mußte geschildert werden, und um das zu können, brauchte er Modelle, brauchte er vor allem einige fachmännische Kenntnis.

„Nehmen Sie mich ein wenig in die Lehre, bester Meister", schloß er, „würdigen Sie mich eines Einblicks in Ihre Sammlung – Ihr Heiligtum, wie ich höre. – Daß ich ein ausgezeichneter Schüler sein werde, das verspreche ich nicht, aber ein dankbarer bin ich gewiß!"

Feßler sah den hübschen blonden Gesellen ein Weilchen nachdenklich an. Ihm gefielen seine fröhlichen blauen Augen und die sorglose Sicherheit, das muntere Selbstvertrauen, mit denen er sich auf diese Reise durchs Leben zu begeben schien. Schweigend holte der alte Mann aus der Sammlung einige schöne Exmeplare herbei und begann ihre Eigentümlichkeiten und Vorzüge mit der Wärme eines Liebhabers auseinanderzusetzen.

Halwig unterbrach ihn anfangs sehr oft; er konnte die Scherze nicht unterdrücken, die ihm alle Augenblicke auf die Lippen traten. Allmählich jedoch wurde er still. Das herablassende und oberflächliche Interesse, das er für einige „Favoritinnen aus dem Uhrenharem" gezeigt hatte, verwandelte sich in ein gespanntes. Den Kopf in die Hand gestützt, sah er bald die Uhren auf dem Tische, bald den Meister, zuletzt nur noch diesen an, und dabei erhellte der Ausdruck einer so innigen Freude und Verehrung seine Züge, daß Feßler dachte: dem Burschen könnte ich gut sein – trotz des Leichtsinns, mit dem er vorgab, eine Emmery verkaufen zu wollen.

Der Bursche aber richtete sich plötzlich auf. „Was für Augen haben Sie!" rief er, „was kann Ihnen ein Rädchen, eine Spindel, ein Ornament, ein Stückchen Email nicht alles erzählen!... Was für Augen und was für ein Herz... Sie sind ein Künstler!..."

Er deutete nach dem Schranke, dem Feßler die Uhren entnommen. „Das

Kästchen dort ist für Sie, was für einen Poeten ein Schrein voll der köstlichsten Werke großer Dichter, die vor ihm gelebt haben. Eine schweigende, tote Welt, die ein Blick zum Dasein erweckt, zu einem mächtigern, schönern Dasein, als das sogenannte wirkliche... Ein Blick – ein sehender, der Blick des Verständnisses muß es sein... Nicht wahr, lieber Meister? – Verständnis ist alles – Weisheit, Liebe, Poesie... Nach dem allein haben wir zu ringen, die wir uns einbilden, Dichter zu sein... An Stoffen fehlt's, höre ich die Leute sagen. – Begreife das Begreifbare und aus allem, was dich umgibt, dringt die Fülle bildsamen Stoffes auf dich ein, und wenn es dier an etwas fehlt, so ist's an Kraft, die wogenden Quellen zu fassen und sie zu leiten an ein gewolltes Ziel!"

Er sprang auf, ergriff die Hand Feßlers, nannte ihn einen edlen, einen seltenen, einen herrlichen Mann und verabschiedete sich mit der Bitte, recht bald wiederkommen zu dürfen. Und er kam wieder, kam täglich, ganze Wochen hindurch, und wenn er je einmal ausblieb, bedauerte dies niemand mehr als Feßler. Lotti sprach überhaupt nicht von ihm, vermied es sogar, seinen Namen zu nennen; und was Gottfried betraf, der meinte, es sei nicht übel, zwölf Stunden lang Ruhe zu haben in der Werkstatt. Er leugne nicht, daß Halwig eine große Unterhaltungsgabe besitze, allein für seinen Geschmack machte der „Poet" einen übermäßigen Gebrauch von ihr.

„Wenn ich am Sonntag Unterhaltung habe, ist mir's genug, täglich Unterhaltung ist mir zu viel", sagte er und bewies es, indem er begann, das Haus zu den Stunden zu verlassen, in denen Halwig es zu besuchen pflegte. Dieser zeigte sich darüber gekränkt. Er war es nicht gewöhnt, gemieden zu werden; er hielt sich etwas zugute auf die Macht, die ihm über die Gemüter der Menschen gegeben war. Keiner, um dessen Neigung er sich beworben, hatte ihm widerstanden, er hatte immer gehört und geglaubt, daß man ihn lieb haben müsse, wenn er es darauf anlegte. Bitter beklagte er sich bei Lotti über die Steifheit und Kälte ihres Vetters, versicherte, trotzig wie ein verwöhntes Kind, er werfe seine Freundschaft niemanden an den Kopf, und wenn Gottfried ihn nicht möge, so zahle er es ihm mit gleicher Münze heim. Sobald sich jener aber blicken ließ, kam er wieder mit der alten und – darüber konnte kein Zweifel sein – aufrichtigen Wärme entgegen. Er bemühte sich, sein Interesse zu erwecken, ihm Teilnahme einzuflößen, er warb förmlich um ihn. Alle liebenswürdigen Eigenschaften seines beweglichen, frischen, herzgewinnenden Wesens kamen dabei zum Vorschein, rührten aber den nicht, dem zu Ehren sie sich in ihrem vollsten Glanze zeigten.

Eines Tages war Gottfried, mit einer dringenden Arbeit beschäftigt, von früh bis abends daheim geblieben und hatte im Eifer seines Fleißes die Stunde versäumt, zu der er jetzt regelmäßig seinen Rückzug vor dem „Luxusartikel", wie er Halwig nannte, anzutreten pflegte.

Zum Bewußtsein der Zeit wurde er durch Lotti gebracht, die eine Lampe auf den Tisch stellte und ihn mahnte, Feierabend zu machen.

„Ist es denn so spät?" fragte er.

„Spät und nicht mehr hell, du verdirbst dir die Augen."

„Was liegt daran? – Was liegt an mir?" sprach er halblaut vor sich hin, wie einer, der plötzlich geweckt, aus dem Schlaf redet. Er stöhnte schmerzlich auf und preßte beide Hände gegen die Stirn.

Lotti wurde feuerrot; schweigend, mit einer Gebärde der Mißbilligung wandte sie sich ab. Der Vater hatte seine allabendliche Zimmerpromenade unterbrochen, war vor Gottfried stehen geblieben und fragte, was ihm fehle.

„Nichts", erhielt er zur Antwort, „nur die Augen sind mir ein wenig müde geworden."

„Gönne dir Ruhe", sagte Feßler, „mache es mir nach, ich spaziere schon lange müßig auf und ab und hätte ganz gut noch eine Weile schaffen können – die Tage wachsen, der Frühling kommt heran... Ja, der kommt, man darf auf ihn zählen, der kommt. Wer aber ausbleibt", schloß der alte Mann seine Betrachtungen, „das ist unser Hofpoet... In drei Tagen hat er sich nicht blikken lassen, und auch heute – seine Stunde ist vorbei – er kommt nicht mehr."

„Um so besser!" rief Gottfried, „ich wollte, wir wären für immer von ihm befreit."

„Befreit! – Ist das dein Ernst?..."

„Leider ja", versetzte Lotti, und ein tiefer Groll sprach aus ihrer erregten Stimme.

Gottfried erhob den Kopf: „Was sagst du?"

„Daß du ungerecht bist, zum erstenmal in deinem Leben; ungerecht und grausam gegen einen edlen und guten Menschen... Es ist herzlos und tut ihm weh – gerade von dir – denn du bist es ja..." – ihre Lippen zitterten, ein Ausdruck von schmerzlicher Bitterkeit zuckte über ihr Gesicht – „der ihm der Liebste ist von uns allen..."

Sie hielt tief atmend inne, Gottfried murmelte ein zorniges Wort, und der Vater stand in stummer Betroffenheit vor seinen beiden Kindern. In seiner bisher ahnungslosen Seele dämmerte das Bewußtsein zerstörter Hoffnungen, eines nahenden Unglücks auf. Ehe er sich's versah, bevor ihm zu einer Befürchtung Zeit geblieben, war der Friede aus seinem stillen Hause entwichen und aus dem Herzen seiner Kinder...

In dem Augenblicke wurde an der Hausglocke gestürmt, bald darauf durcheilten leichte Schritte das Vorgemach.

„Da ist er doch", sagte Feßler.

Halwig erschien auf der Schwelle, er schwenkte seinen Hut und sah so glücklich aus, als ob er eben eine Welt erobert hätte.

6.

„Vater Feßler", rief er, „da ist es, da haben Sie's, mein Büchlein, mein erstgeborenes!... Sieht es nicht nett aus in seinem purpurroten mit Gold geputzten Kleidchen?... Lesen Sie, was hier steht, auf der ersten Seite: ‚Johannes
Feßler, meinem Lehrer, meinem Vorbild, meinem Freund...‘ Es ist Ihnen gewidmet, Ihr Eigentum, ich bringe, was aus meinem Herzen floß und Ihnen
gehört, und lege es Ihnen zu Füßen."

Er machte Miene, das Büchlein wirklich auf den Boden vor Feßler hinzule-
gen; der aber hinderte ihn daran: „Geben Sie es mir in die Hand, das ist Ehre
genug", sprach er und lächelte seinem Liebling zu, bei dessen Erscheinen der
trübe Ernst verschwunden war, der eben noch die Stirn des alten Mannes um-
düstert hatte. Er ließ sich erzählen, wie der Poet seit drei Tagen in verzehren-
der Erwartung seines Werkes gelebt, wie er jede freie Minute auf dem Post-
bureau zugebracht und durch die Ausbrüche seiner Ungeduld den Ärger
eines Versandbeamten und das Mitleid zweier Briefträger erregt habe. Jetzt
aber sei alles gut, meinte er und flehte, die Familie möge ihm diesen Abend
schenken und sich den Vortrag seiner Dichtung gefallen lassen. Er stellte die
Lampe auf den Tisch inmitten der Werkstätte und trug vier Sessel herbei.
Lotti sollte ihm gegenüber sitzen, Feßler und Gottfried neben ihm.

„Auf diese Stunde", sagte er, als alle Platz genommen hatten, „habe ich
mich gefreut von dem Momente an, in dem mir der erste Gedanke meines
Gedichts aufgegangen ist, bis zu dem, in welchem ich am letzten Verse ge-
feilt... Wie jetzt in der Wirklichkeit, umgaben Sie mich immerwährend im
Geist, Sie geliebten drei!"

Seine Augen ruhten vor Innigkeit und Wärme leuchtend auf seinem kleinen
Auditorium, dann öffnete er das Buch und begann zu lesen.

Was er las, war nur eine einfache Herzensgeschichte – ähnliche sind wohl
tausendmal berichtet, millionenmal erlebt worden. „Abgedroschen!" wollte
Gottfried schon ausrufen, aber er unterdrückte das Wort. Offenbar hatte der
Dichter nicht durch das Interesse an seiner Fabel zu wirken gesucht; was da
fesselte und bezwang, das war der Schönheitszauber, der in dem schlichten
Bilde webte, das war die Wahrheit und die Leidenschaft, die es atmete, und
wen man darin am liebsten gewann, das war der Dichter selbst. Absichtslos,
ja wider Willen hob seine Gestalt sich verklärt aus seinem Werke und erschien
so liebenswürdig wie die verkörperte Jugend. Er war von Begeisterung
durchglüht, von Talent getragen; eine Unendlichkeit wogte in seiner Seele.
Für Ernst und Scherz, für Zorn und Wehmut, Haß und Liebe, für jede Stimmung und Empfindung der menschlichen Brust lag das Verständnis in seinem
Herzen und der Ausdruck auf seinen Lippen. Kein Zweifel an sich selbst

hemmte seinen Schwung, kein Mißtrauen in seine Kraft lähmte ihn, er hatte sie, er wußte es, er war ihrer Wirkung gewiß und baute auf sie mit der unerschütterlichen Zuversicht, die dem Erfolg vorangeht, die ihn oft erzwingt.

Und so fragte er denn auch, als er geendet, voll freudiger Unbefangenheit: „Was sagen Sie... Ist es mir nicht gelungen?"

„Vollkommen", erwiderte Feßler, „es klopft ein Herz darin."

„Nicht wahr?... Und Sie, Gottfried – Ihre Meinung?"

Gottfried war die ganze Zeit hindurch dagesessen, den Ellbogen auf den Tisch und die Stirn in die Hand gestützt. Jetzt lehnte er sich in seinen Sessel zurück und sprach, ohne Halwig anzusehen: „Es ist schön, ganz schön."

„Ich danke Freund! Ein solches Lob von Ihnen, das tut wohl... Aber Sie – Fräulein Lotti... Sie schweigen – Sie sagen mir nichts..."

In glühender Verwirrung blickte Lotti zu ihm auf.

„Ich kann nicht – Sie sehen..." stammelte sie, ein schmerzliches, vergeblich unterdrücktes Schluchzen erstickte ihre Stimme.

„Lotti!... Ist es mir gelungen, Sie zu rühren, zu ergreifen?... Soll mein schönster Traum mir heute ganz in Erfüllung gehen?" Er sprang auf und eilte jubelnd auf sie zu.

Lotti streckte abwehrend die Hände aus; sie weinte, nicht sanft befreiende Tränen – Tränen qualvoller Beschämung und Empörung über sich selbst.

Halwig trat bestürzt zurück. Einen Augenblick stand er zweifelnd vor ihr, plötzlich aber leuchtete das Bewußtsein des Sieges, den er über diese Seele errungen hatte, mit süßem Triumphe aus seinen Augen, und er rief in einem Tone, aus dem Rührung, Entzücken und ein letztes Zagen zugleich herausklangen: „Sie zürnen mir? soll ich dafür büßen, daß mein Gedicht Sie bewegte?"

„Zürnen? Wie können Sie glauben?... Eine neue Welt hat sich vor mir aufgetan... Ich weiß nicht, ich kann nicht sagen, was ich am meisten bewundere – ich sehe nur wie groß, wie herrlich, und wie fern..."

Ihre Stimme brach, sie erhob einen raschen, hilflosen Blick zu ihm, den er einsog wie himmlischen Tau.

„Nicht fern", rief er, „o nein! Ihnen ist sie es nicht, sie lebt von Ihrem Leben, ist von Ihrem Atem durchhaucht... Schöpferin meiner Welt, haben Sie sich in ihr nicht erkannt?"

Und schon lag er vor Lotti auf den Knien, bedeckte ihr Hände mit seinen Küssen, nannte sie seinen Engel, seine Geliebte, seine Braut. Er pries die Stunde, in der sie ihm zum ersten Male begegnet war, und die noch schönere, ewig gelobte, in der er's zum erstenmal empfunden hatte, daß sie ihn liebe. Das war nicht heute, war nicht vor kurzem, das war sehr bald gewesen, nachdem sie einander kennenlernten – er wollte gar nicht gestehen, wie bald...

um nicht allzu vermessen zu scheinen, so vermessen wie man eben wird, wenn man sich geliebt weiß von dem edelsten und reinsten Herzen.

„Jetzt aber sprich!" bestürmte er sie, „bestätige mir mein Glück vor diesen teuren Zeugen... deinem Vater, deinem Bruder, den meinen von nun an – ein Wort, Geliebteste!"

„Was soll ich sagen – du weißt alles", war ihre Antwort, und jauchzend faßte er sie in seine Arme.

Seine Seligkeit war laut und beredt; unwiderstehlich brauste der Feuerstrom der Worte, die er ihr lieh, dahin, und vermochte die Einwendungen Feßlers zu übertäuben, und brachte Gottfried dazu, sich ein Wort der Fürsprache für den abzuringen, dem Lotti ihr Herz geschenkt. Freimütig erzählte Halwig die Geschichte seines Lebens, sprach von dem Leichtsinn, mit dem er das Erbe seiner Eltern zersplittert, gestand, daß er im Begriffe gewesen, auf schlechte Wege zu geraten, als sein schützender Stern ihn in das Haus Feßlers geführt hatte. Von dem Augenblick an war er ein anderer Mensch geworden. Er beschwor Feßler und Gottfried, Erkundigungen über ihn einzuholen. Seine Vorgesetzten im Amte, seine Freunde und Bekannten sollten entscheiden, ob er verdiene, hoffnungslos verworfen zu werden.

„Davon ist nicht die Rede", sagte Feßler, und Halwig rief:

„So lasset denn die Geliebte das Erlösungwerk vollenden, das sie an mir begonnen hat."

Sie wurde seine Braut; und der Mann, der ihr wie ein höheres Wesen erschien, machte sie zur Herrin seines Schicksals. Er ordnete sich ihr unter, er wollte ihr alles danken, was er besaß, er wollte alles, was er war, nur durch sie geworden sein. Sein junges Haupt, das schon von der Morgenröte des Ruhmes umglänzt wurde, beugte sich vor ihr, schmiegte sich demütig an ihre Knie.

„Das heißt verwöhnen", sagte Vater Feßler, aber Gottfrieds Meinung war: „Bete sie nur an, sie verdient's."

Einige Monate vergingen, da fiel der erste Schatten auf die bisher ungetrübte Seligkeit der Verlobten. Halwig hatte plötzlich den Staatsdienst aufgegeben, um sich ganz und gar seinem dichterischen Berufe widmen zu können, der ihm täglich neue Erfolge brachte. Ein zweites Büchlein war dem ersten gefolgt. Es erfüllte reichlich die schönen Erwartungen, die jenes erregt hatte. Die kleine Gemeinde von Bewunderern, die sich um den Dichter zu sammeln begann, wußte seines Lobes kein Ende und begrüßte auch sein drittes Werk mit unbegrenztem Entzücken. Und gerade dieses, das er, um eine übernommene Verpflichtung zu erfüllen, in fieberhafter Hast begonnen und beendet, war ihm vor allen anderen ans Herz gewachsen. Er hatte daran erprobt, daß er zu jeder Zeit Herr seiner Stimmung, seiner Phantasie, aller seiner Gaben sei, daß sein Talent ihm leiste und gewähre, was immer er von ihm verlangte. Er wußte jetzt, daß sein Wollen unumschränkt über sein Können gebot. Ganz erfüllt von dem Gefühl eines so vollkommenen Gelingens erschien er bei seiner Braut, und Lotti schwelgte im Anblick seiner stolzen Glückseligkeit. Als es jedoch hieß, ihre Meinung über die Arbeit aussprechen, welche Hermann seine beste und reifste nannte, zagte sie und antwortete mit Befangenheit nach langem Zögern:

„Alles, was du schreibst, gefällt mir."

„Dieses", rief er, „müßte dir auch gefallen, wenn ein anderer es geschrieben hätte."

„Vielleicht – gewiß…", erwiderte Lotti, erschrocken über den Ausdruck von Enttäuschung, der sich in seinen Zügen malte.

Er fuhr erregt fort: „Du mußt lernen, ganz von mir abzusehen bei der Beurteilung meiner Arbeiten. Daß Schönes geschaffen werde, daran liegt alles; ob ich es geschaffen, ob Hinz oder Kunz, daran liegt nichts… Der Standpunkt ist der einzig richtige – der soll der deine sein. – Deine Liebe zu mir darf sich nicht durch blinde Bewunderung äußern. Du mußt wissen, warum du bewunderst – mußt Gründe haben für dein Lob. Aufrichtigkeit verlange ich von dir und will hoffen, daß du mich ihrer würdig hältst."

„Hermann – wie könnt' ich anders?" fragte sie mit einem ängstlichen Lächeln. „Ich sage dir, was ich denke, aber das hat keinen Wert… Mein Urteil zu begründen, muß ich erst lernen… jetzt bin ich noch nicht imstande, dir zu sagen, warum ich dir dieses Mal nicht so leicht – nicht mit so voller – wie soll ich's nennen? – so voller Hingerissenheit folgen konnte wie früher, wie besonders bei deinem ersten, allerschönsten Gedicht…"

Nun brauste er auf. Er fragte, ob sie denn immer auf seine Anfänge zurückkommen wolle, ob ihr das Unbedeutendste am nächsten liege?

„Wenn du bei dem Punkte stehen bleibst, von dem ich ausging, während ich vorwärts jage, werden wir bald auseinander gekommen sein!" rief er, war nicht zu beschwichtigen und verließ sie im Zorne.

Freilich war er am nächsten Tage wieder da, demütigte sich vor ihr und weinte vor Reue, als sie ihn, womöglich noch liebreicher als sonst, empfing und ihm versicherte, nicht zu wissen, was sie ihm verzeihen solle. Er war so beschämt und in seiner Beschämung so ausnehmend und unwiderstehlich liebenswürdig, daß Lotti ihn bat, sich nur recht bald wieder einzubilden, er habe ihr weh getan.

Diese Bitte wurde erfüllt, aber in anderem Sinne, als sie gestellt war. Hermann ließ es an Gelegenheit nicht fehlen, ein gegen sie begangenes Unrecht gut machen zu sollen, aber diese Gelegenheit zu benützen, verstand er bald nicht mehr.

Ein leiser Zweifel, eine Frage vermochten alle Dämonen in seiner Brust zu entfesseln, und Lotti erkannte mit Entsetzen, daß es Augenblicke gab, in denen er sie haßte. Da legte er den Ausbrüchen seines Zornes keine Zügel an. Er litt und fand es natürlich und gerecht, daß sie, die ihn liebte, mit ihm leide. Wenn er sich von ihr mißverstanden oder im stillen getadelt glaubte, warf er ihr ihre untergeordnete Tätigkeit, ihren beschränkten Wirkungskreis vor.

„Von dem, was ich anstrebe, steht freilich nichts im ‚Le Paute'!" rief er eines Tages, und Gottfried, der bisher männlich an sich gehalten hatte, fuhr empor: „Noch ein solches Wort, und ich schlage dir den Schädel ein!"

Dem heftigen Auftritt zwischen den beiden Männern, der darauf folgte, wurde mühsam genug von Feßler ein Ende gemacht; aber von nun an begann Gottfried sein passives Benehmen dem Brautpaar gegenüber aufzugeben.

„Du bist ein ungebärdiges Kind", sagte er zu Halwig, „du wärst imstande, das Liebste, das du hast, in einem Anfall übler Laune zu zerstören; ich will strenge Wache über dich halten."

Halwig drückte ihm die Hand, er begab sich gern unter den Schutz seines besten Freundes.

„Verschwören wir uns gegen alle meine Fehler!" rief er ganz beseelt von den edelsten Vorsätzen, „wenn du mir treulich hilfst, will ich ihrer schon Herr werden!"

Lotti war mit diesem Bündnisse nicht zufrieden, sie wußte, daß Hermann die Selbstbeherrschung, die es ihm auferlegte, ebensowenig zu bewahren vermochte, wie er die Aufrichtigkeit vertrug, nach der er immer verlangte. Seine ganze Natur empörte sich gegen den Zwang, die leiseste Mißbilligung fraß ihm am Herzen, erbitterte ihn, machte ihn unglücklich und überzeugte ihn nie. Was ihn stählte, was alle seine Kräfte entfaltete, das war der Kampf gegen Haß und Verfolgung und der Genuß überschwenglichen Lobes und verhimmelnder Liebe.

„Ich kann nur im Lichte gedeihen, und ihr lebt im Halbdunkel", rief er einmal nach einer langen Kontroverse mit Gottfried und verließ das Zimmer ohne Abschiedsgruß. Lotti erhob sich lautlos und ging ihm nach. Eine Weile darauf hörte man aus dem Vorgemache sein zorniges Sprechen herübertönen, manchmal unterbrochen durch ihr sanft beschwichtigendes Flehen. Dann wurde die Haustür zugeschlagen, und eine lange Zeit verfloß, bevor Lotti, noch bleich und zitternd, in die Werkstatt zurückkehrte.

Am Abend sprach Feßler zu Gottfried:

„Was ich dir sagen wollte: Gib dein Erziehungswerk auf. Den Halwig änderst du nicht. Laß ihn. Ihr ist er ja recht, wie er ist."

„Aber Vater, er mißhandelt sie."

Feßler seufzte und zog bedauernd die Achseln in die Höhe. „Seine Mißhandlungen sind ihr lieber, als die Liebkosungen eines andern. Das ist so Weiberart."

Gottfried schwieg und ließ fortan die Dinge gehen, wie sie gingen.

Die Besuche Halwigs wurden immer seltener, und wenn er kam, war er entweder düster und verschlossen, oder von einer aufgeregten und erzwungenen Lustigkeit, die unter allen seinen wechselnden Stimmungen Lotti am peinlichsten berührte. In eine solche geriet er einmal, als Feßler über einige Vorbereitungen zur nahenden Hochzeitsfeier sprach, und bald darauf erklärte Lotti ihrem Vater, die Vermählung müsse hinausgeschoben werden.

„Hat er den Vorschlag gemacht?" rief Gottfried.

„Ich wünsche es!" entgegnete sie rasch.

„Warum... Mißtraust du ihm?"

„Vielleicht nur mir", war ihre Antwort. Scheinbar völlig ruhig begab sie sich an die Arbeit.

Kurze Zeit, nachdem Lotti diesen Entschluß gefaßt, schien Hermann ganz zu ihr zurückzukehren. Er hatte eine große Enttäuschung erlitten, er fand Trost bei ihr, die seinen Schmerz tiefer empfand, als er selbst. Sein gesunkener Mut wurde indessen bald wieder durch neue Erfolge gehoben, und die unausbleiblichen Früchte derselben stellten sich ein. Die Huldigungen, die ihm dargebracht wurden, wollten bezahlt werden, sie forderten ihren Lohn, machten Ansprüche auf die Persönlichkeit, auf die Zeit des Dichters. Verwandte, die sich vor Jahren von ihm losgesagt hatten, erinnerten sich plötzlich, und erinnerten ihn, daß er zu ihnen gehöre. Wenn er von seiner Verlobung mit der Tochter eines Uhrmachers sprach, hörten sie ihn mit der überlegenen Nachsicht an, die gescheite Leute für Künstlerlaunen zeigen. Halwig begann sich einzubilden, daß er seine Braut nur um den Preis schwerer Opfer, harter Kämpfe werde heimführen können. Er ersparte und verschwieg ihr nichts; kein noch so herbes Urteil, das Menschen über sie fällten, die sie nie gesehen hatten, kein Bedenken derer, denen er früher aus dem Wege gegangen war, und die er jetzt „die Seinen" nannte. Er schrieb diese

grausame Offenheit dem unbegrenzten Vertrauen zu, das er für Lotti empfand, und die bestärkte ihn darin. Sie wußte, daß sie seine Liebe verloren
hatte, aber den Schatten derselben, dieses Vertrauen, das ihr sein Herz öffnete, sie seine geheimsten Gedanken kennen ließ, an dem hielt sie fest, das
hütete sie wie das heilige Feuer, wie ihr Lebenslicht. Als ob ihre Liebe in dem
Maße wüchse, in dem die seine abnahm; als ob er sie durch Qual fester an
sich ketten würde, wachte sie über dem kleinen Reste seiner Neigung in übermenschlicher Treue und Geduld. Ein Aufflackern seiner erlöschenden Empfindung war ihr, was der Mutter ein Lächeln ihres sterbenden Kindes ist.

Endlich kam die Stunde, in der sie ihre Kraft erlahmen fühlte, in der ihr
glühender Entsagungsmut sie verließ. Nach jahrelangem Ringen erwachte in
ihr die unwiderstehliche Sehnsucht nach Frieden. Aber sie wollte ihn nicht
mit einem Selbstvorwurf in der Seele dessen erkaufen, den sie so sehr geliebt
hatte. Sie führte die Entscheidung an einem Tage herbei, an dem er sich einmal
wieder ihr gegenüber so herzlich, so warm, so voll Hingebung und Innigkeit
gezeigt, wie in der Frühlingszeit ihrer Liebe.

Er war länger verweilt, als er beabsichtigte und sprang erschrocken auf, als
einige Uhren zugleich die fünfte Nachmittagsstunde schlugen.

„Ich sollte längst fort sein!" rief er, „aber gleichwie... Bei dir versäume
ich nichts, ich gehe immer reicher, besser, als ich gekommen bin... Ich bin
ein Narr, so selten zu kommen."

Sie traten beide an das geöffnete Fenster, durch das die sanft bewegte Luft
des lauen Herbstabends hereinflutete. Die Sonne hatte sich hinter einer
schweren Wolke verborgen, aber ihr Widerschein säumte den Horizont mit
Purpurstreifen. Breite, goldige Lichter lagen auf den Dächern der Häuser und
behaupteten sich noch siegreich gegen die grauen Dünste, die von den Bergen
herzogen und den östlichen Teil der Stadt schon in ihre wallenden Schleier
gehüllt hatten. Drüben am Kai jagte Wagen an Wagen vorbei, drängte und
tummelte sich das Menschengewühl, während der Strom lautlos und träge
seine trüben Wellen rollte.

„Die Aussicht hab ich lieb", sprach Halwig, „ich sehe gern das Treiben
der großen Stadt so tief unter mir... Dein Vater hat recht, seine hohe, alte
Warte nicht zu verlassen, wenn es ihm auch manchmal schwer fallen mag,
sie zu erklimmen... Leb wohl – das heißt auf Wiedersehen!"

„Nein, nein", sagte Lotti hastig, „es heißt Leb wohl..." Eine brennende
Röte bedeckte ihre Wangen, und sie umspannte mit beiden Händen die
Hand, die er ihr gereicht. „Wir wollen scheiden, wir müssen... als gute
Freunde, aber für immer. Gib mir mein Wort zurück, wie ich dir das deine
zurückgebe, Hermann..."

„Was ficht dich an?" fragte er.

Sein Ton klang vorwurfsvoll, allein ein Blitz freudiger Überraschung, kaum sichtbar für ein anderes Auge als das ihre, hatte während ihrer vorhergehenden Rede in seinem Angesicht aufgeleuchtet.

„Ich kann deine Frau nicht werden", fuhr sie rascher und mit fliegendem Atem fort: „Schon lange wollte ich dir das sagen... Ich ringe schon lange mit mir... Ich kann mich von meinem Vater nicht trennen, kann auch die Lebensweise nicht aufgeben, an die ich gewöhnt bin, von Kindheit an... die mir sehr lieb ist..."

„Ich meinte dir noch viel lieber zu sein!" rief er, und setzte in unaussprechlicher Verwunderung hinzu:

„Du gibst mich auf?!... Du – mich?!"

„Du wirst dich darein fügen – nicht wahr?... Sage nicht, daß es dir unmöglich ist!"

Sie richtete die Augen fest auf ihn, und die seinen senkten sich.

Es flog ihm durch den Sinn, daß sie ihm untreu geworden, daß sie einen anderen liebe, aber sogleich mußte er lächeln über diesen Verdacht. Er fragte sich, ob sie ihn auf die Probe stellen wolle, fragte sich auch, ob sie nicht vielleicht seinem Glück, seiner Zukunft, ein ungeheures Opfer bringe? Die ruhige Haltung, in der sie vor ihm stand, machte ihn aber auch an dieser Vermutung irre.

Er fuhr aus seinem Brüten auf und sagte mit dem Ausdruck eines echten Schmerzes:

„Und wir sollen uns niemals wiedersehen?"

„Doch... wenn wir ganz vernünftig geworden sind."

„Du bist es schon jetzt!" entgegnete er voll Bitterkeit.

„Und du wirst es werden – wirst mir danken... Laß mir deine Hand! wende dich nicht ab... Du hast keinen Grund, mir zu grollen. Ich befreie dich von einer traurigen Braut, bei der keine Freude zu holen ist –" sagte sie mit einem schwachen Versuch zu lächeln.

Er unterbrach sie, er wollte nicht weiter hören: er erklärte, daß er einmal ein gegebenes Wort nie wieder zurücknehme, und wenn es sein Unglück wäre...

„Wenn es aber auch das meine ist?" fragte sie, und er rief halb zornig, halb verlegen:

„Wie du mich mißverstehst!... Wie du nur glauben, es nur für möglich halten kannst, daß ich dich aufgeben werde, ohne Grund... Weißt du denn einen?... Daß ich mich von dir trennen werde – so plötzlich..."

Sie erhob das Haupt. „Wir sind längst getrennt", sprach sie. „Es ist aus. Frage dich selbst, ob du recht hättest, mich mitzuschleppen durchs ganze Leben, weil du einmal geglaubt hast, mich zu lieben."

„Geglaubt?... Ich habe dich unaussprechlich geliebt – meine Liebe zu dir war..."

„Sie war!" fiel ihm Lotti mit einem schneidenden Schmerzenston ins Wort, der die Qual ihres Innern verriet. „Täusche dich nicht... Wir wollen die Kraft haben einzugestehen, daß eine Empfindung, die wir für ewig hielten – erloschen ist. Und wir wollen nicht unsere Zukunft auf die erloschene bauen, nicht erwarten, daß ein Glück aus ihr erblühen könne..."

Er starrte sie an und schwieg. Sein Verstand gab ihr recht, sein Herz stimmte ihr bei. Was sich in ihm regte und sträubte, das war ein leiser Gewissensvorwurf. Allein auch den vermochte Lotti zu beschwichtigen, indem sie sagte:

„Nur die Geliebte scheidet sich von dir – die Freundin bleibt. Die wirst du immer finden. Komm zu ihr, wenn du ein Leid zu klagen hast, wenn du verdrossen bist und dein Mut sinken will. Bedrückte Seelen warten – das verstehe ich, das ist die Kunst, die ich ausübe, das ist meine Virtuosität..."

„Lotti!" rief er überwältigt und zog sie an seine Brust. Plötzlich jedoch ließ er sie aus seinen Armen, warf sich in einen Sessel nieder und brach in heftiges Schluchzen aus. Sie trat zu ihm, beugte sich, ihre Lippen ruhten lange auf seiner Stirn... regungslos, mit geschlossenen Augen, empfing er ihren schwesterlichen Kuß, und ihm war, als senke sich aus seinem innigen Berühren Frieden und Versöhnung in seine kämpfende Seele. Als er aufblickte, fand er sich allein: Lotti war in ihr Zimmer geeilt, und er hörte sie den Riegel vorschieben. Er sprang auf, rannte zur Tür und pochte und rüttelte daran wie ein Verzweifelter. Kein Laut antwortete seinem Drohen und Flehen.

Endlich mußte er sich ergeben – mußte sich fassen.

„Ich komme wieder, hörst du mich? Ich komme wieder!" sprach er und schritt nach einem letzten Zögern, einem letzten, vergeblichen Erwarten, langsam aus dem Gemach.

7.

Allein so oft er wiederkam, so ungestüm er nach ihr fragte – Lotti ließ sich nicht sehen. Er schrieb an sie, er bat sie um eine Unterredung, und sie entgegnete, sie wolle dieselbe gern gewähren, wenn er zuvor verspreche, ihres früheren Verhältnisses mit keinem Worte zu erwähnen. Auf diese Bedingung konnte er nicht eingehen, das erklärte er offen in einem zweiten Briefe, der unbeantwortet blieb.

Damit war zwischen ihnen alles zu Ende.

Als sie einander nach langer Zeit zufällig auf der Straße trafen, senkte Lotti die Augen, und Halwig wandte die seinen ab. Später vermieden sie es nicht mehr, einen raschen Blick zu wechseln. Hast du mir nichts zu sagen? fragte der ihre und wurde durch ein kaltes Lächeln, eine Miene spöttischer Gleichgültigkeit erwidert. Nach solchen flüchtigen Begegnungen kehrte Lotti heim mit fliegenden Pulsen und brennender Stirn, und am nächsten Morgen erzählten ihre müden und geröteten Augen von einer durchgeweinten Nacht.

Aber auch diese letzte, törichte Schwäche ward überwunden. Lotti gewöhnte sich, an dem einst Geliebten vorbeizugehen, wie an einem Fremden; sie errötete nicht mehr, wenn sein Name in ihrer Gegenwart ausgesprochen wurde; sie las auch seine Bücher nicht mehr. Sie wurde von ihnen allzu peinlich berührt. Es gab sich darin eine Suche nach dem Absonderlichen und Unerhörten zu erkennen, ein Streben, gemeine Neugier zu wecken, eine Vorliebe, das Krasse, oft sogar das Widerliche zu schildern, die Lotti entsetzten und ihr wie Lästerungen an dem Gotte erschienen, den Halwig selbst sie verehren gelehrt hatte: am Gotte des Schönen.

Jahre vergingen. Feßler starb – kurze Zeit nachdem ihm angekündigt worden, daß er seine „hohe Warte" verlassen müsse, weil das Haus zum Umbau bestimmt sei. Lotti bezog eine andere Wohnung. Gottfried mietete sich bei dem Uhrmacher ein, für den er seit dem Tode seines Pflegevaters arbeitete. Des erlittenen Verlustes immer eingedenk, führten beide still ihr Leben fort; Lotti war von ihrer ersten und einzigen Liebe so vollkommen geheilt, daß sie die Nachricht von Halwigs Verheiratung, die Gottfried eines Tages brachte, mit unbefangener Heiterkeit aufnahm.

Vor drei Jahren hatte sich das ereignet, und Lotti besann sich heute noch des verstörten Gesichts, mit dem Gottfried damals bei ihr erschienen war, der Verlegenheit, der unnötigen Schonung, mit denen er, nach langem Hin- und Herreden seine Neuigkeit plötzlich hervorgestoßen und dabei so beschämt und elend ausgesehen, als ob er eben eine schändliche Handlung begangen hätte.

„Ich muß es dir sagen", entschuldigte er sich, „du hättest es vielleicht auf eine unangenehme Art erfahren können... unvorbereitet vielleicht..."

Lotti sah ihn freundlich an und sagte:

„Nun – was hätte das gemacht?"

„Wenn du ihnen aber begegnet wärest, wie ich – ganz unerwartet – beim Biegen um eine Ecke... Arm in Arm."

„So hätte es mich gefreut", sagte Lotti.

„Hätte es?..." Sein Gesicht hatte sich verklärt, er geriet in Begeisterung, und jetzt kam es heraus, daß er schon seit einigen Tagen von der Verheiratung Halwigs unterrichtet war, daß er auch gehört hatte, die junge Frau sei arm, vornehm und schön.

„Das Letztere kann ich bezeugen", sprach Gottfried mit gedämpfter Stimme, als ob er ein Geheimnis anzuvertrauen hätte, „du und ich, wir haben nie etwas Schöneres gesehen. Sie ist groß – um ein Haar vielleicht größer als du, und so zart, so ätherisch, als wäre sie aus Mondesstrahlen gewoben... aber nein, das Bild paßt nicht; die Strahlen des Mondes sind kalt, und sie sieht aus wie das junge, rosige Leben... Ein Kind sag ich dir, und hat doch schon etwas in den Augen... Ich war eilig und ging in Gedanken so hin, wäre beinahe an sie angerannt... Er rief: ‚Holla!' und sie blickte mich mit diesen prächtigen, sonderbaren Augen unaussprechlich verwundert an, als ob sie sagen würde: Geben Sie doch acht! Ich bin es ja!... so, daß ich außerordentlich erschrocken stehenblieb und den Hut rückte. Da bemerkte ich erst, daß er den seinen abgenommen hatte. Gesprochen wurde nichts, wir haben beide nur getrachtet, so bald wie möglich fortzukommen."

Gottfried nahm seinen gewohnten Platz in der Fensterecke dem Arbeitstisch Lottis gegenüber ein, und sie begann von anderen Dingen zu sprechen. Sie erzählte mit einer Art Entrüstung, daß der Uhrenliebhaber, der einst für ihre Sammlung jenes hohe Angebot gemacht, daß Feßler bereute von der Hand gewiesen zu haben, sich wieder melde. Von Amerika aus, wo er lebte, – er war ein Deutscher, der dort sein Glück gemacht hatte – erneuerte er seinen Antrag in einem Briefe, den sein Agent Lotti überbrachte. Sie sann jetzt über ihre Antwort nach, konnte nicht Worte finden, scharf und bestimmt genug, um ihren unerschütterlichen Vorsatz, sich nie von ihrer Sammlung zu trennen, auszudrücken. Sie hatte Lust, dem „Amerikaner" mitzuteilen, was bisher niemand außer Grottfried wußte, daß der Hausschatz nämlich, im Testamente Lottis dem Museum ihrer Vaterstadt vererbt sei, wo er unter dem Namen: „Feßlerische Sammlung" auf die Nachwelt übergehen sollte zum Nutzen und zur Freude künftiger Generationen.

Gottfried gab ihr, etwas zerstreut, in allem recht, sprang aber plötzlich von dem Gegenstand ihres Gespräches ab, und sagte: „Findest du es nicht verwegen von ihm, ja sehr verwegen, in seinen doch schon reifen Jahren ein Mädchen zu heiraten, wie gesagt, fast noch ein Kind und so wunderschön!"

„Von – ihm?... du sprichst von Halwig –" erwiderte sie mit einem tadelnden Blick. – Die sanfte Lotti war gegen Gottfried ausnahmsweise ein wenig streng. „Das muß man wissen... Reife Jahre? Ach was! Künstler bleiben immer jung, nur wir altern, wir Arbeitsleute."

So hatte sie vor drei Jahren die Kunde von Hermanns Verheiratung aufgenommen und seitdem nichts mehr von ihm gehört.

Und jetzt, nachdem sie alles verschmerzt, vieles vergessen, kam ein Bote aus der langentschwundenen Zeit und weckte sie aus ihrer tiefen Ruhe. Sie staunte selbst über die Gewalt des Eindrucks, den sie plötzlich empfangen hatte, über die Pein, die er verursachte. Doch versuchte sie nicht, sich ihr zu entziehen, dazu kannte sie sich zu gut. Ihre Leiden wollten völlig durchlebt sein, bevor sie sterben konnten. Da half kein Wegschieben, keine Überredungskunst, sie forderten ihr ganzes Recht, und wichen erst, nachdem es ihnen zuteil geworden.

Sie nahm ihre Arbeit vor. Gleichförmig wie immer spann ihr Tagewerk sich ab. Nachmittags besuchte sie Gottfried in seinem Laden. Allein, was sie auch tat und sprach, unablässig summten ihr die Worte: „Aus Leichtsinn oder Not" im Ohr, und der Gedanke an Halwig verließ sie nicht eine Sekunde. Sie durchwachte eine böse Nacht.

Am nächsten Morgen kam Gottfried und mahnte sie noch einmal, die bei ihr bestellten Arbeiten dem früheren Meister heute selbst zu überbringen.

Sie versprach es, lehnte aber Gottfrieds Antrag, sie zu begleiten, auffallend hastig ab.

„Wie du willst", sagte er und verabschiedete sich ohne eine Spur von Empfindlichkeit.

Sie blickte ihm eine Weile nach. „Der beste Mensch!" murmelte sie leise vor sich hin und begann ganz gegen ihre Gewohnheit müßig, mit gekreuzten Händen, im Zimmer auf und ab zu gehen.

Ihre alte Dienerin trat ein und wunderte sich über die Maßen, ihre Herrin unbeschäftigt zu finden. Aber sie freute sich noch mehr, als sie sich wunderte. Der Himmel selbst, meinte sie, beschere ihr eine Gelegenheit, sich so recht nach Herzenslust über die interessanten Neuigkeiten auszulassen, die sie vom Markte mitgebracht hatte. Leider fand sie nur geringe Teilnahme und wurde plötzlich durch die Worte unterbrochen:

„Agnes – ich gehe jetzt aus."

Das war freilich leichter gesagt als getan. Ausgehen? Jetzt? – die Alte entsetzte sich über „diese Idee". Vor dem Essen war das Fräulein nie ausgegangen, warum denn heut!

Die Frage und die seltsam forschende Miene, mit der sie gestellt wurde, machten Lotti erröten; sie wandte das Gesicht verlegen ab und sagte: „Warum? – ja –– ich könnte eigentlich auch später – wenn du dich beeilen wolltest…"

Agnes entfernte sich, erschien jedoch bald wieder. Sie überbrachte die Visitenkarte eines fremden Herrn, der das Fräulein dringend zu sprechen wünschte.

Der Agent des „Amerikaners" kam einmal wieder, die Anerbietungen seines Chefs in bezug auf die Uhrensammlung zu erneuern.

Er wurde selbstverständlich abgewiesen. Allein statt sich damit zu bescheiden und sich – zufrieden oder nicht – zu empfehlen, nahm er auf das breiteste Platz in dem Fauteuil und ließ alle fünf Minuten einige wegwerfende Worte über alte Uhren fallen. Nach einer tödlichen Stunde erhob er sich endlich mit der Versicherung, er wolle vor seiner Abreise noch einmal vorsprechen. Lotti erlaubte sich zu bemerken, das sei ganz überflüssig, worauf er verbindlich erwiderte, er danke und werde sich gewiß einfinden.

Dieser Besuch schien Lotti den Appetit verdorben zu haben, denn sie ließ ihr Mittagsmahl, das von Agnes endlich aufgetragen wurde, unberührt.

Sie kleidete sich rasch und hastig zum Ausgehen an und blieb dann zögernd an der Tür stehen... sie eilte die Treppe hinab und schritt langsam durch die Straßen... immer langsamer, je näher sie ihrem Ziele kam.

Sie wollte sich Gewißheit über die Umstände verschaffen, unter denen ihr einstiges Geschenk verkauft worden war. Sie wollte es. Und doch erhoben sich Einwendungen in ihr gegen den unwiderruflichen Entschluß. – Was soll die Gewißheit, nach der du strebst, dir bringen? fragte sie. – Was hast du zu erwarten? Du wirst von einem Leichtsinn hören, den du nicht heilen kannst, oder von einer Not, der abzuhelfen du nicht vermagst. Laß ab! Was quälst du dich?... Zu wessen Nutzen? Du bist längst vergessen – vergiß auch du!

Lotti horchte den leisen, abratenden Stimmen und – mit Bewußtsein handelte sie ihnen entgegen.

Jetzt stand sie an der Tür des Uhrmacherladens, jetzt drückte sie die Klinke.

Der Laden war leer, aber aus dem anstoßenden offenen, mit Gaslicht hell erleuchteten Raume schallte ihr ein lauter Wortwechsel entgegen.

„Ich weiß ja, daß ich eine Gefälligkeit von Ihnen verlange!" rief eine Stimme, deren Ton Lotti seit fünfzehn Jahren nicht mehr gehört hatte, und die sie dennoch augenblicklich erkannte.

„Ich aber bin nicht in der Lage, Gefälligkeiten zu erweisen. – Entschuldigen Sie, da ist jemand..." sagte der Uhrmacher, der den Eingang zum Gewölbe nicht aus den Augen gelassen hatte: „ah – Fräulein! – eben recht..." Er eilte auf Lotti zu, indem er fortfuhr zu sprechen: „Vierundzwanzig Stunden bin ich im Wort gestanden; jetzt sind drei Tage vorüber; und mit dem besten Willen – wenn ich noch so gern möchte – ich könnte die Uhr nicht herschaffen, denn sie ist" er warf Lotti einen Blick des Einverständnisses zu, „bereits in anderen Händen. Diese Dame kann es bestätigen."

Derjenige, dem diese Rede galt, hatte sie mit Äußerungen des Unglaubens begleitet. Als Lottis Zeugnis angerufen wurde, richtete er plötzlich die Augen auf sie, verstummte und starrte sie so vernichtet, so völlig überwunden und ratlos an, wie ein Kind, das auf einer schlimmen Tat ertappt wird.

„Mein Gott – Sie..." stammelte er, „was werden Sie von mir denken?"

Lotti hatte sich rascher gefaßt als er; sie erwiderte:

„Nichts anderes, als daß es schön von Ihnen ist, sich so herzlich nach Ihrer alten Uhr zurückzusehnen."

Beide schwiegen und sahen einander an. Sie ihn mit leiser, etwas peinlicher Überraschung; er sie, halb wehmütig, halb freudig. Seine Verlegenheit war wie durch Zauber verschwunden, und ihm wurde leicht und wohl ums Herz. Ihm schien es, als träte ihm die Erinnerung an die beste Zeit seines Lebens verkörpert entgegen... nicht die glänzendste, oh, bei weitem nicht! Aber die beste gewiß.

„Fräulein Lotti – Fräulein Lotti", wiederholte er mehrmals, ohne den Blick von ihr zu wenden.

Er fand in ihrem Gesicht den Ausdruck, den er einst geliebt hatte, wieder. Hübsch war sie nie gewesen, doch konnte sie schön sein, wenn ihre Seele sich in ihren Zügen spiegelte, wenn der Abglanz ihrer reinen Gedanken auf ihrer Stirn sichtbar wurde, wenn eine Gemütsbewegung ihre Wangen rötete – so wie jetzt... Was lag daran, ob leichte Falten diese Stirn furchten, ob diese Wangen schmaler geworden waren? Die Augen blickten so gütig wie je; die rosige Farbe der Lippen hatten die Jahre verwischt, den Zug von Sanftmut und stiller Heiterkeit, der sie umspielte, jedoch nur tiefer eingeprägt... Ja, sie war es, war dieselbe noch! und – sie hat sich wenig verändert, dachte er.

Lotti hingegen dachte: er hat sich sehr verändert. Worin aber? fragte sie sich. Die Zeit ist ja doch schonend an ihm vorüber gezogen. Seine Gestalt hatte sich jugendlich schlank erhalten. Die Haare und das Gesicht hatten eine dunklere Färbung angenommen, der Bart war leicht ergraut. Die Augen lagen tiefer, und schon begannen Halbkreise sich unter ihnen zu bilden, doch funkelten sie noch feurig wie sonst; Halwig war noch immer ein Bild männlicher Schönheit, sein Wesen noch immer anziehend und gewinnend. Allein der Charakter seiner Erscheinung hatte eine gewaltige Änderung erfahren. Keine Spur des Künstlers war mehr an ihm. Er sah wie ein vollendeter Weltmann, sogar ein wenig geckenhaft aus. Das Haar war kurz gehalten, der Backenbart nach englischer Mode zugeschnitten, und die nämliche allerneueste Mode hatte auch die Form des langen lichten Oberrocks, den er trug, bestimmt, hatte bei der Wahl des glänzenden Zylinders, der sportsmäßigen Krawatte, der Handschuhe aus Hundsleder, den Ausschlag gegeben. Wenn Kleider Leute machen würden, hätte man ihn für ein Mitglied des Jockey-Klubs halten müssen. Er hatte jedoch nur die äußere Hülle eines Engländers, nicht dessen Art und Weise angenommen – vielleicht nicht anzunehmen vermocht. Es war nichts von steifer Gleichgültigkeit in dem Tone, in dem er sich an Lotti wendete und ihr versicherte, er freue sich des Wiedersehens, trotz der ihn beschämenden Umstände, unter denen es stattfand. Er bat sie, ihn anzuhören, bat, ihr seine törichte und leichtsinnige Handlung, die allerdings unverzeihlich sei, wenigstens erklären zu dürfen.

Lotti unterbrach ihn und meinte, daß sich wohl mehr werde tun lassen. Sie wandte sich an den Kaufmann, und ihrer eindringlichen Fürsprache gelang es nach einiger Bemühung, den Handel rückgängig zu machen. Sodann verabschiedete sie sich von dem alten Geschäftsfreunde und verließ das Gewölbe zu gleicher Zeit mit Halwig.

„Ihre Uhr ist bei mir", sagte sie zu ihm, „in drei Tagen schicke ich sie hierher, da kann sie abgeholt werden."

Er wollte in Worte des Dankes ausbrechen, sie aber grüßte so deutlich verabschiedend, daß ihm nichts übrigblieb, als diesem Winke zu gehorchen. Er verneigte sich, trat zurück, und sie schlug den Weg nach ihrer Wohnung ein.

Sie war schon eine ziemlich große Strecke gewandert, als sie durch rasch hinter ihr hereilende Schritte eingeholt wurde, und Halwig an ihrer Seite erschien.

„Verzeihen Sie mir", sagte er, „verzeihen Sie, Fräulein Lotti... eine große Bitte..."

„Nun?"

„Erlauben Sie mir, meine Uhr selbst bei Ihnen abholen zu dürfen?"

„Das steht Ihnen frei!" antwortete sie.

„In drei Tagen also!... Um diese Zeit, nicht wahr? Ich komme, ich danke Ihnen... das ist eine Freude!"

„Die hätten Sie sich längst machen können."

„Können?..." wiederholte er fragend, „haben Sie mir nicht dereinst gesagt, nur wenn ich ein Leid zu klagen hätte, mög ich kommen? Nun, Fräulein Lotti, ich hatte keines zu klagen, außer dem, das Sie selbst mir damals angetan haben... und das ich allein tragen und überwinden mußte... In allem übrigen bin ich glücklich gewesen..."

„Und davon sollte ich nichts wissen?" unterbrach sie ihn.

„Davon wollten Sie nichts wissen..."

„O wie kindisch! Ist es möglich, Halwig, so kindisch sind Sie geblieben?"

Er fiel sogleich in den heiteren Ton ein, den Lotti angestimmt hatte. Erst die Frage, die sie an ihn stellte, wie es denn komme, daß sie ihm seit Jahren nicht einmal mehr auf der Straße begegnet sei, stimmte ihn ernster.

„Ach", sagte er mit einem Seufzer, „ich bin ja wie die Eule der Minerva. In der Dämmerung beginne ich meinen Flug. Tagsüber schmiedet mich die Arbeit an meine Stube fest... freilich keine unnütze Arbeit – eine lohnende und erfolgreiche..." Er warf den Kopf stolz zurück. „Überdies", setzte er, als Lotti schwieg, mit veränderter Stimme hinzu, „habe ich diesen Winter und den vorigen in England zugebracht, die Gesundheit meiner kleinen Frau machte einen längeren Aufenthalt in der kräftigenden Seeluft notwendig."

„Ist Ihre Frau leidend?"

„Nichts von Bedeutung. Gott sei Dank, nichts, das mir den geringsten Grund zu Besorgnissen gäbe."

„Sie müssen mir von Ihrer Frau erzählen, Halwig."

„Ich will sie Ihnen bringen!" rief er, hielt aber sogleich inne, wie jemand, der ein übereiltes Wort gesprochen hat, und setzte zögernd hinzu: „Das heißt, wenn meine Frau – ich wollte sagen, wenn Sie es mir erlauben."

„Erlauben – wie denn? – ich bitte Sie darum."

Sie waren bei dem Hause Lottis angelangt, und diese blieb stehen. „Hier wohne ich", sprach sie, „hoch oben im dritten Stock."

„Hier also – gut – hier suche ich Sie auf, in drei Tagen... Wie glücklich wäre ich, unser kaum begonnenes Gespräch jetzt schon fortsetzen zu können – aber ich bin ein Sklave... ein freiwilliger natürlich – einer der vernarrt ist in seine Sklaverei... Auf Wiedersehen denn!" Er ergriff ihre Hand und drückte sie mit Wärme: „Fräulein Lotti – so haben wir uns doch endlich wieder gefunden!"

„Und wie mir scheint", antwortete sie, „als ganz gute Freunde."

8.

Am dritten Tag, zur bestimmten Stunde, fand Halwig sich ein.

„Agnes, kennen Sie mich noch?" sprach er, ins Vorgemach tretend, dessen Tür die Alte ihm geöffnet hatte.

Agnes erwiderte ausweichend: „Das Fräulein hat mir schon gesagt, daß Sie kommen werden." Der harte Blick, mit dem sie ihn empfangen hatte, wurde allmählich milder. „Aber ich hätte Sie auch so erkannt; Sie sehen ja prächtig aus."

„Sie noch besser, Agnes, Sie noch viel besser!"

Die Alte schmunzelte und dachte: jetzt geht es mir wieder mit ihm, wie es mir immer gegangen ist.

Im Grunde ihres Herzens hatte sie von jeher eine tiefe Abneigung gegen ihn gehegt. Sie war eifersüchtig auf die Geltung, die er im Handumdrehen im Hause erlangt, sie verabscheute seine Tätigkeit. „Was tut er?" meinte sie, „er schreibt: Er kritzelt? Saubere Arbeit für einen Mann – nähen wäre ebenso gut. Ich möchte einen Schreiber gerade so wenig wie einen Schneider." Da sie niemals Gelegenheit gehabt, diese Behauptung zu beweisen, war es ihr freigestellt, ihren Haß maßlos zu überschätzen. Trotzdem blieben Halwigs Bewerbungen um ihr Wohlwollen nie ohne Erfolg. Wenn er sie freundlich gegrüßt, wenn er fünf Minuten lang mit ihr geplaudert hatte, gestand sie es regelmäßig zu: „Er ist doch halt ein lieber Mensch."

„Darf ich eintreten?" fragte er, „oder wollen Sie so gütig sein, mich anzumelden?"

„Nicht notwendig, das Fräulein erwartet Sie, und Herr Feßler auch."

„Gottfried auch?"

„Ja, ja", bestätigte Lotti, die auf der Schwelle des Zimmers erschien, „zwei alte Freunde heißen Sie willkommen."

Gottfried stimmte nicht sehr laut in ihre Worte ein, zeigte sich anfangs ein wenig abweisend, aber das dauerte nicht lange. Bald empfand auch er jenes eigentümlich freudige, Herz und Zunge lösende Gefühl, das in reifen Jahren durch das Wiedersehen mit einem Genossen der Jugendzeit erweckt wird.

„Und wie lebst du jetzt?" fragte er, nachdem sie genugsam in Erinnerungen geschwelgt hatten.

Halwig lehnte sich in den altertümlichen Sessel zurück, der ihm eingeräumt worden war, und kreuzte die ausgestreckten Beine. „Freund", lautete seine langsam gesprochene Antwort, „ich lebe nicht – ich schreibe."

Lotti sah ihn befremdet an, und ein tiefes Mißbehagen schien sich seiner unter diesem Blicke zu bemächtigen; die Stimme erhebend fuhr er fort: …„Ich schreibe vom Morgen bis zum Abend, oder – zur Abwechslung – vom Abend bis zum Morgen… Es gibt einmal nichts so Unpoetisches, wie das Dasein eines Poeten im neunzehnten Jahrhundert… Aber was ist zu tun, wenn man einen Haushalt mit der Feder bestreiten muß?"

„Das kann dir nicht schwer werden", meinte Gottfried, „ein gefeierter Dichter wie du…"

„Heuchle nicht, Gottfried! Was weißt du davon, ob ich ein gefeierter Dichter bin?"

„Nun – man nimmt doch auch einmal eine Zeitung zur Hand."

„Daher schöpfst du deine Nachrichten? Gehst zum Fasse, statt zum Quell… Und Sie, Fräulein Lotti, verschmähen Sie es gleichfalls, sich selbst zu überzeugen, ob ich den Ruf verdiene, den man mir macht?"

„Verschmähen?" wiederholte sie, „nein. Aber, lieber Halwig, ich altmodische Person lese schon seit langer Zeit nichts Neues mehr."

„Sie tun vielleicht sehr gut daran", sprach er nicht ohne leisen, etwas ironischen Verdruß.

Er erhob sich, trat an den Bücherschrank und las halblaut die Titel einiger darin aufgestellten Werke. „Da sind sie noch alle, die alten Bekannten… Ja, ja, Ihre Umgebung hat sich ebenso wenig verändert, wie Sie selbst. Der Raum ist kleiner geworden", sprach er und blickte sich in der Stube um, „die Gegenstände sind dieselben geblieben. Aber – wo ist denn die Sammlung, der Schatz des Hauses?"

Lotti deutete nach der Ecke des Zimmers. „Dort steht sie."

„Unvermindert? In ihrer ganzen Herrlichkeit?"

„Jawohl, in ihrer ganzen, unvergleichlichen Herrlichkeit."

„Wirklich?"

„Wie können Sie daran zweifeln? Ein Geizhals würde sich leichter von Hab und Gut trennen, als ich mich von einer meiner Uhren."

„Nicht einmal eine wäre Ihnen feil? – Um gar keinen Preis? Nicht um Wohlhabenheit, nicht um Reichtum?"

„Welche Fragen!" erwiderte Lotti beinahe verletzt.

Halwig nahm seinen früheren Platz wieder ein; er stützte die Arme auf seine Knie und sah eine Weile nachdenklich vor sich hin. Da plötzlich erhob er die Augen zu Lotti:

„Idealistin! Sie wohnen in einer Nußschale unter dem Dach, plagen sich ums tägliche Brot, verzichten auf alle Annehmlichkeiten des Lebens, um einen eingebildeten Wert nicht zu schmälern… Sie haben recht!… Bewahren Sie sich, was Ihnen unschätzbar ist!" schloß er wehmütig, schlug jedoch gleich darauf mit einem der unvermittelten Übergänge, die ihm immer eigen gewesen waren, einen heiteren Ton an. Er nannte sich einen glücklichen Menschen und pries sein Schicksal, das ihn endlich wieder mit seinen alten Freunden zusammenführte. Der Verkehr mit ihnen sei das einzige gewesen, wonach er eine Sehnsucht empfunden, die sich oft bis zum Schmerze gesteigert. Jetzt war auch diese erfüllt. Ihm fehlte nichts mehr. Er begann von seiner Frau zu erzählen, und wie er sie im Sturm gewonnen, trotz des Widerstandes, den ihre Eltern, ihre Geschwister, „die ganze hochadelige Sippe" gegen ihre Verbindung mit ihm aufgeboten habe. Anfänglich wurde sein Haus von den Verwandten seiner Frau gemieden – nur anfänglich…

„Seitdem sie sich überzeugt haben, daß meine Kunst keine brotlose ist", sprach er lachend, „bin ich merkwürdig in ihrer Achtung gestiegen, und das freut mich, obwohl ich keinen Grund habe, viel Gewicht auf ihre Meinung zu legen. Es sind sehr ehrenwerte Leute, aber durchaus keine überlegenen Geister. Ein wirkliches Band besteht nicht zwischen uns…"

„Einfluß nehmen sie aber doch auf dich", versetzte Gottfried. „Dein Äußeres hat sich völlig dem der Weltmenschen anbequemt. Der Tausend! was bist du nobel geworden… ich bewundere dich schon die ganze Zeit im stillen."

„Spotte nur", sagte Halwig. „Übrigens, lieber Alter, die Zeiten sind vorbei, in welchen man den Dichter am wallenden Lockenhaar und am abgeschabten Flausrock erkannte. Den Wunsch, genial auszusehen, habe ich allerdings aufgegeben. Aber nicht infolge äußerer Einflüsse, sondern dank meines verbesserten Geschmacks."

Gottfried blinzelte ihn freundlich an. „Sehr gescheit", sprach er; „deine Leute können mit deiner stattlichen Erscheinung zufrieden sein. Und deine Bücher, sage mir, finden die bei ihnen gehörige Anerkennung? Gefallen sie ihnen, wie du selbst ihnen gefallen mußt?"

„Meinen Leuten – Bücher?… meinen Leuten? – Freund, ich frage mich manchmal, ob sie lesen können", entgegnete Halwig, und fuhr nach einem Blick voll Verwunderung, den Lotti auf ihn geworfen hatte, rasch fort: „Das gilt nur von den Männern! Die Frauen lesen, die – ja. Und zwar die alten französische, und die jungen englische Romane. Welche Früchte diese Lektüre den ersten trägt, weiß ich nicht; die zweiten holen sich aus der ihrigen Begeisterung für englische Sitten und Gebräuche, und für alle Arten von Sport. Sie verstehen sich auf Pferde trotz eines Maquignons, reden wie die Jockeys, und – sind reizend. – Ja, ich muß gestehen, daß ich sie reizend finde, obwohl ich mich nicht im geringsten täusche über ihre erstaunliche Oberflächlichkeit... Aber – was geht die mich an? Mich unterhalten, mir gefallen diese Amazonen in Schleppkleidern; meinetwegen dürfen sie bleiben, wie sie sind... Die Klagen über die Fehler der Aristokraten, über ihre Frivolität, Genußsucht und Unwissenheit hört man bis zum Ekel wiederholen; allein, wer hat jemals freundschaftlich mit ihnen verkehrt und sich dabei nicht wohl gefühlt? – Man hat überhaupt keinen Sinn für das Anmutige und Schöne, wenn man keinen hat für die Anmut und Schönheit ihrer Umgangsformen... freilich, eine Ahnung von Talent zu dergleichen Dingen muß man mitbringen, um sie als Vorzüge gelten lassen zu können... diese Ahnung fehlt – nicht dem großen Publikum, das unsere ist vortrefflich, keine Nation der Welt vermag ein besseres zu bilden, – es fehlt den Wortführern des Publikums, meinen Herren Kollegen und lieben getreuen, immer dienstbeflissenen Feinden."

„Deine Kollegen und Feinde?" fragte Gottfried betroffen über diesen plötzlichen Ausfall.

„Nun ja! – Ich habe zu viel Glück und habe stets zu viel Glück gehabt, um ohne Neider zu sein. Sie tun, was sie können, um mir meine Erfolge zu verkümmern, allein die Mühe ist verloren. Noch befinde ich mich im Vollbesitze meiner Kraft und hoffe, nicht so bald zu erlahmen – geschähe das – erwachte ich eines Tages und wäre kein Dichter mehr – wie man behauptet, daß es geschehen könne, anderen schon geschehen sei, – versiegte plötzlich der Quell, aus dem ich gewöhnt bin, ohne Maß zu schöpfen – ja dann..." Er griff sich mit beiden Händen an den Kopf, „dann wäre ich verloren... denn alles, was ich bin und habe, steht und fällt mit meinem Talent. Mein Haus ist darauf gegründet, die Zukunft meiner Frau... geistige Verarmung hätte für mich so viel zu bedeuten, wie materielle Not – und das hieße sie betrogen haben, die mir in unbegrenztem Vertrauen gefolgt ist... Närrische Gedanken –" unterbrach er sich mit einem gequälten Lachen, „ich kenne mich und fürchte nichts. Aber die Phantasie, die uns beseligt, will auch peinigen. Nur zu... In der Einbildung müssen wir das Furchtbare durchmachen, das uns die Wirklichkeit erspart – das ist der Tribut, den der Glückliche dem allgemeinen Menschenelend bezahlt... Und, daß er reichlich bezahle, dafür sorgen die eigenen, in dem Geschäft, das ich betreibe, bis zum Zerreißen gespannten Nerven, und die Bemerkungen der süßen Neider, oder die Ratschläge der weisen Freunde. Auf dem Wege hierher bin ich dem weisesten von allen begegnet... Was der nicht alles wußte, nicht alles kommen sah! Wie der so eindringlich bat, als hänge sein eigenes Heil davon ab: Gönne dir Ruhe! Sündige nicht auf dein Talent – du brauchst Sammlung, Erholung... Wohl brauch ich sie, aber sie mir gönnen heißt abtreten, anderen Platz machen... O nein, ich weiche nicht, ich bleibe und fühle Nerv und Stärke genug in mir, der ganzen heranwachsenden Epigonen-Generation standzuhalten... Ich traue mir's zu, sie alle zu überdauern, diese altklugen Kinder mit ihrem riesigen Wollen und ihrem zwerghaften Können..." Aber ich ermüde Sie mit diesen literarischen Misèren... Lassen Sie uns von angenehmeren Dingen reden...'

Er gab dem Gespräch eine andere Wendung, er bemühte sich, die frühere Heiterkeit wieder zu gewinnen. Es war vergeblich. Endlich erhob er sich und nahm Abschied. Sehr bald, so bald, als es ihm nur irgend möglich sei, wollte er mit seiner Frau wiederkehren, die er im voraus der Freundschaft und Güte Lottis empfahl.

„Wie kommt er dir vor?" sprach Gottfried zu Lotti, als sie wieder allein waren.

Sie sah an ihm vorüber durch das Fenster und antwortete zögernd: „Wie dir."

„Schad' um ihn."

„Ja traurig."

Wenige Tage darauf schrieb Frau von Halwig an Lotti einen zierlichen kleinen Brief. Sie war im höchsten Grade ungeduldig, Fräulein Feßler kennenzulernen. Sie forderte ihren Anteil an der Freude, die ihrem Manne durch das Wiederfinden seiner Jugendfreunde beschert worden war. Es machte sie wirklich trostlos, nicht dem Zug ihres Herzens folgen, und statt dieser in Eile hingeworfenen und schlecht geschriebenen Zeilen selbst bei Fräulein Feßler erscheinen zu können; aber ein Unwohlsein und die Unerbittlichkeit des Arztes machten das unmöglich. Ja, wenn Fräulein Feßler großmütig sein, und eine arme, an das Zimmer gefesselte Kranke mit ihrem Besuche beehren wollte, wie glücklich würde diese sein... Auf ein solches unverdientes Entgegenkommen wage freilich diejenige nicht zu hoffen, die sich mit herzlicher und wärmster Verehrung nannte: Lottis ergebenste Agathe Halwig.

Die Empfängerin dieses Schreibens las und las es wieder, und ein Gefühl von entzückter Beschämung bemächtigte sich ihrer. Es stieg ihr heiß in die Wangen, sie meinte plötzlich tief in der Schuld der jungen Frau zu stehen, deren sie bisher entweder gar nicht, oder wenn – ohne das geringste Wohlwollen gedacht, und die ihr jetzt so liebenswürdig nahte, mit solcher Bescheidenheit, ja man konnte sagen, mit kindlicher Ehrfurcht... Sie wollte sofort schriftlich antworten, besann sich aber eines andern. Nein, mit ihrer schwerfälligen und altmodischen Schrift dürfte sie nicht ausrücken, der Besitzerin der schönsten „grande anglaise" gegenüber, die Lotti jemals gesehen hatte. So beschloß sie denn, eine mündliche Antwort zu geben und trat in das Vorzimmer, um dieselbe dem wartenden Boten aufzutragen.

An der offenen Tür der Küche lehnte nachlässig, mit gekreuzten Armen und Beinen, ein Mittelding zwischen Page und Lakai, ein untersetztes, glotzäugiges Bürschchen im grünen Leibrock mit gelben Wappenknöpfchen, eine blanke, goldbetreßte Tellerkappe zwischen den Fingern. Von der Höhe seines herrlichen Selbstbewußtseins herab beobachtete er das Walten Agnesens in ihrem kleinen Bereiche. Er veränderte seine lümmelhafte Haltung nur wenig, als Lotti rasch und in großer, freudiger Erregung auf ihn zukam und ihn bat, seiner Gebieterin zu melden, sie gedenke heute noch bei ihr vorzusprechen.

„Heute nicht", versetzte das Bürschchen und lächelte mit dem ganzen impertinenten Gesicht. „Morgen lassen die Frau Baronin bitten, morgen um ein Uhr."

„Morgen? – Gut denn, morgen."

Es schien Lotti ein wenig befremdlich, daß die junge Frau, die nicht den Mut hatte, sie um ihren Besuch zu bitten, doch mit Sicherheit auf ihn gerechnet haben sollte; aber sie machte sich nicht lange darüber Gedanken. Sie kehrte wieder zu ihrem lieben, Auge und Herz gewinnenden Brief zurück. Da lag er, sorgfältig gefaltet in seinem schimmernden Kuvert und duftete köstlich nach Ylang-Ylang. Von neuem erquickte sich Lotti an seinem Anblick. Nein, es gab nichts Gutes und Schönes, das man ihr nicht zutrauen müßte, die ihn geschrieben. Lotti drückte ihn an ihre Wange, hielt ihn zärtlich in ihren flachen Händen und legte ihn endlich in das Kästlein, in welchem sie ihre teuersten Erinnerungen bewahrte: das Miniaturbild ihrer Mutter, Andenken an den Vater, Briefe, die Gottfried aus der Fremde gesandt, die Eheringe ihrer Eltern, ihren eigenen Verlobungsring.

Aber aus diesem Reliquienschreine zog sie ihn am nächsten Morgen wieder hervor, um ihn Gottfried mitzuteilen.

„Lies!" rief sie, als er erschien, und hielt ihm das Blatt entgegen. Er gehorchte, nachdem er zuerst nach der Unterschrift gesehen und ein verwundertes „Oho!" ausgestoßen hatte. Seine Miene blieb ganz gleichgültig.

„Hast du geantwortet?" fragte er, nachdem er zu Ende gekommen.

„Natürlich! Ich gehe zu ihr."

„Das ist beschlossen?" Gottfrieds Ton klang mißbilligend, und er warf das Schreiben mit einer Gebärde voll Geringschätzung auf den Tisch.

„Es ist beschlossen", entgegnete Lotti ärgerlich.

Er murmelte einige unverständliche Worte.

„Was sagst du?"

„Nichts. – Wenn es schon beschlossen ist, nichts."

„Und der Brief gefällt dir nicht? Freut dich nicht?"

„Mich freut nur die Freiherrnkrone auf dem Papier. Wann ist Halwig denn geadelt worden?"

„Gottfried!" rief Lotti, „es ist deiner ganz unwürdig, so kleinlich zu sein."

„Ist das kleinlich?" sagte er, nicht ohne einige Beschämung.

„Ungeheuer! So ungeheuer, als etwas Kleines nur irgend sein kann."

Er lachte und war wieder der gute, liebe Gottfried, der „beste Mensch". Er konnte übrigens nur einige Augenblicke verweilen, es gab sehr viel zu tun. Das neu errichtete Geschäft ließ sich vortrefflich an, und doch wollte er nicht so ganz Kaufmann werden, daß er am Ende seine Uhrmacherei darüber vernachlässigte. Fortschritte meinte er freilich unter den jetzigen Umständen nicht mehr machen zu können, aber verlernen wollte er nichts, und schon das forderte ein ganz knappes Wirtschaften mit der Zeit.

Lotti hatte seiner raschen Auseinandersetzung herzlich zugestimmt. „Du bist recht zufrieden?" fragte sie plötzlich.

„Recht zufrieden", wiederholte er, vermied aber dabei dem freundlich forschenden Blick zu begegnen, den sie auf ihn heftete.

Gottfried hatte das Zimmer kaum verlassen, als Agnes mit der Meldung erschien, Herr von Halwig sei da und wünsche das Fräulein zu sprechen.

„Es muß ihm etwas sein", flüsterte die Alte, und ihr vertrocknetes Gesicht geriet in das blitzende Zucken, das bis zum Äußersten gespannte Neugier darauf hervorzurufen pflegte. „Was ihm wohl sein mag?"

„Laß ihn doch kommen!" rief Lotti, und nach einem leichten Pochen an der Tür trat Halwig so eilig ein, wie die alte Agnes sich langsam und zögernd entfernte.

„Entschuldigen Sie die frühe Stunde, ich werde Sie nicht lange stören", sprach er, „ich bin nur da, um Ihnen für Ihre Güte gegen meine Frau zu danken und um Ihnen zu sagen, wie sehr leid es mir tut, bei Ihrer ersten Begegnung mit Agathe nicht gegenwärtig sein zu können... Nein, nein!" fügte er ablehnend hinzu, da ihm Lotti einen Sessel anwies, „ich setze mich nicht, ich bleibe, mit Ihrer Erlaubnis, hier an dem Platze Gottfrieds stehen, Ihnen gegenüber, Fräulein Lotti..."

Er sprach hastig und abgebrochen, mit sichtbarer Mühe die raschen Atemzüge verbergend, die seine Brust ängstlich beklemmend hoben.

„Was fehlt Ihnen, Halwig?" fragte Lotti und trat an seine Seite, „Sie sehen schrecklich aufgeregt und übermüdet aus."

„Die natürliche und völlig unschädliche Folge einiger am Schreibtisch durchwachten Nächte... das geht vorüber... Sehen Sie mich nur recht an – nur recht tief, nur recht lang, mit Ihren milden, frommen, friedlichen Augen

– es tut mir wohl und beruhigt mich, und ich brauche Ruhe zu dem schweren Gang, den ich heute zu machen habe…" Er hielt inne, und Lotti sagte nach kurzem Schweigen sanft und eindringlich:

„Fahren Sie fort, schenken Sie mir Ihr ganzes Vertrauen… Sie wissen, Sie müssen sich noch erinnern, wie großen Wert ich auf Ihr Vertrauen lege. Darin, lieber Freund, habe ich mich nicht verändert."

„Ja, ja! fordern Sie Vertrauen von mir, lehren Sie mich wieder Vertrauen haben", rief er, „ich habe das inmitten der Mißgunst, die mich umgibt, verlernt."

„Halwig, diese Mißgunst – besteht sie nicht vielleicht einzig und allein in Ihren selbstquälerischen Einbildungen?… Ich frage nur –", beeilte sie sich entschuldigend einzuwerfen, als er im Begriffe schien, heftig aufzufahren. „Weisen Sie mich zurecht, wenn ich irre… Halwig, – Sie haben neulich von jemandem gesprochen, der Ihnen riet, sich Ruhe zu gönnen – dem stimm ich bei, sein Rat war gut."

„Er wäre gut, wenn sich ein Zeichen der Überreizung, des Verfalls in meinen letzten Arbeiten finden ließe… Das läßt sich darin nicht finden! Mit jedem Werke, das ich in die Welt schicke, wächst meine Popularität, es gibt keine Zeitschrift, kein Journal, das nicht um meine Mitarbeiterschaft buhlt; wenig Autoren dürfen sich rühmen, so viel gelesen zu werden, wie ich. – In faden Harmlosigkeiten freilich darf ich mich dabei nicht ergehen, auf einige Verblüffung läuft es immer hinaus – dem Geschmack der Zeit muß man Konzessionen machen… man muß… Welcher Künstler ist groß geworden und hat das nicht getan?… Lesen Sie, lesen Sie doch einmal eines meiner Bücher und sagen Sie dann, ob ich mich, wie der schöne Ausdruck lautet: ‚ausgeschrieben' habe? Ob ich verwässere und verflache?"

Er stieß ein kurzes Gelächter aus und versank in Gedanken, aus denen ihn Lotti mit den Worten weckte:

„Sie sprachen von einem unangenehmen Gang, den Sie zu machen haben…"

„Unangenehm ist ein milder Ausdruck. Abscheulich, gräßlich soll es heißen… Ich will Ihnen sagen, was ich zu tun habe: einem Menschen gute Worte geben, dem ich am liebsten einen Fußtritt gäbe… aber ich stehe in seiner Schuld, und mir bleibt nichts übrig, als –" die Augen funkelten ihm vor Zorn, und er warf die Lippen verächtlich auf – „als mich vor ihm zu demütigen."

„Eine – eine Geldschuld?" fragte Lotti zaghaft.

„Nein – ja – wie man will… Ich habe mich herbeigelassen, eine Vorauszahlung von ihm anzunehmen auf einen Roman, der im Feuilleton seiner Zeitschrift erscheinen soll… und kann dieser Verpflichtung nicht nachkommen… es ist mir unmöglich, trotz all meiner Arbeitskraft, all meines Fleißes. Heute soll ich meinen ersten Band abliefern, und heute muß ich das Geständnis ablegen, daß er noch nicht begonnen ist – muß um Zeit bitten, um Geduld –"

„Wär's nicht besser, den peinlichen Vertrag ganz zu lösen, Halwig?" sprach Lotti.

„Das kann ich nicht –"

„Wenn Sie ihm die erhaltene Summe zurückerstatten würden…"

„Das kann ich nicht!" wiederholte er übereilt und verbesserte sich sogleich: „darauf ginge er nicht ein – der Seelenverkäufer läßt mich gewiß nicht los… Aber – darf ich's denn verantworten, daß ich Sie zu langweilen komme mit dem Berichte dieser Jämmerlichkeiten, die Ihrem Gesichtskreise so fern liegen, so tief unter Ihnen stehen?"

„Die Frage, Halwig, können Sie allerdings nicht verantworten", sprach Lotti. „Mir liegt nichts fern, was Ihnen Unruhe und Pein zu verschaffen vermag. Vergessen Sie das nie und nimmermehr."

Er fuhr mit der Hand über seine Stirn. „Ich habe es nicht vergessen… Sie sehen ja… Von jeher waren Sie bestimmt, mir Trost und Segen zu sein… von jeher war ich bestimmt, Sie zu quälen… Das Schicksal erfüllte sich… Leben Sie wohl!…" rief er, wandte sich plötzlich und schritt dem Ausgange zu. Mit einem Male blieb er jedoch stehen. Seine Augen hatten sich fest und starr auf ein kleines Bild gerichtet, das an der Wand über dem Arbeitstische hing. Das wohlgetroffene Bild Meister Feßlers.

„Ihr Vater… Ihr Vater, das war ein Mann! Er hatte alles vom Künstler, nur nicht die Selbstsucht, nur nicht den Ehrgeiz. Er kannte die Affenliebe für seine Produkte nicht, und nicht die blinde Freude an dem Geschaffenen, sondern nur die große Freude an seinem Schaffen… Er trieb sein Handwerk wie eine Kunst. Wir – treiben unsere Kunst wie ein Handwerk", sprach er dumpf und schmerzlich und verließ das Zimmer.

9.

„Wohin geht denn unser Fräulein in solchem Staat?" sprach das Schneiderlein im vierten Stock des Nachbarhauses.

„Macht gewiß Visiten", meinte Leopoldine und beugte sich recht weit aus dem Fenster, um Lotti nachzublicken, die soeben über den Platz schritt.

Der Alte folgte dem Beispiele seiner Tochter und rief in Begeisterung: „Schau, schau! Es gibt doch nichts Schöneres, als ein schwarzes Seiden-

kleid ... Aber Falten muß es haben, muß sich etwas ausbreiten, – das ist anständig, das ist elegant!"

„Nein, elegant ist es just nicht!" erwiderte Leopoldine, ihr kleines, breites
Näschen rümpfend.

„Nicht? Kannst du dir das Fräulein denken in so einer modernen Ofen-
röhre, wie du da hast?" rief der Schneider, indem er verächtlich auf das enge
Kleid deutete, das seine Tochter trug.

„Sie nicht – sie freilich nicht –"

„Freilich nicht!" spottete der Vater ihr nach, „und hätte doch eher als tausend Jüngere die Gestalt dazu, ist ja gewachsen wie eine Tanne."

„Nein, nein, sie soll nur bei ihren alten Moden bleiben, ihr steht's, ein anderer dürft's nicht tragen."

„Und warum nicht? Weil es praktisch ist? Weil es geschmackvoll ist?" pol-
terte der Alte, und der Zank zwischen den beiden entbrannte.

„Sagt, was Ihr wollt!" platzte das Mädchen plötzlich heraus, „wenn Ihr
einmal tot seid, halte ich mir doch ein französisches Modejournal!"

„Dann kannst du's tun", schrie der Vater gereizt, aber nicht gekränkt
durch diese brutale Äußerung.

Seine Tochter biß sich auf die Lippen, aus ihren dunklen Augen schoß ein
Strahl innigster Liebe: „Deswegen braucht Ihr noch nicht zu sterben", sprach
sie.

„Fällt mir auch gar nicht ein."

Im gegenüberstehenden Hause hatten die Horatier im Fenster gelegen und
Lotti, als sie vorüberkam, mit lautem Jubelgeschrei begrüßt. Auch die weiße
Katze hatte ihr vom Dache herunter nachgeschaut, und dabei ein so geschei-
tes Gesicht geschnitten, als ob sie allerlei interessante Dinge wüßte, von denen andere sterbliche Wesen niemals etwas erfahren.

Lotti aber schritt dahin, erfüllt von den verschiedenartigsten und doch
gleich mächtigen Empfindungen, daß sie nicht vermocht hätte zu sagen, welche die vorherrschende sei. Vielleicht war es ein geheimer Tatendrang – der
Wunsch, Einfluß auf die Frau Halwigs zu gewinnen, und die Hoffnung,
wenn das gelang, durch sie dem Selbstzerstörungswerk Einhalt zu tun, in dem
der Dichter begriffen war. Sollte seine Frau aber nichts wissen von seinen
schweren Seelenkämpfen? Sollte sie, wenn er auch schweigt – nichts davon
erraten haben? Ist es nicht offenbarer Unverstand, sich einzubilden, daß eine
Fremde kommen müsse, um der Gattin die Augen zu öffnen? Und dennoch
– dennoch – trotz aller Einwendungen ihres Verstandes blieb Lotti von einer
Ahnung durchdrungen, für die ihr jeder Grund, jeder Anhaltspunkt fehlte,
der Ahnung: die Frau, die er liebt, weiß nichts von seinem inneren Leben.

Lotti war im neuen Stadtteil vor dem neuen Hause angekommen, das Halwig bewohnte. Nett wie ein Schächtelchen stand es da. Alles darin frisch und

blank und fast blendend vor Glanz und Farbenpracht, alles geschmackvoll und schön: die Malereien an den Wänden und am kuppelartigen Gewölbe des Stiegenhauses, die vergoldete Rampe, die schneeweißen Treppenstufen. Die einfache Lotti, die Freundin des Alten, sah sich um in all der bunten, jungen Herrlichkeit und meinte im stillen, das Neue könne einem doch auch gefallen.

Sie bemühte sich, den Außendingen recht viel Aufmerksamkeit zu schenken, sie hoffte sich dadurch von der seltsamen Beklemmung zu befreien, die sich ihrer bemächtigt hatte. Doch half es wenig, und Lottis Herz pochte fast laut, als sie das erste Geschoß erreicht hatte und den Drücker neben einer hohen, hübsch stilisierten Tür berührte, die sich nach wenigen Augenblicken vor ihr erschloß. Derselbe Diener, der gestern das Billett Frau von Halwigs überbracht, starrte Lotti mit derselben dummdreisten Miene an, forderte sie jedoch auf, einzutreten.

Er schritt ihr voran durch ein getäfeltes Speisezimmer. Majoliken und Zinnschüsseln, Bierkrüge, Becher und Kelche auf dem Büfett, geschnitzte Stühle, schwerfällige Tische und Schränke: altdeutsch. Durch einen kleinen Salon mit hellgelben Figuren und blumenreichen Tapeten, Pagoden, Vasen, Lüster, Armleuchtern aus Porzellan, zahllosen Kästchen aus vieux laque: chinesisch. An der dritten Tür blieb der Bediente stehen, öffnete sie und rief laut: „Fräulein von Feßler", und gab der von ihm unversehens Geadelten einen feierlichen Wink.

Lotti trat in ein großes, freundliches Gemach, in dessen Mitte auf einer mit lichtblauem Atlas überzogenen Chaiselongue eine junge Dame lag.

„Wie schön von Ihnen", sprach sie und richtete sich, wie es schien, nicht ohne Anstrengung, mit dem Oberkörper auf. Eine kleine hilflose Kinderhand streckte sich aus der Flut von Spitzen, welche die Ärmel des weißen Schlafrocks umgaben, der Besucherin entgegen.

„Wie schön von Ihnen, daß Sie kommen… aber ich hab's gewußt, ich habe wirklich auf die Erfüllung meiner Bitte gezählt…"

„Sie sehen, wie recht Sie gehabt…"

„Wenn sie so ist, wie ich glaube, dacht ich mir, als ich meinen Brief fortschickte, kommt sie sogleich – und Sie wollten ja auch sogleich kommen?"

„Gewiß."

„Gestern konnt ich Sie aber nicht sehen – ich war zu leidend –"

„Das hörte ich mit Bedauern", erwiderte Lotti teilnehmend, aber auch erstaunt. Leidend, dieses schöne, blühende Geschöpf mit den rosig angehauchten Wangen, den frischen, schwellenden Lippen?

„Und – was fehlt Ihnen?"

„Ich bin sehr, sehr nervenkrank. Hermann weiß nichts davon, man darf es ihm auch nicht sagen; aber mein Arzt ist um mich besorgt", versicherte Agathe mit einschmeichelnder, klagender, um Mitleid bittender Stimme.

Sie verschönerte sich noch im Sprechen, ihren Mund umspielte dabei ein so lieblicher Zug, ein so kluger und unschuldiger Ausdruck, daß Lotti dachte: „Dich müßte ein mit Taubheit Geschlagener beredsam finden!"

Die Gesichtsbildung der jungen Frau erinnerte an die der Cäcilie von Albano, deren Bild Kestner seinen römischen Studien vorangestellt hat. Ihre reichen, dunklen Haare waren zurückgekämmt und in einem schweren Knoten am Hinterhaupte zusammengehalten. Sie schien groß; die edlen Formen ihrer vollen und schlanken Gestalt zeichneten sich deutlich unter dem weichen, anschmiegenden Stoff des langen, weit über die Füße reichenden Gewandes, in das sie sich, wie frierend, hüllte.

Lotti stand vor ihr und staunte sie mit jener reinen, fast demütigen Bewunderung an, die gute und warmherzige Menschen gerade den Vorzügen gegenüber, die ihnen selbst versagt geblieben sind, am lebhaftesten empfinden.

Diese Frau, wie war sie schön! und wie malerisch, und wie eigentümlich war ihre ganze Umgebung! Das Gemach glich einem Wintergarten, von Blütenduft und Sonnenschein durchtränkt.

In den Vertiefungen der vier hohen, im rechten Winkel aufeinanderstehenden Fenster prangten dichte, üppige Gruppen der seltensten Blumen. In einer Ecke breitete eine riesige Fächerpalme ihre zackigen Blätter aus, in der anderen wiegten sich in den Ringen ihrer vergoldeten Käfige ein Arras mit kühnem Schopf und ein blauer Papagei. Eine zierliche Volière beherbergte ein Dutzend brasilianischer Vögelchen mit schimmerndem Gefieder. In einem Aquarium schwammen Gold- und Silberfische, hockten langweilige Schildkröten, und aus den Spalten des kleinen künstlichen Felsens, der sich in der Mitte desselben erhob, guckten grüne Eidechsen und gelb gefleckte Salamander mit scheuer Neugier hervor. Zu Füßen der Herrin lag ein weißes Hündchen, dessen Stirnhaare höchst kokett mit einer blauen Schleife zusammengebunden waren. Einige Schritte von ihm befand sich seine Villa, ein Zelt, aus demselben blauen Seidenstoff, aus dem die Tür- und Fenstervorhänge bestanden. Mit diesen stimmte nur das Ruhebett überein. Alle übrigen Möbel schienen je ein Muster von ganz verschiedenen Gattungen. Persische, indische, türkische Stoffe und Stickereien schmückten reich geschnitzte oder eingelegte Gestelle, prangten auf den Kissen, waren über die Tische gebreitet. Das Zimmer war überfüllt, drei Dinge jedoch hätte man darin vergeblich gesucht, ein Gemälde, ein Buch und – eine weibliche Handarbeit. Dagegen waren mehrere Etagèren vorhanden, ganz bedeckt mit Rauch- und Reitrequisiten. Zigarettenvorräte hoch aufgespeichert, abenteuerlich geformte Pfeifchen, kleine Tschibuks mit kostbaren, edelstein-geschmückten Mundstükken, Reitpeitschen und Reitstöcke, köstlich damaszierte Pistolen, mit Schaft aus Elfenbein, daneben in einem Futteral ein goldener Sporn.

Die Besitzerin all dieser Herrlichkeiten sah voll Vergnügen das Interesse, das Lotti denselben schenkte.

„Es gefällt dir bei mir!" sagten ihre großen langbewimperten Augen, dunkelbraun wie der Flügel des Trauermantels, und mit denselben schwimmenden spielenden Lichtern…

„Nehmen Sie doch einen Fauteuil – nicht den, der ist unbequem, den andern – dort! So ist's recht. Und jetzt setzen Sie sich hierher – mir gegenüber, und lassen Sie uns schwatzen, liebes Fräulein."

Sie neigte den Kopf ein wenig zur Seite und sah vor sich nieder.

„Ich muß Ihnen sagen – ich war gestern nicht nur ungewöhnlich leidend – leg dich, Gipsy", unterbrach sie sich, um zu ihrem Hündchen zu sprechen, das sich auf den Hinterpfoten aufgerichtet hatte und die herabhängende Hand seiner Herrin mit ungestümer Zärtlichkeit leckte. Gipsy gehorchte.

„Ich muß Ihnen sagen", begann Agathe wieder, „ich war nicht nur leidend, sondern auch…" sie zögerte ein Weilchen, „sondern auch sehr bekümmert."

„Um Ihren Mann?" fragte Lotti hastig.

„Ach – nein…" lautete die Antwort, „ach nein, mein Mann macht mir keinen Kummer, der macht mir immer nur Freude und Ehre."

„Sie sind also stolz auf ihn – auf seinen Ruf, auf seinen Namen?"

„Seinen Namen?… nun – die Halwigs sind gut, viel besser, als man in meiner Familie zugeben will… Aber gerade stolz brauche ich…"

„Ich meine seinen Namen als Schriftsteller", fiel Lotti ein. Sie lächelte über dieses seltsame Mißverstehen und dachte: ein Kind! – das ist ja ein Kind.

„Freilich, natürlich, auf den bin ich stolz", entgegnete Agathe, „man sagt", fügte sie halb nachlässig, halb altklug hinzu, „daß ich Ursache dazu habe, und ich glaube es… Wenn Sie wüßten, wie seine Schriften honoriert werden, mit welchen Summen, Sie würden staunen!"

„So?" sprach Lotti; und nach einer Pause noch einmal „so?" – und dann stellte sie, mit viel weniger Zuversicht, eine zweite Frage, sie erkundigte sich nach dem Anteil, den die Frau des Poeten an seiner künstlerischen Tätigkeit nehme, und war im voraus von der Wärme und Größe desselben überzeugt.

Darin hatte sie auch vollkommen recht. Agathe wußte alles, was in der Schreibstube ihres Mannes vorging; sie kannte zum Beispiel den Namen des Buches, das er eben unter der Feder hatte. Sie freute sich schon jetzt auf den begeisterten Brief, den der Verleger darüber schreiben werde. Sie würde „alle die Sachen" auch recht gern lesen, allein – der Doktor, dieser Tyrann – erlaubt es durchaus nicht, untersagt ihr durchaus jede Anstrengung ihrer Augen. Und sie fühlt leider, daß er weise daran tut, denn ihre Augen werden mit jedem Tage schwächer. Das kommt vom Aufenthalt in der staubigen Stadt. Agathe müßte aufs Land, und bald, sonst würde sie einmal blind, wie ihre Großmutter, die auch im zweiundzwanzigsten Jahre…

„Perro! Perro! Perroquet!" rief sie plötzlich dem Papagei zu, der sich von Anfang an in das Gespräch gemischt hatte, und dessen Geschrei immer gellender wurde. „Der Vogel ist unerträglich!" Sie wand sich auf ihrem Ruhebett und preßte den Kopf in die Kissen. „O Fräulein, erbarmen Sie sich, haben Sie doch die Güte, den Schal dort, sehen Sie – den dort – über den Käfig dieses Untiers zu werfen."

„Danke, danke!" sprach sie, nachdem Lotti ihrem Wunsche nachgekommen war, und Perroquet, plötzlich in Dunkelheit versetzt, still geworden. „Und jetzt kommen Sie, geben Sie mir Ihre Hand. Aber ohne Handschuh."

Rasch und geschickt streifte sie selbst den Handschuh herab und hielt die unwillkürlich widerstrebenden Hände Lottis mit einer Kraft fest, die man ihr niemals zugetraut hätte.

„Diese Hand hat mein Hermann oft geküßt", sprach sie, „ich weiß es… ich bin aber nicht eifersüchtig – da haben Sie den Beweis…"

Sie hatte sich vorgebeugt und drückte nun ihre Lippen auf Lottis Hand. Sie tat es mit einer gewissen trotzigen Innigkeit, mit einer Gewalt, der sich Lotti nicht zu entziehen vermochte, so gern sie es getan hätte. Diese Huldigung war ihr qualvoll, sie meinte sich noch nie im Leben so beschämt gefühlt zu haben.

„Ich habe Sie lieb!" sagte die junge Frau und warf mit der anmutigsten Bewegung den Kopf in den Nacken, „und wünsche, daß auch Sie mich liebgewinnen, und daß auch Sie es mir beweisen."

„Und wie könnte ich das?"

„Wenn ich es Ihnen sage, wollen Sie es dann tun… Wollen Sie es tun?" wiederholte sie und stieß, nachdem sie eine bejahende Versicherung erhalten hatte, einen leisen Schrei des Jubels aus. Wenn Lotti ihr half, dann war geholfen.

Und jetzt setzte sie dasjenige, um das es sich handelte, klar, deutlich, ohne die geringsten Umschweife auseinander.

Sie hatte einen liebenswürdigen, großmütigen, herrlichen Vater; allein – das war sein Unglück – leichtsinnig wie ein Leutnant, dieser arme Papa! Und die Mama, die ein Engel ist, und die beiden jungen Brüder, die Kadetten sind bei der Kavallerie, die haben auch alles andere eher erfunden, als die Sparsamkeit. Kein Wunder, wenn es Verlegenheiten ohne Ende gibt. Aus den größten hat bisher regelmäßig der ältere Bruder Papas geholfen, der vor fünfzehn Jahren eine unermeßlich reiche Fabrikantentochter aus Liverpool geheiratet und England seitdem nicht mehr verlassen hat. Die Ehe ist kinderlos geblieben, und seit langer Zeit bestehen der Onkel und die englische Tante darauf, daß Agathes Eltern, womöglich auch deren Söhne, zu ihnen kommen, sich ganz bei ihnen etablieren, nur eine Familie mit ihnen bilden möchten. Das soll auch geschehen, der Entschluß ist gefaßt, der Tag der Abreise schon festgesetzt.

Allein, der sonst so vernünftige Onkel will nicht begreifen, daß Papa nicht so fort kann, ohne einige Zahlungen beglichen zu haben, die wirklich dringend sind!... Ehrenschulden an Leute, denen man nicht sagen mag: warten Sie... die höchstens denken dürften, man habe nur augenblicklich die Kleinigkeit vergessen... Ein Mann wie Papa! – O, wenn Lotti ihn kennen würde!... Und, mit einem Wort, es steht so: Papa besitzt ein kleines Gut, sechs Stunden von der Stadt, in der reizendsten Gegend. Unvergleichlicher Reitboden! Er war immer Agathes Lieblingsaufenthalt. Das müßte verkauft werden – gleich, gleich – ohne Verzug und nicht unter seinem Wert. Der Erlös würde alle Differenzen decken. Leichten Herzens verlassen Papa und Mama die Heimat, und erhobenen Hauptes treten sie vor die fremde Schwägerin. Ihnen ist die Demütigung erspart, die gräßliche, mit einer Bitte auf den Lippen in dem Hause zu erscheinen, das sich ihnen gastfreundlich erschließt... Genug, das Gütchen muß verkauft werden, und der Käufer muß – Hermann sein, und Lotti, die er so unaussprechlich verehrt, deren Meinung ihm von höchster Wichtigkeit ist, muß ihn dazu bewegen... Will sie es tun? Sie will, sie hat es versprochen, sie darf jetzt nicht nein sagen. Sie wird ihren Einfluß geltend machen...

„Sie wollen, Sie werden, Fräulein – nicht wahr? und bald – und heute noch?"

Agathes Blicke hingen an den Lippen der Schweigenden: „Antworten Sie mir – reden Sie!"

„Was soll ich sagen?" sprach Lotti in peinlicher Verwirrung. „Ich weiß nicht, ob man das von ihm verlangen darf – ob ihm die Mittel zu Gebote stehen..." Sie stockte, sie sah Halwig vor sich, wie er am nämlichen Morgen zu ihr gekommen war, alle Zeichen verzweiflungsvoller Pein und tiefster Erschöpfung in seinen Zügen.

„Die Mittel?" rief die junge Frau – „er ist so reich, als er sein will. Die Summe, die er braucht, um meinen allerhöchsten und innigsten Wunsch zu erfüllen, und um meine Eltern aus der unangenehmsten Lage zu befreien – die Summe bietet sein Verleger ihm an... Er braucht nur einen Kontrakt zu unterschreiben, in dem er sich verpflichtet... Ich kann nicht sagen, wie viele Bände zu liefern in einer bestimmten Zeit... und denken Sie! statt freudig auf den Vorschlag einzugehen, zögert er – kann zu keinem Entschluß kommen, ich –" eine plötzlich aufsteigende Röte, wie eine beschämende Erinnerung sie erweckt, bedeckt ihr Angesicht, „ich habe ihn vergeblich darum gebeten."

„Wie können Sie glauben", sagte Lotti, „daß er mir etwas zugestehen wird, das er Ihnen abschlug?"

„Er wird! Er hält so viel von Ihnen! verehrt Sie so grenzenlos... Er wird Sie nicht der Parteilichkeit anklagen, wie er es mir tut in seiner Eifersucht auf die Meinen..." erwiderte Agathe melancholisch und fügte mit einem tiefen

Seufzer hinzu: „Ach, diese Eifersucht ist schrecklich bei ihm, ist schon eine fixe Idee... und so schwer ich mich von meinen armen Eltern trenne – ich wünschte wahrlich, sie wären drüben über dem Meere, und ich sähe sie nicht mehr, und er hätte nie wieder Gelegenheit, mir vorzuwerfen, daß sie mir lieber sind, als er... als er – um den ich sie verlassen habe!"

Was war das für eine kindische und gewiß ungerechte Klage, und dennoch, welches Mitleid erregte sie in ihr, der sie mit so weicher bezaubernder Stimme, und mit Tränen in den Augen vorgebracht wurde.

Und jetzt falteten sich die Hände der schönen Frau: „O Fräulein Lotti..."

Da pochte es an der Tür, der Diener erschien und meldete: „Herr von Schweitzer."

Agathe schnellte empor.

„Soll warten, ich lasse bitten. Er kommt zwar sehr ungelegen, der gute Schweitzer", fuhr sie fort, nachdem der Diener sich entfernt hatte, „aber dennoch darf man ihn nicht wegschicken. Auch der könnte helfen!... Einen Augenblick, liebstes Fräulein!" Sie stand schon auf ihren Füßen – „in so tiefem Negligé will ich mich vor einem Herrenbesuche nicht sehen lassen. Empfangen Sie ihn an meiner Stelle; der gute Schweitzer, unser Advokat, ein Jugendfreund meines Mannes, bleibt nie lange. Sie aber müssen lange bleiben... Sehen Sie, ich komme Ihnen gleich nach. Ich bitte Sie! ich bitte!... Keine Einwendungen!... Sie dürfen nicht fort – wir behalten Sie zu Tische, das steht in den Sternen geschrieben, dagegen vermögen Sie nichts."

Sie sprach das alles rasch mit ihrer weichsten Stimme, und dabei mit einer Bestimmtheit, die nicht einmal den Versuch eines Widerstandes aufkommen ließ.

„Sei es denn!" sagte Lotti, und fügte in Gedanken hinzu: So laßt uns in einem fremden Hause einen fremden Besuch im Namen einer fremden Frau empfangen.

Mitten in dem chinesischen Boudoir, in das sie eintrat, stand ein Mann von etwa vierzig Jahren. Eine gedrungene, untersetzte Gestalt, dunkel, etwas nachlässig gekleidet. Ein mächtiger Kopf, mit dichten, schon ins Graue spielenden, bürstenartig zugestutzten Haaren und einem ebenfalls grauen Vollbart, der bis auf die Brust reichte, saß auf kurzem Halse, von athletisch geformten Schultern stolz getragen. An dem ganzen Menschen sprach alles, die Haltung, die Miene, die breite wie in Erz gegossene Stirn, die kräftige gerade Nase mit den scharf gezeichneten Nasenflügeln, der streng verschlossene Mund, es sprachen die energisch blickenden und tief liegenden Augen von Festigkeit und unbeugsamem Willen.

Das Befremden, das ihn ergriff, als er statt der erwarteten Hausfrau eine Unbekannte ins Zimmer kommen sah, gab sich in seinen Zügen deutlich und mit einem Mißfallen kund, das Lotti in Verlegenheit setzte. Sie fand nicht gleich ein erklärendes Wort, und so standen sie ein Weilchen in höchster Unbehaglichkeit voreinander.

Da öffnete sich ein klein wenig die Tür von Agathes Gemach. Schlank, weiß und schmiegsam, preßte sich die junge Frau, die sich in ihrem Morgenkleide vor einem Herrenbesuche nicht sehen lassen konnte, in den schmalen Zwischenraum.

„Lieber Freund", sprach sie, „das ist Fräulein Feßler! mehr brauche ich Ihnen nicht zu sagen."

Sie war verschwunden.

Er aber, an den sich die Worte gerichtet hatten, starrte die wieder geschlossene Tür mit einem so eigentümlich verlangenden und zugleich wütenden Blicke an, er hatte, als Agathe sich unerwartet in derselben zeigte, auf ihre Lichterscheinung einen so heißen Blick geworfen, einen Blick, so sprühend von Leidenschaft und Groll, daß Lotti, die unerfahrene, weltunkundige Lotti, mit plötzlichem und bangem Begreifen zusammenschrak. Sie dachte: Was ist das? Hilf Himmel – der haßt oder – der liebt sie.

10.

„Fräulein Feßler?" sprach er, sah sie durchdringend an und verbeugte sich rasch. „Meine Verehrung. Erlauben Sie, daß ich mich Ihnen vorstelle. Ich heiße Schweitzer und bin ein Tiroler." Er lachte, und dabei kamen zwei Reihen Zähne zum Vorschein, so weiß und dicht, daß es eine Freude war.

Lotti und er wechselten einige hergebrachte Redensarten.

„Ja, ich habe viel von Ihnen gehört", sagte Schweitzer plötzlich mit verändertem Tone, „am meisten vor acht Tagen. Da traf ich Halwig auf dem Wege zu Ihnen. Ein erster Besuch – nach vielen Jahren…"

„Das waren Sie?" versetzte Lotti. „Sie haben ihm damals einen sehr guten Rat gegeben."

„Hat er mich verklagt?… Ja, ja; mein Rat war gut, zu gut, um befolgt zu werden."

Lotti schwieg, und er fragte:

„Haben Sie sein letztes Buch gelesen?"

„Nein!"

„Lesen Sie es nie!… oder doch – lesen Sie es, und sagen Sie mir dann, ob ich recht habe, zuzurufen: Halt ein!"

„Sie haben recht! Ich brauche, um davon überzeugt zu sein, das Buch nicht zu lesen."

„Ihnen graut! Sie wissen, was Sie zu erwarten hätten. Gut denn, lesen Sie nicht, aber helfen Sie mir. Wirken Sie in meinem Sinne auf ihn ein. Ihr Einfluß ist groß. Ich bin dessen sicher geworden, als er neulich nach jener Unterredung mit Ihnen heimkehrte, so ruhig und vernünftig, wie er seit langem nicht mehr gewesen ist."

„Was soll ich tun?"

„Ihn veranlassen, der Schriftstellerei für eine Zeitlang ade zu sagen und eine andere, freilich minder einträgliche Beschäftigung, die ich für ihn im Auge habe, zu ergreifen." Er unterbrach sich: „Aber darüber sprechen wir noch... Jetzt sagen Sie mir, warum sehen Sie mich so an?"

„Ich wundere mich –" erwiderte Lotti, ein wenig außer Fassung gebracht durch diese Frage.

Er ließ sie nicht weiter sprechen.

„Warum?" fiel er ihr ins Wort. „Weil Sie mir glauben? Nun das geschieht, weil zwischen zwei absolut redlichen Menschen ein stilles Einvernehmen besteht."

„Vielleicht – aber seltsam scheint es mir, daß auch Sie meinen Einfluß..."

Abermals unterbrach er sie:

„Auch ich?... Ganz recht. Ihr Einfluß ist hier bereits angerufen worden – freilich im entgegengesetzten Sinne... von einem schönen Vampyr..."

Er hielt inne. Die Tür hatte sich geöffnet, und Agathe erschien auf der Schwelle.

Sie mußte die letzten Worte gehört haben, es war nicht anders möglich; doch suchte sie offenbar kein Arg in ihnen, denn sie begrüßte den Advokaten mit liebenswürdiger, sogar etwas koketter Freundlichkeit.

Sie hatte sich Zeit zur Toilette gelassen; diese war aber trotzdem nicht ganz beendet. Die Ohrringe fehlten noch und auch das Medaillon, und die Bandschleife am Halse, an welche es befestigt werden sollte. Sie hielt das alles in ihren Händen.

„Nun, lieber Rechtsfreund?" fragte sie, trat an den Pfeilerspiegel und begann eines ihrer zarten rosigen Ohrläppchen zu quälen, um ihm den Schmuck einer erbsengroßen Perle vom schönsten Orient aufzunötigen. „Wie steht unsere Angelegenheit? – Sie bringen eine gute Nachricht, – das sehe ich Ihnen an."

„Sie sehen schlecht, gnädige Frau", sagte Schweitzer trocken und blickte streng in den Spiegel, aus dem ihr zur Seite geneigtes Gesicht ihn anlächelte.

„Ist der Brief, den wir erwarten, angekommen?"

„Er ist nicht angekommen!"

„Und der Zweck Ihres Besuches, wenn man fragen darf?" Sie wandte sich um und sah spöttisch fragend zu ihm nieder, der sich bei ihrem Eintreten erhoben, jetzt aber seinen früheren Platz auf einem Sessel, Lotti gegenüber, wieder eingenommen hatte. „Sie werden mir doch nicht weismachen wollen, daß nichts anderes Sie hierher führt, als die Sehnsucht nach meinem Anblick?"

„Oder der Wunsch, Ihnen Langeweile ins Haus zu tragen? – Nein, ich komme aus einem andern Grunde."

„Bitte ihn auseinanderzusetzen. In Gegenwart dieser teuren Zeugin da... Ach, Fräulein Feßler, seien Sie doch so gütig..."

Sie reichte Lotti die beiden Enden des Bandes, das sie durch den Ring des Medaillons gezogen hatte, und kniete plötzlich nieder. Lotti beeilte sich, die Schleife über dem schlanken Nacken festzuknüpfen, der sich ihr entgegenbeugte, während Schweitzer dieser ganzen Prozedur mit stillem Grimm zuzusehen schien.

Agathe erhob sich von ihren Knien, um auf ein kleines Kanapee zu gleiten, in dessen Kissen sie sich zurücklehnte.

„Ihren Grund, mein Freund! Reden Sie doch. Sie spannen meine Neugier auf die Folter!" sagte sie, und ein maskiertes Gähnen hob ihre Nasenflügel.

„Ich höre von einem Kontrakt mit einem Buchhändler, den Halwig unterschreiben soll", begann Schweitzer in ruhigem, nachdrücklichen Tone.

„Daß Sie auch alles hören müssen!" warf Agathe dazwischen.

„Und will ihn daran hindern", fuhr Schweitzer fort. „Ich habe den Kontrakt nicht gesehen, aber ich weiß, wer ihn ausgestellt hat, und das ist mir genug. Es kann auch Ihnen genug sein. Glauben Sie mir, gnädige Frau, Sie sind eine so zärtliche Gattin, raten Sie Ihrem Mann, sich doch lieber an einen Sklavenhändler zu verkaufen, er kommt dabei weniger zu Schaden."

„Sie sind einzig, lieber Freund! Also, nicht gelesen – den Kontrakt? Da komme ich doch einmal im Leben in die Gelegenheit, Sie zu belehren. Der Verleger, den Sie verabscheuen – der Arme! – fordert zehn Jahre hindurch alljährlich drei Bände... Ich erinnere mich jetzt!" schaltete sie ein, zu Lotti gewendet – „Ist das zuviel?... Für Hermann, sage ich Ihnen, ist das nichts..."

„Drei Bände!" rief Schweitzer, „und sie brauchen nicht einmal sehr dick zu sein, wenn sie nur recht viel Skandal enthalten, nur einige Seiten, auf denen das Unsagbare gesagt wird – nur ein einziges Kapitel, das von Dingen handelt... Dingen – die man in Gegenwart verehrter Frauen –" er sah Lotti fest an und neigte den Kopf, „nicht nennt."

„Da haben Sie den ganzen Schweitzer!" versetzte Agathe mit ihrem hellsten Lachen, und mit der siegreichen Überlegenheit des Gleichmuts über den aufbrausenden Zorn. „Sehen Sie, Fräulein Feßler, wie er mich mißhandelt, mein Freund, mein strenger, grausamer, aber alleraufrichtigster Freund."

Und dabei neigte sie sich vor und blickte ihm von unten hinauf ins Gesicht, lockend, herausfordernd, als wollte sie ihn ganz einhüllen in Bezauberung, sie, die junge, schöne, glänzende Frau, den alternden, schlichten Mann, dessen Züge etwas Steinernes annahmen, und der in hartem Tone sprach:

„An wem ist Ihnen mehr gelegen? An diesem aufrichtigen Freund, oder an Ihrem blauen Papagei?"

„Keine Gewissensfragen! Kommen Sie mir jetzt nicht mit Gewissensfragen! Bleiben wir bei der Stange. Aufrichtig! wenn ich bitten darf." Sie wurde ernst und sprach in kaltem und geschäftsmäßigem Tone: „Sie sind gegen die Unterschrift, weil Sie nicht zweifeln, daß uns bald auf andere Art aus der Verlegenheit geholfen wird ... Leugnen Sie doch nicht! – Unser Prozeß steht gut – er kann nur gut stehen, sagt Hermann, der gewiß kein lebhafter Mensch ist ..."

„Sagt Hermann, daß es mit dem Prozeß gut steht? – Das sagt er Ihnen? Warum nicht lieber mir, den es trösten würde? denn ich sehe schwarz in der Sache, ich halte sie für verloren, und Hermann wäre meiner Meinung, wenn er den Gang der Angelegenheiten verfolgt hätte. Aber dazu hat er keine Zeit. Er hört mich gar nicht an, wenn ich berichten komme."

„Sie müssen wissen", fuhr Schweitzer, zu Lotti gewendet, fort, „daß Halwig eine sehr gerechte Forderung an die Enkel eines Gutsbesitzers in Mecklenburg stellt, dem sein Großvater dereinst ein ansehnliches Darlehn gemacht hat. Die Summe war auf dem Gute angelegt, es scheinen Interessen davon gezahlt worden zu sein, allein im Testamente des alten Herrn von Halwig blieb sie unerwähnt. Sein Sohn machte wohl sein Recht geltend, jedoch mit wenig Nachdruck, schläfrig und halb, wie er alles zu tun pflegte. Der Mecklenburger war inzwischen in zerrütteten Vermögensverhältnissen gestorben. Seine Kinder legten nicht besonderen Eifer an den Tag, sich der Schulden zu entledigen, die ihr Vater ihnen hinterließ ... und so vererbten sich Verpflichtung und Forderung auf die Kinder dieser Kinder, und auf den Sohn jenes Sohnes. Ich erspare Ihnen eine juristische Auseinandersetzung, ich sage nur, daß Halwigs Recht so klar ist, wie der Tag, und daß ich überzeugt war, es zur Geltung bringen zu können, als ich selbst ihn bestimmte, die schon aufgegebene Sache wieder aufzunehmen, und mir ihre Führung getrost zu überlassen ... Nun – ich habe vergeblich gerungen. Ich werde dem Rechte nicht zum Sieg verhelfen. Ich erkläre das meinem Klienten, so oft ich ihn sehe. Aber machen Sie einem Menschen etwas begreiflich, das er nicht begreifen will – entwurzeln Sie eine Hoffnung, welche durch die Furcht vor Verzweiflung eingepflanzt worden ist ..."

Agathe horchte seinen Worten mit verhaltenem Atem.

„Sie selbst", sagte sie jetzt, „haben die Hoffnung, die Sie ihm nehmen wollen, noch nicht verloren. Jener Brief von Ihrem Abgesandten, den Sie erwarten, kann günstige Nachrichten bringen ... Jenen Brief", sie blickte ihn forschend an, „erwarteten Sie, wenn ich nicht irre, schon gestern ...

Lieber Freund, wenn der Brief fortfährt auszubleiben – oder wenn er eintrifft mit schlechten Nachrichten beladen – dann liebes Fräulein Feßler –" Sie ergriff Lottis Hand und hielt sie angstvoll mit ihren Fingern umklammert – „dann muß Hermann den Kontrakt unterschreiben. – Meinen Eltern muß geholfen werden. Sehen Sie das nicht ein, Sie beide!... Haben Sie nicht auch Eltern gehabt, die Sie liebten?... Denken Sie an Ihren Vater, Fräulein Feßler, Hermann hat mir soviel von ihm erzählt, daß ich meine, ihn gekannt zu haben. – Denken Sie an Ihre Mutter, Schweitzer, der Sie so viele Opfer brachten... Fragen Sie sich, hätten Sie nicht Ihre Seele für Vater und Mutter verkauft?"

Lotti wollte sprechen, aber Schweitzer schnitt ihr das Wort ab:

„Meine Seele vielleicht, – die eines andern? – Nein!"

„So spricht ein Junggeselle. Mann und Weib sind eins, und ich erkläre denn... aber wie lächerlich, wie lächerlich sind wir mit unserem Seelenverkauf! Als ob sich's darum handelte!...Hören Sie meinen unwiderruflichen Entschluß: wenn der Prozeß günstig für uns entschieden wird, dann zerreiße ich den Kontrakt mit meinen eigenen Händen – die Sie dann küssen werden, Schweitzer! – Wir kaufen sofort das Gut meiner Eltern, ziehen uns dahin zurück, und sind glücklich, wie wir es schon einmal waren – in England auf dem Lande... Mein Herr Gemahl wird mir zu Ehren noch ein Sportsmann. Man sieht ihn niemals anders als im roten Frack oder im Jagdrock mit grünen Aufschlägen... und nirgends anders als bei mir... und immer zu Pferd, zu Wagen oder auf der Pirsch, – immer nur bemüht, mich zu bezaubern... Das gelingt ihm – hingerissen falle ich meinem Helden, meinem Ritter in die Arme. Unter einem Holunderbusch und vielen Wonnetränen schwören wir uns täglich ewige Liebe!"

Sie sagte das schalkhaft, übermütig, und dabei lag doch in ihren Augen eine geheimnisvolle Wehmut, eine sehnsüchtige Zärtlichkeit, die zu all den Scherzen nicht paßten.

Schweitzer saß aufrecht und steif vor ihr wie die Statue eines Pharaonen und starrte sie selbstvergessen an.

Sie fuhr fort: „Wir könnten selig sein. Selig, einander endlich anzugehören, endlich füreinander zu leben. Das geschieht hier nicht, in der widerwärtigen Stadt. Auf dem Lande, und wenn Hermann noch so viel zu tun hätte, bliebe ihm mehr Zeit für mich. Hier vergehen Tage, an denen ich ihn nicht sehe, das halbe Stündchen ausgenommen, das wir bei Tische zubringen. Und wovon spricht er da? Von Büchern, Zeitungen, Rezensionen... Ich frage mich oft: Habe ich einen Mann geheiratet oder eine Schreibmaschine?"

„Das fühlen Sie?" rief Schweitzer, „und könnten sich doch entschließen, dieser ohnehin überbürdeten Maschine, deren Motor ein Menschengeist ist, neue Lasten aufzudrängen?"

„Ich tu es nicht, Freund! ich nicht! – Die Notwendigkeit tut es. Was mich betrifft, ich hasse die Schreiberei. Hinge es von mir ab – – Hermann brauchte nie wieder eine Feder anzurühren… Da kommen Leute zu ihm – Literaten, die sagen, schriftstellern sei unweiblich. Ich möchte immer erwidern: nein, meine Herren – unmännlich ist's! Männlich ist Löwen und Tiger jagen, auf einem Seil über den Niagara wegschreiten, Schlachten gewinnen, Städte bauen… aber weißes Papier schwarz machen… bah!… O lieber, lieber Freund! wenn Sie nur recht wollten, Sie könnten uns aus aller Not und Drangsal erretten – man sagt, Sie hätten noch nie einen Prozeß verloren…"

Wieder beugte sie sich zu ihm, sah ihm schmeichelnd ins Gesicht und legte ihre Fingerspitzen auf seinen Arm.

Er erhob sich rasch: „Daß doch alle Weiber… verzeihen Sie, alle – Frauen gleich sind! daß doch jede meint, den Advokaten gewinnen, hieße den Prozeß gewinnen… Ich blieb zu lange – kann Hermann leider nicht erwarten – so gern ich auch…"

Er hatte seine Taschenuhr hervorgezogen, und Lotti sah, obwohl sie wahrlich in dem Augenblick nicht an Uhren dachte, daß es nur eine silberne Remontoir von einfacher Arbeit war.

Agathe stand auf und holte seinen breitkrempigen Hut herbei, den sie ihm mit einer feierlichen Gebärde reichte.

„Leben Sie wohl, Gebieter über unsere Schicksale!" sagte sie, „und nochmals! wenn Sie wiederkehren, bringen Sie uns das Glück in Gestalt eines Briefes aus Mecklenburg in der Tasche Ihres wunderschönen Überziehers mit."

Er verbeugte sich, trat vor Lotti hin und sprach:

„Vergessen Sie nicht, daß wir Bundesgenossen sind."

Damit verließ er das Gemach.

11.

„Seine Bundesgenossin wären Sie?" fragte Agathe, „indes ich mein Vertrauen in Sie setze?… Nein, nein, das wäre Verrat, dessen Sie nicht fähig sind… Sie halten mir Wort, und wenn Hermann kommt… Aber", unterbrach sie sich mit einemmal äußerst beunruhigt, „warum ist er nicht da – nicht längst da – – er pflegt sonst nie des Morgens auszugehen und heute, als ich erwachte, und nach ihm fragte, hieß es, er sei fort… in aller Frühe fortgegangen… unbegreiflich… unbegreiflich –" wiederholte sie, eilte an das Fenster, öffnete es und blickte in gespannter Erwartung auf die Straße hinunter.

Plötzlich überdeckte sich ihr Antlitz mit Purpurglut. „Er kommt!" rief sie jubelnd und schwang ihr Taschentuch in die Luft.

„Sie entschuldigen mich doch, Fräulein, wenn ich ihm entgegengehe?... Ich muß die Freude haben, ihm anzukündigen, daß er Sie hier findet."

Ohne eine Antwort abzuwarten, war sie verschwunden.

Mit seltsam gemischten Empfindungen blickte Lotti ihr nach und dachte: „Sie liebt ihn – das ist ja viel... für ihn wohl alles..."

Eine Weile danach erschien Halwig – ein anderer als der, den Lotti am selben Morgen bei sich gesehen. Freudig und sorglos begrüßte er sie, sprach viel, war der liebenswürdigste und aufmerksamste Wirt. Beim Dessert gab er eine lustige Geschichte zum besten, die ihm Papa, dem er unterwegs begegnet war, erzählt hatte.

Seine Heiterkeit schien natürlich und ungezwungen, und dennoch, ohne sich erklären zu können warum, vermochte Lotti ihrer nicht recht froh zu werden.

Das Mittagessen war vorüber, und man begab sich zum schwarzen Kaffee nach dem Zimmer des Hausherrn. Es hatte einen eigenen Eingang durch das Vorgemach.

Als Lotti dieses an Hermanns Arm betrat, erhob sich plötzlich ein kleines Männchen von einer der Bänke an der Wand und nahte mit höflicher Begrüßung.

Bei seinem Anblick fuhr Halwig leicht zusammen:

„Sie selbst?... Sie warten?..."

„O nicht lange. Die Herrschaften hatten schon beinahe fertiggespeist, als ich kam, und ich beschwor den Diener sie nicht zu stören."

„Treten Sie doch jetzt ein!... Kommen Sie –" sprach Halwig, und Lotti fühlte seinen Arm zucken unter ihrer Hand.

„Wenn Sie erlauben, Herr Baron, allein ich habe Eile... und nur weil der Zufall mich eben hier vorbeigeführt, und um Ihnen die Mühe des Schickens zu ersparen – bin ich da, um das Versprochene abzuholen."

„Kommen Sie denn! – Kommen Sie!..."

„O, ich bitte!... Erst die Damen –"

Er stellte sich mit einem langen Schleifschritt seiner schiefen Beine neben die Tür, die Halwig aufgestoßen hatte, und machte ein einladendes Zeichen. Seine vorquellenden Augen leuchteten vor zynischer Bewunderung, als Agathe an ihm vorüberschritt.

„Die Frau Gemahlin?" flüsterte er Halwig vertraulich zu – „ganz superb – ich gratuliere!"

„Einen Augenblick, Fräulein Feßler – Einen Augenblick Agathe", sprach Hermann gepreßt und scharf, und winkte den beiden, an dem Tische Platz zu nehmen, auf dem der Kaffee serviert war.

Er selbst trat an den Schreibtisch, zog die unterste Lade heraus, nahm ein versiegeltes Paket und reichte es seinem Besucher.

Der ergriff oder vielmehr riß es mit einer hastigen Bewegung an sich.

„Es ist doch das rechte? – Sie verzeihen – ich breche die Siegel… Ein Irrtum ist so leicht geschehen."

„Überzeugen Sie sich", sagte Halwig in einem Tone, den mühsam bezwungener Ingrimm beben machte.

Der Kleine hatte sich an die Fenstervertiefung begeben und begann dort den Inhalt des Pakets zu untersuchen.

„Alles in Ordnung. Hingegen da – auch alles in Ordnung." Er überreichte Halwig einen zusammengefalteten Bogen, den dieser auf den Schreibtisch warf. „Nicht so, Herr Baron, bitte sich gleichfalls zu überzeugen. Bitte um pedantische Genauigkeit in Geschäften. Bitte um Vorsicht, bitte sogar um Mißtrauen."

Er stieß ein leises, widerwärtiges Gekicher aus und blinzelte Halwig halb höhnisch, halb mitleidig an, während der das Schriftstück durchflog.

„Sie sind mit mir zufrieden, hoffe ich. Haben auch alle Ursache. Für Sie ist gesorgt. Wie ich dabei wegkomme, das ist eine andere Frage. Allein für Sie… was täte ich nicht für Sie, Herr Baron?"

Er empfahl sich, von Hermann bis an die Tür begleitet.

Agathe lachte ihm herzlich nach: „Was war denn das für ein Ungeheuer? O, Fräulein Feßler, haben Sie seine Füße gesehen und seinen Gang bemerkt?… Mir scheint nein. Warten Sie, ich will das herrliche Schauspiel vor Ihnen erneuern. Sie müssen sich noch einmal daran erquicken. Einwärts! noch einwärtser! so – nicht wahr?"

Sie begann im Zimmer umherzuhumpeln, ihrem Mann entgegen und ließ sich mit Absicht ausgleitend, in seine Arme fallen. Er umschlang sie und drückte einen langen leidenschaftlichen Kuß auf ihre Lippen.

„Meine Agathe! mein Herz, mein Glück, mein Leben!"

Mit schwerer Selbstüberwindung entzog er sich ihrer Umarmung und trat an ihrer Seite vor Lotti hin.

Diese fragte: „Halwig, war das der Mann, der Ihnen einen Vertrag anbietet, in welchem…"

Er fiel ihr ins Wort: „In welchem ich zehn Jahre meines Lebens verschreibe? Nein. Dem nicht einen Tag. Aber wer hat Ihnen gesagt – du?" wandte er sich an seine Frau, die bejahend nickte und dann sprach:

„War's nicht recht?"

„Ganz recht. Wir haben kein Geheimnis vor Fräulein Lotti."

„Das meinte ich auch und setzte ihr die ganze Angelegenheit auseinander. Sie wird dir ihre Gedanken darüber sagen."

Halwig hatte ihr zerstreut zugehört: „Ich vergesse, ich habe eine Botschaft von Papa an dich."

„Der arme Papa, du vergißt ihn immer."

Die Stirn Hermanns verfinsterte sich einen Augenblick, aber er fuhr fort, ohne etwas auf den Vorwurf zu erwidern: „Deine Eltern sehen heute einige Bekannte beim Tee. Sie zählen auf dich. Sie werden den Wagen schicken, um dich abzuholen. Ich habe in deinem Namen zugesagt. Du wirst meinem Wort doch Ehre machen?"

„Ungern, du weißt, wie lästig mir diese Soireen sind", entgegnete sie und lehnte die Wange an seine Schulter. „Laß mich bei dir bleiben, Hermann."

„Was fällt dir ein? Du darfst nicht bleiben. Nicht einmal stören darfst du mich, um mir Lebewohl zu sagen."

„Nicht einmal Lebewohl?... Fräulein Feßler, ist das nicht hart, nicht unerträglich?... Und diesen Zustand zu verewigen, soll ich noch beitragen, o, wenn ich das bedenke..."

„Agathe", rief er heftig und gequält... „Du weißt doch... mein Gott, was willst du denn? Geh, liebes Kind", setzte er bittend hinzu, „du mußt ruhen, ein wenig schlummern, wenn du abends in Gesellschaft sollst. Geh."

Sie sah ihn traurig und gekränkt an und sprach nach kurzem Schweigen zu Lotti:

„Er ist ein Tyrann, und ich gehorche. Liebstes Fräulein, schenken Sie ihm eine Tasse Kaffee ein und ein Gläschen Chartreuse, und bleiben Sie noch ein wenig bei ihm."

Sie drückte Lottis Hände, bat sie recht bald, unendlich bald, spätestens morgen wiederzukommen, und schritt dem Ausgang zu. Aber an der Tür blieb sie stehen, wandte sich, preßte die Finger an ihren Mund und warf mit einer Gebärde voll Innigkeit Hermann einen Kuß zu.

Er erwiderte ihren liebevollen Gruß, und als sie das Zimmer verlassen hatte, starrte er ihr nach, schien wie unwiderstehlich angezogen, ihr folgen zu wollen... aber nach kurzem Kampfe trat er zurück, warf sich in einen Sessel und versank in dumpfes Hinbrüten.

„Sie haben mir noch nichts von dem Erfolg Ihrer heutigen Unterredung gesagt", begann Lotti zögernd, „und ich wünschte doch sehr..."

„Was Sie soeben gesehen haben – das war der Erfolg", rief Halwig aus. „Der Ehrenmann, über den Agathe so herzlich gelacht hat, ist derselbe, zu dem ich sagen mußte: Ich kann Ihnen nicht Wort halten, Herr..."

„Und was hat er..."

„Gleichviel... ich habe mich losgekauft. Ich bin frei... frei", wiederholte er mit einer Beklommenheit, die zu jedem anderen Worte besser gepaßt hätte.

„Halwig – Halwig – womit haben Sie sich losgekauft?"

„Beruhigen Sie sich, beste Freundin! – Auf die einfachste Art. Ich habe ihm ein Manuskript ausgeliefert, das schon vor Jahren in seinen Händen war, und das ihm damals abgerungen wurde – durch den tugendhaften Schweitzer, dem ich nebenbei ganz gern ein Zeichen von Unabhängigkeit gebe."

„Warum hat der es ihm abgerungen?... Antworten Sie nicht! Ich tu's für Sie – und mit mehr Wahrhaftigkeit, als Sie es täten: weil es Ihrer unwürdig ist, unwürdig eines Dichters eines Priesters, wie der Dichter sein soll, dem ein heiliges Amt hier auf Erden anvertraut ist."

Eine ungewohnte Strenge sprach aus ihrer Stimme und aus ihren flammenden Zügen. „O, glauben Sie nicht, eine verschämte alte Jungfer zu hören, die sich einbildet, ein Mann, ein Schriftsteller, der seine Zeit schildern will, werde die Feder immer nur in Blütenduft und Morgentau tauchen. Ihr habt Furchtbares zu zeichnen, zeichnet es denn mit furchtbarer Kraft und Deutlichkeit, aber auch mit dem tiefinnerlichen Schauder, den Euer Schüler, Euer Leser, bebend mitempfinden soll. Nur nicht mit dem eklen, im Häßlichen wühlenden Behagen, das sich vielleicht auch auf jenen überträgt... Mit dem Behagen, Halwig, das mich – verzeihen Sie mir, es muß ausgesprochen werden – das mich anwiderte aus dem ersten Buch, das Sie nach unserer Trennung geschrieben haben."

„Aus dem –", rief er, kämpfend zwischen Bestürzung und Hohn.

„Sie begreifen das nicht", fuhr Lotti unerbittlich fort, „jenes Buch ist von Ihnen seither so vielfach überboten worden, es ist ein Buch für Kinder im Vergleich zu denen, die ihm folgten. Ich weiß das!" kam sie der Frage zuvor, die er stellen wollte, „aus Anzeigen Ihrer Buchhändler, aus meist lobpreisenden Kritiken, die ich hie und da, so wenig ich danach suchte, in Zeitungen las... Ich weiß es, können Sie es leugnen?"

Er schwieg und starrte sie mit einem schwachen Lächeln an. Plötzlich warf er sich in seinen Sessel zurück und sagte: „Wissen Sie, was Sie tun? Sie sprechen zu mir, wie mein eigenes künstlerisches Gewissen. Aber ich darf die Stimme nicht hören, nicht die Ihre, nicht die seine. Ich habe einmal den Pegasus vor den Pflug gespannt, und er muß pflügen, muß erwerben. Kann ich dafür, daß die Menschen von jeher die Giftmischer besser zahlten als die Ärzte?... Wär's umgekehrt, ich reichte ihnen Arznei."

„Halwig!" schrie Lotti in schmerzlichem Entsetzen auf.

Er richtete sich empor, ein unterdrücktes Schluchzen hob seine Brust. Lotti sah sein Herz pochen gegen sein Gewand. „Beste Freundin, ich bin verloren, machen Sie das Kreuz über mich... Sie schütteln den Kopf, Sie verstehen mich nicht. Der Luxus, der uns umgibt, täuscht Sie, der Luxus lügt, wir leben eigentlich von der Hand in den Mund, ich verdiene viel, aber wir brauchen noch mehr, und ich stehe manchmal ratlos vor kleinen Verlegenheiten. – Ist's nötig, Ihnen das zu beichten?... Sie haben ja den sichtbaren Beweis davon erhalten. Das muß anders werden", setzte er nach einer Pause peinlichen Nachsinnens hinzu. „Morgen verschreib ich mich dem Teufel. Ich tue es nur deshalb heute noch nicht, weil eine kindische Hoffnung auf ein Wunder sich in mir festgenistet hat."

„Vielleicht braucht's kein Wunder", unterbrach ihn Lotti und erhob sich mit einer seltsamen Hast. „Leben Sie wohl."

„Wie gern möchte ich Sie zurückhalten, aber da", er deutete auf die Schriften, die seinen Schreibtisch bedeckten, „da ist Gesellschaft, die jede andere verdrängt."

Sie hörte ihn kaum, sie war mit einem Gedanken beschäftigt... Der Gedanke, der war das Wunder – ein anderes gab es nicht.

Eine Möglichkeit war ihr erschienen – eine Möglichkeit... Alles, was man unfaßbar und widersinnig nennt, wäre Lotti noch vor einer Stunde als selbstverständlich erschienen, im Vergleich zu dieser Möglichkeit.

12.

Lotti ging heim, und als der Friede ihres stillen Hauses sie wieder umfing, atmete sie befreit auf. Sie trat rasch in ihr kühles, von einer Hängelampe freundlich erleuchtetes Stübchen und geraden Weges auf die Uhrensammlung zu. Eine Weile stand sie sinnend davor und wiederholte mehrmals in leisem Selbstgespräch: „Nein, nein, das könnte ich doch nicht."

Agnes trug das Abendessen auf und erzählte, daß Gottfried dagewesen sei und sich über das lange Ausbleiben des Fräuleins sehr gewundert habe. Er hatte etwas mitgebracht, ein Buch, ein neues, noch unaufgeschnittenes Buch – Halwigs letztes Werk.

Mit einer Empfindung des Mißmuts nahm Lotti es in Empfang.

Sie hätte sich jetzt gar zu gern des Gedankens an Halwig und an alles, was sich auf ihn bezog, entzogen. Warum mußte sie von neuem an ihn gemahnt werden? Warum mußte sogar die liebevollste Hand sie in ein Bereich der Sorge und Peinlichkeit zurückleiten, aus dem sie sich eben erst mühsam genug losgemacht hatte?

Sie legte das Buch auf einen Schrank am Ende des Zimmers; doch holte sie es von dort wieder, aus Rücksicht auf Gottfried. Sie wollte ihm wenigstens sagen können, daß sie versucht, darin zu lesen. Sie tat es mit widerstrebendem Gefühl, aber mit stets wachsender Spannung. Sie war gefesselt, umstrickt, aber mit beengenden, mit unlauteren Banden. Ihr Blut erstarrte bei manchen Schilderungen.

Da war dem Tier im Menschen jede Regung abgelauscht und mit schamloser Genauigkeit auseinandergesetzt. Da war eine erzwungene, erlogene Sinnlichkeit, aus der die offenbare Ohnmacht mit bleicher Fratze hervorgrinste. Da war die Fülle niederer Wirklichkeit aus dem seichten Strom des gemeinen Lebens geschöpft, da fehlte alle höchste Wahrheit, die der Poesie. Da war endlich der Notbehelf, der armselige, einer lahmen Phantasie: das mit photographischer Treue und Verzerrung gezeichnete Porträt; Persönlichkeiten, aus dem Schutz des Hauses gerissen und an den Pranger gestellt, zur Augenweide eines Publikums, demjenigen verwandt, das sich zu den Hinrichtungen drängt.

Im großen ganzen – die klägliche Mißgeburt des schreiblustigen Jahrhunderts: der Sensationsroman.

Und dennoch! durch diese unreine Atmosphäre, diese matte, erschlaffende Lust, durch dieses fahle Farbenspiel der Fäulnis, brach es manchmal herein wie ein zitternder Strahl sonnigen Lichtes. Das mißbrauchte, zugrunde gerichtete Talent besann sich einen Augenblick auf sich selbst. Du armes Talent! dachte Lotti, wie hat sich an dir versündigt, der zu deinem Hüter bestellt worden war!

Der Morgen begann zu grauen, und sie wachte noch über ihrem Buche. Ihre Stirn, ihre Augen brannten, und ihre Hände bebten vor Frost.

Die Lampe knisterte und flackerte; vom verkohlten Docht stiegen Funken im angerußten Zylinder empor. Lotti löschte das sterbende Licht und suchte ihr Lager auf. Wie wohltätig wäre ein wenig Schlaf gewesen. Sie schloß die Augen und bemühte sich regungslos zu liegen; da begannen alle ihre Pulse zu pochen, eine fürchterliche Beängstigung beklemmte ihr den Atem. Ihr war, als riefe eine flehende Stimme um Rettung zu ihr, die klagte, die sprach: Du hast mich gekannt in meiner Reinheit, rette eine verlorene Seele! Verloren, weil du dich von mir gewendet hast. Du warst die Starke, und ich war schwach, du hättest mich nicht verlassen sollen. Aber du suchtest Ruhe, du rangst nach Frieden und gabst mich auf, und ich sank und sinke immer tiefer ohne dich. Beweine mich nicht nur – rette mich!

Eine lange Zeit verfloß – eine wie lange?... Die Uhren schwiegen alle, standen alle still. Lotti hatte vergessen, sie aufzuziehen, – zum ersten Male, seitdem es ihr überhaupt oblag, für Uhren Sorge zu tragen, ihrer vergessen. Wie spät war es denn? Wollte der Tag heute gar nicht kommen? Wollte eben heute die sonst so rührige Agnes nicht erwachen? Ja, wenn man die Zeit an Pulsschlägen abzählen könnte, wie die Alten taten. Oder wenn Lotti die Sanduhr besäße, welche sich dereinst das Fräulein in Schlesien verfertigt hatte, das Fräulein, das seine Lebenszeit abmaß an der verrinnenden Asche des verstorbenen Verlobten... an diese Sanduhr erinnerte Lotti sich jetzt, und wie paßte der Einfall in das Gewirre von ganz anderen wichtigen Gedanken in ihrem fiebernden Hirn?...

Endlich wird die bange Stille im Hause unterbrochen. Agnes ist auf den Beinen und waltet mit gewohnter Energie in ihrem Küchenbereiche.

Lotti erhebt sich, zieht die Vorhänge hinauf, ruft die Alte ins Zimmer und fragt nach der Zeit. Es ist noch sehr früh am Morgen, noch unmöglich, die Dienerin auszusenden, um die Wohnung des Advokaten Schweitzer zu erfragen, den Lotti besuchen will.

„Eines Advokaten!?" – Agnes fällt fast um vor Schrecken – das ist ja einer vom Gericht, was hat ihr Fräulein mit dem Gericht zu tun?

Und zwei Stunden später, nachdem Agnes die gewünschte Adresse richtig zustandegebracht, und Lotti schweigend und eilends das Haus verlassen hatte, wurde die Magd von solchen Qualen der Neugier erfaßt, daß sie – sie konnte sich nicht anders helfen – in Tränen ausbrach.

Der Weg, den Lotti zurückzulegen hatte, war kein weiter, bald schellte sie an Schweitzers Tür. Eine ältliche Dame öffnete und erklärte mit höflichem Bedauern, daß ihr Bruder jetzt nicht zu sprechen sei.

Allein nachdem Lotti sich genannt, und auf ihre dringende Bitte, entschloß die Dame sich dennoch nachzufragen, und wenige Sekunden später erschien Schweitzer selbst.

„Fräulein Feßler!" rief er, „Sie kommen wie ein Schutzgeist."

Er führte sie durch ein einfach eingerichtetes Wohnzimmer in eine große Stube mit tiefem, dunklem Nebenraum. In der Mitte des weitläufigen Gemaches stand ein großer Schreibtisch, und neben dem ein riesiger geöffneter Geldschrank. In hohen Stößen waren darin Wertpapiere aufgehäuft, hinter eisernen Gittern Geldsäcke und Rollen geschichtet. Er schien gewaltige Reichtümer zu bergen, und glich mit seinen schweren Angeln und seinen kunstvollen Schlössern einem Ungeheuer, das Schätze hütet und sie, trotz seines lockend aufgesperrten Rachens zu verteidigen sehr gesonnen ist.

Schweitzer bot Lotti seinen eigenen Lehnstuhl an, und sie nahm am Schreibtische Platz, während der Advokat, dessen ganzes Wesen die äußerste Aufregung verriet, vor ihr stehen blieb.

„Ich hätte mir Ihren Besuch nicht träumen lassen", sprach er, „aber weil Sie nun da sind, weiß ich auch, was Sie hierher führt... Es ist die Sorge um Halwig."

Er beantwortete ihr bestätigendes: „Ja" mit dem Ausrufe: „Und sie hat guten Grund!"

Der erwartete Brief war eingetroffen, Halwigs gerechter Anspruch abgewiesen.

„Es ist die schmählichste Niederlage meines Lebens!" rief Schweitzer. „Ich habe diesen Ausgang für unmöglich gehalten, und deshalb gestern noch – Sie waren Zeuge – nicht jede Hoffnung auf eine günstige Lösung der Sache vernichtet, der Sache, für die ich mich aus eigenem Antrieb begeistert habe. Ich,

der vorsichtige, peinliche Geschäftsmann... Halwig hätte an die alte vergessene Geschichte nie gedacht."

Er stieß unzusammenhängende Worte hervor, er verwünschte sich als den
Urheber der Enttäuschung, die seinem Freunde bevorstand.

„Wissen Sie denn, was diese Enttäuschung bedeutet?" rief er.

„Jawohl", unterbrach ihn Lotti beschwichtigend. „Halwig ist nur noch auf
sein Talent angewiesen, und dieses ist erschöpft... Sprechen wir ruhig, ich
bitte... Nehmen wir an, Herr Doktor, der Prozeß wäre günstig für ihn entschieden worden. Die Summe, deren er bedarf, um das Gut seiner Schwiegereltern zu erwerben, läge da in diesem Schranke, was dann?"

„Was dann?"

„Würden Sie sagen: Schließe den Kauf, ziehe dich auf das Land zurück mit
deiner jungen verwöhnten Frau? – Ich kenne sie nicht, aber ich glaube, sie
wird die Freuden der Geselligkeit, der Stadt, nicht missen können."

Schweitzer lachte laut auf.

„Nein, Sie kennen sie nicht. Die Stadt hat ihr nichts zu bieten; sie tanzt
nicht... Theater, Konzerte, Kunstsammlungen, was bedeuten ihr die? Sie ist
ja blind, sie ist ja taub, sie hat vor allem anderen keine Seele und kein Herz,
außer für ihren Mann, für Papa und Mama, und für die sauberen Brüder, den
Kiki und den Koko, oder wie man sie nennt... Sie hat ja nichts, als die ganz
tierische, ganz unmündige und gedankenlose Zärtlichkeit für das Nest, aus
dem sie hervorgegangen ist... für eine Familie – welche Familie: mehr noch
als jede andere eine Brutstätte des Vorurteils, das Grab der Nächstenliebe,
denn was nicht zu ihr zählt, zählt überhaupt nicht... O, was gäbe ich, um
Halwig aus dieser Familie zu lösen:... Ein Opfer wäre seinen Peinigern entrissen, das ihnen überantwortet ist für die Dauer des ganzen Lebens. – Fort
nach England mit Papa und Mama, und auf das Land mit der Tochter und
mit den seidenen Vorhängen, und mit der Menagerie, und mit den Reitpfer-
den, und mit den Zigaretten... Fort", brach er plötzlich aus, „wenn ich wieder frei atmen soll, fort – aus meiner Nähe!"

Er beugte sich zurück und drückte die geballten Fäuste an seine Augen.

Eine Pause tiefen Schweigens trat ein.

„Was wird geschehen?" sprach Lotti endlich.

„Er wird den Kontrakt unterschreiben, ihn nicht einhalten können, das
Gut wird unter den Hammer kommen, und Halwig und die schöne Frau...
nun, er kann immerhin noch taglöhnern gehen bei irgendeinem publizisti-
schen Unternehmen, und sie wird sich an das Nadelgeld einer Tagelöhners-
frau gewöhnen, oder zu Papa und Mama nach England reisen müssen, wenn
sie es nicht vorzieht, das Nächstliegende zu ergreifen und die teuflische
Macht, die ihr innewohnt, auszuüben – O!... Führe uns nicht in Versuchung!
das heißt, bringe uns nie in Gelegenheit, all das Schlechte, dessen wir im Fall

der Not fähig wären – zu tun... Eine nichtswürdige Empfindung in der Brust eines braven Menschen – Sie ahnen nicht, was die gebiert – Sie ahnen nicht einmal, daß es die geben kann. Gräßlich!" stöhnte er, nahm sich zusammen und fügte in scharfem Tone hinzu:

„Sehen Sie, Fräulein, in diesem Schranke liegen Schätze. Wirklich, respekteinflößende Schätze. Und doch sind sie nur Bruchteile des Besitzes ihrer Eigentümer. Diese Eigentümer haben unbedingtes Vertrauen zu mir, sie haben mir noch niemals nachgerechnet... Wenn ich einmal irrte, in einem Ausweis, beim Addieren, und das Unwahrscheinlichste geschähe, gerade der fehlerhafte Ausweis würde eingesehen, je nun! da würde es heißen: der gute Schweitzer hat eben einmal seinen Kopf nicht beisammen gehabt. Sind die Papiere nicht bei ihm? überhaupt nicht aufzutreiben?... Je nun, der gute Schweitzer hat sie aus Versehen in den Ofen oder in das Kehricht geworfen, aber gestohlen, daß er sie gestohlen hat, würden seine Klienten nicht glauben. Und wenn er selbst es ihnen erzählte, würden sie denken, daß er ein Narr, aber nicht, daß er ein Dieb geworden ist. Wenn ich mich denn irrte... wenn ich mich genau um die Summe irrte, um die es sich handelt, was hätte ich dann getan?... Etwas, das mich vielleicht zum Wahnsinn oder zum Selbstmord treiben würde, ein Verbrechen, das größte, das ich begehen kann, denn es wäre ein Verbrechen gegen meine eigenste, angeborene Natur, und doch nichts, im Vergleiche zu dem Elend, das über den unglücklichen Halwig hereinbricht, wenn ich ihn seinem Schicksal überlasse."

„Was denken Sie?" fragte Lotti, „sagen Sie es mir offenherzig, Herr Doktor."

„Offenherzig?" rief er. „Ich könnte das Geld stehlen, das er braucht, und als Sie an meiner Tür schellten", seine Stimme sank zu einem fast unhörbaren Flüstern herab, „war ich halb und halb entschlossen, es zu tun."

„Lieber Doktor", sprach Lotti, merkwürdig wenig erschüttert durch diese furchtbare Selbstanklage, „machen Sie sich nichts weis. Den Vorsatz hätten Sie nicht ausgeführt. Es muß auf andere Art geholfen werden..."

Sie seufzte tief auf: „Und jetzt sagen Sie mir, wieviel kostet das Gut?"

Schweitzer nannte den Preis, fügte aber hinzu: „Der Wert dürfte sich bald verdoppeln. Wollen Sie es kaufen?" rief er plötzlich aus, „ich höre, daß Sie im Besitz eines Nibelungenhortes sind, einer Uhrensammlung", er lächelte gutmütig, aber doch auch sehr spöttisch, „ein totes Kapital, das ist heutzutage fast eine Sünde. Fräulein Feßler, verkaufen Sie Ihre Uhren und kaufen Sie das Gut! Es wäre nicht völlige Hilfe, aber es wäre viel, die Eltern würden wir dadurch los... und dann ließe sich weiter denken. Kaufen Sie das Gut! Für die Administration will ich sorgen. Kaufen Sie das Gut! Vom alleinigen Standpunkt des Nutzens aus, ohne jeden Nebengedanken, kann ich Ihnen nicht genug dazu raten."

Der praktische Geschäftsmann in ihm kam mit einem Male zum Vorschein und führte eine Zeitlang ausschließlich das Wort. Die offenbaren, auf der Hand liegenden Vorteile jedoch, für die er sich bereit erklärte geradezustehen, schienen Lotti kein Interesse abzugewinnen. Sie wollte etwas ganz anderes wissen. Sie fragte:

„Wenn Sie jetzt zu Halwig gingen und ihm ankündigten, daß sein Prozeß gewonnen ist, würde er nicht erfahren wollen, wie das zugegangen, den Brief nicht sehen wollen, der die Nachricht brachte?"

Schweitzer starrte sie mit aufgerissenen Augen an:

„Was soll das?"

„Antworten Sie mir! Ist er ein solches Kind in Geschäftssachen, daß man ihn glauben machen könnte…"

„Den?" unterbrach sie Schweitzer, „alles kann man Dem aufbinden. Geschäftssachen! noch ganz andere Leute sind Kinder in Geschäftssachen… aber um Gottes willen… Sie haben einen Rettungsplan, ich seh's. Sie werden helfen, Sie!…" Er faltete die Hände, er vermochte nicht weiter zu sprechen.

„Ich schaffe Ihnen in einigen Tagen das nötige Geld", sagte Lotti, „Ihre Sache ist es dann, Halwig damit zu betrügen. Aber – nicht einmal der Tod hebt das Versprechen auf, das ich von Ihnen fordere: Sie schweigen, Sie bewahren mir für immer das Geheimnis."

Sie erhob sich und streckte ihm die Hand entgegen, die er feierlich ergriff.

„Ich frage Sie nicht", sprach er, welches Opfer bringen Sie? Auf welche Lebensfreude leisten Sie Verzicht, um das möglich zu machen? Ich frage: vermögen Sie die Wohltat zu ermessen, die Sie erweisen?"

Lotti schüttelte den Kopf: „Vielleicht nicht. Ich tue nur, was ich nicht lassen kann: ich gebe ein im Grunde doch entbehrliches Gut hin, um die Seele eines Menschen zu retten, der mir einst teuer war."

Damit nahm sie Abschied.

Sie begab sich nach dem Laden Gottfrieds, fragte dort vergeblich nach ihm – er war nicht zugegen, war schon vor geraumer Zeit fortgegangen. Als sie nach Hause kam, fand sie ihn, ihrer in sehnsüchtiger Ungeduld wartend.

„Was geht vor?" fragte er und stellte sich eilends in seine Fensterecke. „Ein merkwürdiges Leben führst du seit einigen Tagen."

Er verfolgte mit den Augen jede ihrer Bewegungen.

Sie hatte den Hut abgenommen und beschäftigte sich mit dem Zusammenlegen ihres Tuches. Jetzt kam sie langsam auf den Tisch zugeschritten und ließ einen zerstreuten Blick über die ihrer harrende Arbeit gleiten. Gottfried hatte diese so appetitlich hergerichtet, daß ein echtes Uhrmacherherz dabei aufgehen mußte; allein dasjenige Lottis verleugnete sich in dem Momente gänzlich.

Sie nahm Platz, schob die kleinen Glasglocken samt ihrem zarten Inhalte beiseite und stützte den Ellbogen auf den Tisch. Mit trüben, etwas geröteten Augen betrachtete sie lange, wehmütig und wie fragend, das Bild ihres Vaters. Endlich wandte sie sich zu Gottfried. Aber nicht wie um gewöhnlich Auskunft zu erhalten über den Gang einer Pendeluhr, über die Leistung einer Ankerhemmung und ähnliche angenehme Dinge, sondern mit einer Erkundigung nach dem ihr unangenehmsten Menschen – dem Agenten des Amerikaners.

Der war noch da und behelligte Gottfried nur zu oft mit seinen Besuchen. Er kam unter allerlei Vorwänden, hatte jedoch nur einen Zweck, den unerreichbaren. Gottfried lächelte mitleidig.

„Die Uhrensammlung möchte er an sich bringen."

„Er soll sie haben. Ich verkaufe die Uhren."

Gottfried stieß einen Schrei des Erstaunens aus. Das war nicht im Scherz, war auch nicht obenhin, wie die Andeutung einer Möglichkeit gesagt, das war ein ernster, wohlüberlegter Entschluß, den Gottfried mit innerster Empörung vernahm.

„Das tust du für Halwig!" brach er plötzlich los, und Lotti senkte bejahend das Haupt.

„Ich kann nicht anders. Ich werde dir alles erklären, aber nicht jetzt. Jetzt möchte ich nur den Abschied von meinen armen Uhren schon überstanden haben. Du wirst – ich bitte dich – mit dem Agenten sprechen. Es bleibt bei dem Preis, den der Amerikaner damals dem Vater angeboten. Weißt du, ob er den noch bezahlen will?"

„Das will er gewiß."

„Bestelle ihn also... und gleich, wenn du mir eine Wohltat erweisen willst."

Er blickte in ihr schmerzlich verzogenes Gesicht. „Ich werde dir die Wohltat erweisen, ihn nicht zu bestellen."

„Gottfried!..."

„Lotti, Lotti!... Wie kannst du – und für den?... Warum denn alles für den?"

Sein ganzes Inneres war in Aufruhr, und Lotti verlor fast das Gefühl ihres eigenen Leids über der Teilnahme mit der bitteren Qual, mit der er rang, und die auszusprechen ihm nicht gegeben war.

„Ich muß, siehst du!" sagte sie, „ich darf nicht anders."

„Überleg's. Mir zuliebe... versuch einmal etwas mir zuliebe zu tun, überleg's!... Es wird dich gereuen."

„Es ist nicht mehr Zeit zu überlegen, ich habe mein Wort verpfändet – und gereuen? Ich glaube, daß es mich nie gereuen wird."

„Auch dann nicht, wenn du erfahren wirst, daß du es ganz umsonst getan hast? – Und das wirst du erfahren!"

Lotti widersprach ihm nicht, und Gottfried fuhr eifrig fort:

„Ein solches Opfer... o wahrhaftig, der ein solches Opfer annimmt, der ist's nicht wert!"

„Er würde es nicht annehmen, wenn er davon wüßte. Geh jetzt und komm bald wieder, mit dem Käufer."

Sie wollte sich erheben, aber die Knie versagten ihr den Dienst, und sie lehnte sich erschöpft in den Sessel zurück.

Gottfried trat näher. „Du kannst nicht helfen, glaube mir, es ist hier nicht zu helfen."

„Aber eine Frist zu gewinnen, und in dieser Frist die Gelegenheit..."

„Zu einem Wunder?" fiel Gottfried ein.

„Vielleicht."

Er wandte sich unwillig ab, und Lotti sagte entschlossenen Tones: „Darf der Arzt, selbst wenn er einen Kranken aufgegeben hat, ein Mittel, ihn zu retten, unversucht lassen? Er darf es nicht – wegen seines eigenen Seelenfriedens, wegen dieses furchtbaren ‚vielleicht', das dich böse gemacht hat."

„Mich böse?!" rief Gottfried. Mit unbeholfener Zärtlichkeit erfaßte er ihre Hand, und wie ein Erstickender flüsterte er: „Was würde der Vater sagen?... Lotti, denk an ihn."

„Ich habe zuerst an ihn gedacht und sage dir: er hätte es auch getan."

Sie suchte ihm ihre Hand zu entziehen, er hielt sie fest und rief:

„Mag sein... aber der Vater hätte dabei auch ein Wort für mich gehabt...
Mißverstehe mich nicht!... ich habe ja gar kein Recht – ich meine nur, er hätte
zu mir gesprochen: Das geschieht für einen andern – deshalb brauchst du
nicht zu denken, daß mir der andere lieber ist als du."

Er stockte, wie erschrocken über seine eigene Kühnheit, und gab die Hand
Lottis plötzlich frei. Sie sah ihn an, bestürzt und angstvoll, mit Schamröte
übergossen. Der Schmerzensschrei des schweigsamen Mannes erweckte in
ihrer Brust einen Sturm von Selbstanklagen. Ihre Verwirrung vergrößerte
noch die seine.

„Verzeih", stotterte er, „ich gehe", und wandte sich zur Flucht mit einer
so ratlosen und hastigen Eile, daß Lotti – es schien ihr selbst unglaublich –
über ihn lachen mußte. Er blieb stehen, halb empört, halb erfreut:

„Du lachst?"

„Ich lache –" sie brach in Tränen aus: „Wir sind zwei alte, erbärmliche
Weichlinge."

„Weichlinge..." wiederholte er, und näherte sich ihr schüchtern –
„Lotti –"

„Gottfried –"

Und die „Geschwister Feßler" umarmten einander.

13.

Am Nachmittage fand in der Wohnung des Fräuleins Charlotte Feßler eine
feierliche Handlung statt. Das Fräulein übergab Herrn C. B. Fischer, Agenten des Hauses F. O. Wager-Schmid in New York, in Gegenwart der Herren
G. Feßler, Uhrmachermeister, und W. Schweitzer, Advokat, eine Sammlung,
bestehend aus dreihundert altertümlichen Taschenuhren. Durchschnittspreis
per Stück fünfhundert Gulden. Summe des Kaufpreises: Hundertundfünf-
zigtausend Gulden.

Herr C. B. Fischer, ungewöhnlich lang, ungewöhnlich breit, ungewöhnlich wohlgenährt, mit dem rundesten Bulldoggengesicht und dem feuerfar-
bigsten Backenbart in ganz Amerika ausgerüset, und dieser Vorzüge sich sehr
bewußt, hielt den Katalog in seiner Rechten. Eine gewaltige Rechte, die mit
Leichtigkeit einen Suppenteller umspannt hätte. Er prüfte jedes Stück, das
Lotti aus dem Schränkchen nahm, sorgsam verpackte, und in eine Kassette
legte, die Herr Fischer mitgebracht hatte.

„Fünfhundert?... auch die?... auch die fünfhundert?... Mir wäre das Ding nicht dreißig wert", sagte der Agent von Zeit zu Zeit; unter andern gerade bei der Mudge und bei der Majoratsuhr. Oder er rief: „Dieser Kauf! – Eine Millionärsmarotte. Finden Sie nicht, Herr Doktor? – Was?"

Schweitzer verzog keine Miene. Gottfried war ruhig wie einer, der standhaft den ersten Grad der Folter aushält, und sprach alle zehn Minuten einmal: „Vorwärts, wenn ich bitten darf."

Lotti würdigte Herrn Fischer kaum eines Wortes, kaum eines Blickes. Der Mann erweckte ihr soviel Sympathie, wie eine Sabinermutter für einen töchterraubenden Römer empfunden haben mochte.

Nach fünf tödlich langen Stunden empfahlen sich die drei Herren. Der Agent trug die Kassette mit solcher Leichtigkeit unter dem Arm, als ob es ein Hut gewesen wäre, und bald hörte Lotti den Wagen, der ihre Uhren entführte, über den Platz rollen. Sie sah ihm nicht nach. Sie saß neben ihrem leeren Schränkchen, hatte seine Laden geschlossen und die kleinen Flügeltüren gesperrt.

Jetzt könnte ich mir einbilden, dachte sie, daß alles noch beim alten ist. Was braucht man denn, um Liebes, das man einst besaß, immer zu behalten? – ein gutes Gedächtnis und einige Phantasie. Das wollte sie Gottfried zum Trost sagen, dem Getreuen, für den es von jeher keinen Schmerz, keine Enttäuschung, keinen Verlust zu geben schien, als diejenigen, die sie erfahren hatte. Zum ersten Male, seitdem sie ihn kannte, das heißt so lange sie lebte, hatte sie heut eine eigensüchtige Regung bei ihm wahrgenommen. Allein wie rasch war auch diese erloschen, wie war er bestürzt gewesen über den unwillkürlichen Ausdruck eines Gefühls, das ihm bisher fremd gewesen wie die Sünde. Sie kannte ihn und wußte – jetzt quält er sich und kann sich's nicht verzeihen, daß er ihr eine schwere Stunde noch schwerer gemacht und in dem Augenblick, in dem sie ihr Teuerstes hingab, unedel ausgerufen hat: „Und ich?"

Und er!... war's nicht ganz recht, daß er sie einmal gemahnt, er zähle mit in der Reihe der Wesen, die einen Anspruch an sie stellen durften? – Bisher hatte er keinen geltend gemacht. Er war gut und treu; daß er sich so zeigte, verstand sich von selbst, und wer denkt erst lang über selbstverständliche Dinge nach? – Manchmal wohl war es in der Seele Lottis aufgedämmert: da ist einer, dem verdankst du mehr, als du vergiltst. Da ist einer, dem hast du öfter weh als wohl getan. Aber die Fragen: Warum? Womit? scheute sie sich zu beantworten.

Es geht gar seltsam zu in der Wunderwelt der Seele. Empfindungen schlummern in ihr, die nie erwachen, wenn man sie nicht nennt, einmal genannt jedoch, nie wieder schlafen können. Lotti fürchtete sie und ihre unbekannte und unberechenbare Macht. – Wozu auch grübeln? – über ein Verhältnis zwischen Bruder und Schwester, zwei braven Leuten, die in Frieden miteinander alt geworden sind und also sterben wollen. Zugleich – geb's der Himmel! Denn ein Leben, in dem Gottfried fehlen würde, und seine nie ermüdende treue Sorgfalt, das wäre keine Freude mehr.

Allmählich war die Dunkelheit hereingebrochen. Lotti lehnte sich zurück und schloß die Augen. In leisen Halbschlaf versunken, hörte sie Agnes nach Hause kommen und draußen Vorbereitungen zur Abendmahlzeit treffen. Die Alte kehrte von einem Besuch bei ihrer Schwester zurück, zu dem Lotti sie veranlaßt hatte. Mitten in der Woche und ohne jeden vernünftigen Grund war sie aufgefordert worden, die Vergnügungsreise in die Vorstadt zu unternehmen. Gewöhnlich kam sie von derselben in bester Laune heim; heute war sie gestimmt wie ein hungriger Wolf.

Schweigend zündete sie die Lampe an und beantwortete die Frage Lottis nach dem Befinden der Schwester mit einem undeutlichen Gemurmel. Die ganze Agnes war eitel Zurückhaltung, jede ihrer Mienen und Bewegungen sprach: Hast du deine Geheimnisse, habe ich die meinen.

Ihre mit großer Ausdauer zur Schau getragene Gekränktheit begann ihre Wirkung auf die Herrin auszuüben. Diese war hellmunter geworden. Es konnte auch nicht anders sein, denn schweigend verhielt sich Agnes, aber nicht still. Sie vollführte vielmehr mit einigen Tellern und einem Bestecke ein Gerassel, das in Anbetracht der geringen Mittel, mit denen es verursacht wurde, ganz merkwürdig zu nennen war.

„Liebe Agnes", begann Lotti sehr sanft und noch keineswegs im klaren über die Fortsetzung, welche diese Anrede erhalten sollte. Da erschallte die Hausglocke, und Agnes stürzte, abermals Unverständliches murmelnd, aus dem Zimmer.

„Das Fräulein zu Hause?" ließ eine laute Stimme sich im Vorgemach vernehmen, und im nächsten Augenblick trat Halwig ein:

Er war bleich und erregt: „Erlöst!" stieß er, kaum fähig zu sprechen, hervor. „Nehmen Sie teil an meinem Glück." Er preßte beide Hände gegen seine Brust. – „Ich bin erlöst – ich bin ein freier Mann!"

Lotti wagte nicht, ihn anzusehen… absichtlich täuschen – es bleibt doch immer etwas Furchtbares. In äußerster Verlegenheit sprach sie: „Sie haben Ihren Prozeß…"

„Gewonnen! ja, ja, meine Hoffnung, die kühne, die ich nie aufgegeben habe, ist erfüllt… Fräulein Lotti – freuen Sie sich doch mit mir."

„Ich freue mich von ganzem Herzen, lieber Freund."

„Sehen Sie hierher! Erkennen Sie das?" Er zog ein Heft aus seiner Tasche. – „Es ist dem Edlen, dem ich es gestern vor Ihren Augen übergab, zum zweiten Male abgerungen worden und soll vor Ihren Augen in Rauch aufgehen."

Er hielt einige Blätter des Manuskriptes über die Lampe, sie entzündeten sich; er schwang die Schrift hoch in die Luft, um sie in hellen Brand zu setzen und warf, nachdem dies geschehen, die lodernde in den Kamin. Mit wildem Behagen schürte er die Flamme, die sein Geisteskind verzehrte und rief:

„Was nie hätte geboren werden sollen, sterbe! Könnte ich alles so vernichten, was geschrieben zu haben mich reut! Ein Trost bleibt mir übrigens", fügte er mit bitterem Lachen hinzu, indem er sich am Arbeitstisch Lottis niederließ: „Lange werden meine Werke den Unwillen der Freunde des Schönen nicht erregen. Mit dem Tage geht unter, was dem Tage gedient. O Fräulein Lotti! ich hatte anderes von mir erwartet. Erinnern Sie sich noch? Wissen Sie noch, was ich geträumt und angestrebt? Wissen Sie noch, wie fest entschlossen ich war, diese Erde, die mich getragen, nicht zu verlassen, ohne ihr die Spur meines Schrittes eingeprägt zu haben?"

Lotti senkte den Blick vor seinen fragend auf sie gerichteten Augen: „Jawohl, – was haben Sie, was habe ich Ihnen zugetraut?"

„Vorbei!" er erhob von neuem sein gequältes Lachen. „Sie haben noch nie einen Menschen gesehen, mit dem es so völlig vorbei gewesen ist, wie mit mir…"

„Es wird schon wieder anfangen", sagte Lotti.

„Sie wissen nicht, wie es in mir aussieht."

„Kommen Sie erst zur Ruhe."

„Die ist's ja, die ich fürchte!… Mit ihr kommt die Besinnung. In der rastlosen Tätigkeit, in der ich lebte, hatte ich wenigstens nicht Zeit zur Besinnung. Glauben Sie nicht, daß mir die Wohltat der Selbsttäuschung zuteil geworden ist. Immer wieder, trotz allem, was ich tat, um ihn zu verscheuchen, immer wieder tauchte der Gedanke in mir auf: was du treibst ist Seelenmord. Ich habe Stunden des Rausches, des Triumphes gehabt, aber glücklich, liebe Freundin, war ich nicht mehr, seitdem ich mein Talent zwang, irdischen Zwecken zu frönen."

Lotti suchte nach Worten der Beschwichtigung, aber alle, die sie fand, erschienen ihr schwach und kühl und nicht besser als Gemeinplätze. Zu trösten vermochte sie nicht, so bemühte sie sich den Gedanken Halwigs eine andere Richtung zu geben. Sie sprach von dem guten Einfluß, den das Landleben auf ihn nehmen werde, und da rief er plötzlich beistimmend:

„O ja, darauf zähle auch ich. Wonne und Wohltat wird mir die Stille des Landlebens sein. Vor allem wird es mich erquicken, meine kindische Frau am Ziel ihrer Wünsche zu sehen. Sie haßt die Stadt, diese kindische Frau… Sie müssen sie draußen im Freien sehen… Im Jagdgewand, den Stutzen in ihren kleinen Händen – ich sage Ihnen, sie schießt wie Wilhelm Tell. Oder man muß sie sehen, ein wildes Pferd bändigend, mit Weisheit und Geduld – oder den Wald durchstreifend, kühn wie ein Jäger und hold wie eine Fee. Das war mein Gram von Anfang an, daß ich sie aus ihrer grünen Heimstätte, in der sie aufgewachsen ist und aufgeblüht, wo sie sich gesund gefühlt hat, hierher bringen mußte, in dieses steinerne Grab, in dem sie das Dasein einer Lerche im Käfig führt."

Sein Gesicht hatte sich verklärt, während er von seiner Frau sprach.

„Ich liebe sie", fügte er hinzu, und wiederholte: „Ich liebe sie. Wie kann das sein? denken Sie vielleicht, sie teilt ja deine geistigen Interessen nicht. Ein Kind, Teuerste, tut das auch nicht, und man liebt es doch. Sie ist das meine. Ein anderes wünsche ich nie zu haben, denn dieses würde gewiß lesen lernen wollen, und das – Sie begreifen – dürfte ich ihm nicht gestatten…" Er unterbrach sich: „Immer mahnt es wieder!" rief er hastig aus und versank in Schweigen.

„Haben Sie Schweitzer gesprochen?" fragte Lotti nach einiger Zeit.

„Nein. Er schrieb nur einen Zettel mit der großen Nachricht, bat mich aber, ihn heute weder zu erwarten noch zu besuchen. Einer seiner Klienten schießt einen Teil der Summe vor, die ich erhalten werde – wann? ist wohl noch nicht bestimmt. Morgen soll der Kaufkontrakt unterschrieben werden, in acht Tagen reisen meine Schwiegereltern ab… ein Schmerz für Agathe – ich möchte die Tränen nicht sehen müssen, die sie bei dem Abschied vergießen wird. Ist der Tag aber vorüber, dann habe ich sie erst ganz gewonnen, dann wird sie erst mein alleiniges Eigentum. Lachen Sie mich nicht aus, Fräulein Lotti, – wenn auch noch so viel Grund dazu vorhanden ist. Die Liebe ist einmal partieller Wahnsinn, und der meine scheint mir unheilbar, denn er verschlimmert sich von Tag zu Tag."

„Um so besser, lieber Freund; Sie haben mir da eine Menge Dinge gesagt, die mir wunderbare Beruhigung verschaffen. Bisher konnte ich eine leise Sorge nicht unterdrücken, daß Ihre Frau, noch so jung, so außerordentlich schön und gefeiert, wo immer sie erscheint, sich vielleicht doch auf die Dauer mit einem ganz stillen und einförmigen Leben nicht begnügen würde."

„Die Sorge war unbegründet!" rief er zuversichtlich aus. „Besuchen Sie uns, kommen Sie und bleiben Sie lange bei uns. Überzeugen Sie sich, ob ich recht habe zu sagen: auf dem Lande ist Agathe in ihrem wahren Element. Etwas viel Sport werden Sie finden – sich vielleicht wundern, daß eine junge Dame so leidenschaftliches Interesse an Dingen nimmt, die freilich nicht eben von idealer Natur… allein, Beste, das werden Sie zugestehen, die Freuden, die ihr die höchsten sind, sind sehr unschuldige. Man spielt dabei manchmal um sein Leben, aber nie um mehr. Ich wollte, ich hätte keine andere Begabung jemals in mir verspürt, als die, die man braucht, um ein tüchtiger Reiter oder Jäger zu werden. Bei Gott, das wollte ich…"

Er biß die Zähne zusammen und starrte vor sich hin in die Luft. „So ist es", murmelte er, erhob sich und trat auf Lotti zu.

„Leben Sie wohl. Kommen Sie bald zu uns."

Sie ergriff die Hand, die er ihr reichte: „Leben Sie wohl, Halwig, und werden Sie gesund."

„Gesund?"

„Jawohl. Jetzt sind Sie's nicht."

Sie blickte mit der besorgten Teilnahme einer Mutter in sein Gesicht. „Eines sagen Sie mir noch: wie gedenken Sie Ihr Leben einzurichten?"

„Sehr einfach. Ich will bei meinem Pächter Landwirtschaft studieren. Ich will mit Aufmerksamkeit die Fortschritte der Dorfjugend in der Schule verfolgen. Ich will mit einem Worte allerlei nützliche Dinge betreiben. Da ich nie mehr etwas Schönes hervorbringen werde, will ich wenigstens versuchen, etwas Vernünftiges zu tun."

„Und warum sollten Sie nichts Schönes mehr hervorbringen?"

„Weil ich das Gefühl dafür verloren habe, dünkt mich... das läßt sich nicht wieder gewinnen."

Er riß sich gewaltsam aus den trüben Gedanken, die ihn von neuem zu umweben begannen: „Auf Wiedersehen!"

„Auf Wiedersehen, lieber Halwig. Noch etwas muß ich Ihnen sagen... Denken Sie sich, es wären Monate vergangen – Sie haben ausgeruht, haben einmal wieder tief und gewaltig empfunden, daß die Welt schön und das Leben etwas wert ist – und plötzlich beginnt es in Ihrer Seele zu tönen wie einst. Sie lauschen den Klängen, Sie wollen nichts, als sich umspinnen lassen von den lieblichen Harmonien, und festhalten, was die Ihnen vorgesungen. Und ohne Ihr Zutun, fast ohne Ihr Bewußtsein, strömt ein harmloses Lied von Ihren Lippen, eines von denen, wie die Nachtigallen und die Dichter sie singen, und die Welt heute nicht mehr anhören mag, und die Verleger nicht mehr veröffentlichen. Ein solches, ein so ganz unpraktisches, muß es sein. Die Stunde, Freund, in der dieses Lied Ihnen gelingt, ist die Stunde Ihrer Wiedergeburt. Sie wird kommen. Ich will einmal Kassandra sein und prophezeien, aber lauter Gutes. Und jetzt gehen Sie. Auch ich bin erstaunlich müde und ruhebedürftig."

Er beugte sich über ihre Hände und küßte sie.

„Sie haben doch nicht ganz vergessen", sagte er leise und innig, „daß Sie einst die Braut eines Poeten waren – aber ich bin keiner mehr."

Er ging, und Lotti rief bald darauf die alte Agnes herein und wünschte ihr mit besonderer Freundlichkeit eine gute Nacht. Der Wunsch blieb von der zürnenden Dienerin unerwidert, und dennoch schlief Lotti bis zum Morgen in einem Zuge. Sie hatte von ihren Uhren geträumt, sich wieder in deren Besitz gesehen, und ihr wurde nichts weniger als froh zumute, als sie am folgenden Tage beim Frühstück saß, dem leeren Schranke gegenüber.

Gottfried kam, sah verlegen aus, machte im Gespräch noch längere Pausen als gewöhnlich, hatte eine Welt auf dem Herzen und war nicht imstande, ein befreiendes Wort zu sprechen.

„Was fehlt dir?" fragte Lotti.

„Brave Gesellen", antwortete er mit verstörten Blicken. „Es ist nichts an den Leuten. Kein Ernst, kein Geschick, keine Liebe zum Handwerk. Sie können nichts und wollen nichts lernen. Wenn das der Nachwuchs ist, wohin gelangen wir? In fünfzehn Jahren gibt es in der ganzen Stadt keinen tüchtigen Uhrmacher mehr."

Das war nun freilich sehr traurig, aber daß ihm die Sache so völlig seine Seelenruhe raubte, wie es nach und nach immer mehr den Anschein gewann, nahm Lotti doch Wunder. Sie hatte noch sehr oft Gelegenheit zu fragen: „Was fehlt dir?" erhielt aber nie einen ordentlichen Bescheid. Seit dem Tage, an dem sie ihre Uhren verkauft hatte, war Gottfrieds gleichmäßig heitere

Laune dahin. Wie von jeher widmete er Lotti seine ganze Sorgfalt, suchte ihr alles Unangenehme fernzuhalten, blieb immer der getreueste und aufmerksamste Freund, aber bei alledem äußerte sich doch manchmal, und gewiß ganz gegen seinen Willen, etwas wie ein stiller Vorwurf in seinem Wesen. Lotti hatte ihn wohl schon in früheren Zeiten so gesehen und bei solcher Gelegenheit eine gewisse Ungeduld niemals unterdrücken können. Jetzt empfand sie nur Rührung und Bedauern und staunte im stillen über die Veränderung, die mit ihr vorgegangen war.

14.

Die Tage vergingen einförmig. Lotti führte ihr stilles Leben fort. Die einzige Veränderung darin brachten die Besuche des Advokaten Schweitzer hervor. Er kam sehr oft, zu Gottfrieds großer Befriedigung. Dieser hatte für ihn eine Liebe gefaßt, kaum minder plötzlich wie die Romeos zu Julia und äußerte sie in seiner beredten Weise:

„Der ja! – ja der – das ist einer!"

Der Doktor brachte Nachrichten von Halwigs. Das junge Paar befand sich auf dem Gute; die Schwiegereltern waren nach England abgesegelt. Schweitzer beschäftigte sich mit dem Ordnen ihrer Angelegenheiten. Sobald er damit fertig geworden, wollte er eine Reise nach dem Norden unternehmen, die heißen Sommermonate in Norwegen oder gar in Island zubringen. Er sagte, seine Nerven bedürften der Stärkung.

„Ich bin nervenkrank wie alle Leute: Sie allein ausgenommen und Gottfried, und vielleicht Ihre alte Agnes."

„Nun, ich weiß nicht", meinte Lotti, und ließ ihre Augen von ihm auf Gottfried hinübergleiten.

Mit dessen Nerven, dachte sie, stände es auch nicht zum besten. Er war so eigen, schien oft selbst nicht zu wissen, was er wollte. Mehrmals schon hatte ihm Lotti Briefe von Halwig und Agathe vorgelegt, in denen Fräulein Feßler beschworen wurde, zu ihnen zu kommen und einige Tage bei ihnen zuzubringen.

Gottfried hatte nie etwas anderes dazu gesagt, als:

„Ja, sie sind sehr höflich", und: „Wann gehst du?" aber dies geschah in so gepreßtem Tone, daß Lotti immer wieder statt: „Morgen", wie sie gewollt hatte: „Ich weiß es noch nicht" antwortete.

Endlich kam ein so herzliches und warmes Einladungsschreiben, von den beiden Gatten unterzeichnet, daß Lotti, entschlossen, sich nicht länger bitten zu lassen, noch am selben Abend zu ihrer Dienerin sprach:

„Agnes, morgen fahre ich um 8 Uhr mit dem Frühzuge fort. Wenn Gottfried vormittags nach mir fragt, sagst du ihm, ich sei bei Halwigs und käme um sechs Uhr abends zurück. Wenn er mich auf dem Bahnhof erwarten will, so wird mich das sehr freuen."

Agnes war überaus zufrieden mit diesem Auftrage. In ihrer Einbildung schwelgte sie schon im Genusse des Erstaunens, mit dem Gottfried ihre Botschaft vernehmen und der Fragen, die er an sie stellen werde. Sie bereitete sich sogleich auf die Künste vor, mit denen sie seine Spannung noch erhöhen wollte, und schlief mit dem heißen Wunsche ein, daß ihr nur das Wetter keinen Strich durch die Rechnung machen möge.

Dieser Wunsch erfüllte sich vollständig. Der schönste Tag, den der junge Sommer dieses Jahres noch gespendet, brach am nächsten, einem Sonntagmorgen, an. Die herrlichste Junisonne glänzte, der reinste Himmel strahlte über dem schnaubenden, dampfenden Eisenbahnzuge, der Lotti aus der Stadt entführte.

Nach zweistündiger Fahrt war sie an der kleinen Station angelangt, in deren Nähe das Gut Halwigs sich befand. Dahin, wie Lotti durch Schweitzer wußte, führte ein bequemer Feldweg, und sie hatte sich vorgenommen, die kurze Strecke zu Fuße zurückzulegen. Irre zu gehen war unmöglich. Die Villa lag in dem grünen Wiesenland weithin sichtbar, wie eine Perle im offenen Schreine.

Munter begab sich Lotti auf die Wanderung. Sie fühlte sich erquickt durch die rasche Bewegung, und auch ein wenig berauscht von der ungewohnten kräftigen Luft. Sie war allmählich in die gehobene Stimmung geraten, die beinahe jedes Stadtkind erfaßt, wenn es plötzlich aus seiner ummauerten in die unbegrenzte Welt versetzt wird. Die atmet Frische und Freudigkeit und teilt einem empfänglichen Gemüt etwas davon mit. Alles so freundlich und üppig bewachsen oder bewaldet, die Weiden, die Auen und der Gürtel von wellenförmigen Hügeln, der die liebliche Gegend umschloß. Das Schönste aber, das war die gewaltige Bergkette im fernen Hintergrund. Kaum zu unterscheiden von den Wolkengebilden am Horizont lag sie in silberner Dämmerung wie ein Wunder da, und wie ein Wunder schien von ihr ein Sehnsucht weckender Zauber auszugehen. Lotti näherte sich der Villa. Zwei Fahnen wehten von ihren schlanken Türmchen und verkündeten, daß Herr und Frau vom Hause anwesend seien. Der Weg führte an der Umzäunung des Gartens, einem feinen Drahtgitter auf niederem Mauersockel, vorbei. Ihm entlang schritt Lotti und kam bei dem geöffneten Tor zugleich mit einem Reiter an, der sich vom Hause her genähert hatte. Dieser, ein kleines dürres Männchen, hielt seinen langhalsigen Braunen, der schnaubte, als ob er Feuer geschluckt

hätte, ein wenig zurück, um Lotti eintreten zu lassen. Ohne die Kappe zu rücken, aber mit gutmütigem Schmunzeln beantwortete er die Fragen der Fremden. Die „Herrschaften" wären ins nächste Dorf zur Kirche gegangen und dürften in einer Stunde zurückkehren. Länger blieben sie schwerlich fort, denn um zwölf Uhr wird gefrühstückt.

Eine Stunde warten also! – das ist im Grunde so schlimm nicht. Man kann die Zeit benützen, um den Garten anzusehen, und nebenbei um ein wenig auszuruhen.

Von dem breiten Kieswege der Avenue lenkte Lotti in einen schmaleren ein. Kein Mensch war sichtbar, so weit sie blickte, rings umher herrschte die echte, ländliche Sonntagseinsamkeit. Lotti kam an einem herrlichen Tulpenbaum vorüber und betrat einen Fichtenhain, dessen kühler Schatten sie lockte. Unter den Bäumen stand eine eiserne Bank, auf diese ließ sie sich nieder.

Es ist doch ein gutes Ding, das Land! dachte sie, und atmete tief und sah sich mit Entzücken in ihrer stillen Raststätte um. Die Fichten waren der unteren Äste schon beraubt, aber junger Nachwuchs bildete von außen einen Halbkreis um den Hain, exotische Topfpflanzen füllten die kahlen Stellen zwischen den Stämmen der alten Bäume. Zarte, südländische Palmen, Ficus, Daphnen, Begonien ließen sich's wohl sein im Schutze der nordischen Riesen. Die Königin der Araucarien, die Excelsia, breitete ihre farrenkrautähnlichen Zweige in majestätischer Anmut aus. Harzgeruch erfüllte die Luft, die

Vögel sangen, im Grase schwirrte und summte es. Mit reichgefülltem Gurt kehrten emsige Bienen vom Besuche der blühenden Sommerlinden heim. Alles eifrig, alles beschäftigt, alles, was da schwebte, flog und kroch, sich selber so wichtig und so kühn in seiner Schwäche, so unverdrossen in der Ausübung seiner kleinen Kräfte.

Lotti lauschte und lauschte und gab sich völlig dem Gefühl der süßesten Ruhe hin. Still genoß sie die köstliche Stunde, dieses bewegte, rastlose und doch so friedvolle Leben und Weben um sie her... halb unbewußt, gedankenlos... da plötzlich erklang aus der Ferne das Geläute eines Glöckleins.

Zwölf Uhr. – In zwei Stunden muß sie fort, Gottfried erwartet sie, und das darf nicht umsonst geschehen. Er hat eine herbe Enttäuschung gehabt, als er kam und sie nicht zu Hause traf. Er wird die Zeit sehr lange finden und sich gewiß mit der Vorstellung quälen, daß Lotti nicht kommt. Aber sie wird kommen! und wenn sie scheiden müßte ohne die gesehen zu haben, denen zuliebe sie eine Art Flucht unternommen hat. Diese sind übrigens vielleicht schon längst von ihrem Kirchgang zurück, warum bildet denn Lotti sich ein, daß sie gerade hier vorüber kommen müssen? Sie erhob sich, um den Hain zu verlassen, und im selben Augenblick vernahm sie das Gleiten langsamer Schritte über den Kies, und sah ein weißes Kleid durch die Zweige der kleinen Bäume schimmern.

Halwig und Agathe näherten sich, schon waren ihre Stimmen deutlich zu unterscheiden. Die Besucherin eilte ihnen entgegen, war aber noch nicht auf dem Wege angelangt, als sie zögernd stehen blieb.

Die beiden Menschen, die da einherwandelten, boten den seltensten Anblick, der auf Erden zu finden ist: den des vollkommenen Glückes. Sie hielten einander umschlungen. Sein Kopf war leicht geneigt, der ihre leicht erhoben, sie sahen einander in die Augen und flüsterten sich lächelnd und leise einzelne Worte zu. Sie schienen sich in Ausdrücken der Zärtlichkeit überbieten zu wollen, allein ihr Wetteifer hatte nichts Unruhiges, nichts Stürmisches. In diesem Kampf zu siegen oder zu unterliegen mußte gleich süß sein. Da war kein Ringen, kein Sehnen, kein banger Zweifel, da war Erfüllung mit ihrem himmlischen Frieden.

Sie kamen näher, ganz nah. Lotti meinte, von ihnen bemerkt worden zu sein... doch irrte sie. Hermann und Agathe gingen vorbei, jedes blind für alles, was nicht das andere war, jedes dem andern die ganze Welt. Nun waren sie am Ende des Weges angelangt, schritten über den Vorplan und verschwanden im Hause.

Lotti folgte ihnen nicht.

Was soll ich bei euch, dachte sie, ihr braucht keinen Dritten.

Einige Zeit verweilte sie noch, sinnend und träumend unter den Fichten, die ihr zuerst eine traute Gastfreundschaft und später, ohne daß sie es gewollt und gesucht, ein sicheres Versteck geboten hatten, dann trat sie ruhig den Rückweg an.

Die Hitze war drückend geworden. Lotti schlich mehr, als sie ging, sie hatte ja keine Eile; kam immer noch zu dem herrlichen Vergnügen zurecht, eine gute Weile lang vor dem Stationshäuschen auf und ab zu wandeln. Weit und breit kein Schatten, nur Wiesen und Felder. Nichts als schon in ziemlicher Nähe der Station, neben dem Grenzpfahl des Halwigischen Besitzes, ein steinernes Kreuz, von vier jungen Pappeln umgeben. Dort ließ sich ebenfalls ein wenig rasten, aber nicht im Schatten: davon war nicht die Rede, die Sonne stand ja noch im Scheitel. Gleichviel. Eine Landstreicherin, wie Lotti nachgerade eine geworden, dankt Gott auch für die Wohltat, auf steinerne Stufen gelagert, die Zeit, deren sie zu viel hat, an sich vorüberziehen zu lassen.

Sie trat an das Kreuz heran und bemerkte bald, daß sie keinen besseren Punkt hätte finden können, um Villa Halwig noch einmal recht nach Herzenslust zu betrachten. Das tat sie lange, und das innigste Gebet für die Erhaltung fremden Glückes, das einer Menschenbrust entsteigen kann, wurde zu Füßen des steinernen Kreuzes gesprochen.

Sodann setzte Lotti ihren Weg fort.

Sie begann ihre ganze Ausfahrt höchst drollig zu finden. Die Einladungen Halwigs und Agathes hatten sie mit dem Gefühl einer Verpflichtung belastet, der zu entsprechen ihr geboten schien. So hatte sie sich denn aufgemacht, war gekommen, und hatte, statt der sehnsüchtig ihrer wartenden Freunde, ein Liebespärchen gefunden, das verspätete Honigwochen beging, und dem man keinen größeren Gefallen erzeigen konnte, als es allein zu lassen.

Sie kam sich ein wenig lächerlich vor, die gute Lotti, aber was schadete das einer so anspruchslosen Persönlichkeit wie ihr? – Nicht das geringste; und sie lachte im stillen und fühlte sich seelenvergnügt, obwohl von einem gewissen Unbehagen ergriffen, das – ein klägliches Ende ihrer poetischen Pilgerfahrt – durch ganz prosaischen Hunger hervorgerufen wurde.

Sie beschleunigte ihre Schritte. Ihre Absicht war, an der Tür des Stationshäuschens zu pochen und von seinen Einwohnern für Geld und gute Worte eine kleine Stärkung zu erlangen.

Das Pochen blieb ihr erspart. Die Frau des Bahnwächters, ein stämmiges, dunkeläugiges Weib, stand am Zaun ihres kleinen Gartens und nahm hier das Ersuchen der Fremden entgegen. Ihr Benehmen war anfangs nicht sehr ermutigend für den hergelaufenen Gast, wurde aber bald so zutraulich, daß Lotti sich fragte, ob dieses leutselige Wesen etwa der Freimaurerei, die nach Schweitzers Meinung zwischen ehrlichen Leuten besteht, zuzuschreiben sei.

Eine Stunde später saß sie so gemütlich, als ob sie zur Familie gehörte, in der Bahnwärterstube. Der Mann rauchte ihr gegenüber seinen schlechten Tabak aus einer hölzernen Pfeife, das Weib, an einer groben Jacke flickend, hatte neben ihr Platz genommen auf der Bank, und der pausbackige Sprößling des Ehepaares sich ohne weiteres auf den Schoß Lottis heben lassen. Sie fand, er habe Ähnlichkeit mit einem ihrer Horatier, und das hatte sie sofort für ihn gewonnen.

Die Frau war bereits mit der Erzählung ihrer ganzen Lebensgeschichte fertig geworden und schien nicht übel Lust zu haben, wieder von vorn anzufangen. Einleitende Betrachtungen wurden schon vorausgeschickt.

Ja, sie stand in ihrem zweiundvierzigsten Jahre, und ihr Bub hatte kürzlich erst sein drittes erreicht.

„Arme Leut kommen halt spät zum Heiraten. Auch darin, auch in so einer Sach haben's die Reichen besser."

Da erhob sich der Mann, der Schnellzug mußte bald auf die Strecke kommen, in einigen Minuten wurde es Zeit, den Signalflügel aufzuziehen.

Nachdem er die Stube verlassen hatte – er war ein alter Mensch und sah recht mürrisch aus – begann seine Gattin, ihn zu loben. „Er" war brav. „Er" war allgemein geachtet. Wunder wie viele Unglücksfälle hatte „Er" durch seine Wachsamkeit verhütet. Sein Bub gerät ihm nach, ist wirklich schon jetzt der ganze Vater. Sie zog den Jungen an sich, gab ihm einen schallenden Kuß und fuhr mit allen fünf Fingern durch seinen zerzausten Schopf. Ein rührender Ausdruck von Zärtlichkeit milderte und verschönerte die harten Züge ihres sonnenverbrannten Gesichts, während sie ihrem Kinde diese derben Liebkosungen erteilte.

„Heute ist ein rechter Sonntag", sagte Lotti zu ihr, „heute habe ich zwei glückliche Ehepaare gesehen."

Die Frau blickte sie befremdet an.

„Und Sie?... Sind doch auch glücklich?"

„Ich bin auch glücklich."

„So? und –" sie neigte den Kopf mit neugieriger Vertraulichkeit, „und was ist denn Ihr Herr?"

„Ich habe keinen; ich bin eine alte Jungfer."

„So? eine alte Jungfer", wiederholte die Frau, sichtlich erkaltet und enttäuscht. Und als der Mann nun ans Fenster klopfte, um der Reisenden zu bedeuten, daß es Zeit war aufzubrechen, stach der gleichgültige Abschied, den die Wirtin von ihrem Gaste nahm, von der früheren Freundlichkeit merklich ab. Sie hätte sich nicht anders benehmen können, wenn sie mit einem Male von Reue ergriffen worden wäre über ein übel angebrachtes Vertrauen.

Lächelnd über den Mißkredit, in den sie plötzlich bei ihrer neuen Freundin geraten war, stieg Lotti in den Waggon.

Es war darin nur noch ein Platz frei, und sie nahm ihn ein, zum offenbaren Verdruß einer geschlossenen Gesellschaft, die das Coupé besetzt hatte. Diese, ein übermütiges Völkchen, ließ sich, nachdem ihr erster Unwillen über den Eindringling verraucht war, in ihrer Unterhaltung nicht stören. Lotti verbrachte zwei unangenehme Stunden in dem lauten und lustigen Kreise. Ein Gefühl der Vereinsamung ergriff sie, das wegzuspotten sie sich vergeblich bemühte.

Endlich brauste die Lokomotive in den Bahnhof, und das erste, was Lotti erblickte, war Gottfrieds lange Gestalt. Er stand an die Mauer gelehnt – ein Bild der Hoffnungslosigkeit – starrte die Leute an, die dem Zuge entstiegen, und: Sie kommt nicht! Sie kommt nicht! klagte es in seinem Herzen.

Aber nun fuhr er zusammen. Sie war da – ihre Hand lag auf seinem Arme.

„Das hätt ich nicht gedacht... daß sie dich fortlassen... daß du ihnen widerstehen kannst."

Wie ein Verzückter blickte er sie an. „Ich hab einen Wagen."

Nein, für den dankte sie; sie war froh, dem Waggon entronnen zu sein, wollte zu Fuß mit Gottfried nach Hause gehen und ihm unterwegs ihre Erlebnisse erzählen.

Also geschah es. Er hörte ihr mit äußerster Spannung zu und ging schweigend neben ihr her. Erst als sie von der Empfindung der Überflüssigkeit sprach, von der sie beim Anblick Halwigs und seiner Frau überkommen worden, bot er ihr plötzlich seinen Arm und drückte den ihren fest an sich.

„Hier bedarf man deiner", sagte er. „Du warst dir dort zuviel, ich – war mir hier zu wenig."

Die letzten Worte sollten in scherzhaftem Tone gesprochen sein, kamen

aber sehr wehmütig heraus. „Und was hast du getan den ganzen langen Tag?" fragte Lotti.

Gottfried räusperte sich: „Hm – gewartet."

„Sonst nichts?"

„O, es war genug! Ich weiß keine schwerere Arbeit!"

Er ergriff ihre Hand, und sie wurde ihm nicht entzogen; darüber geriet er in eine Begeisterung, die zu schildern keine noch so hinreißende Beredsamkeit imstande gewesen wäre. Die seine beschränkte sich auf den leisen Ausruf: „Liebe Lotti!"

Der Druck seiner Hand wurde erwidert, und „Guter Gottfried!" sprach sie, die er im Herzen trug von seiner Jugend und von ihrer Kindheit an.

Ein Schauer der Wonne durchrieselte ihn. Wär's denkbar? Wär's möglich?... Sollte er am Ende doch noch das Ziel und den Inbegriff aller seiner Wünsche erreichen?...

Ja, ja, antworteten die milden Augen, in die er fragend blickte, und der Mund, den er liebte, sprach:

„Guter Gottfried, nicht erst seit heute weiß ich, daß du mir das Liebste auf der Welt bist."

Da hätte er beinahe laut aufgejauchzt. Es war ein Glück, daß sie vor Lottis Hause angelangt waren. Getreulich und jahrelang hatte er das Geheimnis seiner tiefsten Sehnsucht in sich verschlossen, der Jubel wollte ihm die Brust zersprengen. Ein seliger Mann faßte er seine Braut in seine Arme, und sie mußte abwehren, sonst hätte er sie wahrhaftig die Treppen hinaufgetragen. Oben angelangt, stürmte er derart an der Glocke, daß Agnes in voller Empörung herbeieilte:

„Wie kann man so anreißen?" rief die Alte.

„Ihretwegen, Agnes!" antwortete er, „ich kann es nicht erwarten, Ihnen zu sagen – Sie sind die Erste, die's erfährt. Sehen Sie uns an! Wir sind Brautleute!"

In aller Stille wurde einige Wochen später der Bund geschlossen, der Gottfried und Lotti für immer vereinigte. Mitten im lärmenden Treiben der Stadt spann sich ihr Dasein in seligem Frieden ab. Eine kaum noch erhoffte Erhöhung ihres Glückes wurde ihnen zuteil, als nach zwei Jahren, an einem Spätsommerabend, ein kleiner Johannes Feßler gerade in dem Augenblick das Licht der Welt begrüßte, in dem draußen die Sonne wunderbar schön unterging, und im Zimmer die goldene Spieluhr, zum siebzehnten Male an dem Tage, ihr Schäferliedchen anstimmte.

Seltsam ergriff es die Eheleute, als sie später erfuhren, daß es auch derselbe Tag gewesen, an dem Villa Halwig neuerdings ihren Besitzer gewechselt. Das Reich Hermanns hatte kurze Dauer gehabt. Er und Agathe waren bald aus dem süßen Hindämmern erwacht, in das die Befreiung von ihren Sorgen sie versetzt hatte. Sie, auf dem Lande an das rege Treiben ihres großen Familienkreises gewöhnt, begann sich zu langweilen allein mit ihrem Manne. Und auch ihm verlangte, und vielleicht noch heißer, nach Zerstreuung. Er wollte die Sehnsucht betäuben, die ihn in seiner Ruhe, seinem Behagen störte, die ihn bis in die Arme des geliebten Weibes verfolgte, die Sehnsucht nach den Qualen und Wonnen seiner Lohnschreibernächte, nach dem Fieber, das ihn durchraste, wenn er seine Romanfiguren schuf, sie leiden, sündigen, in Blut und in Schlamm waten ließ, und den Zauber erfuhr, mit dem sie ihn umstrickten. Dazu die hastende Eile, in der ihr Schicksal gewoben und ihr Verhängnis erfüllt werden mußte; die Angst vor dem Mißlingen, und dann wieder die Glückseligkeit, wenn das Unerwartete geschah, wenn die Gestalten, die ihm unter der Hand lebendig geworden, zuletzt durch eigene Kraft einen Abschluß herbeiführten, kühner als er ihn geahnt hatte. Halwig erfuhr, daß wer solche Aufregungen kennengelernt, sie nicht mehr missen kann und nach ihnen zurückverlangt, und wär's aus dem Himmel. So sandte er dem schwindenden, mit Hilfe Agathes und ihrer Brüder rasch aufgezehrten Wohlstand, kaum einen Gedanken des Bedauerns nach. Zur Zeit, in der das Gut verkauft werden mußte, machte die Gesundheit Agathes einen Aufenthalt an der See notwendig. Hermann ließ sie allein zu ihren Eltern ziehen und kehrte zu den seligen Bitternissen seiner Schriftstellerei zurück. Die Früchte, die sie lieferte, wurden noch immer in gewissen Leserkreisen verschlungen, dem Advokaten Schweitzer jedoch sagten sie nicht zu, und er sprach einmal zu Lotti:

„Ich mache mir Vorwürfe. Das Opfer, zu dem ich Sie verleitet habe, war umsonst gebracht."

Aber Lotti erwiderte: „Nicht umsonst."

Ihr Mann blickte sie lächelnd an: „Ohne meine Entrüstung über dieses Opfer", sagte er, „wüßte sie vielleicht heute noch nicht, daß der Gottfried auch einmal etwas für sich wollen konnte."

Paul Heyse

Ein Ring

Wie bist du zu dem seltsamen Ring gekommen, liebe Tante? Einen so
massiven, mit großen schwarzen Buchstaben habe ich nie gesehen. Ist's ein
Trauerring? Und was steht in der Inschrift?

Die kleine alte Frau, an die ich diese Fragen richtete, war eine ältere Schwester meiner Mutter, nur Tante Klärchen von uns genannt. Vor siebzehn Jahren hatte sie ihren Mann verloren, den Bankier Herz, dessen große, schwerfällige Figur mit dem feinen jüdischen Kopf mir noch aus meiner frühesten
Kinderzeit vor Augen steht, da meine Eltern, als ich zwei Jahre alt war, die
Frankfurter Verwandten besucht hatten. Nun war diese Lieblingsschwester
meiner Mutter nach einem glänzenden Leben an der Seite des wohlhabenden
Gatten, dem sie schöne Töchter geboren, in eine unscheinbare Dunkelheit

versunken, hatte aber ihre Wohnung an der „Schönen Aussicht" behalten und sie nur selten verlassen, teils weil ihre äußere Lage ihr den früheren Aufwand nicht mehr gestattete und zunehmende Kränklichkeit sie oft ans Bett fesselte, teils weil sie in diesem Hause die freundliche Pflege und Gesellschaft ihres ältesten Bruders genoß, meines Onkels Louis Saaling und seiner Frau, von denen ich in meinen „Jugenderinnerungen" einiges erzählt habe.

Als ich nun in meinem neunzehnten Jahr als fahrender Schüler von Bonn aus den Rhein hinauf wallfahrtete und einige Tage von meinem Onkel beherbergt wurde, ehe ich in die Schweiz weiterzog, faßte ich eine lebhafte Neigung zu dieser Tante Klärchen, die auch mich, schon um meiner Mutter willen, mit einer rührenden Zärtlichkeit ins Herz schloß.

Sie lag damals schon fest auf dem Krankenbett, was sie nicht mehr verlassen sollte. Aber wer von ihren Schmerzen nichts wußte und das feine, edelgebildete Gesichtchen unter dem kostbaren Spitzentuch betrachtete, noch von schwarzen, glänzenden Locken trotz ihrer sechzig Jahre eingefaßt, die Augen von einer seltsamen Onyxfarbe in dem bläulichen Weiß unter den breiten Lidern, dazu das Grübchen in der glatten linken Wange, das bei jedem Lächeln sich vertiefte – konnte sich nicht vorstellen, daß die Tage dieser lieblichen alten Frau gezählt sein sollten.

Klärchen hat immer ein „Chain" gehabt, pflegte meine Mutter zu sagen – der jüdische Ausdruck für das, was wir mit den Franzosen Charme nennen. Diesem Zauber weiblicher Anmut, der aus dem ganzen Naturell der Tante hervorging und bis ins hohe Alter ihr treu blieb, konnte auch ich nicht widerstehen. Ich saß stundenlang an ihrem Bette und ließ mir von ihren Erlebnissen aus der Zeit, da sie mit meiner Mutter jung und lustig gewesen war, erzählen. Sie war nie witzig gewesen, wie „Julchen", aber ein dankbares Publikum für den Humor der Schwester, und hatte eine Menge der drolligen Einfälle meiner Mutter im Gedächtnis behalten. Dagegen mußte ich ihr von meinem Studentenleben berichten, meine kleinen romantischen Abenteuer und Herzensangelegenheiten beichten, und da es kein Geheimnis war, daß ich Verse machte, ihr auch ein und das andere dieser jugendlichen Exerzitien vorlesen. Sie sagte mir nichts darüber, hörte aber mit zugedrückten Augen und einer träumerischen Miene zu, und als ich aufhörte, zog sie meinen Kopf an ihr Gesicht heran, küßte mich auf die Augen und sagte ganz leise: Ich danke dir, lieb Kind. Du bist ein gebenschter (gesegneter) Mensch.

Gewöhnlich ruhten ihre beiden kleinen Hände regungslos auf der grünseidenen Decke, die mit kostbaren Spitzen eingefaßt war. Die ungemein zarte Haut war bleich wie alter, weißer Atlas, der etwas vergilbt ist und seinen Glanz verloren hat, wie auch über ihrem Gesicht kein Schimmer von Röte lag. An beiden Händen aber blitzten die kostbarsten Ringe, zwischen deren

Juwelen der dicke Trauerring sich wie ein schlichter Fremdling ausnahm; der sich in eine vornehme Gesellschaft verirrt hatte.

Als ich sie nach ihm fragte, hob die Tante sacht die linke Hand, die ihn trug, und hielt sie nahe vor die Augen, deren Sehkraft schon ein wenig geschwächt war.

Es ist auch ein Trauerring, sagte sie mit ihrer weichen Stimme, nachdem sie ihn eine Weile still betrachtet hatte. Der, von dem ich ihn habe, ist lange schon nicht mehr auf der Erde. Neben den anderen nimmt er sich nicht glänzend aus, und doch ist er mir der liebste von allen. Daß er so dick ist, kommt davon her, weil er eine kleine Haarlocke einschließt, die man sieht, wenn man die innere Kapsel öffnet. Ich habe es seit vielen Jahren nicht mehr getan, will's auch jetzt nicht, es greift mich zu sehr an. Die Emailinschrift aber kannst du selbst lesen.

Sie hielt mir den Ring wieder hin, und ich buchstabierte: Lebe wohl! Dann sank die Hand wieder auf die seidene Decke.

Wir schwiegen eine Weile.

Ich begriff, daß an dem Ring ein Stück Leben hing, daß ich nicht heraufbeschwören wollte, da es traurig war und ich die liebe Kranke schonen wollte. Ich war aber doch zu neugierig, um nicht auf Umwegen die Enthüllung des Geheimnisses zu versuchen, und so sagte ich nach einiger Zeit ganz unschuldig: Du mußt viele Anbeter gehabt haben, Tante, in deiner früheren Zeit, noch da du schon große Töchter hattest. Mutter hat mir gesagt, wenn du mit ihnen in einen Ballsaal getreten seiest, habe man dich für ihre älteste Schwester gehalten.

Sie nickte still vor sich hin.

Jawohl, lieb Kind, sagte sie, ich wußte das selbst, es wäre kindisch gewesen, mir's verleugnen zu wollen. Aber Anbeter, was man so nennt, die sich einbildeten, sie könnten sich Hoffnungen machen, in besondere Gunst bei mir zu kommen, die hatte ich eigentlich nicht. Es wußt's alle Welt, daß ich meinen Mann lieb hatte und in Ehren hielt, obgleich ich gar keine schwärmerische Neigung zu ihm fühlte, als ich mit siebzehn Jahren ihm angetraut wurde. Ich hatte ihn kaum sechsmal vorher gesehen, und schön war er ja nicht, und daß er mir immer treu bleiben würde, machte ich mir auch keine Hoffnung. Ich weiß auch nicht, wie's später damit stand, wollt's auch nicht wissen. Du weißt aber, bei uns Juden versteht sich's von selbst, daß die Frauen ihren Männern treu bleiben, und die etwa eine Ausnahme von der Regel machten, wurden nicht zum besten darum angesehen, selbst in der damaligen Zeit, wie die guten alten Sitten sehr ins Wackeln kamen.

Damals freilich kam's nicht gar selten vor, und gerade von den Reichsten und Schönsten erzählte man sich allerlei Skandale. Ich hörte nicht viel danach hin. Ich hatte meine Kinder, und viel Freude daran, auch an meinem Hause, wo damals ein groß Leben war, da all die fremden Gesandten beim Bundestage bei uns eingeführt waren.

Natürlich wurde auch mir der Hof gemacht, aber immer auf Französisch, wobei man ja wußte, all die schönen Redensarten durfte man nicht au pied de la lettre nehmen. Ich konnt's um so leichter, weil Herz gar keine Ader von Eifersucht hatte, sondern nur schmunzelte, wenn man auch seine Frau noch schön fand, obwohl sie auf die Vierzig losging und drei große Töchter hatte, eine immer schöner als die andere. Die Adelheid heiratete denn auch bald den Rothschild, die Helene, die die hübscheste war, den Fénélon Salignac, und die Marianne den Baron Haber. Da hatte ich mit den Ausstattungen, Hochzeiten und bald hernach auch mit Großmutterpflichten alle Hände voll zu tun und das Herz auch, denn daß es auch viel zu sorgen und zu seufzen gab, kannst du dir wohl denken, lieb Kind.

Einen wirklichen, richtigen „Anbeter", wie du's meinst hatt' ich aber doch.

Das war kein eleganter, galanter Herr, der mir auf Französich erklärte, daß er mich reizend, unwiderstehlich und grausam fand, sondern ein häßlicher, schüchterner alter Jude, der bei uns im Hause wohnte und mit zur Familie gehörte.

Alt war er nicht gerade, kaum fünfzig, aber er machte den Eindruck, als wäre er nie jung gewesen. Julchen sagte, er sehe aus „wie alt gekauft." Er hieß deshalb nur der alte Ebi, war Buchhalter bei meinem Manne gewesen und hatte dann seinen Abschied nehmen müssen, weil er den Star auf dem linken Auge bekam und das gesunde rechte geschont werden mußte. Herz wollte ihn wegen seiner treuen Dienste mit einer reichlichen Pension entlassen, er bat aber, man solle ihm nur die Hälfte geben, ihm aber erlauben, im Hause zu bleiben, an das er sich einmal so gewöhnt habe, daß er draußen keinen frohen Tag leben werde. Herz lachte so mit seinem tiefen Baß und sagte: Das Haus, an das er gewöhnt ist, das bist du, Klärchen, denn der alte Bursche, das sieht ein Blinder, ist in dich verliebt. Obwohl er aber sonst meschugge ist, die Narrheit kann ich ihm ja nachempfinden – dabei küßte er mir die Hand – und darum will ich ihm, als ein Muster von nachsichtigem Ehemann, den Gefallen tun und er mag im Hause bleiben, bis er mals was ganz Verrücktes anstellt und dich durch seine Narrheit kompromittiert. Dann hat er sich's selbst zuzuschreiben, wenn wir geschiedene Leute sind.

Der Ebi aber nahm sich wohl in acht, irgend sowas anzustellen, was mir auch nur unbequem gewesen wäre.

Er saß die meiste Zeit ganz still in seinem Stübchen, das wir ihm eingeräumt hatten, las durch eine große Brille in allerlei hebräischen Schriften, denn bevor er die Kaufmannschaft lernte, war er ein Bocher gewesen und wußte im Talmud Bescheid, und dazwischen schrieb er allerlei auf großen Bogen, was er niemand zeigte. Marianne behauptete, er mache Gedichte. Ich fürchtete, wenn ich ihn danach fragte, würde er sie mir zeigen wollen, und sie seinen am Ende an mich gerichtet.

Übrigens machte er sich im Hause nützlich, wo er nur konnte, führte meinen Viktor spazieren, blieb, wenn die Töchter Musikstunden hatten, als Anstandswärter dabei und ließ sich zu jeder Kommission, die ihm einer auftrug bereit finden, so daß wir ohne unseren alten Ebi ein paar Dienstboten mehr hätten halten müssen. Er aß nie mit uns, sondern in einem kleinen koscheren Gasthause, da er die Speisegesetze hielt, und nur zum Tee kam er manchmal, wo er dann immer sehr reinlich gekleidet erschien, in einem langen schwarzen Rock, der ein bißchen an den Kaftan oder Schubbiz erinnerte, wie ihn die richtigen polnischen Juden tragen, eine weiße Krawatte umgeknüpft, das Haar sorgfältig frisiert. Schön sah er dann erst recht nicht aus, eher komisch, aber bei alledem auch wieder ehrwürdig, mit der großen Nase in dem glattrasierten gelblichen Gesicht, dem feinen blassen Munde und den kleinen, tiefliegenden Augen, die aber, wenn er sich einmal in Eifer sprach, ganz merkwürdig leuchteten.

Man fühlte überhaupt, daß ein ganz eigener Geist in ihm steckte, der die Menschen gründlich durchschaute, und vor vielem was der großen Menge imponiert, gar keinen Respekt hatte, am wenigsten vor dem goldenen Kalbe. So gesteh' ich auch, daß mir seine stumme Huldigung heimlich schmeichelte und ich jede Gelegenheit ergriff, mich gütig gegen ihn zu erweisen. Er nahm es als eine besondere Ehre auf, daß ich ihn bat, sich in mein Stammbuch einzuschreiben. Am anderen Tage brachte er mir's wieder, ich las, was er geschrieben, in seiner Gegenwart: „Werde, was du bist, dann bist du, was nötig ist." Er war aber nicht zu bewegen, mir den Sinn, der mir dunkel blieb, zu erklären. Herz lachte wieder, da ich's ihm zeigte. Er sagte aber nur, es sei die feinste Schmeichelei, und ich würde eitel werden, wenn ich's verstünde.

Damals hatte ich eine Haushälterin, Mamsell Zipora, keine üble Person und nicht viel über vierzig, die sich in der Zeit, wo sie in unserm Dienste stand, auf rechtem oder unrechtem Wege ein ganz artiges Sümmchen erspart, auch eine Erbschaft zu erwarten hatte. Die hatte sich's in den Kopf gesetzt, den Ebi zu heiraten, und ich begünstigte ihr Projekt, da mir's doch manchmal unheimlich war, wenn die Augen meines Verehrers so schwärmerisch auf mich gerichtet waren, wie die Katholen (so sagte die Tante immer für Katholiken) zu ihrer Gottesmutter aufblicken. Ebi aber blieb unerschütterlich. Wenn das gute Wesen ihre Karten gar zu offen vor ihn hinlegte, mit Schmeicheln und Streicheln und allerhand aufdringlichen Liebesdiensten wie ein Kätzchen um ihn herumstrich, zog er die dicken, schwarzen Brauen zusammen und sagte im Tone des tiefsten Abscheues: Ich bitt' Sie, Mamsell Zipora, kriechen Sie von mer 'runter!

Worauf die so schnöde Abgewiesene mit einem Ausrufe heftigster Kränkung fortrannte, ohne jedoch die Belagerung ein- für allemal aufzugeben.

Ich machte ihm einmal Vorstellungen über seine Herzenskälte. Er sah mich wehmütig an. Madame Herz, sagte er, „verzeihen Sie, jeder Mensch hat sein Schicksal. Den meisten kommt's von bösen Menschen, ich hab' meine Not mit den guten – die mir nicht lassen meine Ruh'. Was ich lieb' das bekomme ich nicht, und was mich liebt, das mag ich nicht. Glauben Sie, Madame Herz: Wenn der Mensch en Schlemihl ist, nimmt sich der Unglück en Kütsch und fahrt em nach."

Die Marianne, die ihn einmal in seinem Zimmer aufgesucht hatte mit irgend einem Auftrage, erzählte mir sehr belustigt, sie habe ihn beim Schreiben an einem großen Hefte betroffen und wohl gesehen, daß es Verse seien mit dazwischengeschriebenen Namen, und habe ihn gefragt, was für ein Stück er dichte. Er habe es ihr aber nicht gestehen wollen.

Beim nächsten Begegnen fragt' ich ihn selbst darum. Da er mir nun nichts abschlagen konnte, gestand er mit einem schüchternen Erröten, es sei ein Trauerspiel, die Tochter Jephthas, das dichte er aber nicht, um es irgendeinem Theater anzubieten, da er wohl wisse, er verstehe sich nicht auf die richtige dramatische Kunst, sondern nur für sich, zu seinem eignen Vergnügen.

Das müssen Sie uns aber mitteilen, Ebi, sagt' ich. Wenn's fertig ist, müssen Sie mir's vorlesen. Versprechen Sie mir's!

Er errötete noch tiefer, verbeugte sich, ohne ein Wort zu sagen, und ich konnte nicht erkennen, ob meine Bitte ihm lieb oder leid sei.

Auch vergaß ich sie selbst. Ich hatte es nur gesagt, um ihn damit zu erfreuen, daß ich mich für sein Tun und Treiben interessierte.

Die gute Tante schwieg eine Weile. Sie hatte den Kopf gegen das Kissen zurückgelegt und die schwarzen Augen still nach der Zimmerdecke hinaufgerichtet. Ich fragte sie, ob sie das Sprechen nicht zu sehr angreife. Sie möge mir das übrige morgen oder ein andermal erzählen, wenn sie sich frischer fühle.

Nein, lieb Kind, sagte sie, ich fühle mich morgen nicht frischer als jetzt. Alte Leute werden überhaupt nur noch ein bißchen aufgefrischt, wenn sie an ihre jungen Tage denken. Aber gib mir das Fläschen dort von dem Toilettentisch!

Ich reichte ihr das Kristallflacon mit dem silbernen Verschlusse, und sie goß von dem Eau de Cologne über ihre Hände und hielt sie dann vors Gesicht. Meine Nase bleibt mir am längsten treu, lächelte sie. „Die Zunge ist nicht mehr viel wert, Augen und Ohren lassen mich im Stich, aber an Blumenduft und feinem Parfüm erquick' ich mich noch.

Sie behielt das Fläschen in der Hand und sah wieder auf den Ring herab.

Nun kommt erst die Geschichte, sagte sie. Ich hab' sie noch keinem Menschen erzählt, nicht mal meinem Mann. Du aber sollst sie hören, weil du ein gutes Kind bist und Schwester Julchen ähnlich siehst und schöne Verse machst. Also paß auf und hör auch, was ich verschweige.

Denn's ist für eine alte Frau nicht leicht, so recht zu sagen, was sie viele Jahre auf dem Herzen gehabt hat und, obwohl's eine Schwäche war, nicht hat loswerden können. Aber du wirst es schon verstehen.

Also, vor etwa einundzwanzig Jahren war's im Herbst, auf dem ersten Ball, mit dem die Saison wieder eröffnet wurde, im Bethmannschen Hause. Herzens waren natürlich eingeladen und erschienen en grande tenue., Mutter Klärchen und die drei großen Töchter, die jüngste allerdings erst sechzehnjährig. Und die Mädchen sahen wirklich wie die drei Grazien aus, heißt das, wenn deren Toilette nicht von Mutter Natur, sondern von einer Pariser Schneiderin besorgt worden wäre. Das Wort von den drei Grazien aber mußt' ich an dem Abend wohl ein dutzendmal hören.

Wir waren natürlich in unserem Anzuge, wie immer, die einfachsten; Herz liebte es nicht, daß ich mich oder die Kinder putzte, da wir an Schmuck und anderem Luxus doch nicht mit den großen Häusern rivalisieren konnten. So hatte ich nur meine Perlen um den Hals und in den Ohren, die Mädchen nicht als frische Blumen, freilich von den zu dieser Jahreszeit teuersten, die weißen Tüllkleider nach der neuesten Mode, aber ohne kostbare Spitzen, ich in einer ganz hellen, pfirsichfarbenen Robe, ziemlich dekolletiert, wie man eben damals ging und eine kleine Federagraffe im Haar. Ich wußte es stand mir gut, doch war's schon längst mein Bestreben, mich zu eklipsieren, um meine Mädchen glänzen zu lassen.

Sie machten auch Sensation, als sie den Saal betraten, und hatten im Umsehen alle Tänze vergeben. Ich selbst gesellte mich zu ein paar älteren Damen, die mir allerlei Schönes über meine Kinder und auch über mich sagten, und ergab mich dann in das allgemeine Mutterschicksal, mich nur noch an fremdem Vergnügen zu amüsieren.

Das hatte ich aber schon zu oft getan, als daß mich's nicht bald ermüdet hätte, und da auch die Damen neben mir mich langweilten, versank ich endlich in eine Art Halbschlaf mit offenen Augen, in dem nur die tanzenden Paare mit der lebhaften Musik wie Schatten, die man im Traum sieht, vorüberschwebten.

Auf einmal aber, in einer Tanzpause, weckte mich aus diesem Dämmerzustand eine bekannte Stimme, die des Grafen Fénélon, der mir einen Freund vorstellte, den Vicomte Gaston de – auch ein sehr aristokratischer Name –, der gestern in Frankfurt angekommen sei als Attaché bei der französischen Gesandschaft und um die Ehre bitte – und so weiter.

Ich machte, ein wenig verwirrt, die Augen weit auf und sah einen jungen Herrn vor uns stehen, der auch einer geträumten Erscheinung ähnlicher sah als einem leibhaftigen Menschen. Denn so ein schönes, glänzendes Gesicht, mit so mädchenhaft zarten Zügen und doch ganz ernsthaften und feurigen Augen, eine so tadellose männliche Gestalt, dazu angezogen wie ein Gott, doch ohne Stutzerhaftigkeit, war mir noch nicht vorgekommen.

Ich will ihn dir nicht beschreiben. Du könntest dir doch keine Vorstellung von ihm machen.

Dazu seine Stimme, die durchs Ohr gleich ins Herz drang, obwohl sie gar nichts Insinuantes hatte, sondern ganz schlicht und treuherzig klang, und ein Französisch, wie man's nur in den besten Pariser Kreisen spricht.

Ich war so benommen von all dem, daß ich nicht imstande war, meinen usage de monde zu zeigen, auf den ich mir sonst was zugute tat. Als ich das merkte, wurde ich erst recht ungeschickt, stammelte mein sonst so geläufiges Französisch wie ein Schulkind heraus und dachte: Wenn er nur wieder ginge! Was soll er von dir denken? Im stillen lacht er über dich!

Es schien aber nicht, als ob ihm etwas Lächerliches an mir auffiel. Vielmehr unterhielt er mich auf die geistreichste Art und hat endlich, da ein Platz neben mir frei wurde, um die Erlaubnis, sich zu mir setzen zu dürfen. Fénelon hatte sich verabschiedet und ihm noch etwas auf Französisch zugeraunt. Ich glaubte, gehört zu haben: „Sie ist schon vierzig!" „Aber sie ist entzückend; tausendmal schöner als ihre Töchter!" – was meine Verlegenheit natürlich noch steigerte, so sanft mir's einging.

Die Musik setzte wieder ein. Sie werden Pflichten gegen die jungen Damen haben, sagte ich, denen Sie eine alte Mama nicht abtrünnig machen darf. – Er habe sich für diesmal mit dieser corvée schon abgefunden; mit seinen dreißig Jahren könne man nicht verlangen, daß er einen ganzen Abend herumwirble –, wenn ich erlaubte, möchte er um die Ehre bitten, mich zu Tische zu führen.

Wie gern ich's erlaubte, kannst du denken.

Es war lange her, daß sich jemand ernstlich um mich bemüht hatte, meine Jugend lag weit hinter mir, nun war's, als stünde sie aus ihrem Grabe wieder auf, ich vergaß, daß ich erwachsene Töchter hatte und keine Ansprüche mehr auf eine Eroberung – und eine solche! – Es war wie ein Märchen!

Aber ich kannte ihn ja noch gar nicht. Er ist zehn Jahre jünger als du, dacht' ich. Eine Laune wird es von ihm sein, einmal einer femme de quarante ans so beflissen den Hof zu machen, als sei es ihm Ernst damit, vielleicht bloß um eine andere, mit der er gerade poussiert, zu kränken. Morgen denkt er nicht mehr daran.

Gleichviel! Das Heute war reizend, und ich genoß es, ohne mir Sorgen darüber zu machen, daß es nur ein Traum sein könne. Ich merkte, daß ich zum erstenmal in meinem Leben erfuhr, was es heißt, sich verlieben, und zwar, was ich immer für eine Fabel gehalten hatte, so auf den ersten Blick, wie ein Blitz aus blauem Himmel. Ich erfuhr auch, daß Liebe blind macht. Wenigstens dachte ich während des ganzen Soupers und auch, als er nachher mir immer zur Seite blieb, keinen Augenblick daran, was man von unserem langen Tetê-à-tête mitten in der großen Gesellschaft sagen würde, und erst als die Töchter beim Nachhausefahren mich mit diesem Verehrer neckten, kam ich ein wenig zur Besinnung.

Herz war nicht auf dem Ball gewesen. Bälle langweilten ihn, wir wechselten also ab, da auch ich wenig Vergnügen an der Rolle der Ballmutter fand, und so chaperonierte der Papa die Kinder bei anderen Gelegenheiten, wo ich dann zu Hause blieb.

Diese Nacht schlief ich nur wenig. Ich war aber so voller Freude über das Erlebte, daß mich gar nicht danach verlangte, von mir selbst nichts mehr zu wissen. So muß einem ganz jungen Mädchen zu Mute sein nach seinem ersten Ball, wo sein Herzchen zum erstenmal gesprochen hat.

Er hatte um die Erlaubnis gebeten, sich meinem Manne vorzustellen. Da er gleich am folgenden Tage davon Gebrauch machen würde, wagte ich kaum zu hoffen. Aber wirklich kam er gleich am nächsten Abend, wo wir en petit comité waren, und betrug sich so taktvoll Herz gegenüber, daß der die beste Meinung von ihm faßte und mir zu diesem Anbeter gratulierte. Die Adelheid hatte mich verpetzt, was er aber in seiner gewohnten Manier mit Lachen aufnahm.

Auch wie er nun immer öfter kam und sich als Hausfreund en titre bei uns etablierte, hatte mein Mann nicht das geringste dagegen einzuwenden.

Wir waren auch nie allein, eins oder das andere der Kinder war immer zugegen, mit einer Häkelarbeit oder am Klavier, und oft brachte er auch seinen Freund Fénélon mit, der sich damals eifrig um Helene bewarb. So zu vieren war mir's am liebsten. Jedes Paar gehörte dann sich allein an und hörte nicht nach dem anderen hin. Aber du mußt nicht glauben, daß wir dann zärtliche Gespräche führten. Nie hörte ich ein Wort von ihm, was nicht auch mein Mann hätte hören dürfen, und nur seine Augen und zuweilen sein Verstummen sagten mir alles, was in ihm vorging.

Auch brachte er zuweilen Bücher mit, die mir noch unbekannt waren, da ich ziemlich ungebildet war, und wir sprachen hernach darüber. Oder er las uns eine Racinesche Tragödie vor, was er ganz herrlich konnte, oder Gedichte von Viktor Hugo, der damals eben erst bekannt zu werden anfing. In der Sprache der Dichter machte er mir die feurigsten Erklärungen, und an der Art, wie ich zuhörte, konnte er erraten, wie es um mein eigenes Herz stand.

In der Gesellschaft erzählte man sich, er sei in Paris als ein gefährlicher mangeur de coeurs bekannt gewesen, und man wunderte sich, daß er in Frankfurt gar keinen Abenteuern nachging. Da er mein Haus so fleißig besuchte, erklärte man sich durch eine Verliebtheit in eine meiner Töchter. Die ehrbare „alte" Madame Herz hatte niemand im Verdacht, dem leichtfertigen jungen Vogel die Flügel beschnitten zu haben.

So dauerte das den ganzen Winter. Es war die seligste Zeit meines Lebens.

Auch dadurch wurde das Glück nicht etwa getrübt, daß ich mir Vorwürfe gemacht hätte. Ich verstand nicht, das es Sünde hätte sein können, das Liebenswürdige zu lieben und das Schöne schön zu finden. Meinen Pflichten als Gattin und Mutter wurde ich darum nicht untreu, wenn ich in dem Umgang mit diesem reizenden jungen Freunde mein Herz lebhafter schlagen fühlte. Ich wollte und hoffte auch wirklich nichts weiter, als das es immer so fortgehen möchte, er einen Tag wie den andern über meine Schwelle treten, um sich dann zu mir zu setzen und eine Stunde lang ganz ernsthaft mit mir zu plaudern. Ich höre noch, wie er beim Eintreten sagte: Guten Tag, Madame Herz. Wie geht es Ihnen? Und beim Scheiden: Leben Sie wohl! Auf Wiedersehen!

Das waren die einzigen deutschen Sätze, die ich ihm beigebracht hatte, und die er mit so drolligem Akzent von sich gab, daß die unartigen Mädchen immer darüber lachten.

Und so ging der Winter hin. Keines von uns machte sich Gedanken über die Zukunft.

Ende März aber kam das Unglück.

Es war bei einem Diner im Hause Guaita, zu dem auch die Herren von der französischen Gesandtschaft geladen waren. Die Frau vom Hause, die mein Faible für ihn kannte, hatte ihm den Platz neben mir angewiesen. Ich erschrak aber heftig, als er mir den Arm bot, mich zu Tisch zu führen.

Denn er war totenblaß, und auf meine Frage, ob er sich krank fühle, schüttelte er nur stumm den Kopf. Erst als wir nebeneinander Platz genommen hatten, flüsterte er mir zu, er habe vor einer Stunde sein Todesurteil vernommen. Sein Chef habe ihm mitgeteilt, daß er, der Gesandte, nach Konstantinopel versetzt sei. Er, Gaston, müßte schon in der folgenden Nacht dorthin vorausreisen, um allerhand Präliminarien abzumachen und gewisse Weisungen für das Gesandtschaftshotel persönlich zu überbringen. Leider könne der Gesandte ihm nur vierundzwanzig Stunden bewilligen, um sich zur Abreise zu rüsten und sein Zelt in Frankfurt abzubrechen.

Du kannst denken, lieb Kind, wie diese Eröffnung auf mich wirkte. Ich war einer Ohnmacht nahe, und nur ein Glas Sherry, das Gaston mich auszutrinken nötigte, gab mir wieder ein wenig Contenance.

Aber der Rest des Diners verlief so traurig, wie eine Henkersmahlzeit. Wir sprachen fast nichts miteinander und aßen kaum einen Bissen. Zuletzt kamen wir überein, daß er morgen noch einmal kommen sollte, um Abschied zu nehmen. Am nächsten Abend war eine Soiree, ich entsinne mich nicht, bei wem, nur daß schon ausgemacht war, Herz sollte diesmal die Mädchen hinbegleiten und ich zu Hause bleiben. Um halb neun fuhren sie zusammen fort. Wenn Gaston um neun kam, traf er mich allein, und da er um zehn zu seinem Chef bestellt war, um noch Briefe und Depeschen in Empfang zu nehmen, blieb eine volle Stunde, die uns gehörte. Ich werde Ihnen Briefe an Wiener Damen mitgeben, mit denen ich befreundet bin: Frau Arnstein und Eskeles und die Baronin Pereira. Da Sie sich einige Zeit in der Kaiserstadt aufhalten sollen, kann Ihnen die Einführung bei diesen sehr angesehenen Damen vielleicht irgendwie nützlich sein, und jedenfalls wird es Ihnen wohltun, mit irgend jemand von Ihrer alten Frankfurter Freundin sprechen zu können.

So überstanden wir dies martervolle Diner. Aber die folgende Nacht und der Tag darauf vermehrten nur meinen Schmerz, der manchmal zu völliger Verzweiflung wurde. Jetzt erst kam mir so recht zum Bewußtsein, daß ich ihn liebte, immer geliebt hatte, und wie ich ihn liebte! Von ihm getrennt zu werden, stand mir vor Augen wie der schlimmste Tod, mein Leben hernach wie eine Wüste, in der nichts Grünes, Tröstliches für mich sprießen könnte.

Und so schrieb ich die Empfehlungsbriefe unter strömenden Tränen und erwartete die letzte Stunde wie eine zum Tode Verurteilte.

Um halb neun kam Herz mit den Kindern, mir gute Nacht zu sagen. Sie fanden mich blaß und angegriffen. Du hast Fieber, Frau, sagte Herz. Du mußt früh zu Bett gehen. – Freilich hatte ich den ganzen Tag im Fieber zugebracht, es brannte und glühte mir im Blut, wenn ich an den Abend dachte, an den Abgrund, in den mich's dann fortreißen konnte. Aber obwohl mir bei dem Gedanken schwindelte, fürchtete ich's doch nicht und sehnte es herbei. Mir war wie einem Fieberkranken, der am Rande eines tiefen Meeres hingeht. Bloß um sich endlich zu kühlen, möcht' er sich hineinstürzen, wenn ihm die Wellen auch über den Kopf zusammenschlügen, daß er in eine bodenlose Tiefe versänke.

Gleich nachdem die anderen fortgefahren waren – ich lag auf dem Sofa und zählte die Minuten –, da klopft's. Ich fahre auf und denke: Sollt' er's schon sein? – Ich hatte meiner Kammerjungfer gesagt, ich sei für niemand zu Hause, bloß wenn der Vicomte käme, der verreise, und ich hätte ihm noch Briefe mitzugeben. – Aber wie ich Herein! rufe und die Tür sich öffnet, wer tritt über die Schwelle? Der Ebi.

Sie haben mir erlaubt, Madame Herz, wenn ich mit dem Trauerspiel fertig wär', sollt' ich kommen und 's Ihnen vorlesen. Da Sie heute bleiben zu Haus, hab' ich mir gedacht.

Ich nickte bloß, und er kam herein. Ich fand nicht gleich einen Vorwand, ihn fortzuschicken, und dann dacht' ich: Laß ihn nur lesen, das hilft mir über die Pein der Erwartung hinweg, und wenn Gaston dann kommt, wird er von selbst wieder aufbrechen. Er bleibt ja nie, wenn ich Besuch habe.

Also setzte sich auf ein Fauteuil neben dem Sofa, schlug sein großes Heft auf und fing an zu lesen, wobei seine Stimme vor Aufregung zitterte und auch die Hände, die die Blätter umschlugen. Er las mit einer eintönigen, leisen Stimme, und zuweilen geriet er in einen singenden Ton, wie die Vorbeter im

Tempel, die ich als Kind gehört hatte. Denn seit meiner Verheiratung war ich nicht mehr in die Synagoge gekommen.

Was er las, wußte ich nicht, auch nicht, ob es Verse waren oder überhaupt Sinn und Verstand hatte. Nur so viel wurde mir allmählich klar, daß es eine Liebesgeschichte war, die er zu der biblischen Historie hinzuerfunden hatte. Ein junger Ammoniter, der unter den Gefangenen mit Jephtha nach Hause gekommen war, hatte sich in die unglückliche Tochter verliebt, die nach dem übereilten Gelübde des Vaters sterben sollte, weil sie die erste gewesen war, die dem heimkehrenden Sieger aus seinem Hause entgegengekommen war. Auch das Mädchen hatte zu dem Jüngling eine Neigung gefaßt, obwohl er aus dem Stamm der Feinde ihres Volkes war und nicht zu dem Gott ihrer Väter betete. Als er aber in sie drang, während der Todesfrist von zwei Monaten, die sie auf dem Berge zubrachte, um ihr verlornes Leben zu beweinen, sich zu retten und mit ihm zu entfliehen, widerstand sie ihrem Herzen und blieb beharrlich dabei, sich zu opfern, da ihr Vater „seinen Mund aufgetan habe gegen den Herrn", und sie sein Gelübde heilig halten müsse.

Das Beste an der Dichtung schien nur, soviel ich davon begriff, daß sie kurz war und viele Psalmenstellen und fromme Sprüche aus der Schrift enthielt, und so kam der Vorleser fast bis ans Ende, zu dem schwärmerischen Lobgesange der Jungfrau kurz vor ihrem Tode, als es wieder an die Tür klopfte. Und diesmal war er's.

Seine schönen Augen verfinsterten sich, als er den Alten bei mir fand. Auch brachte er nicht seine paar deutschen Redensarten vor, mit denen er mich sonst begrüßte, sondern sagte:„Bon soir, Madame. Vous allez bien? Mais vous n'êtes pas seule. Si je vous dérange" (dt. „Guten Abend, Madame! Geht es Ihnen gut? Aber Sie sind nicht allein. Wenn ich Sie störe...")

Ich faßte mich so gut ich konnte, stellte die Herren vor, wobei Gaston dem armen Ebi einen Blick zuwarf, wie einem todeswürdigen Verbrecher, und sagte, unser alter Hausgenosse habe mir ein selbstverfaßtes Drama vorgelesen, wir seien eben zum Schlusse gelangt.

Ich dachte nicht anders, als daß der Alte nun gehen würde. Er sprach auch nicht Französisch, obwohl er es verstand. Er machte aber keine Miene, aufzubrechen, nur daß er seinen Platz mit einem anderen Sitz etwas weiter ab vertauschte.

Sie lesen mir den Schluß wohl ein andermal, Ebi, sagte ich. Das Stück ist sehr schön. Vielleicht kann es sogar aufgeführt werden.

Auch das half nicht. Er antwortete mit einer stummen Verbeugung, blieb dann aber stocksteif sitzen, das Heft auf den Knieen, die Augen gegen das Teppichmuster gerichtet.

Ich dachte, er würde doch endlich merken, daß er zuviel sei, wenn ich gar keine Notiz mehr von ihm nähme und die Konversation französisch weiterginge. Also bat ich den Vicomte, Platz zu nehmen, fragte, wann er reisen würde – diese Nacht noch um Mitternacht –, ob er auch mit warmen Decken versorgt wäre – eine von mir müsse er durchaus mitnehmen – und sprach dann von den Briefen an die Wiener Damen, das gleichgültigste Geplauder von der Welt, während mir das Herz klopfte, als ob es aus der Brust springen wollte.

Und der Alte dabei immer regungslos wie eine Bildsäule!

Noch jetzt weiß ich nicht, warum ich's nicht über die Lippen brachte, zu sagen: Lassen Sie uns allein, Ebi. Ich habe dem Herrn Vicomte noch etwas unter vier Augen zu sagen. Aber ich wußte, bei den Worten würde ich rot werden, wie ein ertapptes Schulkind, und er würde mir meine sündhafte Leidenschaft am Gesichte ablesen.

So quälte ich mich, den Faden des Gesprächs fortzuspinnen, wobei Gaston mir wenig half. Denn er war dermaßen verzweifelt über sein Unglück, mich zum letztenmal nicht ohne Zeugen sehen zu können, daß ihn alle Geistesgegenwart verließ und er die sonderbarsten Antworten auf meine Fragen gab. Zuweilen sprang er auf, tat ein paar hastige Schritte durchs Zimmer, blieb vor der Uhr auf dem Kaminsims stehen und warf sich dann wieder in den Sessel, mit einem Seufzer, der einen Stein hätte erweichen können, an dem alten Cerberus aber ohne jeden Eindruck abglitt.

Je länger es dauerte, je mehr sank mir der Mut, je länger wurden auch die Pausen in unsrer Konversation. Endlich schlug die Uhr zehn. Da stand er auf, er konnte sich kaum auf den Knieen halten. Es ist Zeit, stammelte er. Der Graf erwartet mich. Oh, Madame...

Die Stimme versagte ihm. Auch ich hatte mich erhoben, obwohl ich mich nur mit Mühe aufrecht erhielt. Ich begleite Sie noch hinaus, sagte ich, Herr Ebi wird mich einen Augenblick entschuldigen.

So ging ich ihm voran nach der Tür. Ah, Madame j'ai la mort au coeur. Vous quitter, sans vous dire – Oh si vous saviez –! (dt. „Ah, Madame, mir bricht das Herz. Sie zu verlassen, ohne Ihnen sagen zu können... Oh, wenn Sie wüßten...")

Je sais tout, mon ami, flüsterte ich, et croyez-moi, si vous souffrez – moi aussi, j'ai le coeur si plein – je suis au désespoir! (dt. „Ich weiß, mein Freund... und glauben Sie... mir, und wenn Sie leiden... Mir geht das Herz über... ich bin verzweifelt!)

Damit öffnete ich die Tür und dachte, draußen – wenn auch nur auf kurze Minuten – würd' ich mich ihm an die Brust werfen und ihm sagen, was ich um ihn gelitten. Als ich aber hinaustrat, sah ich eine andere Feindin meines letzten schmerzlichen Glücks bei einer Lampe am Pfeilertischchen sitzen, eine Näharbeit in den Händen – Mamsell Zipora!

Ich habe nachher erfahren, meine Kammerjungfer hatte der tückischen

Person, ohne sich was dabei zu denken, erzählt, ich erwartete heut abend den Vicomte, der Abschied zu nehmen komme. Das hatte die sich zunutzegemacht, um es dem Ebi, den sie immer noch zu fangen hoffte, schadenfroh beizubringen, die Frau, die er heimlich vergötterte, sei auch nicht besser als alle anderen, um sich und ihre Tugend dadurch in ein vorteilhaftes Licht zu setzen. Und der unselige Mensch hatte sich von einer Eifersucht, die er sich selbst vielleicht nicht eingestand, verleiten lassen, den Wächter zu machen und den Rivalen aus dem Felde zu schlagen!

Sie war von der Erinnerung an diese schmerzlichste Stunde ihres Lebens so erschüttert, daß sie lange nicht fortfahren konnte, sondern immer sich mit dem Kölnischen Wasser die Stirn benetzte und mit geschlossenen Augen dalag.

Endlich sagte sie: „Wie ich den Weg in mein Zimmer zurückfand und bis zu dem Sofa gehen konnte, ist mir ein Rätsel. Ich fühlte mich wie vernichtet, was jetzt noch werden konnte, war mir unfaßbar, ich sank auf das Polster nieder, drückte mein Tuch gegen die Augen, und brach in krampfhaftes Schluchzen aus.

Daß Ebi im Zimmer war, hatte ich völlig vergessen.

Da hörte ich plötzlich seine Stimme, in dem feierlich singenden Tone, wie bei den Psalmenversen seines Trauerspiels: Madame Herz, ich habe Sie immer verehrt, heute bewundere ich Sie. Der Sieg, den Sie über sich selbst davongetragen, ist größer als der von Jephthas Tochter. Sagen Sie nicht, daß ich Ihnen dabei geholfen hab'. Wenn Sie nur gesagt hätten ein einzig Wort: Ebi, verlassen Sie mich – so wahr Gott lebt – ich wäre gegangen, so sehr es mich hätt' geschmerzt, aber Sie wissen, ich bin Ihrem Wort gehorsam, wie ein Hündlein seinem Herrn. Daß Sie nicht gesagt haben das eine Wort, das macht Ihnen mehr Ehre als einem König, der große Länder erobert, oder einem gewappneten Mann, der allein ein ganzes Heer besiegt. Denn wie es im Prediger Salomonis heißt: Lieblich und schön sein ist nichts, aber ein Weib, das den Herrn fürchtet, das soll man loben, und in Jesu Sirach: Ein schönes Weib, das fromm bleibt, ist wie die helle Lampe auf dem heiligen Leuchter. Erlauben Sie, Madame Herz, daß ich den Saum küsse an Ihrem Gewande."

Ich fühlte dunkel, wie er es tat, und hörte, wie er dann das Zimmer verließ. Da brach es erst recht bei mir aus, und ich weinte und weinte – bis eine Ohnmacht sich meines armen gefolterten Herzens erbarmte.

Am folgenden Tage und auch den nächsten darauf konnte ich das Bett nicht verlassen. Es war keine Krankheit, meinte der Arzt, aber eine Erschöpfung all meiner Lebenskraft. Als ich wieder aufstehen konnte, dauerte es noch Wochen, bis ich den Anblick von Menschen wieder ertragen konnte. Ebi und Mamsell Zipora durften mir nicht vor Augen kommen.

Dann erhielt ich von Konstantinopel aus seinen Ring und einen Brief dabei, voll schmerzlichster Geständnisse. Ich zeigte beides meinem Manne, ohne ein Wort dabei zu sagen, und er gab es mir ebenso schweigend zurück. Ich wußte, daß er ein zu kluger Kenner des weiblichen Herzens war, um es als eine Sünde anzusehen, wenn meines gegen das Liebenswürdigste, was die Erde trug, schwach gewesen war.

Daß ich einen ganz ähnlichen Ring machen ließ mit der Inschrift: „Pour toujours", sagte ich Herz nicht. Er hätte die Devise, die zweideutig war und ewige Liebe oder ewige Trennung bedeuten konnte, doch vielleicht in dem ersten Sinne verstanden. Zugleich schrieb ich ein paar Zeilen, die die Bitte enthielten, mir nicht wieder zu schreiben. Er erfüllte diesen Wunsch. Ich hörte nur selten einmal durch Dritte von ihm. Schon nach fünf Jahren kam die Nachricht von seinem Tode.

Das ist die Geschichte von diesem Ringe, die du hast wissen wollen, lieb Kind. Daß ich sie dir erzählt hab', mag dir beweisen, wie lieb du mir bist. Nicht einmal deine Mutter weiß das Genauere davon. Du magst es ihr einmal wiedererzählen."

Ich war sehr ergriffen von dieser rührenden Geschichte und wußte nicht, was ich sagen sollte, meinen Anteil auszudrücken. Als der naive Jüngling, der ich war, sagt ich endlich das Ungeschickteste: So schmerzlich es dir sein muß, Tante, so oft du den Ring betrachtest, du kannst es wenigstens ohne Reue tun.

Sie sah still vor sich hin. O Kind, sagte sie leise, du bist noch jung. Du hast noch nicht erfahren, daß es manchmal am bittersten schmerzt, wenn man bereut, daß man nichts zu bereuen hat. Sags aber nicht weiter!

Am folgenden Tage setzte ich meine Reise fort. Als ich einen Monat später wieder nach Frankfurt kam, fand ich die geliebte Tante nicht mehr unter den Lebenden. Der Onkel händigte mir eine kleine Schachtel aus, die sie ihm für mich übergeben hatte, und deren Inhalt er nicht kannte. Der Ring lag darin und ein zärtliches Segenswort, das sie mit zitternder Hand noch auf ihrem Sterbebette geschrieben hatte.

Seitdem ist dies teure Andenken nicht von meiner Hand gekommen. Die Emailbuchstaben sind ausgewaschen, der Goldreif ist brüchig geworden, die kleine Hand, an der ich das Kleinod zuerst gesehen, ist längst vermodert, doch was mir der sanfte Mund vertraut, lebt unvergeßlich in meiner Erinnerung fort.

Wilhelm Raabe

Der Junker von Denow

1.

Wer am Abend des sechsten Septembers, alten Stils, am Donnerstag vor
Mariä Geburt im Jahre unseres Herrn eintausendfünfhundertneunundneunzig nach Sonnenuntergang einen Blick aus der Vogelschau über die Rhein-
ebene von Rees bis Emmerich und weit nach Ost und West ins Land hinein
hätte werfen können, der würde eines erschrecklichen Schauspiels teilhaftig
geworden sein.

Schwarze regendrohende Wolken verhingen das Himmelsgewölbe, und es
würde eine dunkle Nacht gewesen sein, wenn nicht der Mensch diesmal dafür

gesorgt hätte, daß es auf der weiten Fläche nicht ganz finster wurde. Auf den Wällen von Rees leitete an der Spitze seiner Deutschen, Hispanier, Burgunder und Wallonen, Don Ramiro de Gusman die Verteidigung der Stadt und Festung gegen das Reichsheer, welches schläfrig und matt genug der Belagerung oblag, dafür aber auf andere Weise desto mehr Lärm machte, wie es einer Armee des Heiligen Römischen Reichs Teutscher Nation zukam. Ein fahles blitzartiges Leuchten lag hier über der Gegend, denn wenn auch das schwere Geschütz seit Mittag schwieg, so knatterte doch das Musketenfeuer, schwächer oder stärker, rund um die Stadt fort und fort, und manch ein Wachtfeuer spiegelte sich auf beiden Ufern des Flusses, der manche Leiche in seinen nachtschwarzen Fluten mit sich hinabführte in das leichenvolle Holland, wo der finstere Admiral von Aragonien, Don Francisco de Mendoza, und der Sohn der schönen Welserin, der bigotte Kardinal Andreas von Österreich, die Zeiten Albas erneuerten. –

Wir haben es jedoch nur mit der rechten Seite des Rheines zu tun, wo tief in das Land hinein unter den zusammengewürfelten Tausenden des Reichsheeres: Hessen, Brandenburgern, Braunschweigern, Westfalen, der furor teutonicus, die sinnlose, trunkene deutsche Furie ausgebrochen war und in Verwüstungen aller Art sich Luft machte. In allen Dörfern und Lagerplätzen Sturmglocken, Trommeln und rufende Trompeten – Geschrei und Jammer des elenden, geplünderten, mißhandelten Landvolkes – bittende, drohende Befehlshaber – flüchtende Herden, Weiber, Kinder, Kranke, Greise – Reitergeschwader, die sich sammelten, Reitergeschwader, die auseinanderstoben – brennende Häuser und Zeltreihen, und zwischen allem die Cleveschen Milizen, die „Hahnenfedern", zur Wut gebracht durch die Ausschweifungen derer, die da Hilfe bringen sollten gegen die Ausschweifungen des fremden Feindes! Überall Blut und Frevel und Brand – ein unbeschreibliches, wüstes, grauenhaftes Durcheinander, zu dessen Schilderung Menschenrede nicht hinreicht!...

Lang genug hatte an diesem Abend Don Ramiro hinter seiner Brustwehr, an eine zerschossene Lafette gelehnt, hinübergeschaut nach den Laufgräben und Angriffswerken der tollgewordenen Belagerer; jetzt stieg er langsam herab von seinem Lugaus, und begleitet von zwei Fackelnträgern und mehreren seiner Unterbefehlshaber schritt er durch die Gassen von Rees, dessen zitternde Bewohner jedes Fenster hatten erhellen müssen und dessen Straßen dumpf dröhnten unter den Schritten der gegen die östlichen Ausfallspforten heranmarschierenden Besatzung.

„Andrea Orticio!" sagte der spanische Kommandant, und im nächsten Augenblick stand der Geforderte vor ihm.

„Alles bereit?" fragte Don Ramiro wieder.

Der gerüstete Führer senkte stumm den Degen und wies mit der Linken auf die Haufen der Krieger, die jetzt alle an den ihnen bestimmten Plätzen dicht gedrängt regungslos standen. Des Spaniers Auge flog mit düsterer Befriedigung über all diese im Glanz der Fackeln blitzenden Harnische, Sturmhauben, Piken und Schwerter – er nickte. „Sie würden sich da draußen untereinander selbst fressen gleich den hungrigen Wölfen", sagte er, „aber wir wollen zur Ehre Gottes und der Heiligen Jungfrau" – hier lüftete er den Hut, und alle Umstehenden taten das gleiche – „ unsern Teil an dem Verdienst haben, die Ketzer zu vertilgen! Erinnert Euch, Orticio, mit dem Schlage elf beginnt das Feuer wiederum – mit dem Schlage elf hinaus auf sie! Spanien und die Jungfrau! – die Losung."

„An Euere Plätze, Ihr Herrn!" erschallte das Kommandowort Francisco Orticios – ein dumpfes Gerassel und Geklirr der sich aneinander reibenden Harnische – Don Ramiro de Gusman schritt langsam prüfend die Reihen entlang; dann stieg er schweigend wieder zu dem Walle empor, nach einem letzten Wink und Gruß für Orticio, der sein Wehrgehäng fester zog.

„Noch eine halbe Stund! Spanien und die Jungfrau, Spanien und die Jungfrau!" ging es dumpf durch die Haufen der harrenden Krieger.

Unsere Geschichte beginnt!

„So hole der Teufel die meineidigen Schufte und meuterischen Hunde!" schrie der Hauptmann Burghard Hieronymus Rußwurmb in Verzweiflung im Lager der dreizehn Fähnlein gewappneter Knechte, Reisige und Fußsöldner, welche Herr Heinrich Julius, postulierter Bischof zu Halberstadt, Herzog zu Braunschweig und Lüneburg, als Obrister des niedersächsischen Kreises zufolge des Koblenzschen Reichsabschieds für diesen Krieg geworben und aus aller deutschen Herren Ländern zusammengebracht hatte. „Ist denn die Welt ganz umgekehrt? Es ist zum Rasendwerden!... So schlage zum letzten Mal die Trommel, Hans Niekirche, – o heiliges Wort Gottes, das ist das jüngste Gericht!"

Hans Niekirche aus Braunschweig, der Trommelschläger, ein blutjunger Wicht, welcher einem Schneider seiner Geburtsstadt aus der Lehre gelaufen war, hatte, hierhin gestoßen, dahin gezerrt, sich fast zwischen die langen Beine seines Hauptmanns gerettet und fing nun mit zitternden Händen von neuem an, das Kalbfell zu bearbeiten, während der Hauptmann hin und her lief, mit beiden Händen das Haupthaar durchwühlend. Er hatte wohl das Recht, zornig zu sein, der Wackere! Dicht hinter sich hatte er ein geplündertes Bauernhaus, dessen Fenster und Türen eingeschlagen waren und auf dessen Schwelle ein junges Weib mit zerrissenen Kleidern, in der im letzten Krampf zusammengekniffenen Hand ein Büschel roter Haare, leblos ausgestreckt lag. An sein linkes Bein hing sich jetzt auch noch ein arm Kindlein in seiner Todesangst, zu seiner Rechten schlug Niekirch seine Wirbel, und rings um ihn her schrie und stampfte, fluchte und drohte sein meuterisch Fähnlein und rasaunte durcheinander wie ein aufgestört Rattennest.

„O ihr Schelme, ihr Hunde, das soll euch heimgezahlt werden!" brüllte der Hauptmann. „Warte, Hans Diroff von Kahla, warte, Koburger, Christoph Stern von Saalfeld, an den Galgen und aufs Rad kommt ihr; oder die Gerechtigkeit ist krepiert auf Erden. Warte, du Schmalz von Gera, dein Fett soll all werden wie eine Kerze im Feuer! O Tag des Zorns, o Hunde! Hunde!"

„Gebt Raum, Hauptmann!" schrie ein riesenhafter Kerl, genannt Valentin Weisser von Roseneck, dem Führer den Büchsenkolben vor die Brust setzend. „Ihr seid die Verräter, die Schelme, Ihr und Euere saubern Gesellen und Euer Graf von Hohenlohe, der Holländer! Wollt Ihr uns nicht etwa über das Wasser, über den Rhein, von des Reichs Boden führen? He, sprecht!"

„Nicht über den Rhein! nicht über den Rhein! Nicht vor Bommel! nicht vor Bommel!" schrie es von allen Seiten, und weit über das Feld durch alle die Tausende wälzte sich dasselbe Wort. Der Hauptmann schlug den Kolben von seiner Brust zur Seite.

„Du wirst gehängt, wie ein Spatz, Rosenecker", schrie er.

„Ihr sollt es wenigstens nit erschauen!" brüllte der Schütz wieder, die brennende Lunte über dem Haupte schwingend. Er nahm sich nicht die Mühe, sie aufzuschrauben, das Feuerrohr lag auf der Gabel – im nächsten Augenblick wäre der Hauptmann ein Kind des Todes gewesen, wenn nicht plötzlich zwischen dem Bedrohten und dem Drohenden ein Reiter im vollen Galopp angehalten und dem wütenden Musketierer den Büchsenlauf in die Höhe geschlagen hätte, daß der Schuß in die Luft ging.

„Der Junker! der Junker!" schrie es auf allen Seiten. „Der Junker zurück! Sprecht, sprecht, was ist's? Was sagt der Graf? Haben sie uns verkauft an die holländischen Juden, ihnen ihre Festung Bommel zu entsetzen?... Der Junker, der Junker! Nicht nach Bommel! nicht vor Bommel! Nicht über den Rhein! nicht über den Rhein! In die Spieße der von Hollach!"

„Ja, schreit nur, bis ihr berstet!" zischte blau vor Grimm der Hauptmann durch die zusammengebissenen Zähne und ballte die Hände, daß die Nägel tief ins Fleisch drangen. „Schreit nur – es ist noch nicht im Topf, darin es gekocht wird – Christoph von Denow, sprecht zu den Meutmachern! sagt den räudigen Hunden Eure Botschaft!"

Der junge Reiter richtete sich hoch auf im Sattel, und alle die wilden Gesichter im Fackelschein ringsumher wandten sich ihm zu.

„Der wohlgeborene und edle Graf Philipp von Hohenlohe, unser gnädiger Feldhauptmann –"

„Nichts von dem Grafen von Hollach, dem Verräter, dem Judas!" schrien einige. „Stille! Ruhe! Hört hin!" riefen die andern und gewannen die Oberhand, daß der Reiter fortfahren konnte.

„Der Graf läßt den Fähnlein des braunschweigschen Regiments zu Roß und zu Fuß vermelden, daß ihr Begehren und Gebaren unehrlich und treulos sei, deutscher Nation zu Schimpf und Schande und großem Schaden gereiche –"

Ein allgemeines Wut- und Spottgebrüll unterbrach den Redner, der erst nach langem Harren weiterrufen konnte.

„Es sagt der Graf von Hohenlohe, daß er befehle, Generalmarsch zu schlagen von jeglichem Quartier und auszurücken in die Linien gen Rees, auf weitern Befehl! Da kommt unser gnädigster Obrister, der Herr von Rethen."
Neues Geschrei empfing den ebenfalls im vollen Rosseslauf erscheinenden Führer, welcher den schriftlichen Befehl des Grafen mit sich führte, aber ebenfalls vergeblich durch Bitten, Drohungen, Erinnerungen an den Artikelbrief das Volk zu Ruhe zu bringen versuchte. Atemlos, zornesbleich hielt er zuletzt in dem kleinen Kreise der Hauptleute und Offiziere und der weniger treugebliebenen Söldner. Der Junker aber befand sich, willenlos fortgerissen, inmitten des wildesten Getümmels der aufrührerischen Knechte, die von Mord und Blut sprachen und bereits ihre Spieße senkten, ihre Feuergewehre richteten auf das Häuflein der Getreuen, welche einen Ring schlossen um die Führer und die geretteten Feldzeichen und sich rüsteten, ihr Leben so teuer als möglich zu verkaufen.
Auch das Reiterlager hatte sich in Bewegung gesetzt, von Minute zu Minute wuchs der Tumult, und inmitten all dieser drohenden Spieße, Schwerter und Büchsen, unter all diesen scheugewordenen, ausschlagenden, stampfenden Rossen und trunkenen Männern taucht jetzt für uns eine Gestalt auf, klein und zierlich gebaut, aber trutzig und unverzagt, im Heerlager aufgewachsen, gebräunt von Wind und Wetter, abgehärtet in mancher bösen Sturmnacht am schwächlichen Lagerfeuer, ein klein Hütlein, geziert mit einer Häherfeder, auf den krausen, wirren Locken, ein Dolchmesser im Gürtel, – bekannt bei Führern, Knechten und Reisigen, zu Roß, zu Fuß, zu Wagen stets dem Heere zur Hand: Anneke Mey von Stadtoldendorf, des braunschweigschen Regiments Marketenderin und Schenkin!

„Hab ich dich auf den Fuß getreten, Anneke?" fragte ganz kleinmütig der wilde Valentin Weisser, der eben das Feuergewehr gegen den Hauptmann hatte losgehen lassen. „Nimm dich in acht, daß sie dich nicht erdrücken, Engel-Anneke, – stelle dich hinter mich, du wirst gleich dein blaues Wunder sehen."

„Nehmet Ihr Euch in acht, Rosenecker", lachte das wildherzige Kind, „Ihr spielt ein hoch Spiel diese Nacht!"
Der Riese warf einen trotzigen, lachenden Blick über die hin und her wogenden Massen.

„Hoho, sind wir nicht unsrer genug, zu gewinnen? Nicht vor Bommel! Ju

– ho! ho! nicht vor Bommel! Nicht übern Rhein! Fort mit den Hauptleuten, fort mit dem Grafen von Hollach!"

In diesem Augenblick riefen wieder Hunderte von Stimmen nach dem Junker – dem Christoph von Denow. Da zuckte ein seltsamer Glanz über das Gesicht des Mädchens. Es stellte sich zuerst auf die Zehen, dann kletterte es mit katzengleicher Behendigkeit und Schnelligkeit auf einen Schutthaufen,

wo sich bereits mehrere Soldatenweiber mit ihren Kindern und Habseligkei-ten zusammengedrängt hatten und alle zugleich in den Lärm hineinkreisch-ten.

„Mein Mann! mein Mann! Jesus, sie würgen sich alle! Gottes Sohn – Franz, Franz!"

„Was macht der Junker? wo ist der Junker?" rief Anneke Mey, eine Hand, welche ihr entgegengestreckt wurde, ergreifend.

„Da! da! Er spricht zu denen vom vierten Fähnlein – da – da – Jesus, sie werfen den Hauptmann Eberbach nieder, und mein Mann, Jesus, mein Mann!"

Die Augen der Armen wurden starr, mit einem Sprung war sie von der Höhe herab und stürzte sich mitten in das Getümmel; über den am Boden liegenden Hauptmann sank unter den Hieben und Stößen der Meuterer der

Doppelsöldner Franz Hase von Erfurt zusammen. Vergeblich hatte sich
Christoph von Denow unter die Piken und Hellebarden geworfen, mit seinem Schwert die Spitzen niederschlagend: im vollen Lauf stürzte jetzt das
aufrührerische Kriegsvolk auf die Treugebliebenen und die Befehlshaber,
Schüsse krachten hinüber und herüber. Ihr Messer aus der Scheide reißend
trieb Anneke Mey in den Aufruhr hinein. Christoph von Denow sah sie
plötzlich an seiner Seite unter den Füßen der Kämpfenden; – noch ein Augenblick, und sie war verloren, noch ein Augenblick, und er hatte sie, fast
ohne zu wissen, was er tat, zu sich emporgezogen aufs Pferd; alles drehte sich
um ihn her – „Mordio! Mordio!" brüllte es auf allen Seiten ––– Da ––– ur-
plötzlich ––– blieben alle die zum Verbrechen gezückten und geschwunge-
nen Waffen, wie durch ein Zauberwort aufgehalten, in der Luft – jeder Wut-
und Angstschrei erstarrte auf den Lippen – Angreifer und Angegriffene standen lautlos, bewegungslos!

Im Westen über Rees hatte sich, begleitet von einem donnerartigen Krachen, der dunkle Nachthimmel blutig rot gefärbt. Alle Geschütze auf den
Wällen, alle Geschütze in den Angriffslinien brüllten los; im Lager des
Reichsheers flog ein Pulvervorrat in die Luft, dazwischen rollte, immer stärker werdend, das kleine Gewehrfeuer.

Mit einemmal hatte sich die Szene im aufrührerischen Lager vollständig
verändert.

„Sturm! Sturm! Rees zu Sturm geschossen!" ging es von Mund zu Mund.
„Sturm! Sturm! Gen Rees! gen Rees!"

Und als peitsche der Satan sie vorwärts seiner Hölle zu, hatte sich plötzlich
diese ganze Masse von Kriegern, Führern, Weibern, Troßknechten in Bewegung gesetzt dem flammenden Vulkan im Westen entgegen. Gier nach Beute,
unbefriedigte Gier nach Blut trieb sie von dannen. Im wildesten Taumel, Reiter und Fußvolk und Wagen bunt durcheinander, raste sie über das Feld
durch die Nacht. Im wildesten Taumel und Traum, das Schwert am Faustrie-
men, vor sich auf dem Sattel das Mädchen aus den Weserbergen, saß Christoph von Denow auf seinem schwarzen Roß.

„Sturm! Sturm! Rees zu Sturm geschossen! Vivat der Graf! Vivat der Graf
von Hollach! Vorwärts! Vorwärts!"

Ein sekundenlanges Anhalten in dieser wüsten Menschenflut war eine Unmöglichkeit, ein Fehltritt, ein Straucheln der sichere Tod. Schon hörte man
zwischen dem Donnern und Krachen um die Stadt den Schlachtruf der
Feinde: „Spanien und die Jungfrau! Spanien und die Jungfrau!" und lauter
und näher den Ruf der angegriffenen Belagerer: „Das Reich, das Reich! Vorwärts, das Reich!"

Hinein in die Atmosphäre von Blut und Feuer brauste die anstürzende
Menschenmasse, und die Letzten drängten bereits die Vordersten in die an-

gegriffenen Laufgräben, aus denen eine andere Flut ihnen entgegenwogte. Das waren die Hessischen, die schlecht bewaffeten, halbverhungerten, im Regen und Rheinwasser fast ertränkten Schanzgräber, welche dem wilden Anprall der Spanier nicht hatten widerstehen können.

„Spanien! Spanien! Spanien und die Jungfrau!" rief Francisco Orticio, sich über einen Schanzkorb in die Höhe schwingend.

„Spanien! Spanien und die Jungfrau!" wiederholten seine Krieger ihm nachdringend.

„Rette, Hessen! Hessen! Rette!" schrien die flüchtigen Söldner des Landgrafen im panischen Schrecken.

„Braunschweig! Braunschweig!" brüllte es von den Böschungen.

„Up dei Düvels!" schrie Heinrich Weber aus Schöppenstedt, eine Fackel in der Hand mitten unter die Hessen springend. Der flammende Brand flog im weiten Bogen gegen die Spanier – ein zweiter Satz – die zu Grund, der Bergstadt im Harz, gehämmerte Hellebarde schmetterte nieder auf eine zu Cordova geschmiedete Sturmhaube: Diego Lua aus Toboso stürzte mit einem „Valga me Dios!" tot zurück.

„Braunschweig! Braunschweig!" brauste es dem Schöppenstedter nach, und „Braunschweig! Braunschweig!" jubelten auch die Hessen, welche mit neuem Mut sich wandten gegen ihre Verfolger.

„Braunschweig! Braunschweig!" rief Christoph von Denow, dem es gelungen war, sich von seinem Pferde zu werfen, welches sich auf der Böschung hoch bäumte, im nächsten Augenblick aber, von einer Kugel getroffen, zusammenbrach. Anneke Mey stand unbeschädigt auf den Füßen, doch aus sie wurde mit hinabgerissen in die Gräben, wo sie jedoch samt Hans Niekirche hinter einem Haufen umgestürzter Schanzkörbe den verlorenen Atem wiedergewinnen konnte.

Und jetzt Angriff und wütende Verteidigung, Flüche in sechs Sprachen, Todesrufe: – auf engstem Raum Vernichtung jeder Art! – Alle Hauptleute der Braunschweiger: Adebar, Maxen, Wulffen, Wobersnau, Rußwurmb, Dux, Statz, und wie sie hießen, hatten ihre Stellen als Befehlshaber wieder eingenommen und drängten tapfer kämpfend die Spanier zurück. Tapfer stritten aber auch die Spanier. Sechs Geschütze hatten sie in den hessischen Schanzen genommen und in den Rheingraben versenkt, Schritt für Schritt wichen sie zu den flammenden Mauern und Wällen der Stadt über die Leichen ihrer Landsleute und ihrer Feinde. Der Graf von Hohenlohe in vollster Rüstung mit seinen Herren führte stets neue Truppen an; Haufen auf Haufen ließ Don Ramiro de Gusman hervorbrechen.

Dicht an den Spaniern kämpfte Christoph von Denow, das Blut rieselte aus einer Stirnwunde – er merkte es nicht. Anneke Mey hatte sich mutig auf ihren Schanzkorb geschwungen und den widerstrebenden Niekirche nachgezogen. Sie hielt ihr Messer noch immer gezückt in der Rechten, mit der Linken hielt sie den schlotternden Trommelschläger am Kragen.

„So schlage den Sturmmarsch, Junge!" rief sie lachend. „Willst nicht!? Wart, gleich fliegst du herunter, daß sie dich drunten zu Brei vertreten, Feigling!"

„Jaja, ich will!" jammerte Hans. „Ach wär ich doch daheim! Ach wär ich doch zu Haus! Mein Mutter! Mein Mutter!"

„Na, na, schlage nur immer zu, du kommst noch davon!" sagte Anneke begütigend und ließ den Kragen des Armen los. „Dein Mutter wartet schon a bissel! Schau, wie lustig das aussieht – da, guck, sie geben's den welschen Bluthunden! Wär ich 'n Knab wie du – hei, ich wollt's ihnen auch schon zeigen!" Und mit heller Stimme fing das Mädchen an zu singen:

> „Mein Vater wollt ein Knäbelein,
> Mein Mutter wollt ein Mägdelein,
> Mein Mutter tät gewinnen,
> Des muß den Flachs ich spinnen – ja spinnen!
> Das ist mir großes Leid!"

Immer mutiger schlug Hans Niekirche, durch seine Gefährtin aufgemuntert, seine Wirbel, und unter beiden Kindern vorbei drängten ununterbrochen die Scharen des Reichs vor und zurück, wie der Kampf vor und zurück wich, bis die Spanier in die Stadt gedrängt waren und das Zeichen zum Sammeln von allen Seiten den Deutschen gegeben wurde. Don Ramiro hatte die Rheinschleusen, welche er in seiner Gewalt hatte, öffnen lassen.

„Sieh das Wasser! das Wasser!" rief Hans Niekirche in neuer Angst. „Laß uns fort, Anneke, sie wollen uns ersäufen wie die jungen Katzen."

Ein allgemeiner Schrei erhob sich unter dem Getümmel in den Laufgräben; schon standen manche Haufen bis an den Gürtel in der reißend schnell steigenden Flut.

„Halt, halt!" rief Anneke Mey. „Er ist noch nicht zurück; aber – geh nur – geh – ich bleib!"

„Und ich bleib auch!" schrie Hans der Trommler.

„Zurück! zurück!" tönte es aus den rückwärts weichenden Scharen des Reichsheeres: „Das Wasser! Der Rhein! Das Wasser!" Und immerfort donnerte das Geschütz der Spanier von den Wällen, immerfort schlugen die Kugeln verheerend in das wirre, verzweiflungsvolle Durcheinander.

Es war eine böse Belagerung – die Belagerung der Stadt Rees am Rhein: es war kein Glück, es war keine Ehre dabei zu holen.

„Der Junker! der Junker! Christoph! Christoph von Denow!" schrie die junge Dirne auf ihrer Höhe, die Hände ringend, und das Wasser stieg und stieg. Schon waren die letzten der Haufen unter ihr vorüber, und die Toten, von den Fluten gehoben, wirbelten um sie her. Da griff eine Hand aus den Wassern nach dem Schanzkorbe, auf welchem sie stand, und ein bleiches Haupt erhob sich zu ihren Füßen: „Rette! Rette!"

„Christoph! Christoph!" schrie das Mädchen, sie lag auf den Knien, sie faßte die triefenden Locken, sie faßte den Schwertriemen – der Junker von Denow war gerettet. Valentin Weisser, der Riese, dessen Blutdurst und Mut durch den Kampf und den Rhein bedeutend gekühlt war, brachte mit Hilfe gutwilliger Genossen den wunden Junker, die Dirne und Hans, den Trommelschläger, glücklich aufs Trockene und weit hinein ins Feld, wo die gelichteten, zerrissenen, wunden Krieger des Reichsheeres um die Wachtfeuer murrend und grollend in stumpfsinniger Ermattung lagen und die Führer bereits wieder unheimliche und drohende Worte zu hören bekamen.

2.

Trübe dämmerte der Morgen. Auf die wüste Nacht folgte ein ebenso wüster Tag. Vergeblich hatte Herr Otto Heinrich von Beylandt, Herr zu Rethen und Brembt, Leib und Leben und Seligkeit den Meuterern zum Pfande eingesetzt, daß sie nicht von des Reichs Boden weggeführt werden sollten; vergeblich hatte der Graf von Hohenlohe geflucht, gebeten und gedroht. Zwischen sieben und acht Uhr waren zehn Fähnlein des braunschweigschen Regiments aufgebrochen und aus dem Feld gezogen, Münster zu. Weiber, Kinder, Dirnen folgten jetzt dem plündernden, ehrvergessenen, eidbrüchigen Haufen durch den grauen Nebelregen. Keiner befahl, keiner gehorchte. Die einen meinten, es gehe gradaus zum Herzog von Braunschweig, ihrem Zahlherrn, nach Wolfenbüttel; andere glaubten, es gehe gegen den Bischof von Münster; die meisten aber dachten gar nichts, und so schwankte der tolle Zug, einem Betrunkenen gleich, hier vom Wege ab, dort vom Wege ab, jetzt auf ein Dorf zu, jetzt auf ein einsames Gehöft. Kleinere Banden schweiften zur Seite oder vor und nach – fort und fort über die Heide, hier im Kampfe mit einer ergrimmten Bauernschar, dort im Hader untereinander. Der Nebel ward Regen und hing sich in perlenden Tropfen an die letzten Blüten des Heidekrauts und träufelte von den Stacheln und Zweigen der Dornbüsche. Krähenscharen begleiteten den wüsten Zug lautkrächzend oder flatterten in dichten Haufen westwärts dem Rhein zu, wo von Rees her das Feuer der Berennung nur noch in einzelnen Schlägen dumpf grollte. Stärker und stärker ward der Regen, die blutigen Spuren der vergangenen Nacht, der Schlamm der Laufgräben mischten sich auf den pulvergeschwärzten Gesichtern, den zerrissenen, verbrannten Kleidern, den verrosteten Waffenstücken – die Männer fluchten und sangen, die Weiber ächzten, die Kinder schrieen, und Anneke Mey auf ihrem Wagen, mit einem Bierfaß beladen, sitzend, hielt tröstend das Haupt des wunden Christoph von Denow in ihrem Schoß und sprach ihm zu und verhüllte ihn, wie eine Mutter ihr Kind, mit einem groben Soldatenmantel, während Hans Niekirche zähnklappernd das magere Roß leitete, welches vor dem Karren ging. – Lange Zeit hatte der Junker wie besinnungslos gelegen, jetzt hob er den Kopf mühsam empor und strich die Haare aus der Stirn und warf einen Blick auf seine Umgebung.

„O Anneke, weshalb hast mich nicht gelassen in dem Wasser – oh, oh!"

„Still, still, lieget ruhig, Herr! Die ganze Welt ist auseinander –"

„Weshalb hast mich nicht gelassen im Lager – im Heer vor Rees?"

„Es ist aus, aus! Alles aus! sagen sie. Alles läuft auseinander –"

„Und wohin gehen wir?"

„Weiß nicht, weiß nicht!"

„Bin also so weit! Ein Spießgesell von Räubern und Mördern und land-
flüchtigem Gesindel! Krächzt nur, ihr schwarzen Galgenvögel, ihr habt einen
feinen Geruch, wittert den Fraß, wann er noch lustig auf den Beinen herum-
stolpert und den Bauerngänsen die Hälse abhaut und die Rinder aus dem Stall
zieht. O Christoph! Christoph! Und du könntest einen adeligen Schild führen!"

Der junge Gesell stieß solch einen herzbrechenden Seufzer aus, daß ein neben dem Karren reitender Söldner aufmerksam wurde. Er drängte sein Pferd
näher heran, zog seine Feldflasche hervor und reichte sie dem Wunden zu.

„Hoho, Junker, was spinnst für Hanf? Da wärme dir das Herz, bis wir uns
den Münsterschen Dompfaffen in die warmen Nester legen! Aufgeschaut,
aufgeschaut, Christoffel! 's ist beschlossen, Ihr sollt unser Obrister werden!"

Der Junker machte eine unwillige Handbewegung und antwortete nicht.

„Auch gut", brummte der Reiter. „Der Satan hol alle diese Maulhänger!
Möcht nur wissen, was die Gesellen für einen Narren an ihm gefressen haben.
Hat den Vorspruch gemacht gestern beim Grafen nach ihrem Willen und soll
den Führer spielen und kann den Kopf nicht grad halten – bah! Hätten hundert Bessere gefunden; – kann mit seinem Adel weder den Mantel noch die
Ehre flicken. Fort, Mähre, was scheust? Dacht ich's doch, da liegt wieder einer der trunkenen Schelme im Wege. Vorwärts, Schecke, laß liegen, was nicht
mehr laufen mag! Was will die Trompete? Holla, was ist das?"

Ja, was wollte die Trompete? Auf der rechten Seite des Weges der Meuterer
waren zwar von Zeit zu Zeit vereinzelte Schüsse gefallen, niemand hatte sie

aber beachtet, weil man sie nur den obenerwähnten Scharmützeln mit den Bauern und Hahnenfedern zuschrieb. Jetzt aber wurde das Feuer regelmäßiger, Reitertrompeten erschallten. Der Zug stutzte und hielt. Gestalten, schattenhaft, tummelten sich in dem dichten Nebel, und erschreckte Stimmen erklangen: „Die Spanier! Die Spanier!"

„Zum Henker die Spanier; wie kommen die Spanier so weit über den Rhein?" brummte der Reiter, welcher eben dem Junker die Feldflasche geboten hatte. Er lockerte aber nichtsdestoweniger das Schwert in der Scheide und wickelte den rechten Arm aus dem Mantel los.

„Der Feind! der Feind! die Speerreiter!" riefen die im Lauf rückkehrenden Plünderer, zu den Genossen stoßend, und einige brachten eine frische Wunde mit zurück. Näher und näher hörte man die Trompeten und den Schlachtruf „España! España!" und dann „Hohenlohe! Hohenlohe!"

Keiner von den Meutmachern machte Miene, an dem Gefechte teilzunehmen; aber die Musketen waren auf die Gabeln gelegt, die Lunten aufgehoben, die Spieße gesenkt, und man hatte instinktmäßig einen Kreis um die Wagen mit den Weibern und Kindern und den Raub geschlossen.

Jetzt schienen die Spanier wieder zurückgedrängt zu werden; der Lärm des Kampfes verlor sich in der Ferne. Der Zug der Aufrührer wollte sich bereits wieder in Bewegung setzen.

„Halt, halt!" rief einer der Fußknechte, „da kommen sie wieder! Rossestrab!" Er kniete nieder und legte das Ohr an den Boden. „Viel Pferde im Galopp!" Man konnte kaum zehn Schritte weit im Nebel und Regen deutlich sehen; es waren wieder nur unbestimmte Schatten, die man nahen sah.

Ein „Halt" wurde ihnen zugerufen, und sie hielten, und eine einzelne Gestalt löste sich von dem Haufen ab. Aus dem Ring der aufrührerischen Söldner des Reichs traten ihr einige entgegen.

„Wer seid ihr? Woher des Weges? Was für Begehr?"

Der Nahende ritt, ohne zu antworten, näher heran.

„Haltet, oder wir schießen!"

„Nur zu, eidbrüchig Gesindel; versucht, ob ihr einen ehrlichen Reitersmann trefft!"

Wilde Flüche und der Ruf „Feuer, Feuer!" ertönten, und manche Büchse wurde in Anschlag gebracht; aber dazwischen riefen auch Stimmen: „Halt, halt, das sind keine Spanier, keine Speerreiter!"

„Nein, das sind keine Spanier", rief der Reisige zurück. „Das sind auch keine Meuterer, Mörder oder Diebshalunken; – ehrliche Hohenlohesche Reiter sind's, die euch Lumpengesindel wahren sollen, daß ihr nicht dem Galgen entlauft! Glaubt's, der Graf hätte meinetwegen andere dazu schicken mögen als uns – nehmt das ab – Henkersmahl drauf!"

„Der Graf von Hollach hat Euch geschickt?" fragte es verwundert aus dem

Haufen, und mancher der wilden Kerle drängte sich vor, näher an den Reitersmann.

„Zurück!" rief dieser, „wir gehen mit euch, wie befohlen, jagen die Speerreiter, die euch die Gurgel abschneiden könnten – man sparte nur die Stricke –, und schützen das arme Landvolk vor euch Hunden. Damit holla! – Na, wohin geht der Marsch?"

„Packt euch zum Teufel, wir brauchen euch nicht!" schrie Jobst Bengel aus Heiligenstadt. „Wer hat euch gerufen? Sagt dem Grafen, dem Holländer, unsern schönsten Dank, und wir könnten unsern Weg allein finden."

„Geht nicht! Alles auf Befehl! Kümmert euch so wenig als möglich um uns; ihr handelt nach Belieben, wir nach Befehl!"

„Aber unser Belieben ist, daß ihr euch hinschert, woher ihr gekommen seid!" brüllte Hans Römer aus Erfurt. „Geht, oder es setzt mein Seel blutige Köpfe!"

„Unser Befehl ist, daß wir gehen, wohin euch der Satan treibt. Am Höllentor kehren wir um, das ist der Befehl. Genug der Worte."

Damit wandte der Hohenlohesche Rittmeister sein Roß und sprengte zurück zu seinen Reitern, welche unbeweglich auf einer kleinen Erderhöhung hielten und im Gegensatz zu dem tobsüchtigen, wüsten Gebaren der Meuterer nur leise Worte des Zorns und der Verachtung hatten.

Auf seinem Schmerzenslager hatte Christoph von Denow halbblinden Auges und klingenden Ohres den Vorgang angesehen und angehört. Jetzt mußte er auch ohnmächtiger Zeuge der wilden Reden um ihn her sein.

„Das ist solch ein falsch Spiel von dem Grafen – das ist eine Falle. Sollen uns schützen vor den Speerreitern! – Lauter Sorg und Lieb, bis sie euch den Hals zuschnüren! – Nichts von dem Grafen von Hollach! Fort mit den Reitern des Holländers! Feuer auf sie! In die Spieße, in die Spieße mit ihnen!"

„Die Rasenden! die Niederträchtigen!" stöhnte Christoph von Denow, die Hände ringend. „Und hier liegen zu müssen gleich einem abgestochenen Schaflamme! Halt, halt, was wollen sie tun?!"

Seine schwache Stimme ging verloren in dem Lärm: „Fort mit den Holländern, fort mit dem Grafen von Hollach!"

Mit einem Schlage setzte die ganze Masse der Meuterer im Sturmlauf an gegen das kleine Häuflein der Reiter.

„Hab's mir wohl gedacht!" brummte der Rittmeister in den grauen Bart. „Achtung, Gesellen! Stand gehalten – das ist der Befehl. Herunter mit den Schuften, wenn sie euch nahe kommen!"

Sie griffen wirklich an. Im nächsten Augenblick war die Reiterschar umringt, durchbrochen. Die meisten sanken nach tapferer Gegenwehr vom Pferd; nur wenige schlugen sich durch und flohen über die Heide. Zuletzt kämpfte noch ein einzelner. Das war der tapfere, alte Führer, der sich wie

ein Verzweifelter wehrte. Endlich erstach ihm Balthasar Eschholz aus Berlin das Roß, und eine Kugel durchfuhr seine treue Brust.

Einige Minuten standen die Mörder wie erstarrt. Schlug ihnen diesmal das Herz? Sie wagten es nicht, die Gefallenen zu berauben, ein plötzlicher Schrecken kam über sie, wie von Gott dem Richter gesandt, und Mann und Roß und Wagen stürzten von dannen, hinein in den Nebel, der sie verschlang, als seien sie nicht wert, von Himmel und Erde gesehen zu werden.

„Das ist ein schlechter – schlechter Tod!" seufzte der zu Boden liegende Reiterhauptmann. „Ein schlechter Tod! – In deine Hände – aber alles der Befehl – nun kann der Rat von Nürnberg mein Weib und meine Jungen auffüttern – ein schlechter Tod – Amen! Alles – der – Befehl!"

Er griff noch einmal mit beiden Händen krampfhaft in das Heidekraut – es war vorüber.

Ein Wäglein und drei Menschenkinder waren zurückgeblieben beim Fortstürzen der Mörderschar. Das war Anneke Mey aus Stadtoldendorf, welche das Haupt des Erschlagenen stützte, das war Christoph von Denow, der auf seinem Lager das Vaterunser weiterbetete, welches der Rittmeister nicht hatte zu Ende bringen können. Das war Hans Niekirche, der Trommelschläger, der schluchzend das Rößlein vor dem Wagen hielt!

3.

Nicht Leben, nicht Tod, nicht Vergessenheit, nicht Sinnesklarheit, nicht Schlaf, nicht Wachen – alles ein wildes, wirres, wüstes Chaos in dem fieberkranken Kopfe Christoph von Denows! Jetzt legte es sich ihm, einem feurigen Schleier gleich, vor die Augen, tausend Sturmglocken und der Verzweiflungsschrei einer eroberten Stadt füllten ihm Ohr und Hirn; – jetzt versank er wieder in ein endloses graues Nichts, in welchem ihn allerlei unerkennbare Schatten umschwebten; – jetzt vermochte er es wieder, sich und seine Umgebung zu unterscheiden, ohne sich klar darüber werden zu können, wer ihn von dannen führe und wohin man ihn führe. Manchmal war der Himmel über ihm grau, und ihn fror, dann wieder schaute er empor in das reine Blau, und die Sonne schien herab auf ihn. Manchmal glaubte er sich in einem auf dem Wasser fahrenden Schifflein zu befinden, manchmal sah er wieder grüne Zweige über sich und hörte die Vögel singen. Er gab es auf, zu denken, sich zu erinnern: willenlos überließ er sich seinem Geschick. Da ist der weite, kühle Saal in der väterlichen Burg, dem einstmals am weitesten in das Polen- und Tatarenland vorgeschobenen Posten des deutschen Wesens. Durch die bunten Scheiben der spitzen Fenster fällt das Licht der Sonne und wirft die farbigen, flimmernden Schattenbilder der gemalten Wappen und Heiligen auf den Estrich. Da steht der Sessel des Ritters von Denow neben dem großen Kamine und der Sessel und der Gebetschemel der Mutter in der Fenstervertiefung, da glitzern im Winkel auf dem künstlich geschnitzten Schenktisch die riesigen, wie Silber glänzenden Zinnkrüge und Geschirre. Da blickt ernst von der Wand der Ahnherr mit dem Ringpanzer auf der Brust, und manch wunderlich Gewaffen aus den Polen- und Preußenschlachten hängt an dem Mittelpfeiler, welcher den Saal stützt...

Feuer! Feuer! Das ist nicht der Widerschein der Abendsonne an den Wänden. Feuer! Feuer! und das Wimmern der Burgglocke und der Schall der Sturmhörner! – Wo blieb das süße, mildlächelnde Bild der Mutter, das eben noch durch den stillen dämmerigen Saal glitt? Feuer und Sturm! Die Polen! die Polen! Allverloren! Allgewonnen! Allgewonnen!

Da taucht ein ehrliches, bärtiges Gesicht auf – das ist der Knecht Erdwin Wüstemann, der den kleinen Christoph aus der brennenden väterlichen Burg auf den Schultern trug und rettete… Nun rauscht der Wald, nun murmelt der Bach – das ist die verlorene Forsthütte, wo der treue Knecht und das Kind hausten so lange Jahre hindurch. Die Hunde zerren bellend an der Kette, der Falk schaukelt sich auf seiner Stange. Wilde Gesellen und Weiber – fahrende Soldaten, Sänger und Studenten und demütige Juden verlangen Obdach vor dem nahen Gewitter oder dem Schneesturm. Sie lagern auf nackter Erde um das Feuer, an welchem die Hirschkeule bratet. Der Weinkrug geht im Kreise umher, Lieder erschallen – Lieder vom freien Landsknechtsleben, lutherische Lieder, Spottlieder gegen den Papst und den Türken und lateinische Lieder vom wandernden Scholarentum. Jetzt gerät der rote Heinz mit dem landflüchtigen Leibeigenen oder dem Zigeuner in Streit; die Messer blitzen, der Knecht Erdwin wirft sich zwischen die Kämpfenden – es rauscht der Wald, es murmelt der Bach, es klingt die Harfe des blinden Sängers – ah Wasser, Wasser und Waldfrische in dieser Glut, welche das Gehirn verdorrt und die Knochen versengt!

Einen Augenblick lang öffnete der Kranke die Augen, er hörte Stimmen um sich her; jemand hielt ihm einen Krug voll frischen Wassers an die heißen Lippen. Er hatte nicht fragen können, wo er sei, wer ihm helfe in seiner Not – von neuem ergriff ihn der Fiebertraum.

Aus dem Kinde ist im lustigen Wildschützenleben ein wackerer Bub geworden. Hinaus aus dem grünen Wald zieht der Knecht Erdwin mit dem Schützling. Die Zeiten sind danach – wer kühn die Würfel wirft, kann wohl den Venuswurf werfen. Mancher gelangte in der Fremde zu hohen Ehren und Würden, der im Vaterlande kaum den heilen Rock trug. Gern kauften Franzosen, Spanier, Holländer mit rotem Gold rotes deutsches Blut. Ho, so hattest du dir die Welt draußen vor dem Wald wohl nicht gedacht, Christoph von Denow? Hei, das waren andere Gestalten und Bilder: Städte, Klöster und Burgen, Fürsten mit Rittern und Rossen, schöne Damen, Äbte und Bischöfe mit reichem Gefolge, Bürgeraufzüge, bunte Landknechtsrotten auf den Wegen nach Italien, nach Frankreich – für den Kaiser und wider den Kaiser!

Aus dem Reitersbub ist ein Reitersmann geworden, der nichts sein nennt als sein gutes Schwert, und dem von den Vätern her nichts geblieben ist als der eiserne Siegelring mit dem Wappen derer von Denow, welchen er am Finger trägt.

Immer weiter hinein in das bunte Leben, in den bunten Traum – tagelang, wochenlang im Wundfieber kämpfend zwischen Sein und Vernichtung, bis endlich eine Glocke dumpf und feierlich klingt, eine Glocke, die nicht mehr allein in dem Gehirn des Kranken läutet!

„Wo bin ich? … Die Glocke, was will die Glocke?" murmelte Christoph von Denow, die Augen aufschlagend.

Anneke Mey stieß einen Freudenschrei aus und hob das Haupt des Junkers ein wenig aus ihrem Schoße: „Er lebt, o guter Gott, er wird leben!"

„Die Glocke, die Glocke?"

„Still, lieget still, Herr! Das ist Sankt Lambert zu Münster, und da – horcht, das ist der Dom! Morgen ist der heilige Matthiastag – still, still, lieget ruhig!"

Es wurde dunkel über dem Junker; das Wäglein fuhr in diesem Augenblick durch die Torwölbung. Der Junker schloß die Augen wieder, er glaubte einen Wortwechsel zu hören, er glaubte zu bemerken, daß der Wagen hielt, Annekes Stimme erklang ängstlich und bittend dazwischen. Er glaubte ein bärtiges Gesicht über sich zu sehen und einen Ausruf des Schreckens zu hören. Der Wagen bewegte sich wieder – er fuhr aus dem dunklen Tor in das Licht der Straße hinein.

Das war das Gesicht des alten Knechtes Erdwin, welches der Junker von Denow über sich sah, bis im folgenden Moment wieder alles verschwand und es wieder Nacht war im Geiste Christophs. – Allmählich aber wurde diese Nacht jetzt Dämmerung; die Gedanken ordneten sich mehr und mehr. Christoph von Denow erwachte wieder zum Leben.

Er fühlte den wohltuenden Strahl der milden Herbstsonne, er vernahm die Worte der Freunde um sich her. Jetzt erzählte Erdwin der Knecht, jetzt sprach Anneke Mey, jetzt lachte Hans der Trommelschläger. Die Landschaft glitt an ihm vorüber, Städte, Dörfer, Flecken, er sah blaue Höhenzüge im Osten auftauchen und vernahm, wie ein Wanderer dem Knechte Erdwin sagte, das sei der altberühmte große Teutoburger Wald. Er schlummerte abermals ein, und als er abermals erwachte, fand er sich mitten in den Bergen, und ein Wasser rauschte seitwärts in das Dickicht. „Das Wässerlein kenn ich", rief Anneke, „das ist die Else, die fließt in die Werre, und die Werre fließet in die Weser, nun sind wir der Heimat nahe."

„Und wie ziehen wir nun, Anneke?" fragte der getreue Knecht Erdwin, welcher munter neben dem Wagen, den Spieß auf der Schulter, herschritt.

„Wo die Sonne aufgeht, fahren wir zu, aus dem Teutoburger Wald in den Lippeschen Wald, zuletzt wird doch mal ein Berg kommen, von dem wir die Weser glitzern sehen können. Dann sind wir zu Hause!"

„Anneke, Anneke!" murmelte Christoph.

„O, wachet Ihr wieder, Junkerlein? Geduldet Euch und lieget still, wir sind alle noch da, und der Meister Erdwin ist auch da und hat mir alles von Euch erzählt und ich ihm auch alles von Euch."

„O Junker, Junker, seid Ihr wach?" rief der Knecht Erdwin und schaute über den Rand des Wagens. „Das Mütterlein im Himmel muß über uns wachen, daß ich Euch grad am Tor zu Münster treffen mußt. Von der Reichsschanze bis nach Münster bin ich kreuz und quer Euern Spuren nachgezogen. Habt mich schön in Angst und Not gebracht! Haltet das Maul, Junkerlein! Dem Herzmädel da dankt Ihr Euer jung Leben. Lasset Euch tränken und atzen und schlaft wieder ein, wir halten Euch oben, Hans und Anneke und ich!"

Christoph drückte schwach die Hand des wackern Alten, er wollte nach dem Heer fragen, nach den Meuterern, aber er vergaß es. Sein wunder Kopf ruhte noch immer an der Brust der jungen Dirne. Aus schwimmenden Augen blickte er auf zu dem braunen, mildfreundlichen Gesicht über ihm:

„Ach, Anneke Mey, Anneke Mey, wohin willst du mich führen?"

„In meiner Heime ist es gar schön", sagte das Mädchen. „Da sind die Berge und die Wiesen so grün, da schaut die alte Burg, sie heißen sie die Homburg, herab auf das Städtel. Da sind die hohen weißen Felsen, ganz weiß, weiß – da wohnen die klugen Zwerge in tiefen runden Löchern. Das ist wahr, ganz gewiß wahr! Es ist auch schaurig da, manchmal rührt sich der Boden, und der Wald sinkt ein in die Erde, tief tief – und ein Wässerlein springt dann unten in dem Grunde auf; das Wasser trinken die Leut nicht gern. Aber mitten in den Bergen, da ist ein kühler Bronn, der Wellborn geheißen, aus dem kommt das Wasser durch Röhren in die Stadt, und die Brunnen rauschen und plätschern immer zu. Und vor dem Burgtor ist ein klein Haus dicht an der Stadtmauer, da sitzt meine alte Muhme, die Alheit – mein Vater und Mutter sind lang tot im Lager vor Lafere, wo wir mit dem französischen König Heinrich waren –, und ihre Katz sitzt neben ihr, und wenn sie, ich mein die Muhme, an mich gedenkt, so brummt und keift und bet't sie ein Vaterunser, grade weil sie mich gern hat. Schläfst noch nicht, Junkerlein? Mach die Augen zu und kümmre dich nicht um die Welt."

Mit leiser Stimme fing das Mädchen an zu singen:

„Musikanten zum Spielen,
Schöne Mädchen zum Lieben:
So lasset uns fahren,
Mit Roß und mit Wagen,
In unser Quartier!
In unser Quartier!"

„Ach, der Wagen stößt zu hart; wisset Ihr was, Meister Erdwin? Singet Ihr weiter!"

„Wollen's versuchen", sagte der Knecht Wüstemann und begann im Ton der Schlacht von Pavia das Lied von der Schlacht vor Bremen, in welche er

als junger Bursch mit den Reitern des Grafen von Oldenburg gezogen war,
und frisch schallte sein Baß in den Wald hinein.

> „– Unser Feldherre das vernahm
> Graf Albrecht von Mansfelde,
> Sprach zu seinem Kriegsvolk lobesam:
> Ihr lieben Auserwählten,
> Nun seid ganz frisch und wohlgemut,
> Ritterlich wolln wir fechten;
> Gewinnen wolln wir Ehr und Gut,
> Gott wird helfen dem Rechten."

Als der Endvers kam, war Christoph wirklich eingesungen zu sanftem
Schlummer, und Hans Niekirche behielt den braunschweigschen Gassenhauer, den er eben zum besten geben wollte, auf das Ersuchen des alten Erdwins für sich. Mit einbrechender Nacht wurde bei einem Köhler mitten im
Forst das Nachtquartier aufgeschlagen.

„Was ist denn da draußen vorgegangen in der Welt?" fragte der schwarze
Waldmann. „Ihr seid die ersten nicht, die hier durchkommen sind und hier
angehalten haben. Das ist ja auf einmal, als ob alles Kriegsvolk im deutschen
Land sich hier auf den Wald niedergeschlagen hätt, wie ein Immenschwarm
auf den Schlehenbusch. Ist es wahr, daß das Reichsheer auseinandergelaufen
ist?"

„Es ist wahr", sagte der Knecht Erdwin düster. „Es ist aus – alles vorbei!"

„Vorgestern zog hier ein Trupp durch, fast zehen Fähnlein stark, aber anzusehen wie ein wüst Raubgesindel, Fußvolk und Reiter durcheinander.
Wollten gen die Weser und ließen sich vernehmen, sie wollten ihrem Zahlherrn, dem Braunschweiger Herzog –"

„Die Braunschweiger?!" riefen Erdwin und Anneke und Hans Niekirche.
„Die Braunschweiger?!" murmelte Christoph von Denow und richtete sich
halb auf seinem Lager auf.

„Gehört Ihr zu ihnen?" fragte der Köhler mißtrauisch. „Nehmet Euch in
acht! Ich hab einen gesprochen, der sagte, der Braunschweiger habe seine
Leibguardia und Reiter die Menge abgesandt, ihnen den Weg zu verlegen.
Sein Feldhauptmann, der Graf von Hohenlohe, ist auch, von Mitternacht her,
gegen sie aufgebrochen. Das kann ein übel Ende nehmen!"

„Gegen die Weser sind sie gezogen?"

„Wie ich Euch sagte, Maidlein."

„Herr Gott, so müssen wir ab vom Weg!"

„Ihr gehöret also nicht zu ihnen?"

„Nein, nein, nein!" riefen Christoph und Erdwin und Anneke.

„Und Ihr wollet auch über die Weser?"

„In meine Heimat!" rief Anneke.

„Mit dem wunden Mann? Geht nicht, wahrlich geht nicht! Weg und Steg sind verlegt."

Alle schwiegen erschrocken und verstört einige Minuten.

„Saget doch", fuhr der Köhler dann fort, „weshalb wollet Ihr nicht hier bei mir bleiben im Walde, bis der Kopf des Burschen dort wieder heil und ganz ist? Hunger und Durst sollt Ihr nicht leiden. Ihr erzählet mir alles, was da draußen in der Welt vorgegangen ist, dafür geb ich Euch Futter und Obdach. Gefällt's Euch?"

„Ihr wolltet –?"

„Gewiß will ich, ich will Euch sogar noch großen Dank schuldig sein dafür!"

„Angenommen, Landsmann!" rief der Knecht Wüstermann freudig. „Junker, nun streckt Euch lang auf Euerm Lager, und wehe dem ersten Rehbock, der mir vor die Armbrust gerät, welche ich dort an der Wand sehe."

So kamen am Tage Cornelii, des Hauptmanns, die vier Flüchtlinge des Reichsheeres zum erstenmal zu Ruhe.

4.

Dominus Basilius Sadler, der heiligen Schrift Doktor und fürstlicher Hofprediger zu Wolfenbüttel, hatte seine Predigt beendet und das Vaterunser gebetet. Unter den letzten Klängen der Orgel strömte die Menge aus der Marienkapelle in den dunkeln nebligen Herbsttag hinaus. Man schrieb den vierten November 1599.

Was hatte das andächtige Volk? Statt ruhig und gemessen wie gewöhnlich am heiligen Sonntag ihren Wohnungen und dem Sonntagsbraten zuzuschreiten, blieben die Männer in Gruppen auf dem Kirchplatz stehen und steckten die Köpfe zusammen; selbst die Weiber waren von derselben Aufregung ergriffen. Kaum war nämlich der letzte Orgelton verhallt, so durchzitterte von der Dammfestung her ein anhaltender Trommelwirbel die stille Luft und schwieg dann einige Augenblicke. Darauf näherten sich die kriegerischen Klänge im Marschtakt, und manche der Bürger eilten ihnen, ihre Knaben an der Hand, entgegen; der größte Teil der Menge blieb jedoch zurück und erwartete die Dinge, welche da kommen sollten. „Nun geht es an! Das ist der Beginn!" hieß es unter dem Volk.

„Das ist der Gerichtswebel, Martin Braun von Kolberg", sagte ein Goldschmied, der von allem genau Bescheid wußte. „Der verkündet nun das kaiserliche Malefizrecht an allen vier Orten der Welt."

„Sie kommen! sie kommen!" hieß es unter der Menge, und eine Gasse bildete sich jetzt, um die Nahenden durchzulassen. Von der Dammbrücke her durchzog mit seinen drei Trommlern der Gerichtswebel, begleitet von einigen Hellebardierern, feierlich und langsam die Heinrichsstadt gegen das Kaisertor hin.

Wir lassen ihn ziehen und lassen das Volk seine Betrachtungen anstellen und schreiten quer über den Platz vor der Marienkapelle, durch die Löwenstraße, über die Dammbrücke an dem Schloß vorüber nach dem Mühlentorturm, dessen Eingänge von einer stärkern Wache als gewöhnlich umgeben sind. Wir führen den Leser in das obere Stockwerk des Gebäudes. Ein weites Gewölbe tut sich uns hier auf, so dunkel, daß das Auge sich erst an die Finsternis gewöhnen muß, ehe es irgend etwas in dem Raum erkennen kann. Ist das geschehen, so bemerken wir, daß das trübe, herbstliche Tageslicht durch viele, aber enge und stark vergitterte Fenster fällt. Die Wände entlang ist Stroh aufgeschichtet, auf dem dunkle Gestalten in den mannigfaltigsten Stellungen und Lagen sich dehnen. Von dunkeln Gestalten sind auch einige hie und da aufgestellte Tische umgeben. Ein Kohlenfeuer glimmt in dem Kamin unter dem gewaltigen Rauchfang. Allmählich erkennen wir mehr in dem dunsterfüllten Raume: bleiche, wilde Gesichter, umgeben von wirren, zerzausten Haaren, schlechtverbundene, mit blutigen Binden umwickelte Glieder. Ein leiseres oder lauteres Klirren und Rasseln von Ketten erschreckt uns; – wir sind unter den – Meuterern von Rees! Gekommen ist's, wie es kommen mußte; morgen wird der Obrister des niedersächsischen Kreises, Herr Heinrich Julius von Braunschweig, das Gericht über sie angehen lassen. Dumpf tönt der ferne Trommelschlag des um die Wälle der Festung ziehenden Gerichtswebels Martin Braun in ihr Gefängnis herüber. Lauschen wir ein wenig den Worten der gefangenen wilden Gesellen!

„Ta, ta, ta! Was das für ein Wesen ist? Sollte man nicht meinen, der Teufel sei den Kerlen in den Lärmkasten gefahren? Es gehet alles zum Schlechteren, selbsten das Trommelschlagen", sagte eine baumlange Gestalt, sich über die Genossen erhebend.

„Sollt meinen, Valtin, wir hätten uns um anderes zu kümmern als den Trommelschlag", sagte unwirsch ein zweiter Söldner.

Valentin Weisser ließ sich jedoch nicht von seinem Thema abbringen: „Horchet nur, ist das die alte freudige deutsche Art? Aber jetzt will jeder ein Neues einbringen! Auch die Hispanier machen's so; da lob ich mir die Italiener, die haben aufgehoben, was wir nicht mehr mochten, und ziehen mit den fünf gleichen Schlägen bis ans Ende der Welt. Topp, topp, topp, topp, topp!

Topp, topp, topp, topp, topp! Hüt dich, Baur, ich komm! – Das ist's! Oder –"

Das erwecket das Herz zu Freud und Tapferkeit und hilfet zu Leibeskräften.

„Hauptmann, gib uns Geld!" fiel lachend ein Dritter ein.

„Füg dich zu der Kann!" brummte Hans Römer von Erfurt, der Schmerbauch.

„Mach dich bald davon!" sang eine schrille Stimme dazwischen.

„Hüt dich vor dem Manne!" brummte Jobst Bengel von Heiligenstadt. „Möchte nur wissen, wie lang wir noch in diesem Loch stecken sollen? Alle blutigen Teufel, ich wollt, der Blitz schlüg gleich mitten unter uns und nähme uns mit herauf oder herunter, ins Paradies oder die Hölle! 's sollt mir gleich sein – 's wär wenigstens eine Veränderung!"

„Das greuliche Fluchen ist auch nicht an der Zeit!" sagte eine ernste und finstre Stimme.

„Hilft auch zu nichts, Meister Wüstemann", grinste der vorige wieder. „Dem Galgen entläuft man nit so leichtlich – mit Verlaub, Junker, das war nicht auf Euch gesagt." Wir folgen dem höhnischen Blick des Sprechenden. Neben dem Kamin, an die feuchte, schwarze Wand gelehnt, steht Christoph von Denow, gebrochen an Leib und Seele. Er schaute starr, gradaus vor sich hin, bei den Worten Jobsts aber fuhr er auf, sank jedoch in demselben Augenblick mit einer abwehrenden Bewegung der Hand in seine vorige Stellung zurück. Die Entgegnung übernahm Erdwin Wüstemann, der drohend seine gefesselten Fäuste nach dem schon zurückweichenden Jobst ausstreckte: „Den Schädel zerschmettre ich dir an der Wand, wenn du den Rachen nicht hältst, du Sohn einer Hündin, – sage noch ein Wort –"

„Auf ihn! So ist's recht!" schrien einige der Gefangenen. „Halt, halt, trennt sie!" riefen andere.

„Seid ruhig, Erdwin", sagte der Junker, „laß ihn, Alter, – er hat recht, der Strick des Hangmanns droht uns allen."

„Euch nicht! Euch nicht!" rief der alte Wüstemann, die ihm entgegengestreckte Hand seines Schützlings fassend. „O Ihr – Ihr in diesen Banden – das Herz bricht mir darüber – o die Schurken, die Schurken!"

Ein Murren, welches bald in lautere Drohungen überging, folgte den Verwünschungen des Alten, der alle ihn Umgebenden mit allen Flüchen überhäufte, welche ihm auf die Zunge gerieten.

Wer weiß, was geschehen wäre, wenn man nicht plötzlich draußen vor der eisenbeschlagenen Tür des Gefängnis Schritte und eine befehlende Stimme vernommen hätte. Hellebardenschäfte und Musketenkolben rasselten nieder auf den Steinboden. Eine allgemeine Stille trat ein unter den Gefangenen, die Schlösser der Tür kreischten und knarrten. Sie öffnete sich, ein Gefreiter mit der Partisane auf der Schulter schritt hinein mit zwei Büchsenschützen, deren

Lunten glimmten. Ihnen folgte ein kleines schwarzes Männlein, dem zur Seite, von Kopf bis zu Fuß geharnischt, der Leutnant der Festung Hans Sivers sich hielt. Durch die geöffnete Tür sah man den Gang angefüllt mit Bewaffneten von der Besatzung.

„Tut Euere Pflicht, Herr Notarius!" sagte der Leutnant, und das kleine schwarze Männlein – Herr Friedericus Ortlepius, notarius publicus und des Peinlichen Gerichts zu Wolfenbüttel bestallter und beeidigter Gerichtsschreiber – räusperte sich, nahm das Barett vom Haupt und entfaltete ein Papier, welches es in der Rechten trug. Ein Söldner, der eine Lampe hielt, näherte sich. Der Leutnant hob den Arm gegen die Gefangenen, abermals räusperte sich Herr Ortlepius und las dann seine Schrift ab, wie folgt:

„Daß der Hochwürdige, Durchlauchtige, Hochgeborne Fürst und Herr, Herr Heinrich Julius, postulierter Bischof des Stifts Halberstadt, Herzog zu Braunschweig und Lüneburg, unser allerseits gnädiger Fürst und Herr, unlängst nach Besage und Inhalt des Koblenzschen Abschieds, als verordneter Kriegsobrister dieses Niedersächsischen Kreises, zur Beschützung des lieben Vaterlandes wider das tyrannische Einfallen des hispanischen Kriegesvolkes, unter andern ein Regiment deutscher Knechte von dreizehn Fähnlein hat werben lassen, solches ist notorium und männiglich bekannt. Sind dieselben auch nachher von Seiner Fürstlichen Gnaden selbst gemustert, bewehrt, und haben sie in derselben persönlichen Gegenwart in dem Ring, altem löblichen Kriegsgebrauch nach, auf den Artikulbrief geschworen.

Ob nun wohl J. F. G. sich gänzlich versehen und verhofft, – nachdem J. F. G. es so treulich gemeinet, auch dem gemeinen Vaterland zum Besten es sich so sauer haben werden lassen, – es würde gemeldetes Regiment sich vermöge geschworenen Eides, Treu und Pflicht, wie Solches ehrlichen, redlichen Kriegsleuten eignet und gebühret, verhalten haben, so hat sich aber befunden, daß zehn Fähnlein von solchem Regiment, ohne einige rechtmäßige gegebene Ursach, wider ihre geschworene Treu und Pflicht, J. F. G. zum sonderlichen Schimpf, der ganzen deutschen Nation zum sonderlichen Spott und Hohn, dieser Kriegsexpedition zum Nachteil, dem Feind aber zum Frohlocken, mit fliegenden Fähnlein aus dem Felde gezogen sind. Haben ihre verordnete Obrigkeit nicht bei sich leiden wollen, auch in solcher Meuterei so lange continuirt, bis daß J. F. G., zur Erhaltung Deroselben Autorität, ein Ernst zu diesen Sachen haben tun müssen und sie durch ihren damaligen Statthalter und Generallieutenant, den Wohlgebornen und Edeln Grafen Philipp zu Hohenlohe, auf der Heide zwischen der Ucht und Barenburg, hinter dem Moor, genannt das hessische Darlaten, haben trennen und zum Gehorsam bringen lassen. Und obwohl J. F. G. damals nach Kriegsgebrauch und scharfen Rechten sie zu massacriren und sämtlich zu Schelmen zu machen und über sie als Schelmen die Fähnlein abreißen und schleifen zu lassen, befugt gewesen sein, so haben doch J. F. G. zu Deroselbst eigenem Glimpf den gelindesten Weg für die Hand nehmen wollen und haben sich resolviret, euch, die bestrickten Knechte – welche eines Teils bei J. F. G. als die Prinzipalisten Meutemacher angegeben sind, anderernteils von ihren eigenen Spießgesellen dafür geliefert worden sind – vor ein öffentliches Malefizrecht stellen zu lassen.

So fordere ich also auf Unsers allerseits gnädigen Fürsten und Herrn gnädigen Befehl euch: Christoph von Denow, Detlof Schrader von Rendsburg, Erich Südfeld von Hannover usw. usw. –, so fordere ich euch auf morgen früh um sieben Uhr, das ist den fünften November dieses Jahres eintausendfünfhundertneunundneunzig vor kaiserliches Recht in den Ring, wo ihr gerichtet werden sollt, wie es am Jüngsten Tage vor Gott dem Allmächtigen, wenn Gottes Sohn kommen wird zu richten die Lebendigen und Toten, zu verantworten ist!"

Fünfundachtzig Namen rief der Notarius Friedrich Ortlepp auf, und jeder der Gefangenen antwortete durch ein: „Ist hier gegenwärtig." Als die Liste zu Ende gebracht war, hob der kleine schwarze Mann noch einmal, lächelnd, die bebrillte Nase und ließ seine Äuglein wohlwollend über die Gefangenen hingleiten; dann nickte er dem Geharnischten zu, dieser winkte dem Gefreiten, welcher seine Partisane anzog, sein Kommandowort rief. Die Musketierer schulterten ihre Büchsen, und die Beamten schritten heraus aus dem Gewölbe, dessen Tür sogleich hinter ihnen wieder zufiel.

Noch ein Augenblick tiefster Stille, dann ein dumpfes Gemurmel, dann wildester Losbruch aller mächtig zusammengepreßten Gefühle und Leidenschaften der gefesselten Meuterer! Ein wüstes Durcheinander – Ausrufe des Zorns, des Hohns, der Besorgnis, der Angst – Kettengerassel!

„O Junker, Junker!" rief verzweiflungsvoll der Knecht Erdwin, das Haupt seines jungen Herrn an seine breite Brust ziehend. „O Junker, Junker, wenn das Euer Vater erlebt hätte!"

„Ja, meine Mutter, meine Mutter! 's ist gut, daß sie tot ist!" seufzte Christoph von Denow, die Hand über die Augen legend. – – –

In den überfüllten Schenken der Stadt erschallte der tobende Gesang der zum Kriegsgericht eingeforderten Söldner und Hauptleute; viel Zank und Streit blieb nicht aus in den Gassen. Die Bürger zeigten sich nicht allzuhäufig außerhalb ihrer Haustüren, und wenn es ja einen Nachbar oder Gevatter allzusehr drängte, die Ereignisse des Tages mit einem Gevatter oder Nachbar zu besprechen und abzuhandeln, so schlich er so vorsichtig als möglich im Schatten der Hauswände dahin. Der Nebel ward dichter und dichter, je mehr die Dämmerung Besitz ergriff von Stadt und Land. Der Herzog auf dem Schloß ließ mehr Holz in den Kamin seines Gemaches werfen, und der Geringste seiner Untertanen ahmte ihm darin so gut als möglich nach. Immer unfreundlicher ward die Nacht.

Auf dem Prellsteine unter dem Torgewölbe des Mühlenturms kauerte eine weibliche, verhüllte Gestalt. Einen grauen Mantel von schwerem, grobem Tuch hatte sie dicht um sich geschlagen, das spitze Hütlein – durch welches ein klein rund Loch ging, gleich der Spur einer Büchsenkugel – tief in die Stirn gedrückt; ein Bündel lag neben ihr. Das war Anneke Mey aus Stadtoldendorf!

Ihr Haupt stützte sie auf beide Hände und starrte regungslos auf die schwarzen Massen des fürstlichen Schlosses, welches jenseits des Okergrabens hoch emporragte in den dunkeln Nachthimmel und in welchem hie und da ein erleuchtetes Fenster schimmerte. – So hatte Anneke den ganzen lieben langen Tag über gesessen, so saß sie noch, als es schon vollständig Nacht geworden war und die Ronde sich näherte, das Tor zu schließen.

„Sitzt die Dirn da noch!" rief der Weibel. „Heda, Schätzchen, fort mit dir, daß dir das Fallgatter nicht auf den Kopf fällt. Marsch, Liebchen! Weiß nicht, was du hier suchen könntest." Anneke rührte sich nicht von ihrem Platze.

„Na, wird's bald? Nimm Vernunft an, Kind, 's gibt wärmere Nester." Damit faßte er den Arm der Kauernden, um sie in die Höhe zu ziehen.

„O lasset mich hier, lasset mich hier!"

„Hoho, geht nicht, geht nicht. Aber nun lasset doch auch einmal Euch ins Gesicht schauen. Hebt die Laterne hoch! Mädel, Kopf in die Höhe!"

Der Schein der Laterne fiel voll in das bleiche gramvolle Gesicht des Mädchens.

„Alle Teufel, das ist ja die Anneke, die Anneke Mey von Rees her!" rief einer der Büchsenschützen sich vordrängend. „Weibel, mit der mußt du säuberlich umgehen. Fürcht dich nit, Anneke – wo kommst du her?"

„Aus dem Moor, aus dem hessischen Darlaten, Arendt Jungbluth", sagte Anneke tonlos.

„Wo sie die Meutmacher niedergelegt haben? Ei, ei, Anneke, und du bist mit ihnen gezogen?"

„Sie sind im Wald über uns gekommen, weil sie der Graf von Hollach abgedrängt hatt' von der Weser, und sie haben den Junker aufs Pferd gezwungen, und er hat nicht anders gekonnt, er hat sie müssen führen; nun aber haben sie doch geraubt und gebrannt und sind gezogen, wo sie wollten, und wir haben müssen mit ihnen durch die Wiehenberge, ins Land Hoya. Da ist es zum Ende gekommen – da hat uns der Graf gestellt, und Hans Niekirche ist tot, ist auch nicht heimgekommen zu seiner Mutter – Gnade Gott uns allen!"

Lautlos umstanden die Söldner das junge Mädchen; endlich sagte der Weibel: „So ist es geschehen, dagegen kann keiner sagen – arm Mädel, was sitzest nun hier auf dem kalten Stein?" Stumm deutete Anneke nach dem Gefängnis im Turm über ihr; dann sagte sie: „Sie führten uns zuerst auf das feste Haus Stolzenau; nun sind wir hier zu Gericht!"

„Und der Junker, von welchem du gesprochen hast, ist da oben bei den andern?" fragte der Weibel.

Anneke nickte.

„Das ist der Knab Christoph von Denow, von den Reitern?" fragte wieder der Gefreite Arendt Jungbluth, welcher zuerst Anneke erkannt hatte. „Ist das dein Schatz?"

Ein leises Zittern überlief den Körper des Mädchens, sie antwortete nicht und schüttelte das Haupt und senkte das Gesicht in die Hände und legte den Kopf auf die Knie.

„Arm Kind, arm Mädel!" murmelten die Krieger. „Aber sie kann hier nit bleiben", brummte der Weibel. „Wir müssen fort, der Böse fährt uns sonst auf den Buckel!"

„Lasset mich einmal mit ihr sprechen", sagte Arendt Jungbluth. Er beugte sich nieder zu der Armen und flüsterte ihr zu; plötzlich stieß sie einen Schrei aus, einen Freudenschrei, und stand auf den Füßen: „Wirklich, wirklich? Ihr könnt? Ihr wollt? Oh, Gott segne Euch tausendmal!"

„Herauf die Brücke! Herunter das Gatter! Ist's geschehen? – Fort nach der Schloßwach! – Jürgen, marsch, voran mit der Laterne!" kommandierte der Weibel. „Anneke, Ihr gehört zu uns, niemand tut Euch was zu Leid. Marsch, marsch!"

Die Hellebarden lagen wieder auf der Schulter: inmitten der Wachtmannschaft ging Anneke Mey, und Jürgen trug außer der Laterne auch noch das Bündlein des Soldatenkindes.

5.

Eins schlug die Uhr des Schloßturms, und die Krähen fuhren auf aus ihren Nestern und umflatterten krächzend die Spitze und die Wetterfahne, bis der Klang ausgezittert hatte.

„So geh zu ihm!" flüsterte Arendt Jungbluth. „Um drei Uhr ist meine Wacht zu Ende, dann klopf ich, und du kommst heraus. Nun gehab dich wohl; des Wärtels Margaret lauert drunten am Gang."

„Dank Euch, Dank Euch!" flüsterte Anneke Mey. Die Gefängnistür im Mühlenturm öffnete sich, kaum weit genug, um das schmächtige junge Mädchen einzulassen, und schloß sich sogleich wieder.

Die qualmende Hängelampe war wie ein roter Punkt in dem dunsterfüllten Raume anzuschauen; die meisten der Gefangenen schnarchten auf dem Stroh die Wände entlang, viele hatten aber auch die Köpfe auf den Tisch gelegt und schliefen so. – Dann und wann erklirrte leise eine Fessel, oder ein Stöhnen und Geseufz ging durch die Wölbung. Niemand hatte den Eintritt des Mädchens bemerkt.

Einige Minuten stand Anneke dicht an die Mauer gedrückt. Sie vermochte kaum Atem zu holen. Wie sollte sie in dieser Hölle den finden, welchen sie suchte?

Plötzlich ward es hell in ihr: anfangs leise, dann lauter begann sie das alte Lied vom Falkensteiner zu singen:

> „Sie ging den Turm wohl um und um:
> Feinslieb bist da darinnen?
> Und wenn ich dich nicht sehen kann,
> So komm ich von meinen Sinnen.
>
> Sie ging den Turm wohl um und um,
> Den Turm wollt sie aufschließen:
> Und wenn die Nacht ein Jahr lang wär,
> Keine Stunde tät mich verdrießen!“

Vom Lager richteten sich die Schläfer auf, stärker klirrten die Ketten an ihren Armen und Beinen.

> „Ei, dürft ich scharfe Messer tragen
> Wie unsers Herrn sein Knechte,
> Ich tät mit dem Herrn von Falkenstein
> Um meinen Herzliebsten fechten!“

„Was ist das? Wer ist das? Wer singet hier?“ tönte es wild durcheinander. „Anneke, Anneke, Anneke Mey!“ rief die Stimme Christoph von Denows dazwischen, und Erdwin Wüstemann hielt das junge Mädchen in den Armen: „Hier, hier halt ich sie, hier ist sie, wie ein Engel vom Himmel mit ihrer Lerchenstimme! O Kind, Kind, was willst hier in dieser Wüstenei? Junker, Junker, wo seid ihr?“

„O Anneke! Anneke!“ rief Christoph von Denow.

„Vivat Anneke, Anneke Mey!“ riefen alle andern Gefangenen. „Das ist ein wackeres Mädel! Vivat des Regiments Schenkin!“

Es fiel keine schnöde, böse Rede: im Gegenteil, es war, als ob durch das Erscheinen des Kindes jedes trotzige, wilde Herz milder geworden wäre. Man hätte sie gern auf den Händen getragen, da sie das aber nicht leiden wollte, suchte man ihr den bequemsten Platz aus und breitete Mäntel unter ihre Füße, um sie vor der feuchten Kälte der Steinplatten zu schützen. Eine Bank wurde zerschlagen, um das erlöschende Feuer im Kamin damit zu nähren.

„So hast du uns nicht verlassen, Anneke!" rief Christoph und hielt ihre beiden Händen in den seinigen, und der Knecht Erdwin wischte verstohlen eine Träne aus den grauen Wimpern. „O, wie können wir dir je das wiedervergelten?"

„Wie könnt ich Euch verlassen? Und wenn sie Euch zum Tode führen, ich geh mit Euch!"

Sie saßen beieinander, Christoph und Anneke, neben dem Kamin, und die Dirne schluchzte und lächelte durch ihre Tränen. Sie vergaßen alles um sich her, und der alte Wüstemann stand dabei, seufzte tief und schwer und schüttelte das greise Haupt:

„Jammer, o Jammer!"

Um drei Uhr krähte zum erstenmal der Hahn, um drei Uhr klopfte Arendt Jungbluth an die Tür.

„Nun muß ich scheiden!" sagte Anneke. „Gott schütze uns; wenn das Gericht angeht, steh ich auf Euerm Wege, Herr."

„Anneke, Gott lohn's dir, was du an uns tust!"

„Fahre wohl! fahre wohl, Anneke!" riefen die gefangenen Meuterer. „Gott segne dich, Anneke!"

Christoph von Denow schlug die Hände vors Gesicht; – die Tür war hinter dem jungen Mädchen zugefallen. Im Osten zeigte sich ein weißer Streif am Nachthimmel, daß der Morgen nicht mehr fern sei, und der Wind machte sich auf, fuhr von den Harzbergen nach dem deutschen Meer und verkündete dasselbe. – – –

Sechs schlug die Uhr des Schloßturms; wieder schossen die Krähen aus ihren Nestern und umflatterten die Spitze, krochen aber diesmal nicht wieder zurück in ihre Schlupfwinkel, sondern ließen sich, eine bei der andern, nieder auf dem Rande der Galerie, welche nahe dem Dach den Turm umzieht. Neugierig reckten sie die Hälse und blickten herab in den dichten weißen Nebel unter ihnen, aus welchem kaum die höchsten Giebel der Stadt und Festung hervorlugten. Trommelschall erdröhnte auf dem Schloßhofe und hallte wider von den Wällen, während eine kriegerische Musik aus der Ferne dem Weckauf der Besatzung antwortete. Auf der Festung trat die Soldateska unter die Waffen, und in der Heinrichsstadt verkündete das klingende Spiel, daß die Bürgerschaft in Wehr und Harnisch aufzog.

Von Zeit zu Zeit löste sich einer der schwarzen Vögel aus der Reihe der Genossen los und flatterte mit kurzen Flügelschlägen hinein in den Nebel, als wolle er Kundschaft holen über das Fest, welches ihm drunten bereitet wurde. Kehrte er zurück, so wußte er mancherlei zu erzählen, und freudekreischend erhoben sich die andern und wirbelten durcheinander und überschlugen sich in der grauen Luft, um endlich wieder zurückzufallen auf ihre Plätze in Reih und Glied.

Gegen sieben Uhr verflüchtigte sich der Schleier, welcher über der Stadt lag, um sieben Uhr trat alles ins Licht. Vor dem fürstlichen Marstalle waren die Schranken aufgestellt. Ein mit rotem Tuch bekleideter Tisch und ebenso überzogene Bänke für den Gerichtsschulzen und die Beisitzer standen in der Mitte. Das Volk umwogte dicht gedrängt den Platz. Jetzt zog „mit dem Gespiel" die fürstliche Leibgarde aus dem Schloßtor den Graben entlang und besetzte zwei Seiten der Schranken. Nach ihr rückte in drei Fähnlein die Bürgerschaft von der Dammfestung, der Heinrichsstadt und dem Gotteslager heran und schloß die beiden andern Seiten ein. Der Ring war gebildet; die Fahnen wurden zusammengewickelt und unter sich gekehrt, die Obergewehre mit den Spitzen in die Erde gestoßen, nach Kriegsgebrauch bei kaiserlichem Malefizrecht.

Abermals entstand eine Bewegung unter der Volksmenge; wieder schritt ein Zug durch die gebildete Gasse feierlich und langsam vom Schloß her. Das war der Gerichtsschulze Melchior Reicharts mit seinen einundzwanzig Richtern, Hauptleuten, Gefreiten und Gemeinen und dem Gerichtsschreiber Fridericus Ortlepius, die allesamt, paarweise, in den Ring eintraten.

Zuerst ließ sich der notarius publicus nieder zur linken Hand an dem roten Tisch. Er ordnete seine Papiere, guckte in sein Tintenfaß, rückte das Sandfaß zurecht, und der trübe Himmel und die Krähen auf dem Schloßturm schauten ihm dabei zu. Er prüfte die Spitze seiner Feder auf dem Daumennagel, das Murmeln und Murren der tausendköpfigen Menge machte einer Totenstille Platz; von dem Mühlentorturm her erklang ein taktmäßiges Rasseln und Klirren und verkündete das Nahen der Gefangenen.

„O mein Gott, hilf ihm und mir!" stöhnte Anneke Mey von Stadtoldendorf, als an dem Mühlenturm die Pforte sich öffnete und die davor aufgestellte Reiterwache, die Pferde rückwärtsdrängend, das Volk auseinandertrieb.

„Da sind sie, die Meutmacher, die Schufte! Da sind die falschen Schurken!" ging der unterdrückte Schrei durch das zornige Volk. Aus der Gefängnispforte hervor glitt ein verwildertes, trotziges oder verzagtes Gesicht nach dem andern an der zitternden Anneke vorüber.

Und jetzt –

„Christoph!" durchdrang grell und schneidend ein Schrei die schwere graue Luft, daß der Herzog Heinrich Julius, welcher an einem Fenster seines Schlosses stand und auf das Getümmel unter sich finster herabblickte, unwillkürlich den Kopf nach der Richtung hinneigte.

Da schritt er einher, der Junker von Denow, bleich, wankend, gestützt auf den Arm des getreuen Knechtes Erdwin.

„O Christoph! Christoph von Denow!"

Der junge Reiter erhob das Auge; es haftete auf dem jungen Mädchen, welches hinter der Reihe der begleitenden Hellebardierer die Hände ihm entgegenstreckte; – ein trübes Lächeln glitt über das Gesicht Christophs, dann schüttelte er das Haupt; er wollte anhalten.

„Hast doch Recht gehabt, Anneke!" lachte höhnisch Valentin Weisser, der Rosenecker. „Waren unsrer doch zu wenig. Puh – 's ist am End einerlei – Kugel oder Strick. Vorwärts Junker Stoffel; ich tret dir sonst die Hacken ab!"

„Vorwärts, vorwärts!" rief der Führer der Geleitsmannschaft – vorüber schritt Christoph von Denow.

Im Ring aber schwuren die Richter mit aufgerichtetem Finger und lauter Stimme:

„Ich lobe und schwöre, daß ich diesen Tag und alles dasjenige, was vor diesem Malefizrecht vorkommen wird, urteilen und richten will, es sei gleich über Leib und Blut, Geld oder Geldeswert – als ich will, daß mich *Gott* am jüngsten Tag richten soll – den Armen als den Reichen. Will hierinnen weder Freundschaft noch Feindschaft, Gunst noch Ungunst, weder Haß, Geschenke, Gaben, Geld oder Geldeswert ansehen oder mich verhindern lassen! So wahr mir Gott helfe und sein heiliges Wort!"

Alle Beisitzer saßen darauf nieder an ihren Plätzen, und nur der Gerichtsschulze blieb stehen und tat eine Umfrage. Darauf verbannte er das Recht: erstens im Namen der heiligen unzerteilbaren Dreifaltigkeit, dann im Namen des Fürsten, dem Richter und Angeklagte als Kriegsleute geschworen hatten, zuletzt kraft seines eignen angeordneten Amts und Stabes, daß „keiner innerhalb oder außerhalb dem Rechten wolle einreden. Solle auch niemand einem Richter heimlich zusprechen. Dem Profoß solle eine freie Gasse gelassen werden, damit er guten Raum habe, damit er desto baß mit den Gefangenen vom Rechten ab- und zugehen möge, bei Pön eines rheinischen Gülden in Gold."

„Derhalben", fuhr er fort, „wer nun vor diesem Kaiserlichen Recht zu schicken oder zu schaffen hat, es sei gleich Kläger oder Antworter oder sonsten einer, der dem löblichen Regiment etwas anzuzeigen hat: die stehen in den Ring und klagen, wie man pflegt zu klagen und Antwort zu geben, auf Red und Widerred, wie in Kaiserlichen Rechten der Gebrauch ist – Gerichtswebel, habt Ihr gestern den Profoß, wie auch die Angeklagten fürgeboten, zitieret und geladen?"

Und der Gerichtswebel stand auf und antwortete: „Herr Schultheiß, ich habe sie gestern früh mit drei Trommeln an den vier Orten der Welt zitieret!"

Und des Regimentes Profoß, Karsten Fricke, trat in den Ring, und der Gerichtswebel führte die Angeklagten hinein, jedes Fähnlein für sich zusammengeschlossen.

6.

„Liege still, Kind", sagte am zwanzigsten November bei Tagesanbruch auf der Hauptwache im Schloß zu Wolfenbüttel der Gefreite Jungbluth. „Liege ruhig und schlaf weiter; der Morgen ist dunkel und dräuet Schnee. Es geht noch nicht an."

Anneke Mey hatte sich auf der harten Holzbank, erschreckt aus bösem Traum auffahrend, in die Höhe gerichtet bei dem Ruf der Wacht draußen, die zur Ablösung herausrief.

„Schlafe wieder ein, Anneke, ich wecke dich, wenn es Zeit ist", sagte Arendt, die Sturmhaube auf den Kopf stülpend.

„Der letzte Tag!" murmelte das Soldatenkind, und das müde Haupt sank wieder zurück auf das harte Lager, die Augen schlossen sich wieder.

„Hui, der Wind – Teufel!" brummte Arendt, als die Söldner wieder zurücktraten in die Wachtstube. „Schläft sie wieder? – Richtig, ach, ich wollt, sie verschlief es ganz! Ruhig, Kerle – haltet eure Mäuler! Donner – ist es nicht grad, als ob der Sturm den alten Kasten einem über dem Kopf zusammenreißen wollte? Das wird das rechte Wetter sein für die da draußen im Ring, das bläst ihnen die Urteile vom Munde weg. Wie sie da liegt! Ist das nicht ein Jammer? Ich wollt, sie verschlief die böse Stund."

Wild jagte der Wind die schweren Schneewolken vor sich her und heulte und pfiff in den Gängen des Schlosses wie der böse Feind, klapperte mit den Ziegeln, rüttelte an den Fenstern und trieb die Wetterfahnen mit den Löwen auf den Turmspitzen im Kreise umher, heftiger und heftiger, wie der Tag zunahm.

Anneke Mey lag noch immer nicht im Schlaf, sondern in stumpfsinniger Erschöpfung. Was kein Kriegszug vollbracht hatte, das hatten die letzten vierzehn Tage getan: sie hatten das Kind gebrochen, es matt und müd gemacht bis zum Tode. Vergeblich sahen sich diesmal auf ihrem Wege zum Gericht Christoph von Denow und Erdwin Wüstemann nach dem abgehärmten Gesicht ihres Schutzengels um.

„Gottlob, gottlob, sie verschläft's!" murmelte Arendt Jungbluth, sich über das Lager der Armen beugend.

Im Ring, unter dem düstern, schwarzen Himmel mit den jagenden Wolken las Friedrich Ortlepp, der Gerichtsschreiber, ein Todesurteil nach dem andern; einen Stab nach dem andern brach der Schultheiß und warf ihn auf den Richtplatz.

„Gnade Gott der Seelen in Ewigkeit, Amen!" sprach er bei jeder weißen Rute, welche zerknickt auf den Boden fiel.

Und jetzt – jetzt der letzte Spruch!

„Auf eingebrachte Klage des Profoßen, Gegenrede des Beklagten, produzierte Kundschaft und Zeugnis, ist durch einhellige Umfrage zu Recht erkannt, daß – *Christoph von Denow* nicht gebührt hat, sich für einen Vorsprecher bei der vorgesetzten Obrigkeit, noch für einen Hauptmann aufzuwerfen, noch die Befehle zu vergeben und auszuteilen, noch die Wacht zu bestellen. Warum er dem Profoß überantwortet werden soll, welcher ihn in sein Gewahrsam führen und ihn dem Nachrichter einantworten und befehlen soll, daß er ihn hinausführe und an den nächsten Galgen hänge und mit dem Strange zwischen Himmel und Erde erwürge, damit der Wind unter ihm und über ihn durchwehen könne, ihm zu verwirkter Strafe und andern zum abscheulichen Exempel!"

Wieder fiel der gebrochene Stab zu den andern auf die Erde.

„Gnade Gott der Seelen in Ewigkeit, Amen!"

Auf die Knie stürzten dreiundachtzig der Verurteilten: „Gnade, Gnade! Gnade ist besser denn Recht!"

Hoch richteten sich Christoph von Denow und Erdwin Wüstemann, und der Junker hob die gefesselte Rechte zum Himmel, während der Wind seine Locken zerwühlte und die Schneewolken sich öffneten und das weiße Gestöber wirbelnd herabfuhr:

„Keine Gnade! Recht! Recht! Recht ist besser denn Gnade!"

In den Ring sprang der Profoß mit der Wache und stürzte sich auf die Gefangenen – wild und anhaltend brach das Geschrei des Volkes los, die Kommandoworte erschallten dazwischen, die Trommeln wirbelten, die Trompeten schmetterten, aus der Erde wurden die Waffen gerissen und hoch in die Luft geschwungen, die Fähnlein entfalteten sich im Winde. Die Krähen aber schossen in einem schwarzen Haufen herab von dem Schloßturm und umflatterten krächzend die Stätte des Gerichts. Gleich dem bewegten Meer wogte und donnerte das Volk, und durch die Menschenflut kämpfte sich mit zerrissenen Kleider, losgegangenen Haarflechten Anneke Mey.

„Christoph! Christoph! O du heiliger Gott im Himmel! Verloren, verloren!"

Dem Herzog am geöffneten Fenster seines Gemachs riß der Sturm den Griff des Flügels aus der Hand, daß er klirrend zuschlug. Über den Schloßhof schritt der Gerichtsschultheiß Melchior Reicharts mit den Hauptleuten

Georg Franz, Peter Köhler, Heinrich Jordans und Moritz Ahlemann, nach getaner Pflicht den jungen Fürsten, Zahlherrn und Kreis-Obersten für die Verurteilten zu bitten. Friedericus Ortlepius trug „fürsichtiglich und sorgsamlich" die Akten und Protokolle. Tief in die Nacht hinein saß der Herzog mit den sechs Männern über diesen Papieren. Vierundzwanzig Todesurteile bestätigte er, und unter diesen befand sich das Christoph von Denows. Zweiunddreißig der Verurteilten begnadigte er dahin, „daß sie zur Straf sich verpflichten sollen, im Land zu Ungarn auf dem Grenzhause Groß-Wardein wider den Erbfeind der Christenheit zu Wasser und zu Lande, in Sturm und Schlachten jederzeit, wie ehrlichen Kriegsleuten solches sich gebührt, sich gebrauchen zu lassen." – Siebenundzwanzig Männern wurde auf einen gewöhnlichen „Urfried" das Leben und die Ehre geschenkt und sie ihrem Fähnlein wieder einverleibt. – Zweien wurde das Leben und die Ehre ohne Bedingung geschenkt. Der erste war Erdwin Wüstemann, der andere ein Söldner, genannt Klaus Rischemann von Calvörde. Alle diese Schlüsse wurden den Gefangenen noch in derselben Nacht bekanntgemacht.

7.

Der Schnee lag hoch in den Straßen und auf den Plätzen der Stadt und Festung Wolfenbüttel. Der Sturm hatte sich mit Anbruch des Tages ganz gelegt, es war wieder still und ruhig geworden, und leise träufelte es von den Dächern, denn die Luft war warm und mit Feuchtigkeit gefüllt; mit dumpfem Geräusch bewegte sich das Volk in den Gassen.

Die Fenster der Schloßkirche glänzten rötlich in die trübe Morgendämmerung herein, und feierlich erklang die Orgel und der Gesang vieler Menschenstimmen:

> Allein zu Dir, Herr Jesu Christ,
> Mein Hoffnung steht auf Erden.

Im Schein der Lichter und Lampen erglänzte Harnisch an Harnisch in dem heiligen Gebäude: den Verurteilten sollte ihre letzte Predigt gehalten und das Abendmahl ihnen gereicht werden. Der junge Herzog saß in seinem Stuhl, das Gebetbuch vor sich; alle Offiziere der Besatzung waren in Wehr und Waffen zugegen, und die Wände entlang und im Schiff der Kirche drängte sich ein bärtiges ernstes Kriegergesicht an das andere. Die Vierundzwanzig, die sterben sollten, saßen auf einer niedern Bank unter der Kanzel, auf welcher der Magister Basilius im schwarzen Chorrock mit der Halskrause stand, bereit, seine Rede über die beiden Schächer am Kreuz zu bringen. In einem dunkeln Winkel unter der Orgel stand Erdwin Wüstemann und hielt die schluchzende Anneke im Arm; um ihr her knieten oder standen die vom Tode losgesprochenen Meuterer, denen man die Fesseln abgenommen hatte.

Und jetzt schwieg die Orgel und der Gesang. Das Wort des Evangelisten Lukas wurde gelesen:

„Aber der Übeltäter einer, die da gehängt waren, lästerte ihn und sprach: Bist du Christus, so hilf dir selber und uns! – Da antwortete der andere, strafte ihn und sprach: Und du fürchtest dich auch nicht vor Gott, der du in gleicher Verdammnis bist? Wir sind billig darinnen, denn wir empfangen, was unsere Taten wert sind; dieser aber hat nichts Ungeschicktes gehandelt! – Und er sprach zu Jesu: Herr, gedenke an mich, wenn du in dein Reich kommst! – und Jesus sprach zu ihm: Wahrlich, ich sage dir, heut wirst du mit mir im Paradiese sein!"

Überlaut riefen bei diesen letzten Worten des Textes einige der Verurteilten: „Das helfe uns der allmächtige Gott!" und hoben die kettenklirrenden Hände gefaltet hoch empor. Das Auge Christoph von Denows aber leuchtete plötzlich in einem Glanz, welcher darin bereits für immer erloschen schien. Hatte er eine Vision? Rief ihn eine süße bekannte Stimme von oben? Erschien ihm winkend die tote Mutter?

Christoph von Denow war zum Sterben bereit.

„Gott, Gott, laß so nicht das Haus Denow zu End kommen!" stöhnte in seinem Winkel Erdwin, der Knecht. „Herr, schenke du ihm einen adeligen Tod! Laß diesen Kelch an mir vorübergehen!"

„Er soll mir den Kopf zertreten und über meinen leblosen Leib weggehen, wenn er mich nicht hören will!" sagte Anneke Mey tonlos.

Und Dominus Basilius Sadler begann seine Buß- und Trostpredigt und teilte sie in die zwei Punkte:

Erstlich, wie sich der „heilige" Schächer am Kreuz in seiner letzten Not gehalten.

Zum andern, wie herrlich ihn Christus getröstet habe.

Der Himmel im Osten aber färbte sich immer purpurner, und die Lichter und Lampen der Kapelle erblaßten mehr und mehr vor dem Glanz, den Gott über die winterliche Welt leuchten ließ. Die Gefangenen neigten die Häupter tiefer und tiefer.

„– Euer Weib und Kinder befehlet ihr, die ihr welche habt, Gott dem Allmächtigen, der ist der Waisen Vater und der Witwen Richter. Ist schon dieser Tod vor der Welt schmählich, so gedenket, wenn ihr euch bekehret, daß ihr Gottes Kinder seid, dann wird solch Leiden ehrlich und herrlich. Denn der Tod seiner Heiligen ist wert gehalten vor dem Herrn."

„Einen ehrlichen Tod! O Gott, schenke ihm einen adeligen Tod!" murmelte Erdwin, der Knecht.

„So gebe Gott der Allmächtige euch allen die Gnade seines heiligen Geistes, daß ihr euer Sünd vom Herzen erkennet und euch leid sein lasse, euch im wahren Glauben zu Christo wendet und darin bis ans Ende verharret, euer Seel in Geduld fasset, allen Menschen vom Herzen vergebt und verzeihet, heut, diesen Tag, Gott euere Seele opfert und überantwortet und am großen Tag des Herrn mit Freuden auferstehet und mit Leib und Seele ewig lebet! Amen, Amen, Amen!"

Der Sand war verlaufen in der Uhr auf der Kanzel. Der Herzog verließ mit seinen Hofbeamten seinen Stuhl, Anneke Mey verschwand von der Seite Erdwins, ohne daß dieser es bemerkte; – unter den Klängen des alten traurigen Chorales: Wenn mein Stündlein vorhanden ist – wurde den Verurteilten das Abendmahl gereicht.

Nun war auch das geschehen; in die letzten Klänge der Orgel mischte sich grell und schneidend ein anderer Klang – der Schall des Armensünderglöckchens: Der Henker wartete an der Tür des Hauses Gottes!

Im langsamen Zug traten die Verurteilten und Gefangenen, von ihren Wächtern umgeben, hinaus aus der Schloßkirche, vor welcher sie die harrende Menge mit wildem Geschrei und Droh- und Schmähworten empfing. Der schwere Gang begann, in das goldne Morgenrot hinein über den Schloßplatz, die Dammbrücke, durch die Heinrichsstadt dem Kaisertor zu. Alle Gassen, durch welche der Zug ging, waren mit herzoglichen Reitern und den gewaffneten Bürgern besetzt, um den Andrang des Volkes zu bändigen.

Vor dem Kaisertor waren die vier Galgen gebaut, woran die vierundzwanzig Leben enden sollten. Fast eine halbe Stund verging, ehe die Verurteilten unter ihnen standen. Der Ring war geschlossen auf zwei Seiten von den Hellebardierern, auf den beiden andern Seiten von den Musketenschützen, deren Röhre auf den Gabeln lagen, deren glimmende Lunten zum augenblicklichen Gebrauch aufgeschroben waren. Dicht vor dem Gefreiten Arendt Jungbluth hielten sich Erdwin Wüstemann und der Junker Christoph von Denow.

Der Alte hatte den Arm um seinen jungen Herrn geschlungen, und dieser das Haupt an die Brust des treuen Knechts gelegt. Sie sprachen leise zueinander.

„Weiß nicht, wo sie geblieben ist! Weiß nicht, wo sie bleibt!" sagte der Alte.

„Sie hat mich nicht sterben sehen wollen; – 's ist auch besser so! O schütze sie – halte sie, trag sie auf den Händen und im Herzen und verlaß sie nie und nimmer – ich will meiner Mutter von ihr sagen, wenn ich zu ihr komm."

„O Junker, Junker, und Euer Vater –"

„Vergiß nicht, was du ihm versprochen hast."

„Es wird geschehen, so wahr mir Gott helfe!" sagte dumpf der Alte.

„Schau, es gehet an – da hast du den Ring – mein Schwert liegt versenkt im Moor, es ist ein gutes, tadelloses Schwert geblieben! – Ihr sag – o Anneke! Anneke!" Der Junker brach ab; er vermochte es nicht, weiterzusprechen.

Unterdessen war eine Totenstille in der Menschenmenge eingetreten, die aber jedesmal, wenn die Henker einen der Meuterer des Reichsheeres von der Leiter stießen, in ein gräßliches, langanhaltendes Geheul, durch welches scharf das Wirbeln der Trommel klang, überging. Dreiundzwanzigmal hatte das Volk aufgeschrien.

„Christoph von Denow!" rief nun der Profoß mit lauter Stimme.

Zum letztenmal lagen sich Christoph und Erdwin in den Armen.

„Lebe wohl! lebe wohl!" flüsterte der erste – „vergiß nicht!"

„So gnade Gott mir und Euch!" schrie der Knecht Wüstemann und strich die langen greisen Haare aus der Stirn zurück. Der Junker von Denow stand am Fuße der Leiter!

Er drückte die Hand auf das Herz und setzte den Fuß auf die erste Staffel: „O Anneke, süße Anneke!"

Der Gedanke kam ihm, er würde sie erblicken in der Menge, die wieder in unheimlichster Stille den Richtplatz bedeckte; mit einem Sprung war er oben an der Seite des Henkers, der ihn mit dem Strick in der Hand erwartete. Er stieß die Hand desselben zurück – seine Augen schweiften über all die Tausende emporgerichteter Gesichter.

„O Anneke Mey, liebe Anneke, wo bist du? wo bist du? weshalb hast du mich verlassen?!"

Wieder streckte der Henker die Hand nach ihm aus; er hielt ein Blech, auf welchem die Worte standen „Meutmacher und Meineidiger", und wollte es dem Verurteilten an einem Bande um den Hals werfen.

„Lebe wohl, süße Anneke Mey!" flüsterte Christoph von Denow; er schlug die Hand des Henkers abermals zur Seite, klirrend fiel das Blech die Leiter nieder zur Erde.

Mit einem wilden, entsetzlichen Schrei sprang Erdwin Wüstemann einen Schritt zurück, mit einem Griff riß er das Feuerrohr aus den Händen Arendt Jungbluths und an seine Wange. Der Schuß krachte – „Gnade Gott mir und dir!"

„Dank, Erdwin, – hast – Wort gehalten!" sprach Christoph von Denow. Er schwankte – breitete die Arme aus: „Lebe – wohl – süße – Anneke!" Der entsetzte Henker wollte ihn halten, aber im dumpfen Fall stürzte der Körper die Leiter herab in den blutigen Schnee.

Auf brüllte die Menge und tobte durcheinander, der Ring löste sich – die Offiziere, die Beamten, der Gewaltiger stürzten sich auf den Knecht Erdwin, welcher regungslos dastand, das abgeschossene Rohr in der Hand.

Und jetzt ein neues Geschrei von der Stadt her: „Haltet, haltet!" Ein Reiter mit einem Papier in der Hand, im Galopp ansprengend! Ihm nach ein zweiter Reiter, vor sich auf dem Pferd ein halbohnmächtiges, todbleiches Mädchen.

„Halt, halt! Befehl, den Verurteilten Christoph von Denow zurückzuführen ins Gewahrsam!"

Anneke Mey leblos auf dem leblosen Körper des Erschossenen – Erdwin Wüstemann besinnungslos in den Armen Arendt Jungbluths – Trompetenschall von der Torwache; von der Stadt her eine neue Reiterschar: „Der Herzog! der Herzog! – Zu spät! zu spät!"

In dem wiedergebildeten Ring hielt der junge Fürst mit seinem Gefolge, vor ihm stand barhäuptig der Profoß neben der schrecklichen Gruppe am Boden und erzählte das Vorgefallene. Als er geendet, stieg der junge Fürst ab von seinem Hengst und näherte sich dem treuen Knecht des Hauses Denow:

„Weshalb hast du das getan?"

Der Angeredete blickte irr und wirr im Kreise umher, antwortete nicht, sondern brach nur in ein herzzerreißendes Gelächter aus.

Der Herzog legte die Hand an die Stirn – dann wandte er sich: „Hebt doch das Kind von der Leiche!"

Der Leutnant von der Festung, Johannes Sivers, beugte sich nieder, um dem Befehl nachzukommen. Es gelang ihm mit Mühe:

„O gnädiger Gott, tot, tot, Fürstliche Gnaden!"

Ein dumpfes Gemurmel ging durch die lauschende Menge; der Fürst schritt finster sinnend einige Minuten auf und ab. Dann hob er das Haupt:

„Bei meinen Vätern, ich glaub, da ist ein bös Ding getan! Leget die Dirne und den toten Knaben auf die Gewehrläufe – es ist Unsere Meinung und Wille, daß das Gericht wieder beginne. Wir sind entschlossen, selbsten im Ring zu sitzen!"

Während dieser letzten Worte hatte sich Erdwin Wüstemann langsam aufgerichtet; jetzt stand er wieder fest auf den Füßen. Der Herzog bemerkte es, er legte ihm die Hand auf die Schulter:

„Ihr habet hart und schnell in unser Gericht eingegriffen. Stehet zu mir nun auch im Ring, daß die Wahrheit an den Tag kommt! Nachher, wenn's sich ausgewiesen hat, wie ich es mir zusammendenke, wollen Wir, daß Ihr die dort gen Ungarn führet als Unser Ehrbarer, Mannhafter und Getreuer! Höret Ihr, Hauptmann Erdwin Wüstemann?! Nun hebet die Leichen und rühret die Trommeln – fort, fort!"

Über der blutigen Morgenröte hatten sich die Wolken wieder dunkel zusammengezogen. Wieder sanken leise einzelne weiße Flocken herab. Sie mehrten sich von Augenblick zu Augenblick und deckte bald einem Leichentuch gleich die Körper Christophs und Annas, wie sie durch die Gassen der Stadt Wolfenbüttel, dem Zuge der Krieger und Bürger voran, dicht hinter dem Gefolge des Herzogs, der mit gesenktem Haupt vorausritt, der Gerichtsstätte am Schloß zugetragen wurden. Der alte Knecht Erdwin ging neben seinem jungen Herrn her; aber er wußte nichts davon – dunkel war es um ihn und in ihm!

So starb der Junker Christoph von Denow eines adeligen Todes!

Ferdinand von Saar

Innocens

Am südlichen Ende Prags, auf einem gegen die Moldau felsig abstürzenden Hügel, erhebt sich ernst und düster die Wyschehrader Zitadelle. Es läßt sich im Umkreise einer großen, volkreichen Stadt nichts einsam Abgeschiedeneres denken, als dieses alte, ziemlich ausgedehnte Fort. Denn die Besatzung beschränkt sich in Friedenszeiten auf eine Offizierswache von geringer Stärke, die nur den allernötigsten Sicherheitsdienst an den Toren und auf den Wällen versieht. Die Kasematten und Blockhäuser im Innern stehen leer und verödet, und die spärlich gefüllten Pulvermagazine scheinen wie die Belagerungsgeschütze nur da zu sein, um einem invaliden Unteroffizier der Artillerie zum Amte eines Zeugwartes zu verhelfen. Auch die Poststraße, welche durch die Zitadelle über den Rücken des Hügels nach Budweis führt, wird

nur wenig benützt. Harmlose Spaziergänger nach dem nahen anmutigen Dorfe Podol, Landleute aus der Umgegend, welche Lebensmittel zum Prager Markt bringen, und hin und wieder ein bestäubter Wanderbursche sind fast die einzigen Passanten der Festungstore. So herrscht innerhalb der Wälle gewöhnlich die tiefste Stille, die nur selten durch das Rollen eines Wagens, regelmäßig aber am frühen Morgen, mittags und abends durch den Wachetambour mit rasselnden Trommelsignalen unterbrochen wird.

Zumal im Winter ist es hier oben traurig und ausgestorben. Kalt und schneidend saust der Wind um die verlassene Höhe, und mißmutig, dicht in ihre Mäntel gehüllt, gehen die Schildwachen auf den eingeschneiten, von krächzenden Dohlen beflogenen Wällen auf und nieder. Aber wenn der Schnee ins Schmelzen kommt und die Moldau unten wieder blau und schimmernd vorüberwallt, da entfaltet sich in dieser Abgeschiedenheit ein wunderbarer Lenz. Dichter, glänzender Graswuchs überkleidet alle Gräben und Böschungen, und um die eingesunkenen Kanonenlafetten sprießen Veilchen und Primeln. Immer bunter schmückt sich der Rasen, und manche Schießscharte wird durch einen wilden, in voller Blüte stehenden Rosenbusch verdeckt, den ein langjähriger Friede hart am Gemäuer wachsen ließ. Selbst aus den Kugelpyramiden, die der Zeugwart so zierlich zu errichten versteht, sprießt und blüht es: denn der Wind hat Erdreich und Samen in den Fugen abgelagert, und nun duften und schwanken über den furchtbaren Geschossen die blaßgelbe Reseda, der dunkelblaue Rittersporn und die rötliche, langgestielte Steinnelke. Bienen und gepanzerte Käfer summen und schwirren durch die heiße, zitternde Luft; zutraulich zwitschernd lassen sich Hänfling und Rotkehlchen auf die wuchtigen Feuerrohre nieder, und an den Mauerabhängen der Wälle klettert und sonnt sich die goldgrüne, funkelnde Eidechse.

In solcher Zeit war es, als ich einst in der Zitadelle die Wache bezog. Erst vor kurzem mit meinem Regimente in Prag eingerückt und mit der Örtlichkeit nicht vertraut, betrat ich, neugierig und befangen zugleich, an der Spitze meiner Abteilung die weite schattige Torhalle, wo die Mannschaft der alten Wache bereits unter Gewehr stand. Ihr Kommandant, ein mir unbekannter Offizier von junkerhaftem Aussehen, kam, als die Förmlichkeiten der dienstlichen Begrüßung abgetan waren, nachlässig auf mich zugeschritten.

„Oberleutnant Baron Hohenblum", sagte er, den Schirm seines Tschakos flüchtig berührend. Er schien meinen Namen, den ich nun auch nannte, zu überhören und fuhr mit leichtem Gähnen fort: „Die vierundzwanzig Stunden werden einem rein zur Ewigkeit in dieser alten, unnützen Kanonenbewahranstalt. Es kann keine langweiligere Wache mehr geben."

Ich warf hin, daß man eben auf keiner besondere Unterhaltung fände.

„Je nun, nach Umständen", erwiderte er, indem er den feinen blonden Schnurrbart emporstrich. „Zum Beispiel die Hauptwache am Ring ist ganz amüsant. Man setzt sich mit seiner Zigarre vor die Tür und mustert die Vorübergehenden. Es gibt ganz nette Gesichter unter den hiesigen Mädchen. Auch fehlt es nicht an Besuch von Kameraden, und nach der Retraite wird gewöhnlich ein kleines Spiel arrangiert. Hier oben aber ist man von aller Welt abgeschnitten, wie auf einer wüsten Insel. Du hast es übrigens", setzte er nach kurzem Besinnen hinzu, „doch etwas besser getroffen als ich. Denn morgen ist Sonntag, und da kommen wenigstens Leute in die Messe herauf."

„In die Messe? Ist denn hier eine Kirche?" fragte ich überrascht.

„Allerdings. Etwa tausend Schritte von hier, gegen die Moldau zu", sagte er, während ich nach dem Innern des Forts blickte. Aber die Aussicht war durch eine nahe, ziemlich hohe Schanze benommen, hinter welcher nur die spitzen Bedachungen der Pulvermagazine hervorragten. „Um sie zu sehen", fuhr der Baron fort, „müßtest du dort auf die Schanze hinauf. Dazu hast du später Muße genug. Ein kleiner Friedhof ist auch dabei, so ich mich gleich würde begraben lassen, wenn ich beständig hier oben leben sollte, wie der Pfaff", der ganz allein in einer Art Kloster neben der Kirche wohnt. Ein seltsamer Kauz! Man muß lachen, wenn man ihn mit seinen langen Beinen und der schlenkernden Kutte, beständig ein Buch unter dem Arm, einhersteigen sieht. Dabei schaut er immer ins Blaue und tut, als bemerke er einen gar nicht, wenn man an ihm vorüberkommt."

Ein so abgeschiedenes, stilles Leben mag auch seinen eigenen Reiz haben", sagte ich nachdenklich, während wir in das düstere Offizierswachtzimmer traten, wo mich mein Vorgänger mit den üblichen Dienstvorschriften bekannt machte. Dann zog er sich den etwas zerknitterten Uniformrock an den Hüften glatt, schnallte die Feldbinde fester und reichte mir mit kühler Freundlichkeit die Hand zum Abschied. Ich verließ mit ihm das Zimmer und trat, während er flüchtig seine Leute musterte und unter lustigem Trommelschall abmarschierte, in die sonnige Stille hinaus, die über dem Fort lagerte. Als ich die Schanze erstiegen hatte, tat sich hinter den Pulvermagazinen ein freier Wiesengrund meinen Blicken auf. Dort erhob sich, ziemlich zurückgezogen, die Kirche, das blinkende Messingkreuz auf dem Giebel von weißen Tauben umflattert. Den Friedhof konnte ich nicht gewahr werden; er mußte durch das angrenzende Priesterhaus verdeckt sein, das ziemlich düster aus einer schattigen Lindenumpflanzung hervorsah. In einiger Entfernung schräg gegenüber stand ein niederes Häuschen. Die gelb angestrichenen Türen und Fensterrahmen kennzeichneten es als militärisches Gebäude; im übrigen sah es ganz wie eine kleine Bauernwirtschaft aus. Schiebkarren, Hauen und Schaufeln lehnten in der Nähe einer Zisterne an der Mauer, und rückwärts war, kunstlos umzäunt, ein Gärtchen angelegt, in welchem rot und weiß die Apfelblüten schimmerten. Zwischen diesem Häuschen und der Kirche schlängelte sich ein breiter Fußpfad hin. Er schien zu den äußersten Werken des Forts zu führen, über welchen, verhüllend, tiefgelber Sonnenduft lag.

Ich verließ die Schanze und ging dem Wiesengrunde zu. Als ich an dem kleinen Hause vorüberkam, stand ein junges Weib in der offenen Tür. Sie hielt ein Kind säugend an der Brust und sah einem kleinen, etwas sechsjähri-

gen Mädchen zu, wie es draußen mit einem munteren Zicklein spielte, dessen
Sprünge eine scharrende Hühnerfamilie in Angst und Verwirrung setzten.
Bei dem Geräusch meiner Schritte blickte sie auf, und eine dunkle Röte schoß
in ihr Antlitz. Dann wandte sie sich rasch und ging hinein, wobei sie mir eine
reiche Fülle blonden Haares wies, das ihr in ungekünstelten Flechten weit
über den Nacken hinabhing.

Drüben um das Priesterhaus wehte eine melancholische Ruhe. Das Tor mit
dem geistlichen Wappen darüber war zu, und man hätte das ziemlich weitläufige Gebäude für gänzlich unbewohnt gehalten, wären nicht einige Fenster
im ersten Stockwerk offen und mit Blumentöpfen bestellt gewesen.

Als ich um die Kirche bog, die gleichfalls geschlossen war, hatte ich den
Friedhof voll stattlicher Weiden und Sebenbäume zur Seite. Die Hügel waren
dicht gereiht, aber sorglich gehalten und auf das schönste bepflanzt. Da die
Tür des Eisengitters halb offen stand, so trat ich in die duftige Kühle hinein
und schritt langsam auf dem schmalen, mit feinem Sande bestreuten Wege
zwischen den Gräbern hin. Ein einsamer Falter flatterte mir still über den
Blumen voran, während ich hier und dort die Inschriften und Namen auf den

schlichten Kreuzen las. Unter den Monumenten, deren es hier nur wenige gab, zog mich eines durch edle und ergreifende Einfachheit besonders an. Es war ein kleiner Obelisk aus weißem Marmor und stand, etwas abseits von den übrigen, unter einer breitästigen Tränenweide. Die Inschrift war in römischen Lettern, deren Vergoldung schon etwas gelitten hatte, eingehauen und lautete: Friederike Friedheim, geb. 16ten Januar 1829, gest. 30ten Mai 1846. Vor diesem Grabe stand ich lange. Wer war dieses Mädchen, das der Tod so früh gebrochen, das man vor mehr als einem Jahrzehnt hier bestattet hatte? Lebte ihr Andenken fort im Herzen trauernder Eltern, im Geiste eines Mannes, dessen Jünglingsideal sie gewesen? Oder war sie verweht wie ein Duft, ein Klang im Gewühl und im Lärm des rastlos vorwärts drängendes Lebens, und nannte nur mehr der Marmor ihren Namen?

Solche Gedanken und Empfindungen zitterten noch in mir nach, als ich schon wieder draußen auf dem Pfade hinschritt und mich einer Bastei näherte, die als äußerster Punkt des Forts in einem stumpfen Winkel gegen den Fluß zu aussprang. Still und verlassen lag sie da, fast ganz von Schleh- und Hagedorn überwuchert. Ein verfallenes Blockhaus erhob sich darin, an dessen rötlichgrauem Mauerwerk einige hohe Fliederbüsche in voller Blüte standen, was sich ebenso lieblich wie überraschend ausnahm. Selbst zwei verkrüppelte Obstbäume hatten sich in dieses entlegene Werk verirrt. Sie wurzelten dicht an der Brustwehr und streckten ihre knorrigen Äste über eine Kanone, die wie vergessen zwischen ihnen stand und die Mündung harmlos in die sonnige Gegend hinausrichtete. Tief unten, an den freundlichen Häusern von Podol und an den bröckelnden Mauerresten der Libussaburg vorüber, zog die Moldau schimmernd nach dem braunen, rauchaufwirbelnden Häusermeere der alten böhmischen Königsstadt. Von dorther grüßte mit funkelnden Zinnen der Hradschin, während stromaufwärts, über die ansteigenden, wohlbebauten Ufer hinweg, sich eine weite Landschaft auftat und endlich in dem fernen Dufte der Königsaaler Berge verschwamm.

Ich war von dieser reizenden Einsamkeit zu sehr angemutet, als daß ich so bald daran gedacht hätte, sie wieder zu verlassen; ich sah mich vielmehr nach einer schattigen Stelle um, wo ich mich, bequem hingestreckt, ganz in den eigentümlichen Zauber des Ortes und der Fernsicht versenken konnte. Eine solche bot sich mir alsbald in der Nähe des Blockhauses dar, wo sich die Zweige zweier nachbarlicher Fliederbüsche zu einer Art Laube wölbten. Auch kam mir dort, als ich mich niederließ, eine muldenförmige Vertiefung im Erdreiche, welches mit kurzem, aber dichtem Grase bewachsen war, vortrefflich zustatten. So lag ich in der stillen Kühle, sog den Duft des Flieders ein und lauschte dem Zwitschern eines Vogels über meinem Haupte, als ich plötzlich in einiger Entfernung hinter mir nahende Schritte vernahm, und bald ging eine hohe Gestalt in geistlicher Ordenstracht, ohne mich zu bemerken, an mir vorüber. Es mußte, wie mein Vorgänger gesagt hatte, der Pfaffe sein, der neben der Kirche wohnte. Das waren ja die langen Beine und die schlenkernde Soutane, welche dem Baron so lächerlich erschienen; selbst das Buch unter dem Arme fehlte nicht.

Der Priester war an die Brustwehr getreten. Dort nahm er sein schwarzes Samtkäppchen ab; man wußte nicht, tat er es aus Andacht vor der Natur, in die er hinausblickte, oder um sein Haupt der Luft preiszugeben, die über die Bastei strich und mit seinen leicht ergrauten Haaren spielte.

Nach einer Weile wandte er sich und schlug die Richtung gegen das Blockhaus ein. Er schien mich noch immer nicht zu bemerken, obgleich er gerade auf die Stelle losging, wo ich lag. Ich erinnerte mich unwillkürlich an die Äu-

ßerung des Barons, daß der Priester beständig ins Blaue sähe, obgleich er gegenwärtig mehr in sich hineinzublicken schien. Endlich gewahrte er mich. Er schrak leicht zusammen, und eine feine Röte flog über sein schmales, blasses Gesicht. Aber diese Verwirrung dauerte nur einen Augenblick. Gleichgültig, ohne mich nur mit einem Blicke zu streifen, ging er an mir vorüber, brach sich ein Zweiglein von dem Flieder und verließ, still wie er gekommen, die Bastei.

Mich aber überkam jetzt eine eigentümliche Unruhe. Es war mir, als hätte ich den Priester durch meine Anwesenheit von hier vertrieben. Er pflegte gewiß täglich um diese Zeit einige Stunden lesend in der Fliederlaube zuzubringen; deshalb war er auch so unbekümmert und in sich versunken darauf zugegangen. Und nun nahm ich den traulichen Platz ein, der ihm schon aus Gewohnheit lieb sein mußte. Mit einem Male erschien mir auch alles Bequeme daran, das ich früher für ein Zusammentreffen günstiger Umstände gehalten hatte, als ein Werk anordnender Absichtlichkeit. Die Laube, das sah man, war durch Beschneiden der Zweige hergestellt, und der Rasensitz wäre ohne Nachhilfe eines Spatens gewiß nicht zustande gekommen. Rasch sprang ich auf. Der Pater konnte noch nicht weit sein; ich wollte ihn einholen, auf daß er sähe, er könne ungestört wieder nach der Bastei zurückkehren. Bald gewahrte ich ihn auch in einiger Entfernung von mir auf dem Pfade hinschreiten. Ich fürchtete, er würde, eh' er mich noch bemerken konnte, sein Haus erreichen, und verdoppelte meine Schritte. Da kam von drüben das kleine Mädchen mit freudigen Gebärden auf ihn zugelaufen. Er ging dem Kinde entgegen, beugte sich zu ihm nieder und küßte es auf die Stirn. Hierauf ließ er sich von der Kleinen zur Mutter führen, die ihm von der Schwelle aus entgegenkam. Ihr folgte ein Mann, der eben noch im Gärtchen mußte gearbeitet haben, denn er hatte eine Haue in der Hand, auf welche er sich, wie es schien mehr aus Bedürfnis als aus Bequemlichkeit, im Gehen stützte. Drei weiße Tuchsternchen auf den roten Kragenvorstößen einer leinenen, über der Brust offenen Militärjacke ließen in ihm den Zeugwart erkennen, mit welcher Eigenschaft seine noch jugendlich kräftige Gestalt einigermaßen im Widerspruche stand. Als ich näher kam, gewahrte ich in seinem Antlitz eine tiefe Narbe, die von einem Säbelhiebe herrühren mochte und sich von der Schläfe bis zum Kinn erstreckte.

Der Pater sprach freundlich mit den Leuten und reichte dem Jüngsten auf dem Arme der Mutter, da es mit den kleinen Händchen begehrlich danach langte, die duftige Fliederblüte. Er wandte sich nicht um, als ich vorüberging und der Zeugwart, militärisch grüßend, die Hand an die Mütze brachte.

Es kostete mich einige Überwindung, wieder in das unerquickliche Wachzimmer zurückkehren. Dort ließ ich mich auf das alte, harte Ledersofa nieder und nahm ein Buch zur Hand. Aber meine Gedanken wollten nicht an den Zeilen haften; denn die Eindrücke, die ich auf meiner kleinen Wanderung empfangen, wirkten zu mächtig in mir nach. Vor allem war es das Wesen des Paters, das mich mit tiefer, geheimnisvoller Macht anzog. Wie glücklich erschien mir sein stilles Dasein auf diesem wallumschlossenen Fleck. Abgeschieden von dem Treiben der Welt, konnte er hier ganz sich selbst angehören und war nur den milden Pflichten seines Standes untertänig, die ihm nichts auferlegten, was er nicht gern erfüllte, die ihm nichts verwehrten, was er, das sah man ihm an, nicht freudig entbehrte. Und die Menschen in dem kleinen Hause! Welch ein reizendes Gegenbild boten sie dar in ihrem heiteren Familienglücke! Dann aber dachte ich wieder an den weißen Obelisk auf dem Friedhof und murmelte unwillkürlich den Namen der Toten vor mich hin.

Über solchem Denken und Sinnen war der Abend hereingebrochen. Bald erklang draußen der Zapfenstreich, und die wuchtigen Festungstore fielen mit dumpfem Gepolter ins Schloß. Ich aber ging noch einmal auf die Schanze hinaus. Dort stand ich, während die Sterne auf den tiefen Frieden niederfunkelten, der sich über das Fort breitete, und hier und dort, bald näher, bald entfernter, in den dunklen Büschen eine Nachtigall schlug.

Es war noch ziemlich früh am anderen Vormittage, als schon eine Schar Landleute im Sonntagsstaat durch das südliche Tor der Zitadelle gegen die Kirche strömte. Nach und nach erschienen Andächtige aus den nächsten Stadtteilen; meist gesetzte Männer und Frauen, in reinlicher, altbürgerlicher Kleidung. Aber auch schmucke Mädchengestalten waren darunter, deren rosige Gesichter in der heitersten Feiertagsstimmung erglänzten. So bewegte sich, während von der Kirche aus schon versprengte Orgeltöne durch die Luft irrten, eine bunte Menge in den Räumen des Forts, was ihm einen fremdartigen, feierlichen Anstrich gab.

Das Verlangen, den Pater in der Ausübung seines Amtes wiederzusehen, trieb mich auch der Kirche zu. Als ich eintrat, verstummte eben die Orgel, die einen Choral begleitet hatte. Alle Anwesenden wandten jetzt ihre Blicke nach der Kanzel, wo der Prediger erscheinen sollte. Ich betrachtete unterdessen den Bau und seine freundliche Ausschmückung, die sich durch geschmackvolle Einfachheit wohltuend von dem üblichen schwerfälligen Prunk und Aufputz unterschied. Als ich wieder nach der Kanzel sah, stand der Priester schon oben. Sein Auge begegnete dem meinen und blieb eine Zeitlang auf mir ruhen, so daß ich fast errötend den Blick senkte. Jetzt schlug er das Buch auf, das er in der Hand hatte, und begann das Evangelium zu lesen. Bei den ersten Worten, die ich vernahm, war ich fast unangenehm enttäuscht; er las in tschechischer Sprache. Ich hatte ganz vergessen, daß ich mich in Prag befand, und den vertrauten Klang der Muttersprache von ihm zu hören erwartet. Bald aber versöhnte mich der Wohllaut seiner Stimme mit dem fremden Idiom, so daß ich seinem Vortrage, obgleich ich nichts davon verstand, mit regem Interesse folgte. Er begann, als er zur Predigt selbst überging, ruhig und ganz ohne alles Pathos, das die meisten Prediger so unleidlich macht; es war, als spräche er in vernünftig belehrendem Tone zu Kindern. Nach und nach wurde er wärmer. Ohne daß er dabei nach Schauspielerart mit den Händen in der Luft gefochten hätte, schwoll seine Stimme zu einer mächtigen Fülle an und ging endlich, während er sich liebreich zu den Hörern hinabneigte, in den tiefen, zitternden Ton einer wehmütigen Klage über. Es mußten erschütternde Worte gewesen sein, denn ich sah in mehr als einem Auge Tränen, und als er jetzt schwieg, schimmerte auch seines in feuchtem Glanze. Ich selbst war bewegt, wie von den Klängen einer rätselhaften Musik. Nach dem üblichen kurzen Gebete verließ er die Kanzel. Die Orgel ertönte wieder, und kurz darauf trat er im Meßgewande an den Hochaltar, wo schon früher ein alter, weißhaariger Kirchendiener die Lichter angezündet hatte. Nach beendetem Gottesdienste strömten die Andächtigen aus der Kirche, und bald herrschte im Fort wieder die gewohnte Einsamkeit und Stille.

Als ich später abgelöst wurde und mich wieder den menschenvollen Gassen der Hauptstadt näherte, war es mir, als kehrte ich aus einem reineren Elemente zu dem ganzen beengenden Qualm und Dunst der Erde zurück.

Einige Zeit darauf ersuchte mich ein befreundeter Offizier, für ihn die Wache auf dem Wyschehrad zu beziehen. Er wollte ein Fest, zu dem er geladen war, nicht gerne versäumen und versprach, den Dienst in meiner Tour nachzutragen. Ich enthob ihn dieser Verpflichtung und sagte zu.

Es heimelte mich wohltuend an, als ich mich wieder innerhalb der Wälle befand. Während der ersten schwülen Nachmittagsstunden verblieb ich im Wachtzimmer; dann aber nahm ich ein Buch und ging ins Freie. Die Strahlen der Julisonne hatten das schwellende Grün der Schanzen schon etwas ausgetrocknet, und der würzige Geruch des Thymians, der überall in dichten Büscheln wucherte, schwamm in der Luft. Ohne es eigentlich zu wollen, schritt ich der Bastei zu. Etwas in meinem Innern sagte mir, ich würde jetzt den Pater dort treffen, und der Wunsch, mit diesem eigentümlichen Manne bekannt zu werden, überwand in mir nach und nach die Bedenklichkeit, ihm durch mein Erscheinen eine Störung zu bereiten. Ich nahm mir sogar vor, ihn zu grüßen, eine Höflichkeitsbezeigung, die, seinem Stande gegenüber, eben nichts Befremdendes oder Auffallendes haben konnte. Vielleicht erwiderte er meinen Gruß mit einigen Worten, und der erste Schritt zur gegenseitigen Annäherung war getan.

Mein Herz schlug erwartungsvoll, als ich die Bastei betrat. Ich hatte mich nicht getäuscht: dort lag er, in ein Buch vertieft, unter den abgeblühten Fliederbüschen. Nun aber überkam mich eine Art Blödigkeit, jener eines Verliebten nicht unähnlich, der, mit dem festen Vorsatze, sich heute oder nie mehr zu erklären, scheu und verwirrt an dem Gegenstande seiner Sehnsucht vorüberschleicht. Ich trat unwillkürlich so leise auf, daß mich der Priester gar nicht hören konnte, und als er jetzt doch aufsah und mich, wie es schien, mit wohlwollender Überraschung betrachtete, hatte ich schon den rechten Moment, ihn zu grüßen, versäumt. Ich trat an die Brustwehr, um meine Verlegenheit hinter dem Bewundern der Aussicht zu verbergen. Als ich so dastand, wurde es mir immer klarer, wie wenig es mir ziemen nochte, meine Person dem stillen, in sich abgeschlossenen Manne aufzudrängen, und mit dem beschämenden Gefühle, bald eine Taktlosigkeit begangen zu haben, schickte ich mich wieder zum Fortgehen an. Da hörte ich mich plötzlich von dem Pater im reinsten, nur etwas hart klingenden Deutsch angesprochen. „Herr Offizier", sagte er, indem er aufstand, „beliebt es Ihnen nicht, den Platz hier im Schatten einzunehmen? Die Sonne verweilt bis zum Untergange über diesem Teil des Forts; Sie werden nirgends eine Stelle finden, die Ihnen, gleich dieser, den behaglichen Genuß der Aussicht auf die Dauer gestattet."

„Sie sind sehr gütig, geistlicher Herr", erwiderte ich, noch immer befangen, „daß Sie meinetwegen auf diesen Genuß verzichten wollen."

„Er steht mir ja jederzeit zu Gebote. Ein um so größeres Vergnügen muß es für mich sein, jemandem, der sich, wie ich schon unlängst zu bemerken Gelegenheit hatte, in dieser Einsamkeit wohl fühlt, mein gewöhnliches Leseplätzchen überlassen zu können."

„Von welchem ich Sie schon damals, freilich, ohne es zu wollen, vertrieben habe", sagte ich, sehr erfreut, daß er sich meiner erinnerte.

„Oder ich Sie", entgegnete er lächelnd. „Sie sind ja gleich nach mir weggegangen."

„Um Ihnen zu zeigen, daß ich meinen Mißgriff eingesehen."

„Ich weiß es; und Sie haben mir Ihres Zartgefühles wegen leid getan. Aber ich denke, wir sollten uns nicht länger mit der Erörterung mühen, wer von uns beiden eigentlich den andern aus dieser Laube vertrieben, sondern uns vielmehr einträchtig in der unschuldigen Urheberin unseres kleinen freundschaftlichen Streites niederlassen, die wohl Raum genug dazu bietet. Zwei Lesende", setzte er mit einem Blicke auf das Buch unter meinem Arme hinzu, „vertragen sich ja leicht und stören einander nicht." Mit einer Handbewegung, die mich zu folgen einlud, lagerte er sich wieder in den Schatten und nahm sein Buch vor. Ich tat ein Gleiches; aber mein Blick schweifte beständig über die Seiten nach meinem Nachbar hinüber, in dessen Gesichtsbildung etwas wunderbar Anziehendes lag. Die Stirn war gerade nicht hoch zu nennen, trat jedoch frei und schön gewölbt aus den Haaren hervor. Um den etwas großen, leicht eingekniffenen Mund lag ein feiner Schmerzenszug, der eigentümlich von der milden Heiterkeit der graublauen Augen abstach. Mit Ausnahme einer tiefen Furche zwischen den Brauen war noch keine Falte in diesem edlen Antlitze zu sehen, das den Pater bei näherer Betrachtung jünger erscheinen ließ, als man sonst denken konnte. Er konnte das vierzigste Lebensjahr noch nicht lange überschritten haben.

Es war, als ob auch sein Auge von einem gleichen Beobachtungsdrange gelenkt würde; denn plötzlich begegneten sich unsere Blicke.

„Wir stören uns doch," sagte er mit einem flüchtigen Lächeln. „Es ist aber auch unverantwortlich, daß wir uns an das gedruckte Wort halten und das lebendige, das uns doch eigentlich zunächst geboten ist, verschmähen." Dabei klappte er sein Buch zu und legte es neben sich hin. Mein Blick streifte den Titel auf dem Umschlage; es war eine zu jener Zeit vielerwähnte materialistische Schrift.

Er mußte in meinen Zügen ein gewisses Befremden darüber wahrnehmen, denn er fragte: „Kennen Sie dieses Buch?"

Ich bejahte es.

„Und Sie scheinen sich zu wundern, daß ich es lese", fuhr er fort. „Es mag sich allerdings etwas seltsam bei mir ausnehmen; man müßte denn voraussetzen, daß ich es mit dem empörten Feuereifer eines Inquisitors durchstöbere. Ich gestehe, dies ist nicht der Fall. Ich bin vielmehr dierser Schrift bis jetzt mit vielem Vergnügen gefolgt; denn ich interessiere mich für jede wissenschaftliche Leistung, wiche sie auch noch so sehr von meinen eigenen Ansichten und Überzeugungen ab. Ich habe seit jeher dem Satze gehuldigt: Prüfe alles und behalte von jedem das Beste."

„Und hierzu", sagte ich, von dem warmen und dabei schlichten Ton seiner Worte hingerissen, „hierzu ist auch die glückliche Einsamkeit, in der Sie leben, wie geschaffen. Hier ist es Ihnen vergönnt, in erhabener Ruhe an alles, was im Lärm des Tages hervorgebracht wird und daher fast ohne Ausnahme mehr oder minder von Parteileidenschaften gefärbt und verfälscht ist, den Prüfstein des reinen Erkennens zu legen und so recht eigentlich die Spreu vom Weizen zu sondern."

Er sah mich etwas überrascht an. „Nun, dieser Vorzug erscheint mir denn doch kein so besonderer und wünschenswerter. Er ist das gewöhnliche Attribut müßiger Beschaulichkeit."

„Deren Sie sich doch nicht selbst anklagen werden?" rief ich aus.

„Muß es denn nicht jeder, dessen Leben ohne bestimmtes, in irgend einer Richtung förderliches Wirken oder Hervorbringen verläuft?" fragte er ruhig.

„Wirken Sie denn nicht, indem Sie die Pflichten Ihres Amtes erfüllen?"

„Ich bin nichts als eine Art Guardian unserer Kirche auf dem Wyschehrad, und meines Amtes ist, jeden Sonntag eine Messe zu lesen – und dann und wann einen Toten zu begraben."

„Und Betrübte aufzurichten, Verirrte zu ermahnen und Schuldige zu bessern", setzte ich hinzu.

„Ich wollte, ich könnte es", sagte er still vor sich hin.

„Sie haben keinen Grund, daran zu zweifeln", versetzte ich warm. „Ich habe letzthin nur zu gut wahrgenommen, wie sehr Ihre Predigten die Zuhörer ergreifen."

„Auf wie lange? Die Luft vor der Kirche bläst wieder alles weg. Und so kommt jeder wieder am nächsten Sonntage ganz als derselbe herauf, der er vor acht Tagen gewesen. Es ist dies auch natürlich, denn was sollen Worte dort ausrichten, wo nur ein tätiges, liebevolles Eingreifen in die Verhältnisse des einzelnen Hilfe und somit Trost bringen könnte. Ich habe, solange ich Priester bin, bloß ein einziges Mal jemand durch meine Worte wahrhaft getröstet, und auch das nur, weil ein eigentümlicher Zufall dabei im Spiele war. Und dann", setzte er rasch, wie um eine Erinnerung zu verdrängen, hinzu, „was vermögen leere Ermahnungen gegen den nun einmal in jeder Menschenbrust wurzelnden Hang zum Bösen! Man sollte dem Verirrten den Weg zum Guten nicht bloß weisen, sondern ihn auch darauf hinführen und ein ziemliches Stück weit begleiten können. Dies wäre der eigentliche Zweck, die wahre Aufgabe des Priesters. Wie soll er aber dieser Aufgabe gerecht werden in einer Zeit, wo die Religion fast ganz zu einer politischen Formel herabgesunken ist, wo ihre Vertreter in hartnäckiger Abgeschlossenheit einen Staat im Staate bilden. Einen wahrhaft segensreichen Wirkungskreis kann der Priester nur unter patriarchalischen Zuständen gewinnen. So kommt es, daß noch hier und dort auf dem Lande sich der Pfarrer einer kleinen Gemeinde mit gerechtem Stolze einen Seelenhirten nennen kann. Die Verhältnisse der Gemeindemitglieder liegen offen vor ihm da; er hat es nicht erst nötig, auf eine zweideutige Art in sie eindringen zu müssen. Er ist in der Lage, nach und nach jeden einzelnen mit seinen Vorzügen und Fehlern kennenzulernen. Wie leicht wird es da einem einsichtsvollen, von wahrer Menschenliebe beseelten Manne – einem anderen würde freilich eben dadurch Gelegenheit geboten, Unheil zu stiften –, durch milde Werktätigkeit und durch die Macht des Beispieles tröstend, helfend, belehrend und anregend aufzutreten, und so das Wort Gottes nicht bloß zu predigen, sondern auch darzuleben. Mir fällt bei dieser Gelegenheit der ehemalige Pfarrer meines heimatlichen Dorfes ein. Es war ein Mann von energischem, fast strengem, aber keineswegs bigottem Charakter. Sein Latein reichte nicht weit, auch hatte er nur wenig in den Kirchenvätern gelesen: aber er hielt oft über einem Glase Wein den Bauern in der Schenke eindringlichere Reden, als vielleicht jemals aus einer Kanzel gesprochen wurden. Rechtshändel und Streitigkeiten ließ er selten vor die Gerichte kommen, sondern schlichtete das meiste selbst auf eine verständige und gütige Art. Sein Stück Feld bebaute er mit eigenen Händen und war immer der erste bei der Arbeit; denn er wußte, daß die Menschen eine Ermahnung dazu nicht gerne von einem annehmen, der selbst müßig geht. Oft erschien er unvermutet in der Schule, unterbrach den Vortrag des Lehrers und stellte einige Fragen an die Kinder. War er mit dem Examen zufrieden, so holte er

Äpfel und Nüsse aus der Tasche seiner groben, abgenützten Soutane hervor, beschenkte die Kleinen damit und ließ sie vor der Zeit auf den Spielplatz hinaus. Dort sah er ihnen eine Weile zu und erhöhte den Jubel noch manchmal dadurch, daß er sich selbst anordnend und belebend ins Spiel mischte. So war er bei alt und jung beliebt, ein wahrer Vater seiner Gemeinde, die ihn nicht als einen Heiligen über ihr, sondern als den besten und weisesten Menschen in ihrer Mitte verehrte. – Wie ganz anders, wie vereinsamt nimmt sich dagegen der Priester in größeren Städten aus. Von den wahrhaft Gebildeten ob seiner falschen Stellung bemitleidet, von den sogenannten Aufgeklärten als Heuchler verschrien und an seinen menschlichen Schwächen und Fehlern schonungslos kontrolliert, erscheint er der Mehrzahl der Bevölkerung nur als der zufällige Träger eines gedankenlos überkommenen und ausgeübten Kultus."

Ich glaubte zu träumen. Diese Worte klangen so außerordentlich, so überraschend aus dem Munde eines katholischen Priestern, waren in einem so ruhigen Tone tiefer, im Innersten wurzelnder Überzeugung gesprochen, daß ich in schweigende Bewunderung versank. So trat eine Pause ein, während welcher wir beide nach der Sonne blickten, die uns gegenüber, in einem Meere von Glanz schwimmend, langsam hinter den Höhen hinabtauchte.

„Ich denke, wir gehen, eh' es völlig Nacht wird", sagte endlich der Pater. Wir erhoben uns und schritten still nebeneinander hin. Als wir uns der Kirche näherten, suchten meine Augen unwillkürlich den weißen Obelisk im Dämmerdunkel des Friedhofes. Dabei erwähnte ich des tiefen Eindruckes, den dieser Grabstein letzthin in mir hervorgebracht.

Etwas wie der Schatten einer Erinnerung legte sich über das Antlitz meines Begleiters; und als ich fragte, ob er mir vielleicht Näheres über die Totes mitteilen könnte, sagte er, indem er gedankenvoll vor sich hinsah: „Sie war das einzige Kind eines reichen Großhändlers und die erste Leiche, die ich hier oben bestattete."

Wir waren mittlerweile vor dem Pfarrhause angelangt. Drüben saß der Zeugwart zwischen Weib und Kind vor der Tür und rauchte seine Abendpfeife.

„Ich bin daheim", sagte der Pater. „Wenn es Ihnen gefällt, bei mir einzutreten, so sind Sie herzlich willkommen." Da ich mich verbindlich verneigte, öffnete er das Tor und führte mich über den einsamen Flur eine breite dunkelnde Treppe hinan. Oben schloß er eine von den Türen auf, die in einer Reihe den Korridor hinliefen, und ließ mich in ein ziemlich weitläufiges Gemach treten.

„Nehmen Sie indessen nur hier Platz", sagte er und wies auf ein bequemes Sofa. „Ich werde sogleich Licht machen."

Während er an einer großen Kugellampe hantierte, sah ich im dämmerigen

Raume umher. Die Wände waren zum Teil von oben bis unten durch dicht-bestellte Bücherrepositorien verdeckt; dazwischen erhoben sich hohe Glas-schränke, welche naturwissenschaftliche Sammlungen zu enthalten schienen. Auf einem geräumigen Tische in der Nähe der Fenster standen und lagen che-mische und physikalische Instrumente umher; ein zweiter Tisch war ganz mit Papieren und Schriften bedeckt. Trotzdem wehrte mir von allen Seiten wohnliches Behagen entgegen und gab sich, als jetzt das milde Lampenlicht das zweite Gemach durchflutete, immer deutlicher kund. Die Fenstergardi-nen, hinter welchen das dunkle Grün tropischer Gewächse hervorlugte, wa-ren von tadelloser Frische, und an den Büchereinbänden sowie auf dem krausgeformten und wunderlich blinkenden Gläserwerk war kein Stäubchen zu sehen. An der rückwärtigen Wand gewahrte ich ein großes, wohlgebautes Harmonium; eine Kopie der Sixtinischen Madonna, in Kupfer gestochen, hing, schlicht eingerahmt, darüber.

Der Pater versah die Lampe mit einem Schirm, stellte sie auf den Tisch vor dem Sofa und ließ sich neben mir nieder. „Es ist eigentümlich", begann er, „wie sich Menschen, die unter ganz verschiedenartigen Verhälnissen leben, manchmal rasch und unvermutet zusammenfinden. Wie hätt' ich mir's jemals träumen lassen, einen jungen Offizier in meiner Behausung zu empfangen."

„Auch ich hatte nicht gehofft, als ich das erstemal an diesen Mauern vor-überging, daß ich mir so bald das Wohlwollen des Mannes erwerben würde, der hier seine Tage, wie ich jetzt sehe, in nichts weniger als müßiger Beschau-lichkeit verbringt."

„Also in müßiger Tätigkeit, wenn Sie schon nicht anders wollen", sagte er lächelnd. „Ich treibe zu meinem Vergnügen etwas Naturwissenschaften, das ist das Ganze."

„Je nun", erwiderte ich, „wer weiß, ob Ihre Studien nicht einem ernsteren Antriebe entspringen, als Sie selbst gestehen wollen. In den Heften und Kon-voluten dort", fuhr ich mit einem Blicke nach dem Schreibtische fort, „scheint bereits manches Ergebnis einer tieferen Forschung niedergelegt zu sein."

„Es sind bloße Exzerpte", sagte er hastig, indem er leicht errötete. „Auf-zeichnungen, wichtig für mich, unbedeutend für andere. Ich fühle mich nicht berufen, die Wissenschaft durch Entdeckungen zu bereichern, oder auch nur die Zahl der schwebenden Hypothesen durch Aufstellung einer neuen zu vermehren. Ich bin, wie gesagt, ein bloßer Dilettant. Ich nehme Pflanzen in meine Herbarien auf, nach denen sich ein anderer schwerlich mehr bücken möchte, und ergötze mich an Experimenten, die jeder Quartaner als längst abgetanen Schulkram verächtlich belächeln würde. Die mikroskopische Un-tersuchung des Wassers, das einer ins Glas gestellten harmlosen Blume einen Tag lang das Leben gefristet, erfüllt mich mit derselben Forscherfreudigkeit und wissenschaftlichen Überraschung, mit welcher irgendein berühmter Mann die Infusorienwelt des Stillen Ozeans ergründet; und wenn ich zuweilen, mit Hammer und Botanisierkapsel ausgerüstet, einen Ausflug längs der Flußufer oder nach den umliegenden Höhen unternehme, so ist mir dabei zumute, wie es Humboldt gewesen sein mußte, als er das Gebiet des Orinoko durchstreifte und die Kordilleren bestieg. Und so wird mir das Stückchen Natur um mich her zum Teiche Bethesda, in dem ich die Seele bade und erfrische, um sie vor den Einflüssen der Langeweile zu schützen, die sonst unfehlbar mein Leben beschleichen müßte."

„Was um so weniger der Fall sein wird, als Sie, wie ich sehe, noch ein zweites Gegenmittel in Bereitschaft haben."

„Ja", sagte er, „mein Harmonium."

Ich hatte dieses Instrument noch nie spielen hören, und bemerkte das dem Priester.

„Ich selbst besitze es noch nicht lange", erwiderte er, indem er den Schirm auf der einen Seite emporhob, so daß der volle Lichtstrom gegen die Wand fiel. „Ich pflegte früher die Orgel zu spielen. Da ich aber dazu immer erst in die Kirche gehen und die Hilfe eines zweiten in Anspruch nehmen mußte, so schaffte ich mir endlich dieses Instrument an, das in der Hinsicht auf Konstruktion und Klang der Orgel am nächsten kommt und dabei eine größere Bequemlichkeit gestattet."

Ich hatte inzwischen unverwandt nach dem Bilde gesehen, dessen ewig neuen Zauber ich hier wieder auf das tiefste empfand. Und je länger ich das Antlitz der Gottesmutter betrachtete, die mit ihren großen, unergründlichen Augen wie verwundert auf den faustischen Apparat im Zimmer zu blicken schien, je mehr fiel mir die Ähnlichkeit desselben mit dem einer Person auf, deren ich mich aber, wie dies oft der Fall zu sein pflegt, nicht gleich entsinnen konnte.

Der Priester war aufgestanden, hatte sich an das Harmonium gesetzt und legte die Spitzen seiner langen feinen Finger auf die Tasten. „Nicht wahr, ein wunderbares Bild?" sagte er. „Man kann sich nicht satt schauen daran. Das kommt aber daher, weil man seine eigentliche Schönheit mit den Blicken gleichsam erst aus der Tiefe an die Oberfläche saugen muß. Beim ersten Hinsehen erscheint es fast leer und läßt kalt. Solchen, die kein geistiges Auge besitzen, wird es niemals ein rechtes Wohlgefallen abgewinnen. Ich möchte das Original vor mir haben können."

„Der Ausdruck im Gesichte der Madonna ist ganz einzig", erwiderte ich nachdenklich. „Und doch findet man zuweilen Köpfe, besonders bei Frauen im Volke, die mehr oder minder jenen kindlich erhabenen und, wenn ich so sagen darf, rührend unfertigen Zug aufweisen, der uns hier so sehr entzückt.

So ist es mir, als hätte ich erst unlängst ein derartiges Gesicht gesehen; ich weiß nur nicht wo."

„Ich weiß es", sagte er. „Hier in der Zitadelle."

Nun war ich darauf gebracht. „Richtig!" rief ich aus, „an das junge Weib Ihnen gegenüber hat mich das Bild gemahnt."

„Es freut mich, durch Sie meine eigene Ansicht bestätigt zu finden, die vielleicht eine rein subjektive hätte sein können. Denn im Grunde genommen sind die Züge doch ganz verschieden, und die Ähnlichkeit liegt wohl nur in dem eigentümlichen Schnitt und Blick der Augen. Beweis dessen, daß der Zeugwart, als ich ihn einmal vor das Bild führte, anfangs auch nicht die geringste Ähnlichkeit mit seinem Weibe finden wollte, und erst nach und nach, und das nur, wie es mir schien, mehr aus pflichtschuldiger Höflichkeit als aus Überzeugung mit einstimmte."

Er hatte schon während dieser letzten Worte zu spielen begonnen. Es waren zuerst leise Töne, die er anschlug; aber immer voller, immer mächtiger rauschten sie unter seinen Händen auf. Er schien kein bestimmtes Musikstück vorzutragen, sondern ganz einer inneren Eingebung zu folgen. Sein Haupt war leicht zurückgebogen, der Blick halb durch die gesenkten Wimpern verschleiert; auf seiner blassen Stirn lag der Reflex des Lampenlichtes wie ein Glorienschein.

In tiefes Lauschen versunken, saß ich da. Von draußen drang der Duft der Lindenblüten ins Gemach herein und quoll mit den feierlichen Schwingungen der Töne zusammen.

Als jetzt der Pater mit einer lang nachhallenden Kadenz schloß, machte ich meinen Gefühlen in den Worten Luft: „Wahrlich, Sie sind beneidenswert! Welch ein herrliches, reiches Dasein führen Sie in Ihrer Abgeschiedenheit. Gestehen Sie", fuhr ich, mich erhebend, fort, „daß Sie glücklich sind, so glücklich, als es nur irgendeine begnügte Menschenseele sein kann!"

„Ja", sagte er, indem er gleichfalls aufstand und mich mit leuchtenden Augen ansah, „ich bin glücklich. Aber auch ich war es nicht jederzeit. Denn das Kleid, das ich trage, ist kein dreifaches Erz und wappnet die Brust nicht immer gegen die Gewalten des Lebens. Wenn wir, wie ich hoffe, näher miteinander bekannt werden", setzte er hinzu, da er sah, daß ich mich zum Fortgehen anschickte, „so will ich Ihnen einmal bei der Gelegenheit etwas aus früheren Tagen erzählen, zum Beweise, daß auch mein stilles, unbeachtetes Dasein nicht ganz ohne Prüfungen, ohne Kampf und Qual gewesen." Er geleitete mich zum Tor hinab. „Leben Sie wohl", sagte er, „auf Wiedersehen!"

So entspann sich zwischen mir und dem Pater eine jener Freundschaften, wie sie zuweilen unter Männern von ungleichem Alter vorkommen, und welche dann mit zu den edelsten Verhältnissen gehören, in denen ein Mensch zum andern stehen kann. In gewöhnlichen Lebensbeziehungen durch die

Verschiedenheit des Standes auseinander gehalten, wurden wir desto fester durch das geistige Interesse, das wir aneinander fanden, verbunden. Ich besuchte ihn nun wöchentlich in seiner einsamen Stube, wo wir den Nachmittag unter anregenden Gesprächen, noch öfter aber über seinen Büchern und Sammlungen oder am Experimentiertische zubrachten; denn er hatte es unternommen, mich in die Naturwissenschaften, darin er eben so tiefe als ausgebreitete Kenntnisse besaß, einzuführen. Gegen Abend gingen wir gewöhnlich auf eine Stunde ins Freie und nahmen dann ein bescheidenes Mahl ein, das uns der alte Kirchendiener nebst einem Kruge leichten Landbieres oder einer Flasche Melniker auftrug. Der Pater machte dabei mit geräuschloser Zuvorkommenheit den Wirt; ihm selbst merkte man es beinahe nicht an, daß er aß oder trank, so flüchtig weg, so ganz ohne alles Behagen tat er es. Trotz des vertrauten Umganges wurden persönliche Angelegenheiten oder Verhältnisse zwischen uns fast niemals berührt. Ich wußte von ihm nicht mehr, als daß er einem in der Stadt befindlichen Stifte angehörte, mit seinem Ordensnamen Innocens heiße und der Sohn armer Landleute sei, die schon gestorben waren. Er hingegen mochte in mir den Menschen erkennen, der sich in einer ihm wenig zusagenden Lebensstellung befand, aber er vermied es, mich in dieser Hinsicht irgendwie auszuforschen. Auch von dem, was er mir damals zu erzählen versprochen hatte, tat er keine Erwähnung mehr. Vielleicht hatte er seine Zusage vergessen; vielleicht erwartete er, ich würde ihn daran erinnern, was ich jedoch, um nicht zudringlich zu erscheinen, unterließ. Von Zeit zu Zeit traf ich bei ihm mit einem aufgeweckten, wohlgebildeten Jüngling zusammen, in dem man beim ersten Blick einen Bruder des jungen Weibes erkennen mußte. Wie aus seinen Reden hervorging, hatte er erst vor kurzem die ärztlichen Prüfungen abgelegt und stand an einer öffentlichen Heilanstalt in Verwendung. Gegen Innocens legte er eine tiefe und, wie es schien, mit Dankbarkeit verbundene Ehrerbietung an den Tag.

Inzwischen war der Sommer, war der Herbst vergangen und endlich der Winter gekommen, dessen Stürme und Schneegestöber mich nicht abhielten, nach wie vor das Priesterhaus auf dem Wyschehrad aufzusuchen. Aber der wieder erwachende Lenz setzte eine schlimme Zeitung in die Welt: den Krieg mit Piemont. Dieses Ereignis überfiel mich um so unvorbereiteter und gewaltsamer, als ich während der schönen Zeit des Verkehrs mit Innocens die Politik ganz und gar vergessen hatte und mein Regiment die Weisung erhielt, nach Italien abzurücken. Da sich bei ähnlicher Gelegenheit Befehle und Anordnungen überstürzen, so fand ich im Drange einer hastigen und verworrenen Diensttätigkeit kaum noch Zeit, meinen geistlichen Freund von unserer so bald bevorstehenden Trennung persönlich in Kenntnis zu setzen und noch einige Stunden bei ihm zuzubringen.

Als ich mit beklommenen Herzen bei ihm eintrat, betrachtete er eben mit erhabener, geistvollen Naturfreunden eigentümlicher Naivität ein paar Schneeglöckchen, die er in der Hand hielt. Er stand auf und schwenkte mir, gleichsam im stillen Triumpfe, diese ersten Boten des Frühlings entgegen. Als ich ihm aber jetzt die Vorfallenheiten erzählte, da senkte sich seine Hand allmählich, und sein Mund kniff sich immer tiefer und schmerzlicher ein. „Das ist rasch über uns hereingebrochen", sprach er tonlos vor sich hin.

Wir blieben uns eine Zeitlang schweigend gegenüber. Endlich sagte er: „Der Nachmittag ist schön. Lassen Sie uns zum letzten Male miteinander einen Gang nach der Stelle tun, wo wir uns kennengelernt." So verließen wir das Haus und begaben uns langsam und nachdenklich auf die Bastei. Kahl und öde lag noch die Gegend da; aber einige frühblühende Obstbäume standen schon in ihrem weißen Schmucke, die Luft roch nach Veilchen, und in geheimnisvoller Triebkraft schien die Erde leise zu beben. Hier und dort stieg von den braunen Feldern schmetternd eine Lerche empor.

Innocens deutete über die Brustwehr hinaus: „Welch ein tiefer Gottesfriede liegt über der Gegend!" sagte er. „Sehen Sie nur dort das lässig schreitende Zweigespann vor dem Pfluge und hinterdrein den arbeitsfrohen Landmann! Und hier unten den schaukelnden Kahn und den Schiffer darin, der das Ruder weggelegt hat, weil ihn die glatte Flut schnell und sicher zum Ziele trägt! Wahrlich, wenn man die Welt so vor sich sieht im Sonnenschein, und die harmlosen Tier- und Menschengestalten darauf, sollte man glauben, sie sei ein Eden, dessen heitere Ruhe niemals durch das wüste Geschrei kämpfender Scharen wäre gestört, dessen Fluren niemals mit argvergossenem Blute wären getränkt worden."

„Und unter solchen Umständen", fuhr ich fort, „muß ich Italien kennenlernen! Es war seit jeher mein schönster Traum, dieses Land mit den heiligen Schauern, mit der genießenden Freiheit und Ruhe eines fahrenden Schülers betreten zu können. Und jetzt soll ich als rauher Kriegsknecht, bereit zu morden und zu verwüsten, über die Alpen ziehen!"

„Wie einst unsere Vorfahren unter den Ottonen und Heinrichen – und unter den Hohenstaufen", erwiderte er. „So pflanzen sich die Wellenkreise, die der Sturz des römischen Kolosses hervorgebracht, noch nach einem Jahrtausende fort, und wir sind eigentlich auf unserem Weltteile noch immer Barbaren, so sehr wir uns auch mit den Fortschritten unserer Zivilisation brüsten mögen. Aber", setzte er nach einem kurzen Besinnen hinzu, indem er mich rasch ansah, „der Zwang der Lebenspflicht und Hörigkeit ist glücklicherweise, wenn auch nur in seiner bindendsten Bedeutung, vorüber. Ich weiß, daß Sie sich schon lange im stillen mit dem Gedanken tragen, den Militärdienst zu verlassen. Tun Sie es jetzt; man kann, glaub' ich, einem Offizier den Abschied nicht verweigern, wenn er darum ansucht."

„Allerdings nicht. Allein man würde mich für einen Feigling halten, dem um sein Leben bangt. Gerade jetzt kann und darf ich den Abschied nicht fordern."

„Sie haben recht", sagte er mit einem leichten Seufzer; „es geht nicht. Man kann sich über gewisse herrschende Meinungen und Ansichten, ohne sich oft sein ganzes Leben zu verderben, nicht hinwegsetzen."

Die Sonne war indessen tiefer gesunken, und vom Fluß herauf wehte es feucht und kühl; so kehrten wir wieder nach Hause zurück. Die Lampe ward angezündet, und wir ließen uns schweigend auf das Sofa nieder.

Um die gewohnte Stunde kam der Alte mit dem Abendessen, an das wir einsilbig und gedankenvoll gingen. Zuletzt schenkte Innocens die Gläser voll und sagte: „So müssen wir denn scheiden. Wer am meisten dabei verliert, bin ich. Denn", fuhr er, meine Einwendung abschneidend, fort, „so unangenehm Ihnen die Ereignisse, denen Sie folgen müssen, auch sein mögen: das Ungewohnte und Wechselvolle daran wird Sie doch gewaltsam über das Schmerzliche unserer Trennung hinwegreißen. Und wenn alles überwunden und abgetan ist, dann liegt das Leben wieder in einer neuen Bedeutung, mit frischen Hoffnungen vor Ihnen. Sie sind noch jung; welche Erlebnisse, welche Eindrücke harren noch Ihrer, mit welchen Menschen können Sie noch bekannt und befreundet werden! Ich aber bleibe in meiner Einsamkeit zurück. Ich werde Sie jeden Tag, zu jeder Stunde vermissen. Selbst meine gewohnte Tätigkeit wird mir verwaist erscheinen, da Sie schon so innig damit verknüpft waren – und so bleibt mir kein anderer Trost, als der der Erinnerung." Er hielt mir bei diesen Worten sein Glas entgegen, in welchem der flüssige Rubin des Weines wundersam funkelte. Wir stießen an und tranken, worauf er fortfuhr: „Ich habe noch etwas auf dem Herzen, das ich Ihnen schon vor fast einem Jahre einmal mitzuteilen versprochen. Ich will es jetzt tun, denn mir ist, als sollt' ich Ihnen beim Scheiden das Bild ergänzen, welches Sie von mir, ich weiß es, freundlich im Gedächtnisse bewahren werden." Er stützte das Haupt auf die Hand und sah einen Augenblick nachdenklich vor sich hin.

„Wie Sie wissen", begann er, „bin ich der Sohn armer Landleute. Meine Kindheit war im ganzen eine ziemlich freudlose. Ich mußte schon früh meinen Eltern bei der Feldarbeit an die Hand gehen und überdies fleißig die Schule besuchen; denn es hieß, ich solle einmal studieren. Wirklich kam ich später, obwohl man mich zu Hause schwer entbehrte, nach der Hauptstadt, um das Gymnasium zu besuchen. Dort wurde ich bald das Stichblatt meiner Mitschüler, die boshaft genug waren, sich über meine langen Beine, mein schüchternes, linkisches Benehmen, über meinen altväterlichen Anzug lustig zu machen und mir allerlei mutwillige Streiche zu spielen. Obgleich mir dies auch anfangs viele trübe Stunden bereitete, so hatte es doch das Gute, daß ich mich nach und nach ganz von ihrem Umgange zurückzog und somit nie in die Versuchung kam, an dem sonstigen Treiben dieser frühreifen Knaben

teilzunehmen. Ich lebte damals in einer ärmlichen Dachstube auf der Klein-
seite, wo mich ein entfernter Anverwandter bereitwilligst aufgenommen
hatte. Er war schon ziemlich bejahrt, weib- und kinderlos und bekleidete die
Stelle eines Aufsehers am zoologischen Museum der Stadt. Er brachte öfter
seltene Tiere mit nach Hause, denn zu seinen Obliegenheiten gehörte es, sie
auszubälgen oder auch in Weingeist zu setzen. Dabei mußt' ich ihm nun helfen, und auf diese Art erwachte in mir der Hang zum Studium der Natur und
schlug immer tiefer in meinem Gemüte Wurzel. Da an unseren Gymnasien
zu jener Zeit selbst die Anfangsgründe der Naturwissenschaften engherziger
Rücksichten halber von den Lehrgegenständen noch ausgeschlossen waren,
so wendete ich meinen geringen Sparpfennig daran, mir einige einschlägige
und leichtfaßliche Bücher zu erwerben. Oft verweilte ich stundenlang in den
lautlosen Sälen des Museums, zu denen mein Pflegevater die Schlüssel hatte,
und wo mich die bunte Tierwelt in den verschiedenartigsten Stellungen und
Lagen regungslos, und doch wie lebendig, mit seltsam stieren Blicken anzusehen schien, so daß ich mich anfangs eines leisen Schauders nicht hatte erwehren können. Bald aber war ich mit ihr ganz vertraut geworden, und meine
kindliche Phantasie brachte Atem und Bewegung in die starren Gestalten. Ich
ließ den breitmähnigen Löwen und den schön gefleckten Königstiger aus ihrem gläsernen Gefängnis heraustreten und majestätisch einen hohen Palmenwald durchschreiten, wo die Abgottschlange zwischen leuchtenden Blumen
den furchtbaren Leib emporringelte, zähnefletschende Affen an den Stämmen auf- und abkletterten, krummschnäblige Papageien in den Wipfeln
kreischten und Kolibris gleich farbigen Funken die Luft durchschossen.
Oder ich tauchte mit den plumpen, abenteuerlichen Fischungetümen zu dem
zahllosen Gewimmel in den Abgründen des Meeres hinunter, sah über mir
die Kiele der Schiffe wegfahren und die Polypen still an den Riffen bauen.
An den schönen Feiertagen aber verließ ich schon mit dem Frühesten die
Stadt und ging aufs Geratewohl ins Land hinein, nur gelenkt durch den Flug
der Schmetterlinge und Käfer, auf deren Jagd ich auszog. Dabei las ich in der
Eile auf, was mir gerade an den Pflanzen oder Steinen in die Augen fiel und
belud mich damit. Wenn ich mich dann recht warm und müde gelaufen hatte,
ruhte ich irgendwo im Schatten aus, am liebsten bei unbewegten, von Erlen
und Weiden umdüsterten Wassern, über deren Spiegel blitzende Libellen
schwirrten, zartbeinige Spinnen hintanzten, während dann und wann aus der
Tiefe ein schnappender Frosch aufgluckste.

So wuchs ich allmählich zum Jüngling heran und trat endlich, da mich
meine Eltern zum geistlichen Stande bestimmt hatten, als Novize in unseren
Orden, der mich nach vollendeten Studien und zurückgelegter Probezeit als
Pater aufnahm. Durch bescheidene Dienstwilligkeit und eine gewisse Unver-
drossenheit des Gemüts hatte ich mir bald bei meinem geistlichen Vorgesetz-

ten Liebe und Zutrauen erworben; aber plötzlich wurde meinem Ansehen ein schwerer Stoß versetzt: man begann meine Frömmigkeit in Zweifel zu ziehen. Neid und Mißgunst waren, wie überall in der Welt, so auch in unserem Kloster anzutreffen, und hatten die Gelegenheit wahrgenommen, meine harmlosen Naturstudien zu verdächtigen und anzuschwärzen. Es verlautete nämlich, daß ich die Zeit, während welcher die andern Patres im schattigen Garten beschaulicher Muße oblagen, ein Spielchen machten oder Spaziergänge in der Stadt unternahmen, mit verruchten, allen kirchlichen Dogmen hohnsprechenden Experimenten hinbringe, zu welchem Zwecke ich eine ganze Teufelsküche und die Werke aller alten und modernen Atheisten in einem Wandschranke meines Zimmers vorborgen halte. Der damalige Abt, eine ängstliche, etwas beschränkte Natur, fand sich durch dieses Gerede veranlaßt, mich eines Tages in Begleitung noch zweier Mitglieder bei meinen einsamen Studien zu überraschen, alles dazu Gehörige in Beschlag zu nehmen und mir nach einem Verweise anzuraten, meine Fähigkeiten künftighin einer besseren Sache zuzuwenden. Es war ein tiefer Schmerz, den ich empfand, als man mir meine Apparate und Bücher forttrug. Ein bitteres, niederdrückendes Gefühl überkam mich; aber ich erduldete alles mit christlicher Ergebung, wie es meinem Stande ziemte. Die Untätigkeit, zu welcher ich mich jetzt verurteilt sah, lastete in den ersten Tagen schwer auf mir. Aber ich bedachte, wie vieles, das mit den Anschauungen meiner Vorgesetzten nicht im Widerspruche stand, ich noch zu lernen hatte, und so fand ich bald in eifrigen philologischen Studien Trost und Beruhigung. Ich ging nach wie vor fast niemals aus, und meine Erholung war, hie und da eine Stunde auf der Orgel unserer Hauskapelle zu spielen. Ich hatte die erste Anleitung dazu schon von meinem Schullehrer im Dorfe erhalten und benützte nun die Gelegenheit, diese Vorkenntnisse zu erweitern und auszubilden. Wenn ich so in der verlassenen Kapelle saß und die Töne unter meinen Händen aufquollen, da zog ein tiefer Friede, eine lichte Seligkeit in meine Brust, und auch nicht ein Schatten dieser Welt fiel hinein.

So war mir manches Jahr in sanfter Gleichförmigkeit vorübergegangen, als der Abt plötzlich starb. Sein Nachfolger, ein wohldenkender, vorurteilsfreier Mann, der mich stets mit vieler Nachsicht behandelt und warm verteidigt hatte, ließ mich eines Tages zu sich bescheiden. ‚Wissen Sie‘, sagte er, als ich bei ihm eintrat, ‚daß der Verweser unserer Kirche auf dem Wyschehrad wegen andauernder Kränklichkeit um Amtsenthebung nachgesucht hat?‘ Ich bejahte es, da ich davon gehört hatte. ‚Möchten Sie wohl‘, fuhr er fort, indem er mich forschend ansah, ‚seine Stelle übernehmen?‘ Er mußte in meinen Zügen sogleich eine freudige Zustimmung wahrgenommen haben, denn er klopfte mir schnell auf die Schulter und sagte: ‚Nun, so gehen Sie mit Gott! Es wird Sie niemand darum beneiden; der Ort ist gar zu einsam und abgeschieden, wenn auch das Amt eine gewisse Selbständigkeit und Freiheit gewährt, die Sie, das weiß ich, nicht mißbrauchen werden.‘

Mit welch wohltuenden Gefühlen ich das stille Haus hier oben bezog, können Sie sich vorstellen. Ich war die hämischen, spähenden, zischelnden Klosterkameradschaft los und konnte wieder unbehelligt meine geliebten, langentbehrten Arbeiten aufnehmen, wozu mir der neue Abt Bücher und Apparate von selbst hatte zurückstellen lassen.

Als ich nach der ersten Nacht, die ich hier oben zugebracht hatte, am frühen Morgen ans Fenster trat, fiel mein Blick auf das kleine Haus gegenüber. Mit dem Einrichten meiner neuen Wohnung beschäftigt, hatte ich es tags vorher kaum beachtet; jetzt aber zog es meine ganze Aufmerksamkeit auf sich. Tür und Fenster waren geschlossen; alles schien drinnen noch im tiefen Schlafe zu liegen. Nur die Hühner und Gänse trieben schon vor der Schwelle ihr Wesen, und die Tauben trippelten unruhig auf dem Dachfirste umher. Wie ich so hinsah, überkam mich eine Art Heimweh. Es war mir, als säh' ich die niedere, vom Dorfe etwas abgeschiedene Behausung vor mir, in der ich meine Kindheit verlebt hatte, und als müsse sich jetzt und jetzt die Tür öffnen und meine Mutter selig heraustreten. Und die Tür öffnete sich auch, aber die heraustrat, war ein junges Mädchen. Sie hatte ein weißes Tüchlein um den Kopf geworfen und streute aus der aufgenommenen Schürze Futter zu Boden. Ohne sich weiter um das rasch hinzustürzende Geflügel zu kümmern, schöpfte sie Wasser aus der Zisterne und begab sich wieder in das Haus zurück, aus dessen Schornstein alsbald ein leichter Rauch in die Morgenluft aufstieg. Mittlerweile war auch ein munter aussehender Knabe über die Schwelle gehüpft, der nun mit dem Mutwillen seines Alters die emsig pickende Schar von den reichlich zugemessenen Körnern zu verscheuchen begann, wobei er sich an dem Geschrei und an der verworrenen Flucht der furchtsamen Tiere weidlich zu ergötzen schien. Plötzlich aber wurde er von dem Mädchen, das rasch aus der Tür eilte, beim Arm gefaßt und hineingezogen.

Drüben hatten sich die versprengten Gäste allmählich wieder eingefunden, als es an meiner Tür klopfte. Es war der Kirchendiener, um mich zur Messe abzuholen, mit welcher ich mein Amt einweihen sollte. Bevor wir gingen, fragte ich den Mann, wer dort drüben wohne. ‚Der Zeugwart', erwiderte er, ‚mit Weib und Kindern. Ein alter Knasterbart, der die Franzosenkriege mitgemacht und sich den ruhigen Posten hier oben durch manche Blessur verdient hat.'

In der Kirche, welche gewöhnlich nur an Sonn- und Feiertagen offen ist war kein Beter anwesend. Als ich mich beim Evangelium umwandte, sah ich das Mädchen hereintreten. Sie trug einen Korb am Arme und kniete in der Nähe des Altares nieder, an welchem ich die Messe las. Nach einem kurzen Gebete erhob und bekreuzigte sie sich und ging wieder.

Als ich am nächsten Sonntag zum erstenmal die Kanzel bestieg, gewahrte ich sie gleich beim ersten Hinsehen auf die Menge unter mir. Sie hatte ein blaues, bis an den Hals hinauf geschlossenes Kleid an, das ihr gar wohl zu den goldenen, schlichtgescheitelten Haaren ließ. Neben ihr im Betstuhle saß eine schon ziemlich bejahrte Frau, die man sogleich für die Mutter erkannte. Während ich predigte, fühlte ich beständig ihren Blick aus den vielen heraus, die auf mich gerichtet waren, und in dem Bestreben, ihm auszuweichen, und doch wunderbar davon angezogen, irrte mein Auge scheu um die leibliche Gestalt herum, ohne daß ich den Mut gehabt hätte, sie anzusehen. Desto öfter jedoch blickte ich in den Tagen, die nun folgten, nach dem kleinen Hause hinüber, und bald paßte ich sogar jeden Morgen den Augenblick ab, wo die Jungfrau vor der Tür erschien. So trat ihr Bild unvermerkt immer tiefer in mein Leben hinein und verwuchs damit, eine holde Notwendigkeit, wie Luft und Licht. Es fachte keinen Wunsch in mir an; aber wie an trüben sonnenlosen Tagen ein dumpfer Druck auf einem liegt, so überkam mich, wenn ich sie zur gewohnten Stunde nicht sah, ein geheimes Mißbehagen, das nicht eher wich, als bis sich die schlanke Gestalt, wenn auch noch so flüchtig, vor dem Hause, am Fenster oder im Gärtchen gezeigt hatte. Dann aber war es mir, als sei es erst jetzt vollends Tag geworden, dessen helles Licht mich mit sanfter Wärme und Heiterkeit durchströmte.

Eines Tages spät hatte ich eben die Lampe angezündet und mich über ein Buch gebeugt, als die Klingel am Tor ziemlich hastig gezogen wurde. Ich erhob mich und trat ans Fenster. Unten im Dunkel der Bäume stand das Mädchen. Ein jäher, freudiger Schreck durchzuckte mich, und unwillkürlich trat ich einen Schritt zurück.

Inzwischen hatte der Kirchendiener das Tor geöffnet und fragte nach ihrem Begehren.

‚Um Gottes willen‘, sagte sie mit ängstlicher Hast, ‚meine Muter ist schwer krank; der geistliche Herr möchte sie versehen kommen.‘

Ich erbebte im Innersten bei dem Klange dieser Stimme, die ich zum erstenmal hörte. Ich fühlte das tiefste Mitleid mit dem armen Kinde; eine fieberhafte Angst und Sorge überfiel mich, und dennoch hätte ich zugleich aufjubeln können vor Freude. Rasch eilte ich die Treppe hinunter und begab mich mit dem Kirchendiener, der mir im Flur entgegenkam, in die Sakristei, um alles Notwendige zu holen. Als ich damit aus dem Hause trat, war das Mädchen am Tor niedergekniet. Ich bewegte mit zitternden Händen den Kelch segnend über ihrem Haupte, dann stand sie auf und eilte mir voran.

In einer ärmlichen, aber rein und sorgsam gehaltenen Stube kniete der Zeugwart am Krankenbette, eine breitschulterige Soldatengestalt mit dem Kanonenkreuze auf der Brust; ihm gegenüber der Knabe, das große Kindesauge ängstlich und verschüchtert auf mich richtend. Ich segnete die Anwesenden und trat dann zur Kranken, die, wie es schien, bewußtlos, im heftigen Fieber lag. Sie bewegte unruhig Kopf und Arme und murmelte unverständliche Worte vor sich hin. Es fiel mir auf, daß man fast gewaltsam eine Menge Bettzeug auf sie gehäuft hatte, was die verzehrende Fieberglut des Weibes nur noch steigern mußte. Auch waren die Fenster geschlossen, und in der Stube lagerte die Luft schwül und dunstig. Ich wandte mich an den Zeugwart mit der Frage, wann und unter welchen Umständen die Krankheit ausgebrochen sei, und ob man keinen Arzt zu Rate gezogen. Hierauf nahm aber gleich das Mädchen das Wort und sagte unter leisem Schluchzen, daß die Mutter schon gestern über Mattigkeit und Kopfschmerzen geklagt und die Nacht sehr unruhig zugebracht habe. Sie hätten einen Chirurgen holen lassen; dieser habe schweißbringende Mittel und Verwahrung vor Luftzug verordnet und schon für den nächsten Tag Besserung in Aussicht gestellt. Statt dessen sei jedoch die Mutter von Stunde zu Stunde kränker geworden, und sie hätten sich nicht zu raten noch zu helfen gewußt.

Da ich in dem Zustande der Kranken typhöse Erscheinungen erkannte, so machte ich Vater und Tochter auf das Verkehrte dieser Behandlungsweise aufmerksam und erbot mich, falls man mir Vertrauen schenke, der Kranken Erleichterung zu verschaffen. Zugleich versprach ich, morgen mit dem Frühesten aus der Stadt einen Arzt holen zu lassen. Ein Strahl freudiger Hoffnung flog bei meinen Worten über das düstere, gebräunte Antlitz des Alten und schimmerte um so heller hinter den Tränen des Mädchens auf, als ich das Versehen mit den Sterbesakramenten für unnötig erklärte und bat, mich einstweilen nur als Arzt zu betrachten und alle meine Anordnungen zu befolgen.

Das Mädchen faltete die Hände vor der Brust und sah mich erwartungsvoll an. Ich befahl fürs erste, die schweren, dicken Hüllen von dem Körper der Frau zu entfernen, dann Tür und Fenster zu öffnen, auf daß die reine, frische Nachtluft durch die Stube streiche. Sie taten es schweigend und eilig; aber ein leiser Zug ungläubiger Ängstlichkeit lag dabei in allen Gesichtern. Diese Anordnungen waren ja so ganz jenen des Chirurgen entgegengesetzt, und die Menschen sind in allem und jedem zu sehr an langsame Übergänge gewöhnt, als daß sie zu einem plötzlichen Wechsel unbedingtes Vertrauen fassen sollten.

Ich hatte von dem Knaben ein Becken mit frischem Wasser füllen lassen. Dann begehrte ich Linnen, tauchte es ein und legte es auf die Stirn der Kranken, die wie neubelebt, tief aufseufzte. Hierauf entfernte ich mich, um einiges aus meiner kleinen Handapotheke herüberzuholen.

Als ich wieder in die Stube trat, hörte ich, wie eben der Knabe sagte: ,Wie wohl der Mutter die kalten Umschläge tun' Der dumme Chirurg! Das hätte er auch wissen sollen.'

Siehst du, Ludmilla', sagte jetzt der Zeugwart, ,wie gut es war, daß ich darauf bestand, du solltest den geistlichen Herrn rufen.'

,Ach ja', erwiderte sie, indem sie mich mit ihren großen braunen Augen tief ansah, ,aber es tat mir so weh, daran zu glauben, daß es mit der Mutter schon so schlimm stehe.'

Ich hatte kühlende Pflanzensäfte mitgebracht und goß davon in ein Glas Wasser, das ich an den lechzenden Mund der Kranken brachte. Kaum spürte diese das Naß an den Lippen, als sie es, obgleich noch immer bewußtlos, instinktmäßig mit gierigen Zügen einschluckte.

Mittlerweile hatte der Zeugwart nach der Uhr gesehen, zögernd seine Uniform zugeknöpft und den Säbel umgeschnallt. ,Der Dienst ruft mich', sagte er, als ich ihm einen fragenden Blick zuwarf. ,Ich muß die Nachtrunde um das Fort und die Pulvermagazine machen. Es ist mir noch nie so schwergefallen, wie heute.'

,Gehen Sie unbesorgt,' erwiderte ich, ,ich will Ihre Zurückkunft hier abwarten. Bis dahin soll sich, wie ich hoffe, Ihre Frau schon merklich besser befinden.'

Der alte Soldat beugte sich über die Kranke und horchte auf ihren Atem. Dann zündete er das Licht einer Laterne an und ging.

Wirklich wurde die Kranke von Minute zu Minute ruhiger. Die Delirien hörten auf; das Bewegen und Zucken der Arme wurden seltener, und die wüste Bewußtlosigkeit schien einem tiefen, wohltätigen Schlummer zu weichen. Ich hatte mich ihr zu Häupten gesetzt und hielt ihren Puls leicht umfaßt. Ludmilla war hart am Bette niedergekniet, und schien mit aufgestützten Armen zu einem Heiligenbilde an der Wand zu beten. Der Knabe lag, von dem bleiernen Schlaf der frühen Jugend bewältigt, mit überhangendem Haupte in einem alten Lehnstuhl. Still quoll die Nachtluft durch das geöffnete Fenster herein und spielte mit der gedämpften Flamme der Lampe, um welche, vom trügerischen Schein in die Stube gelockt, ein schwerfälliger Falter in immer engeren Kreisen schwirrte.

Da war mir, als neige sich das Haupt des knienden Mädchens der Seite zu, wo ich saß. Und wie es jetzt tiefer und tiefer sank, lösten sich langsam die gefalteten Hände, die Arme fielen schlaff an den Hüften hinunter, und eh' ich mich dessen versah, glitt der Oberleib der vom Schlafe Übermannten sanft in meinen Schoß herüber.

Eine nie gekannte Empfindung durchzuckte mich, als die holde Last plötzlich auf meinen Knien lag. All mein Blut schoß zum Herzen; ich fühlte, wie ich erblaßte. Was sollte ich beginnen? Sollte ich sie wecken? Und wenn ich es tat, mußte sie nicht gewahren, daß sie in meinem Schoße lag? Ein tiefes Schamgefühl überkam mich und trieb mir das Blut, heiß zum Versengen, in die Wangen zurück. Ich wagte mich nicht zu rühren. Ich spürte, wie sich die Brust der Jungfrau im festen Schlummer gleichmäßig hob und senkte, und lauschte auf ihre Atemzüge, die sich mit den leisen des Knaben und den schnellen, stoßweisen der Kranken vermischten. Mein Herz schlug hörbar; der Falter schwirrte noch immer ums Licht; draußen zirpten die Grillen.

Plötzlich erlosch knisternd die Lampe. Der Falter hatte das Flämmchen, endlich hineinflatternd, erstickt. Ludmilla machte im Schlafe eine Bewegung. Dabei berührte ihr warmer Hauch meine Hand. Ein heißer Schauer durchrieselte mich, meine Pulse flogen, und in der Verwirrung meiner Sinne beugte ich mich nieder, und mein Mund streifte zitternd das weiche, duftige Haar der Schläferin. Aber gleichzeitig, wie von einer inneren Angst getrieben, schob ich sie sanft von mir und erhob mich.

Ludmilla erwachte und schien sich lange nicht besinnen zu können, als sie sich so am Boden und im Dunkeln befand. Ich sagte mit bebender Stimme, sie möge die Lampe anzünden, die eben erloschen sei. Sie tat es schämig ver-

wirrt und erwiderte, indem sie mit den Händen über das rosige Gesicht fuhr:
‚Mein Gott, mir scheint, ich habe gar geschlafen.‘

Ich schwieg und wechselte den Umschlag der Kranken. Es tat mir wohl,
die fiebernden Hände ins Wasser zu tauchen; doch kühlte es nicht die Glut,
die mich noch immer durchtobte.

Bald darauf trat der Zeugwart ein. Ich wies auf die ruhig schlummernde
Kranke und unterbach errötend die schlichten Dankesworte des Mannes, indem ich mich mit dem Bemerken verabschiedete, daß für heute nacht nichts
mehr zu befürchten sei. Ludmilla hatte die Lampe ergriffen, um mir hinaus-
zuleuchten. Ich winkte ihr zu bleiben, zog meine Hand, die sie ehrerbietig
zum Kusse ergreifen wollte, zurück und eilte fort.

Draußen war eine herrliche Nacht. Die Sterne flimmerten und zuckten,
und der Mond goß sein Licht über die Erde. Ohne zu wissen, wie ich dahin
gekommen, stand ich plötzlich auf der Bastei, deren Brustwehr meinen wahl-
los stürmenden Schritten Einhalt tat. Schwüle Fliederdüfte umquollen mein
Antlitz; in der Runde schmetterten die Nachtigallen.

Horch! Ferner Lärm, wie von verworrenen Stimmen, von Scherzen und
Gelächter. Ein Kahn kam den glitzernden Strom herabgefahren, voll fröhlicher Menschen, die gewiß bis jetzt in Podol gezecht hatten und sich in der
stillen Mondnach auf der schaukelnden Flut bis zur Prager Brücke rudern ließen.

Immer näher kam der Kahn; immer lauter scholl die Lustbarkeit der Menschen, deren Gestalten ich deutlich erkennen konnte, wie sie, Männer und
Frauen, dichtgedrängt in dem kleinen Fahrzeug saßen und standen.

Plötzlich verstummte Plaudern und Lachen, und eine weiche schmelzende Tenorstimme begann in die schimmernde Nacht hinauszusingen:

,Sei in Tönen, weich und linde,
Mir gegrüßt, o Frühlingsnacht,
Glücklich, wer mit seinem Kinde
Wonneselig dich durchwacht!

Wie ein heimliches Gewittern,
Das in dir sich leise regt,
Hör ich rings die Herzen zittern,
Hold von Liebesmacht bewegt!'

Ein schneidendes Weh drängte sich durch meine Seele, und atemlos, wie von einem Zauber berührt, lauschte ich dem Gesange.

,Hör ich rings die Herzen zittern,
Hold von Liebesnacht bewegt!'

scholl es im lauten Chor wiederholt, herauf.

Jetzt glitt der Kahn gerade unterhalb des Forts vorüber, und mit kräftiger, rasch empor geschnellter Stimme fuhr der Sänger fort:

,Aber wecken alle Träumer
Möcht' ich jetzt mit hellem Sang,
Treiben möcht' ich alle Säumer
Vor mir her mit Becherklang!

Denn mich wurmet das Genippe,
Wo ein Trunk nur kühlt und stillt,
Und mich wurmet jede Lippe,
Die nicht heißverlangend schwillt!'

,Und mich wurmet jede Lippe,
Die nicht heißverlangend schwillt!'

tönte es im Chor.

Ich beugte mich weit über die Brustwehr hinaus, denn immer ferner und schwächer klang es:

,Und so wie der echte Zecher
Jeden Tropfen froh genießt,
So verschmäh' ich rascher Brecher
Keine Blüte, die da sprießt –'

Ich hörte nur mehr die immer leiser tönende Melodie des Liedes, noch einmal den Chor fern aufrauschen; dann war alles still.

Jetzt überkam mich eine tiefe, wilde Sehnsucht und drohte mir die Brust
zu zersprengen. Es war mir, als wäre mein Glück an mir vorübergezogen und
rufe und winke durch die Nacht nach mir zurück mit geheimnisvollen Stimmen und leuchtenden Händen. In unsäglichem Drange breitete ich die Arme
in der Richtung aus, in welcher der Kahn meinen Blicken entschwunden war.
Dann warf ich mich nieder auf das feuchte Gras, und eine Träne rann aus meinem Auge mit dem kühlen Tau des Himmels zusammen.''

Er schwieg einen Augenblick, wie um eine innere Erregung auszittern zu
lassen, und fuhr dann in etwas gedämpften Tone fort: ,,Am Horizont stand
schon ein blaßgelber Streif, als ich nach Hause zurückkehrte. Ich warf mich
angekleidet aufs Bett und versank in einen kurzen, von wüsten Traumbildern
geängstigten Schlummer. Beim Erwachen lag das Dasein fremdartig vor mir,
ein einziger großer Schmerz. Der Arzt erschien, und ich ging zögernd mit
ihm hinüber. Er erklärte den Zustand der Kranken für keinen sehr gefährli-

chen und verordnete einiges, während ich mit bebender Seele abseits stand und den Blicken Ludmillas auswich, die sie, um die Mutter beschäftigt, voll innigen Dankes gegen mich aufschlug. Ich war froh, als ich mich mit dem Arzte wieder entfernen konnte. Es litt mich aber nicht zu Hause, sondern ich irrte zeitvergesen in der Zitadelle umher, warf mich hier und da erschöpft auf die Schanzen nieder und brütete vor mich hin. In dieser dumpfen, ruhelosen Untätigkeit vergingen die nächsten Tage. Ein schleichendes, markverzehrendes Feuer war in meinem Innern entglommen und lohte oft in so wilden, niegekannten Wünschen auf, daß ich vor mir selbst erschrak. In meiner Seelenangst schloß ich mich dann oft stundenlang in der kühlen, dunklen Kirche ein, um durch reumütiges Gebet mein Inneres zu läutern und der schwülen Traumhaftigkeit meiner Sinne Herr zu werden. Aber umsonst: auf der Lippe, die das peccavi sprach, zitterte die wonnige Berührung mit den blonden Haaren Ludmillas nach, und wie geisterhaft fühlte ich mich von den Sirenenklängen jenes Liedes umweht. Selbst an der Orgel, deren Töne mich sonst über alles Irdische hinaushoben, fand ich keine Beruhigung, keinen Trost. Ihr feierlich ernstes, gleichmäßiges Rauschen stimmte nicht zu dem Zwiespalte in meiner Brust, der, das fühlte ich, nur auf einer Geige in wildklagenden Akkorden, grellen Läufen und schneidenden Kadenzen hätte ausklingen können. Ein Opfer dieses Zwiespaltes, nannte ich mich selbst einen pflichtvergessenen Priester, der mit unwürdiger Hand den Kelch erhebe und dessen befleckte Lippe das Wort Gottes entheilige. Und dann nahm ich mir vor, nie mehr die Schwelle des Zeugwartes zu betreten, was ich doch schon der Kranken halber von Zeit zu Zeit tun mußte, hätte mich auch nicht die Sehnsucht, Ludmilla zu sehen, hingetrieben. Gleich darauf aber beklagte ich mich wieder als einen unglückseligen Menschen, der inmitten der Freuden und wonnigen Genüsse dieser Welt an einen düsteren Felsblock geschmiedet sei, und weinte heiße Tränen darüber, daß ich das unauflösbare Gelübde abgelegt. – Eine Woche lang war es mir gelungen, die drängende Sehnsucht zurückzudämmen; länger aber ertrug ich's nicht. Ich umkreiste, wie damals der Falter die Lampe, immer enger das kleine Haus und trat endlich hinein.

Ich fand die Kranke schon im Gärtchen. Man hatte ihr den alten Lehnstuhl unter einen breitästigen Apfelbaum getragen, in dessen Schatten sie des herrlichen Nachmittags genoß. Neben ihr auf einer in der Erde festgerammten Bank saß Ludmilla. Diese sprang, als ich eintrat, hastig auf, wobei ihrem Schoße ein buntes Chaos von Wiesenblumen entglitt.

Die Frau machte einen Versuch, sich zu erheben, sank aber alsbald kraftlos in den Stuhl zurück. So begnügte sie sich, mir ihre welke, abgemagerte Hand entgegenzustrecken. ‚Wie schön, hochwürdiger Herr‘, sagte sie, ‚daß Sie heute herüberkommen, wo ich zum erstenmal wieder die freie Gottesluft atme.‘

‚Es freut mich, Sie schon so wohl zu sehen', erwiderte ich mit gepreßter
Stimme; denn ich bemerkte, daß mich Ludmilla mit ängstlicher Freude betrachtete.

‚Gerade haben wir von Ihnen gesprochen, nicht wahr, Mutter?' sagte sie.
‚Wir fürchteten schon, Sie wären krank. Sie sahen, als Sie das letzte Mal bei
uns waren, gar so blaß und leidend aus.'

Ich fühlte, wie ich bei diesen Worten noch bleicher wurde, als ich es vielleicht schon war.

‚Und Sie waren auch gewiß krank', fuhr Ludmilla fort. ‚Man sieht es Ihnen
an, daß Sie sich jetzt noch nicht ganz wohl fühlen.'

‚Wahrlich', bekräftigte die Mutter, ‚jetzt merk' ich es erst, wie übel Sie aussehen. Was fehlt Ihnen, geistlicher Herr? Reden Sie, um Gottes willen!'

Ich drohte umzusinken. Bei dieser ängstlichen Musterung kam mir in den
Sinn, wie verstört ich aussehen mußte; ich empfand deutlich, wie mir das
Haar wirr um die Schläfen hing, wie meine Augen eine düstere Fieberglut
ausstrahlten. Dennoch faßte ich mich und erwiderte, indem ich mich zu lächeln zwang: ‚Mir fehlt nichts; ich fühle mich ganz wohl.'

‚Wirklich? Wirklich?' forschten die Frauen. ‚Sie wollen es uns nur verheimlichen', setzte Ludmilla hinzu.

‚Warum sollt' ich das', sagte ich, das Zittern meiner Stimme gewaltsam un-
terdrückend. ‚Beruhigen Sie sich, es ist nichts. Die Tage sind jetzt nur so unerträglich schwül', fuhr ich fort, indem ich unwillkürlich meinen Empfindungen nachgab und mit der Hand über die Stirn strich.

‚So setzen Sie sich doch hierher in den Schatten!' rief das Mädchen und
zwang mich mit sanfter Gewalt auf die Bank nieder. ‚Prokop!' rief sie dann
dem Knaben zu, der, ohne mein Kommen bemerkt zu haben, weiter rückwärts im Gärtchen herumsprang. ‚Prokop, siehst du denn nicht, daß der
geistliche Herr da ist?' Alsbald kam der Kleine auf mich zugelaufen. Froh,
die Verwirrung meiner Seele hinter einem Gespräch mit dem Kinde verbergen zu können, streichelte ich ihm das erhitzte Gesicht und das lichtblonde,
kurzgeschnittene Haar, während ich hastig hintereinander eine Menge Fragen an ihn stellte, die er alle bescheiden und aufgeweckt beantwortete.

Ludmilla hatte inzwischen langsam die Blumen vom Boden aufgelesen und
machte jetzt Miene, sich neben mir auf die Bank niederzulassen. Ich erhob
mich unwillkürlich. ‚Wie, Sie wollen schon wieder fort?' hieß es. ‚Ich muß',
stammelte ich, obgleich es sich wie unsichtbare Bande um mich legte.

‚O, nur einen Augenblick!' bat Ludmilla, ‚bis ich den Strauß hier fertig
habe. Sie können sich ihn zu Hause ins Wasser stellen.'

Ich machte verwirrt eine ablehnende Gebärde.

‚Geh mit diesen Blumen!' sagte die Mutter. ‚Da gibst du dem geistlichen
Herrn was Rechtes.'

‚Also wollen Sie sie nicht?' fragte Ludmilla kleinlaut. ‚Sie duften doch ganz
frisch.'

Mir wollte das Herz darüber zerspringen, daß ich ihr weh getan. ‚So war
es nicht gemeint', sagte ich. ‚Ich liebe ja die Blumen, die draußen frei und un-
gepflegt sprießen, gar sehr. Ich wollte nur nicht, daß Sie sich meinetwegen
mühten.'

‚Mühten?' fragte sie. ‚Mein Gott, wie gerne tät ich's! Aber was ist es denn,
einen Strauß zu binden.' Und indem sie die Blumen auf die Bank legte und
rasch wieder eine nach der andern aufnahm, fuhr sie fort: ‚Die Schanzen sehen jetzt gar so schön aus. Alles steht bunt von Stern- und Glockenblumen,
von Gelbveiglein und Hahnenfuß. Da pflück' ich nun, so viel ich kann. Denn
hier haben wir auch gar zu wenig Raum, um Blumen zu halten. Mein Rosen-
bäumchen dort ist außer den Äpfeln und Bohnen das einzige, was bei uns
blüht.' Sie deutete darauf hin. Es war wirklich die alleinige Zierde des Gärt-
chens, wo jedes Fleckchen Erde mit einem nützlichen Gewächse bepflanzt
war, und stand bis auf eine halbaufgeblühte Rose noch in Knospen.

Sie hatte den Strauß fertig und hielt ihn in der gebräunten, aber wohlge-
formten Hand prüfend vor sich hin. ‚Es sind doch gar zu unscheinbare Blumen', sagte sie niedergeschlagen, ‚sie nehmen sich im Rasen zerstreut viel
besser aus als so. Aber warten Sie, ich will noch etwas hinzutun!' rief sie, wie
von einem plötzlichen Gedanken erfaßt, und eilte auf das Bäumchen los. Dort
pflückte sie die Rose und steckte dieselbe in die Mitte des Straußes, wo sie,
von weißzackigen Sternblumen umgeben, gar lieblich aussah. ‚So', sagte
Ludmilla, indem sie zurückkehrte und mir anmutig den Strauß überreichte.
‚Es war die einzige. In ein paar Tagen aber werden alle Knospen aufgegangen
sein, und dann sollen Sie die schönsten Rosen haben.'

Ich stammelte einige unzusammenhängende Worte und verabschiedete
mich; Ludmilla ging noch mit mir bis zu dem Pförtchen im Zaune.

Draußen atmete ich tief auf. Ein schmerzlich-süßes Weh hatte mir drinnen
das Herz zusammengepreßt und eine dumpfe Hitze ins Antlitz getrieben.
Nun suchte ich Luft, Kühlung. Aber die Sonne schien heiß auf meinen Scheitel nieder; kein Blatt, kein Halm regte sich. Unwillkürlich brachte ich den
Strauß, um mich zu erfrischen, vors Antlitz. Dadurch wurde ich mir erst des
duftigen Geschenks bewußt, und eine seltsame Verwirrung und Beängstigung überkam mich. Es war mir, als hefteten sich rings tausend Augen auf
mich und die Blumen in meiner Hand. Und da fingen die Stengel zwischen
meinen Fingern zu glühen an, und aus jedem Kelche schien eine Flamme zu
schlagen. Scheu blickte ich umher; es war niemand zu sehen, außer einer
Schildwache, die hoch oben auf dem Wall, ohne mich zu betrachten, träg auf
und nieder ging. Ich nahm den Strauß unter mein Skapulier und eilte zu mir
hinüber. Geräuschlos, mit hochklopfendem Herzen, huschte ich über den

Flur und die Treppe hinauf und schloß die Tür hinter mir ab. Hier im kühlen einsamen Zimmer drückte ich den Strauß an die Brust, an die Augen, an den Mund. Ich gab ihm die zärtlichsten Schmeichelnamen, wühlte mit zitternden Fingern darin und bedeckte die Stengel mit zahllosen Küssen. Plötzlich aber zuckte wieder das ganze fürchterliche Bewußtsein meiner Lage in mir auf; entsetzt schleuderte ich den Strauß vor mich auf den Tisch hin, schlug mir die Hände vors Gesicht und sank laut stöhnend in einen Stuhl.

Ich weiß nicht, wie lange ich so, eine Beute der widerstreitendsten Gefühle, mochte dagesessen haben, als es an der Tür klopfte. Erschreckt fuhr ich empor, warf ein Tuch über den Strauß und öffnete.

Es war der Kirchendiener in Begleitung eines Mannes, der einige Papiere in der Hand hatte. ‚Der Sakristan von Sankt Carl wünscht Euer Hochwürden im Auftrage seines Herrn Pfarrers zu sprechen‘, sagte der Kirchendiener. ‚Wir haben morgen eine Leiche.‘

‚Eine Leiche?‘ fragte ich mechanisch.

‚Eine vornehme Leiche‘, bekräftigte der Kirchendiener mit einem gewissen Behagen. ‚Die Tochter des reichen Großhändlers Friedheim. Ich habe sie gut gekannt; denn sie kam fast jeden Sonntag in unsere Kirche herauf. Ein schönes schlankes Fräulein und blonden Haaren. Sie müssen sie ja auch schon gesehen haben. Sie saßen immer im ersten Betstuhle rechts, wo ich jedesmal für sie und die alte Dame, die sie begleitete, Plätze bereit hielt.‘

‚Ich entsinne mich nicht‘, sagte ich, ohne daß ich dabei nur etwas gedacht hätte, und wandte mich an den Sakristan mit der Frage, warum die Tote nicht bei Sankt Carl, wohin sie doch eigentlich zu gehören scheine, begraben würde.

‚Damit hat es ein eigenes Bewenden', antwortete der Mann. ‚Die ganze Stadt ist voll davon. Das Fräulein war mit einem jungen Rechtsgelehrten verlobt, und die Trauung sollte schon in der nächsten Zeit stattfinden. Wie es heißt, hatte man sich kein ungleicheres Paar denken können, als die beiden. Er – heiter, lebenslustig, zuweilen ausgelassen, wenn auch nicht mehr, als es jungen Leuten eben wohl ansteht. Sie hingegen still, nachdenklich, fast schwermütig. Dennoch sollen sie sterbensverliebt ineinander gewesen sein. Als das Fräulein zum letztenmal die Kirche hier oben besuchte, war auch der Bräutigam mit. Nach der Messe kommt es ihr in den Sinn, in den Friedhof hineinzugehen. Der Bräutigam will anfangs nicht; endlich gibt er nach. Wie sie so Arm in Arm langsam zwischen den Hügeln und Kreuzen hingehen, sagt sie: wie still, wie schön es hier ist! Wenn ich einmal sterbe, möcht' ich hier begraben sein. Ei, erwiderte der Bräutigam scherzend, bis dahin ist hier kein Platz mehr. Siehst du denn nicht, wie jetzt schon die Gräber dicht aneinander gedrängt sind. Sie werden bald zu einem einzigen großen Blumenhügel zusammenwachsen. – Aber nach vierzehn Tagen war sie tot. Eine entzündliche Krankheit, die sie sich bei einem Ausfluge geholt haben soll, raffte sie so schnell dahin. Der junge Rechtsgelehrte ist aus Schmerz darüber fast wahnsinnig. Nun will man sie, wie es ihr Wunsch war, hier oben begraben lassen.'

Er hatte mir bei diesen letzten Worten die Papiere überreicht und setzte hinzu, der Pfarrer von Sankt Carl ließe mich bitten, ich möchte alles Nötige veranlassen und mich morgen nachmittags zur Begräbnisstunde im Hause des Großhändlers einfinden. Er selbst würde auch dort sein, da die Leiche vorher bei Sankt Carl eingesegnet werden müsse.

Als ich wieder allein war, legte ich die Hand auf die Stirn. Es war mir, als erwache ich aus einem schweren Traum. Wie Schatten löste es sich nach und nach von allen Dingen im Zimmer, das mir schon ganz fremd geworden war. Jeder Stuhl, jeder Schrank, jedes Buch auf den Gestellen schien mich vertraut anzublicken, und über dem Tische dort am Fenster lag es wie ein Sonnenstrahl aus früheren, glücklichen Tagen.

Ich überlas aufmerksam die Sterbedokumente und dachte, während ich auf- und abschritt, den Fall in seiner Besonderheit durch. Und je mehr mir dessen volle Bedeutung klar wurde, desto leichter und freier fühlte ich mich, ich wußte selbst nicht warum. Ich bemühte mich jetzt, mich auf die Verstorbene zu besinnen, mir nach den Andeutungen des Kirchendieners ein Bild von ihr zu entwerfen; aber seltsam, es floß mir immer mit jenem Ludmillas zusammen. Ein leiser Duft, der sich im Zimmer verbreitet hatte, mahnte mich endlich wieder an den Strauß. Ich nahm das Tuch davon, füllte ein Glas und stellte ihn hinein. Draußen lagerte eine dumpfe Schwüle, die sich still zu schweren Wolken zusammenballte. Eine süße Müdigkeit überkam mich; ich hatte so viele Nächte bloß in wüstem, entnervenden Halbschlummer zugebracht. Nun gab ich der Schläfrigkeit, die sich wohltuend auf meine Augenlider senkte, nach und ging zu Bette, während draußen die Donner zu rollen anfingen und ein erquickender Regen über die Erde niederging.

Der folgende Tag ließ sich recht unfreudlich an und blieb es. Ich aber fühlte mich nach einem langen und tiefen Schlafe wunderbar gestärkt und ging in den Friedhof hinab, wo ich dem Kirchendiener, der hier zugleich Totengräber ist, zusah, wie er für die Verstorbene ein Grab aufwarf. Zur bestimmten Stunde fand ich mich in dem Hause des Großhändlers ein. Dort wurde ich in einen schwarzausgeschlagenen Empfangssaal geführt, wo bereits eine Menge von Leidtragenden versammelt war. In der Mitte des Saales, vom Scheine leis flackernder Wachskerzen beleuchtet, lag die Tote in einem offenen Sarge, weißgekleidet, den Brautkranz im Haar. Ein junger Mann hatte sich mit verstörten Mienen über sie geworfen und benetzte ihr bleiches Antlitz und ihre starren Hände mit Tränen und Küssen. Als man jetzt Anstalten traf, den Sarg zu schließen, wollte er dies durchaus nicht zugeben. Er wehrte die Männer, die mit dem Deckel nahten, ab und rief mit herzzerreißender Stimme: ,Nein! ich lasse sie nicht forttragen! Ich lasse sie nicht in die kalte, finstere Erde versenken!' Umsonst beschworen ihn seine Angehörigen und Freunde, sich zu fassen; umsonst sprach ihm der Pfarrer von Sankt Carl, ein kleiner, wohlbeleibter Herr, in salbungsvollen Worten Trost zu: er wollte nichts hören und mußte endlich mit Gewalt von der Leiche entfernt werden. Während dieser erschütternden Szene stand ich abseits mit gesenktem Haupte da. War es eine zufällige Ähnlichkeit, war es ein Spiel meiner Phantasie – ich glaubte Ludmilla dort im Sarge zu sehen. Das waren dieselben fein geschnittenen Züge, war dasselbe blonde, schlichtgescheitelte Haar, dieselbe schlanke, zartbusige Gestalt; nur der entstellende Hauch des Todes lag darüber und der fremdartige Prunk und Schimmer der kostbaren Sterbegewänder. Ich verstand den Schmerz des Jünglings, als wär' er mein eigener – und doch war es wiederum nur eine stille, süße Wehmut, was mich durchzitterte.

Jetzt ertönten schaurig dumpf die Schläge des Hammers. Die Träger hoben den Sarg, und unter den Klängen eines Chorals wurde die Leiche zur Einsegnung in die Carlskirche gebracht. Von dort aus bewegte sich der Zug, dem eine lange Wagenreihe folgte, gegen den Wyschehrad. Ein kalter Wind jagte dabei grauses, zerrissenes Gewölk mit flüchtigen Regenschauern am Himmel hin und her und löschte fast die qualmenden Leichenfackeln aus.

Endlich waren wir auf dem Friedhofe angelangt, und die nächsten Angehörigen traten laut schluchzend an den Rand des Grabes. Nur der Bräutigam schien schon alle seine Tränen verweint zu haben, denn er starrte jetzt mit trockenem Auge in die modrige Grube. Als man aber den Sarg hineinsenkte, da machte er eine Bewegung, als wollte er sich mit den dumpf niederpolternden Schollen nachstürzen, so daß ihn ein alter Herr, augenscheinlich sein Va-

ter, erschreckt beim Arm faßte. Man konnte ihn jedoch nicht daran verhindern, daß er sich, als das Grab geschlossen war, auf den frischen Hügel niederwarf, wo er sich, ohne auf die Umstehenden zu achten, ganz einem stummen, verzweiflungsvollen Schmerze überließ. So verweilte er lange. Allmählich entfernten sich die Anwesenden, indem sie sich noch öfter mit bedauernden Blicken nach ihm umwandten. Nur sein Vater und ein junger Mann blieben bei ihm zurück.

‚Artur‘, sagte endlich der erstere, ‚laß es jetzt genug sein. Bedenke, wie mir beim Anblick eines solchen, alles Maß überschreitenden Schmerzes zumute sein muß. Ich bitte dich, mein Kind, steh’ auf!‘

Der Jüngling hörte nicht, oder wollte nicht hören.

‚Wahrlich, Artur‘, nahm jetzt der andere das Wort, indem er dem alten Herrn einen bedeutungsvollen Blick zuwarf, ‚wahrlich, ich hätte nicht gedacht, daß du so wenig Seelenstärke besäßest. Du schwelgst in deinem Schmerze wie ein nervöses Weib. Ich kenne dich gar nicht mehr.‘

Artur schnellte mit halbem Leibe empor und sah ihn mit wilden Blicken an. ‚So sprichst du, Richard? Du, mein Freund, von dem ich glaubte, er sei der einzige, der meinen Verlust in seiner ganzen Größe ermessen und mitempfinden könnte!? Ich möchte dich an meiner Stelle sehen! Aber freilich‘, fuhr er mit grellem Hohngelächter fort, ‚deine Elise lebt ja noch! O pfui, über den Egoismus, über die Teilnahmslosigkeit der Welt!‘ Und er warf sich wieder aufs Antlitz.

Betroffen über das Mißlingen seiner List, schlug Richard die Augen zu Boden.

‚Ich bitte Sie, hochwürdiger Herr‘, wandte sich der Vater an mich, ‚helfen Sie uns doch den Unseligen trösten, auf daß er diesen Ort verlasse, der seiner verzweiflungsvollen Stimmung nur immer neue Nahrung gibt.‘

Artur erhob abwehrend die Hand. ‚Ich brauche keine leeren Worte. Der geistliche Herr soll sich keine Mühe geben. Seine Vertröstungen auf ein Wiedersehen im Jenseits erinnern mich nur daran, daß ich hier auf Erden alles verloren und daß mir nichts anderes übrig bleibt, als auf diesem Grabe zu sterben!‘

‚Artur, du versündigst dich!‘ rief der alte Herr und warf mir einen Blick zu, der für die Worte des Sohnes um Entschuldigung bat.

‚Lassen Sie ihn‘, sagte ich. ‚Ich fühle es ja nur zu gut, daß ihm der Trost leer und ungenügend erscheinen muß.‘

Diese Worte, die mir aus der tiefsten Seele kamen, schien der Jüngling nicht erwartet zu haben. Er richtete sich allmählich empor und betrachtete mich lange und schweigend. ‚Das sagen Sie‘, sprach er endlich, ‚Sie, der Sie nie geliebt?‘

‚Warum vermeinen Sie dies so bestimmt?‘ erwiderte ich. ‚Ich bin ein Mensch wie Sie. Aber‘, fuhr ich fort, indem ich mir mit diesen Worten gleichsam selber Mut zusprach, ‚fassen Sie sich jetzt. Gedenken Sie der Pflichten, die Ihnen das Leben noch auferlegt und es wird Ihnen freier und leichter zumute werden.‘

‚O nichts davon!' entgegnete er hastig. ‚Ich habe jetzt keine Pflichten mehr. Und wenn auch, wie vermöcht' ich es, sie zu erfüllen! Die Tatkraft, die noch vor kurzem meine Brust geschwellt, ist erloschen, und der Flug meines Geistes auf immer gelähmt.'

‚Das scheint Ihnen jetzt so', sagte ich ruhig. ‚Ich bin überzeugt, daß alles, was an den edlen Kräften in Ihrem Wesen liegt, sich über kurz oder lang wieder regen und sich reiner und herrlicher entfalten wird, als dies vielleicht bei dem Besitze Ihrer Geliebten der Fall gewesen wäre. Denn', setzte ich hinzu und fühlte mich durch die Zuversicht meiner Rede selbst wunderbar getröstet und erhoben, ‚ein großer Schmerz läutert, indem er die Seele zwingt, ihr Tiefstes zu sammeln. Er reift in uns die Erkenntnis, daß nur jenes Glück, welches wir ganz in uns selbst finden, Dauer verspricht und jedes andere, so schön es auch sei, vor einem Hauche in nichts zerstieben kann.'

Artur blickte vor sich hin. ‚Aus Ihnen spricht der Geist der Entsagung', erwiderte er endlich. ‚Es ward Ihnen schon von jeher nahegelegt, so zu denken und den Blick auf die Kehrseiten aller irdischen Freuden zu richten. Wie hätten Sie auch sonst stark genug sein können, Ihr Gelübde zu tragen.' Er bemerkte nicht, wie ich im Innersten zusammenzuckte, und fuhr fort: ‚Ich aber war stets ein Kind des Lebens. Ich freute mich der Blüten, ohne zu bedenken, wie rasch sie welken sollen, und genoß in vollen Zügen die Gaben der Stunde, ohne mich darum zu kümmern, was die nächste mir rauben könne. Und dann – mich hatte, was auch finstere Asketen dawider sagen mögen, schon die höchste Erdenseligkeit verheißend gestreift! O, Sie wissen nicht, was es ist, eine geliebte Braut ans Herz zu drücken!' setzte er, von der Erinnerung überwältigt, hinzu. ‚Diesen Boden, in dem sie jetzt modern soll, betrat ich noch vor kurzem an ihrer Seite. Wie reizend erschien sie mir damals in ihrer milden Schönheit und aufknospenden Lebensfülle! Wie weich lag ihr Arm in dem meinen, wie lind schmiegte sich ihr Haupt an meine Schulter, als sie die verhängnisvollen, ahnungsreichen Worte sprach! – Sie werden vielleicht davon gehört haben?'

Ich bejahte es schweigend.

‚Wie hätt' ich mir träumen lassen, daß diese Worte sich so bald erfüllen würden!' Und plötzlich um sich blickend, fragte er: ‚Von wo aus sieht man hier auf die Moldau hinab?'

‚Gleich von jener Bastei aus', erwiderte ich. ‚Aber warum fragen Sie?' fuhr ich fort, da ich bemerkte, daß der alte Herr und Richard einander ängstlich ansahen.

‚Sie sollen es erfahren. Kommen Sie!' Und er ergriff mich, da ich zögerte, beim Arme und eilte mit mir, während die andern uns auf dem Fuße folgten, nach der Bastei. Dort stützte er sich mit beiden Händen auf die Brustwehr und sah schweigend hinab. ‚Wie trüb und schlammig heute der Fluß vorüberzieht, als verschmäh' er es, den grauen, unfreundlichen Himmel zu spiegeln', sagte er endlich tonlos. ‚Es ist noch nicht lange her, daß dort unten in einer duftigen Mondnacht ein Kahn voll heiterer, lebensfroher Menschen vorüberfuhr. Mein Vater, mein Freund waren darunter – und ich und meine Braut.'

‚Wozu dieses beständige Wühlen in deiner Wunde', fiel ihm der Vater ins Wort, während ich atemlos aufhorchte.

Artur warf ihm einen beschwichtigenden Blick zu und fuhr fort: ‚Wir kehrten von Podol zurück, wo wir uns unter Scherzen, anmutigen Spielen und frohen Wechselgesängen bis tief in die Nacht hinein aufgehalten hatten. Alles war von den Geistern der Laune und des Weines erregt; selbst meine sonst so stille Friederike wurde heiter, beinahe übermütig. Als wir in diese Nähe kamen und das alte Fort mit düsteren Umrissen still im Mondlichte aufragen sahen, rief einer von der Gesellschaft: Laßt uns doch den alten Wyschehrad mit einem Lied begrüßen! Dieser Vorschlag fand lebhaften Anklang, und man drängte mich von allen Seiten, einen Gesang anzustimmen. Gut, erwiderte ich, wir wollen die Schläfer hinter den Wällen wachsingen. Und rasch mich besinnend, hob ich mit einem Liede an, dessen Worte mir der Augenblick eingab und welche ich einer bekannten Melodie unterschob.'

‚Sie sangen das Lied?' fragte ich.

‚Ja, ich'; erwiderte er, mein Erstaunen nicht in seiner eigentlichen Bedeutung fassend. ‚Jetzt ist es mir, ich hätte mich damit versündigt. Es war ein echtes Lebenslied, begann weich und schmelzend, schwoll aber rasch zum Ausdrucke des frohesten Übermutes an. In welchem Vollgefühle des Glükkes, wie zukunftstrunken sang ich es. Mir war, es müsse durch die Stille der Nacht über die ganze Erde erklingen und in jeder Brust einen Widerhall meiner Seligkeit wachrufen.'

‚Ich habe Sie singen hören und den Kahn vorüberfahren sehen', sagte ich.

Artur sah mich überrascht an.

‚Erinnerst du dich nicht mehr', bemerkte Richard, ‚daß uns jemand auf eine dunkle Gestalt aufmerksam machte, die er hinter dem äußersten Mauervorsprung der Zitadelle zu erkennen glaubte. Vielleicht war es der geistliche Herr.'

‚Ich war es', entgegnete ich. ‚Und vielleicht', fuhr ich gegen Artur fort, ‚kann es etwas zu Ihrem Troste beitragen, wenn ich Ihnen bekenne, daß mir damals Ihr Lied sehr weh getan. Während Sie dort unten an der Seite Ihrer Geliebten und froher Gesellschaft umringt vorüberfuhren, stand ich hier oben allein, einsam, die Brust voll namenloser Sehnsucht nach den Freuden, davon Sie sangen, und die mir verwehrt waren, ewig verwehrt bleiben müssen. Wenn Sie der Schmerz über Ihren Verlust wieder mit seiner ganzen Wucht befällt und Sie zu überwältigen droht, dann denken Sie derer, die an den schönsten Verheißungen, an den holdesten Genüssen dieser Welt bebenden Herzens und mit dem Entsagungsworte auf den Lippen vorüberschreiten müssen.' Ich hatte bei diesen Worten die Hand des Jünglings ergriffen, der sich willig und fügsam von mir fortführen ließ. Als wir an dem Friedhofe vorbeikamen, wollte er nochmals hineingehen. ‚Nicht doch', bat der alte Herr, der schon froh war, seinen Sohn gefaßter zu sehen, und stellte sich ihm in den Weg. ‚Nur noch den letzten Abschied, Vater', sagte Artur, indem er ihn sanft beiseite schob und durch das Gitter trat. Wir andern folgten. Er blickte eine Zeitlang mit gesenktem Haupte schweigend auf den Hügel nieder, dann nahm er den Arm seines Vaters und ging. Ich begleitete sie noch bis an ihren Wagen, der in der Nähe hielt. Beim Abschiede sagte der Jüngling: ‚Leben Sie wohl, ich werde Sie und Ihre Worte niemals vergessen.' Die beiden anderen drückten mir mit stummen Dank die Hand.

Ich sah eine Weile dem fortrollenden Wagen nach; dann kehrte ich langsam zurück. Eine geheimnisvolle Macht trieb mich noch einmal in den Friedhof. Da stand ich nun allein inmitten der Gräber. Wie still war es um mich her! Nur manchmal rauschte ein kühler, feuchter Windstoß in den Trauerweiden und Zypressen und strich mit leisem Klingen durch die metallenen Kreuze. Die Schauer der Vergänglichkeit quollen und rieselten durch die Luft und aus allen Hügeln schwieg mich das große Rätsel des Todes an. Ein tiefes, wohltuendes Gefühl von der Nichtigkeit des Daseins überkam mich und eine hehre Freude zitterte in meiner Brust auf. ‚Ja', rief ich und breitete die Arme aus, ‚zweifach wird die Welt überwunden: entweder grausam durch den Tod, der alles Irdische des gleißenden Schimmers entkleidet und Moder und Verwesung bloßlegt, oder schön und herrlich durch den Mut der Entsagung, den Christus gepredigt und auf Golgatha besiegelt.' Und immer freier, immer leichter wurde mir; wie stückweis fiel es von mir ab, und gleich Flügeln fühlt' ich es an den Schultern. Als ich mich später, einem innern Drange folgend, an die Orgel setzte, da stimmten die rauschenden, langgezogenen Töne wieder ganz zu dem feierlichen Ernste, zu der tiefen Ruhe meiner Seele."

„Und so", fuhr er fort, während sich noch der Nachglanz jener erhabenen Stunde in seinen Augen spiegelte, „so lebte ich wieder, mit dem stärkenden Bewußtsein meiner Pflicht, mein stilles Leben fort; mehr und mehr verblaßte und verflüchtigte in mir die Erinnerung an jene Nacht, und immer seltener und schwächer zuckte mein Herz beim Anblicke des Mädchens, dessen blondes Haar ich einst mit brennender Lippe gestreift."

„Und welches nun schon lange eine glückliche Gattin und Mutter ist", sagte ich leise.

„Ja", erwiderte er; „ich habe sie getraut und ihre Kinder getauft. Und da fällt mir ein, daß es gerade die Schrecken des Krieges waren, was ihr Glück begründete oder doch beschleunigte. Sie hatte ihr Herz einem jungen Soldaten geschenkt. Jedoch konnte, wie dies meistens unter ähnlichen Umständen der Fall ist, an eine Verbindung um so weniger gedacht werden, als der Geliebte keine Aussicht hatte, bald vom Militär loszukommen und sich eine andere Lebensstellung zu erwerben. Da geschah es noch, daß er plötzlich versetzt wurde, und so brach nun auch über Ludmilla das Leid des Daseins herein. Man sah es, wie sie sich still härmte und die Tage ihrer schönsten Jugend in öder, hoffnungsloser Sehnsucht verlebte. Ich hatte inzwischen ange-

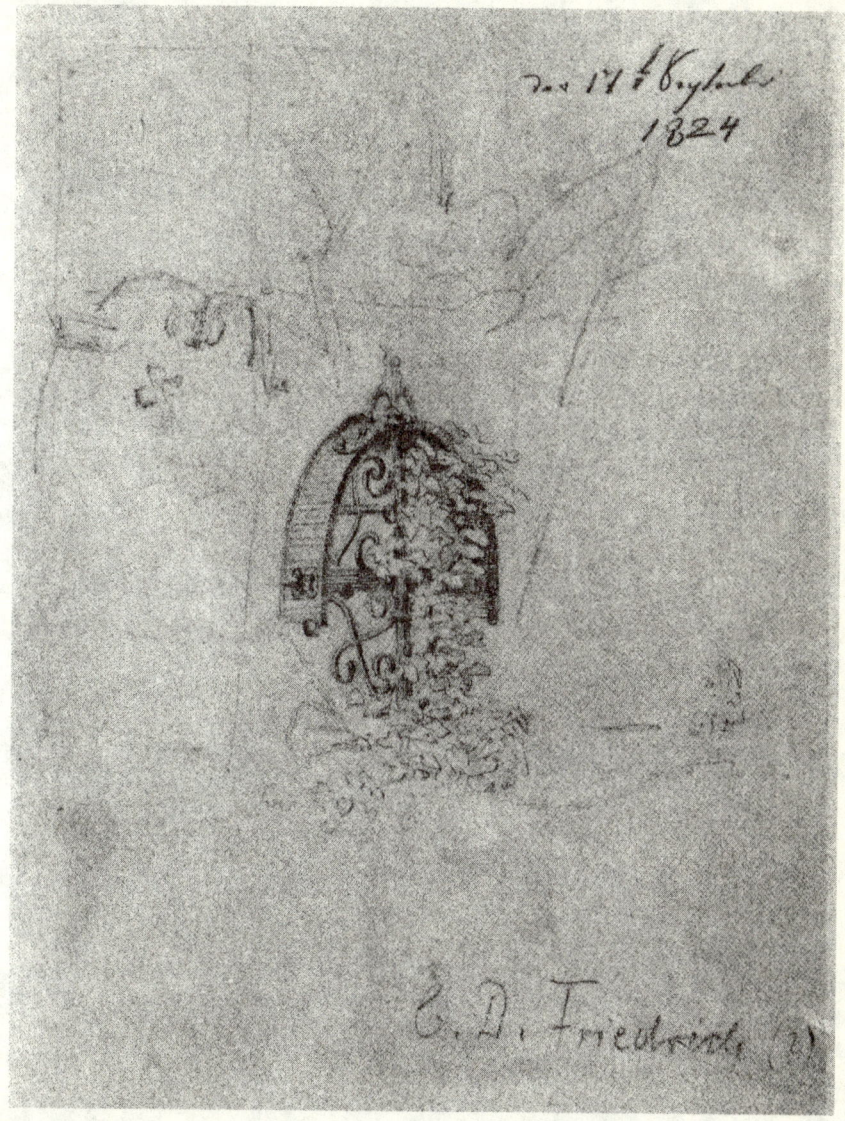

fangen, von meinen geringen Ordensbezügen das möglichste zurückzulegen, um den Liebenden doch wenigstens nach Jahren eine gewisse Summe zur ersten Beschaffung eines einfachen Hauswesens übergeben zu können. Da kam das Jahr Achtundvierzig mit seinen Revolutionsstürmen, und der Entfernte zeichnete sich auf dem italienischen Schlachtfelde derart aus, daß er dekoriert und zu einer Beförderung in Vorschlag gebracht wurde. Da er aber einige schwere Verwundungen erlitten hatte, die ihn, wie sich später erwies, zum aktiven Dienst untauglich machten, so willigte man um so eher in seine Bitte, ihn als Zeugwart auf dem Wyschehrad anzustellen, als der Vater Ludmillas mit zunehmenden Jahren zu kränkeln begonnen hatte. So bedurften die beiden meiner Hilfe nicht mehr, und meine kleinen Ersparnisse kamen Prokop zugute, dem sich damit unter meiner Anleitung eine wissenschaftliche Laufbahn erschloß. Die Alten lebten noch ein paar Jahre still und zufrieden bei den Neuvermählten; endlich starb der Vater – und bald darauf folgte die Mutter ins Grab."

„Und was ist aus Artur geworden?" fragte ich.

„Erraten Sie es nicht?" antwortete er lächelnd. „Er ist wieder glücklich, im Besitz einer vortrefflichen Gattin und einer ganzen Reihe von allerliebsten Kindern. Und so bin nur ich, weil ich es eben mußte, einsam geblieben und

werde es sein bis an mein Ende." Er hatte bei diesen Worten, in deren Heiter-
keit ein leiser, sanfter Schmerzenston wunderbar vibrierte, die Gläser gefüllt.
„Auf Ihr Glück!" sagte er und trank. Dann legte er mir die Hand wie zum
Segen aufs Haupt: „Der Himmel schütze Sie vor den feindlichen Kugeln."

Es war spät geworden, und ich mußte fort. Er geleitete mich zum Doppel-
tor der Zitadelle, das mir der verschlafene Wachegefreite aufschloß. Wir umarmten uns und drückten einander zum letztenmal die Hand. Dann riß ich
mich los, eilte durch die Halle und auf der Straße fort, die in einer scharfen
Krümmung die Höhe hinab und der Stadt zuführt. Am Buge hielt ich an und
blickte nach der Zitadelle zurück. Hoch oben auf der Plattform stand Innocens und winkte noch einmal zum Abschied. Sein Antlitz schimmerte im
Strahl des Mondes, der durch das leichte Gewölk der Frühlingsnacht brach,
wie verklärt.

Erläuterungen von Fremdwörtern

Das Gelübde

Insurrektion — Aufstand, Volkserhebung
Paradoxismus — anfallartiges Auftreten einer Kranksheitserscheinung
sublim — verfeinert, fein, nur einem geläuterten Verständnis oder Empfinden zugänglich

Die Strafe des Geizes

Anachoret — zurückgezogen Lebender, Klausner, Einsiedler
allegorisch — sinnbildlich, gleichnishaft

Die Majoratsherren

Portepé — Quaste am Degen
Diversion — hier: Ablenkung
Potpouri — hier: Vase für duftende Kräuter

Schloß Dürande

Vedette — Reiterposten
Gratialgut — dem Kloster vermachtes Gut
Kollation — kleine Mahlzeit
Bandelier — Schulterriemen

Die Judenbuche

perpendikulär — senkrecht, lotrecht
Äquinoktium — Tagundnachtgleiche

Draußen im Heidedorf

actum ut supra — veraltet: verhandelt wie oben
Kuratel — veraltet: Vormundschaft, Pflegschaft

Die Hochzeit des Mönchs

ipso facto — von selbst, durch denselben Tatbestand
Alsatier — Elsässer
coram domino Azzolino — vor dem Herren Ezzelin
Philtrum — Rinne in der Mitte der Oberlippe
Campo santo — Friedhof
Miglien — Meilen

Ein Ring

Insinuant — Einschmeichler, Zuträger
Präluminarien — diplomatische Vorverhandlungen

Der Junker von Denow

Lafette — Untergestell für ein Geschütz
Meutemacher — Meuterer
Malefizrecht — Strafrecht, Strafgericht
Partisane — vom 15.-18. Jahrhundert gebräuchliche spießartige Stoßwaffe
notarius publicus — öffentlicher Schreiber
postulierter Bischof — benannter Kandidat für das Bischofsamt
IFG — Ihre fürstliche Gnaden
continuiert — fortgesetzt
resolviret — entschlossen
Ronde — Streifwache
Profoß — Verwalter der Militärgerichtsbarkeit
Pön — Strafe

Innocens

Retraite — Ruhepause
Attribut — Eigenschaft
Repositorium — veraltet: Aktenschrank, Büchergestell
Konvolut — a) Bündel von verschiedenen Schriftstücken oder Drucksachen, b) Sammelband, Sammelmappe
Exzerpt — schriftlicher, mit dem Text übereinstimmender Auszug aus einem Werk
Dilettant — Nichtfachmann, jemand, der sich ohne fachmännische Schulung in Kunst oder Wissenschaft betätigt
Herbarium — systematisch angelegte Sammlung gepreßter und getrockneter Pflanzen und Pflanzenteile
Infusorium — Aufgußtierchen (einzelliges Wimpertierchen)
Blessur — Verwundung, Verletzung

Zu den Autoren

Achim von Arnim, deutscher Dichter der Romantik, geb. 26. Januar 1781 in Berlin, gest. 21. Januar 1831 in Wiepersdorf bei Jüterbog. In den Jahren 1798/99 studierte von Arnim Naturwissenschaften in Halle und bis 1801 in Göttingen, wo die lebenslange Freundschaft mit Brentano ihren Anfang nahm. Seit 1805 lebte er gemeinsam mit Brentano und Görres in Heidelberg, wo er die »Zeitung für Einsiedler« herausgab. Heidelberg wurde dadurch zum Zentrum der jüngeren Romantik.
In gemeinsamer Arbeit stellten Brentano und Arnim »Des Knaben Wunderhorn« zusammen, die berühmteste Sammlung alter und neuer deutscher Volkslieder. Die Sammlung enthält auch Um- und Nachdichtungen der Herausgeber sowie volkstümlich-schlichte Kunstlieder anderer Dichter. 1808–1812 lebte Arnim in Berlin, wo er sich der Teutschen Tischgesellschaft anschloß, einer patriotischen Vereinigung, die die Befreiung Preußens anstrebte. Ihr gehörten auch Adam Müller, Kleist und Fouqué an.
1811 heiratete Arnim Brentanos Schwester Bettina.
Arnims Geisteshaltung verbindet politischen Konservatismus mit romantisch-phantastischem Lebensgefühl. In seinem gesamten Werk kommt seine Lebensauffassung deutlich zum Ausdruck.
Wie auch die hier abgedruckten »Majoratsherren« zeigen, bildet die Rückbesinnung auf die deutsche Geschichte einen Grundzug seines dichterischen Werkes.
Werke: 1808 »Trösteinsamkeit«
Erzählungen: 1810 »Armut, Reichtum, Schuld und Buße der Gräfin Dolores«
1812 »Isabella von Ägypten«
1817 »Die Kronenwächter«
1819 »Die Majoratsherren«
Dramen: 1811 »Halle und Jerusalem«
1813 »Schaubühne«
1819 »Die Gleichen«

Clemens Brentano, Dichter, geb. am 8. September 1778 in Ehrenbreitstein, gest. am 28. Juli 1842 in Aschaffenburg. Im Anschluß an eine Kaufmannslehre immatrikulierte sich Brentano an der Universität Jena als Student der Medizin. Hier schloß er sich dem Kreis der Frühromantiker an, und es entstand der unter dem Pseudonym Maria erschienene sog. verwilderte Roman »Godwi« (1800-1802), womit er die Form des romantischen Romans schuf.
Das Werk, ein Abbild des zwischen überquellender Phantasie und Reflexion, zwischen himmlicher und irdischer Liebe schwankenden Dichters, war Sophie Mereau gewidmet, die er 1803 heiratete.
Als Student der Philosophie in Göttingen schloß er Freundschaft mit seinem späteren Schwager Achim von Arnim, mit dem er von 1804 an in Heidelberg zusammenlebte.
Gemeinsam gaben sie die berühmte Volksliedersammlung »Des Knaben Wunderhorn« heraus (1806-1808).
1809 verließ Brentano Heidelberg und ging nach Berlin, wo er mit Kleist, Arnim und Fouqué Mitglied der Teutschen Tischgesellschaft wurde.
Hier schrieb er die meisterhaften Erzählungen »Aus der Chronik eines fahrenden Schülers« (1808) und die »Geschichte vom braven Kasperl und dem schönen Annerl« (1817).

Die darauffolgenden Jahre waren durch ein unstetes Wanderleben bestimmt. Über Dülmen (Westfalen) gelangte er 1833 nach München.

1838 wurde sein schlichtes, volkstümliches Märchen »Gockel, Hinkel und Gackeleia« veröffentlicht.

Brentano war einer der bedeutendsten Vertreter der Hochromantik, eine Dichterbegabung von ungewöhnlicher Schöpferkraft, Ausdrucksstärke und Reichtum an Phantasie.

Annette Freiin von Droste-Hülshoff, Dichterin, geb. am 10. Januar 1797 auf dem Gut Hülshoff bei Münster, gest. am 24. Mai 1848 in Meersburg am Bodensee.

Sie entstammte einer alten westfälischen, streng katholischen Familie. Sie erhielt durch den Rechtsgelehrten A.M. Sprickmann eine ausgezeichnete Bildung. Nach dem Tod ihres Vaters (1826) siedelte A. v. D.-H. auf den Witwensitz der Mutter, Haus Rüschhaus bei Münster, über.

Ab 1841 lebte sie auf Schloß Meersburg am Bodensee.

1826 begann sie mit Gedichten für den Zyklus »Das geistliche Jahr«, den sie erst 1839 abschloß. Ihr ganzes Werk ist geprägt von Motiven des Bösen, der Angst und der Schuld, des Verlassenseins von Gott und der Gnade.

Auf Haus Rüschhaus bei Münster entstand das Epos »Das Hospiz auf dem großen St. Bernhard« und danach das Epos »Das Vermächtnis des alten Arztes«. Die Novelle »Die Judenbuche« ist ein hervorragendes Zeugnis des Realismus in der Analyse menschlicher Verstrickung in Schuld.

1837/38 erschien die epische Verserzählung »Die Schlacht im Loener Bruch« und 1842 die Ballade »Der Spiritus familiaris des Roßtäuschers«.

Schwer lungenleidend starb A. v. Droste-Hülshoff 1848 an einem Herzschlag.

Marie von Ebner-Eschenbach, geb. Gräfin Dubsky, Schriftstellerin, geb. in Zdislawitz in Mähren am 13. September 1830, gest. in Wien am 12. März 1916.

Im Alter von 18 Jahren heiratete sie den österreichischen Offizier Baron E. Anfänglich schrieb Marie von Ebner-Eschenbach Gedichte, die zwar bei Grillparzer Aufmerksamkeit erregten, jedoch in der breiten Öffentlichkeit nicht bekannt wurden. Auch ihr Drama »Maria von Schottland« fand keine nennenswerte Beachtung. Erst ihre Erzählungen »Ein Spätgeborener« (1875), »Bozena« (1876) und vor allem die Novelle »Lotti, die Urmacherin« (1889), die in der »Deutschen Rundschau« veröffentlicht wurde, verschafften ihr den gewünschten Erfolg. Mit den Erzählungen gelangte sie zu der Kunstform, die ihrer eigentlichen Begabung entsprach.

Im Laufe der nächsten Jahre erschienen ihre Hauptwerke »Das Gemeindekind« (1887) und »Unsühnbar« (1893). An diesen Erzählungen wird das völlige Reifen einer Dichterin deutlich, die Stärke und Feinheit des Empfindens vereinigt. Ferner veröffentlichte sie die Novelle »Bertram Vogelweid« und die Hundegeschichte »Krambambuli«.

Marie von Ebner-Eschenbach hat in allen ihren Dichtungen ihr Bekenntnis zu sozialem Mitgefühl verkündet und in scharf geprägten Aussprüchen ihre Lebenserfahrung niedergelegt.

Zur Veröffentlichung kamen noch »Parabeln, Märchen und Gedichte« (1892), die Selbstbiographie »Meine Kinderjahre« (1906) und aus dem Nachlaß »Letzte Worte« (1923).

Joseph von Eichendorff, Dichter, geb. auf Schloß Lubowitz (Oberschlesien) im März 1788, gest. in Neiße am 26. November 1857.
Eichendorff ist als einziger Romantiker wirklich volkstümlich geworden. Entscheidend für seine künstlerische Entwicklung war sein Aufenthalt in Heidelberg (1807), wo er durch den Geist des »Wunderhorns« und der Romantik in seinem dichterischen Schaffen geprägt wurde. In Wien beendete er seine juristischen Studien und schloß sich dort dem frommen Romantikerkreis um Friedrich und Dorothea Schlegel an. 1816 bestand er seine Prüfung für den preußischen Staatsdienst und wurde 1831 Referent für das katholische Schulwesen im Berliner Kultusministerium. 1844 schied Eichendorff aus dem Staatsdienst aus, nachdem er sich beim Kölner Bischofsstreit gegen die Regierung gestellt hatte. Bis zu seinem Tode lebte er in Danzig, Wien und Neiße.
Besonders durch seine immer wieder vertonten Gedichte »In einem kühlen Grunde«, »Wer hat dich, du schöner Wald« und »Wem Gott will rechte Gunst erweisen« erfreute sich Eichendorff großer Bekanntheit.
Die Popularität Eichendorffs beruht auf seiner schlichten Sprache, die höchste Übereinstimmung von Gehalt und Form erreicht und auf seiner Thematik, die sich mit Natur, Sehnsucht, Wander- und Lebensfreude befaßt. Die lyrischen Töne seiner Gedichte finden sich auch in seinem erzählerischen Werk wieder, so z.B. in der unvergleichlichen Novelle »Aus dem Leben eines Taugenichts«. Hier wird durch Verbindung von Erzählung und Lied ein Höhepunkt lyrisch-musikalischer Stimmungskunst erreicht.
1837 faßt Eichendorff seine Erzählungen zu einer eigenen Sammlung zusammen. Hier finden sich weitere schöne Stücke seiner Lyrik wieder, so die »Dichter und ihre Gesellen«, 1834; »Das Schloß Durande«, 1837.

Theodor Fontane, Dichter und Schriftsteller, geb. am 10. Dezember 1819 in Neuruppin, gest. am 20. September 1898 in Berlin.
Zunächst machte Fontane eine Lehre als Apotheker durch und übte diesen Beruf auch bis 1848 aus. 1845 wurde er von dem ehemaligen Leutnant Bernhard von Lepel in Berlin in den Dichterverein »Tunnel über der Spree« eingeführt. Bevor er zum Romancier der Berliner und märkischen Gesellschaften wurde, hatte er Preußenlieder, märkische, altenglische und schottische Balladen gedichtet, Berichte aus England und die lebendigen, persönlichen »Wanderungen durch die Mark Brandenburg« (1862) geschrieben. Überdies war er Theaterkritiker an der »Vossischen Zeitung«.
In seinen Hauptromanen »L'Adultera« (1882), »Irrungen und Wirrungen« (1888), »Stine« (1890), »Frau Jenny Treibel« (1892), »Unwiederbringlich« (1892) und »Effi Briest« (1898) hat Fontane seine Zeitgenossen und ihre Lebensumstände dichterisch dargestellt.

Johann Wolfgang von Goethe, Dichter, geb. am 28. August 1749 in Frankfurt am Main, gest. am 22. März 1832 in Weimar.
Goethe war der Sohn des kaiserlichen Rates Johann Kaspar Goethe. Seine Bildung erhielt er im wesentlichen durch Privatunterricht. Auf Wunsch des Vaters studierte Goethe Jura an der Universität Leipzig (1765), hörte jedoch auch Literaturvorlesungen bei Gellert. 1768 ging er für zwei Jahre wieder nach Frankfurt. 1770 nahm er sein Jurastudium in Straßburg erneut auf und schloß es 1771 mit dem juristischen Lizentiat ab. Er wurde mit Herder bekannt, der ihn nachhaltig auf Shakespeare aufmerksam

machte, was für Goethes Werk noch einmal bedeutungsvoll werden sollte. 1775 zog Goethe nach Weimar, wo er zunächst Gast des Herzogs Karl August war. 1776 wurde er zum Legationsrat im Staatsrat ernannt und 1779 zum Geheimrat. 1782 wurde er von Kaiser Joseph II. geadelt. Nun wirtschaftlich abgesichert, unternahm er verschiedene Reisen, die ihn unter anderem in den Harz (1783 und 1784) und nach Italien (1786-88 und 1790) führten und sein dichterisches Werk entscheidend beeinflußten. 1794 lernte er Schiller kennen, der ihn nach einer schöpferischen Pause zu neuem dichterischen Schaffen anregte. In der folgenden Zeit entstanden, teilweise unter dem Einfluß der Begegnungen mit berühmten Persönlichkeiten seiner Zeit wie Napoleon, Beethoven, Eckermann, Grillparzer und Heine (1808-26) die wichtigsten Alterswerke. Mit dem Tode Goethes im Jahre 1832 verliert Deutschland einen großen Dichter und Denker, der über die Grenzen hinaus die europäische Literatur- und Geistesgeschichte der Neuzeit maßgeblich beeinflußt hat.

Schon in seinem Jugendwerk finden sich neben Gedichten und Balladen Dramen, wie »Götz von Berlichingen« (1773), »Urfaust« (1772-75) sowie der Roman »Die Leiden des jungen Werthers« (1774), der ihn über Nacht berühmt machte. Es folgen Werke wie »Iphigenie auf Tauris« (1787), »Torquato Tasso« (1788-90), die Romane »Wilhelm Meisters Lehrjahre« (1795) und »Die Wahlverwandschaften« (1809). Den »West-östlichen Diwan« vollendet er im Jahre 1819, den »Faust« 1830. Aufsätze zur Kunst und Literatur, zu Politik und Gesellschaft sowie unzählige lyrische Werke vervollständigen sein dichterisches Werk. Neben seinen literarischen Arbeiten verfaßte Goethe verschiedene naturwissenschaftliche Werke, wie »Versuche die Metamorphose der Pflanzen zu erklären« (1790), »Zur Farbenlehre« (1810) und verschiedene andere, die ihm neben seinem unbestreitbaren literarischen Ruhm wissenschaftliche Anerkennung eintrugen.

Paul Heyse, Dichter, geb. am 15 März 1830 in Berlin, gest. am 2. April 1914 in München. Er studierte in Berlin klassische und in Bonn romanische Philologie. Auf seiner Reise durch die Schweiz und Italien (1852) durchforschte er die Bibliotheken nach romanischen Sprachdenkmalen. Für sein dichterisches Schaffen ist die klassisch-romanische Bildungsüberlieferung und philologische Schulung von wesentlicher Bedeutung. 1854 heiratete Heyse die Tochter des Kunsthistorikers Franz Kugler. Im Jahre 1850 gibt Heyse Märchen und die Tragödie »Francesca von Rimini« heraus. Er beschäftigte sich eingehend mit der Kunstgattung der Prosanovelle, zu deren Theorie er auch wesentliche Beiträge geleistet hat. 1867 erschienen die »Meraner Novellen« und 1870 »Der letzte Zentaur«. Heyse gestaltete auch Versnovellen. 1864 veröffentlicht er »Gesammelte Novellen in Versen«. In seinen Romanen bringt er seine persönlichen Erkenntnisse und Betrachtungsweisen zum Ausdruck. Thematisch befaßt er sich in fast allen seinen Werken mit der Monotonie des Alltagsleben. In seinem Roman »Kinder der Welt« wird seine Überzeugung deutlich, daß der Inhalt der modernen Weltanschauung, wie sie sich Mitte des 19. Jh. darstellt, mit den klassischen Kunstidealen zu vereinigen ist. Ferner erscheinen von Heyse der Roman »Im Paradies«, der die Münchener Künstlerwelt beschreibt, »Merlin« 1892, »Über allen Gipfeln« 1895, der »Roman der Stiftsdame« 1887 und »Die Geburt der Venus« 1909. Seine Sprachgewandheit beweist Heyse auch in seinen lyrischen Gedichten und in seinen Übersetzungen aus dem Spanischen. Heyse schrieb auch Dramen, hatte jedoch auf diesem Gebiet den geringsten Erfolg.

E.T.A. Hoffmann, Komponist, Musikschriftsteller, Erzähler und Zeichner, geb. am 24. Januar 1776 in Königsberg, gest. am 25 Juni 1822 in Berlin. Schon als Jurastudent verfaßte Hoffmann zwei Romane, die jedoch nicht gedruckt wurden (1795/96). In Glogau (1796) und in Berlin (1798) befaßte er sich vorwiegend mit der Malerei. 1799 dichtete, komponierte und illustrierte Hoffmann das Singspiel »Die Maske«. 1801 vertonte er Goethes Singspiel »Scherz, List und Rache«. 1800 legt er die Assessorenprüfung ab und arbeitete im Anschluß daran an Obergerichten in polnischen Landesteilen. 1804 Versetzung nach Warschau, wo er sich der Musik widmete, nicht nur als Komponist, Dirigent und Lehrer, sondern auch als Kritiker, Deuter und dichterischer Gestalter. Hier schrieb er u.a. Musik zu Dramen von Brentano. Im Jahre 1807 zog Hoffmann nach Berlin und begann mit seiner Musikschriftstellerei. In Bamberg, wohin er in der Hoffnung auf eine Kapellmeisterstelle ging, vollendete er seine erste romantische Dichtung, den »Ritter Gluck«. Gelegentlich arbeitete Hoffmann als Bildnis- und Dekorationsmaler und zeitweise als Dramaturg und Theaterarchitekt.

In der Folge schrieb er die Satire »Johannes Kreislers musikalische Leiden« und die Novelle »Don Juan«.

Von Ende Mai 1813 bis März 1814 war er abwechselnd in Leipzig und Dresden Kapellmeister bei der Operntruppe F. Secondas. In Leipzig verfaßte er den ersten Teil des fatalistisch-dämonischen Romans »Elixiere des Teufels« (1815) und vollendete die romantische Oper »Undine«. 1814 ging er erneut nach Berlin, wo er am Kammergericht eine Stelle antrat. Nun beschränkte Hoffmann seine künstlerische Tätigkeit auf die erzählende Dichtung. Die Reihe der dämonischen Erzählungen fand ihren Abschluß mit den »Abenteuern der Silvesternacht« und dem zweiten Band der »Elixiere« (1816). In der letzten Phase seiner künstlerischen Tätigkeit entstanden die Märchen »Klein Zaches«, »Prinzessin Brambilla« und »Meister Floh«.

Im Januar 1822 erkrankte Hoffmann an einem Rückenmarksleiden, was zur Lähmung der Arme und Beine führte. Im Dialog »Des Vetters Eckfenster« beschreibt er sich selbst in diesem Zustand.

Gottfried Keller, Dichter, geb. in Zürich am 19. Juli 1819, gest. in Zürich am 16. Juli 1890.

Zunächst widmete er sich der Malerei, erkannte jedoch während seiner Studienjahre in München (1840-42), daß der dichterische Ausdruck seiner Neigung und Begabung mehr entspricht als die Malerei.

In Zürich stand Keller in engeren Beziehungen zu den deutschen politischen Flüchtlingen. Hier machte er die Bekanntschaft von A.L. Follen, der die dichterische Begabung Kellers erkannte und die Aufnahme von Kellers Gedichten in das »Deutsche Taschenbuch« für 1845 und 1846 ermöglichte. Von 1848-1850 lebte Keller in Heidelberg, wo er Hermann Hettner nähertrat. Durch Ludwig Feuerbach wurde Keller in dieser Zeit in seinen religiösen und philosophischen Überzeugungen tief beeinflußt. In Berlin, wohin Keller 1850 zog und bis 1855 blieb, erfuhr sein dichterisches Schaffen eine entscheidende Entwicklung. Die »Neueren Gedichte« kamen zum Abschluß (1851), und es entstand neben dem ersten Band der »Leute von Seldwyla« der selbstbiographische Roman »Der grüne Heinrich«. 1855 nach Zürich zurückgekehrt, zog sich Keller für fünfzehn Jahre aus der Kunstwelt zurück. Bis 1876 stellte er sich in den Dienst des Staates. Dann erst nahm er seine dichterische Arbeit wieder auf. Der »Grüne Heinrich« erschien 1879 in einer umgearbeiteten Fassung. Die Umarbeitung führte nicht nur die Einheitlichkeit der selbstbiographischen Form durch, sondern bezeugte auch in der Behandlung der Einzelheiten und der großen Lebensfragen eine höhere Reife der Anschauung und Gestaltung. 1883 erschienen Kellers »Gesammelte Gedichte«. Im Anschluß gab er seinen Roman »Martin Salander« (1886) heraus, der sich mit der Gefährdung der demokratischen Idee im Kulturleben auseinandersetzt. Demokratisches Bewußtsein und ein liebevoller, wenn auch mitunter ironischer Blick auf Verhältnisse und Schicksale einfacher Menschen prägen seine Kunst.

Heinrich von Kleist, Dichter, geb. 18. 10. 1777 in Frankfurt (Oder), gest. in Berlin am Wannsee durch Selbstmord am 21. 11. 1811.
1792 trat er der preußischen Garde bei, 1799 scheidet er freiwillig aus dem Militärdienst.
In Frankfurt begann er das Studium der Volkswirtschaft und der Rechte und befaßte sich gleichzeitig sehr intensiv mit der Philosophie.
Er las Schiller, studierte Kant und entnahm seiner Philosophie, daß der Verstand keine letzte Wahrheit erkennen würde, wodurch seine Begeisterung für diese Wissenschaft erlosch.
In der Zeit von 1801–1802 lebte er in Paris und am Thuner See, wo er ein bäuerliches Leben führen wollte. Aber er findet keine Ruhe und ging 1803 nach Weimar, wo er Gast Wielands war. 1805-1807 wird Kleist notgedrungen Beamter an der Domänenkammer in Königsberg. Im Anschluß lebt Kleist in Dresden und gibt dort mit A.H. Müller die Monatsschrift »Phöbus« heraus. 1809 geht er nach Berlin, wo er bis zu seinem Tode Herausgeber der »Berliner Abendblätter« ist.
Als Dichter steht Kleist zwischen Klassik und Romatik. Aus seiner pessimistischen Weltbetrachtung entsteht das Trauerspiel »Familie Schroffenstein« (1803). Es folgen die nur als Fragment erhaltene Tragödie »Robert Guiskard« 1808, die beiden Lustspiele »Amphitryon« 1807 und »Der zerbrochene Krug«, das Schauspiel »Penthelisea« 1808 und das Ritterstück »Käthchen von Heilbronn« 1810 und zuletzt das Preußendrama »Prinz Friedrich von Homburg« 1811.
Mit seinen Erzählungen »Das Erdbeben von Chili«, »Die Marquise von O…«, »Die Verlobung von St. Domingo« und »Michael Kohlhaas« erreichte Kleist's Sprachkunst ihren Höhepunkt.

Conrad Ferdinand Meyer, Dichter, geb. in Zürich am 11. Oktober 1825, gest. in Kilchberg bei Zürich am 28. November 1898.
Er studierte zunächst Jura, brachte dies jedoch nicht zum Abschluß. In Lausanne, wo er 1853 hinzog, wurde Meyer von dem Historiker Louis Veillemin entscheidend beeinflußt. Als er Ende 1853 wieder nach Zürich zurückkehrte, beschäftigte er sich mit Übersetzungen von Geschichtswerken. 1857 verließ er Zürich und ging nach Paris und 1858 mit seiner Schwester nach Italien. Seine ersten Gedichtbände (»Zwanzig Balladen« 1864, »Romanzen und Bilder«) erwiesen sich als sehr erfolgreich.
Die lyrisch-epische Dichtung »Huttens letzte Tage« (1871) machte ihn zum anerkannten Dichter.
1875 verheiratete er sich mit Luise Ziegler.
1876 erschien der Roman »Jürg Jenatsch« (2 Bd.). Darauf folgen »Der Schuß von der Kanzel« (1877), »Der Heilige« (1879), »Plautus im Nonnenkloster« (1881), »Gustav Adolfs Page« (1882), »Das Leiden eines Knaben« (1883), »Die Hochzeit des Mönchs« (1884), »Die Richterin« (1885), »Die Versuchung des Pescara« (1887),

»Angela Borgia« (1891) und »Gedichte«. 1892 mußte Meyer sich in die Heilanstalt Königsfelden begeben, und von 1893 an dämmerte er in geistiger Umnachtung dahin, bis er 1898 starb.

Friedrich Baron de la Motte-Fouqué, deutscher Dichter französischer Herkunft, geb. in Brandenburg am 12. Februar 1777, gest. in Berlin am 23. Januar 1843, Sohn einer altadligen französischen Emigrantenfamilie.
Sein erstes, unter dem Decknamen Pellegrin erschienenen Werk »Dramatische Spiele« 1804, wurde von A.W. Schlegel herausgegeben. Es folgten Dramen, Romane und Novellen. In der Dramentrilogie »Der Held des Nordens« griff er nach romantischem Vorbild auf Themen der germanischen Sage und des mhd. Heldenepos zurück. 1813 erschien in drei Bänden die Rittergeschichte »Der Zauberring«.
Als sein bestes Werk gilt das Kunstmärchen »Undine«. Fouqué zeigte in vielen seiner Werke eine Neigung zum Trivialen. In späteren Jahren fand Fouqué kaum noch für seine im historischen Kolorit völlig verschwommenen Rittermärchen Verleger.
Fouqué selbst gab noch seine »Lebensgeschichte« (1840) und eine Sammlung »Ausgewählter Werke« in 12 Bänden (1841) heraus.

Wilhelm Raabe, Dichter, geb. am 8. September 1831 in Eschershausen im Weserland, gest. am 15. November 1910 in Braunschweig.
Er verließ frühzeitig das Gymnasium ohne Abschluß. Er begann 1849 eine Lehre in einer Magdeburger Buchhandlung. Durch vielseitige Lektüre legte er den Grundstein zu seiner umfassenden geschichtlichen und literarischen Bildung. 1854 besuchte er in Berlin Vorlesungen. 1856 Rückkehr nach Wolfenbüttel. In dieser Zeit brachte er 7 größere Werke, 10 Erzählungen und einen Band Gedichte hervor. Er konnte nun als freier Schriftsteller leben. 1862 ging Raabe nach Stuttgart, wo er acht Jahre blieb. Die ersten Romane und Erzählungen Raabes zeigen und beschreiben Lebens- und Zeitbilder aus der deutschen Vergangenheit und Gegenwart, in Stoff und Handlung romantisch und idyllisch (»Chronik der Sperlingsgasse« 1856, »Ein Frühling« 1858, »Halb Mär, halb mehr«, 5 Erzählungen 1859, »Kinder von Finkenrode« 1859, »Der Heilige Born«, 2 Bände 1861, »Verworrenes Leben««, 5 historische Novellen 1862, »Unseres Herrgotts Kanzlei« 1862, »Die Leute aus dem Walde« 1863 und »Ferne Stimmen«, 4 Erzählungen 1865).
Raabe beschäftigte sich in seinen späteren Werken mit der Problematik des Daseins, dem Kampf mit dem Leben und seinen feindlichen Mächten. In seinen historischen Romanen und Erzählungen befaßt sich Raabe fast ausschließlich mit deutschem Leben, aus dem er von echter Zeitstimmung erfüllte Bilder deutscher Not und deutschen Ringens wiedergibt. »Des Reiches Krone« 1880 geht in das 15. Jh. zurück, »Die schwarze Galeere« in die Gegenreformationszeit, und die Zeit des Dreißigjährigen Krieges beschreibt »Der Marsch nach Hause«. In den Werken »Der Däumling« 1872 und »Gutmanns Reisen« setzt sich Raabe mit zeitgenössischen Ereignissen auseinander, indem er das Wesenhafte des deutschen Menschen mit seinen Vorzügen und Schwächen beschreibt. Schauplatz seiner Geschichten ist mitunter auch seine Weserheimat, so z.B. in »Alte Nester« 1880 und »Odfeld«. Ort der Handlung ist eine deutsche Kleinstadt, und die handelnden Personen sind zumeist stille, einfache, vom Leben hart getroffene Menschen, die heldenhaft aus dem Kampf mit dem Leben hervorgehen.

Ferdinand von Saar, österreichischer Erzähler und Lyriker, geb. am 30 September 1833 in Wien, gest. am 24. Juli 1906 in Wien.
Er trat 1849 der österr. Armee bei und war bis 1859 Berufsoffizier. Anschließend lebte er als freier Schriftsteller in Wien und auf den Landsitzen seiner Freunde.
Er schrieb pessimistische Poesie und empfindsam-dekadente Erzählungen mit Stoffen aus der Wiener Gesellschaft.
Er war ein Meister der psychologischen Novelle. Aufgrund der Verbindung von Psychologie und skeptischem Realismus wird er zu den Vorläufern A. Schnitzlers gezählt.
Die »Novellen aus Österreich« entstanden 1877 (enthalten u.a. »Innocens« 1866, »Die Steinklopfer« 1874). Seine Gedichte erschienen 1882. Es folgten »Wiener Elegien« 1893), »Herbstreigen« (Novellen, 1897), »Camera Obscura« (Novellen, 1901) und »Tragik des Lebens« (Novellen, 1906).

Friedrich Schiller, Dichter, geb. am 10. 11. 1759 in Marbach am Neckar, gest. am 19. 5. 1805 in Weimar. Seine Jugend verlebte er in Marbach und Lorch. Nach dem Besuch der Lateinschule ging er auf die Karlsakademie (1773) bei Stuttgart. Dort studierte er Jura und Medizin. Nach Beendigung seines Studiums im Jahre 1780 wurde Schiller Regimentsarzt.
Im Nachhall des Barocks und unter dem Einfluß des Sturms und Drangs entstand sein Drama »Die Räuber«, das 1782 in Mannheim mit großem Erfolg aufgeführt wurde. Schiller verpflichtete sich für ein Jahr als Theaterdichter nach Mannheim. Schon nach einem Jahr verließ Schiller das Theater wieder und genoß dann längere Zeit die Gastfreundschaft von Ch. G. Körner, zunächst in Leipzig und später in Dresden. In dieser Zeit enstanden der Hymnus »An die Freude«, die vom historischen Familiengemälde in Prosa zum politischen Ideendrama in Jamben umgearbeitete Fassung seines »Don Carlos«, die Erzählung »Ein Verbrecher aus verlorener Ehre«. In der Hoffnung auf finanzielle Selbständigkeit siedelte Schiller 1787 nach Weimar über. Am 9. 9. 1788 begegnete er in Rudolfstadt zum ersten Mal Goethe.
In der kommenden Zeit betrieb Schiller intensive Geschichtsstudien, wobei sein dichterisches Schaffen in den Hintergrund trat. Durch Vermittlung von Goethe erhielt er eine Professur an der Universität Jena.
Am 22. 2. 1790 heiratete Schiller Charlotte von Lengefeld.
Schon frühzeitig war Schiller gezwungen, seine Vorlesungen wegen eines Lungenleidens wieder aufzugeben. Dank einer fünfjährigen Ehrenpension war es ihm möglich, eingehende philosophische und ästhetische Studien zu betreiben.
1796-1810 gab Schiller einen Musenalmanach heraus, wobei Goethe sein engster Mitarbeiter wurde. In gemeinsamer geistiger Auseinandersetzung schrieben sie für den Almanach von 1798 einige ihrer schönsten Balladen.
Im Anschluß daran schuf Schiller aus seiner vertieften Kenntnis der Antike heraus seine späten Dramen eines objektivierten und zugleich theatergerechten Spiels. Die »Wallenstein«-Trilogie 1800, »Maria Stuart« 1801, »Die Jungfrau von Orleans« 1802, »Die Braut von Messina« 1803, das freiheitliche Volksstück »Wilhelm Tell« 1804 und das Fragment gebliebene »Demetrius«.
Schiller ist Deutschlands größter Theaterdichter und zusammen mit Goethe der hervorragendste Repräsentant der deutschen klassischen Dichtung. Er ist der Dramatiker des deutschen Idealismus, der die leidende Natur des wollenden, handelnden Menschen in ihrer Tragik wie in ihrer sittlichen Freiheit vergegenwärtigt.

Adalbert Stifter, Dichter und Maler, geb. am 23. Oktober 1805 in Oberplan, gest. am 28. Januar 1868 in Linz. 1826 nahm er sein Jurastudium in Wien auf, befaßte sich jedoch mehr mit Naturwissenschaften, Mathematik und Malerei. Seinen Lebensunterhalt verdiente er sich mit Privatstunden in Familien des Hochadels und durch den Verkauf seiner Bilder, bis er 1850 Schulinspektor in Linz wurde.
Nach unglücklicher Liebe zu Fanny Greipl heiratete Stifter 1837 Amalie Mohaupt. Zu seinen frühen Werken zählen die sechs Novellenbände »Studien«, aus denen v.a. »Das Heidedorf«, »Hochwald«, »Die Narrenburg« und »Abdias« in den klass. Schatz der deutschen Novellendichtung eingegangen sind. In Linz verfaßte Stifter weitere Erzählungen, die unter dem Titel »Bunte Steine« (2 Bände 1858) erschienen sind.
Dier Bildungs- und Erlebnisroman »Der Nachsommer« (3 Bände 1857) entstand unter dem Einfluß von Goethes »Wilhelm Meister«. Sieben Jahre später folgte »Witiko«, ein historischer Roman aus Böhmens Frühzeit. In beiden Romanen präsentiert sich Stifters Menschenbild samt der Weltanschauung, in die es eingebettet ist.
Die letzten Jahre seines Lebens wurden ihm durch ein Leberleiden zur Qual. Im Zustand geistiger Verwirrung beging Stifter, der größte österreichische Erzähler 1868 Selbstmord.

Theodor Storm, Dichter, geb. am 14. September 1817 in Husum, gest. am 4. Juli 1888 in Hademarschen in Holstein. Er studierte in Kiel und Berlin. Er ließ sich 1843 als Advokat in Husum nieder. 1846 heiratete er Konstanze Esmarch. 1853 wurde er in Postdam Assessor und 1856 Kreisrichter in Heiligenstadt. Über den Weg des Amtsrichters und Oberamtsrichters wurde er 1879 Amtsgerichtsrat. Gemeinsam mit Theodor und Tychos Mommsen gab er 1843 das »Liederbuch dreier Freunde« heraus.
Storm war ein Meister der Erzählkunst. Er schrieb zahlreiche Novellen, die sich mit der Tragik des Daseins befassen und den Menschen in der Auseinandersetzung mit dem unabwendbaren Schicksal zeigen. Schauplatz seines Erzählwerkes ist häufig seine norddeutsche Heimat.
1852 erschien die Erzählung »Immensee«, die Geschichte einer verlorenen Liebe, 1854 »Im Sonnenschein«, 1862 »Auf der Universität« und 1875 »Psyche«. Storm schrieb überdies auch Märchen, so z.B. »Hinzelmeyer«, »Die Regentrude« und »Bulemanns Haus«.
In der letzten Phase seines Schaffens entstanden die Novellen »Pole Poppenspäler« (1874), »Aquis submersus« (1876), die das Ende einer verbotenen Liebe beschreibt, »Carsten Curator« (1878), in der es um den Vater-Sohn-Konflikt geht, und »Eckenhof« (1879), die die Selbstzerstörung einer Familie schildert. Mit der Erzählung »Der Schimmelreiter« (1888), die von dem ergeizigen Deichgrafen Hauke Haien berichtet, der trotzig gegen das Meer und gegen den unverständigen Bürger ankämpft und zugrunde geht, gewinnt Storms Prosa immer mehr realistischen Boden.
Storm gilt heute als hervorragender Vertreter realistischer Novellistik.

Ludwig Tieck, Dichter, geb. am 31. Mai 1773 in Berlin, gest. am 28 April 1853 in Berlin. Er betriebb freie literarische Studien an den Universitäten in Halle, Göttingen und Erlangen. In Berlin, woe er sich von 1794 an wieder aufhielt, setzte er die Erzählungsreihe »Straußenfedern«' von Nicolai mit witzig-frivolen Zeitnovellen fort. In seinem realistisch-humoristischen Werk »Peter Lebrecht, eine Geschichte ohne

Abenteuerlichkeiten« und dem tragisch-düsteren, tiefsinnigen Briefroman »William Lovell« kommt Tiecks geistiges Doppelwesen deutlich zum Ausdruck. In den »Volksmärchen« (3 Bd., 1797) erfolgt der Wandel von nüchterner Aufklärerei zu romantischer Freude an naiver Volkspoesie. 1798 heiratet Tieck die Tochter eines Pastors, Amalie Alberti. 1799 geht er nach Jena, wo er Freundschaft mit Novalis schließt. Zur gleichen Zeit erscheinen seine »Romantischen Dichtungen«. 1804 veröffentlicht Tieck sein Lustspiel »Kaiser Octavianus«. In seinen Novellen, die er seit 1819 in Dresden schrieb, zeigt sich sein Wandel von romantischer Phantastik zu schlichtem Realismus. Darin befaßt er sich mit Fragen des Lebens und der Kunst. 1823/24 arbeitete Tieck als Theaterkritiker für die »Dresdner Abendzeitung«. Von 1825-30 war er dramaturgischer Berater am Dresdner Kgl. Schauspielhaus. Über diese Tätigkeiten hinaus veranstaltete Tieck Leseabende, an denen er Meisterstücke der Weltliteratur vortrug, wodurch er sehr bekannt wurde.

Inhaltsverzeichnis